HISTOIRE
DE LA VILLE DE

MALAUCÈNE

ET

DE SON TERRITOIRE

ORNÉE DE CARTES, PLANS, VUES ET ARMOIRIES

PAR

FERDINAND SAUREL ET ALFRED SAUREL

TOME PREMIER

AVIGNON | MARSEILLE

J. ROUMANILLE, LIBRAIRE | MARIUS LEBON, LIBRAIRE
RUE SAINT-AGRICOL, 19 | RUE PARADIS, 43

1882

Original en couleur
NF Z 43-120-8

A MONSIEUR L'ABBÉ FÉLIX GUIMÉTY,

CURÉ DE SAINT-CHARLES, A NIMES,

Chanoine honoraire des diocèses de Nimes et d'Avignon.

C'est à vous, cher Cousin, que nous dédions ce livre, fruit de longues recherches et de patientes études.

Originaires tous les trois de Malaucène par nos grands-parents, mais habitant loin de ses murs, vous avez pensé, le premier, que nous devions nous rattacher au sol natal par une œuvre utile, et, après nous avoir proposé de rechercher ensemble les matériaux propres à écrire un ouvrage sérieux, vous nous avez aidés d'une manière efficace dans l'accomplissement de ce labeur.

L'honneur de cette entreprise vous revient donc en majeure partie, cher Cousin, et c'est pour en faire remonter le mérite jusqu'à vous, que nous vous le dédions, avec la satisfaction d'un devoir accompli.

Bien que portant deux noms différents, nous n'en sommes pas moins les petits-fils d'André-Michel Saurel, dont les ancêtres vinrent s'établir dans le Comtat, vers le milieu du XVe siècle, et dont les descendants jouirent toujours, à Malaucène, de la considération universelle.

Issus de la même souche, aujourd'hui nous sommes unis plus encore par les liens de l'amitié que par les liens du sang, et nous désirons qu'on sache, dans notre pays d'origine, que, dans cette œuvre à trois, le désir de nous plaire mutuellement a été, avec l'envie d'être utiles à nos compatriotes, le seul mobile qui nous a fait agir.

Recevez, cher Cousin, l'assurance de notre inaltérable attachement.

Ferdinand SAUREL. Alfred SAUREL.

15 *juillet* 1882.

Mes chers Cousins,

J'accepte, puisque vous le voulez, la dédicace de l'*Histoire de la ville de Malaucène*, mais vous me permettrez de reporter votre hommage à la mémoire de mon oncle et de mon frère aîné.

Mes concitoyens, j'en suis sûr, feront à votre œuvre le plus gracieux accueil. Ils payeront un juste tribut de reconnaissance aux judicieux et patients écrivains qui ont donné une preuve de leur patriotisme, en mettant en lumière une ville dont l'histoire ne pourra plus, désormais, être oubliée ou méconnue.

Recevez, mes chers Cousins, l'assurance de ma sincère amitié.

F. GUIMÉTY.

Nimes, 20 juillet 1882.

AVANT-PROPOS

Ce n'est pas par suite d'un sentiment irréfléchi que, au lieu d'une petite notice d'une centaine de pages, nous avons écrit un grand ouvrage en deux volumes.

Si la longueur des histoires locales devait être proportionnée au chiffre de la population de la commune que l'on décrit, une simple brochure aurait pu être suffisante ; mais si l'on croit au contraire qu'il faut se laisser conduire par le sujet, lorsque le sujet, au fur et à mesure qu'on l'étudie, s'élargit et présente des aspects nouveaux, des questions intéressantes, et fournit en un mot l'occasion de dire ce que d'autres n'ont pas dit encore, il n'y a pas à hésiter : il faut fouiller jusqu'au fond son sujet et en faire ressortir tous les avantages.

Notre histoire n'est donc pas écrite pour tout le monde ; en la lisant attentivement plus d'une personne studieuse y trouvera bien des choses à apprendre, et nous espérons bien qu'après l'avoir lue on ne pensera plus à comparer l'étendue de l'ouvrage au nombre des habitants de la commune.

Cela dit, expliquons quelle a été notre manière de procéder, et laissons deviner tous les obstacles que d'une part nous avons eu à vaincre, et de l'autre, quelles sont les sources de nos renseignements.

Nous avons rencontré des difficultés sous le rapport de la chronologie. Cela tient à plusieurs causes, dont la première est que les registres latins des délibérations du Conseil municipal se contentent d'ordinaire d'indiquer le jour et le mois, sans faire mention de l'année. Celle-ci est marquée seulement au 1ᵉʳ mai et encore pas toujours. D'un autre côté, l'année a varié dans son point de départ, puisqu'elle commençait à Pâques, sous les papes d'Avignon, et à Noël, pendant le XVIᵉ siècle. L'ordonnance royale dite du Roussillon (1564) établit, sans doute, que l'année commencerait le 1ᵉʳ janvier, mais, dans nos pays, ce changement ne fut mis en pratique que fort longtemps après.

Une autre difficulté résulte de la chronologie adoptée dans la rédaction des actes pontificaux, un grand nombre de papes comptant les années de leur règne non point du jour de leur élévation, mais du jour de leur couronnement.

Nous avons cru devoir donner cette explication pour justifier les différences de dates qu'on rencontrera parfois entre les auteurs que nous citons et nos sources originales. L'exemple le plus saillant de ces écarts de chronologie se fait remarquer à propos de la donation de l'abbaye du Groseau par l'évêque Pierre de Mirabel ; les dates varient de 1058 à 1060.

Disons un mot des sources principales auxquelles nous avons puisé.

La première et la plus riche de toutes a été l'Hôtel-de-Ville de Malaucène dont les archives renferment beaucoup de chartes et de vieux registres latins. Les plus anciens manuscrits ne remontent pourtant pas au-delà du XIIIᵉ siècle.

On attachait, dans le pays, une haute importance à la conservation de ces archives. La clef en était toujours entre les mains du premier syndic ou consul qui ne manquait point de faire transporter dans une localité voisine les pièces les plus précieuses, toutes les fois que la ville était sérieusement menacée par un ennemi quelconque (1). C'est par ce

(1) Voir le procès-verbal du Parlement des vingt-cinq, tenu le 13 novembre 1564.

moyen que les archives furent préservées de l'incendie, sous les Huguenots (1).

Par mesure de prudence, toutes les pièces originales qui conféraient un privilège ou un droit étaient copiées dans d'énormes volumes.

Il est facile de se reconnaître au milieu de toutes ces richesses à l'aide de deux inventaires : le premier dressé, en 1761, sur les ordres du vice-légat Grégoire Salviati, par le secrétaire Torcat, aidé des Aubéry, père et fils ; le second, exécuté sous la direction de l'archiviste en chef du département, en 1857 et 1858.

Les archives de la Paroisse, tenues avec un soin tout particulier, sont peu volumineuses, attendu qu'un bon nombre de leurs parties essentielles ont été transportées à la Chancellerie épiscopale de Vaison, aux Archives départementales et à la Bibliothèque de Carpentras. Néanmoins elles possèdent encore quelques registres et des manuscrits auxquels nous avons fait de nombreux emprunts.

Nos recherches ont été plus difficiles dans les archives de l'Hôpital, demeurées à l'état primitif. Remontant à l'année 1474, elles contiennent des documents relatifs à l'Hôpital, à la Charité, à l'Œuvre des Pauvres Filles à marier et aux Religieuses hospitalières et renferment plusieurs lettres autographes des évêques de Vaison.

Dans le cabinet de M. Félix Brusset, propriétaire à Malaucène, nous avons rencontré de nombreuses et intéressantes épaves d'une riche collection d'amateur. Nous devons, en particulier, faire mention d'un volume manuscrit intitulé : *Histoire de Malaucène depuis les temps les plus reculés jusqu'à nos jours, par M. Joseph* Guinier, *prêtre agrégé,*

---

(1) L'opinion publique est complètement dans l'erreur à ce sujet, comme il sera facile de le constater par le chapitre vingt-deuxième de notre livre II. Comment dire que les archives ont été brûlées puisqu'elles existent encore?

1733. Le frontispice mentionne que cet ouvrage a été recopié en 1754. C'est un in-8° de 469 pages.

Nous devons à l'obligeance du docteur Sainte-Foy Lemoyne, dont Malaucène regrette la perte récente, un mémoire médical spécialement rédigé pour nous, ayant pour titres : *Topographie de Malaucène, Tableau des maladies observées dans le pays, Conseils hygiéniques*.

M. l'abbé Rigot, curé-doyen de Malaucène, chanoine honoraire d'Avignon, a bien voulu nous fournir un dossier considérable de manuscrits et de notes.

Enfin, nous devons des remerciments à M. le notaire Marius Souchon, pour l'empressement avec lequel il nous a permis de fouiller dans les protocoles poudreux de son étude, dont plusieurs sont du XIII° siècle.

A la Bibliothèque du musée d'Inguimbert, de Carpentras, collection si riche en documents inédits, nous avons trouvé plusieurs manuscrits spécialement consacrés à la commune dont nous entreprenons d'écrire l'histoire. Nous citerons en particulier :

La Statistique du Canton de Malaucène, par Joseph-Etienne-Augustin-Sébastien Aubéry et plusieurs autres pièces recueillies par le Dr Barjavel et faisant partie de sa volumineuse collection ; enfin plusieurs registres relatifs à la Paroisse et à l'Agrégation des prêtres de Saint-Michel, de Malaucène.

Nous avons aussi largement puisé aux sources originales suivantes : *Polyptique des Comtes de Toulouse*, splendide manuscrit de 1225 ;

Repertorium camerale apostolicum, 22° volume de la collection de l'avocat Tissot ;

Mémoires historiques sur Vaison, par l'abbé de Saint-Véran, ms n° 553 ;

Histoire ecclésiastique et civile du Comté Venaissin

et de la ville d'Avignon, par Joseph Fornéry (ouvrage dont la bibliothèque d'Avignon possède une copie) ;

Sommaire de toutes les délibérations et conclusions des Trois-Etats du pays du Comtat Venaissin depuis l'an 1400 jusqu'à 1700 inclusivement. V° Malaucène.

Aux Archives du département de Vaucluse, nous avons vu surgir une multitude de pièces originales, réunies sous le titre de : *Fonds de Malaucène* ;

Les manuscrits relatifs au *prieuré de Notre-Dame du Grosel* y forment une nombreuse collection d'énormes volumes ;

Le *Chartier contenant les titres de l'ancienne Communauté des prêtres agrégés* est un immense volume dans lequel sont groupés de vieux parchemins du plus haut intérêt pour notre histoire locale et pour le nobiliaire des anciennes familles du pays;

Nous avons été heureux de trouver intactes les archives de la Chancellerie de l'ancien évêché de Vaison que bien des personnes assuraient avoir été détruites durant la Révolution ;

Les procès-verbaux des visites pastorales nous ont été d'un grand secours.

A la bibliothèque du Musée Calvet, d'Avignon, nous avons découvert un précieux manuscrit intitulé : *Statuta municipalia Malaucenæ* que nous avions inutilement recherché à Carpentras et à Malaucène;

Nous avons consulté l'*Histoire ecclésiastique*, manuscrit autographe d'Expilly, et les *Notices historiques* de Morénas ;

Enfin, nous avons emprunté aux *Opera omnia* du Dr Calvet ce qui concerne les eaux salées.

M. l'abbé Correnson, d'Avignon, a bien voulu mettre à notre disposition deux manuscrits de sa belle collection: l'*Inventaire de l'Œuvre et Pont de Sainct Benoist d'Avi-*

gnon, grand in-folio, dont les quarante premières pages sont relatives à Malaucène,

Et le *Recueil de toutes les particularités les plus remarquables sur l'histoire de Malaucène*, par Joseph Guinier, prêtre agrégé, 1733. Ce manuscrit est inachevé, et n'est guère qu'une variante du manuscrit intitulé : *Histoire de Malaucène*, qui appartient à M. Félix Brusset.

Est-il nécessaire d'ajouter que nous avons rencontré chez toutes les personnes que nous avons eu la bonne inspiration de consulter, le plus grand désir de nous être utiles et la meilleure volonté de nous être agréables?

Citons entre toutes : M. Barrès, le remarquable conservateur de la Bibliothèque d'Inguimbert, dont tout le monde connaît l'extrême obligeance et le profond savoir ; le savant archiviste de Vaucluse, M. Duhamel ; le docteur L. Barthélemy, de Marseille ; M. A. Deloye, conservateur de la Bibliothèque Calvet d'Avignon ; M. l'abbé Raymond, ancien vicaire à Malaucène et rédacteur de la *Semaine religieuse du diocèse d'Avignon ;* M. Souchon, greffier du Tribunal à Carpentras.

A Malaucène même, nous avons pu avec avantage faire appel à l'obligeance de MM. Roux et Barjol, secrétaires ; A. de Merles, ancien maire ; Chastel, archéologue et collectionneur ; Rigot, curé. Mais nous devons remercier tout particulièrement M. Félix Brusset, qui n'a reculé devant aucune fatigue pour retrouver des documents que sans son aide peut-être nous n'aurions pu découvrir.

Quant aux ouvrages imprimés, la liste suivante dira suffisamment combien nous avons dû en compulser.

Achard (C.-F.). — Histoire de Provence et du Comtat Venaissin. Marseille. Mossy. 1786.

Achard (P.). — Dictionnaire historique des rues de la ville d'Avignon. — Méridional d'Avignon (n° du 21 août 1858).

Achard et Duhamel. — Inventaire sommaire des archives du département de Vaucluse. 1878.

Allmer. — Promenade d'un épigraphiste. Inscriptions diverses. Bulletin de la société d'archéologie et de statistique de la Drôme. Valence. 1873. 25° et 26° livraisons.

André (L'abbé J.-F.). — Histoire de la révolution d'Avignon. Carpentras. — Notes sur l'histoire etc., dans le département de Vaucluse. Carpentras. 1876. — Les communes du département de Vaucluse (Lagnes). Avignon. 1874.

Annuaire du département de Vaucluse. Avignon. 1858.

Baluze. — Vita Paparum Avenionensium. Paris. Muguet. 1693.

Barjavel (Le Dr) — Dictionnaire historique, biographique et bibliographique du département de Vaucluse. Carpentras. 1841. — Notre-Dame-de-Sainte-Garde-des-Champs, 2° édition. Carpentras. 1865.

Barthélemy (Le Dr L.). — Inventaire chronologique et analytique des Chartes de la maison de Baux. Marseille. 1882.

Bastet. — Histoire de la ville et principauté d'Orange.

Barral (J.-A.). — Des irrigations dans le département de Vaucluse (Rapports pour 1876 et 1877).

Bayle. — Origine des eaux de la Fontaine de Vaucluse (Bulletin historique, archéologique et artistique de Vaucluse, 2° année. Seguin. Janvier 1880).

Bonaventure (Le Père). — Histoire nouvelle de la ville et principauté d'Orange. Avignon. 1741.

Bouche. — Chorographie et description de la Provence.

Bouchony (J.). — Antiquités et descriptions des villes de Die, Orange, Vaison, Apt et Carpentras. Nouvelle édition. 1818.

Bouvier. — Origine des sources du Mont-Ventoux (Mémorial de Vaucluse, n° 1249, du 5 février 1857).

Bouvier, Giraud et Pamard. — Le Mont-Ventoux. Avignon. 1879.

Boyer (Le Père L.-A.). — Histoire de l'église cathédrale de Vaison. Avignon. 1731.

Brumoy. — Histoire de l'église Gallicane, livre XXXVI (Tome XII de l'histoire du P. Longueval). Nismes. 1781.

Bullarium Romanum. Turin. 1859.

Bulletin de la Société d'Archéologie et de Statistique de la Drôme. Valence. 1876. 37° livraison.

Catel. — Histoire des comtes de Tolose.

Cherubini Laertii. — Magnum Bullarium Romanum. Luxembourg. 1742.

CHEVALIER (L'abbé). — Cartulaire des Hospitaliers et des Templiers en Dauphiné. Lyon. 1875.

CHRISTOPHE (L'abbé). — Histoire de la papauté pendant le XIV° siècle. 1853.

COLUMBI (Le Père J.) — De rebus gestis episcoporum Vasionensium libri Quatuor. 1656.

COTTIER (Ch.). — Notices historiques concernant les recteurs du ci-devant comté Venaissin. Carpentras. 1806. — Recueil de divers titres sur lesquels sont fondés plusieurs droits et privilèges dont jouit la ville de Carpentras. Carpentras. 1782.

COURTET (Jules). — Dictionnaire des communes du département de Vaucluse, 2° édition. Avignon. 1876. — La Valmasque.

Carte de la principauté d'Orange et du Comtat Venaissin par Jacques de CHIÈZE, Orangeois, 1627 (Dans la géographie Blaviane. Amsterdam. 1663. Douze volumes grand in-f°).

Carte du département de Vaucluse par CASSINI, n° 122.

Carte du département de Vaucluse dressée sous la direction de M. PERRIER, ingénieur en chef. Strasbourg. 1846.

Carte de l'état-major de France.

Comtat (Le). — Journal de Vaucluse, 7, 11 et 14 novembre 1875 et *passim*.

DELOYE (A.). — Inscriptions grecques et latines, découvertes à Vaison et dans ses environs (Bibliothèque de l'école des Chartes, 2° série, tome IV. Paris).

DEVILLÈLES et BALZE. — Autre consultation pour la ville de Malaucène. Avignon. 1780.

EXPILLY. — Dictionnaire géographique, historique et polytique des Gaules et de la France. 1766. V° *Malaucène*.

Extrait des Registres de la secrétairerie d'état de la légation d'Avignon. 1777.

FANTONI. — Istoria della città d'Avignone e del Contado Venesino. 1678.

FLEURY (L'abbé). — Histoire ecclésiastique, livre XCI. Nismes. 1779.

FOUQUE. — Les fastes de la Provence. 1837.

GASPARIN (de). — Histoire d'Orange.

GUÉRIN. — Vie de Calvet.

GUICHENON. — Histoire généalogique de la royale maison de Savoie. Tome II. Turin. 1778.

GRANGET (L'abbé). — Histoire du diocèse d'Avignon. Avignon. 1862.

GRAS (Scipion). — Description géologique du département de Vaucluse.

GRASSET (de) et BLANCARD. — Inventaire sommaire des Archives des Bouches-du-Rhône. (Grand prieuré de Saint-Gilles). Paris. 1873.

GUÉRARD. — Cartulaire de Saint-Victor de Marseille. Paris. 1857.

HONORAT. — Dictionnaire provençal-français. v° *Malaussina*.

JOANNE (Ad.). — Dictionnaire des communes. Paris. 1869. — Géographie de Vaucluse. Paris. 1880.

JOUDOU. — Essai sur l'histoire de la ville d'Avignon. Avignon 1853. — Histoire des Souverains Pontifes qui ont siégé à Avignon. Avignon. 1855.

JUSTIN (Le Père). — Histoire des guerres excitées dans le comté Venaissin et dans les environs par les Calvinistes du XVIe siècle. 1782.

LAINCEL (L. de). — Avignon, le Comtat et la Principauté d'Orange. Paris. 1872.

LAPISE. — Histoire d'Orange.

LABOUREUR (Le). — Les Masures de l'Abbaye royale de l'Isle Barbe-les-Lyon. Lyon. 1665.

MARY-LAFON. — Histoire politique, religieuse et littéraire du midi de la France, tome III.

MARTHE (De Sainte-). — Gallia Christiana, tome 1er.

MARTINS. — Essai sur la topographie botanique du Mont-Ventoux.

MASSELINI. — Dictionnaire universel de géographie. 1827.

Mémoires de la Société des Antiquaires de France, tome XVI. (Antiquités de Vaison. 1842).

Mémoire pour messire J.-A.-J. de Fallot de Beaupré, seigneur de Beaumont et de Monseren, contre la communauté de la ville de Malaucène.

MERLES (Alphonse de). — Pensées politiques et religieuses. Avignon 1873. — Traité de la chasse au filet dans le département de Vaucluse. Carpentras. 1852. — La chasse au chien d'arrêt etc. suivie du chasseur au Groseau. Carpentras. 1859.

MISTABLET. — Histoire de la noblesse du Comtat Venaissin. 1782.

MOREL (Léon). — La Provence illustrée. Paris. 1846.

MOUAN. — Recherches historiques sur l'état des Juifs en Provence.

NOBLE-LALAUZIÈRE. — Abrégé chronologique de l'histoire d'Arles. Arles. 1808.

PAPON (Le Père). — Histoire générale de Provence. 1777.

PAZZIS (Maxime). — Mémoire statistique sur le département de Vaucluse. 1808.

PERRIN. — Petite géographie du département de Vaucluse. Carpentras. 1873.

PÉRUSSIS. — Discours sur les guerres de la Comté de Venaissin et de la Provence, imprimé en Avignon. 1563. (Le manuscrit original appartient à la Bibliothèque de Carpentras).

PITHON-CURT. — Histoire de la noblesse du Comtat Venaissin, d'Avignon et de la Principauté d'Orange.

POUGNET (l'Abbé). — Etude analytique sur l'architecture religieuse de la Provence au moyen-âge.

Procès-verbal de l'assemblée générale du Comté Venaissin des 10, 11, 23, 24 et 25 mars 1790.

REYNARD-LESPINASSE (Henri). — Armorial historique du diocèse et de l'état d'Avignon. Paris. 1874.

Règlement de police pour la commune de Malaucène. Nyons. 1822.

Revue des Bibliothèques paroissiales d'Avignon, *passim*.

Revue de la numismatique française, année 1837, tomes II et IV. Paris.

Ruche (La). — Journal d'Orange, *passim*.

RICHARD. — Guide du voyageur en France. 1881. v° *Malaucène*.

SALOMON. — Consultation pour la ville de Malaucène. 1780.

SAUREL (Alfred). — La Provence à travers champs, n°s 8 et 10 de 1881, et 18 et 26 de 1882.

SOULIER (Ch.). — Histoire de la Révolution d'Avignon et du comté Venaissin. 1810.

Statuts municipaux de la ville de Malaucène. 1764.

TEISSIER. — Histoire des Souverains Pontifes qui ont siégé dans Avignon. 1774.

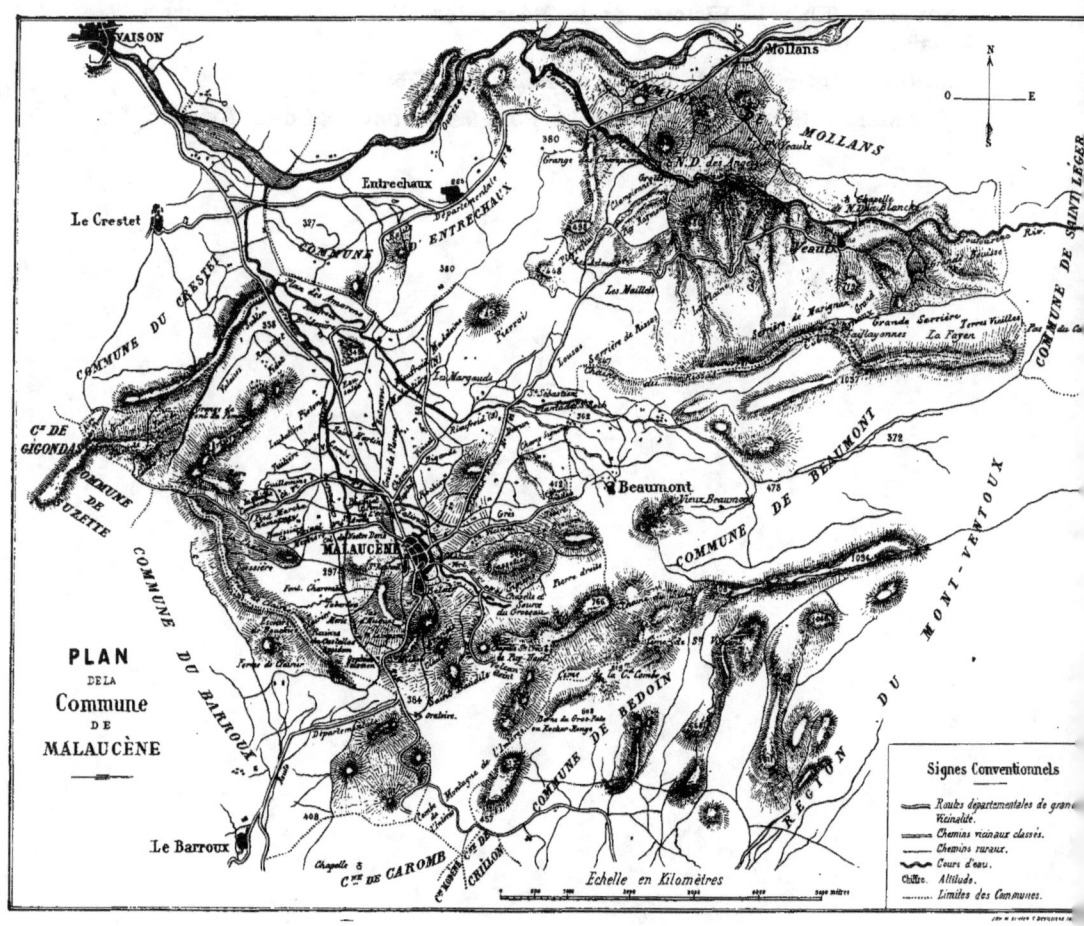

HISTOIRE DE MALAUCÈNE

LIVRE PREMIER

TOPOGRAPHIE

CHAPITRE PREMIER

SITUATION GÉOGRAPHIQUE. — LIMITES. — DISTANCES. — GRANDES DIVISIONS DU TERRITOIRE.

Située dans la partie septentrionale du département de Vaucluse, la commune de Malaucène appartient à l'arrondissement d'Orange.

Le territoire du canton dont la ville de Malaucène est le chef-lieu, occupe une langue de terre placée entre les crêtes du Mont-Ventoux et le département de la Drôme.

Il est limité, au point de vue administratif :

Au nord, par le canton de Buis-les-Baronnies (Drôme);

A l'est, par le canton de Séderon (Drôme);

Au sud, par les cantons de Sault et de Mormoiron (arrondissement de Carpentras, Vaucluse);

A l'ouest, par les cantons de Beaumes et de Vaison (arrondissement d'Orange, Vaucluse).

Au point de vue physique, les limites ne sont bien marquées qu'au sud (crête du Mont-Ventoux) et au nord (rivière du Toulourenc).

Les communes qui constituent le canton de Malaucène sont :

Malaucène	2.697 habitants	4.532 hectares
Le Barroux	826	1.603
Beaumont	453	2.816
Brantes	394	2.816
Entrechaux	981	1.491
Saint-Léger	146	1.922
Savoillans	272	881
	5.769 habitants	16.061 hectares

Si l'on considère les avantages que les habitants du canton de Malaucène peuvent retirer des relations de leur voisinage, on ne peut s'empêcher de s'apercevoir que ce canton aurait tout à gagner à être annexé à l'arrondissement de Carpentras.

Bien que sa réunion à la France ne date pas encore d'un siècle, plusieurs fois déjà les habitants ont demandé à être distraits de l'arrondissement d'Orange. Les raisons qu'ils ont fait valoir, à certaines époques, et notamment en 1807, ne subsistent plus, sans doute, mais le fait de l'éloignement du chef-lieu d'arrondissement ne saurait être mis en doute. Orange est à 42 kilomètres de Malaucène, tandis que Carpentras n'est qu'à 16 kilomètres et demi.

Les Malaucéniens ne sauraient oublier, d'ailleurs, que Carpentras a été longtemps leur capitale, à l'époque où le gouvernement du Comté Venaissin y était établi.

Rappelons, pour ne plus revenir sur ce sujet, que, lors de sa réunion à la France et par décret du 23 septembre 1791, Malaucène fut comprise dans le district de l'Ouvèze, dont Vaison était le chef-lieu, et que c'est par décret du 25 juin 1793 que la commune fut donnée à la fois à l'arrondissement d'Orange et au département de Vaucluse.

Malaucène se trouve :

A 41 kilom.	»	d'Avignon.
A 32	»	d'Orange.
A 16	500 m.	de Carpentras.
A 9	»	de Vaison.
A 5	»	du Barroux.
A 3	»	de Beaumont.
A 25	»	de Brantes.
A 7	»	d'Entrechaux.
A 20	»	de Saint-Léger.
A 31	»	de Savoillans.

Bien résolus à ne nous occuper que de Malaucène et de son territoire, nous cessons dès à présent de fournir des renseignements plus complets sur les communes qui forment ses annexes cantonales. Nous n'en parlerons, à l'avenir, que lorsque la nature du sujet que nous traiterons nous obligera à en dire quelques mots.

La ville de Malaucène est située 2°16′58″ de longitude orientale et 44°11′23″ de latitude.

Son territoire, qui comprend une étendue de 4,532 hectares, est limité ainsi qu'il suit :

Au nord, Entrechaux, sur une longueur de	6.000	mètres.
Au nord-est, Mollans	—	6.000
A l'est, Saint-Léger	—	1.400
A l'est, Beaumont	—	10.600
Au sud-est, Bedoin	—	3.600
Au sud, Crillon		400
Au sud, Modène (borne)	—	000
Au sud, Caromb	—	600
Au sud-ouest, le Barroux	—	7.400
A l'ouest, Suzette	—	200
A l'ouest, Gigondas	—	400
Au nord-ouest, le Crestet	—	4.000
La circonférence de la commune de Malaucène est donc de....................................	40.600	mètres.

La plus grande longueur, de l'*Aire des Fermes*, à la limite de Gigondas et du Crestet, à l'ouest, jusqu'à l'extrémité des *Terres-Vieilles*, à la limite de Saint-Léger et de Beaumont, de l'est, est de 14 kilomètres 200 mètres.

Sa plus grande largeur, de l'extrémité des *Championnes*, à la limite d'Entrechaux et de Mollans, au nord, à l'extrémité de la *Combe d'Entérès*, à la limite de Crillon, de Modène et de Caromb, au sud, est de 10 kilomètres 200 mètres.

Ces mesures, cela va sans dire, sont prises en droite ligne et à vol d'oiseau.

La forme du territoire vu dans son ensemble est d'une telle irrégularité qu'on ne saurait lui donner un nom. A l'ouest, au sud et au nord il s'introduit à angle aigu dans les communes voisines; mais, à l'est, le prolongement du territoire est tel que le tiers de son étendue paraît au premier abord ne plus lui appartenir. Aussi, ces points extrêmes sont-ils à des distances considérables du chef-lieu de la commune.

Ces distances sont :

A l'ouest, 5 kilomètres 400 mètres ; — au sud, 4 kilomètres ; — au sud-est, 3 kilomètres 400 mètres ; — à l'est, 9 kilomètres 800 mètres ; et au nord, 6 kilomètres 800 mètres.

Avant d'aller plus loin, il convient de donner un léger historique des limitations diverses qui furent établies, à différentes époques, entre Malaucène et ses communes limitrophes.

La première division des territoires de Malaucène et d'*Entrechaux* fut faite, en 1271, par Etienne Raymond de Grosse et Bérenger, docteur ez droit. — Elle fut revue, en 1281, par Guillaume de Senacios. — Une nouvelle délimitation eut lieu plus tard, sous la direction de Silvestre Le Franc, licencié ez droit, avocat, procureur fiscal général du Comtat, désigné à cet effet par le Recteur (1496). Les termes n'avaient pas été placés à la convenance de tous les intéressés; ils furent replantés en 1518.

Les habitants de Malaucène étaient en litige avec ceux de *Mollans*, bourg compris dans le canton du Buis, département de la Drôme, et qui faisait jadis partie du Dauphiné, c'est-à-dire du domaine de la France. Ces difficultés donnèrent lieu à un grand procès international dont nous aurons l'occasion de parler dans un autre chapitre. Disons seulement, pour le moment, que les bornes furent placées d'après une convention dans laquelle intervinrent les délégués du vice-légat d'Avignon et du roi de France. L'acte fut passé à Malaucène, le 30 avril 1641.

Le procès-verbal de cette opération est fort curieux ; c'est la reproduction fidèle, paraît-il, de la conversation qui eut lieu entre les différents commissaires, moitié français, moitié patois. Nous regrettons de ne pas pouvoir mettre sous les yeux du lecteur ce charabias du commencement du XVI° siècle.

Les bornes de séparation entre Malaucène et *Beaumont* furent placées en 1350, mais dans de telles conditions que le territoire de cette première enveloppait presque de toute part celui de la seconde. Un tel partage devait nécessairement, pour l'avenir, occasionner de nombreuses difficultés entre les habitants des deux communes et entre les communes elles-mêmes. Il survint bien, le 7 janvier 1359, une sentence qui détermina le droit de Malaucène sur le territoire de Beaumont ; mais, cette sentence, comme nous le verrons plus tard, ne guérit point le mal.

Du côté de *Saint-Léger*, les bornes furent placées d'abord, le 2 des calendes de juillet (30 juin 1277), par Raymond de Grosse. Elles furent ensuite remaniées en 1492. —

La délimitation des territoires de Malaucène et de *Bédoin* fut réglée par le chevalier Guy du Val, en suite des ordres de Jeanne de Toulouse, comtesse de Poitiers. Elle subit des modifications en 1496.

La séparation des communes de Malaucène et de *Crillon* fut établie, le 25 juin 1279, par ordre de Raymond de Grosse, sénéchal du Comtat pour le pape; étant viguier de Malaucène, Guillaume de Sencier (*domicellus de Senacos*). Les termes furent plantés en présence de Raymond Ambert, syndic de Malaucène, Berton, seigneur de Crillon, Reynard de Maussan et Guillaume d'Augier, limitateurs du Comtat. L'acte fut reçu par Pierre Nicole, notaire public du Comtat. Il paraît que les habitants de Crillon ne respectèrent pas toujours, dans la suite, cette convention; car, nous savons, par les registres de la commune de Malaucène, que celle-ci fut obligée de prendre des mesures pour empêcher ses voisins de commettre des usurpations dans les bois. Il fallut même en venir, en 1496, à une rectification des bornes.

Du côté de Saint-Jean de Galles, territoire de *Caromb*, les bornes furent placées, en 1271, en même temps que celles d'Entrechaux, par Etienne Raymond de Grosse et Bérenger.

Une ordonnance du vice-gérant Antoine Torbulli, portant que les consuls de Malaucène seront cités par-devant lui, à l'effet de voir examiner de nouveau la cause jugée par le Recteur du Comtat entre lesdites communes, au sujet des droits de dépaissance, de lignérage et de cuire la chaux, fut rendue en 1547.

Enfin, la division du territoire entre Malaucène et le *Crestet* fut faite par Siméon de Trobuyer, docteur ez droit, avocat et procureur fiscal général du Comtat, arbitre choisi par les deux communes. Dans l'acte passé en 1493, nous voyons figurer le ruisseau du Siblon (*Rivuus Siblonis*), actuellement Sublon.

Le territoire de la commune est officiellement divisé en huit sections, savoir :

A l'ouest, section A ; — au nord-ouest, section B ; — au nord, section C ; — au nord-est, section D ; — à l'est, section E ; — au sud-est, section F ; — au sud-ouest, section G ; — au centre, section H.

La section A, à l'ouest de la ville, est limitée : au nord, par les montagnes du Crestet et le vallat ou ruisseau de la Font-de-Pommier qui est rarement à sec, même durant l'été ; — à l'est, par la rivière du Groseau qui le sépare de la section B et par la route de Vaison ; — au sud, par le chemin vicinal de Suzette qui la sépare de la section G ; — et, à l'ouest, par les montagnes du Barroux, de Suzette et de Gigondas dont le point culminant a 691 mètres d'altitude.

Cette section a 14 kilomètres de circonférence. Les quartiers, en descendant du nord au sud, se nomment : le Sublon, Ravaillet, les Valaisses, Fidet, l'Aire des Fermes, le Griou, la Pousterle, Combe Freou ou Font-du-Pommier, Arfuyen, Loubatière, Pioton, les Ponts, la Tuilière, le Ray, les Guillomins, la Chaîne, le Combeau, Notre-Dame, Pied-Marcha, Mamaruge, la Bouissière, la Merlière et le Bosquet.

Les chemins principaux qui desservent cette section sont : le chemin vicinal du Bosquet, le chemin vicinal de Suzette et l'ancienne voie *publique*, aujourd'hui descendue au rang de chemin rural, de Carpentras à Vaison.

Le seul cours d'eau qui mérite d'être nommé, mais qui n'est d'aucune utilité, est le vallat de Font-du-Pommier.

La section B, au nord-ouest de la ville, est limitée : au nord par des chemins ruraux et des vallats sans nom qui la séparent de la commune d'Entrechaux, jusqu'à la rencontre du chemin d'Entrechaux ; — à l'est, par ce même chemin d'Entrechaux, qui la sépare de la section E; — au sud et à l'ouest, par la rivière du Groseau jusqu'à la limite du Crestet ; — et, au nord-ouest, par le territoire de cette dernière commune.

Cette section a 9 kilomètres de circonférence. Les quartiers qu'elle renferme, en les parcourant du nord au sud, sont : Plan des Amarens, la Bredouïre, la Saousse, la Madeleine, l'Eau-Salée, Rieufroid, Saint-Martin, la Combe, Entrevon (sud), la Croix de Florens.

Les chemins principaux qui desservent cette section sont : les grandes routes de Vaison et d'Entrechaux, dont la bifurcation se produit dans le quartier de l'Eau-Salée; et le chemin de la Madeleine.

Les cours d'eau qui l'arrosent sont les plus importants de la commune ; c'est, à l'ouest, la rivière du Groseau, et, à l'est, le Rieufroid, qui courent tous les deux dans la direction de Vaison.

La section C, au nord-nord est de la ville, est bornée : au nord, par les montagnes de la commune d'Entrechaux qui atteignent, sur les limites même, une altitude de 450, 448 et même 498 mètres, jusqu'à une ligne fictive rencontrant à angle aigu la rivière du Toulourenc; — la rivière du Toulourenc (jusqu'à la grotte dite de N.-D. des Anges), rivière qui la sépare de la commune de Mollans; — à l'est, par un ruisseau ou vallat formé par deux montagnes, le Puy-Raymond, à l'ouest, et le Puy ou Pied-Mouton (386°) à l'est, dont l'origine se trouve sur le mont Rissas (527°); les crêtes de cette montagne qui la séparent de la commune de Beaumont; —

au sud, par le ruisseau de Rieufroid qui la coupe de la section E; — enfin, à l'ouest, par le chemin vicinal de Malaucène à Entrechaux qui la sépare de la section B.

Cette section a 12 kilomètres de circonférence ; les quartiers qu'elle renferme, en les énumérant du nord au sud, sont : les Championnes, Puy-Raymond, Pierrefeu, les Maillets, la Serrière du Rissas, la Madeleine, Pierroi, le Lousas, Rieufroid, les Margauds, Saint-Sébastien.

Les chemins principaux qui la desservent sont : le chemin vicinal d'Entrechaux, sur la limite à l'ouest ; et le chemin vicinal de Veaux qui touche aux deux hameaux des Margauds et des Maillets.

Aucun cours d'eau important ne la traverse ; mais, sur la limite sud, court le Rieufroid, et, au nord, le Toulourenc. Cette rivière importante serpente au fond d'une gorge, sans aucune utilité pour le territoire de Malaucène.

La section D, au nord-est de la ville, est enclavée dans les communes de Mollans au nord, de Saint-Léger à l'est, et de Beaumont au sud ; attenante à la section C, dont la limite est indiquée par un ruisseau ou torrent qui prend ses origines dans les crêtes du Rissas, elle forme en quelque sorte une partie distincte de la commune, n'étant reliée à elle, au milieu de la section C, que par une langue de 1,200 mètres de largeur.

Cette section, entièrement composée de montagnes, a 14 kilomètres de circonférence. Au nord, elle est bornée par la rivière du Toulourenc qui roule constamment au fond d'un ravin très sinueux, véritable défilé bordé de rocs élevés, tandis qu'au sud elle a pour limites les sommets élevés de la chaine du Rissas dont les points culminants sont : la Fayen (1175^m), la Plate (1037^m), Marignan (751^m) et le Rissas proprement dit (537^m).

Cette chaine de Rissas appartient au Ventoux et monte graduellement dans le sens de l'ouest à l'est.

Les quartiers que renferment cette section sont, en se dirigeant de l'ouest à l'est : Pied-Martin, la Plaine, le Collet de Boutarde, la Serrière de Marignan, les Veaux, les Taillayonnes, la Grand-Serre, la Grande Sarrière, la Grande Bouisse, la Fayen et Terres-Vieilles.

Le hameau de Veaux, qui touche presque les limites de Mollans, est situé sur la ligne qui couperait la section en deux, si on voulait en faire le partage égal.

Une seule route, chemin vicinal de Veaux, dessert cette section, dans la partie nord-ouest seulement.

Comme cours d'eau, il n'y aurait à citer que le Toulourenc, si cette rivière ne coulait pas à un niveau tellement inférieur qu'elle ne peut être d'aucune utilité pour les habitants de la commune.

La section E, au nord-nord-est de la ville, est limitée : au nord, par le ruisseau de Rieufroid qui la sépare de la section D ; — à l'est, par une série de collines qui, courant du nord au sud, relient la chaîne du Rissas à la chaîne du Sueil, et dont les sommets ont 362 et 412 mètres, tous deux limitrophes avec le territoire de Beaumont ; — au sud, par le chemin vicinal de Beaumont et les murs de la ville (section H) ; — et, à l'ouest, par l'avenue de Vaison et le chemin vicinal d'Entrechaux.

Cette section a 7,600 mètres de circonférence ; les quartiers qu'elle renferme sont, en les nommant du nord au sud : la Malautière, le Rieufroid (sud), Darun, Champs-Signoret, Bigaude, Piochier, l'Hôpital, les Palivettes, le Grès et le Pradas.

Elle est desservie par les chemins vicinaux d'Entrechaux, à l'ouest ; de Veaux, au centre ; de Beaumont, au sud ; et par plusieurs chemins ruraux importants.

Les cours d'eau qui la traversent sont : le Rieufroid, au nord, et la rivière du Groseau, au sud.

La section F, au sud-est de la ville, est limitée : au nord, par le chemin vicinal de Beaumont qui la sépare de la section E ; — à l'est, par une suite de montagnes qui s'élèvent successivement du nord au sud, sur la limite de Beaumont, jusqu'à la cime de Saint-Vincent qui appartient à la chaîne du Sueil ; et, sur la limite de Bedoin, depuis la cime de Saint-Vincent jusqu'au territoire de Crillon ; sur cette dernière partie du chaînon, on remarque la cime de la Grand-Combe (819^m), le rocher du Gros-Pata (612^m) et la Fin de l'Intérès (437^m).

A partir de ce point, le territoire de la section se termine en forme de lance et est circonscrit, au sud, par les communes de Crillon, de Modène et de Caromb. Le restant de la section est limité, au sud-ouest, par la route de Caromb qui la sépare du territoire du Barroux ; et, à l'ouest, par la route départementale de Carpentras qui la sépare de la section G.

La section a 13 kilomètres de circonférence. Les quartiers sont, en les énumérant du nord au sud : le Désert, la Baume, Château-Vert, Brassetieux, les Gipières, Bel-Air, Groseau, la Pierre-Droite, les Arénées, le Claux, le Portail de Saint-Jean, Puy-Haut, Saint-Baudile, la montagne de l'Intérès et la Combe de l'Intérès.

La section est desservie par les chemins vicinaux du Groseau et des Arénées. Elle est arrosée par la rivière du Groseau qui ayant sa source au pied de la montagne de Puy-Haut, court du nord au sud-ouest.

La section G, au sud-ouest de la ville, est limitée : au nord, par le chemin vicinal de Suzette qui la sépare de la section A ; — à l'est, par la ville et la route départementale de Carpentras qui la sépare de la section F ; — au sud et à l'ouest, par la crête de Clairier qui est limitrophe de Beaumont et dont le sommet est d'une altitude de 507 mètres.

Les quartiers de cette section, énumérés du nord au sud, se nomment : la Chaîne, la Boissière, Clairier et Comparat.

La section est desservie : au nord, par le chemin vicinal de Suzette ; au sud, par la route départementale n° 4, de Carpentras et par les chemins ruraux de Carpentras à Vaison, etc.

Il n'y a pas de cours d'eau dans toute la section, mais on y trouve les sources de Charombel, de Tabardon, du Jas d'Hugues, de Comparat et de Merle.

La section H renferme la ville proprement dite, entourée au nord, à l'est et au sud, par la route départementale de Carpentras, et, à l'ouest, par le chemin vicinal dit du Rempart.

CHAPITRE DEUXIÈME

COUP D'ŒIL D'ENSEMBLE SUR LE TERRITOIRE DE MALAUCÈNE, LA VILLE ET SES FAUBOURGS

—

Parcourir une partie du territoire d'une commune, avant d'avoir cherché à en embrasser l'ensemble du sommet de ses hauteurs, serait s'exposer à des courses infructueuses et à une perte de temps considérable. Nous ne saurions donc aller plus avant, sans chercher un point culminant d'où l'œil, planant à l'aise sur toute l'étendue des terres appartenant à Malaucène, puisse se rendre aisément compte des chaines de montagnes et des vallées qui la composent.

Le point à rechercher tout d'abord, comme élévation, serait celui d'Arfuyen; mais, cette montagne, située presque à l'extrémité nord-ouest du territoire, est trop éloignée de l'autre extrémité pour que la vue y soit dirigée avec succès. La position de Clairier serait préférable, bien qu'elle soit placée sur la limite de la commune, du côté du sud-ouest. La meilleure, à tout prendre, bien que l'altitude ne soit pas excessive, est celle que forme la terrasse du Calvaire, plate-forme de l'ancien fort, au centre de la ville même de Malaucène (1).

Si nous en détachons momentanément la région de Veaux qui, nous l'avons fait remarquer déjà, se prolonge outre mesure entre les communes de Mollans et de Beaumont, Malaucène occupe à peu près le milieu de son territoire; le regard n'est, sur aucun point, borné immédiatement par des montagnes élevées, ni heurté par aucun obstacle sérieux.

Faisant donc l'ascension du vieux fort et longeant, au fur et à mesure qu'il nous conviendra, la barrière posée autour de sa terrasse, examinons à loisir le panorama qui se déroule de tous les côtés.

Orientons-nous, soit à l'aide d'une boussole, soit simplement au moyen de la projection des ombres fournies par le soleil.

Au nord, tout à l'extrémité de l'horizon, apparait la montagne

---

(1) On verra, dans la suite de cette histoire, que Arfuyen, Clairier et le fort étaient les trois points du territoire où se faisait le guet dans les temps de guerre et de trouble.

de la Lance, couverte de neige une grande partie de l'année et, plus près, les montagnes du Dauphiné qui se montrent nues et chevauchant les unes sur les autres. Au devant, serpente une route blanche qui, partant de Malaucène, gravit les hauteurs et se perd dans la direction de Mollans qu'on ne peut apercevoir.

Sur son parcours, cette route a rencontré un village qui s'étale au soleil, montrant les débris de son château au sommet d'un mamelon en pain de sucre ; ce village, c'est Entrechaux, limitrophe de Malaucène.

Inclinant du nord au nord-ouest, le terrain subit une dépression ; on voit que c'est la continuation du vallon principal de la commune de Malaucène, mais s'élargissant grandement ; c'est dans cette direction que courent le Groseau et le Rieufroid qui, après avoir mêlé leurs eaux, vont se perdre dans la capricieuse Ouvèze, en face de la commune de Saint-Marcelin qui touche celle de Vaison.

Cette dernière ville, jadis capitale de la contrée, ne peut s'apercevoir, mais on devine sa place, derrière les montagnes du Crestet, dont Arfuyen laisse dépasser quelques cimes.

Arfuyen est une montagne considérable appartenant en entier à Malaucène. Située au nord-ouest de la ville, elle prolonge sa crête élevée, dans la direction du sud-ouest au nord-est, crête d'un vert sombre, couleur qui provient plutôt de ses rochers crevassés que de la végétation qui la couvre.

Au devant, se présentent les collines dites de la Tour, que gravit le chemin vicinal de Suzette. Beaucoup plus près, l'œil se repose volontiers sur une triple rangée d'arbres: l'allée des peupliers qui ombrage les routes de Vaison, l'allée des tilleuls conduisant à la villa du Pont de l'Orme et une rangée de chênes qui suit la cime des collines limitant ce domaine. A deux cents mètres à peine des murs de la ville, le cimetière communal est indiqué par une touffe épaisse de cyprès.

Les collines de la Tour continuent à s'étendre vers l'ouest, montrant un nombre considérable de granges, de fermes et de pavillons autour desquels le sol est largement cultivé. Entre tous les quartiers ruraux, il faut signaler celui de Lignol.

De l'autre côté du chemin vicinal dit du Rempart, qui, passant entre la ville et le cimetière, va se souder à la route départementale de Vaison, se détache le groupe de Saint-Raphaël, que nous appellerions hameau, s'il était plus éloigné, mais auquel le nom de faubourg pourrait être donné sans inconvénient.

Nous voici tournés vers le sud-ouest. La montagne qui détache sa crête rocheuse et masque complètement la vue du territoire du Barroux, s'appelle Clairier. Clairier n'est plus rien aujourd'hui qu'un sommet vulgaire, battu par tous les vents ; mais, jadis, sur ses rochers se montrait le Castellas et, bien des siècles auparavant, un habitat celtique, berceau de la Malaucène moderne.

Nous parlerons plus tard, avec détails, et de la montagne et des ruines qui s'y trouvent ; mais, puisque nous sommes occupés à étudier la physionomie du territoire, considérons combien la position de cette crête qui s'allonge considérablement du sud-est au nord-ouest, était choisie avec intelligence par les habitants qui avaient un intérêt immédiat à se tenir aux aguets, au centre d'une région si remplie elle-même de points élevés.

Tournons nos regards vers le sud. Nous apercevons encore Clairier, mais la montagne perd rapidement son élévation et, à sa base, se trouve un vallon assez étroit de forme, resserré à l'est par les premiers contreforts de la chaîne du Sueil.

Mais ce vallon nous est masqué par les collines qui portent la chapelle de Saint-Roch et l'oratoire de Saint-Michel. Nous suivons les grands lacets formés par la route départementale de Carpentras, et nous nous expliquons sans peine pourquoi les véhicules légers et les piétons préfèrent continuer à se servir du tronçon de l'ancienne route, descendue au rang de simple chemin vicinal, plutôt que de pratiquer la voie nouvelle. C'est tout près de l'oratoire de Saint-Michel que la bifurcation des deux chemins existe. Quant à la chapelle de Saint-Roch, les collines les plus élevées des quartiers qui portent ce nom peuvent être seules aperçues de la terrasse que nous convertissons en belvédère.

Changeons la direction de notre regard et dirigeons-le vers le sud-est.

Nous avons devant nous le vallon proprement dit du Groseau ; nous pouvons suivre en partie le chemin vicinal qui conduit à la source, apercevoir les fabriques, moulins ou usines qu'alimentent ses eaux, deviner le cours de la petite rivière que l'industrie a accaparée en majeure partie, ne laissant couler qu'un faible excédant dans le vallon de Vabre.

Mais, si nous voulons étendre notre vue, un obstacle se montre : c'est la montagne de Puy-Haut dont le sommet, élevé de 766 mètres, se rattache, sans solution de continuité, à celui du Sueil qui lui-même fait partie du massif du Ventoux.

De la chapelle Sainte-Croix de Puy-Haut, dont le bâtiment blanchi à la chaux se détache sur ces chaînes affreusement tourmentées, jusqu'aux montagnes de la Drôme que nous avons aperçues tout d'abord, les monts succèdent aux collines et les pics escaladent les uns sur les autres.

Mais, bien avant le Ventoux proprement dit, dont un sommet intermédiaire nous empêche d'apercevoir la cime véritable, voici, à l'est-sud-est, Brassetieux aux rochers aigus et brisés à leur base, les Argeliers et, entre deux, le vallon de la Baume. Tout près de nous, faisant contraste, nos yeux se reposent sur les bosquets de Château-Vert.

A l'est, la vue s'étend au loin ; les dernières montagnes sont celles de Saint-Léger, dont les sommets émergent derrière la Plate (1037^m) appartenant à la chaîne du Rissas, et, plus en avant, les collines de Beaumont vers lesquelles conduit le chemin qui, semblable à un ruban blanc, se montre par-ci par-là au milieu de ces boursouflures d'un terrain inégalement couvert d'une végétation souffreteuse.

Pour avoir considéré tout l'horizon, il n'y a plus qu'à jeter un coup d'œil vers le nord-est. Au fond se montrent les montagnes de la Drôme ; au devant se trouvent celles du quartier de Veaux ; mais ces dernières sont masquées par la chaîne du Rissas dont les ramifications se lient, d'un côté, à la grande cime du Ventoux, tandis que, du côté de Malaucène, elles se prolongent jusqu'au petit hameau des Margauds, ne laissant entre elles et les points les plus élevés de la commune d'Entrechaux qu'une dépression au fond de laquelle est tracé le rude chemin de Veaux.

Nous n'avons pas à faire remarquer, la chose étant facile à voir, que le territoire de Malaucène est déclive et comme encaissé par les montagnes qui, en le ceignant, en font en quelque sorte le rendez-vous des eaux qui en découlent ; c'est ce que nous aurons à dire un peu plus loin.

Nous ne saurions manquer, en descendant du belvédère d'où nous avons pu apercevoir tant de choses, de visiter en détail la ville de Malaucène.

Orientée dans le sens de la plus grande longueur, du sud-est au nord-ouest, Malaucène est placée sur la route départementale n° 4 du pont de Bonpas au pont du Toulourenc.

Pour que notre bonne foi ne soit pas suspectée, laissons faire la description de la ville par trois auteurs différents.

« Sa situation, dit Pazzis, aurait dû former une plus grande
« ville. L'intérieur ne correspond pas à la beauté de la campagne ;
« les rues en sont étroites et mal percées ; fraîches et propres, en
« été, arrosées qu'elles sont par les eaux abondantes et limpides
« du Groseau ; mais, en hiver, d'une grande malpropreté, à cause

« de la tolérance accordée par les règlements et ordonnances de
« police. »

Croirait-on que, de nos jours, on peut répéter ce qu'on disait
autrefois ?

Qu'on lise, en effet, cet extrait d'une note du docteur Sainte-
Foy Lemoyne, qui, plus qu'un autre, a pu se rendre compte des
inconvénients graves auxquels les habitants peuvent être exposés.

« La ville a la forme d'un cerf-volant dont les ailes s'étendent
« entre le levant et le couchant et dont les deux autres extrémités
« se dirigent l'une du côté du midi et l'autre, la plus allongée, du
« côté du nord.

« Les maisons y sont bâties sur l'eau. En creusant le sous-sol à peu
« de profondeur, chaque propriétaire pourrait, au besoin, avoir
« un puits à sa disposition. Elles sont assez élevées (deux étages).
« L'air, le jour, le soleil n'y pénètrent que très-difficilement, les
« rues étant étroites, obliques, mal alignées. Les rez-de-chaussée
« de toutes les habitations en sont très-humides, très-malsains ;
« les soubassements en sont salpêtrés : les tapisseries s'y moisis-
« sent, y perdent leurs couleurs, s'en détachent en lambeaux peu
« de temps après leur application. »

Ce tableau peut être vrai, mais c'est un tableau à peindre en
hiver seulement. La peinture suivante est faite un jour de prin-
temps ou d'été :

« Malaucène, dit M. Henry de la Madeleine, dans son livre inti-
« tulé *Germain Barbe-Bleue*, Malaucène est presque une ville et
« c'est à bon droit qu'on la renomme. Assise au versant du Mont-
« Ventoux, baignée d'eaux vives, entourée de prairies immenses,
« ombragée d'arbres centenaires, elle s'étend paresseusement au
« soleil, comme une italienne et se berce au bruit de ses fabri-
« ques, aux chansons de ses fileuses. Autant la campagne qui
« l'entoure est calme et comme alanguie, autant la riante cité est
« éveillée et active. L'industrie est venue secouer sa somnolence
« naturelle ; les usines s'échelonnent au courant de ses eaux et
« d'innombrables moulins clapotent gaiement à l'ombre des
« noyers, des mûriers et des hêtres. Les flancs arides de la mon-
« tagne contrastent énergiquement avec la végétation luxuriante
« de la plaine. A perte de vue, l'œil s'étend sur des champs ferti-
« les, cultivés comme des jardins et coupés de canaux. Tout res-
« pire l'aisance. Malaucène est un de ces coins du monde chers
« aux âmes tendres, qui reviennent dans les doux rêves et qui
« sont familiers tout d'abord comme de vieux amis reconnus. »

Revenons à la réalité. La ville proprement dite, formant un

ovale presque parfait, est entourée, à l'est, par la route départementale et, à l'ouest, par le chemin vicinal n° 99 dit du Rempart. Des arbres nombreux et touffus couvrent de leurs ombrages, durant la belle saison, ces deux voies dont la pente se fait sentir dans la direction du sud-est au nord-ouest.

C'est à l'est et sur la gauche de la route départementale que s'étend le Cours des Isnards, promenade spacieuse plantée d'une quadruple rangée de platanes.

Nous ferons ailleurs l'histoire des agrandissements successifs de la ville ; pour le moment, disons que, sauf les quelques habitations qui occupent l'angle de la grand'route faisant face à l'église paroissiale, l'enceinte de la ville était strictement bornée, autrefois, par les chemins dont nous parlons ; mais, depuis un certain nombre d'années, des constructions se sont élevées en dehors de la ligne des remparts et occupent sans solution de continuité les lices extérieures, du côté de l'est. Le Cours se trouve ainsi au milieu des habitations.

Une rue principale, nommée *Grand'rue*, coupe dans toute sa longueur ce que nous appellerons non pas la ville vieille, mais la ville ancienne. Commençant à la porte Soubeyran, au sud, elle finit au portail Filiol, au nord.

Si l'on entre en ville par la première de ces portes, on longe tout d'abord le chevet de l'Église paroissiale, puis on descend jusqu'à la Place, laissant à gauche les ruelles qui conduisent à l'ancien château et à la Tour de l'Horloge et l'on ne tarde pas à arriver à l'Hôtel-de-Ville, derrière lequel se trouvent l'Hospice, le plus grand établissement de Malaucène et la Maison d'école. De ce point au portail Filiol, dont il ne reste que le nom, le trajet est court et l'on ne tarde pas à se trouver à la rencontre du chemin des remparts et de la route départementale.

On ne saurait se dispenser de faire l'ascension du Calvaire ; car, en gravissant ses pentes, on pourra voir les restants des remparts, du fort et la base d'une tour, et, parvenu sur la plate-forme de l'ancien château, admirer, comme nous l'avons indiqué, le panorama vraiment superbe qui se déroule dans toutes les directions.

CHAPITRE TROISIÈME

OROGRAPHIE. — ALTITUDES DIVERSES. — GÉOLOGIE.

§ 1er. — OROGRAPHIE.

De toutes les montagnes plus ou moins élevées qui servent, en quelque sorte, d'encadrement aux riches vallées de la commune, la plus importante est, sans contredit, le Mont-Ventoux. Et même, à proprement parler, on peut dire que toutes ne sont que des contreforts ou tout au moins des ramifications de celui-ci. Les savants font venir son nom du latin *ventosus*, à cause du vent presque perpétuel qui règne à son sommet, ou du celte *ven top*, cime neigeuse, le sommet étant couvert de neige une bonne partie de l'année.

Son élévation a été évaluée différemment, suivant la méthode et les instruments. On a dit : 2,106m, — 1,958m, — 1,911m, etc. Maintenant, la Commission météréologique de Vaucluse considère l'altitude de 1,926m,50 comme étant ce qu'il y a de plus exact.

Le versant septentrional est très abrupt et présente le plus souvent des escarpements inaccessibles. Leur hauteur, presque verticale, atteint, en face de Brantes, jusqu'à près de 1,500 mètres.

C'est du pied d'un de ces escarpements que jaillit la source du Groseau.

Sur sa pente rapide, parmi toutes les anfractuosités, on ne voit que menus débris de roche calcaire. Une ceinture de sable stérile l'entoure à sa base. Au nord du Ventoux, les montagnes de Malaucène sont sans verdure, à l'exception de quelques touffes de broussailles cramponnées çà et là dans les fissures des rochers. Les vallons et les coteaux sont ici absolument sablonneux et sujets, dans certaines saisons, aux ravages des eaux pluviales.

Le versant méridional, du côté de Bédoin, présente une moyenne de 10°; celle du nord (qui est celle de Malaucène) est en moyenne de 19°30'. Cette grande différence explique la préférence donnée par les touristes ascensionnistes au chemin de Bédoin. Ce sera bien autre chose lorsque l'observatoire sera terminé, avec sa belle route carrossable de Sainte-Colombe.

La montagne de Puy-Haut est un puissant contrefort du Ventoux.

Son nom lui vient de *Podium altum*, montagne élevée. On

l'écrit d'ordinaire, d'après la prononciation locale, Pi-Haut ; M. J. Courtet l'appelle *Piout ;* Maxime Pazzis est le seul à dire : Pio. Nous adoptons l'orthographe de *l'Inventaire sommaire des archives du département* et nous écrivons Puy-Haut.

La fraction du territoire appelée la montagne de Veaux s'élève au nord-est de Malaucène, à une petite distance du Mont-Ventoux. Elle possède un petit centre de population composé de granges. De là vient, à ce hameau, la dénomination de *Granges de Veaux*. La population actuelle n'arrive pas au chiffre de cent cinquante habitants. Le hameau de Veaux est situé dans un charmant vallon, près de la rive gauche du *Toulourenc*. A vol d'oiseau, la distance de Malaucène à l'annexe est bien peu de choses ; mais ce n'est point par le plus court chemin que l'on y arrive. Il faut, tout au contraire, prendre le chemin le plus long, par une belle route bien entretenue, passer par Mollans et aborder par le nord les approches du hameau. L'on est, il est vrai, amplement dédommagé de la longueur du trajet par la beauté des sites agrestes que l'on traverse.

Veaux étant une colonie de Malaucène, il était tout naturel que le chef-lieu communal fût en possession des droits seigneuriaux qui s'appelaient *la tasque*, et qui étaient plus que la dîme, puisque la tasque produisait le neuvième des fruits. Ils consistaient principalement en coupes de bois. Ces droits seigneuriaux avaient été achetés par la Communauté, dans le courant du XIII° siècle, des propriétaires co-seigneurs dont voici les noms : Renouard de l'Espine et son épouse, — Pons Guillermin, — Rostang Hugo, — Albert Leybaud, — Pons Chaberlin, — Rostang de Parto, — Rostang de Albaruffo (du Barroux), — Guilhem Lagier, — Pons de l'Espine et Pierre de l'Espine.

§ 2. — ALTITUDES DIVERSES.

La Fayen (section D, limite de Beaumont).........	1.175"
La Grand'Combe (section F, limite de Bédoin).......	819
La Pierre-Droite (section F, limite de Beaumont).....	766
Le Rissas (section D, limite de Beaumont)..........	751
La Grand'Serre (section D)........................	719
La Graine (section A, limite de Suzette)............	691
Arfuyen (section A)..............................	625
Le rocher du Gros-Pata (section F, limite de Bédoin).	612
Le Rissas (section C, limite de Beaumont).........	547
Clairier (section G, limite du Barroux).............	507
Brassetieux (section F)...........................	505

Les Arénées (section F)	503
Pierrefeu (section C, limite d'Entrechaux)	498
Pied-Martin (section D)	486
Pierroi (section C, limite d'Entrechaux)	459
L'Intérès (section F, limite de Bédoin)	451
La source du Groseau (section F)	413
La montagne de Saint-Baudile (section F)	384
Saint-Roch (section E, limite de Beaumont)	362
La Saousse (section B)	343
Ville de Malaucène	342
L'auberge de la Lauze (section E)	339

Il n'est pas inutile, à titre de comparaison, de faire ressortir l'altitude de quelques points avoisinant plus ou moins Malaucène :

Sommet du Ventoux	1.926
Fontaine d'Angel (sur le Ventoux)	1.165
Montagne de Saint-Amand (Suzette)	734
Montagne de Vaucluse	574
Brantes	546
Chapelle Sainte-Croix de Beaumont	524
Tour de Montmirail	414
Clocher du Crestet	381
Clocher de Crillon	361
Sommet de la vieille tour d'Entrechaux	377
Saint-Léger	370
Clocher du Barroux	337
Sol de l'église de Bédoin	302
Sommet du château de Vaison	296
Clocher de Caromb	231
Tablier du pont de Vaison	206
Clocher de Vacqueyras	147
Orange (pied de l'ancien télégraphe)	113
Carpentras (pied de la tour de la Porte d'Orange)	102
Vaucluse (niveau moyen de la Fontaine)	99
Avignon (sommet de la tour du palais des Papes)	84

§ 3. — GÉOLOGIE.

Considéré dans son ensemble, le territoire de la commune de Malaucène peut être classé dans la mollasse marine. Mais, étudié en détail, il est facile d'établir, pour quelques points, des différences notables.

Si, en quittant la ville, on se dirige vers l'est, dans la région du Ventoux, on trouve à la droite les terrains néocomiens, recouverts de pierres siliceuses et de calcaires concassés. Ces terrains impropres à la végétation se prêtent difficilement à la marche. Que l'on donne un coup d'œil sur ces versants complètement dénudés du Ventoux, à une distance très considérable et à l'œil nu, on y verra courir un lièvre.

M. Scipion Gras fournit, dans son savant ouvrage sur la géologie du département de Vaucluse, une série d'observations qu'il est bon de reproduire en entier.

« A l'est de Malaucène, dit-il, le terrain sextien se prolonge
« entre la mollasse et le calcaire néocomien jusqu'à Sainte-
« Marguerite, hameau dépendant de la commune de Beaumont.
« Les couches sont coupées transversalement par le vallon du
« Groseau, où leur succession est facile à étudier; elles offrent,
« sur la droite du vallon, la série suivante, en commençant par
« les plus basses qui s'appuient immédiatement contre la base du
« Ventoux :

« 1° Des marnes argileuses mal stratifiées, divisées en bandes
« vertes, jaunes et rougeâtres, peu distinctes les unes des autres;
« leur épaisseur est de 30 à 40 mètres;

« 2° Plusieurs couches d'un calcaire compacte, solide, rempli de
« planorbes et de lymnées; leur épaisseur ne dépasse pas 3 à 4
« mètres;

« 3° Des calcaires, des marnes et des schistes argileux alternant
« ensemble; ce groupe, épais d'une trentaine de mètres, est légè-
« rement irisé;

« 4° Des bancs de gypse blanc mêlé d'anhydrite, ayant de $0^m,50$
« à $0^m,80$ et alternant avec des strates plus minces de marne
« schisteuse; la puissance de l'ensemble est d'environ 15 mètres;

« 5° Une nouvelle série de marnes schisteuses et de calcaires
« gris, se répétant un grand nombre de fois. Leur épaisseur totale
« est de 30 à 40 mètres..

« Immédiatement au-dessus de ce dernier groupe, on observe
« la mollasse marine en stratification parfaitement concordante.

« Les couches dont nous venons d'indiquer la série se montrent
« également sur la gauche du vallon où elles se succèdent dans
« le même ordre, en présentant seulement quelques différences
« dans leur épaisseur; elles renferment aussi des bancs de gypse
« et d'anhydrite qui sont exploités avec avantage, comme ceux
« du plan opposé. »

Poursuivant son étude, le même auteur dit un peu plus loin :

« La formation sextienne du vallon du Groseau est surmontée
« d'une série très intéressante de bancs marins appartenant à la
« mollasse. On peut vérifier qu'il y a une coïncidence parfaite et
« une liaison intime entre les deux terrains, d'où l'on peut con-
« clure qu'ils ont été déposés à des époques géologiques immé-
« diatement consécutives. A partir des couches sextiennes les
« plus élevées, on observe sur la droite du vallon :

« 1° Des bancs d'un calcaire dur, tenace, pétri d'une grande
« quantité de grains de quartz roulés et de débris de pointes
« d'échinides en petites plaquettes miroitantes ; on y trouve assez
« communément l'*Echinolampas scutellatus*. En suivant dans
« leur prolongement ces bancs de calcaire arénacé, on le voit
« passer, sur beaucoup de points, à un poudingue à ciment cal-
« caire, dont les noyaux, les uns arrondis, les autres anguleux,
« sont à peu près exclusivement siliceux, à surface noirâtre ou
« d'un vert foncé. Epaisseur moyenne : 12 à 15 mètres.

« 2° Des marnes d'un gris blanchâtre alternant avec des cal-
« caires grossiers, caverneux, à texture lâche, remplis de grains
« de quartz et de petits cailloux verdâtres, également siliceux.
« Epaisseur : 50 à 60 mètres.

« 3° Un calcaire tenace, gris jaunâtre, à cassure très inégale,
« presque toujours celluleux. Il est tantôt d'apparence homogène,
« tantôt rempli de grains de quartz et de débris de coquilles,
« parmi lesquelles on distingue le *Pecten scabriusculus*. Epais-
« seur : 25 à 30 mètres.

« 4° Des sables gris et des marnes sablonneuses presque sans
« consistance. Epaisseur : 70 à 80 mètres.

« 5° Des macignos d'un gris sale, à grains fins, d'une faible
« dureté, semblable à la mollasse grise ordinaire. Epaisseur : 10 à
« 12 mètres.

« 6° Des sables et des marnes argilo-sableuses, d'épaisseur
« inconnue, qui ont rempli le bassin où est situé la ville de
« Malaucène.

« Les groupes n° 1 à n° 3 restent pour constituer l'étage infé-
« rieur de la mollasse ; ils sont dirigés à peu près du sud-ouest au
« nord-est et plongent fortement vers le nord-ouest. Les groupes
« suivants, appartenant à la mollasse supérieure, ont une incli-
« naison moindre. Ces diverses couches font le tour du bassin de
« Malaucène en s'arrondissant en fer à cheval. Elles offrent, par
« conséquent, à l'ouest de la ville, une inclinaison en sens con-
« traire de celles qu'elles ont dans le vallon du Groseau : vers le

« nord, elles continuent sans interruption jusqu'aux environs de
« Vaison. »

Les observations de M. Scipion Gras sont propres à intéresser vivement des personnes qui ont fait, comme lui, des études géologiques sérieuses. Mais il est, à une distance médiocre du Groseau, un point où les amateurs superficiels peuvent être facilement satisfaits par la nature du sol qu'ils vont fouler : c'est le quartier improprement appelé *Araignées* et dont le nom véritable est Arénées (de *arena*, sable).

On a devant soi du sable en quantité. Ce sont des carrières inépuisables de sables quartzeux, détritus du terrain sidérolitique, blancs, purs, cristallisés, véritables flots de cristal, les plus beaux qui existent.

Au commencement de ce siècle et même dès la fin du siècle précédent, on avait su fabriquer avec ce sable un verre d'une très grande finesse, dans la célèbre verrerie de Sainte-Garde (commune de Saint-Didier). Actuellement, ce beau sable ne sert plus que pour les travaux du bâtiment. On vient en prendre non-seulement de la ville, mais encore de tous les pays environnants.

On trouve du sable de même nature, quoique moins pur, sur différents points du territoire. Sa présence se manifeste par la magnifique végétation de la vigne, qui, en ces endroits, défie toutes les attaques du phylloxera.

Si l'on avance de quelques pas, on voit briller les pierres gypseuses citées par Pazzis : « comme étant d'une excellente qualité pour devenir le meilleur plâtre possible. » Les couches n'en sont point toujours et partout homogènes.

M. Scipion Gras ne pouvait se dispenser de parler des Arénées.

« Il existe, dit-il, au pied du Mont-Ventoux, sur le flanc
« gauche du vallon du Groseau, un gîte de sables argilo-siliceux
« très peu étendu et néanmoins fort intéressant, parce que son
« indépendance du terrain sextien est évidente et qu'on y voit
« aussi un exemple de sa liaison avec les roches sous-jacentes. Il se
« compose, comme à l'ordinaire, de sables quartzeux purs, rouges,
« blancs et jaunes, quelquefois très fins, associés dans leur partie
« supérieure à des grès ferrugineux, à des poudingues siliceux
« et à des minerais de fer ; en bas, il pénètre dans les cavités et les
« joints du calcaire compacte néocomien, du sein duquel il semble
« sorti. Ce dépôt siliceux est recouvert par des marnes sextien-
« nes avec coquilles d'eau douce qui reposent transgressivement,
« d'un côté, sur le calcaire compacte, de l'autre, sur les grès fer-

« rugineux. Il n'y a aucune ressemblance minéralogique entre
« les deux terrains. »

Le savant géologue que nous citons avec tant de complaisance, aurait peut-être pu faire ressortir davantage la présence de l'*albâtre*, que l'on trouve à un état très pur et que l'industrie utilise pour la fabrication du papier, et s'appesantir un peu plus sur la nature volcanique des coteaux voisins.

Que le cratère qui existait sur ce point soit éteint depuis une période dont nous serions fort embarrassés de déterminer la longueur, nul ne saurait en douter ; mais, ce qu'il y a de non moins incontestable, c'est que le sol est jonché de basaltes et d'autres pierres volcaniques qui proclament hautement leur provenance.

Toute la partie du territoire que nous venons de parcourir est situé au sud-est de Malaucène. La région qui se montre au nord-ouest se rattache à la montagne d'Arfuyen entre Malaucène, Vaison, Gigondas et Suzette.

Ici c'est le terrain jurassique oxfordien. L'ascension de cette montagne, qui n'est pourtant pas d'une élévation excessive, n'est pas des plus faciles, mais elle peut réserver au géologue des surprises qui l'enchanteront.

CHAPITRE QUATRIÈME

HYDROGRAPHIE

§ 1ᵉʳ. — LA SOURCE DU GROSEAU.

« Les eaux de cette fontaine, lit-on dans Maxime Pazzis, jaillissent d'un rocher qui a plus de 100 mètres de hauteur ; après avoir baigné Malaucène et son territoire, elles vont se perdre dans l'Ouvèze, un peu au-dessus de Vaison.»

Ces indications sommaires pourraient suffire dans un traité élémentaire de géographie locale ; pour nous, elles sont loin d'être suffisantes. Voyons d'abord l'origine ou l'étymologie du nom de la source.

« Groseau vient de *grosses eaux* », dit Guinier, suivi en cela par plusieurs. Tel n'est point notre avis, ni celui de l'érudit conservateur de la bibliothèque d'Avignon. En effet, dans ses notes sur les *Inscriptions grecques et latines découvertes à Vaison et dans les environs*, M. Deloye s'exprime ainsi : « Le Groseau ne tire pas « son nom, comme on serait tenté de le croire, de l'abondance « de ses eaux», car il ne suffit pas que Groseau puisse être logiquement une syncope grammaticale de *Grosse eau*, il faut encore vérifier si cela est. Remontons donc l'échelle des temps et voyons la dénomination antérieure donnée à cette source.

Avant de dire Gro*seau*, l'on disait Gro*sel*. Le provençal n'a pas varié la forme du mot ; c'est maintenant, comme du temps de nos pères : *Grouséou ;* le *o* français traduit par *ou* et la désinence française, qui a été changée de *el* en *eau*, également rendue par *éou*. Dans les temps anciens, on disait *Grosello* ou *Grossellum ;* rarement on rencontre *Graussellum* ou *Grassallo ;* mais la plus vieille forme du mot, celle qu'on trouve tout d'abord dans les vieilles chartes, c'est *Grasselum* ou *Grasello*. Quant aux actes des notaires de Malaucène et aux archives communales, le mot y est écrit constamment *Grausellum*. — Il y a loin de là à *grosses eaux !* Fantoni, italien au doux parler, est le seul qui ait introduit le *z* et écrit *Grazello*. Rien, donc, n'autorise à écrire Gro*z*eau, ainsi que l'ont fait presque tous les auteurs que nous avons eu ou que nous aurons l'occasion de citer.

Il est presque inutile de dire que nous ne trouvons aucune raison de maintenir ou d'approuver l'assimilation que le père Papon trouve entre Groseau et Gréoulx. Que Gréoulx descende en droite ligne de *Gresilicus*, rien ne l'empêche. Du reste, cette origine peut être fixée par l'inscription trouvée dans les bains de Gréoulx et dont Peyresc nous a conservé la copie :

NYMPHIS XI GRISELICIS

Reste à savoir si l'étymologie de *Gresilium* remonte aux mots de *grezum* (celtique) qui signifie *douleur* ou maladie, et de *lin* qui signifie *eau*.

Nous pensons que l'origine du mot actuel est beaucoup plus simple : c'est l'ancien mot de *gras* qui signifie écoulement et qui n'est autre que le mot latin *gradus*. Ainsi, les *graus* qui font communiquer, sur le littoral méditerranéen, les étangs avec la mer sont appelés *gras* par beaucoup de géographes.

Le mot de *gras* a encore la signification de pâturages, marais, et c'est peut-être la véritable valeur qu'il faut lui donner, la source ayant formé jadis des lacs de petite dimension et d'une légère profondeur qui ont pu faire donner à la région les noms de *paluds* ou de marais qui existaient jadis et qu'il ne serait pas difficile de reconstituer. Ce qu'il y a de certain, c'est que nous trouvons le mot de *gras* écrit tel quel dans le polyptique des comtes de Toulouse de 1253, et qui sert à désigner un quartier arrosé par le Groseau.

Quoi qu'il en soit de la vraie étymologie du mot, la fontaine qu'il désigne n'en est pas moins une belle source méritant bien la qualification de grosses eaux. M. Jules Courtet prétend que c'est un *Vaucluse en miniature* et que c'est la plus belle source du Venaissin, après celle de Vaucluse.

L'auteur du *Dictionnaire des communes de Vaucluse* s'est, sur ce dernier point, un peu trop avancé. Dans le territoire même de Malaucène, à son extrême limite, il est vrai, coule une source plus importante encore que celle du Groseau : c'est celle de Notre-Dame-des-Anges, dont nous aurons à dire quelques mots dans ce même chapitre.

Quelle est la première origine de la source de Groseau ? C'est ce que va nous apprendre M. Bouvier, dans les quelques lignes suivantes que nous aurions pu sans inconvénient placer dans le chapitre précédent.

« La montagne du Mont-Ventoux, dit-il, est la plus élevée qui
« soit dans l'intérieur de la France. Sa base affecte, approximati-
« vement, la forme d'une ellipse allongée dont le grand axe, de

« l'est à l'ouest, aurait 25,000 mètres de longueur, et le petit axe,
« du nord au sud, 7,500 mètres. La surface correspondante est de
« 15,000 hectares environ.

« Elle est entièrement formée d'un calcaire néocomien présen-
« tant de nombreuses fissures et tellement perméable que toutes
« les eaux de pluie s'infiltrent dans l'intérieur et que les ravins qui
« existent à sa surface sont constamment à sec, si ce n'est dans les
« cas très rares de pluies torrentielles.

« Dans la partie élevée, on ne voit surgir aucune source ; mais,
« en approchant de la base, on rencontre, à 385 mètres au-dessus
« du niveau de la mer, vers l'extrémité ouest et tout près de la
« ville de Malaucène, une source abondante dont le débit est assez
« considérable pour mettre en jeu, immédiatement à sa sortie et
« successivement, des moulins, des papeteries et autres usines
« importantes. L'absence de sources supérieures indique que la
« couche imperméable qui arrête les infiltrations a une inclinai-
« son de l'est à l'ouest et qu'elle vient affleurer le sol au point où
« surgit cette source qui porte le nom de Groseau.

« En examinant, à l'est et au nord, la base du Mont-Ventoux, on
« ne découvre aucune source de quelque importance ; il n'en est
« pas de même vers le sud où, tout à fait au pied de la montagne
« et beaucoup plus bas que le niveau du Groseau, on trouve des
« sources qui, quoique moins abondantes, suffisent cependant à
« faire mouvoir, en éclusant, les moulins de Bédoin et de Mor-
« moiron ; mais dont le débit total est de beaucoup inférieur à
« celui du Groseau.

« Il résulte de ces faits, que la couche imperméable qui reçoit
« les infiltrations du Mont-Ventoux forme, sur la plus grande par-
« tie de sa surface, une espèce de vallon incliné de l'est à l'ouest,
« qui dirige la plus grande partie de ses eaux vers Malaucène et
« qu'il y a une ligne de faîte à partir de laquelle cette couche,
« s'inclinant vers le sud, vient ensuite affleurer la plaine dans les
« points où surgissent les sources que nous venons de citer. D'a-
« près cette description, il est évident que non-seulement on ne
« doit pas rencontrer de sources dans la partie supérieure du Mont-
« Ventoux, mais qu'on n'y a pas même creusé de puits, à cause de
« l'excessive profondeur qu'il aurait fallu leur donner ; en se diri-
« geant, au contraire, vers le sud et en se rapprochant de la plaine,
« l'épaisseur de la couche perméable devient assez faible pour
« qu'il soit possible de la perforer par des puits qui atteignent jus-
« qu'à la surface imperméable sur laquelle coulent, par suinte-
« ment ou par filets, les eaux d'infiltration.

« On doit donc considérer la calotte perméable du Mont-Ventoux
« comme un immense filtre à travers lequel suintent les eaux de
« pluie qui tombent sur sa surface et qui viennent alimenter les
« quelques sources que nous avons signalées.

« Ces sources sont séparées par des montagnes voisines, par des
« vallées tellement profondes qu'il n'est pas possible de leur attri-
« buer d'autre origine; au reste, pour corroborer cette assertion, on
« peut assez facilement reconnaître que la quantité d'eau qui tombe
« annuellement sur le Mont-Ventoux, calculée à raison de la sur-
« face que nous avons assignée à sa base, est suffisante pour les
« alimenter et même qu'elle est en rapport avec leur débit. »

M. Bouvier établit ses calculs, comparant la surface du Mont-
Ventoux à un immense filtre, et il conclut ainsi :

« On conçoit, dès lors, que des sources semblables à celle du
« Groseau, alimentées par un filtre d'une hauteur aussi prodi-
« gieuse ne doivent jamais tarir et que, bien qu'elles soient
« sujettes à un accroissement de débit à la suite des grandes
« pluies, la différence entre l'étiage et les hautes eaux doit y
« être beaucoup moins sensible que dans les cours d'eau ordi-
« naires. »

Précisons nos indications.

La source est à 1,500 mètres environ de Malaucène ; elle sort,
à 413 mètres d'altitude, de la base de l'énorme rocher du Puy-
Haut qui appartient, ainsi que nous avons eu déjà l'occasion de
le dire, au groupe du Ventoux.

Il faut reconnaître, ainsi que le dit un de nos auteurs, que
« la source est moins intéressante par le volume d'eau qui en sort
que par les services qu'elle rend, en entretenant dans les lieux
voisins, même au milieu des chaleurs de l'été, une fraîcheur de
verdure et de végétation qu'on ne trouve, surtout alors, que dans
cette partie du département. »

La première indication officielle que nous ayons de son volume
d'eau, nous est fournie par Maxime Pazzis. « Il sort de cette fontaine environ *deux décimètres* d'eau par seconde. » Cet auteur se
trompe, quand il ajoute : « Les plus longues chaleurs et les plus
grandes sécheresses n'en font point diminuer la quantité. » Au
contraire, bien qu'il soit toujours considérable, ce volume varie
suivant que la saison est plus ou moins rapprochée des pluies.

L'auteur de la *Petite Géographie du département de Vaucluse*
donne le chiffre de 173 litres par seconde. Ce chiffre peut être
considéré comme exact, car il ressemble beaucoup à celui que
releva M. Scipion Gras, le 28 juin 1860.

Sa température est invariable. Pazzis, en 1806, avait trouvé 9° Réaumur.

Les observations faites par la Commission météréologique de Vaucluse, en 1875, ont donné les résultats suivants :

JOURS des observations	HEURES des observations	TEMPÉRATURE de l'air ambiant	TEMPÉRATURE de la source
28 août.	7 h. 3ᵐ matin.	22°,3	11°,1
25 septembre.	6 » matin.	18°,4	11°,1
18 octobre.	4 30 soir.	15°,1	11°,1
25 novembre.	4 » soir.	7°,0	11°,0
28 décembre.	4 30 soir.	4°,9	11°,0

D'après ces observations, la température de la source est donc presque uniforme, et elle diffère de la fontaine de Vaucluse qui est, en moyenne de 12°,5. Les variations de cette dernière sont plus considérables et s'élèvent à 1°,8.

Ces faits ont été de nouveau vérifiés pendant l'année 1876, pour laquelle la Commission météréologique a donné le tableau suivant.

Mois et saisons	Température de l'air ambiant	Température de la source
(1875)		
Décembre..................	4°,9	11°,0
(1876)		
Janvier...................	10°,0	11°,0
Février..................	15°,1	11°,0
Mars.....................	13°,0	11°,0
Avril....................	13°,6	10°,9
Mai......................	13°,0	10°,9
Juin.....................	20°,6	10°,9
Juillet..................	21°,2	10°,9
Août.....................	17°,2	10°,9
Septembre................	8°,6	10°,9
Octobre..................	8°,6	10°,9
Novembre.................	7°,6	10°,9

Moyenne par saison :

Hiver.....................	10°,9	11°,0
Printemps................	13°,2	10°,9
Été......................	19°,7	10°,9
Automne.................	10°,7	10°,9
Moyenne de l'année........	13°,4	10°,9

Durant seize mois, la température de la source du Groseau n'a pas varié de deux dizièmes de degrés. On attribue le bas degré constaté aux neiges du Ventoux, et sa constance à la puissance des couches traversées par les eaux.

Ces observations n'ont pas été continuées en 1877, parce qu'il a semblé que les résultats obtenus pouvaient être regardés comme définitivement acquis et qu'ils se reproduisaient toujours identiquement.

Les eaux de la source ne sont guère utilisées que pour l'arrosage et comme force motrice. Elles pourraient servir avantageusement, paraît-il, pour la teinture des étoffes. Nous lisons, en effet, dans le mémoire manuscrit d'Aubéry, que, depuis longtemps, cette eau a été reconnue « d'excellente qualité pour la teinture ».

La source du Groseau a été chantée par plusieurs poètes ; ne citons que les plus anciens.

Le savant évêque Suarès en fait ainsi la description :

> *At sub ventosæ glabris radicibus Alpis*
> *Exundat vitreis fons glacialis aquis,*
> *Lympha Malausanæ Clementis sede superbæ*
> *Profluit in triviis, prataque optima rigat ;*
> *Ausi, olim, Cavares prælongo fornice circi*
> *Hanc ad Arausiaci ducere naumachias.*

Boyer, auteur de l'*Histoire de Vaison*, traduit ces vers fidèlement :

> Dessous le mont Ventoux paraît une fontaine
> Dont l'eau pure et glacée arrose Malaucène.
> Assez près de sa source est un grand bâtiment
> Qui servit de retraite au saint pape Clément.
> Elle arrose les prés et lave cette ville,
> Entraînant dans ses eaux le fumier inutile ;
> Les Cavares, jadis, firent de grands canaux
> Pour faire découler dans Orange ses eaux.

Nous n'avons pas épuisé tout ce que nous avons à dire du Groseau. On trouvera la suite de son histoire dans le chapitre consacré à l'archéologie, car nous l'étudierons là au point de vue du canal romain que ses eaux alimentaient.

§ 2. — LE TOULOURENC, LE RIEUFROID, LE SUBLON ET LES SOURCES DE NOTRE-DAME DES ANGES, DE BREDOUIRE, DE LA MADELEINE, DE COMPARAT, DE CHAROMBEL, ETC.

On donne le nom de Toulourenc à un cours d'eau important qui coule entre les départements de Vaucluse et de la Drôme et sépare la commune de Malaucène de celle de Mollans.

Constamment encaissée entre deux lignes de rochers élevés, elle roule ses eaux sur les cailloux qu'elle entraîne durant les jours d'orage et qu'en temps ordinaire elle se contente de polir.

Nous ne dirons pas que le Toulourenc ne rend absolument aucun service, mais nous constaterons qu'il en rend peu, car le lit dans lequel il serpente ne permet pas les saignées. C'est seulement dans les environs de la chapelle de Notre-Dame-des-Anges, qui appartient à la commune de Mollans, qu'on a songé à creuser un petit béal qui amène une faible partie des eaux le long de quelques parcelles de terres de peu de valeur.

Il est vraiment surprenant qu'on n'ait pas encore mis la main à un projet de barrage dont nous avons entendu parler et dont il aurait été déjà question en haut lieu. Il suffit de se présenter à l'entrée de la gorge, de ce même côté de Notre-Dame-des-Anges que nous venons de nommer, pour comprendre combien l'exécution de ce barrage serait facile et peu coûteuse. La gorge est si étroite et les parois tellement élevées qu'il suffirait de bâtir un mur épais pour obtenir un réservoir d'une immense longueur et incapable de faire courir aux riverains le moindre danger.

Vu l'altitude de la gorge, on pourrait, après avoir accumulé des milliers de mètres cube d'eau, conduire des rigoles dans les plaines inférieures et créer des vergers et des prairies dans des terrains aujourd'hui incultes.

Mais si le Toulourenc n'appartient pas, à proprement parler, à la commune de Malaucène, il n'en est pas de même de la source à laquelle on donne le nom de Notre-Dame-des-Anges, bien que cette chapelle se trouve à mi-côte sur la rive opposée.

Cette source jaillit dans le quartier des Championnes, au pied du massif de montagnes qui constituent la section de Veaux, mais de telle façon qu'elle aussi ne peut être d'aucune utilité immédiate.

En temps ordinaire, la source s'épanche par des fissures de

rochers situées dans le lit même du Toulourenc et à son niveau ; mais, durant les grandes saisons pluviales, l'eau coule par l'ouverture d'une grotte ou couloir très étroit qui se montre à 3 mètres au-dessus du lit du Toulourenc et pénètre dans le sol jusqu'à une profondeur de 60 mètres environ. C'est cette grotte qui est indiquée sur les cartes sous le nom de grotte de Notre-Dame-des-Anges.

Il serait difficile de mesurer exactement la quantité d'eau que débite cette source, mais il n'est pas douteux que son volume ne soit supérieur à celui de la fontaine du Groseau.

Le Rieufroid est un cours d'eau continu qui descend des montagnes de Beaumont et coule dans les plaines de Malaucène jusqu'au moment où il se jette dans le Groseau, non loin des limites du Crestet et d'Entrechaux.

On comprend qu'en raison de son origine le Rieufroid devienne par moments un torrent dangereux ; mais, l'heure du péril passée, les eaux sont utilisées avec succès sur quelques points.

C'est donc à l'article *Arrosage* que nous devons retrouver cette modeste rivière.

Nous en dirons autant du ruisseau de *Sublon*, qui coule dans un quartier situé au nord-ouest de la commune, non loin de la source de *Bredouïre* qui a pu, du temps des Romains, être amenée jusqu'à Vaison. Toutes ces eaux abreuvent les terres du quartier qui les a vues naître. Nous les retrouverons dans le chapitre consacré à l'agriculture avec les sources de la *Madeleine*, au nord de la ville, et les fontaines de *Charombel*, de *Tabardon*, du *Jas d'Hugues* et de *Comparat* au sud-ouest. Dans une monographie du genre de celle-ci, aucun détail ne doit être négligé ; il s'agit seulement de le classer convenablement.

Pour mémoire, nous mentionnerons qu'en l'année 1856 un industriel passa avec la Municipalité un contrat relativement à une recherche d'eau dans la commune, au *Grand-Vallon*, au nord de l'oratoire Saint-Michel. Séduite par ses promesses, la municipalité se laissa entraîner à promettre une somme de 15,000 francs à l'industriel qui prétendait découvrir une source égale au moins à celle du Groseau.

Les choses en restèrent là et la source rivale du Groseau ne fut pas trouvée.

§ 3. — SOURCES SALÉES OU MINÉRALES

Le savant E.-C.-F. Calvet, d'Avignon, voulant s'occuper des eaux salées de Malaucène, se fit précéder dans ce pays d'une lettre adressée aux consuls par le vice-légat Salviati, datée du 16 juillet 1764, et qui était ainsi conçue :

« M. Calvet, médecin d'un grand mérite, va en votre ville de
« Malaucène pour faire des recherches, afin d'acquérir certaines
« connaissances sur la vertu des plantes et eaux qui sont dans le
« terroir. Vous voudrez bien lui fournir un logement sortable et
« lui procurer toutes les facilités. »

Voici en quels termes ce naturaliste rend compte de ses recherches sur les eaux salées.

« Les quatre sources d'eau salée que j'examinai, à la demande
« du vice-légat, se trouvent à un quart de lieue de cette petite
« ville, sur le chemin de Vaison, à droite en tirant vers le
« nord. Elle sont disposées en amphithéâtre sur une colline très
« fertile, dominée par de hautes montagnes qui en sont peu
« éloignées. Ces fontaines sont environnées de beaux vignobles.
« Leurs eaux se réunissent et se jettent dans un espèce de ravin ;
« elles vont se rendre dans le Groseau.

« La disposition de ces sources ne permet pas de douter qu'elles
« n'aient un réservoir commun dans l'intérieur d'une des montagnes qui les dominent. Peut-être même qu'elles doivent leur
« origine à une fontaine abondante et très salée qu'on dit se trouver à Mérindol, en Dauphiné (1), où l'on prétend que le souverain a fait construire un massif de bâtisse pour dériver les eaux
« dans des sources d'eau douce.

« Les eaux des fontaines de Malaucène sont très peu salées ; les
« paysans des environs en boivent à leur ordinaire sans incommodité et s'en servent pour tous leurs besoins. Ils en arrosent
« leurs herbes potagères qui viennent très-bien dans ces quartiers. On observe que les haricots seuls y périssent, à moins
« qu'on ne les éloigne de l'arrosage. Des grenouilles, des squilles
« et plusieurs autres animaux d'eau douce vivent dans les bassins
« de ces sources.

« La nature des quatre sources n'est pas sensiblement différente. La troisième, cependant, paraît un peu plus insipide
« au goût. On voit autour de leur bassin, inférieurement, une
« sorte d'efflorescence saline. La terre des environs est légèrement salée, même dans les vignes, qui, cependant, sont beaucoup
« plus hautes que les fontaines.

---

(1) Il s'agit évidemment des eaux de Propiac qui coulent au pied de la montagne dominée par le village de Mérindol.

« Quoique j'aie observé ces sources pendant les plus grandes
« chaleurs de l'été et dans un temps de sécheresse, je les ai trou-
« vées très abondantes. La plus haute est celle qui fournit le plus.
« On me dit que les unes et les autres donnaient beaucoup plus
« d'eau en hiver, mais qu'elles étaient proportionnellement moins
« salées : d'où il est aisé de conclure que la quantité de sel est
« toujours la même sur une plus grande ou sur une moins grande
« quantité d'eau.

« Malgré le peu de salure de ces eaux, j'ai cru devoir les sou-
« mettre aux mêmes expériences (que celles de Beaumes). La plus
« haute source qui, comme je l'ai dit, est la plus abondante, m'a
« donné 6 livres d'eau dans moins d'un quart de minute. Les
« autres, prises ensemble, en fournissent, pour le moins, autant ;
« ce qui fait, pour le total, au moins 50 livres d'eau par minute.

« Je pris 3 livres de cette eau que je fis d'abord évaporer à feu
« ouvert et avec promptitude. Cette opération, que je fis exprès
« très grossièrement, ne me rendit aucun sel sensible. La partie
« saline se volatilisa, comme les autres, par l'ébullition. Je fus
« donc réduit à soumettre la même quantité d'eau à l'évaporation
« douce et lente. Ce second procédé, auquel j'ai été obligé de
« donner beaucoup d'attention et que j'ai répété deux fois, ne m'a
« fourni que douze ou quatorze grains de bon sel, qui ne diffère
« point du sel marin de nos tables.

« On voit, d'après cette expérience, que le sel qu'on pourrait
« tirer de ces fontaines par une opération assez délicate, et, par
« conséquent, impraticable en grand, serait au plus, de trois gros
« par minute, c'est-à-dire d'environ 22 onces par heure ou de
« 33 livres par jour. Or, cette quantité, quand même il serait
« possible de l'obtenir par les grands procédés, est absolument
« insuffisante, et, d'ailleurs, les frais excéderaient de beaucoup
« le produit. Je pense donc que les sources salées de Malaucène,
« qui pourraient être employées avec avantage dans la médecine,
« sont entièrement inutiles pour l'usage auquel il semble d'abord
« qu'on pourrait les destiner. »

Le public est évidemment de l'avis de Calvet, puisque personne
n'a jamais songé à tirer parti de ces eaux salées. Le quartier qui
les renferme est seulement connu sous cette désignation.

La source d'eau minérale dont aucun auteur n'a parlé est située
à l'est de la chapelle de Notre-Dame du Groseau et au sud de la
vieille tour dite le *Pigeonnier*, à égale distance des deux points
que nous indiquons, la petite fontaine servant de base à un angle
droit dont les côtés se terminent à la chapelle et au pigeonnier.

L'eau est à la température de 10°,9 (la même que la grande source du Groseau dont elle est, du reste, peu éloignée). Sa densité est de *trois millièmes* supérieure à celle des eaux ordinaires. L'eau est limpide, sans goût étranger.

Un litre, évaporé à siccité, a donné un résidu de 1^{gr},90 de sels divers parmi lesquels nous citerons le carbonate et le sulfate de chaux, la silice et le fer (qui s'y trouve à l'état de carbonate ou de sulfate, ou de sesqui-oxide). Cette quantité anormale de sels, et surtout de sels de chaux, la rend impropre à la cuison des légumes et à la dissolution du savon. Au lieu d'être classée parmi les eaux potables, sa place serait donc parmi les eaux dites crues, dures, séléniteuses.

La quantité de fer qu'elle contient est dans une proportion à peu près égale à celle contenue dans les eaux de Montmirail (Vacqueyras), ce qui permet de la classer, comme eau minérale, dans les eaux *ferrugineuses carbonatées* (1).

Ces dernières propriétés sont connues du public; aussi, dans la belle saison, cette petite source reçoit-elle de nombreuses visites de gens qui cherchent à fortifier leur tempérament.

---

(1) L'étude de cette eau a été faite, sur notre prière, par M. Adrien Bories, pharmacien en chef des hôpitaux de Montpellier, ancien pharmacien de la marine, chevalier de la Légion d'honneur.

CHAPITRE CINQUIÈME

BOTANIQUE (1)

Si nous avions affaire à la Hollande, à l'Allemagne du nord ou à la Russie intérieure, la description monographique d'un territoire beaucoup plus important que celui de Malaucène n'eût guère permis de consacrer un chapitre entier à la *science aimable*. Le peu d'originalité dans la physionomie des végétaux d'un bassin plat où les combinaisons florales, nulles pour ainsi dire, n'arrêtent l'attention que du poète ou du sentimentaliste, aurait tout au plus donné matière à un dithyrambe ; mais nous sommes, heureusement, dans le Comtat et nous traitons d'une commune qui a le privilège de comprendre en partie le massif du Ventoux.

La région de plaines et de montagnes sur la rive droite de la Durance, dans le département de Vaucluse, confirme en entier ces paroles de Schown : « En s'élevant sur les hauteurs, le bota-
« niste du Midi trouve les climats et les végétaux du Nord, tandis
« que la réciproque est inconnue aux habitants des contrées sep-
« tentrionales. Le Provençal, l'Italien et l'Espagnol possèdent les
« bois de hêtres ainsi que les fleurs de la Laponie ; et, si l'Alle-
« mand, le Suédois et le Russe s'enorgueillissent de leurs prairies
« veloutées et de la fraîche verdure de leurs forêts, ils n'ont
« point les champs d'oliviers, ni les hivers mitigés, ni la trans-
« parence de l'air du bassin méditerranéen. »
La chaîne du Luberon dont le point culminant atteint 1,125^m fournirait déjà, en effet, une preuve à l'illustre géographe ; mais, le Mont-Ventoux, encore plus riche en plantes, ayant au surplus une altitude supérieure, est devenu classique, en France, pour la démonstration de cette vérité.

---

(1) Désireux de ne laisser subsister aucune lacune dans cet ouvrage, nous avons prié un jeune botaniste de nos amis, M. Alfred Reynier, de Marseille, de rédiger le présent chapitre.
 La lecture de ce qui va suivre prouvera si notre collaborateur a été capable de remplir cette tâche et on nous félicitera sans doute de la détermination que nous avons prise de la lui confier.

Au centre des bas coteaux de Malaucène, de Carpentras et de Bédoin, où le thermomètre se maintient, dans l'année, à $+13°$ en moyenne, le Ventoux vient brusquement plonger vers le Rhône et permettre à celui qui en fait l'ascension, d'éviter un déplacement de dix-neuf degrés en latitude : la température moyenne annuelle du sommet n'y dépasse pas 2° au-dessus de zéro ; il faudrait donc aller jusqu'en Suède pour la retrouver au niveau de la mer.

Ce colosse néocomien, qui élève sa cime jusqu'à 1,926", n'était connu autrefois que par cinq ou six espèces que Laurent de Jussieu avait envoyées à Linné. Il est surprenant que Tournefort et Garidel n'y aient fait aucunes recherches ; Darluc, dans son voyage, ne s'y arrêta presque pas ; le professeur Villars et le docteur Guérin furent les seuls à en apprécier les trésors. Depuis, une foule de personnes venues de toutes parts l'ont beaucoup mieux étudié.

On choisit de préférence, pour monter, le versant austral en pente douce, tandis que l'on descend plus vite, sinon plus facilement, par le côté nord, assez abrupte. L'herborisation ne peut se faire en moins de deux jours et sans prendre un guide. (Se munir de guêtres, à cause des vipères.) Les sentiers ont été fort mauvais jusqu'à présent ; on sait que la création par l'Etat d'un observatoire météorologique entraîne déjà l'établissement d'une route carrossable.

La végétation du Mont-Ventoux, il est facile de le comprendre, n'est pas identique des deux côtés de la ligne de partage des eaux. L'un et l'autre offrent une succession de zones définies par la présence de quelques espèces ligneuses. C'est ainsi que M. Charles Martins compte, au versant sud, d'abord la région du pin d'Alep et de l'olivier (de Bédoin, 130", jusqu'à 430") ; puis, celle du chêne vert (de 430" à 540") ; troisièmement, les dernières cultures de seigle, d'avoine, etc. (de 540" à 1,150") ; quatrièmement, la forêt de hêtres (de 1,150" à 1,660" ; cinquièmement, prédominance du pin à crochets (de 1,660" à 1,810") ; enfin, au dessus (de 1,810" à 1,926") disparition de tous arbres et arbrisseaux.

A Malaucène, la région du pin d'Alep et de l'olivier n'existe pas, d'abord à cause de l'exposition au septentrion et ensuite par ce qu'on est à environ 400" ; mais on traverse encore, en s'élevant, la zone du chêne vert que l'on quitte à 618" ; un peu plus haut s'arrêtent les noyers ; les hêtres commencent à 850" ; ils font place, à leur tour, au *Pinus uncinata* et à l'Epicéa. Ajoutons que c'est surtout au flanc boréal, recommandé aux chercheurs intrépides, que l'on a constaté les plantes les plus caractéristiques, dans les escarpements des rochers exposés aux brises glaciales, privés de soleil pendant de long mois et couverts de neige jusqu'en juin.

Adoptant la nomenclature de la *Flore de France* par Grenier et Godron, nous avons suivi un classement en séries dont on appréciera la commodité sur le terrain ; la rigueur théorique n'en est pas absolue, nous sommes le premier à le reconnaître ; néanmoins, ainsi rangée, d'après la marche descendante topographique, la liste générale paraîtra, à coup sûr, moins aride. Toutes nos indications suivies de points affirmatifs (!) ont été contrôlées sur les *exsiccata* de M. Honoré Roux, directeur adjoint du jardin botanique de Marseille et président de la *Société Botanique et Horticole de Provence.*

ALPINES

Ranunculus Seguieri.
— alpestris. (*Guérin.*) Sans doute la précédente.
Papaver alpinum *v.* flaviflorum !
Iberis aurosica !
— spathulata. (*Requien.*) Sans doute la précédente.
Viola cenisia !
Dianthus neglectus. (*Guérin* et *Grenier et Godron.*)
Mœhringia polygonoides. (*Grenier et Godron.*)
— muscosa. (*Guérin.*)
Silene vallesiaca !
— alpina.
Oxytropis cyanea !
Astragalus montanus. (*Guérin.*) Sans doute la précédente.
Ononis cenisia !
? Trifolium alpinum. (*Guérin.*)
Sedum atratum !
— rupestre.
Sempervivum montanum !

Saxifraga oppositifolia !
— cœspitosa.
— muscoides !
— pubescens. (*Grenier et Godron.*)
Meum mutellina. (*Delaraux* in *Mutel.*)
Heracleum minimum !
Athamanta cretensis !
Crepis pygmæa !
Cacalia alpina !
Phyteuma Charmelii !
? Veronica alpina. (*Guérin.*)
— aphylla !
Linaria alpina.
Gregoria Vitaliana !
Androsace villosa !
Rumex alpinus. (*Ch. Martins.*)
Carex rupestris.
— firma.
Avena setacea !
Trisetum distichophyllum !
Poa distichophylla !

SUBALPINES

Ranunculus aduncus !
— nivalis. (*Guérin.*) Sans doute la précédente.
Thalictrum nutans !
— fœtidum.
Anemone Hepatica. (*Versant nord.*)

? Aconitum lycoctonum. (*Guérin.*)
? — Anthora. (*Id.*)
? — Napellus. (*Id.*)
Draba aizoides !
? Myagrum saxatile. (*Guérin.*)
Biscutella lævigata *v.* pinnatifida.
? Iberis Garexiana. (*Guérin.*)

Erysimum ochroleucum !
Arabis brassicæformis. (*Guérin*.)
Pyrola minor. (*Grenier et Godron*.)
— secunda. (*Versant nord*.)
Alsine mucronata !
Silene saxifraga.
Acer opulifolium.
Viola biflora. (*Guérin*.)
Rhamnus alpinus.
Trifolium Thalii. (*Requien*.)
— alpestre. (*Guérin*.)
Astragalus uralensis.
— aristatus !
Sempervivum arachnoideum. (*Guérin*.)
Saxifraga aizoides.
? — bryoides. (*Guérin*.) Sans doute la précédente.
— aizoon.
? — cotyledon. (*Guérin*.) Sans doute la précédente.
Ribes alpinum.
Heracleum Panaces !
Eryngium Spina-alba !
Astrantia major. (*Guérin*.)
Lonicera alpigena. (*Id*.)
Buplevrum gramineum !
Valeriana tripteris !
— Saliunca.
— montana. (*Guérin*.) Sans doute la précédente.
Erigeron alpinum !
— uniflorus. (*Guérin*.) Sans doute la précédente.

Carlina acaulis !
— acanthifolia !
Senecio Doronicum. (*Guérin*.)
Doronicum pardalianches. (*Id*.)
Prenanthes purpurea !
Aronicum scorpioides !
Carduus carlinæfolius !
Hieracium Jacquini. (*Villars*.)
— amplexicaule !
Campanula Allionii !
Arbutus Uva-ursi !
Gentiana campestris. (*Versant nord*.)
— lutea. (*Guérin*.)
— utriculosa. (*Id*.)
Digitalis lutea.
Euphrasia alpina.
Calamintha alpina. (*Guérin*.)
Myosotis alpestris !
Globularia nana.
Alchemilla alpina.
Androsace Chaixii. (*Grenier et Godron*.)
Pinus uncinata !
— sylvestris !
Abies excelsa. (*Versant nord*.)
Lilium Martagon. (*Ibidem*.)
Allium grandiflorum ! (*Près de la source dite Font-Filiole*.)
Luzula nivea. (*Guérin*.)
Calamagrostis argentea !
Poa alpina v. brevifolia !
Asplenium Halleri !

MÉRIDIONALES ALPESTRES

Aquilegia alpina v. Sternbergii.
Alyssum flexicaule !
Iberis saxatilis !
Matthiola tristis. (*Loiseleur*.)
Erysimum australe !
Alsine Villarsii.
— Bauhinorum !
Arenaria tetraquetra v. aggregata.
Dianthus subacaulis !
Helianthemum canum ! (*Au sommet*.)
Viola arenaria.
Sedum amplexicaule. (*Requien*.)
Anthyllis montana.

Genista aspalathoides.
— humifusa. (*Saint-Lager et Dʳ Perroud*.) Sans doute la précédente.
Ononis striata. (*Grenier et Godron*.)
Potentilla caulescens !
Telephium Imperati.
Epilobium collinum.
Paronychia capitata v. serpyllifolia !
Gallium pusillum v. hypnoides !
— megalospermum !
— lævigatum.
Centaurea scuzeana.

Crepis albida.
Lamium longiflorum !
Lavandula vera !
Nepeta lanceolata !
Euphorbia Gerardiana v. minor !

Urtica dioica v. hispida.
Ornithogalum tenuifolium. (Versant nord.)
Avena montana !
— sesquitertia !

SEPTENTRIONALES

Thalictrum minus !
Helleborus fætidus !
Cerastium arvense !
Arenaria grandiflora.
Polygala amara. (Versant nord.)
Heracleum Sphondylium. (Guérin.)
    Versant nord, au vallon dit la Fourcaduro, ou dans les prairies naturelles du Serin, à 1450ᵐ.
Laserpitium latifolium. (Id.) Ibid.
Buplevrum falcatum !
Pimpinella saxifraga. (Guérin.) Au sommet.
— Tragium !
Peucedanum Oreoselinum !
Anthriscus sylvestris !
Carum Carvi. (Versant nord.)
Seseli montanum.
Genista pilosa !
Anthyllis Vulneraria !
Saxifraga tridactylites !
Rubus Idæus !
Amelanchier vulgaris !
Rosa leucochroa. (Requien.)
— pimpinellifolia !
Lonicera Xylosteum. (Au sommet.)
Viburnum Opulus. (Verlot.) Au sommet.)
— Lantana.
Sambucus Ebulus !
Sorbus Aria !
Galium rigidum !
— commutatum !
Asperula odorata. (Versant nord.)
Lactuca muralis !
Antennaria dioica. (Au sommet.)
Cirsium acaule.
Leucanthemum corymbosum !
Solidago Virga-aurea !
Campanula persicifolia.
— glomerata !
— rotundifolia !

Campanula Trachelium.
Phyteuma orbiculare v. nanum.
    (Au sommet.)
Asclepias Vincetoxicum !
? Cynoglossum officinale. (Darluc.)
? Myosotis scorpioides. (Guérin.)
    Au sommet.
Veronica officinalis. (Id.) Ibidem.
Euphrasia ericetorum Jord. ! (Ibid.)
Linaria supina !
Scrophularia canina.
Thymus Serpyllum !
—   — v. angustifolia.
    (Versant nord.)
Teucrium montanum !
— Chamædrys !
Galeopsis Ladanum.
Calamintha grandiflora. (Versant nord.)
Mellitis melissophyllum !
Blitum Bonus-Henricus !
Rumex scutatus !
— Acetosella !
Mercurialis perennis !
Buxus sempervivens !
Alchemilla vulgaris. (Versant nord.)
Fagus sylvatica !
Juniperus communis !
Allium flavum. (Requien.)
Convallaria Polygonatum !
— multiflora. (Guérin.) Versant nord, au vallon dit de la Fourcaduro, ou dans les prairies naturelles du Serin.
Epipactis latifolia !
Festuca heterophylla !
— duriuscula !
Stipa pennata !
Avena elatior !
Kœleria setacea v. pubescens !
Sesleria cœrulea

Polypodium Dryopteris.
Botrychium Lunaria!
Asplenium Trichomanes!
— Ruta-muraria!
Ceterach officinarum!

Revenu au pied du mont Ventoux, complétons la statistique végétale du pays environnant par l'énumération d'un certain nombre de plantes méridionales.

A Bédoin, sur les collines de grès rouges et jaunes appartenant à l'étage du gault et sur les premières déclivités calcaires de la montagne, on rencontrera :

Arabis muralis! (*Monte jusque près du sommet du Ventoux.*)
? Buffonia perennis. (*Delavaux* in *Mutel.*)
— macrosperma!
Silene portensis!
Dianthus longicaulis Ten.!
Malva rotundifolia!
Linum suffruticosum! (*Monte jusque près du sommet du Ventoux.*)
Dorycnium suffruticosum!
Cytisus sessilifolius! (*Monte jusque près du sommet du Ventoux.*)
Astragalus purpureus! (*Ibid.*)
Psoralea bituminosa!
Genista Scorpius.
Vicia onobrychioides. (*Rare.*)
Epilobium rosmarinifolium!
Sedum anopetalum!
Turgenia latifolia.
Laserpitium gallicum.
Ptychotis heterophylla!
Galium verticillatum.
— murale!
Scabiosa Gramuntia!
Catananche cærulea.
Stœbelina dubia. (*Rare.*)
Leuzea conifera.
Centaurea pectinata.
— tenuisecta Jord.!
— solstitialis.
— aspera!
Scolymus hispanicus!

Buphthalmum aquaticum.
Tragopogon crocifolius.
Achillea odorata!
Micropus erectus!
— bombycinus. (*Verlot.*)
Leontodon crispus!
— Villarsii.
Picnomon Acarna.
Cirsium ferox!
Carduus nigrescens!
Echinops Ritro!
Xanthium spinosum!
Rosmarinus officinalis!
Teucrium Polium!
Thymus vulgaris!
Calamintha Nepeta.
— nepetoides!
Lavandula Spica.
Satureia hortensis.
— montana!
Armeria bupleuroides!
Plumbago europæa!
Kochia arenaria!
Osyris alba!
Euphorbia tenuifolia. (*Villars* in *Mutel.*)
— Characias!
Juniperus Oxycedrus!
Quercus coccifera!
Narcissus juncifolius.
Aphyllantes monspeliensis!
Triticum villosum. (*Grenier et Godron.*)
Tragus racemosus!
Corynephorus canescens!

En longeant la droite de la route de Carpentras à Malaucène, on pourra cueillir, sur les gradins non cultivés, outre la plupart des espèces précédentes de Bédoin :

Ranunculus monspeliacus. (*Guérin.*)
Prunella laciniata. (*Id.*)
Carlina vulgaris. (*Id.*)

Carduncellus Monspeliensium. (*Id.*)
Plantago argentea. (*Id.*)
— subulata. (*Id.*)

A Malaucène, enfin, on visitera les verdoyantes pelouses près de la source du Groseau, les alentours du village de Beaumont, etc. On y cite :

Alyssum serpyllifolium. (*Dans la gorge dite la Cadière; Dr Fabre.*)
Campanula medium. (*Guérin.*)

Centaurea Pouzini. (*Michelin* in *Mutel.*)
Carlina acaulis. (*Guérin.*)
Antirrhinum latifolium. (*Requien.*)

A ceux qui désireraient de plus amples détails, nous indiquerons :

Notice sur le mont Ventoux, par A. GOUAN (*Herborisations des environs de Montpellier;* Montpellier, an IV de la République); — *Essai sur la topographie du mont Ventoux*, par Ch. MARTINS (*Annales des sciences naturelles*, année 1838); — *Souvenirs d'une herborisation au mont Ventoux, faite en 1863*, par B. VERLOT (*Les Plantes alpines;* Paris, 1873).

CHAPITRE SIXIÈME

MÉTÉOROLOGIE ET CLIMATOLOGIE.

L'homme qui vit dans une localité est nécessairement soumis à deux sortes d'influences : influences climatologiques contre lesquelles il ne peut rien, et influences domestiques au milieu desquelles il se renferme et dont il peut modifier, jusqu'à un certain point, les avantages ou les inconvénients.

Ces dernières sont l'habitation proprement dite et la tenue des maisons qui entourent sa propre demeure.

Il ne dépend pas toujours de soi de vivre dans une région froide ou chaude à l'excès, fiévreuse ou exposée aux vents les plus impétueux, désagréable ou délicieuse, mais on peut et on doit éloigner certaines causes qui déterminent ou favorisent des affections morbides.

Les habitants de Malaucène n'ont-ils pas quelques reproches à se faire à cet égard ?

Qu'on parcoure les rues de la ville, durant l'hiver surtout, et l'on verra si le tableau qu'en a tracé le docteur Sainte-Foy Lemoyne n'est pas d'une ressemblance trop frappante :

« Les traverses, les rues principales et la grand'rue elle-même,
« pendant une grande partie de l'année, sont remplies de buis,
« de thym et autres litières qu'on apporte de la montagne, pour
« y faire du fumier. Toutes ces matières végétales, dans une épais-
« seur de vingt à vingt-cinq centimètres, mouillées avec l'eau de
« la rue, sont foulées, piétinées par les allants et venants pendant
« plusieurs jours ; après avoir été ainsi divisées, elles sont ensuite
« entassées dans un vacant de la rue et, le plus souvent, dans
« les écuries, pour leur faire subir une fermentation putride,
« d'où se dégage une fumée *à couper* et une odeur infecte qui,
« jointes à l'humidité des habitations, déjà si mal aérées, doi-
« vent porter la plus dangereuse atteinte à la santé de la popu-
« lation entière. »

Cette coutume de faire du fumier a bien souvent attiré l'attention des édiles ; l'on s'est contenté de la réglementer, sans chercher à la supprimer, parce que l'on savait qu'on se heurterait à d'invincibles résistances, motivées sur le préjudice qu'on porterait au produits de l'agriculture ; cela est vrai. Mais l'hygiène publique bien entendue demande et exige qu'un plus grand intérêt soit accordé à la santé de la population, de préférence aux engrais de la terre.

Nous nous abstenons de plus grandes réflexions pour le moment. Nous n'avons pas la mission de donner des conseils, mais nous pouvons faire des remarques utiles.

§ 1. — VENTS.

Nous ne sommes pas en mesure de donner des renseignements relevés au jour le jour sur la direction des vents dans la commune ; mais des études d'ensemble ont été faites par le docteur Sainte-Foy Lemoyne ; en voici le résumé :

1° *Vent de l'est* (ou Levant). — Impétueux, violent, arrache les arbres, abat les cheminées, bouleverse les toitures, dure deux ou trois jours, se montre fin octobre ou commencement de novembre.

2° *Vent du sud.* — Moins violent que le vent de l'est auquel il succède à la même époque, amène ordinairement la pluie. Les propriétaires l'utilisent pour la dernière coupe des prairies. Il sèche rapidement les foins en deux ou trois jours, ce qu'on ne pourrait faire sans lui dans dix ou douze jours.

3° *Vent du nord* (Bise, Mistral). — Toujours frais ou froid, suivant la saison ; se montre de temps en temps, dure peu, modéré ordinairement, parfois assez violent.

4° *Vent du sud-ouest* (le Rousaou). — Chaud, assez fort, redouté des agriculteurs, parce que, s'il apparait en avril ou en mai, lorsque les arbres fruitiers sont en fleurs, celles-ci sont desséchées, brûlées et la récolte des fruits est gravement compromise. (La lune rousse est remplacée par le vent roux.)

Il n'est pas tout à fait inutile, à une époque où l'on veut faire de la météorologie une science exacte, de rappeler que, bien avant Mathieu de la Drôme, des savants se sont occupés de la cause et de l'origine de certains vents.

Un savant marseillais, Gabriel Boule, avait voulu se rendre compte de la façon dont le vent *Pontias* ou *Ponthias*, se forme dans les environs de Nyons et, étant arrivé jusqu'à Malaucène, il avait fait ensuite l'ascension du Ventoux (1) :

« J'ay esté autresfois envieux d'aller voir cette fameuse spe-
« lonque qui se trouve à mont Ventoux, qui n'est qu'à une
« petite journée de Nyons ; laquelle est située, comme celle de
« Nyons sur une éminence et sur le milieu de la hauteur de cette
« montagne en son aspect septentrional et à l'endroit où elle
« fait angle, entre les terroirs de Saint-Léger et de Brantes, lieux
« du Comtat. Elle est nomée par ceux du pays la *Baume de la*
« *Mène* qui est en sa première entrée de la largeur d'une cham-
« bre, où les bergers ont accoutumée en esté de retirer leurs
« troupeaux lorsqu'il plût, et de la hauteur d'un homme. Aux
« deux coins plus enfoncez et à plein pied, on y void deux
« ouvertures qui descendent fort profond, quoy que leurs em-
« boucheures soient à demi comblées et faites en talu. J'ay une
« relation d'un homme qui y a esté avec un grand péril ; en
« laquelle il est parlé de divers étages fort avancées et profonds
« dans le centre de la montagne et de tout plein de choses extraor-
« dinaires. Laissant cela à part comme n'estant de notre sujet,
« elle porte entre autres choses qu'il y a un grand puits et fort
« profond dans lequel on oit un terrible tintamarre que les eaux
« y font ; come je ne doute point que cette montagne estant la
« plus haute de toutes ces provinces méridionales ne soit un
« receptacle de grands abymes d'eau et partant qu'il ne sorte
« de ces crevasses une grande abondance d'air et de vapeurs.
« Et néantmoins il n'en sorte aucun vent ; ains on y peut libre-
« ment tenir une chandelle allumée. »

§ 2. — PLUIES.

Après les grandes chaleurs et les froids rigoureux, ce sont les pluies qui caractérisent surtout les climats, soit par leur intensité, soit par leur nombre et leur répartition. Les averses doivent être considérées sous trois rapports : la quantité totale, la durée et l'intensité dans l'unité de temps.

La station pluviométrique établie à Malaucène, en 1877, à la hauteur de 329 mètres, possède son appareil pour mesurer la

---

(1) *Histoire naturelle ou Relation exacte du vent particulier de la ville de Nyons en Dauphiné, dit le vent de saint Césarée d'Arles et vulgairement le* « Pontias ». — MDCXLVII.

pluie à la hauteur de 342 mètres, qui est l'altitude admise par tout le monde pour cette ville. C'est au moyen de ce pluviomètre que l'on a pu dresser le tableau suivant :

Averses observées à Malaucène

DATE	DURÉE	HAUTEUR TOTALE	HAUTEUR PAR MINUTE
17 Juin 1875.	1 h. 30ᵐ	31,6	0,32
18 Juillet 1876.	1 h. 00	50,5	0,77

Nous ajouterons quelques détails généraux comme points de comparaison entre les pluies de Malaucène et celles du reste du département de Vaucluse. La quantité annuelle moyenne de pluie, dans la région des massifs montagneux de Vaucluse, a été, pour les années 1875, 1876 et 1877, de 636ᵐᵐ,7. Elle est notablement supérieure à celle tombée dans les vallées. Le nombre moyen de jours de pluie a été 79,4. Il est aussi un peu plus grand que dans la région des grandes vallées et dans la région moyenne. On doit remarquer encore que la proportion d'eau qui tombe durant la saison critique des arrosages est plus forte dans les montagnes que dans les vallées. On a, en effet, pour les moyennes des rapports de la pluie tombée en mars, avril, mai et juin, à la pluie tombée dans l'année, les nombres suivants :

Région des grandes vallées.................... 42,9
Région moyenne............................ 45,0
Région des massifs montagneux.............. 49,1

Que le lecteur compare maintenant ces résultats généraux avec les résultats obtenus à Malaucène, au moyen du tableau suivant :

Pluies observées à Malaucène

ÉPOQUES	QUANTITÉ DE PLUIE				NOMBRE de jours de pluies			
	1874	1875	1876	1877	1874	1875	1876	1877
Décembre............				65				14
Janvier.............	38	24	17	34	3	7	6	7
Février.............	73	16	9	7	4	5	5	3
Mars................	48	8	85	65	4	6	15	9
Avril...............	79	96	153	88	11	9	16	8
Mai.................	141	35	54	159	7	5	9	10
Juin................	112	112	97	23	6	6	10	2
Juillet.............	54	29	60	24	4	10	3	6
Août................	61	26	31	82	4	6	5	4
Septembre...........	95	85	2	11	10	6	4	6
Octobre.............	54	187	52	34	10	12	4	5
Novembre............	13	31	64	84	4	11	9	13
Décembre............	40	74	63		9	6	14	
L'année entière.....	808	722	687	676	76	89	120	87
Quatre mois: Mars, Avril, Mai, Juin.........	380	251	389	335	28	26	50	29

§ 3. — TEMPÉRATURE.

« Malaucène, dit Pazzis, était regardé, dans l'ancien Comtat,
« comme le lieu le plus froid; le thermomètre (Réaumur) y des-
« cendant jusqu'à —16° en hiver et n'y montant jamais plus haut
« qu'à + 27° en été. Aujourd'hui, Sault et Aurel peuvent bien
« passer pour les points les plus froids du département, beaucoup
« plus même que Valréas. » La température y est plus variable
que partout ailleurs.

L'hiver y est plus long que dans le reste du Comtat, mais
Expilly observe que « l'on a de quoi s'en consoler par l'abondance
du bois et du gibier qu'on y trouve à assez bon compte. » Parmi
les hivers devenus historiques dans le pays par le mal qu'ils
firent à la campagne, l'on cite celui de 1364 qui fit périr non-

seulement les oliviers, coutumiers du fait, mais encore la plupart des arbres fruitiers; — celui de 1569, dont les oliviers furent seuls à payer les frais; — celui de 1694, qui fit tant de mal qu'il en résulta « une grande cherté des fruits. Le conségal se vendit « un écu l'eymine, plusieurs années durant; l'avoyne trente-« trois soubs et puis trente; le vin jusqu'à 16 patas le pichier. »

L'été se fait généralement sentir, mais seulement à la canicule; avec cette particularité que les nuits sont toujours très-fraîches, la température s'abaissant subitement au moment où le soleil couchant dore de ses rayons les sommets arides du Ventoux.

Les notes de M. le Dr Sainte-Foy Lemoyne sont concises :

« La température est très variable. On passe du froid au chaud, « du chaud au froid plusieurs fois dans les vingt-quatre heures.

« Les nuits sont froides, et la fraîcheur du matin et celle du « soir font un contraste frappant avec les quelques heures de « chaleur de la journée.

« On ne se ressent guère de l'été que durant les deux mois de « juillet et août. »

Quelques chiffres exacts compléteront ce paragraphe.

La température moyenne de la plaine au pied du Ventoux est de $+ 13°$ environ. Au pied du rocher de Puy-Haut, devant la source, elle est de $+ 13°,4$. Au sommet du Ventoux, la température moyenne annuelle ne dépasse pas $+ 2°$, ce qui n'aurait pas empêché les Gaulois et les Romains d'y établir un poste d'observation. Cette température n'empêchera pas non plus l'achèvement de l'observatoire auquel on travaille encore au moment où nous écrivons ces lignes. Cet édifice, une fois muni de tous les instruments nécessaires, rendra à la région sud-est de la France des services dont on ne soupçonne peut-être pas encore l'importance.

§ 4. — COURANTS ÉLECTRIQUES ET TREMBLEMENTS DE TERRE.

Le Dr Sainte-Foy Lemoyne signale, dans le mémoire qu'il a écrit pour nous, un fait qui jusqu'à présent a échappé à l'observation des gens du pays. « Un courant aérien semble déterminer les dé-« charges électriques durant les orages. Ce courant a son point « d'origine au *vallat* dit *du Sublon*, à 4 kilomètres nord de Malau-« cène, sur les limites du Crestet et va aboutir presque en ligne « droite jusqu'à Saint-Baudile, à 3 kilomètres sud de la ville. Sur « ce parcours de 7 kilomètres, la foudre est tombée neuf à dix fois « et, plusieurs fois, au même endroit. Les décharges électriques

« ont eu lieu aux quartiers de la Bredouïre, de Saint-Martin, de
« l'Hôpital, du Blanchissage, du Château-Vert, de la chapelle du
« Groseau et de Bel-Air. Elles ont laissé sur leur passage des
« traces bien manifestes : c'est ainsi qu'il y a peu d'années, au
« quartier du Bel-Air, une décharge électrique se fit sur une
« habitation rurale, qui fut complètement démolie. Le proprié-
« taire en fut quitte pour une forte commotion et une grande
« frayeur ; mais la femme, non moins terrifiée que son mari,
« fut blessée à la jambe par une brûlure. »

C'est ainsi encore que, dans la première quinzaine de juillet 1880, la foudre est tombée sur le pignon qui surmonte la façade de l'église paroissiale, frappant d'abord un des crampons en fer qui relient entre elles deux pierres des créneaux, pénétrant ensuite dans l'intérieur de l'orgue et y opérant de grands ravages. Des paratonnerres placés sur l'église et sur les habitations voisines du courant électrique préviendraient bien des malheurs.

Il n'est pas hors de propos de mentionner les oscillations qui se sont produites autrefois dans la commune.

Les archives locales ont consigné le souvenir de trois grands tremblements de terre. Le premier (1348), qui se fit ressentir jusqu'en Italie où il secoua les Apennins, survint avant la peste, qui fit tant de victimes à Malaucène. Plusieurs maisons, dans la ville même, furent ébranlées. La tour du château, du côté du couchant, se lézarda dans toute sa hauteur. « J'étais dans ma
« bibliothèque, écrivait Pétrarque, en une lettre datée de Vau-
« cluse; je sentis la terre trembler sous mes pieds avec un grand
« bruit; mes livres furent renversés de leurs tablettes. Je sortis
« de ma chambre, saisi d'effroi. »

Le second (1367) détruisit, dans Malaucène, un grand nombre de maisons. Enfin, le troisième « le lundy, huitième jour du moys
« de novembre de l'année 1568, et devant l'aube du jour, la terre
« trembla, faisant trembler les maisons avec un bruit sourd, qui
« fust une chose espouvantable; et, une demi-heure après, il fust
« dict que semblable tremblement s'estait produit au Barroux et
« à Beaumont. »

LIVRE DEUXIÈME

HISTOIRE

CHAPITRE PREMIER

ÉPOQUE CELTIQUE

Il n'est pas facile de faire entrer dans l'esprit des populations des idées nouvelles, même si ces idées sont justes et appuyées de raisonnements simples.

C'est ainsi que les auteurs qui, les premiers, eurent l'instinct de rechercher la succession des habitants sur un même territoire, éprouvèrent une peine excessive à faire comprendre que, malgré les nombreuses calamités auxquelles l'humanité est sujette, malgré les guerres, les épidémies, les cataclysmes, les populations restent sur leur sol natal ou y reviennent avec empressement dès que disparaît la cause majeure qui les a forcées à s'en éloigner.

Ces mêmes auteurs ont eu à lutter également contre ce préjugé qui nous porte à croire que la terre s'est peuplée lentement, difficilement et que notre sol gaulois, notamment, ce qu'on appelle les contrées méridionales de la France, n'a été colonisé que par les Grecs-Phocéens et, après eux, par les Romains.

Il n'y a pas plus d'un siècle qu'on attribuait à ces derniers tout ce qu'on rencontrait dans ces régions de ruines de tout genre. Il était entendu qu'avant les Romains il n'y avait rien et qu'eux seuls avaient fait quelque chose.

On disait bien, timidement, que lorsque les légions de César envahirent la Gaule, il y avait des habitants, mais que ces habitants étaient disséminés, d'un naturel sauvage et barbare, amis du sang et sectateurs d'une religion dont les prêtres présidaient aux sacrifices humains. Ces prêtres qu'on nommait Druides, ajoutait-on, avaient tout intérêt à tenir les tribus dans un état d'ignorance complet.

« Les Druides persuadaient aux peuples qu'ils possédaient à

« fond les secrets de la divinité et qu'ils se rendaient coupables
« de sacrilège s'ils en communiquaient la connaissance par écrit.
« Il est arrivé de cet odieux système que nous n'avons presque
« rien de certain sur l'origine et l'histoire des Celtes (1). »

La science archéologique dont les commencements ne datent pas, comme on sait, de très loin, est destinée à faire disparaître les notions erronées que l'on a de nos pères. On démontre journellement que les sacrifices humains ne se pratiquaient pas dans nos pays ; ces fameux dolmens sur lesquels on a voulu retrouver les rigoles dans lesquelles coulait le sang des malheureux égorgés sont redevenus des tombeaux, et les ossements calcinés que l'on trouve dans le sol qui les supporte ne sont souvent que des ossements d'animaux domestiques.

Les habitants de nos contrées dont on ne connait pas encore parfaitement la race ou l'origine étaient beaucoup plus civilisés qu'on ne le croit. Ils n'étaient pas, comme nous, entourés de tous ces riens qui constituent le bien-être ; ils ne se couvraient pas, comme nous, de vêtements faits avec des étoffes fines et soyeuses ; ils recherchaient probablement avec moins de sollicitude que nous les délices de la bonne chère ; mais répéter qu'ils habitaient constamment les bois et les forêts et qu'ils allaient à peu près nus et couverts seulement d'une peau de bête, ainsi que les représentent les peintres et les statuaires, c'est tomber dans un exagération outrée et dont il est temps de faire justice.

Nous n'irons pas, à propos de Malaucène, faire l'histoire des Celtes et des Gaulois, mais nous affirmerons que, du temps des Gaulois et des Celtes, il y avait dans son terrritoire une agglomération considérable et que les habitants primitifs ont vécu sans interruption dans ce même territoire, se contentant de changer de place et de transporter leurs demeures sur tel ou tel point, suivant les besoins de l'époque.

Ce n'est point de cette façon que se sont exprimés les auteurs qui ont écrit avant nous. « Malaucène, dit l'un, n'a aucune antiquité qui puisse prouver qu'elle a été du temps des Romains. »
— « L'origine de Malaucène, écrit un autre, est inconnue. » —
« Malaucène, dit un troisième, ne remonte pas au-delà du VIIIe siècle et, si son origine est plus ancienne, aucune authenticité ne le prouve. »

Il faut pardonner à ces écrivains de s'être prononcés d'une manière aussi catégorique. N'ayant pas connu les principes archéo-

---

(1) Fouque, *Fastes de la Provence*.

logiques au milieu desquels nous avons été élevés nous-mêmes, ne sachant pas surtout de quelle manière aujourd'hui l'on procède lorsqu'on veut remonter aux origines d'une commune, ils ne pouvaient pas être exacts dans leurs affirmations.

Nos études particulières nous ont souvent amenés à savoir comment tel ou tel village que nous pourrions nommer a été fondé ; nous savons qu'il y a des agglomérations, maintenant considérables, qui ont été formées d'un bloc et peuplées dans quelques mois à peine ; certains ordres religieux ont fait cela dans le courant du moyen âge ; des seigneurs ont opéré des créations analogues du XV° au XVIII° siècle ; mais, à l'époque celtique et avant la colonisation romaine proprement dite, les choses ne se passaient pas ainsi.

En ce qui concerne Malaucène, il est certain que la ville ne s'est pas formée d'un bloc dans le cercle qu'elle occupe aujourd'hui, dans un délai restreint et que, certainement, lorsque les premières maisons qui lui servirent de noyau s'élevèrent, il y avait déjà de nombreux habitants groupés sur un autre point du territoire.

Il serait peut-être outrecuidant de notre part de raconter comment nous avons pu découvrir cette agglomération principale ou habitat primitif, si nous voulions en revendiquer l'honneur, mais on nous permettra de justifier notre dire et de prouver nos assertions que l'on pourrait trouver, tout d'abord, entachées de hardiesse.

Instruits par l'expérience et ayant appris par nous-mêmes comment on doit s'y prendre pour recueillir les matériaux et les documents propres à donner des monographies locales ; après avoir bien compris que les commencements de la Malaucène actuelle ne pouvaient pas être antérieurs à l'époque féodale, nous avons cherché sur le sol les traces du séjour des générations primitives.

Il n'était pas possible qu'une région qui renfermait tant de preuves de l'occupation romaine, cela sera démontré plus loin, n'eût pas été habitée avant ces mêmes Romains. Or, antérieurement à ceux-ci, les peuples aborigènes étaient non pas peut-être, comme on le dit, les Liguriens, mais les Celto-Lygiens, ou, pour mieux dire, les Gallo-Celtes. Les mœurs des Celtes étant à peu près connues, en ce qui concerne leurs gîtes, leurs habitats, leurs retranchements, il était possible d'arriver assez vite à un résultat convenable.

Les Celtes habitaient des hauteurs toujours accessibles d'un côté, non loin des terres cultivables et à proximité de quelque source. Ces hauteurs, choisies avec une merveilleuse intelligence, correspondaient avec d'autres hauteurs éloignées, mais leur situation était telle qu'on pouvait, de leur sommet, voir à plusieurs lieues à la ronde.

En outre, un souvenir religieux étant presque toujours attaché aux anciens habitats, on peut être mis sur leurs traces si l'on retrouve quelque part une tradition d'établissement religieux ou une institution de pèlerinage très ancienne. La donnée est bien plus certaine, s'il est question d'histoires merveilleuses, de grottes de fées, de sorciers et de sabbat, et même de *chèvre d'or*. C'est en Provence, notamment, que les paysans croient toujours à l'existence d'une *cabre d'or* ou trésor enfoui au milieu des ruines les plus délaissées.

Y avait-il, dans la population de Malaucène, quelque tradition de ce genre? Avions-nous quelque chance de retrouver des ruines dans le genre de celles que nous venons de définir?

A force de questionner, nous avons fini par apprendre qu'il y avait, à l'extrémité occidentale du territoire, des ruines d'un édifice quelconque attribué aux Templiers et que ces ruines se trouvaient à proximité d'un quartier à peine connu sous la dénomination fort incertaine de Mitrone, de Vitrone ou de Vitrolles-la-Longue. Mais, nous disait-on, c'était un souvenir très éloigné que rien ne justifiait.

Quelques vagues que fussent ces indications, il était de notre devoir de les vérifier. Nous ne tardâmes pas à nous rendre compte de l'importance qu'elles pouvaient acquérir. Le résultat a répondu à nos recherches : Mitrone-la-Longue est un ancien *oppidum gaulois*, c'est l'habitat de l'antique population de Malaucène.

Il est inutile de raconter dans quelles conditions nous fîmes nos recherches; il suffira de fournir les preuves de ce que nous avançons.

L'*oppidum* est établi sur la crête de la montagne de *Clairier*, située à 2,500 mètres environ de Malaucène, sur la limite du territoire du Barroux. Cette montagne, courant dans le sens du sud-est au nord-ouest, forme une courbe dont la partie saillante est tournée vers ce dernier village. Elle se prolonge ainsi entre la route de Carpentras à Vaison, au sud, et le chemin de Malaucène à Suzette, au nord. La pente est rapide sur tous les points, mais notamment au sud et à l'ouest. Sur une longueur de 3 à 400 mètres au moins, au-dessus du large vallon au fond duquel la grand'route est tracée, les rochers forment un escarpement variant de 5 à 30 mètres de hauteur.

Du haut de cette montagne dont l'altitude se maintient à 500 mètres environ, la vue s'étend au loin sur les territoires de Suzette, du Barroux, de Malaucène et d'Entrechaux; elle n'est bornée au nord que par Arfuyen et à l'est que par le massif du Ventoux.

C'est, au point de vue stratégique, une position admirable pour voir ce qui se passe au loin.

Comme poste de retranchement et de refuge, c'était autrefois le meilleur de la contrée, car il permettait aux habitants du bassin de Malaucène de le gravir en moins d'une heure et de se soustraire ainsi dans peu de temps aux attaques d'un ennemi s'avançant de n'importe quel côté.

Comme position, la montagne de Clairier répondait donc à toutes les exigences du but recherché; il n'était pas possible pour nous qu'elle n'eût pas été employée pour l'établissement d'un *oppidum*.

Or, cet *oppidum* existe; les ruines en sont tellement nombreuses, les contours si accusés et les défenses tellement apparentes que nous sommes surpris d'en être les inventeurs.

Les fortifications de l'*oppidum* étaient ce qu'elles sont partout; des murailles longues et épaisses en blocs de rochers posés à sec l'un sur l'autre parallèlement à la crête, mais en contre-bas de celle-ci, et seulement sur la déclivité de la montagne et dans les endroits où, rigoureusement, la crête était abordable; partout ailleurs, et notamment sur les bords des escarpements, nulle défense, aucun ouvrage d'art; l'escarpement était par lui-même un rempart inattaquable.

Les murs de l'*oppidum* de Clairier forment non pas précisément deux enceintes, mais deux lignes de défense; celle de l'extérieur est plus forte que l'autre et s'étend presque en droite ligne sur une longueur de plus de 200 mètres. Qu'on ne vienne pas nous objecter que ces murs étaient faits pour soutenir les terres, car il n'y a pas de terre végétale sur la crête de Clairier et, dans tous les cas, ils seraient singulièrement disproportionnés avec la petite masse dont ils auraient eu à supporter le poids.

Au-dessus de ces murs et diversement disposés, on aperçoit des tas de pierres assez considérables. Pas de traces de ciment ou de mortier, pas de murs bâtis, partout des pierres brutes et ne portant aucune trace de taille.

Ces matériaux n'ont pas été extraits du sol qu'ils occupent; ils ont été transportés des environs. Ils formaient des cabanes, des huttes ou des bases d'habitations dont la partie supérieure était probablement faite de branches d'arbres croisées, liées et recouvertes de chaume.

Mais si les pierres sont brutes, nous devons signaler l'existence, au milieu d'elles, de fragments de briques à rebords romaines, de débris et de tronçons d'ustensiles de ménage antiques. Des poteries plus antiques encore doivent se trouver parmi ces entassements de matériaux divers; mais, pour en recueillir, il faudrait d'abord déplacer les pierres et brûler sur pied les arbustes qui croissent sur toute la surface du sol et rendent pour le moment toute recherche infructueuse.

De ce qu'il existe des briques et des poteries romaines dans les ruines de Clairier, concluera-t-on qu'au lieu d'être un habitat celtique, cette crête a été seulement un *castellum* romain ?

Nullement. Il est advenu de l'*oppidum* de Clairier ce qui a été fait de presque tous les habitats antiques. Clairier a été habité pendant de longs siècles, mais à intervalles inégaux et à des reprises différentes, par les diverses générations qui se sont succédé dans la commune de Malaucène. C'était le lieu, le poste de retranchement par excellence qu'on frayait ou qu'on désertait suivant l'occasion. En temps de calme, durant les ères de paix, on vivait plus ou moins à l'aise dans les plaines; mais, à la moindre alerte, les modestes cabanes de l'*oppidum* étaient relevées, les troupeaux y étaient parqués. Les meubles meublants étant inconnus, on se contentait d'y transporter les ustensiles de terre qui, suivant les progrès de l'industrie et la richesse des tribus, étaient grossiers ou délicats, simplement cuits au soleil ou au feu.

C'est pour cela qu'il nous est arrivé bien souvent d'apercevoir, sur l'emplacement d'un même *oppidum*, des poteries de tous les genres et de toutes les époques. Admettre une version contraire ce serait croire à une chose inadmissible.

Nous avons prouvé : que Clairier était une position admirable pour l'établissement d'un *oppidum;* que les murailles qui existent sont pour la plupart de construction celtique; ces deux points seraient suffisants pour démontrer que Clairier a été habité par une population assez considérable et que cette occupation s'est prolongée pendant des siècles, mais nous ne nous en contenterons pas.

Etablissons maintenant qu'il existe autre chose que des pierres pour affirmer notre dire : il y a des preuves écrites; il s'agit, seulement, de comprendre ce que signifient ces écrits.

Nous publions, à la fin du volume (1), le polyptique du comte de

---

(1) Voir *Pièces justificatives*, n° 2.

Toulouse. Cette pièce très importante, qui nous a fourni plus d'un renseignement utile, renferme quelques lignes qui deviendront bien significatives si on les rapproche de ce que nous venons de dire au sujet de l'existence de poteries et de briques romaines parmi les débris de cette ville antique que, faute de mieux, nous appellerons, comme la tradition, Mitrone-la-Longue.

Et ici nous tirons une parenthèse, pour dire que si nous n'avons aucune preuve de la validité de ce nom, nous n'avons, en revanche, aucun motif de nier son authenticité. Malgré toutes nos recherches, nous n'avons pu recueillir aucun document relatant le nom que nous citons, mais il n'est pas démontré qu'un jour ou l'autre il ne sera pas retiré de l'oubli.

Quant au terme de Clairier, nous le voyons figurer dans les archives depuis longtemps ; mais, faut-il remonter jusqu'aux Grecs, aux Romains ou aux Celtes pour en trouver l'origine ? Nous ne le pensons pas. Les neuf dixièmes des quartiers ruraux, non pas seulement de Malaucène, mais de toute la France, portent des noms de propriétaires. Il n'est fait d'exception que pour ceux qui se signalent d'eux-mêmes soit par leur configuration et leur nature, soit par des grottes, des ruisseaux, des rochers ou des bizarreries naturelles.

L'acte de 1253 énumère plusieurs quartiers ruraux de Malaucène en les désignant par les noms des propriétaires. A six siècles et demi de distance, ces quartiers portent encore les mêmes noms et rien ne fait prévoir qu'ils les perdent de sitôt.

Nous pensons que Clairier est dans le même cas, et nous ajouterons que le nom de celui ou de ceux qui le possédaient autrefois n'est autre que celui de *Clarerius* que nous voyons figurer parmi les cinq cent quatre-vingt-dix chefs de famille qui se montrent dans le parlement général de 1270, et que cet acte important appelle *B* Clareri* et *Joh* Clarerii*. Clairier est exactement ce même nom francisé.

Il ne faudrait guère remonter au-delà de l'an 1000 pour la recherche des noms des quartiers ruraux. D'abord, les documents écrits, purement locaux, sont excessivement rares, et cette pénurie doit être attribuée surtout à cette paralysie intellectuelle qui gagna les races latines à cette époque et rendit tous les habitants tellement oublieux de leurs intérêts matériels qu'on cessa de s'occuper de tout ce qui constitue la vie des peuples. Lorsqu'on se ravisa et qu'on se rattacha à l'existence, il dut se produire un véritable bouleversement dans ce que nous appellerons volontiers le cadastre et les plans terriers, et, pour rendre les choses plus claires, on donna aux terres les noms de ceux qui s'y établirent à nouveau et y construisirent des habitations. La plupart de ces appellations persistent malgré les mutations de propriétaires.

C'est parce que nous retrouvons ces mêmes noms sur certains points parfaitement reconnaissables, que nous établissons ou reconstituons les faits. Il semble peut-être que nous nous éloignons de notre sujet, tandis que nous le serrons de très près.

Le Polyptique de 1253 nous dit ceci :

Renaudus Hugo tenet quandam terram ad fontem Charumbel que est juxta terram Piotonorum et juxta viam publicam.

« Renaud Hugues possède une terre du côté de la fontaine de Charombel, laquelle est près de la terre des Piotons et près du chemin public. »

Item percipit (dominus comes) quartonem in terra Rost. Mercerii que est ad fontem de Comparat juxta terram Bremondorum.

« Le comte de Toulouse perçoit une quarte sur la terre de Rostang Mercier, laquelle est du côté de la fontaine de Comparat près de la terre des Bremonds. »

Item percipit (dominus comes) quartonem in quadam terra quam tenet uxor Petri Bermundi que est ad Castellar juxta terram Rost. Bermundi.

« Le comte perçoit une quarte sur une terre que possède la femme de Pierre Bermond, laquelle est du côté du Castellar, près de la terre de Rostang Bermond. »

Pour toute personne qui sait comment on procédait jadis et comment on procède encore lorsqu'il s'agit d'une opération cadastrale, rien ne saurait être plus intelligible. On énumère les possessions sur lesquelles le seigneur a des redevances à toucher, du nord au sud, et l'on voit ainsi désigner tous les points qui aujourd'hui portent les mêmes noms qu'au XIII° siècle : les Piotons, la fontaine de Charombel, la voie publique, autrement dit le vieux chemin de Carpentras à Vaison, la fontaine de Comparat, la terre des Bremond et, dans le voisinage de celle-ci, le Castellar.

Tout le monde sait ce que veut dire *castellar;* c'est le même mot que *castellarium*, synonime de *castellum*, château fort, forteresse, avec cette différence qu'il signifie surtout vieux château. C'est le *castellas* provençal que l'on applique sans exception à l'ancien château fort du village, placé en vedette sur la montagne au pied de laquelle le village moderne s'est transporté.

Les *castellas* que nous avons vus et que tout le monde peut visiter aussi bien que nous, ne sont pas toujours très près des agglomérations modernes ; ils sont souvent distants de deux et trois kilomètres l'un de l'autre, mais toujours c'est le berceau du village que l'on trouve dans une situation plus commode.

La position du Castellar de Clairier ne pouvait, à notre avis, être indiquée par le rédacteur de l'acte de 1253 d'une manière plus précise. A cette époque, tout le monde savait où était le Castellar, comme tout le monde savait où se trouvaient les fontaines de Charombel et de Comparat, et il n'était pas plus nécessaire de dire que ce Castellar était sur la montagne qu'il n'était utile de dire que les fontaines étaient à mi-côte.

Nous ne voyons pas quels arguments le critique le plus pointilleux pourrait opposer à notre raisonnement. Un *castellas* pouvait-il être mieux placé qu'au sommet de Clairier, et les fragments nombreux de briques et de tuiles à rebords ne disent-ils pas suffisamment qu'au commencement du moyen âge il existait encore ? Quant à l'importance qu'il devait avoir, qu'on entasse le quart seulement des matériaux couchés sur le sol et l'on verra quel édifice et quelles enceintes on pourra reconstituer.

La seule objection qui pourrait avoir quelque valeur, si nous n'y avions déjà répondu d'avance, c'est que si les ruines qui se montrent à Clairier sont celles du *castellas*, ce ne sont pas celles de l'*oppidum* gaulois, et *vice versâ*.

Pour nous, habitat celtique ou *oppidum* gaulois, retranchement barbare, village antique, *castrum* romain, *castellum* du moyen âge, l'un a succédé à l'autre, et Clairier n'a été définitivement abandonné que lorsque Malaucène est devenue un centre habitable, vers la fin du VI° siècle, ainsi que nous le dirons bientôt.

Ce que nous venons d'écrire ne sert pas seulement à préciser la situation du *castellar*, cela sert encore à affirmer l'existence de l'*oppidum* gaulois, tout *oppidum* ayant à proximité des sources jaillissantes. On comprend bien que l'homme ne saurait habiter sur un point quelconque, s'il n'a les moyens d'avoir facilement de l'eau à sa disposition. Dans quelques habitats, on a reconnu l'existence de citernes et de réservoirs ; mais, dans tous, on peut apercevoir de très nombreux débris de poteries ou vases de grande dimension. Ces récipients étaient, selon toute apparence, destinés à renfermer les provisions d'eau qu'il était facile de renouveler, vu la proximité des sources.

Tout habitat celtique doit conserver le souvenir du culte. A Clairier c'est plus qu'un souvenir, puisqu'il y avait une chapelle dédiée à saint Martin, mais bâtie comme le sont des édifices de ce genre, avec économie et dans de petites dimensions. Nous ne ferions même aucune difficulté de considérer comme les bases de l'abside un restant de construction circulaire que l'on peut reconnaitre au milieu de l'un des tas de pierres qui gisent à l'extrémité de la crête de Clairier, en vue de la route de Carpentras.

Les *oppidum* gaulois sont encore placés de façon à dominer les routes ou passages qui conduisent d'une vallée à l'autre. C'est le cas de l'*oppidum* de Clairier.

Pour pénétrer dans le bassin de Malaucène, si l'on veut pratiquer un chemin tant soit peu commode, que l'on arrive du côté de Gigondas, de Suzette, du Barroux, de Caromb, de Crillon ou de Bedoin, il faut nécessairement suivre le chemin dit de Suzette ou la route départementale de Carpentras. Or, ces deux voies sont non-seulement dominées, mais défendues par Clairier. Nous mettons en fait qu'autrefois, plus encore qu'aujourd'hui, un corps d'armée quelconque pouvait très aisément interdire la circulation sur ces deux voies, si l'on admet surtout, ce qui est incontestable, que ces chemins étaient jadis bien moins praticables que de nos jours.

Clairier dominait à plus forte raison le chemin qui, entourant la montagne dans les environs de l'oratoire actuel de Saint-Michel, allait directement à Vaison. Carpentras et Vaison, cela ne saurait faire doute, existaient antérieurement à l'occupation romaine. Avant les Romains ils communiquaient entre eux par ce même chemin, que nous verrons devenir ensuite voie publique, *via publica*, puis chemin de Carpentras à Vaison et, finalement, vieux chemin de Carpentras à Vaison. Cette route serait très certainement pratiquée comme autrefois si la ville de Malaucène n'existait pas ou si seulement elle était convenablement entretenue.

S'il faut *quelques preuves* de plus en faveur de l'habitat de Clairier, ajoutons celle-ci.

Il est rare que dans les rochers compris sur les points culminants des habitats celtiques il n'y ait pas un certain nombre de grottes, de baumes, d'excavations capables de servir d'abri et même de logement. Or, des grottes de ce genre se trouvent sur la crête de Clairier; elles ne sont pas spacieuses, il est vrai, mais n'est-on pas en droit de supposer qu'autrefois elles étaient plus considérables ayant été réduites depuis par des éboulements ?

Résumons toutes nos preuves pour démontrer que Clairier a été un habitat celtique ou un *oppidum* gaulois, les deux termes pour nous ayant la même valeur :

1° Situation magnifique au point de vue de l'observation sur une grande partie de territoire;

2° Grottes habitables au sommet de la montagne;

3° Position inexpugnable de presque tous les côtés;

4° Souvenirs religieux attachés à ce point;

5° Murs en pierres sèches et en blocs considérables du côté de la pente la plus facile;

6° Fontaines et sources à proximité;

7° Moyen facile d'observer et de défendre la route que le poste commandait;

8° Restes de poteries diverses.

Rechercherons-nous maintenant d'où venaient les tribus qui habitaient Clairier et quel était leur pays d'origine? Non, car les documents nous font complètement défaut et nous croyons fort que les auteurs qui ont voulu étudier cette question n'en savent pas beaucoup plus que nous sur ce sujet. C'est donc sans la plus légère intention de nous en servir comme preuve, que nous citons les quelques lignes suivantes de Fantoni.

Cet auteur croit que les premiers habitants de Malaucène auraient été une colonie des Celtes, appelés *Cambollettres* (1), venue des bords de l'Atlantique. Nous citons textuellement:

« *Ella* (Malaucène) *de popoli* ATLANTICI *e* CAMBOLETTRI *que son nominati da Plinio, ma non tra i Voconzii. E ciò in opinione di Soléry che stima fossero subalterni de Voconzii, e abitanti all'intorno dell'alto monte Ventoso, alle cui radici Malaucene giace.* »

Abordons maintenant l'époque romaine. Les documents écrits nous feront défaut encore, mais les pierres sont des témoins sûrs qui nous prouveront que depuis l'invasion et la conquête des Gaules par César jusqu'à la résurrection du monde après l'an mil, le territoire dont nous nous occupons a été florissant et couvert de riches habitations.

---

(1) *Cambolectriagesinates* ou *Agesinates*, peuple de la Gaule Aquitanique, voisins des *Pictavi* (Poitevins), sur l'Océan. (MASSELIN, *Dictionnaire universel des Géographies*, 1827.)

CHAPITRE DEUXIÈME

ÉPOQUE ROMAINE

§ 1ᵉʳ. — L'OCCUPATION.

Une phrase qui nous fait toujours sourire lorsque nous la rencontrons sous la plume d'un auteur, et cela n'est pas rare, est celle-ci :

« Telle localité porte des traces du séjour des Romains. »

Ce qui, pour nous, équivant à ceci : avant les Romains cette localité était sauvage, inhabitable ou inhabitée, mais les Romains sont venus y bâtir quelques villas, et, après eux, tout est redevenu désert et inculte.

Non, les Romains n'ont pas tout défriché et colonisé ; les personnages venus de Rome, à titre officiel ou à titre privé, ont pu y construire des habitations plus riches, plus importantes que celles des habitants-nés du sol ; ils ont évidemment répandu autour d'eux des éléments de la civilisation telle qu'ils l'entendaient ; ils ont pu, pendant près de trois siècles, latiniser la région qu'ils administraient, mais il leur était impossible de peupler, dans un délai aussi restreint, des régions tout entières et de transformer de leurs propres mains de vastes territoires incultes en campagnes fertiles.

Ce qu'il y a de très certain c'est que lorsque les guerres de conquête furent terminées, les habitants du pays firent exactement ce que nous faisons nous-même aujourd'hui : ils abandonnèrent leurs habitats et leurs *oppidum*, descendirent dans la plaine et, résidant au milieu des terres labourables, jouirent paisiblement du bien-être que procurent toujours au cultivateur les ères de paix et de tranquillité.

Les Romains s'emparèrent-ils du poste de Clairier et y élevèrent-ils un *castrum* de nature à protéger leurs possessions ? Cela est probable ; la présence de nombreuses tuiles et briques romaines le prouve suffisamment, mais nous ne croyons pas qu'ils aient construit une forteresse sérieuse. Le fait ne serait pourtant pas impossible ; la fureur de la destruction est poussée si loin chez l'homme, qu'on aurait pu, depuis, tout démolir pour le plaisir de détruire et sans vouloir en retirer aucun profit.

« Quant à la petite ville de Malaucène, dit M. Deloye, elle doit
« son origine à d'autres causes. La proximité de la capitale d'un
« peuple puissant, la pureté de l'air, la beauté du paysage, la
« fertilité et la fraicheur de la vallée qui est arrosée par les eaux
« abondantes et intarissables du Groseau, première fontaine de
« la contrée après celle de Vaucluse ; voilà ce qui ne pouvait
« manquer d'attirer à Malaucène les Voconces et les Romains.
« Les inscriptions, les médailles et les débris antiques de toutes
« sortes que l'on exhume chaque jour du territoire de cette ville
« donnent à une présomption si naturelle le caractère de la cer-
« titude. »

Guinier, dans son *Histoire* manuscrite *de Malaucène* énumère
surabondamment des preuves qui démontrent que le sol sur
lequel a été bâtie la ville actuelle était couvert de constructions
romaines. Il cite en particulier les murs en petit appareil qui
existaient au quartier du Lignol et les grandes ruines trouvées
dans la rue Chaberlin.

Du reste, la situation du sol compris entre Orange, Vaison et
Carpentras, qui possèdent de si nombreux monuments de l'occupation romaine, serait une puissante présomption ; surtout, étant
donné le génie colonisateur de ce peuple si habile à tirer parti
des cours d'eau.

Quant à ce qui concerne l'époque où les Romains vinrent s'établir dans les environs du Groseau, il ne saurait y avoir de difficulté. On peut affirmer, sans crainte de faire erreur, que c'est en
l'année 122 avant l'ère chrétienne, après la défaite des Allobro-
ges par Domitius Ænobardus, que les Romains prirent immédiatement possession de toute la contrée.

§ 2. — MONUMENTS ISOLÉS.

Nous n'avons plus maintenant qu'à faire l'énumération des
objets recueillis sur le territoire de Malaucène et dans ses environs immédiats. Le lecteur en tirera le parti qui lui paraîtra le
plus profitable.

Il s'en faut de beaucoup que tous les objets aient été conservés
avec soin, et même plusieurs de ceux qui avaient été pieusement
mis en lieu sûr ont disparu. Ainsi, nous ignorons où il faudrait
retrouver aujourd'hui ce qu'on découvrit en 1785 et dont il fut
fait présent à l'évêque de Vaison. Ces objets consistaient en tombeaux de diverses formes dont plusieurs richement sculptés,
urnes funéraires, miroirs d'acier, ustensiles de toilette de femme

en terre cuite et jouets d'enfants. Les urnes, l'une grande, l'autre petite, en verre, renfermaient des cendres et des ossements.

Guinier mentionne, et nous le répétons après lui, tout en nous méfiant de l'exagération dont nous le croyons susceptible : « la « voûte et les murs à petit appareil dans le quartier de Lignol ; « des sculptures et de vieux pans de muraille, restes d'un superbe « palais à la rue Champchaberlin ; des médailles ayant rapport « à la source du Groseau et de Vaison ; et de nombreux fonde- « mens d'édifices. »

Ce que nous avons vu et ce qui existe encore à l'état de muséum c'est la collection d'antiques commencée par M. de Saint-Bonnet et continuée par M. Chastel, son neveu et héritier. Dans la maison située sur l'Esplanade et touchant la porte de Roux, maison de la Renaissance qui mérite déjà par elle-même d'être visitée, on voit des tombeaux et des fragments d'inscriptions, d'urnes, de dolium, de flacons à parfum dits lacrymatoires, etc.

Tous ces objets ont été recueillis en 1855, au-dessous de Clairier, à 25 mètres au sud-ouest de l'oratoire Saint-Michel, dans un champ appartenant alors au sieur Chabrier, maçon.

M. A. de Merle, ancien conseiller général, nous a montré plusieurs monnaies qu'il a recueillies dans ses propriétés au-dessous et à l'est de Clairier. Au milieu de diverses pièces parmi lesquelles il y avait une monnaie d'Innocent XII en argent et un sol en cuivre jaune de Louis XIV, nous avons reconnu un Domitien en argent et un petit bronze de Constantin II.

Le nombre des monnaies qui ont été remises au jour à diverses époques, sur différentes parties du territoire, serait très considérable si l'on pouvait en faire un relevé exact. Malheureusement, les cultivateurs qui font ces découvertes se gardent bien, en général, de le dire et s'en défont facilement dès que l'occasion s'en présente, si elles paraissent avoir quelque valeur. Quant aux autres, n'y attachant aucune importance, ils les égarent ou les détruisent.

Le point du territoire où l'on a retiré du sol le plus d'objets antiques est le vallon supérieur du Groseau à proximité de la chapelle. Il est de notoriété qu'un cultivateur, dont la ferme est située sur le chemin même du Groseau, en face du chemin des Arénées, a trouvé un grand nombre de pièces qui devaient être curieuses puisqu'il les a chèrement vendues. C'est peut-être là qu'on a trouvé des similaires de la fameuse médaille *Aquis Vason* dont nous parlerons à propos de l'aqueduc romain.

Il reste de ce qui n'a pas été vendu une inscription grecque, des tombeaux en pierre de taille et diverses sculptures que l'on peut voir tout près de la chapelle du Groseau ou incrustées dans les murs même de ce sanctuaire.

Voici ce que M. Deloye dit de l'inscription grecque :

« Nous avons remarqué, un peu au-dessous de la source, une
« pierre de marbre blanc dont une face est couverte de caractères
« grecs. Bien que le mauvais état des lettres et le manque de
« temps nous aient empêché de faire une copie de cette inscrip-
« tion, peut-être antérieure à la domination romaine, nous
« jugeons utile d'en parler, afin de donner à quelques archéo-
« logues l'idée de la calquer pour l'étudier à loisir. Le marbre
« sur lequel elle est gravée sert de base à une croix placée devant
« la chapelle de Notre-Dame du Groseau. »

Cette pierre est toujours à la même place, mais nous avouerons que, plus encore qu'à l'époque où M. Deloye la reconnaissait, l'inscription parait indéchiffrable.

Quant aux tombeaux, dont deux entiers et un cassé par le milieu, ils contribuent à former le mur que l'on tourne à gauche lorsqu'on débouche dans la cour ou enceinte de la chapelle. Ils sont en pierre de taille, mais les faces qu'ils présentent au soleil ne portent pas d'inscriptions.

Ces tombeaux ont été découverts en 1855, par un nommé Hiély dit Ramus, quand il creusa le bassin d'arrosage que l'on voit entre le chemin supérieur et la chapelle. Plusieurs de ces tombeaux, dont le nombre s'éleva de vingt-cinq à trente, étaient superposés. Hiély détruisit une voûte souterraine de l'ancien monastère et se servit des pierres pour la construction de ce même bassin. Les squelettes qu'ils renfermaient étaient posés côte à côte et de deux en deux. Ces squelettes étaient-ils ceux des personnages pour lesquels les blocs avaient été creusés, ou seraient-ce les ossements de quelques moines de l'ancien prieuré ? On sait que les mêmes tombeaux, en bien des endroits, ont servi à plusieurs défunts, à intervalles prolongés, et les moines de Saint-Victor, notamment, ont su donner à plusieurs de leurs abbés des sépulcres romains. Quoi qu'il en soit, l'endroit d'où ces tombeaux ont été retirés fut autrefois le cimetière du prieuré du Groseau.

Ajoutons, pour ne pas revenir sur ce sujet, que les *tacherons* des murailles voisines ayant appartenu à l'ancien château furent utilisés par ce même Hiély, lorsqu'il construisit sa maison d'habitation, située sous le rocher de Brassetieux et faisant face au beau vallon du Vabre, vers l'année 1835.

On dit, généralement, dans le pays, que les Hiély dits Ramus avaient trouvé les statues des douze Apôtres, en or massif. — Ont-elles jamais existé? — Mais, depuis lors, les Hiély, qui passaient pour être fort pauvres, sont, dit-on, devenus riches.

Revenons à Malaucène et pénétrons dans le Château-Vert, charmante habitation appartenant à M. Chastel, ancien maire, où se trouve le petit musée d'antiquités que nous avons signalé tout à l'heure.

Les pièces que nous allons mentionner ont été décrites par M. Allmer de Lyon et A. Devoye d'Avignon.

Petit autel avec base et couronnement. Hauteur : 0",44 ; largeur : 0",17.

```
        MINE
        MARCVS
        V . R . L
        M
```

Minervæ, Marcus votum reddidit libens merito.

« A Minerve, Marcus avec reconnaissance, en acquittement de son vœu. »

Le monument suivant, nous apprend M. A. Deloye, fut découvert au mois d'août 1845, dans son champ, en même temps que des restes d'un bassin antique et des tuyaux de plomb, par un paysan de Beaumont.

Autel avec base et couronnement. Hauteur : 0",80 ; largeur : 0",31.

```
        DEANE AVG
        M. FVFIVS
        MATERNUS
        EX. VOTO
```

Deane Augustæ, M. Fufius Maternus ex voto.

« A Diane Auguste, Marcus Fufius Maternus, en accomplissement de son vœu. »

Stèle incomplète par en bas, terminée à la partie supérieure par un disque qui lui donne la forme d'une poupée. Hauteur : 0",50 ; largeur : 0",25.

```
        MATERN
        MATERN
        FILIO
```

Fac-simile du promeneur. — Lettres barbares.

« A Maternus, fils de Maternus. »

On remarquera sans doute que le nom de Maternus se trouve dans les deux monuments.

Pierre fruste, brisée par en haut et retaillée du côté droit. Hauteur : 0″,60 ; largeur : 0″,30.

```
. . . . . . . . .
SUBRON. . .
SUMELI. . .
VORETO. . .
VIRIVS.F
```

Mauvaises lettres. — Probablement épitaphe.

Quittons le Château-Vert et transportons-nous aux Maillets, à la grange de M. Charrasse.

Il y a, dit M. Allmer, une pierre carrée sans ornements, engagée à la renverse dans un des montants de la porte.

Une ascia est gravée en creux entre les lettres DM, à la première ligne. Hauteur : 0″,80 ; largeur : 0″,35.

```
        D        M
      ATTIEIVLI
 O    AEIVLIATI
      TVL[la]MAT
      ERFILIAE
      PIENTISSI
      MAEQVAE
      VIXITAN[n]
      ISXXVIIIIM
      IIII.DI.IIII
         AVE
   S      A     D
```

Fac-simile du promeneur.

Diis manibus Attiæ Juliæ : Julia Titulla mater filiæ pientissimæ, quæ vixit annis XXVIIII, mensibus III, diebus IIII, ave. Sub ascia dedicavit.

« Aux Dieux mânes d'Attia Julia, morte à l'âge de vingt-neuf ans, quatre mois et quatre jours, Julia Titulla à son excellente fille a élevé ce tombeau et l'a dédié sous l'ascia. Adieu. »

On nous permettra de signaler quelques-uns des objets les plus curieux existant dans deux communes limitrophes de Malaucène.

« En suivant la route nouvelle qui va de Malaucène à Beau-
« mont, dit M. Deloye, on rencontre beaucoup de tuiles et de
« briques romaines qui, indépendamment des inscriptions, attes-
« tent que les Gallo-Romains avaient, dans ce pays accidenté, de

« nombreux établissements. Beaumont, situé au pied même du
« Mont-Ventoux, les devait à ses carrières inépuisables d'où furent
« extraites toutes les pierres des monuments de l'antique Vaison.
« On avait presque cessé d'exploiter ces anciennes carrières à
« cause du mauvais état des chemins ; mais, depuis qu'on a réta-
« bli les voies de communication, les travaux d'exploitation ont
« été repris avec activité. »

C'est dans les pierres de Beaumont qu'ont été taillées les inscriptions que nous venons de reproduire, aussi bien que celle
dont voici des fragments cités par M. Allmer :

« Grands blocs de pierre, oblongs, provenant probablement
d'une frise et conservant des fragments d'une inscription monumentale en deux lignes qui, entières, devaient couvrir un espace
considérable en longueur. Trouvés, en 1872, au village de Beaumont, au pied du Mont-Ventoux, à 13 kilomètres à l'est de Vaison,
actuellement dans la collection de M. Eugène Raspail, au château
de Gigondas. Hauteur : 0^m,32 ; longueur des blocs réunis : 1^m,72.

a
..... BLICO . DE . V . DEC . PRA ....
..... TINVS ....
b
..... ARVM . AVGVSTANORVM . PRAEP
... VIVOS . FECIT
c
OSITO . VEXILLATIONI . EXERCITVS . M ....
ET . SIBI

... *equo publico, de quinque decuriis, præfecto cohortis 1æ* (?)
*Bracarum Augustanorum, præposito vexillationi exercitus
Moetiaci* (in expeditione...) ...*timus patri* (ou *fratri*) *vivos
fecit et sibi*.

« A.... chevalier romain, membre des cinq décuries (de juges)
préfet de la cohorte première des *Brocares Augustani*, commandant des détachements de l'armée de Métie (*dans l'expédition de*)... timus a fait faire, de son vivant, ce tombeau pour
son père (*ou* son frère) et pour lui-même. »

« On le voit par cette restitution, limitée aux compléments indispensables, l'inscription entière devait couvrir une longueur au
moins double de celle que donnent ensemble les trois blocs retrou-
vés. Une pierre contenant le commencement précédait le fragment a ; une autre s'intercalait entre celui-ci et le fragment b, et
une autre encore s'ajoutait à la suite du fragment c, peut-être
privée elle-même d'une quatrième : ce qui permet de supposer

une frise de 9 à 10 mètres d'étendue. L'inscription se rapporte à l'époque comprise entre Caligula, instituteur de la cinquième décurie de juges, jusqu'à Septime-Sévère ou Caracalla. La magnificence du monument, la perfection des lettres de la légende qui en décorait la façade annoncent une ère de richesse, de prospérité, d'épanouissement artistique qu'on ne peut faire descendre au-dessous du temps de ce dernier prince.

M. Raspail écrivait à M. Allmer, au sujet de la découverte de l'inscription :

« Vous aviez parfaitement raison de supposer que le tombeau
« de Beaumont devait constituer un magnifique monument ; mais
« le site au milieu duquel il était placé est bien plus magnifique
« encore. Représentez-vous un large plateau d'une extrême fer-
« tilité, arrosé abondamment par des sources glacées et entouré
« de tout côté par les immenses murailles du versant septen-
« trional du Mont-Ventoux, coupé à pic. C'est au milieu de ce
« cirque gigantesque que s'élevait le beau monument dont j'ai
« recueilli les derniers débris et qui a laissé des souvenirs de
« vénération, puisqu'aujourd'hui encore il sert de but aux pro-
« cessions en l'honneur de saint Roch, patron de la localité. Vous
« aimez les beaux paysages, mais je doute que, dans vos tournées
« pédestres, vous ayez pu en admirer un aussi imposant et aussi
« riant à la fois. »

Deux antiques remarquables font partie de la chapelle dite de Notre-Dame de Nazareth, du X° au XI° siècle, située sur un petit mamelon, tout près du village d'Entrechaux.

Le premier est signalé par M. Allmer, le second par M. Deloye.

« Pierre carrée, formant la moitié gauche d'une inscription dont l'autre moitié devait occuper la surface d'une autre pierre taillée pareille, retaillée par en haut, bordée à gauche et en bas d'une moulure qui encadrait l'inscription. Hauteur: 0^m,88 ; largeur : 0^m,30.

« Dans la même chapelle, on aperçoit, au sommet de l'angle de la façade, qui est en retrait sur le porche, un bas-relief bizarre, de forme rectangulaire, représentant un espèce de jongleur debout, ayant à sa gauche un énorme instrument de musique à trois cordes, sur lequel il promène un archet de la main droite. A ses pieds est un grand vase et un autel de forme élégante, d'où semblent s'échapper des flammes ; devant lui un personnage à cheval sur un animal (?). Le tout grossièrement sculpté.

« Sous l'autel de la chapelle, en 1828, on a découvert une belle inscription de la meilleure époque romaine, dont les moulures, du côté gauche seulement, sont intactes et qu'il faudrait lire ainsi :

<pre>
    Q. POM[peio]
    VOLT[ini]
    ÆDILI
    PRÆFECTO BO[con]
    TIORVM PROV[inciæ]
    FLAMINI DIVI [Julii]
    PONTIFICI DEA[næ]
    POMPEIA S[exta]
         FILIA
    PATRI OPT[imo]
    EX [su]O DIC[avit]
</pre>

Nous nous sommes étendus avec quelque complaisance sur les monuments isolés et de peu d'importance découverts à Malaucène et dans les environs, pour démontrer que toute cette région a été habitée et cultivée pendant l'occupation romaine.

§ 3. — L'AQUEDUC DE MALAUCENE A VAISON.

La plus importante des œuvres d'art de cette époque a été l'*aqueduc* dont nous allons parler avec quelque développement.

Alimenter largement leurs cités et avoir de l'eau en abondance pour la consommation des habitants, l'entretien des bains publics, tel était le premier souci du peuple romain. Est-il nécessaire de faire remarquer comment les choses se passent différemment aujourd'hui ? Nous finissons par où les Romains commençaient.

Nous aurons peu de peine à démontrer qu'il a existé un aqueduc considérable qui prenait les eaux à la source du Groseau et les amenait dans la direction du nord-ouest.

D'après le P. Bonaventure, J. M. de Suarès, le savant évêque de Vaison, grand amateur d'archéologie, avait découvert deux inscriptions que nous reproduisons textuellement :

Ire Inscription

D. SALVSTO ACCEPTO
OPIFICES LAPIDARII
OB SEPVLTVRAM EIVS

2me Inscription

GENIO COLLEGII
CENTONARIORVM
VAS. R. S.

L'historien auquel nous empruntons ces titres nous en donne l'explication suivante :

« Les ouvriers qui furent employés à la construction de l'aque-
« duc faisaient leur résidence à Vaison. Les Romains avoient
« établi dans cette ville une académie où les ouvriers étoient
« uniquement occupés à se perfectionner dans leur art. Ces aca-
« démiciens étoient appelés *centones*. Il est, dès lors, facile de
« comprendre que ces deux inscriptions proviennent des ouvriers
« qui construisirent l'aqueduc servant à conduire les eaux de
« Malaucène à Vaison. »

« Une autre preuve de l'existence de cet aqueduc, dit Guinier, c'est
« un morceau de vieille bâtisse qui faisoit partie du conduit souter-
« rain dont j'ai entendu parler dans mon jeune âge. On disoit que
« c'était le canal de la fontaine d'Orange. Ces débris ont paru long-
« temps à découvert, à la gauche du chemin allant à Groseau,
« par les fabriques, sur le bord du fossé que nous appelons Vabre,
« vis-à-vis et au pied de la montagne dite Brassetieux.

« Les eaux pluviales qui ont insensiblement creusé ce grand
« fossé avoient laissé ces vieilles constructions presque en l'air.
« C'est l'endroit le plus resserré entre les deux côteaux de Brasse-
« tieux et de Bel-Air. Toutes les eaux de la vallée du Groseau, de
« Pihaut, des Araignées se précipitent dans ce fossé, autrefois si
« peu considérable qu'on pouvoit le franchir d'une seule enjam-
« bée, tandis que maintenant il s'est creusé au point de mesurer
« sept à huit cannes de profondeur sur dix à douze de largeur; en
« un mot : tel que nous le voyons aujourd'hui.

« A mesure que la terre s'éboula, les débris des vieilles construc-
« tions furent emportés, et maintenant il ne reste plus que quel-
« ques vieux pans de mur et de rares pierres de taille qui dispa-
« raissent peu à peu. »

« On voit encore, dit de Saint-Véran, des vestiges (1) du canal
« souterrain que les Romains avoient fait pour les conduire. La
« partie qui traverse le terroir du Crestet existe encore en bon état,
« comme on s'en est aperçu dans la construction du nouveau
« chemin de Vaison à Malaucène. »

Guinier n'est pas moins affirmatif. « On voit des traces réelles
« et véritables sur le chemin de Malaucène à Vaison et que j'ai

_____

(1) « Ce canal avoit deux piés de haut, sur un pié de large. Il étoit enduit
« au dedans d'une couche de ciment de près de deux pouces d'épaisseur.
« Il étoit bâti en moelon; dans sa partie extérieure les pierres sont petites,
« mais si bien liées ensemble par le mortier, qu'on pourroit se servir encore
« aujourd'hui de ce qui reste de cet ouvrage. »

« moi-même considérés plusieurs fois et que j'ai reconnu être
« bâtis en briques dont se servoient très souvent les Romains.

« Les marques les plus authentiques sont les mêmes aqueducs
« brisés, dont on voit encore quelques morceaux de sept à huit
« cannes de long, et ouverts, par devant la colline qui est près de
« Vaison, à gauche du chemin, dès que l'on commence à aperce-
« voir la ville. Il passe encore derrière le château, qui est fort
« élevé.

« On en voit aussi un autre reste contre le grand chemin, un peu
« en deça de la petite fontaine appelée la Bredouïre. A l'extrémité
« du terroir, on passe sur l'aqueduc, dont on voit plusieurs autres
« morceaux bien conservés et à fleur de terre, à gauche.

« Une preuve plus certaine : M. Filiolet, bourgeois de cette ville,
« trouva, en 1702, en faisant travailler à cette même terre, un peu
« au dessous de sa métairie, à la droite dudit chemin de Vaison,
« une auge de sept pans de long et trois de large, — une grosse
« pierre de taille de onze pans de long et quatre de large, et un
« pan d'épaisseur, — et plusieurs autres, — dans une vieille et
« bonne bâtisse, d'un ciment aussi dur que la pierre, — avec
« d'autres matériaux qui sont encore en terre, faisant une espèce
« de conduit de la dimension que nous avons indiquée. On ouvroit
« ce conduit pour le vider et larguer les eaux de cet aqueduc et le
« nétoyer de la vase qui pouvoit s'y amasser; mais, ce canal,
« ayant été abandonné, s'étoit peu à peu rempli de terre, qui avec
« le temps s'étoit pétrifiée et étoit devenue aussi dure que la
« pierre.

« Selon toutes les apparences, dit aussi le P. Bonaventure,
« les Romains bâtirent un pont à peu près semblable à celui
« que l'on voit encore en entier sur la rivière de l'Ouvèze,
« qui est d'une seule arche. Ce premier pont peut avoir été
« emporté par les fréquentes inondations de la rivière, qui est un
« torrent impétueux; ou peut-être, ce qui est encore plus pro-
« bable, firent-ils quelques voutes souterraines sous le lit de la
« rivière, comme on pourroit le conjecturer par celles qu'on voit
« encore sur les bords, et qui servoient à conduire les eaux du
« *Grosseau*.... On voit encore des masures et des débris considé-
« rables de ces voutes en plusieurs endroits, depuis *Malaussène*
« jusques à Vaison.

« Les tuyaux de plomb employés par les Romains pour por-
« ter ces eaux en delà de l'Ouvese, écrivait l'abbé de Saint-Véran,
« furent trouvés au commencement de ce siècle. M. Forneri,
« auteur de l'histoire manuscrite du Comtat, m'a assuré les

« avoir vus, lorsqu'il vint examiner les anciens monuments de
« cette ville avec le docte baron de Bimard, en 1723.

« Les sources les plus considérables qu'ils employèrent à cet
« effet, sont celles du Groseau et de la Bridouire qui prennent
« l'une et l'autre leur naissance dans le terroir de Malaucène. »

Du reste, il n'y a pas si longtemps que les évêques de Vaison avaient obtenu de la Chambre apostolique de Carpentras la cession d'un bail en vertu duquel ils étaient autorisés à conduire les eaux de la *Fontaine de la Bredouire* dans les terres et prairies de leur mense épiscopale (nous trouvons le renouvellement de ce bail aux actes du secrétariat de la Chambre apostolique, sous la rubrique B. 306, 1705 à 1722) et, cependant, l'altitude de la prise d'eau de cette fontaine est de beaucoup inférieure à celle du Groseau.

« Les Romains, dit l'abbé de Saint-Véran, pour ne rien oublier
« de ce qui pouvoit contribuer à la beauté et à la commodité
« d'une ville (1) pour laquelle ils avoient tant d'affection, ne man-
« quèrent pas de l'orner de plusieurs belles fontaines. Ils cons-
« truisirent dans certains quartiers des thermes ou bains publics,
« décorés de portiques magnifiques, comme nous l'apprend une
« inscription qui existe encore aujourd'hui. (C'est celle de
« Sappius qu'on trouvera dans les notes, et qu'on voit chez
« M. le médecin Calvet. Il l'a tirée d'une campagne où un des
« évêques, Suarès, l'avait placée. Elle est rapportée par Spon,
« Grutter, etc.)

« Les vestiges des bains antiques qu'on a trouvés depuis peu
« en plusieurs endroits, surtout dans la partie de la ville située
« en deça de la rivière qu'on appeloit anciennement bourg de
« Bagnol, semble prouver sans replique que ces eaux étoient
« destinées pour l'utilité et la décoration de Vaison. »

« On découvre aussi à Vaison, dit le P. Papon, les ruines
« des bassins qui étaient sur les bords de la rivière et celles de
« différents aqueducs dont les uns, élevés hors de terre, con-
« duisaient les eaux du Groseau, les autres..., etc. »

Ce que nous venons de dire suffirait presque pour expliquer l'inscription que porte la médaille romaine dont nous allons parler.

(1) Vaison.

§ 1. — LA MÉDAILLE « AQUIS VASON ».

Ouvrons une courte discussion au sujet de cette médaille dont nous donnons ici la fidèle reproduction :

Voici, d'après *La Revue Numismatique Française* (1), comment cette pièce intéressante fut découverte :

« Au mois de septembre 1836, le sieur Simon Rafin, cultiva-
« teur de la commune de Belvezet, canton de Lussan, arrondisse
« ment d'Uzès (Gard), en défrichant une garrigue, rencontra une
« cinquantaine de tombes, construites en pierres plates et brutes,
« d'une roche calcaire qui se trouve à une lieue de là. Ces tombes
« étaient garnies, au fond, d'un lit de larges tuiles à rebords (te-
« gulæ), sur lequel reposaient des ossements humains. L'une
« d'elles renfermait de précieux deniers, au nombre de 293. »

La pièce dont nous nous occupons est ainsi décrite par les numismates.

Type du droit : HLVDOWICVS IMP. ; croix. Type du revers : AQVIS VASON ; poids : 30 gr.

Les numismates de l'époque, et M. de Saulcy tout le premier, furent fort étonnés et montrèrent un grand embarras pour déterminer la signification des mots *Aquis Vason*. Aujourd'hui et après ce qui vient d'être dit plus haut, rien ne paraît plus facile à expliquer.

Malaucène, jusqu'au XII° siècle, eut ses intérêts civils confondus avec ceux de Vaison. A cette époque seulement, elle se constitua en commune. On conçoit, dès lors, la dénomination identique pour désigner deux territoires devenus distincts ; de manière que l'on appelait *eaux de Vaison* les eaux de Malaucène et du Groseau.

A notre avis, M. de Saulcy a donc eu grand tort d'écrire, à ropos de cette médaille, les lignes suivantes :

---

(1) Année 1837, page 348.

« Toutefois, je ne dissimulerai pas tout ce que cette classifica-
« tion a d'incertain.

« Le mot *Aquis* semble indiquer un établissement d'eaux ther-
« males ; et Vaison, l'ancienne *Vasio*, ne possède, que je sache,
« aucun établissement de ce genre. Toutes nos recherches pour
« découvrir le véritable lieu désigné sous le nom d'*Aquis Vason*
« ont donc été infructueuses et je suis tout prêt à faire bon mar-
« ché de mon attribution à Vaison, pour que l'on m'en donne
« une meilleure. »

Comme nous nous piquons d'être du nombre des auteurs qui
n'avancent jamais rien sans le prouver, nous ne dirons pas que
nous avons vu d'autres pièces semblables à celle dont nous parlons, mais nous citerons Guinier qui, bien longtemps avant la
découverte de la médaille d'*Aquis Vason*, c'est-à-dire en 1733,
écrivait ceci (ch. vii, p. 62) :

« On trouve tous les jours des médailles fort anciennes ayant
« rapport avec la *source* alors dite de *Vaison* ou de Grosel. »

Des cartons d'un collectionneur s'échappera peut-être, quelque
jour, une de ces pièces, et l'on jugera alors que nous avons raison
de dire que *Eaux de Vaison* et *Eaux du Groseau* sont syno-
nymes.

Aussi, acceptons-nous volontiers l'opinion de M. A. Deloye :

« En résumé, en adoptant l'opinion d'un savant numismate,
« légèrement modifiée, nous croyons que le denier de Louis le
« Débonnaire, marqué du nom d'*Aquis Vason*, est sorti d'un
« atelier monétaire établi non pas à Vaison même, mais dans les
« environs, sur les eaux de la source de Malaucène. Bien que
« cette attribution s'appuie, d'une part, sur la conformité des
« noms, de l'autre, sur le rapprochement de faits géologiques et
« historiques, elle restera à l'état de conjecture vraisemblable,
« jusqu'à ce qu'un document nouveau vienne la confirmer ou la
« contredire, en révélant le nom qui a fait jusqu'ici le désespoir
« des numismatistes. »

Résumons à notre tour :

Les *Aquæ Vason* c'étaient les eaux du Groseau qui alimentaient Vaison, la capitale des Voconces, cela est certain. La vallée elle-même du Groseau a pu porter, pendant des siècles, un
nom identique, et c'est pour cela que le rédacteur d'une charte
de l'année 684 a dû, pour désigner le territoire de Malaucène qui
renferme cette source du Groseau et dont l'importance était alors
précaire, employer une expression qui indique nettement qu'il

appartenait à la ville de Vaison : *Suburbano Civitatis Vasionensis* (dans le quartier suburbain de la cité de Vaison).

Si cette dernière phrase ne paraissait pas assez claire, nous ajouterions, d'après Mabillon, que le mot *suburbanum* non-seulement est pris pour pays, mais même pour diocèse, et nous compléterions l'explication en copiant ces quelques mots extraits de la même charte de l'année 684 : *Sub ipsa urbe esse dignoscitur*, soit : que ce territoire est dans la dépendance de cette même ville de Vaison.

On peut citer, comme comparaison, Porto-Pisano, port dépendant, au moyen âge, de la république de Pise, qui prit le nom de Livourne, au moment où son importance naissante l'avait détachée de sa métropole déchue.

§ 5. — L'AQUEDUC CONDUISAIT-IL LES EAUX JUSQU'A ORANGE ?

Grande question fort débattue parmi les savants et dont nous allons rendre compte avec toute l'impartialité désirable.

Et d'abord, la chose était-elle possible? Sans nul doute; et rien ne s'opposait à l'exécution des travaux ayant pour but de conduire les eaux de la fontaine du Groseau jusqu'à la ville d'Orange.

Nous ajouterons que, pour les Romains, experts dans les constructions gigantesques, cet aqueduc était une chose toute simple, à cause de l'énorme différence d'altitude entre le point de départ et le lieu d'arrivée des eaux. Pour en être convaincu, il n'y a qu'à comparer les altitudes suivantes :

	Altitudes
Source du Groseau	413
Malaucène	342
Vaison (sommet du château)	296
Id. (sur le pont)	206
Orange (pied de l'ancien télégraphe)	113
Id. (sol de l'église)	46

Les Romains pouvaient donc parfaitement conduire les eaux de Malaucène à Orange. Mais, l'ont-ils fait ?

Plusieurs auteurs soutiennent l'affirmative. Nous en citerons trois seulement : le P. Bonaventure (*Histoire d'Orange*), Guinier (*Histoire* manuscrite *de Malaucène*) et Aubéry (auteur d'un *Mémoire* manuscrit *sur le canton de Malaucène*).

Le P. Bonaventure dit d'abord :

« Il est probable que ces ouvriers, parfaitement instruits de la

« situation du terrain depuis Malaucène jusques à Orange, con-
« naissant d'ailleurs les différentes élévations qu'il falloit pour
« la distribution des eaux, trouvèrent encore une pente favorable
« pour conduire l'aqueduc jusques à Vaison... et depuis cette
« ville jusques à Orange. »

Puis, il ajoute : « On a trouvé des tuyaux de plomb, de brique
« et de ciment par où les eaux de la fontaine couloient... L'aque-
« duc descend à droite le long de l'Ouvèze, et traverse le terroir
« du Rasteau et celui de Camaret, où l'on en voit aussi des restes
« en plusieurs endroits. Parvenu au terroir d'Orange, on le décou-
« vre le long d'un vignoble dont les propriétaires ont été long-
« tems et sont encore aujourd'hui occupés à en déterrer les
« fondemens. Il continue de là, avec quelque interruption, jus-
« ques au grand chemin du quartier de Saint-Florent, il s'arrête
« ensuite à un angle auprès de la tour de Gabet que la tradition
« dit avoir été les anciens bains, etc.

« On voit encore, sur une muraille hors de la ville, qui a 1,500
« pas de longueur, la marque du canal. Cette muraille est faite
« avec un ciment composé de briques pilées et mêlées avec du
« gravier, ayant un demi-pied d'épaisseur et deux pieds de lar-
« geur, avec un cordon de même structure.

« Les arcs de l'aqueduc qu'on voit encore dans la ville et qui
« sont distingués par leurs pilastres, leurs chapiteaux, leurs frises
« et leurs architraves ont la même liaison et la même structure
« sans aucune ouverture, ce qui dénote que tout cela n'a été
« que pour l'ornement de l'ouvrage. Les chapiteaux, les corni-
« ches et la ligne du milieu sont construits de pierres d'une
« grosseur immense. Elles sont de la même couleur et ont la
« même dureté que celles du Cirque, ce qui fait conjecturer
« qu'elles ont été tirées de la même carrière et employées par les
« mêmes ouvriers qui ont bâti le Cirque. Le reste du bâtiment est
« revêtu de petites pierres, comme celles de l'aqueduc au
« dehors. »

Citons, maintenant, le témoignage de Guinier :

« Le souterrain, dit-il, devoit avoir huit cannes de hauteur et
« même davantage, puisqu'il servoit à porter l'eau jusqu'au châ-
« teau, nommé vulgairement la Regnasse, sur une montagne. La
« longueur n'est pas moins surprenante, puisque l'on compte, de
« Malaucène à Orange, environ six lieues et que, en plus, on lui
« fait faire plusieurs détours pour chercher l'à-plomb. »

Enfin, Aubéry (de Malaucène) est affirmatif :

« Des aqueducs romains, de construction romaine, qui existent

« sur les territoires de Malaucène, le Crestet et Vaison, confirment
« la tradition qui est que les eaux du Groseau avaient été portées
« à Orange. »

D'autres historiens regardent l'existence de l'aqueduc allant de Vaison à Orange comme un fait qu'il est permis de révoquer en doute. Parmi ceux-ci, nous mentionnerons Maximin Pazzis. *(Mémoire statistique sur le département de Vaucluse)*, et M. Louis de Laincel (*Avignon, le Comtat et la Principauté d'Orange*).

Maxime Pazzis, qui a pourtant dressé son mémoire sur le travail d'Aubéry, se contente de dire ceci :

« On voit encore, à Orange, des traces d'un aqueduc ancien
« qu'on *soupçonne* avoir conduit dans cette ville des eaux de la
« fontaine du Groseau, depuis Malaucène et Vaison. Nous n'ajou-
« terons rien ici sur *cet aqueduc dont on peut voir dans les*
« *historiens de la ville d'Orange le tracé prétendu, mais très*
« *peu probable.* »

M. de Laincel semble partager le doute de Maxime Pazzis, dans le passage suivant : « Le manuscrit de Morénas rapporte une
« *affirmation* de Suarès, d'après laquelle les Cavares auraient
« établi de grands canaux pour conduire à Orange les eaux des
« sources qui abondent dans ce pays (*Malaucène*). »

Enfin, l'opinion la plus moderne admet difficilement l'existence de cet aqueduc conduisant les eaux à Orange.

L'ancien conservateur de la bibliothèque de Carpentras, l'abbé de Saint-Véran, ainsi que M. Bastet refusent d'admettre la manière de voir du savant évêque Suarès et du P. Bonaventure. Il leur paraît absurde de supposer que les Romains eussent fait venir de Vaison des eaux qu'on leur aurait refusées, tandis que dans le territoire même d'Orange existaient des sources abondantes.

Dans tous les cas, le P. Bonaventure aurait fait erreur sur le tracé qu'il donne du prétendu aqueduc, ayant pris pour tel ce qui est, de l'avis de tout le monde, un reste d'hippodrome.

« Si tout porte à croire, nous écrivait dernièrement un critique
« bienveillant qui s'intéresse à notre œuvre, que l'aqueduc de
« Malaucène à Orange a existé, il n'est pas du tout certain que le
« tracé que donne le Père Bonaventure à travers Orange même
« soit exact.

« Nous n'avons rien à dire sur la muraille extérieure qui existe
« encore, quoique percée en plusieurs endroits, pour donner pas-
« sage au chemin de fer et à d'autres routes, et qui est désignée
« actuellement sous le nom de vieux rempart *(lou barri vièi)*;

« mais, évidemment, le Père Bonaventure se trompe quand il assi-
« gne comme faisant partie de l'aqueduc les constructions qu'on
« voit dans la ville allant du nord au midi.

« Les récents travaux de Labadié, architecte distingué, qui a
« étudié et dessiné une grande partie des monuments du Midi, en
« 1806 et en 1809, et ceux d'Auguste Caristie, en 1836, disent que
« ces restes n'ont jamais appartenu à un aqueduc. Ce sont les res-
« tes du *mur extérieur de l'hippodrome* qui était construit au
« couchant du théâtre romain. Ce mur est construit, dit Caristie,
« en pierres de taille et moellons de petite dimension. Sa longueur
« est de 100 mètres, sa hauteur moyenne de 16 mètres. Labadié
« remarque qu'il n'avait de parement qu'à l'intérieur; qu'en con-
« séquence ces restes antiques n'auraient pu appartenir à un aque-
« duc, ainsi que le supposent Joseph de Lapise et le Père Bona-
« venture.

« Si on avait voulu construire un aqueduc, les deux cotés étant
« vus par les passants, auraient été également ornementés, tandis
« qu'on ne rencontre les colonnes avec entablement et fronton que
« sur le côté est, l'autre côté restant uni et sans ornement. »

Formulons notre opinion :

Le canal est très-visible actuellement en certains endroits, près
de la route de Malaucène à Vaison. Tout prouve qu'il passait sous
la rivière de l'Ouvèze au moyen de tuyaux en plomb et alimen-
tait la ville de Vaison. Mais il n'est nullement démontré que les
eaux continuassent à couler de Vaison à Orange. Dans tous les
cas, il ne suivait pas, au moins dans cette dernière ville, l'itinéraire indiqué par le P. Bonaventure.

CHAPITRE TROISIÈME

ÉTYMOLOGIE

Le nom de la ville dont nous écrivons l'histoire se trouve, dans les vieilles chartes et même dans les livres imprimés, avec toutes les orthographes possibles. C'est *Malaucena, Malucena, Malausena, Malaussena, Malaucina, Mallaucènes, Malauscène, Malosène*, etc., et enfin *Malaucène* qui est devenu officiel.

La confusion la plus admirable règne aussi parmi les savants occupés à trouver la vraie étymologie de ce nom.

Quelques amateurs d'historiettes racontent sérieusement que Jules César étant venu visiter ce pays y aurait fait un repas détestable et en serait reparti, en s'écriant : *Mala cœna !* Mauvais souper !

Il en est qui tirent ce nom de *Mola sana*, (*mola*, meule de moulin), explication singulièrement forcée, *Mola sana* n'ayant jamais figuré nulle part.

D'autres attribuent l'origine de cette appellation aux bons fruits dont le pays abonde : *Mala sana*.

Certains encore la font venir de la *salubrité de l'air*. Ceci serait assez difficile à comprendre, si nous ne trouvions dans Expilly un mot d'explication. « Elle tire son nom de *Mala sana* ; c'est-à-dire qu'elle guérit tous les maux » ; mais alors ce serait *Mala sanat* qu'il faudrait écrire.

Aubéry et Pazzis sont parfaitement de cet avis. Les belles eaux de Malaucène, son air pur, l'excellente qualité de ses fruits ont formé son nom, qu'il vienne de *Mala sana* ou de *Mala sanat*.

M. de Laincel donne pour origine « *Mela sana*, nom qui lui fut donné, dit-on, à cause de la salubrité de son atmosphère. » Ce nom de *Mela sana* ne se rencontre dans aucun document, soit manuscrit, soit imprimé.

Quelques-uns prétendent que la vraie étymologie vient, au contraire, de *Maou san* « Mal sain », parce que le climat devait être en effet malsain avant que la main des hommes eût creusé un canal aux eaux de la fontaine.

Cette version est, à notre avis, la moins absurde de toutes celles qui viennent d'être émises. Nous connaissons, en Provence, plusieurs localités dont le nom ancien est *Maou san* et qui ont été convertis en *Maussane* et en *Mauvais sang*. Les *Malisanguinis* que nous voyons désignés, soit à Pernes dans le Comtat, soit à Saint-Menet près de Marseille, sont originaires d'un *Maou san* quelconque (1).

Et il est certain que si, aujourd'hui, on barrait le cours du Groseau et qu'on permit à ses eaux de se répandre comme autrefois, il y aurait encore, dans la plaine, des marais, comme au temps du comte de Toulouse, en 1253 : et l'on sait si les marais sont malsains, *maou san ;* et on conviendra sans peine que *Maou san* et *Mala sana*, c'est tout un.

Cependant, nous inclinons plus encore à croire que l'étymologie de Malaucène est tout simplement le mot *Malaucène* qui, en provençal comtadin, signifie *safre* ou *mauvais sable*. La ville est, en effet, bâtie sur le safre ou mollasse marine, et voici deux preuves que donne l'historien Guinier à l'appui de son dire :

« Au bourg de Morières, près d'Avignon, il y a un endroit où se
« trouve un terrain de même nature que celui dont nous parlons
« (le safre), et cet endroit est appelé *quartier de Malaucène*, ou
« *terre de Malaucène*. Me trouvant, un jour, continue le même
« auteur, dans un village de Provence, j'entendis un individu qui
« disait : « Nous sommes *au Malaucène*. » A ce mot, je me retour-
« nai et j'en demandai l'explication. Celui que j'interpellais ainsi
« brusquement me répondit qu'en creusant un puits, les ouvriers
« étaient arrivés au safre, que l'on appelle également, dans le
« pays, terre de Malaucène. »

Morénas et Expilly sont parfaitement du même avis que Guinier.

Voici ce qu'en dit Morénas : « Son nom lui vient d'une espèce
« de pierre molle qui sert à aiguiser et dont la plupart des fon-
« dements des édifices de Malaucène sont bâtis. »

Quant à l'abbé Expilly : « Son étymologie qu'on tire d'une
« espèce de pierre molle à aiguiser, qui sert de fondement à tous
« les édifices de la ville... est appelée Malaucène par les Pro-
« vençaux. »

Aubéry, dans ses notes sur la statistique du canton de Malaucène, écrivait ces lignes : « La ville est bâtie sur une espèce de

---

(1) Rostaing de Maulsang, un des chevaliers de la suite de Raymond V, comte de Toulouse, fut témoin au testament fait à Malaucène, le 5 novembre 1176, par Ermessinde, comtesse de Melgueil, épouse de Raymond VI.

« rocher tendre vulgairement appelé safre, et, en langage anti-
« que, Malaucène. Ce qui est son étymologie. »

Nous sommes de ce sentiment ; mais nous n'attachons point à cette expression le sens que lui donne le docteur Honorat. Selon lui, ce que, en Provence, l'on appelle *Malaussina* ou *Malaussa* est un « poudingue, assemblage de petits cailloux roulés et réunis par un ciment commun ».

Quoi qu'il en soit de la signification géologique de cette expression donnée par cet auteur à cette pierre friable, nommée safre par les habitants, il n'en reste pas moins établi par le docteur Honorat que l'étymologie de Malaucène vient tout simplement de la nature du sol sur lequel ses constructions ont été établies.

CHAPITRE QUATRIÈME

LES PREMIERS SEIGNEURS (DE 580 ENVIRON A 1229).

Il pourra paraître singulier que nous nous soyons occupés de l'étymologie de Malaucène immédiatement après avoir présenté les preuves de l'occupation romaine et sans chercher une transition entre l'époque qui a précédé les invasions des Barbares et celle qui les a suivies.

Cette transition se présente d'elle-même et c'est le mot de Malaucène qui l'amène sans efforts.

Il existe des documents authentiques qui nous porteraient à croire qu'avant la fondation du château et de la ville de Malaucène, il se forma sinon une autre ville, du moins des tronçons de ville qui rayonnaient autour d'un quartier principal qui portait le nom de *Malauceneta* et se trouvait non loin du sentier qui conduit à Notre-Dame-la-Blanche, autrement dit *ad Blancam*.

Si nous en exceptons les environs de la source du Groseau, c'est dans ces quartiers que l'on a découvert le plus de ruines et que vivait, même au XIV° siècle, une population considérable.

Les habitations étaient groupées dans le genre des hameaux modernes, et nous en retrouvons les traces principales à la Tour, à Saint-Raphaël (*Podium Raphaelis*), à Cremessière ou Cromessière, enfin au Lion-d'Or (*Castrum Ferum*) et quelques-unes à Champ-Chaberlin ou rue Chaberlin.

Nous serions fortement disposés à croire que le premier de ces hameaux était fortifié. Pour justifier cette opinion, nous avons non-seulement le nom de Tour qui donne l'idée d'un ouvrage de défense, mais encore des amoncellements considérables de pierres que l'on aperçoit au sommet d'une colline relativement élevée, d'où l'on plane sur une assez vaste étendue de terres. Cette colline est celle que, de nos jours encore, on appelle *la Tour*.

Saint-Raphaël a peut-être été moins que la Tour entouré de murs et de remparts, mais son altitude est supérieure à celle du château de la ville actuelle ; il était dès lors bien facile aux habitants de s'y retrancher avec succès.

Nous mettons quelques réserves dans nos suppositions, mais ce que nous pouvons affirmer, c'est qu'il y avait au moyen-âge à

Saint-Raphael, les maisons d'habitation de Remusat, seigneur de Beauvoisin et d'un cardinal, une église, un grand nombre de maisons particulières, des rues, une aire et une fontaine publiques et enfin un cimetière qu'au XIV° siècle on appelait déjà *antiquum*, ce qui est une preuve suffisante de son ancienneté, le nom de *Malaucenela*, perdu depuis, mais employé alors dans les actes publics, est en outre un argument nouveau en faveur de l'étymologie que nous avons cherché à faire prévaloir.

Ajoutons que dans ces quartiers le safre se montre sans qu'on ait à le rechercher : à Saint-Raphaël, notamment, il forme un banc d'une épaisseur et d'une homogénéité telles, qu'on a pu le trancher verticalement comme des murailles et y creuser des excavations qui servent actuellement de remises.

Pour en finir avec la valeur du mot de *Malaucène*, au point de vue géologique, nous n'hésitons pas à affirmer que dans le département de Vaucluse, ce mot qui n'est ni français ni scientifique, mais méridional et vulgaire, est appliqué à un grand nombre de points et que souvent il désigne aussi bien l'argile bleuâtre que le safre. Le tunnel du chemin de fer entre Morières et Saint-Saturnin est creusé dans le Malaucène; il en est de même, sur une grande étendue, du canal de Carpentras.

Désormais, nous allons poursuivre notre étude, les documents écrits à la main et nous pourrons abandonner le champ des conjectures pour aborder celui de la réalité.

§ 1ᵉʳ. — ARTHÉMIUS ET PÉTRONIUS, ÉVÊQUES DE VAISON.

Les fondateurs de la Malaucène moderne et les restaurateurs de la civilisation, dans ce pays, après les invasions des Barbares, furent les évêques de Vaison. Celui de ces personnages qui nous apparaît le premier avec toutes les certitudes historiques, est Arthémius (1) auquel nous attribuons la reconstruction, sinon l'établissement du petit château fort, sur le sommet du mamelon. C'est au pied de ces fortifications que vinrent s'abriter les Celtes-Gaulois désertant l'habitat de Vitrone-la-Longue.

Avant son élévation à l'épiscopat, Arthémius avait eu un fils de sa femme Grégoria. Mais, voulant entrer dans les ordres, il s'en sépara, d'un commun accord; peu après, il devint évêque de Vaison, son pays natal, le territoire de Malaucène n'ayant pas encore été distrait de celui de Vaison. Il assista à divers con-

---

(1) COLUMBI, BOYER, GUINIER et *Gallia Christiana*.

ciles (1), fonda près de Séguret, bourg dépendant de son diocèse, le célèbre monastère de Pré-Bayon et mourut à une époque dont nous ne saurions fixer la date.

Son fils le suivit dans la tombe, jeune encore et ne laissant qu'un seul héritier en bas âge, sous la tutelle de sa grand'mère ; cet enfant se nommait Pétronius ou Pétruinus Arédius (2), noms que nous traduirons en français par Pierre Aredf. Une vieille charte qualifie d'*Episcopia* (*évéquesse*) la grand'mère de Pétronius, que nous avons vue s'appeler Grégoria. Un historien marseillais, Antoine de Ruffi, remarque que l'on donne ce titre d'*Episcopia* aux femmes dont les époux avaient été élevés à l'épiscopat, et il ajoute :

« Aussitôt qu'elles avaient consenti à leur sacre, on les obligeait
« de garder la continence et de vivre le reste de leurs jours dans
« un monastère éloigné de la maison épiscopale, aux dépens de
« l'évêque, si elles n'aimaient mieux embrasser l'état de diaco-
« nesse. Et, quoique cette charte ne dise pas le nom de l'évêché,
« il y a lieu de croire qu'il était évêque de Vaison, puisque,
« suivant Mézeray, dans son *Histoire de France*, les fils et les
« petits-fils des évêques succédaient ordinairement à la prélature
« de leurs parents. »

Cette opinion de Ruffi nous autorise à croire que Pétronius était petit-fils d'Arthémius qui avait été marié avec cette dame Grégoria dont nous venons de parler; mais ce mariage fut contracté avant son sacerdoce.

Pétronius devint à son tour évêque de Vaison, mais après que le siège eut été vaquant un certain nombre d'années. Il assista à divers conciles et notamment au troisième concile de Châlons (650), assemblé par ordre de Clovis II et auquel il souscrivit, ne prenant d'autre nom que celui de Pétronius, évêque de Vaison. Il fut, avec deux de ses collègues dans l'épiscopat, chargé par le Concile de porter une lettre que les Pères écrivaient à l'archevêque d'Arles.

Quarante ans plus tard, étant déjà bien avancé en âge, Pétronius fonda un monastère dans son diocèse et dans le pays qui

---

(1) « Artemii, Vasensis Episcopi, nomen variis in conciliis consignatum
« est, ut memoriam ejus delere non possit oblivio. » (*Gallia Christiana*,
« I, 923, D.)

(2) « Petruinus alias Aredius, idem est ac Petronius qui concilio Cabilensi,
« sub Clodoveo II, anno 650, interfuit. Eum binonimem fuisse ipse probat cum
« in privilegio quod monasterio Grasellensi concessit, etc. » (*Gallia Christiana*; loc. cit.)

était en même temps le lieu de sa naissance, au milieu des terres dépendantes de sa seigneurie, à quelques pas de la source du Groseau.

L'acte de fondation fut dressé à Arles, ville métropolitaine (1) de l'évêché de Vaison. Le P. Boyer donne, en entier et en latin (2), cet acte de fondation qui porte le titre de *Privilegium Monasterii Grassellensis* (3), après l'avoir fait précéder de cette note : « Cet acte ancien est d'un latin qui se ressent de la barbarie du « siècle où il fut fait. » Nous allons nous contenter d'analyser cette longue charte, laissant de côté les répétitions fastidieuses.

§ 2. — ACTE DE FONDATION DU MONASTÈRE DU GRAUSEL OU GROSEAU.

« Au nom de Notre-Seigneur Jésus-Christ. A nos vénérables et
« chers seigneurs les saints évêques de notre province, Arédius
« ou Pétronius, par la grâce de Dieu et, malgré sa propre indi-
« gnité, évêque de Vaison.

« Nous avons construit un monastère dans la banlieue de notre
« ville épiscopale, en un lieu appelé Grassel, en l'honneur de
« saint Victor et de saint Pierre. Désirant, par l'observance des
« règles monastiques et conformément à la tradition des saints
« Pères, attirer sur nous et sur les religieux établis dans cette
« maison, la miséricorde du Seigneur, nous avons désigné pour
« la gouverner l'abbé Frédéghisole, homme vénérable. Les reli-
« gieux seront soumis à la règle des Pères saint Benoît, saint
« Macaire ou saint Colomban. Ils suivront les traditions des
« anciens religieux et observeront ce qui se pratiquait au com-
« mencement de l'Eglise, alors que les fidèles n'avaient qu'un
« seul cœur et une seule âme, ne possédant rien en propre et
« venant déposer aux pieds des Apôtres le prix de leurs biens,
« après les avoir vendus.

« Et, comme ce monastère est d'une très petite importance,
« pour lui venir en aide, nous lui avons adjoint tout ce que nous
« avions cédé soit par lettre privée, soit par charte publique, tant
« de nos biens personnels que de ceux de notre aïeule, la dame

---

(1) Les autres évêchés suffragants étaient alors ceux de Marseille, Toulon, Avignon, Orange, Saint-Paul-Trois-Châteaux, Carpentras et Cavaillon.

(2) On le trouvera également dans le P. MABILLON. (*Annales*, t. I, p. 698.) — GUÉRARD (*Cartulaire de Saint-Victor*) donne la liste des variantes des différentes éditions, tant pour cette première charte de fondation que pour la confirmation faite par Clovis III.

(3) *Histoire de Vaison*, l. II, p. 7.

« Grégoria Episcopia ; afin que, par les prières des moines, nous
« obtenions la rémission de nos péchés, à l'exemple de ce qui a
« été fait par d'autres évêques des Gaules, dans leurs diocèses
« respectifs, à Châlons, à Lyon, à Vienne et ailleurs. Nous avons
« donc voulu, dans notre propre ville et diocèse, faire quelque
« chose de semblable, nous considérant comme les aides de Dieu,
« prenant soin des ouailles qui nous sont confiées, priant Dieu
« pour ce diocèse et pour la prospérité du roi des Francs.

« C'est pourquoi, nous Arédius ou Pétruinus, évêque de
« Vaison, de votre consentement, avons établi que si l'abbé vient
« à mourir, son successeur sera choisi dans le monastère même,
« afin que, bien et parfaitement instruit de la règle qui s'y
« observe, il la fasse bien suivre. L'élection sera faite par toute
« la congrégation, sans que l'intérêt ou l'intrigue s'en mêle, et
« sous l'autorité de l'évêque, notre successeur. Le nouveau supé-
« rieur n'entrera point en fonctions sans avoir humblement
« demandé et reçu sa bénédiction.

« Si, dans la suite des temps, le relâchement tendait à s'intro-
« duire dans le monastère, comme cela arrive assez ordinaire-
« ment, et si les religieux revendiquaient leurs droits à la
« liberté, au mépris de l'obéissance, le pontife de cette ville
« s'adjoindrait des prêtres ou des abbés du même ordre et les
« avertirait avec charité, suivant en cela la recommandation du
« saint Évangile. Il aurait avec lui deux ou trois de ces prêtres
« ou religieux, et même davantage, et les exhorterait à l'accom-
« plissement de leurs devoirs.

« Il ne faudrait pas que, par crainte ou par paresse, l'on chan-
« geât rien de ce qui a été établi par les saints Pères. S'il s'agit de
« la bénédiction des tables d'autel, du saint chrême ou du bap-
« tême, l'on s'adressera à l'évêque. Mais celui-ci ne se prévaudra
« point de la prérogative de sa puissance pour enlever rien des
« choses du monastère, ni des saints autels, ni des ornements de
« l'église, ni des vases sacrés, ni des livres, ni aucun autre objet
« quelconque, même de minime valeur.

« Si l'abbé juge à propos d'admettre quelque moine à un ordre
« ecclésiastique, il devra en toute humilité le présenter à l'évê-
« que de cette ville et celui-ci, comme c'est son devoir, l'ordon-
« nera gratis et sans rémunération.

« Nous supplions, au nom de la charité, tous les évêques, tant
« nos successeurs que nos voisins, de ne rien faire dans ce mo-
« nastère contre ce que nous établissons par la présente charte,
« afin que les moines puissent habiter cette maison et y vivre

« suivant toute l'austérité de la règle. Ce privilège que nous lui
« accordons et ce testament que nous laissons à ceux qui nous
« survivront, demeurera stable, nous l'espérons, du moment
« qu'il sera revêtu de votre approbation, et personne, parmi nos
« successeurs, n'entreprendra de lui nuire.

« Si, cependant, par une certaine finesse s'unissant à la cupi-
« dité, quelqu'un osait attenter, dans la suite des temps, à ce que
« nous venons de régler, qu'il soit séparé de la communion de la
« sainte Eglise ; qu'il soit rejeté par celui qui a reçu d'en haut le
« pouvoir de lier et de délier ; qu'il soit confondu avec le traître
« Judas Iscariote ; que, avec Dathan et Abiron, il descende vivant
« dans les enfers, loin de la société des saints ; que ses biens et
« possessions deviennent inutiles au soulagement de son âme,
« puisqu'il aura voulu s'opposer au bien entrepris par nous en
« faveur des serviteurs de Dieu.

« Mais, avec le secours de Dieu, les présentes dispositions
« seront toujours respectées et, pour leur donner plus de force,
« nous avons demandé que les évêques, nos coprovinciaux, les
« signent de leur propre main.

« Fait aux calendes de février, l'an X du règne de notre sei-
« gneur roi Théodoric (1). »

L'acte fut signé par l'évêque fondateur et, en outre, par l'archevêque d'Arles, métropolitain, sept évêques et quelques autres
ecclésiastiques.

L'auteur du *Dictionnaire des Communes du Département de
Vaucluse* dit, à propos de cette fondation : « Cette charte nous
« paraît controuvée pour plusieurs raisons : d'abord, à cause de
« la contexture qui renferme des formules inusitées sous les
« Mérovingiens ; ensuite, à cause de la signature des évêques qu'on
« a voulu y faire figurer au nombre de sept. Or, *aucun de ceux-
« là ne figure dans la* Gallia Christiana *sous cette date.* »

Nous n'examinerons pas si la contexture des formules employées dans le *Privilegium Grasellense* étaient usitée ou non
du temps des Mérovingiens, mais, quant à son authenticité, nous
lui opposons l'affirmation de la *Gallia Christiana* qui est très-
explicite à ce sujet (1) et, en donnant les noms des évêques sous

---

(1) Le Père Mabillon rapporte cet acte à l'an 684 de l'ère chrétienne, et
le Cartulaire de Saint-Victor à l'an 683.

(1) « Incipimus autem à *Walberto cujus nomen putamus subscriptum
« instrumento fundationis monasterii de Grasello*, anno circiter 684.
« Cœnobium hoc condidit Aredius, alio nomine Petruinus, episcopus Vasio-
« nensis, in suburbano civitatis in loco cujus vocabulum Grasello. Litteræ

CHAPELLE DU GROSEAU

la date de 684, fournit quelques détails sur l'archevêque d'Arles, l'évêque de Fréjus et l'évêque d'Avignon. Ce dernier ne serait autre que saint Agricol.

§ 3. — LE MONASTÈRE DU GROSEAU.

L'acte de fondation fut approuvé par Clovis. La charte de confirmation ne nous est point parvenue en son entier et le *Cartulaire de Saint-Victor* de Marseille lui donne pour titre : *Fragment du diplôme par lequel Clovis III*(1), *roi des Francs, confirme les privilèges accordés au monastère du Grasel* et indique que ce document a été tiré d'un manuscrit dont l'écriture est du XI° ou du XII° siècle. Ce même Cartulaire rapporte la date de l'acte de confirmation à l'année 692 (2).

« hujus episcopi ea de re suscriptae sunt conprovincialibus episcopis qui
« octo numero ipsis subscripserunt. Wolbertus, Agliacus, Ambrosius, Tredi-
« cus, Godebertus, Leodegarius, Pascasius, Rusticus post Petruinum. Tunc
« Vasensis Ecclesia quam regebat Petruinus, Arelatensi suberat metropoli,
« uti Aveniensis, Massiliensis, Tricastinensis, Tolonensis, Arausicana, Car-
« pentoractensis et Cabellionensis. Vix dubitamus itaque Wobertum,
« proximè subscriptum, post Petruinum fundatorem, esse Arelatensem
« Archiepiscopum, septemque alios Episcopos, cum Petruino Vasionensi
« Episcopo, fuisse octo metropolis Arelatensis suffraganeos. Sed cui sedi
« singuli ex illis praeessent divinare non est in promptu, qui illarum Eccle-
« siarum indices seculo septimo sunt mutili.

« Huic privilegio dato à Petruino, Vasionensi episcopo, subscribit Are-
« latensis metropolitanus, cum omnibus suis suffraganeis, ex quorum nu-
« mero tunc erat Avenionensis Episcopus. Tempus concessi privilegii refer-
« tur ad annum X Theodorici regis quo sedebat S. Agricolus. Respondet
« enim hic annus Christi 684. Attamen nullus Agricolus subscriptus huic
« privilegio legitur ; undè suboritur suspicio suppositionis. At minimè cer-
« tùm est nomina episcoporum quae leguntur ad calcem Grasellensis privi-
« legii, esse suffraganeorum Arelatensis episcopi, potiusquam aliorum vici-
« norum praesulum, nec id asserit Mabillonius, nisi ex mera conjectura.
« Praeterea post Wolbertum, quem putamus fuisse Archiepiscopum Arela-
« tensem, qui subscribit primus, legitur Aglicus episcopus, qui forte idem
« est ac Agricolus Avenionensis. Nam facile potuit mutari R in L quae duae
« litterae sunt liquidae et valdè affines, et ex Agricus factus est Agriculus,
« Agricolus.

« Forsitan Rusticus is est qui anno circiter 684 subscripsit chartae
« Petruini, Episcopi Vasion. pro fundatione cœnobii Grasellensis, in suà
« dioecesi. »

(*Gallia Christiana*, t. I, p. 219, 801 et 424.)

(1) Le docteur Barjavel dit que l'établissement fut approuvé par le roi Clovis Ier. Si ce n'était une faute d'impression, ce serait un énorme anachronisme.

(2) *Ex volumine Massiliensi*, n° 139.

Le latin de cette pièce est un défi jeté à toutes les règles connues de la grammaire et de la logique et n'admet point de traduction littérale. Voici ce document quelque peu résumé et présenté sous forme intelligible (1) :

« Clovis roi des Francs.

« Les actes généreusement accomplis par les prêtres, pour le
« bien des serviteurs de Dieu, dans les monastères, méritent
« d'être confirmés et rendus stables dans l'avenir, au moyen de
« notre sanction royale.

« Un homme apostolique, le seigneur Arédius, évêque de la
« ville de Vaison, a fait parvenir une pétition à notre clémence
« royale. Il nous informe qu'il a bâti un monastère, dans le lieu
« appelé Grassel, en l'honneur de saint Victor, martyr, et de
« saint Pierre. C'est par amour pour le Christ qu'il a fait cette cons-
« truction, dans sa propriété. Il a donné par écrit la plus grande
« partie de ses biens à ce monastère. Ensuite il a confirmé toutes
« ces donations par un privilège signé de plusieurs pontifes, afin
« que tout ce qui a été donné par lui-même, seigneur Arédius,
« et tout ce qui, pour Dieu, a été donné par quelque homme que
« ce soit et par le produit des collectes faites dans le peuple, puisse
« être toujours possédé en paix par ceux qui habiteront ce monas-
« tère. Les moines devront vivre et être régis d'après les saintes
« règles établies par les Pères. Lorsque l'abbé de ce saint lieu aura
« quitté ce monde, le nouvel abbé ne sera point choisi en dehors
« de ce monastère ; mais, ainsi que le veulent la décence, la
« dignité et l'ordre, il sera pris dans la Communauté même, sans
« que l'élection puisse être influencée par l'argent ou la cabale.
« Il sera nommé par toute la Congrégation, ou, du moins, par ce
« qu'elle renferme de meilleur et de plus saint (2) ; du conseil
« et du consentement de l'évêque de la ville de Vaison, dont il
« recevra la bénédiction avant d'entrer en fonction. L'évêque
« de la même ville, afin d'empêcher la négligence de s'intro-
« duire dans la Congrégation, devra, si c'est nécessaire, s'adjoin-
« dre des prêtres et des abbés versés dans la vie spirituelle, se
« rendre avec eux au monastère et, avec une affection toute
« paternelle, rappeler les Frères à l'observation constante de la

---

(1) Cf. Guérard, *Cartulaire de Saint-Victor*, n° 1038 ; le P. Mabillon, *Annales*, t. I, p. 700.; Boyer, *Histoire de Vaison*, ch. II, p. 13; Guinier, *Histoire* manuscrite *de Malaucène*, ch. IV.

(2) C'est-à-dire par ce que nous appelons les *Pères de chœur*, à l'exclusion des *Frères convers*.

« règle, l'évêque n'ayant droit à aucune indemnité pécuniaire.
« Le même évêque et personne autre, même d'une plus grande
« puissance, de cette ville ou d'ailleurs, et à quelque catégorie
« qu'il appartienne, ne pourra s'opposer à l'exécution des pré-
« sentes dispositions, ni rien entreprendre qui leur soit contraire.

« Ayant donc pris connaissance de cette pétition et l'ayant eue
« pour agréable... » (*Cætera desunt.*)

« Cette pièce, dit encore l'auteur du *Dictionnaire des Com-
« munes du Département de Vaucluse*, est suivie d'une confir-
« mation par le roi des Francs Clovis. Ce ne peut être que le
« jeune Clovis III, qui passa comme une ombre sur le trône, de
« 691 à 695. La victoire de Testry venait d'assurer le triomphe
« de Pépin. Lui seul gouvernait, à cette époque, et, comme disent
« les *Annales de Metz*, sans avoir le nom de roi, il régnait
« comme une puissance royale. Il fit paraître successivement,
« pour sauver les apparences, quatre pauvres chefs d'emploi
« d'une souveraineté sans office. comme sans puissance. Il est
« donc douteux qu'un évêque Petruinus ou *Arodius* (1), car la
« charte est signée de ces deux noms, ait fondé ce monastère *in
« suburbano civitatis Vasionensis, in loco cujus vocabulum
« Grassello*, et surtout que cette fondation ait été confirmée par
« un fantôme de roi qui n'a jamais eu l'ombre de puissance sur
« ces pays. Cette pièce a dû être fabriquée au XI° siècle par les
« moines de Saint-Victor, quand ils furent mis en possession. »

Nous avons voulu transcrire ici dans toute son étendue cette note de J. Courtet, laissant au lecteur la liberté de se prononcer avec connaissance de cause, d'après les auteurs que nous avons indiqués plus haut.

Les moines étaient libres, d'après le *Privilegium*, de suivre la règle de saint Benoît, de saint Macaire ou de saint Colomban. Ils n'eurent pourtant pas lieu de choisir, puisque les religieux appelés par le fondateur lui-même appartenaient à l'ordre des bénédictins de Saint-Victor de Marseille. La phrase suivante du docteur Barjavel ne manquera donc pas de paraître singulière :
« Les moines de l'abbaye du Groseau observaient jadis la règle
« de saint Benoît, de saint Macaire ou de saint Colomban. »

§ 4. — INVASIONS DES BARBARES.

Malgré toutes les précautions prises par le fondateur pour protéger son œuvre et lui assurer la stabilité, cinquante-cinq ans

---

(1) C'est Aredius et non Arodius.

après son établissement, le monastère fut pillé par les Sarrasins, puis ruiné de fond en comble. Ce ne furent pas là les seules traces que les ennemis du nom chrétien laissèrent derrière eux. Le couvent de Saint-Baudile, dont nous parlerons en son lieu, essuya le même sort que celui du Groseau. « Nous attribuons « aussi à ces Barbares, dit l'abbé Guinier, la destruction des « palais et autres monuments construits à Malaucène par les « Romains. »

Une fois les Sarrasins partis, les religieux de Saint-Benoît s'occupèrent de replacer les pierres de leurs maisons les unes sur les autres ; et cela, ils le pratiquèrent avec une vraie *patience de Bénédictins*, non pas une fois, mais bien souvent durant l'espace de trois siècles. Etablis en un endroit solitaire, ils étaient continuellement exposés aux invasions de toutes sortes : Normands, Burgondes, Goths, Francs, etc. Fatigués enfin de cet état de choses, les religieux perdirent leur patience proverbiale, quittèrent leur monastère et rentrèrent dans la maison d'où ils étaient venus : à Saint-Victor de Marseille.

§ 5. — DONATION DE L'ABBAYE DU GROSEAU A SAINT-VICTOR DE MARSEILLE (1) PAR L'ÉVÊQUE PIERRE DE MIRABEL.

Ce qui détermina les religieux du Groseau à abandonner définitivement leur petite abbaye avec toutes ses terres et tous ses revenus, ce fut sans doute la croyance générale en la fin imminente du monde. Ils voulaient, à l'approche du terrible an mille, se disposer à paraître devant le souverain juge des vivants et des morts. Mais les jours, les mois et même les années s'étaient écoulés sans que sonnât l'heure fatale de la conflagration universelle et du jugement dernier. L'on était même déjà parvenu à l'an 1058 et les choses de ce bas monde continuaient à marcher comme par le passé. On commençait à peine à se rassurer, ainsi que le prouve la charte de l'évêque de Vaison, Pierre de Mirabel.

Ce prélat, ancien religieux de Saint-Florent d'Orange, gémissait de voir l'abbaye du Groseau ruinée et toujours inhabitée. Il voulut la restaurer et la repeupler, en y rappelant les Béné-

---

(1) On trouvera le texte de cette charte dans le P. Boyer (*Histoire de l'Eglise de Vaison*) ; dans la *Gallia Christiana* (t. I, p.151), ainsi que dans le grand *Cartulaire de Saint-Victor*; sous ce titre : *Charta Petri Vasensis Episcopi pro Sancto Victore*.

dictins de Saint-Victor de Marseille. Après s'être entendu avec les chanoines de sa cathédrale et avoir agi de concert avec eux pour cette œuvre de résurrection, il dressa le diplôme que nous donnons ici dans toute son étendue.

« Au nom de la sainte et indivisible Trinité, moi Pierre, fils
« de Raimbald, par la grâce de Dieu évêque de l'église de Vai-
« son, et mes chanoines, voyant que le monde est près de sa fin
« *(Ego et canonici mei videntes hoc seculum ad occasum ten-*
« *dere)*, et sachant qu'après la mort personne ne peut plus faire
« ni bien ni mal et que chacun reçoit, d'après sa conduite ici-
« bas, ou la vie éternelle, avec la gloire qui ne finira jamais,
« dans le Ciel; ou, dans l'enfer, des tourments sans fin; nous
« tremblons ! Réconfortés, d'un autre côté, par la consolante doc-
« trine de nos saintes Ecritures, lesquelles nous enseignent que
« de même que l'eau éteint le feu, de même l'aumône rachète
« complètement les péchés; encore pleins de vie *(viventes ergo)*
« et jouissant bien de toutes nos facultés intellectuelles (*bene*
« *in nostra memoria permamentes*), nous avons pensé digne de
« faire du bien à nos âmes, et cela sans attendre que nos âmes
« se soient séparées de nos corps et pendant qu'elles les ani-
« ment encore; afin que les amis de Dieu, qui sont aussi les
« nôtres, nous aident de leurs prières, tant en ce monde qu'en
« l'autre. En conséquence et suivant l'inspiration de la bonté
« divine, pour la correction de nos mœurs, le pardon de tous
« nos péchés, pour les âmes de nos parents et pour tous les fidè-
« les défunts, NOUS DONNONS ET NOUS RENDONS à l'autel qui est
« consacré à l'honneur de saint Victor, martyr, et de sainte
« Marie, toujours Vierge, dans le monastère de Marseille, et aux
« moines tant présents qu'à venir du même lieu, à savoir la
« petite abbaye *(abbatiolam)* de Saint-Victor et de Saint-Pierre
« dont l'église était située *(visa est esse sita)* dans le diocèse
« dudit Vaison et dans le lieu vulgairement appelé *Grasel*, avec
« toutes les églises qui y seront faites et avec tous les droits
« qu'elle possède, qu'elle recevra et qu'elle recouvrera.

« Moi Pierre, évêque de ladite ville de Vaison, et mes chanoi-
« nes, nous avons donné la susdite église de Saint-Victor et de
« Saint-Pierre, fondée dans le lieu de *Grasel*, avec toutes les
« églises qui y sont et qui y seront, et avec tous les biens qu'elle
« possède, qu'elle acquerra et qu'elle recouvrera, au susdit autel
« consacré à l'honneur de saint Victor et de sainte Marie, tou-
« jours vierge, dans le monastère de Marseille et aux habi-
« tants dudit monastère, tant présents qu'à venir; afin que tous

« ces biens donnés, ou à donner, elle les possède à perpétuité,
« sans que personne puisse les troubler dans leur possession.

« Nous avons ordonné de dresser la charte de cette donation
« ou cession ; nous l'avons signée de nos propres mains et avons
« prié d'autres personnes de la signer aussi. Et si quelqu'un
« osait l'attaquer ou l'annuler, qu'il ne puisse pas arriver à bout
« de son entreprise ! Qu'il encourre la colère du Dieu tout-puis-
« sant ! Que toutes les malédictions énumérées dans l'Ancien et
« le Nouveau Testament tombent sur lui, à moins qu'il ne se
« corrige et répare ses torts.

« Donné l'an de l'Incarnation mil cinquante-neuf. »

C'était une restitution plutôt qu'une donation ; le texte de cette
charte le dit assez clairement : *Nous donnons et* NOUS RENDONS.
Les Bénédictins de Marseille reprenaient donc simplement possession de leur ancien domicile. La chaîne était renouée.

Cet acte de piété fut le dernier de Pierre de Mirabel. Ce pontife couronna par là une vie sainte, toute consacrée à son diocèse, qu'il enrichit de ses propres biens, et à la gloire de l'Eglise
universelle, pour laquelle il n'épargna ni peines ni fatigues. Il
mourut en 1059. On peut donc considérer cette donation, ou
restitution, comme ayant été, dans la pensée du principal donateur, l'expression de ses dernières volontés. C'est donc à lui per-
sonnellement que l'on pourrait peut-être appliquer ces expressions : *seculum ad occasum tendere*, et *bene in nostra memoria
permanentes*, et non à la croyance en la fin du monde.

Les PP. Columbi et Fantoni ne parlent point de cette charte,
« Mais, dit l'abbé Guinier, sans faire tort à la mémoire des
« PP. Columbi et Fantoni, nous pouvons dire qu'ils ont ignoré
« l'acte de cet établissement, dédié à saint Pierre et à saint
« Victor, quand ils disent l'un et l'autre, dans la chronologie des
« évêques de Vaison, que le nom de l'abbaye s'est perdu et
« qu'il ne se trouve *en aucun endroit de ce diocèse* (1). »

§ 6. — FONDATIONS DIVERSES EN FAVEUR DU MONASTÈRE.

L'exemple donné par l'évêque et les chanoines de Vaison ne
tarda pas à être suivi. En effet, cette même année 1058, plusieurs

---

(1) « Petrus III, cognomine Raimbaldus, anno 1060, aut circiter, Vasionis
« antistes, dedit Sanvictorianis monachis abbatiam sanctorum Petri et
« Victoris, in ejus diœcesi positam, teste Ruffi, in historia Massiliensi : *Sed
« abbatiæ nomen ommino extinctum est, neque ullibi diœceseos Vasio-
« nensis extat.* » (J. COLUMBI, l. II, c. VII.)

des petits seigneurs de Malaucène rendirent aux Bénédictins les biens dont ceux-ci avaient fait l'abandon, en se retirant à l'approche de l'an 1000, et y ajoutèrent même de nombreuses donations, dont la plus importante fut celle de l'église paroissiale elle-même, consacrée à saint Michel, archange, et à saint Pierre, apôtre.

Donnons le résumé de ce long document (1) :

« Moi, Richaus, du castrum de Malaucène et mon frère Rostang
« et nos femmes Raimos et Falatrude et nos fils, Pons et Richaus,
« Atber et Gontard, Rodland et Girard, Guillaume et Datile,
« Armand et Pierre, Léger et Datil, Ugo... *nous donnons et nous*
« *rendons* à l'autel de sainte Marie et de saint Victor, martyr,
« dans le monastère de Marseille et aux moines dudit lieu, l'église
« de Saint-Victor et de Saint-Pierre, située au diocèse de Vaison,
« dans le lieu appelé *Grassel*, avec toutes les églises qui sem-
« blent lui appartenir et qui seraient fondées dans son territoi-
« re, avec tous les droits qu'elle a, qu'elle recevra ou qu'elle
« recouvrera. Nous permettons à tous nos hommes, tant à ceux
« qui sont nobles qu'à ceux qui ne le sont pas (*tam militibus*
« *quam etiam pajensibus*) (2), qui cultivent des terres ou des
« vignes, de remettre toutes ces terres qu'ils tiennent de nous,
« de les remettre jusqu'à la dernière parcelle (autant que Dieu
« le leur inspirera pour le salut de leurs âmes) à la même église
« de Saint-Victor et de Saint-Pierre que *nous avons donnée* ET
« RENDUE à l'église de Saint-Victor de Marseille.

« Nous donnons aux mêmes églises toutes les parties que nous
« possédons dans la paroisse de Malaucène avec toutes leurs dé-
« pendances qui appartiennent à la paroisse, et l'église parois-
« siale de Saint-Michel elle-même, à laquelle toute cette paroisse
« appartient. »

Suivent les malédictions d'usage en pareille circonstance, contre les violateurs; malédictions du Vieux et du Nouveau Testament, et en particulier celle-ci : « Que, pris et garotté, il « soit jeté au fond des enfers, avec le traître Judas ! »

---

(1) Pour le texte latin de cette charte dont le P. Boyer et l'abbé Guinier ont ignoré l'existence, voir le *Cartulaire de Saint-Victor*, n° 687, année 1059. En voici le titre : *Charta qua Richaus de Malaucena et Rostagnus, fratres, ecclesiam Sancti Victoris et Sancti Petri de Grassello, necnon Sancti Michaelis de Malaucena, Sancto Victori concedunt.*

(2) Le mot *milites* désigne les chevaliers, les nobles ; comme le mot *pajenses*, ou mieux *pagenses* (de *pagus*, bourg), s'applique aux bourgeois ou simples habitants du lieu.

En mode de post-scriptum, l'on ajoutait : « Moi Richaus et « mon épouse Raimos et nos fils, nous donnons aussi la dîme « qui nous revient sur le marché de Malaucène et, en échange « de ce droit, nous avons reçu un bon cheval, et Rostang a reçu « également un don, en échange de ce droit : un chaudron (!) « Nous donnons aussi la dîme du fournage (1). »

Ces stipulations ne surprendront personne. On sait qu'elles servaient comme de sanction à certaines donations auxquelles elles communiquaient la force de contrats synallagmatiques.

L'église paroissiale Saint-Michel et Saint-Pierre de Malaucène passait déjà en possession des moines.

Une bulle du pape saint Grégoire VII, datée du VI° jour des nones de juillet 1079, donnée par conséquent vingt-un ans après les deux actes dont nous venons de parler, était adressée à l'abbé du monastère de Saint-Victor de Marseille, dont elle confirmait les possessions et priviléges. Cette bulle comprend, dans sa longue énumération, le monastère de SAINTE-MARIE DU GRAUSEL à Malaucène (2).

C'est le premier document dans lequel nous rencontrons la dénomination de *Sainte-Marie* donnée à cette maison religieuse. L'on avait toujours dit, auparavant, la *petite abbaye* de Saint-Victor et Saint-Pierre. Désormais, ces deux titulaires passeront en seconde ligne et on dira le grand prieuré de *Notre-Dame* du Groseau.

L'ancienne petite chapelle, de forme rectangulaire, de la création de Pétronius, avait été tellement maltraitée par les ravages des hommes et du temps, que l'évêque Pierre de Mirabel la considérait comme n'existant plus. Elle fut, pourtant, relevée de ses ruines et l'on construisit tout à côté et communiquant avec elle un second édifice plus grand que le premier (1078 à 1079), celui-ci présentant la forme circulaire dans l'intérieur, et qui, existant encore de nos jours, est classé parmi les monuments historiques. Nous en parlerons plus tard.

(1) « Donamus etiam decimam que nobis contigit in mercato Malaucene.
« Et pro hoc dono recepimus unum equum optimum in precio, et... unum
« pairolum... Damus etiam decimam de fornadge similiter predictis sanctis
« et monachis. »

(2) Le *Cartulaire de Saint-Victor* donne cette charte sous le n° 843, avec ce titre : *Bulla qua Gregorius papa VII possessiones et privilegia Massiliensis monasterii confirmat.* Voici le passage dont nous parlons. « Gregorius, « episcopus, servus servorum Dei, dilecto in Christo filio Bernardo (de Ruthe- « nis), abbati monasterii, etc. Nominatim confirmamus eidem monasterio Mas- « siliensi... *monasterium* SANCTE MARIE *de Grausello apud Malaucenam.* »

Afin de n'avoir plus à revenir sur les diverses fondations faites en faveur du monastère, nous mentionnerons dès à présent :

1° La donation de plusieurs autres églises ou chapelles, faite le 28 juin 1111 par l'évêque de Vaison, Rostang (1). Ce prélat témoigna de ses bons sentiments envers les religieux bénédictins, en leur donnant les églises du territoire de Malaucène, y compris les chapelles de Sainte-Marie de Veaulx, de Saint-Martin et de Saint-Etienne dans l'enceinte du château-fort, — cette dernière, ancienne église paroissiale,— avec tous leurs droits; ce qui fut approuvé par les chanoines de la cathédrale de Vaison.

2° La confirmation de cette même donation par le pape Pascal II (2) de l'ordre de Saint-Benoît. La bulle est datée du X des calendes de mai 1113. Le pontife ne se contentait pas de confirmer la donation de Rostang. Il donnait ces différentes églises aux religieux de Saint-Victor de Marseille et ajoutait, dans sa munificence (qui se ressentait de ses attaches à l'ordre des Bénédictins),un grand nombre d'autres églises dont la plupart étaient situées en d'autres lieux.

3° Une nouvelle donation publiée par l'évêque Rostang, en 1117. Ce document porte la signature du prélat et des chanoines de son église cathédrale. Il ne faudrait pas juger de la spontanéité de cet acte par la manière dont il débute. « *Auctoritas jubet ecclesiastica et lex precipit romana.* » Cette façon de s'exprimer est tout simplement une formule alors en usage dans les titres de fondations. L'évêque y fait, pourtant, certaines réserves, comme on pourra le voir dans le texte latin (3).

(1) P. Boyer, *Histoire de Vaison* l. I, p. 96.
(2) *Cartulaire de Saint-Victor*, n° 848; 23 avril 1113 :

« *Bulla qua Paschal., papa II, beneficia ad Massiliense monasterium spectantia confirmat.*

« Paschalis episcopus, servus servorum Dei, dilecto in Christo filio Ottoni (Alamanno) abbati Massiliensis monasterii......... per presentis igitur privilegii paginam, tibi tuisque successoribus, que a predictis pontificibus sunt firmata firmamus, videlicet...... in episcopatu Vasensi, monasterium *Sante Marie, Sancti Victoris, Sancti Petri de Grausello*, ecclesiam parochialem de *castro Malucene*, Sancti Michaelis, Sancti Petri cum capellis suis, Sancti Desiderii, Sancti Martini, Sancte Marie, Sancti Sepulchri, capellam de Albarusso, ecclesiam Sancte *Marie de Vellis*, de Mirabel, Sancti Bladii, Sancte Marie de Villa Nova, et medietatem omnium ecclesiarum parochialium de valle Pladiani. »

(3) *Cartulaire de Saint-Victor*, charte n° 1013; et D. Martene, *Amplissima collectio*, t. I, p. 638; 28 juin 1117 :

« *Carta qua Rostagnus, Vasion. episcop., Massiliensi monasterio confirmat ecclesias castri Malaucene.*

4° Enfin, une nouvelle confirmation pontificale. Celle-ci est du 18 juin 1135. Le pape Innocent II y rappelle les privilèges et possessions de Saint-Victor de Marseille et fait entrer dans sa longue énumération les églises que nous connaissons déjà, pour avoir rencontré leurs noms dans les chartes précédentes (1).

§ 7. — LES SEIGNEURS DE LA FAMILLE DE BAUX.

La famille de Baux était déjà très connue en Provence dès le X° siècle. Elle était fort nombreuse et a joué dans ce pays un rôle important. Nous la voyons faire son apparition dans notre histoire vers le milieu du XI° siècle. C'était elle, en effet, qui parta-

« Auctoritas jubet ecclesiastica et lex precipit romana, etc. Quapropter
« ego Rostagnus, Vasionensium ecclesie episcopus, dono Deo et sancto Victori,
« videlicet cenobio quod vulgo dicitur monasterium Massiliense, ecclesias de
« castro Malaucine, videlicet *Sancti Michaelis* et *Sancti Petri* et *Sancte*
« *Marie de Valle* et *Sancti Martini* et *Sancti Sebastiani*, excepto mansum
« quod est circa ecclesiam Sancti Sebastiani, quod canonici nostre ecclesie pos-
« sident et ecclesias de Corno et de Albaros et ecclesiam Sancte Marie de Velz,
« cum omnibus sibi pertinentibus, excepto medietatem decimarum ecclesiarum
« supradictarum, quas in presenti habent vel in antea adquisierint inter-
« dictu vel pecunia ipsius episcopi seu monachorum (si quis vero nostro-
« rum, ego vel monachi, pro decimis recuperandis, peccuniam dederit, me-
« dietatem ab altero recupero) et excepto quartam partem tocius mortalitatis
« et sinodales censuras. et questus, et hospicia, et III libras cere quas uno-
« quoque anno, ad synodum octobris, monasterium Sancte *Marie de Grausel*
« sacriste nostro persolvere debet. Hec omnia nobis et posteris nostris in
« perpetuum reservo. Facta carta ista III kalendis julii, anno ab incarna-
« tione Domini M°C°XVII°.
« Hoc donum facio ego episcopus Rostagnus atque confirmo, communi con-
« silio canonicorum meorum. Ego Petrus Theotelmus laudo et confirmo.
« Ego Gaucerannus-sacrista laudo et confirmo. Ego Petrus Rostagnus con-
« firmo. Ego Petrus Joannes laudo. Ego Guigo Grailla confirmo Ego Ber-
« mundus Bonotus laudo. Ego Gerardus confirmo. Omnes videlicet canonici
« hoc donum pariter laudamus. Capellanos qui in supradictis ecclesiis cons-
« tituendi sunt, eligat prior et conducat eos de beneficiis ecclesiarum de sua
« parte et presentet eos episcopo qui commendet eis curam animarum. Si
« fieri potest, de ordinatione Vasionensis ecclesie sint; si vero extranei fue-
« rint, proprii episcopi litteras afferant. Postquam vero in ecclesiis constituti
« fuerint, absque episcopali juditio non eiiciantur. Si vero cappellani foris
« fecerint monachis, prior potestatem habeat constringendi eos in eodem
« benefitio.

(1) *Cartulaire de Saint-Victor*, charte n° 844 :
« *Bulla qua Innocentius papa II confirmat privilegia et possessiones*
« *Massiliensis monasterii*. (18 juin 1135.)
« Innocentius episcopus, servus servorum Dei, dilecto in Christo filio Petro
« (Salomoni) Massiliensi abbati.... statuentes ut quecumque bona, quas

geait la puissance seigneuriale, à Malaucène, avec tous ces autres petits seigneurs dont nous avons parlé dans ce même chapitre, à propos de la donation faite, en 1058, des diverses églises du territoire, à l'abbaye de Saint-Victor de Marseille.

En 1097, Raymond de Baux part pour la première croisade, suivi de sept nobles enfants du pays. Il se range, avec sa poignée de braves, sous les étendards du comte de Toulouse, Raymond IV dit de Saint-Gilles, et se trouve à la prise d'Antioche et de Jérusalem.

Les Baux sont troublés dans la paisible possession de leur seigneurie. A propos de la succession de Gilbert, comte de Barcelone et du Gévaudan, ils ont maille à partir avec les comtes de Toulouse, de Provence et de Forcalquier. Les rois d'Espagne et les empereurs d'Allemagne se mêlent de la partie et, à un moment donné, tous ces princes sont maîtres à la fois de nos pays et prennent tous, en même temps, le titre de marquis ou de comte de la haute ou de la basse Provence. Des partages sans nombre et des révolutions politiques considérables bouleversent ces malheureuses contrées qui passent sans cesse de mains en mains, comme une monnaie courante ; si bien que les historiens ont de la peine à s'y reconnaître. On comprend, dès lors, que notre histoire se ressente de cet état de choses, car les seigneurs eux-mêmes ont laissé derrière eux des traces peu profondes.

Il en est un, cependant, nommé Hugues de Baux, qui s'est immortalisé dans le pays par son intelligence, son énergie et sa persévérance à faire de Malaucène une place forte, dont il reconstruisit les moyens de défense, ainsi que nous aurons occasion de le dire dans ce même livre. Il agrandit considérablement la ville, s'occupa de la répression du brigandage et fut d'une grande sévérité pour les voleurs. Il abolit les vieilles coutumes établies par ses prédécesseurs, soumit les habitants à certaines redevances et ordonna de faire figurer le nom de tous les habi-

---

« cumque possessiones in presentem diem juste et canonice idem monaste-
« rium possidet aut in futurum, concessione pontificum, largicione regum
« vel principum, oblacione fidelium seu aliis justis modis, prestante Domino,
« poterit adipisci, firma tibi, tuisque successoribus, in perpetuum et illibata
« serventur. In quibus hec propriis nominibus annotanda subjunximus....
« In Vasensi, monasterium *Sancte Marie* et *Sancti Victoris* et *Sancti Petri*
« *de Grausello*, ecclesiam parochialem de *Malausena Sancti Michaelis*
« et *Sancti Petri*, cum capellis suis, et Sancti Desiderii et Sancti Martini et
« Sancte Marie et Sancti Sepulchri, capellas de Alberusfo, ecclesiam Sancte
« Marie de Vellis, et de Mirabel et Sancti Blasii et Sancte Marie de Villa-
« nova et medietatem omnium ecclesiarum parrochialium de Valle Pladiani. »

tants dans les actes qui seraient passés désormais entre ceux-ci et le seigneur.

L'historien Guinier parle, dans les termes suivants, d'un des seigneurs de Malaucène. « L'esprit poétique et pittoresque du
« XIII° siècle s'empara du courage d'un seigneur de Malaucène,
« appelé Raymond-Geoffroy II, quatrième fils d'Hugues-Geoffroy
« qui avait épousé Ixmile. S'il faut en croire une charte du
« pays, à la date de 1414, rapportée par le comte Isnard d'En-
« trevennes, Raymond-Geoffroy s'était distingué dans un tournoi
« qui avait eu lieu, dans la ville d'Arles, l'année 1209. C'était,
« à cette époque, un grand honneur que d'avoir été vainqueur
« dans ces sortes de jeux. Il remporta le premier prix. »

Le tournoi que Guinier place vers l'an 1209, est marqué par Papon, dans son *Histoire générale de Provence*, à l'année 1177, sans cependant qu'il en donne l'assurance, car il se contente de dire : « C'est à cette époque, sans doute, qu'il faut rapporter la
« célébration d'un tournoi. » Cet historien n'est pas plus affirmatif dans la désignation du nom du héros. « Ce seigneur
« des Baux, dit-il, devait être Bertrand II, fils de Raymond et
« d'Etiennette. »

Consulté par nous, pour savoir quel pouvait bien être le seigneur de Malaucène sorti vainqueur de cette lutte guerrière, M. le docteur Barthélemy, de Marseille, connu par ses récentes publications sur la famille de Baux(1), nous répond par la note suivante :

« Ce ne peut être que Hugues, fils de Bertrand I", prince
« d'Orange, qui devint vicomte de Marseille par son mariage avec
« Barrale. Après la mort de son père Bertrand, il eut en partage
« la seigneurie des Baux, et c'est de son fils Barral que sont des-
« cendus les comtes d'Avellin. »

Or, voici, d'après Papon, ce qui se passa : « Ce seigneur com-
« mença le premier. Son cheval avait belle encolure et larges
« flancs. Il parut si rude au choc qu'il renversa par terre, avec
« sa lance, le brave Raymond d'Agoult, seigneur de Sault, et rendit
« boiteux vingt chevaux, sans se faire de mal. »

Le poète troubadour Rambaud de Vacqueiras célébra le triomphe du vainqueur par des vers qu'il nous a été impossible de retrouver, malgré nos longues recherches.

A son retour à Malaucène, les habitants du pays s'empressèrent de complimenter leur maître. Celui-ci, flatté de ce chaleu-

---

(1) *Inventaire des chartes des diverses branches de la famille de Baux* (1881).

reux accueil, voulut se montrer bon prince à l'égard de ses vassaux, et, quelques jours après son arrivée, il fit dresser, au château, des tables en nombre suffisant pour y faire asseoir tout le peuple, auquel il fit servir un grand festin. Ce fait donna naissance à des réjouissances populaires dont nous parlerons dans ce même livre (1).

Les comtes de Toulouse, depuis 1125, se considéraient comme étant les vrais souverains de toutes les terres comprises entre les Alpes, l'Isère, le Rhône et la Durance, mais il n'en était point ainsi. Catel, dans son *Histoire des comtes de Tolose*, en fait la remarque, car beaucoup de seigneurs reconnaissaient encore la domination des empereurs d'Allemagne.

Le roi d'Aragon, Alphonse, confirmait, dans le Venaissin, en 1189, comme marquis de Provence, les droits de plusieurs églises, entre autres ceux de l'église de Malaucène.

Le désordre et la confusion qui régnait dans la société, à cette époque de troubles et de guerres, se retrouve dans l'histoire et ne disparaît que sous Raymond V, fils de Faydide et d'Alphonse Jourdain, du moins pour ce qui concerne notre histoire locale. Raymond commença à tenir « la comté » du vivant de son père, la considérant comme l'héritage de sa grand'mère, qui, elle-même était fille du roi de Castille et de Léon. Il vint souvent à Malaucène, à l'occasion surtout des querelles qu'il suscita à l'évêque de Vaison, Bérenger de Mornas (1160). Il réclamait à ce prélat la restitution de ce qu'il prétendait lui appartenir comme venant de son aïeule, fille naturelle d'Alphonse, à savoir : la moitié de la ville de Vaison et d'Entrechaux, Rasteau et le village du Crestet avec son château. Ces places, disait le comte, n'avaient jamais été abandonnées aux évêques ; elles avaient été usurpées par eux ; et il demandait qu'elles fissent retour à ses états. « C'est « de Dieu et non des comtes que je tiens ces places », répondait l'évêque, et il osa résister. Des paroles, le comte en vint aux actes. Il chassa indignement le pontife de sa ville épiscopale. Le pape et l'empereur durent intervenir pour faire rentrer l'évêque en possession des places et des terres qui étaient bien sa propriété. La restitution n'eut lieu, cependant, que vingt ans après (1180), entre les mains de Bertrand de Lambesc, successeur de Bérenger de Mornas.

Dans un de ses voyages à Vaison, Raymond V s'était fait accompagner jusqu'à Malaucène par sa belle-fille, Ermessinde

---

(1) Voir : *Usages particuliers.*

de Pellet, comtesse de Melgueil, femme de Raymond VI. Ermessinde tomba malade au château de Malaucène et fit son testament, le III des nones de novembre 1176, en présence de Ripert du Puy, Isnard de Mourmoiron, Guillaume-Pierre de Brantes, Pierre-Guillaume du Barroux, Dragonet de Montdragon et plusieurs autres chevaliers du Comtat (1). Elle mourut peu après et fut inhumée dans l'église paroissiale. Le lieu où elle reposait fut marqué par un superbe mausolée.

Raymond VI, suivant l'exemple de son père, vint souvent à Malaucène et entreprit, à son tour, de faire la facile conquête des petits états épiscopaux. Il débuta en s'emparant de la colline qui domine Vaison et la fortifia. L'évêque, pour l'en empêcher, n'avait que des armes spirituelles ; il lança l'excommunication contre les ouvriers. Raymond s'en vengea par l'expulsion de l'évêque.

Pour n'avoir plus à parler de ces luttes inégales, disons, dès à présent, ce qu'il en advint. Elles duraient depuis un siècle. L'évêque Faraud, voulant en finir, s'adressa à Alphonse de Poitiers, frère du roi saint Louis, qui, par son mariage avec Jeanne de Toulouse, avait hérité des droits de Raymond VII. Alphonse se prêta volontiers aux ouvertures qui lui furent faites, passa une transaction qu'approuva Clément VII, et l'évêque de Vaison fut réintégré dans tous ses droits.

Revenons maintenant à Raymond VI, dit le Vieux, comte de Toulouse et marquis de Provence. Nous sommes à l'année 1207. Raymond a prêté l'oreille aux doctrines des Albigeois. Le légat Pierre de Castelnau a été assassiné sur les bords du Rhône. Une croisade est prêchée contre Raymond et les Albigeois. « Malaucène « dit Guinier, fournit son contingent à la croisade. Quinze nobles (2) « marchèrent sous la bannière du marquis de Malaucène et « portèrent à leur retour la prière inventée par saint Dominique. » Puis, cet historien ajoute cette phrase qui dénote bien son embarras : « Ce marquis n'était autre que Raymond VI, dit le « Vieux, comte de Toulouse et marquis de Provence, pour lequel « les Avignonais et les Malaucéniens avaient toujours montré un « attachement insurmontable », ce qui ne les empêcha point, paraît-il, de rentrer dans leurs foyers, le rosaire à la main.

(1) Python-Cuat, *Histoire de la Noblesse du Comtat.*
(2) Dix seulement nous sont connus.—Voici leurs noms : Raynuardus de Spina, Jehan de Spina, Gily de Albaruffa, Falca de Constici, Rostang de Parto, Rostang de Albaruffa, Raymond Bellimontis, Bertrand de Introlo, Hugues de Pracontal et Pierre de Cadaroussa. (Guinier.)

Après sa défaite, à la bataille de Muret (1213) « le comte de
« Tolose se retira en Espaigne et son fils s'en alla en Provence
« où il fust receu par ceulx d'Avignon et se saisit de la comté de
« Venice », dit Catel.

Les Comtadins et les Avignonais avaient pris l'initiative de
cette nouvelle lutte. Voici, en effet, ce que nous lisons dans
Pithon-Curt (1) :

« Pierre de Cavaillon exhorta le comte Raymond, le jeune, à
« ramasser des troupes sur les terres de ses vassaux et de les
« armer pour reprendre le pays Venaissin conquis par le comte
« de Montfort. Ses discours furent efficaces. Pierre de Cavaillon
« et, avec lui, Guy de Cavaillon et quelques autres armèrent
« leurs propres vassaux et aidèrent le jeune comte à soumettre
« le Venaissin, à la garde duquel il laissa des garnisons dans les
« châteaux de Beaumes, de Malaucène et des autres places fron-
« tières, en 1216. »

Mais, pour rentrer en possession de ses états, Raymond VII
avait eu besoin d'argent. Il engagea ces mêmes états (Beaucaire
avec le Comtat dont Malaucène faisait partie) en garantie d'une
somme considérable qui lui avait été avancée par les syndics
d'Avignon.

Cependant, un traité de paix fut conclu à Paris, entre Raymond VII, Louis IX et le cardinal Romain de Saint-Ange, légat
du Saint-Siége (1229). Il y fut stipulé que les pays situés sur la
rive gauche du Rhône, c'est-à-dire le Venaissin, étaient cédés à
l'Eglise romaine.

(1) T. I, page 293.

CHAPITRE CINQUIÈME

LES COMTES DE TOULOUSE ET LES PAPES (1229-1274).

La prise de possession de Malaucène par le Saint-Siège eut lieu le 29 décembre 1229. Le cardinal Romain de Saint-Ange entra dans la ville avec une suite nombreuse. Il s'y trouvait encore le 12 janvier suivant. Pendant son séjour dans cette localité, il désigna Pierre, archevêque de Narbonne, et Clarin, évêque de Carcassonne, comme arbitres dans un différend survenu entre Bernard, évêque de Béziers, et Adam de Milly, touchant le domaine et la justice de cette dernière ville.

A propos d'une contestation survenue entre divers particuliers, à l'occasion des tasques du quartier de *Vescia*, le juge établi dans le Venaissin par l'autorité pontificale dut intervenir le 15 juin 1230. Il rendit sa sentence et apposa le sceau en plomb au bas de son « instrument » (1).

Mais, ce qui est digne de remarque, cette même sentence fut également approuvée par le juge et chancelier du comte de Toulouse, qui apposa lui aussi le sceau du prince dont il était le représentant dans le Venaissin.

Il est seulement à regretter que la confirmation ne soit pas accompagnée de la date, car cette indication nous aurait fixé sur l'époque précise où Malaucène passa de nouveau entre les mains de ses anciens maîtres. Nous devons, par suite de cette omission, nous en tenir à ce qui est dit dans l'histoire générale de la province.

Or, voici ce que nous trouvons dans les historiens qui se sont occupés de ces faits.

A la suite de la lutte de l'empereur d'Allemagne avec le pape, relativement à l'investiture du comté de Provence donnée à Raymond VII, Barral de Baux, agissant pour celui-ci, en

---

(1) Voir *Pièces justificatives*, n° I. C'est la charte la plus ancienne des archives municipales. Remarquons, en passant, que la portion du territoire à laquelle ce vieux document donne le nom de *Vescia*, appellation perdue de nos jours, correspond assez exactement à la *section C* du plan cadastral, dont nous avons parlé à la page 6. Le quartier dit de Vescia était, en effet, compris entre le Puy-Raymond, le Toulourenc et Saint-Sébastien.

qualité de son sénéchal dans le Venaissin, se mit à la tête d'une armée et envahit cette province. Ses troupes, arrivées au pied des murailles de Malaucène, furent bientôt maîtresses de la ville. Restait à prendre le château qui tenait bon depuis une dizaine de jours, faisant éprouver aux assaillants de rudes pertes. Mais les habitants, en prévision de la prise inévitable et prochaine de cette forteresse, et dans la crainte d'irriter le vainqueur, se rendirent aux conditions suivantes : ils auraient la vie sauve ; — le château ne serait point démantelé ; — et la Communauté payerait une indemnité de guerre de sept cents marcs d'argent.

En apprenant ce qui se passait, l'archevêque de Vienne, légat du pape, excommunia les généraux et l'armée victorieuse, interdisant les terres et seigneurie de Malaucène et autres pays envahis, et commandant aux évêques de tenir la main à l'exécution de cette sentence (3 janvier 1236) (1).

Cependant, il paraît que, sur la prière du roi de France, le pape consentit à accorder au comte de Toulouse, Raymond VII, le domaine *utile* du Venaissin, réservant à l'Eglise le domaine *direct* et *réel*, le domaine utile devant passer à Alphonse, comte de Poitiers, frère de Louis IX et époux de Jeanne, fille de Raymond VII. Dans le cas où cette princesse mourrait sans enfants, le domaine utile suivrait le domaine réel et retournerait à l'Eglise. L'auteur des *Notes historiques concernant les Recteurs* fait observer, cependant, qu'il n'existe aucun traité ni concordat sur ce sujet.

Raymond mourut le 27 septembre 1249, après avoir nommé pour son héritière sa fille Jeanne, épouse d'Alphonse. Au moment où ceux-ci héritaient du domaine du comte de Toulouse, ils étaient à la croisade avec saint Louis. La reine Blanche fit

---

(1) Sentence d'excommunication prononcée par J., archevêque de Vienne, légat du pape, avec l'assentiment des archevêques de Narbonne, Arles, Aix et Carcassonne, contre Taurel de Strata, citoyen de Pavie, et Barral, seigneur de Baux, à propos du Comtat Venaissin qu'ils détenaient injustement au mépris de la sentence d'excommunication lancée à Monteux, par Pierre de Colmieu, commissaire du pape, contre les envahisseurs en général et en particulier contre Barral qui refusait de lever le siège du château de Mornas, et contre ledit Taurel qui avait envahi divers prieurés de Saint-Saturnin et en avait chassé les moines. Il lance l'interdit contre les églises de Malaucène, Monteux, Pernes, Serres, Oppède, et le château et bourg de Mornas, avec ordre aux archevêques, évêques et prêtres de Narbonne, d'Aix et d'Arles, de faire publier dans leurs églises la sentence d'excommunication et de la faire observer. (Copie, *Archives d'Arles*. — *Histoire de Provence* de Papon, t. II, p. 74 ; aux preuves.)

prendre possession du Venaissin et le fit gouverner par des sénéchaux. Malaucène n'eut pas l'avantage de voir souvent dans ses murs ses nouveaux souverains : Alphonse n'y vint qu'une seule fois.

Le comte fit dresser un registre des reconnaissances de tous ses droits dans le Comtat. La direction de l'enquête générale ordonnée à cette occasion et confiée à Guillaume Béroardi, évêque de Carpentras, fut commencée le 17 octobre 1253 et terminée l'année suivante. On procéda par évêchés et paroisses.

Les recherches concernant Malaucène furent faites le VIII des ides de novembre 1253, dans la maison du comte, appelée *la Saunerie*, par les soins de Guillaume Bermond, notaire-greffier de l'évêque de Carpentras, assisté de son clerc. Quatre prud'hommes promirent, la main sur les saints Evangiles, et jurèrent pardevant le notaire qui reçut leur serment au nom d'Alphonse, de dire la vérité sur tout ce qu'ils savaient des propriétés, droits, juridictions et revenus appartenant ou devant appartenir audit comte, dans la ville et son territoire. Les prud'hommes affirmèrent que le comte possédait : un château dans la ville ; — la maison de *la Saunerie*, située entre rue et rempart, dans laquelle se percevaient les droits de la gabelle ; — toute la juridiction de la ville ; — deux fours ; — un grand nombre de terres ; — et beaucoup d'autres droits dont on trouvera la longue énumération dans l'extrait du Polyptique dont nous donnons la copie (1) et dont l'original est conservé à la bibliothèque de Carpentras. Toutes les redevances tombaient le jour de la fête de Noël ; elles s'élevaient à la somme annuelle de 175 livres tournois environ.

Sur la fin du règne de ce prince (XVIII des calendes d'octobre 1270), on tint le grand parlement sur lequel nous aurons à revenir dans ce même livre, à propos des assemblées municipales (2).

Dans le courant du mois suivant, le chevalier Guy de Vaugrigneuse, sénéchal du Comtat, présida aux opérations de délimitation des territoires de Malaucène et de Bedoin, en vertu d'une lettre dont voici la teneur :

« Jeanne, comtesse de Toulouse et de Poitiers, à notre cher et
« fidèle sénéchal du Venaissin, salut et dilection.

« Nous faisons le plus chaleureux appel à tout votre dévoue-
« ment, afin que vous cherchiez à connaître les véritables bornes
« et limites des possessions de noble dame Sibille, veuve de Barral

---

(1) Voir *Pièces justificatives*, nᵒˢ II et III.
(2) Voir *Pièces justificatives*, nᵒ IV.

« de Baux, en ce qui concerne les *castrum* de Bedoin et de Caromb,
« dans le voisinage des terres de Mormoiron et de Malaucène. Par
« le moyen de quelques hommes dignes de foi, cherchez vite à
« savoir la vérité, et, cette vérité une fois connue, hâtez-vous, je
« vous en prie, de faire placer les bornes de séparation entre ces
« divers territoires, et soyez pleins de bienveillance et de bonté
« pour cette dame, en tout ce qui touche à ses intérêts.
 « Donné mardi, en la fête de saint Jean-Baptiste. »

Les opérations prescrites par la comtesse Jeanne furent accomplies le VI des calendes de novembre 1270, en présence de nombreux témoins pris parmi la noblesse de Bedoin, de Crillon et de Malaucène ; et, le lendemain, l'acte de délimitation fut dressé à Sarrians, par Pierre Nicholis, notaire du comte de Toulouse. Les intérêts de la famille de Baux étaient défendus par Bertrand de Reillane, chevalier de Monteux, assisté de Guillaume Albrion, notaire de Bertrand de Baux.

Alphonse et Jeanne moururent tous deux la même année (1271) sans enfants. Le Venaissin, nous l'avons dit, revenait de plein droit au Saint-Siége et le reste des états du comte à la couronne de France. Philippe III, dit le Hardi, fils de saint Louis, ignorant ce droit, disent certains historiens. s'empara du Venaissin (novembre). Il n'y eut pas alors de réclamation, le pape, nouvellement élu, se trouvant encore à la croisade ; mais, à peine couronné, Grégoire X réclama auprès du roi de France l'exécution du traité de Paris et la restitution du Comtat, ce qui lui fut accordé (1).

Voici, d'après le procès-verbal officiel (2), de quelle manière s'accomplit la restitution du *castrum* et des territoires de Malaucène :

Le IV des nones de février 1274 et la seconde année du pontificat de Grégoire X, après convocation générale faite à haute voix, dans les rues et carrefours accoutumés, par le crieur public, les habitants se réunirent dans l'église Sainte-Marie (3).

---

(1) Le savant auteur de l'*Art de vérifier les dates* reconnaît que le Comtat Venaissin avait été cédé, en 1229, au Saint-Siége. Puis, il ajoute : « Mais, comme Grégoire IX avait rendu ce marquisat, quelques années après, à Raymond, la demande du pontife pouvait lui être légitimement refusée. » (T. I, p. 302.)

(2) Voir *Pièces justificatives*, n° VI ; en rectifiant l'erreur de date, il faut lire « IV nonas. »

(3) Le notaire de la chambre épiscopale, rédacteur de la charte de restitution et qui n'était point du pays, a donné par mégarde à l'église paroissiale Saint-Michel le nom du grand prieuré de Sainte-Marie du Groseau, en écrivant *Ecclesiam Sancte Marie de Castro*.

On donna d'abord lecture des pièces relatives à la restitution du Venaissin. Ces différents documents furent ensuite traduits et mis à la portée du peuple.

L'archevêque-élu d'Arles, Bernard d'Arbrissel, et Guillaume de Saint-Laurent, camérier du pape, commissaires de Sa Sainteté, sommèrent alors le juge de leur faire la restitution des terres du Venaissin et du *castrum* de Malaucène, avec tous leurs droits et juridictions quelconques.

Le juge répondit que, chargé par lettre du sénéchal et aussi de vive voix, de rendre ces terres avec leurs droits, il en faisait remise aux commissaires du pape et à l'Église romaine ; et il leur en donna aussitôt l'investiture par la livraison du château, ordonnant aux prélats et à tous autres d'avoir à obéir désormais en tout au pape et à l'Église romaine, les déclarant déliés de leur serment de fidélité au roi, en les relevant des hommages qu'ils pourraient devoir tant au roi Philippe III qu'à tous ses représentants.

Tous les habitants (*universi et singuli*) rendirent hommage et jurèrent fidélité au pape en la personne de ses commissaires. Ceux-ci confièrent la garde du château à deux chevaliers de Saint-Jean de Jérusalem.

ARMOIRIES DE CLÉMENT V

CHAPITRE SIXIÈME

LES PAPES D'AVIGNON.

§ 1ᵉʳ. — CLÉMENT V (1309-1314).

Malaucène avait définitivement passé sous la domination du Saint-Siège et, la paix la plus profonde succédant à tous les bouleversements politiques, nous n'avons rien de particulier à signaler depuis 1274 jusqu'au commencement de 1309.

Un grand événement s'accomplit alors dans la contrée : le transfert de la chaire de Saint-Pierre dans le Comtat.

Depuis trente-cinq ans que les papes étaient en possession non contestée du Venaissin, aucun des nouveaux souverains ne s'était montré à ses sujets. Clément voulut entreprendre la visite de ce petit État. Quand les Malaucéniens apprirent la prochaine arrivée du chef de l'Église, ils éclatèrent en transports de joie. Ils s'empressèrent aussitôt de réparer les chemins par lesquels il devait passer, mesure bien nécessaire à cette époque où les routes étaient pour ainsi dire impraticables. Le clergé, la noblesse, les moines eux-mêmes se groupèrent avec la foule du peuple et, tous, ayant à leur tête l'évêque de Vaison, Raymond, seigneur de Beaumont, allèrent à la rencontre de l'illustre visiteur et lui firent l'accueil le plus enthousiaste en l'accompagnant au château seigneurial, où des appartements lui avaient été préparés.

Séduit par le site enchanteur du Groseau, Clément voulut s'y arrêter et s'y reposer de ses incessantes pérégrinations (1).

Cette première fois, il y demeura depuis le mois de mai jusqu'au mois de novembre. Il y revint les étés suivants, de l'avis même des cardinaux qui lui conseillaient de faire de ce frais séjour sa résidence habituelle ; aussi, lorsqu'il ne pouvait s'y fixer pour un temps considérable, il se dédommageait en y faisant de fréquentes apparitions.

« La présence du pape fut, dit Guinier, une grande illustra-

---

(1) « Havea Clemente, in varii tempi, onorato con lungho villeggiatura il « paese Venesino; godendo talora di soggiurnare in... Malocena, terra della « diocese di Vasone, presso alla nobil fontana di Groзello. » (FANTONI, p. 160. — TEISSIER, p. 25.)

« tion pour ce pays, où l'on vit arriver tout ce qu'il y avait de
« plus célèbre dans le monde. »

Consulté par tous les souverains de l'Europe, Clément occupa les loisirs de sa solitude à correspondre avec les princes de la chrétienté et à régler beaucoup d'affaires administratives.

Selon Fantoni (1) et Teissier (2), il donna au Venaissin le titre de Comté qu'il n'avait jamais eu auparavant. Nous mentionnons ce fait comme s'étant accompli à Malaucène, d'après Guinier et plusieurs autres historiens, bien que nous ne soyons point de cet avis; nous avons, en effet, des preuves irrécusables du contraire : ce sont le sceau en plomb du comte de Toulouse et de Poitiers, encore adhérent à la charte de délimitation de 1270 et qui porte cette légende : *In Comitatu Venayssini* (3), et un grand nombre d'autres documents antérieurs à Clément V, dans lesquels on parle du Comtat Venaissin: *Judex Comitatus Venayssini ; Miles Comitatus Venayssini ;* etc. (4).

Le premier recteur du Venaissin (1274), Guillaume de Villaret, figure dans quelques actes avec le titre de *comte* du Venaissin, et Philippe de Bernisson, nommé recteur en 1291, ne manquait jamais de joindre à son titre de recteur celui de comte du Venaissin: *rector et comes Venaissini.*

Clément V n'eut donc pas à établir ce qui existait déjà depuis au moins un demi-siècle. Tout ce qu'il fit fut de réserver au seul pape la qualification de *comte du Venaissin.* Les monnaies frappées sous les règnes de Clément V, Jean XXII et Clément VI, monnaies que nous avons vues au Cabinet des Médailles de Marseille, portent, en effet, la légende : *Comes Venayssini.*

Un nombre considérable de brefs, bulles et autres documents provenant du pape Clément V sont datés des années 1309 et suivantes, jusques et y compris 1314, en partie du moins, avec cette indication : *Du Grausel, près Malaucène* (5). Citons en particulier deux brefs relatifs à Raymond Guilhem de Clermont-

---

(1) « Alcuni sentono, che il paese del Venesino fino al tempo di Clemente
« V, non godesse del titolo di Contea, come non con leggieri fondamenti si è
« riscrito nel primo libro. Questo Pontifice si crede, lo illustrasse con la pre-
« rogativa del titolo e onor contale: basterolmente indicandolo le monete
« d'argento, ch'egli se battere, e oggi amor si conservano, nelle quali si sè
« scolpire col titolo da una faccia di Conte del Venesino, *Comes Venesini.* »
(FANTONI.)

(2) *Histoire des souverains Pontifes*, etc., p. 25.
(3) Voir aux *Pièces justificatives* la note du n° V.
(4) Voir *Pièces justificatives*, n°ˢ IV, VII et autres antérieures à Clément V.
(5) « Ex Grausello, propè Malausanam. »

Lodève, seigneur de Budos, neveu de Clément. Ils portent tous deux: *Donné au prieuré du Grausel, près Malaucène* (1), *diocèse de Vaison, aux ides de septembre, de notre pontificat la V° année* (2). Par la première de ces pièces, le pape nommait le fils de sa sœur recteur du Comtat, et, par la seconde, il notifiait ce choix à la noblesse et au peuple de ce pays.

La bulle *Rex regum*, pour le couronnement de Henri VIII de Luxembourg, en qualité d'empereur (3); la bulle *In spiritu humilitatis*, pour le serment prêté par le même prince (4); et enfin celle qui a pour titre dans les bullaires: *Mandatum de reducendo numero scriptorum S. Poenitentiariae ad duodenarium* et qui commence par ces mots: *Dignum est* (5); toutes ces bulles sont parties du prieuré du Groseau.

M. Ernest Renan (6) donne un relevé des principales bulles de Clément V, avec les dates et le lieu d'où elles ont été écrites. Il cite les lettres au roi, sur l'affaire du doge de Venise (7), la paix entre le roi et la Flandre (8) et une bulle relative au procès contre la mémoire de Boniface VIII (9).

Mentionnons maintenant quelques-unes des affaires majeures qui absorbèrent une grande partie du temps de la prétendue villégiature du pape.

La première est relative aux Frères Mineurs, divisés entre eux, à propos de l'observance plus ou moins rigoureuse de la pauvreté. Le pape s'occupa de cette querelle, à la prière de Charles le Boiteux, roi de Naples. Il fit venir secrètement à Malaucène le général des Mineurs, Gonzalve Balboa, et plusieurs autres religieux, notamment Raymond Goffridi, ancien général de l'ordre, Guillaume Cornillon et Ubertin de Casal. Il les interrogea séparément et en secret; mais, comme il était absorbé par le gouvernement

---

(1) « Datum in prioratu de Grausello, propè Malaucenam, Vasionensi diocesis, idibus septembris, pontificatus nostri anno V°. »

(2) Clément V, comme bien d'autres papes, ne comptait les années de son pontificat que du jour de son couronnement. (*Art de vérifier les dates*, t. I, 314, et P. BRUNOY, *Histoire de l'Eglise gallicane*.)

(3) « Datum in prioratu de Grausello, propè Malaucenam, Vasionis diocesis, XIII kalendis julii, P. N. an. VI°. »

(4) *Même formule et* X kal. jul., P. N. an. VI°.

(5) *Id. et* IV non. sept., P. N. an. VI°.

(6) *Histoire littéraire de la France*, t. XXVIII, p. 313; article : *Bertrand de Got et ses écrits*; Imprimerie Nationale, 1881.

(7) Du Groseau, VI des calendes de novembre 1308.

(8) Du Groseau, 20 juin 1312.

(9) Du prieuré du Groseau, XV des calendes (sic) 1308.

général de l'Eglise, il cessa de poursuivre cette affaire dont il abandonna le soin à une commission composée de trois cardinaux-prêtres : Bérenger de Frédol, Guillaume Rufat et Thomas Jorze, dont les efforts ne purent aboutir à une entente parfaite entre les dissidents (1).

La seconde affaire fut la poursuite de la mémoire de Boniface VIII, par Philippe le Bel. Indépendamment des commissions envoyées en Italie, pour entendre les témoins âgés ou valétudinaires, le pape nomma trois cardinaux, près de sa personne, pour examiner au prieuré du Groseau ces sortes de témoins. C'étaient : Pierre de la Chapelle, évêque de Palestrine, Bérenger de Fridol, évêque de Tusculum et Nicolas de Fréauville, du titre de Saint-Eusèbe. Contentons-nous de donner le commencement de cette enquête.

« Le lundi, 17 d'août de la même année (1310), Nicolas, prêtre-
« chanoine de l'église-cathédrale de Saint-Ange des Lombards en
« Pouille, âgé de trente-sept ou trente-huit ans, après serment
« prêté devant les cardinaux-commissaires, au prieuré de Grau-
« zelle, près *Malouse* (Malaucène), au diocèse de Vaison, dans le
« palais où demeure le pape, a dit que, etc. » (On peut voir la prétendue déposition de ce témoin et d'un autre nommé Maufrédi, dans FLEURY, t. XIII.) On sait que Philippe le Bel finit par se désister de ses poursuites, par une lettre, datée de Fontainebleau, du mois de février 1310 (c'est-à-dire 1311) avant Pâques.

Les papes ne voulaient plus permettre aux Dominicains et aux Franciscains de faire de nouveaux établissements de leur ordre. Cependant, il s'agissait de fonder un couvent de Frères prêcheurs dans le voisinage de Malaucène, au Buis-les-Baronnies. La maison était bâtie ; et les enfants de saint Dominique ne pouvaient point l'habiter sans la permission du souverain Pontife. Elle leur fut enfin accordée sur les instances d'un Malaucénien, Raymond, de Beaumont, évêque de Vaison, celui-là même qui s'était placé à la tête de ses concitoyens et diocésains, lors de l'arrivée du souverain Pontife. En sa qualité d'évêque diocésain, il avait été mis en relation fréquente avec lui, le visitait souvent dans sa charmante solitude et s'était fait apprécier par sa prudence et la fermeté de son caractère. La bulle fut accordée sur sa demande, à la date des ides de novembre, la IV° année du pontificat de Clément et toujours au Grausel, près Malaucène.

La grande préoccupation du pontife dans sa retraite fut, avec

(1) ROHRBACHER, *Histoire universelle*, t. L, l. LXXVII.

les ennuis, suscités par le roi de France, la convocation du concile de Vienne où devait être traitée la grave question de la suppression de l'ordre des Templiers.

Le 15 septembre 1311, le pape, accompagné de plusieurs cardinaux, partit de Malaucène pour se rendre à Vienne où devait se réunir le concile général. Il fit lui-même l'ouverture de cette grande assemblée, le 16 octobre suivant, la présida en personne et la clôtura le 6 mai 1312.

La bulle contre les Templiers fut donnée à Vienne (*Datum Viennæ* (1), *VI· nonas maii, pontificatus nostri anno VII·*) et non point à Malaucène comme le veulent certaines personnes induites en erreur par un savant travail inséré dans le journal *Le Monde* (2).

Ces articles, rédigés d'après la *Civilta Cattolica* et la *Correspondance de Rome*, parlent bien de Malaucène, à propos de la suppression de l'ordre des chevaliers du Temple (*Apud Malaucenam, Vacionis* (3) *dioeceseos ?*), mais ceci est dit simplement des *enquêtes ordonnées* et nullement de la bulle.

De retour dans le Comtat, Clément s'occupa de rédiger lui-même les constitutions du concile de Vienne. Il les mit en ordre dans sa chère solitude, voulant en faire un *septième* livre des Décrétales, comme Boniface VIII avait fait le *sixième*, connu en droit canon sous le nom de *Sexte*. Il fit publier devant lui ces constitutions du concile, dans un consistoire tenu à Monteux, pays qu'il affectionnait beaucoup (4) et dont il avait fait acheter la seigneurie par un de ses neveux. Ce travail ne fut pourtant terminé et promulgué par son successeur Jean XXII, qu'en 1317, sous le nom de *Clémentines*.

Les historiens sont peu d'accord entre eux pour fixer le lieu de

---

(1) *Magnum Bullarium Romanum*, t. I.

(2) *Le Monde*, édition quotidienne, n** des 11, 24, 30 septembre et 6 octobre 1863.

(3) L'auteur de cette étude sur la suppression des Templiers a écrit *Vacionis* au lieu de *Vasionis*; de là, son point d'interrogation. Il n'a pas su de quel pays il s'agissait.

(4) « Nella solitudine d'ambidue queste luoghi (Monteux et Malaucène) non
« meno che in Avignone compose le sue *Clementine*, che prevenuto dalla
« morte non pote dare in luce egli istesso, ma furon poi publicate il primo di
« novembre del 1317, dal suo successore, il quale ordinò, si osservassero da
« pertutto. Anzi gli atti del Concilio generale di Vienna terminato a 7 di
« Maggio del 1312 furono da Clemente publicati in Monteos a ventuno di
« Marzo del 1314, poco prima che cadesse nell' vltima infermità della su vita. »
(FANTONI, p. 160.)

la résidence du pape depuis le moment de son retour du concile jusqu'à son départ pour son pays natal, c'est-à-dire pour une période d'environ onze mois. Quelques-uns supposent qu'il habitait Monteux ou Carpentras; d'autres, au contraire, affirment, avec Guinier, qu'il résidait à Malaucène avec toute sa cour. Nous sommes de ce dernier avis et en voici la raison.

Malgré l'erreur de quelques biographes qui font mourir Clément à Carpentras ou à Avignon (1), il est incontestable que ce pontife rendit le dernier soupir à Roquemaure, pendant qu'il allait du Comtat à Bordeaux, son pays natal, le 25 avril 1314 (2). Or, Roquemaure n'est nullement sur le chemin de Carpentras ou de Monteux à Bordeaux. Il en est tout autrement si l'on admet que le pape, étant tombé mortellement malade à Malaucène, partit de cette dernière ville pour Bordeaux, prenant sa route par Vaison, Orange, Caderousse et Roquemaure. Le transport s'étant opéré en litière, il était tout naturel d'éviter les montagnes qui séparent Malaucène de Carpentras.

Quoi qu'il en soit, Malaucène fut pendant quatre ans la résidence de Clément V qui signala son passage par de grandes œuvres architecturales concernant la chapelle et le monastère du Groseau, l'église paroissiale et les remparts de la ville. Nous parlerons de ces derniers à propos des *Fortifications de la Ville*. Nous aurons beaucoup à dire au sujet de l'église paroissiale qui subsiste encore, malgré cette affirmation de M. le marquis de Laincel : « Des constructions de Clément V à « Malaucène, il ne reste guère debout qu'une chapelle classée « parmi les monuments historiques (3). » La chapelle, le monastère et le palais de Groseau feront l'objet d'études spéciales.

Nous nous garderons bien, au sujet du séjour de Clément V au Groseau, d'affirmer, ainsi que l'a fait Fantoni (4), que ce sou-

---

(1) Le *Bullarium Romanum* (t. IV, p. 180) le fait mourir à Carpentras : « Clemens V obiit Carpentoracte. » — Jean, chanoine de Saint-Victor (dans Baluze, 1ª *Vita Clementis*) commet la même erreur: « Clemens, feria III post quindenam Paschae, obiit apud Carpentras. » CHERUBINI (*Magnum Bullarium romanum*, t. I, p. 184) tient pour Avignon : « Obiit Avenione. »

(2) Quelques historiens fixent la date de sa mort à d'autres jours. Ainsi, l'auteur de l'*Art de vérifier les dates* (t. I, p. 314), l'abbé ROHRBACHER (*Histoire universelle*, t. XXV), et M. Ernest RENAN (*Histoire littéraire de la France*, t. XXVIII, p. 313) disent le 20 avril. — CHERUBINI (*loc. cit.*) indique le XII des calendes de mai, ce qui correspond au 21 avril.

(3) *Avignon, le Comtat*, etc., p. 121.

(4) « Malaucène... gia nobilitata dall' estivo soggorno fastavi da Clemente V in un palazzo, *edificatovi* dalla santità sua, al capo della gelida e limpi-

verain Pontife fit construire tout près de la source un palais où il établit sa résidence. Le témoignage de Teissier, de Pazzis, de M. l'abbé Christophe et de M. le marquis de Laincel ne nous satisfait pas davantage et peu nous importe qu'ils donnent à l'édifice qu'ils ont entrevu le nom de château, de palais, de villa ou de maison de plaisance.

Nous aimons mieux croire, avec Guinier, qu'à l'arrivée du pape « les religieux du Groseau laissèrent leur monastère libre pour Sa Sainteté » et que c'est ce monastère même qui servit de palais.

Clément V ayant manifesté le désir, l'intention même de s'arrêter aux bords de la fraîche fontaine, les Bénédictins mirent avec empressement à la disposition du souverain Pontife le monastère, seul bâtiment existant en ce lieu désert, et se retirèrent dans leur maison de ville, dite du Prieuré, située au quartier du Théron, près de la porte du même nom, à la naissance du chemin du Groseau. En supposant que ce dernier local eût été insuffisant, n'avaient-ils pas à leur service leur prieuré de la Magdeleine, connu sous le nom de *Capella* et situé à peu de distance de la ville et dans son territoire même ? D'ailleurs, le nombre des religieux n'était pas fort considérable, puisque, y compris les frères convers, il n'excédait pas trente.

Le pape prit donc la place des Bénédictins, apportant seulement quelques modifications tant intérieures qu'extérieures à la chapelle et aux bâtiments du monastère dont il fit créneler les murs d'enceinte.

Nous croyons aussi que c'est lui qui, dans un but de défense personnelle, fit élever, à mi-côte et à quelques mètres au dessus du chemin, cette tour carrée dite le *Pigeonnier* dont la ruine aujourd'hui est imminente, mais qui a bien le caractère d'une fortification (1). Rien ne dit que cette tour fut adossée à des bâtiments plus considérables et de nature à justifier la dénomination de palais que Guinier emploie également quand il dit que deux cardinaux y firent leur résidence pendant le long interrègne qui précéda l'élection de Jean XXII.

---

dissima fonte di Gratzello ; — (et à la page 160) : — *Edificò* per propria abitazione un magnifico palazzo nel priorato di S. Maria detta di Grazello.» (L. I", chap. XIV, n° 5.)

(1) A. M., *Renseignements sur les monuments de la ville de Malaucène* (manuscrit), n° 114.

Telle fut, pendant environ cinq ans, la demeure habituelle de Clément V. (1).

§ 2. — JEAN XXII (1316-1334).

Clément V avait décidé (2) que les biens des Templiers seraient dévolus et transmis aux chevaliers de Saint-Jean ou Hospitaliers.

Cette mesure rencontra des obstacles énergiques, en France, de la part de Philippe-le-Bel. Dans le Venaissin, au contraire, les choses se passèrent comme l'avait voulu le souverain Pontife, et les Hospitaliers entrèrent en possession de la dépouille des Templiers.

Ces derniers ne tardèrent pourtant pas à s'en dessaisir en faveur de Jean XXII, auquel ils voulaient faire la cour, dit Fornéry, en l'aidant à arrondir le petit état pontifical (3).

L'acte de donation est du 25 novembre 1320. Il comprend l'énumération des dix-huit localités du Comtat, dans lesquelles les chevaliers supprimés avaient soit des commenderies, soit des maisons, soit des terres. Malaucène figure dans cette liste au dix-septième et avant-dernier article (4).

---

(1) L'abbé ROSE, auteur des *Etudes historiques et religieuses sur le XIVe siècle*, parlant de la prospérité de nos pays durant le séjour des papes, dit (page 8) que *Vaison* (eut) *sa résidence papale*. Il confond Malaucène avec Vaison.

(2) Bulle : *Ad providam*.

(3) FORNÉRY, l. V, p. 378.

(4) L'instrument de cette donation serait, d'après Fornéry, aux Archives de la Préfecture (*Chambre Apostolique*).

Ne pouvant citer l'acte lui-même puisqu'il nous a été impossible de le retrouver, nous transcrivons ce que dit Fornéry, dans son *Histoire du Comté Venaissin*, Tome Ier, livre V., chap. IV.

« Les chevaliers de l'ordre de Saint-Jean-de-Jérusalem qui avaient succédé aux biens des Templiers dans le Comté Venaissin, considérant que ces biens leur étaient de peu de profit, à cause des dépenses considérables qu'ils étaient obligés de faire pour l'entretien et la garde des forteresses et pour les réparations des maisons et voulant faire leur cour au Pape qui parut les souhaiter, firent donation au Saint-Siège de tous ces biens dont voilà la liste, l'instrument de cette donation en date du 25 novembre de l'an 1320.

1° *Cayrane*, avec son église et sa forteresse.

2° *Montaigu*, proche Valréas, dont la plus grande partie leur appartenait en propre avec la justice haute, moyenne et basse.

3° *Boisson*, avec sa forteresse.

4° La 12° partie de Valréas qui avait appartenu aux Templiers avec les maisons, four, moulin, fief, propriétés, etc., comme aussi ce qui appartenait en propre à l'ordre de Saint-Jean-de-Jérusalem.

5° *Richerenches*, leurs maisons avec les terres, bois, prés, vignes, etc.

En historiens consciencieux et désireux de prouver par des pièces authentiques les faits que nous énonçons, nous devons déclarer que nos recherches ayant pour but d'établir d'une manière incontestable que les Templiers possédaient une COMMENDERIE à Malaucène, n'ont pas abouti.

C'est vainement que nous avons fouillé dans les archives de Malaucène, dans celles de la préfecture des Bouches-du-Rhône, où nous pensions à bon droit trouver quelques documents (1), et dans celles de la préfecture de Vaucluse (2). C'est vainement encore que nous avons fait faire des recherches aux Archives Nationales et à celles des départements de l'Isère et de la Drôme, indiquées comme pouvant nous fournir des indications.

Nous serons donc forcés de faire les plus grandes réserves au sujet de ce que Guinier nous en dit. Nous ne prétendons pas nier absolument ce qu'il prétend, mais nous déclarons, dans tous les cas, ne rien accepter les yeux fermés et lui laisser l'entière responsabilité de ce qu'il avance.

D'après l'historien de Malaucène, la principale propriété des Templiers, à Malaucène, consistait en un couvent situé sur la colline de Clairier, au nord-ouest, en un lieu d'où l'on découvre le village du Barroux.

La chapelle dédiée à saint Martin avait une forme assez insolite, car elle était à deux nefs. Chaque nef avait son autel...

6° *Barbotan*, près Richerenches, avec l'église, la cure, la maison, etc.
7° *Solericau*, tous les biens qu'ils y possédaient.
8° La maison qu'ils avaient dans *Saint-Paul-Trois-Châteaux*, hors du Comtat, avec la chapelle, pré, vigne, moulin, etc.
9° *Pierrelate*, tout ce qu'ils y possédaient avec le château.
10° *Lapalud*, diocèse de Saint-Paul, tout ce qu'ils y possédaient.
11° *Saint-Roman-de-Malegarde*, les parties qu'ils y avaient.
12° *Ville-Dieu*, leur maison.
13° *Sainte-Cécile*, avec l'église.
14° *La Garde-Paréal*, avec ses appartenances.
15° *Mornas*, tous les biens qu'ils y avaient, et qui avaient appartenu à Guillaume Girard.
16° *Bompas*, avec la grange de Donneto.
17° MALAUCÈNE, *tout ce qu'ils y possédaient*.
18° *Pernes*, leur maison et tout ce qu'ils y avaient.

On remarquera que, en ce qui concerne Malaucène, Fornéry se maintient dans des généralités, et ne cite ni maison, ni église, ni chapelle, ni même une grange.

Que conclure de cela sinon que les propriétés des Templiers se composaient exclusivement de terres diverses, disséminées dans le territoire ?

(1) *Inventaire du grand prieuré de Saint-Gilles*, par M. DE GRASSET.
(2) *Chambre Apostolique*.

« L'édifice mesurait, dit Guinier (1), sept cannes de long sur cinq de large. » Après la disparition des chevaliers du Temple, la chapelle cessa d'être entretenue et sa voûte finit par s'abîmer (2).

Jusqu'à ce moment, c'est-à-dire jusqu'à la fin du XVI° siècle, ce petit sanctuaire servit de lieu de pèlerinage annuel pour les gens du pays. Ceux-ci, le jour de la fête de saint Martin, évêque de Tours (11 novembre), s'y rendaient en procession et assistaient à la messe célébrée par le curé de la paroisse.

Sous la chapelle il existait encore, vers le milieu du XVIII° siècle, un souterrain voûté dans lequel Guinier pense que l'on ensevelissait les religieux-chevaliers. « Une personne qui y était
« descendue m'assura, dit cet auteur, y avoir vu plusieurs bancs
« de pierre disposés autour de l'appartement, ainsi qu'une table
« de pierre, au milieu, soutenue par un pilier sculpté.

« Cette salle, de la manière dont elle était disposée et placée,
« n'était pas ouverte à tout le monde ; on ne pouvait y péné-
« trer que par une trappe, de forme carrée, recouverte d'une
« pierre qui, lorsqu'elle était en place, ne laissait pas soup-
« çonner l'existence d'un souterrain.

« A côté de la chapelle de Saint-Martin, l'on voyait encore de
« jolies et épaisses murailles en pierres de taille ; une vaste
« cour environnée d'arcades, au nombre de douze, et qui servait
« de cloître aux religieux ; plusieurs salles voûtées avec nervu-
« res, etc.

« On a découvert en cet endroit quantité de pierres de taille,
« ciselées ou sculptées, que l'on a employées pour la plupart aux
« murailles des terres voisines. De tout temps on a trouvé à
« Clayrié des pièces d'argent ou de métal de toutes les formes et
« de toutes les qualités, dont plusieurs ont passé par mes mains,
« sans compter le sceau de l'ordre qui m'est resté. C'est une
« pièce de métal, en ovale, aboutissant en pointe des deux côtés,
« comme un *agnus* pascal, grossi au milieu, avec la devise :
« *Sigillum ordinis*. Il y a par derrière une petite anse pour le
« tenir.

(1) Chap. XVII.
(2) Rien de tout cela ne milite en faveur de la construction de l'édifice par les Templiers. Il reste assez d'églises réellement élevées par ces personnages dans les Bouches-du-Rhône et dans le Vaucluse même, pour voir qu'il n'existe aucune ressemblance entre Saint-Martin de Clairier, de Guinier, et les églises des Templiers.
Ces dernières sont formées d'une nef unique, à plein cintre, munies de contreforts, si bien bâties et tellement solides qu'elles sont de force à affronter encore les atteintes de plusieurs siècles

« J'ai un parchemin daté du monastère de Saint-Martin, près
« de Malaucène. (*Monasterium sancti Martini, prope Malau-
« cenam, diocesis Vasionis.*) C'est une transaction entre les che-
« valiers du Temple, de Malaucène, et le seigneur Guillaume
« Albaruffa (du Barroux). On voit figurer sur cette transaction le
« nom de dix religieux :

« Guillaume de Valforte, supérieur ; — Johannes du Puy, as-
« sistant ; — Suprémont de Cathérie ; — Bollerd d'Entrechaux ;—
« Bernardi Isnard ; — Stuad de Mellauret ; — Julien Fontini ; —
« Dragonet de Naubec ; — Petre Rostagni ; — et Cachou Plan-
« tini.

« Cet acte est du XII des calendes d'août (21 juillet) 1245 (1). »

L'auteur de l'*Histoire* manuscrite *de Malaucène* parle ensuite
de la source communément appelée la font du Pertuis et à laquelle
la tradition, si nous en croyons certaines personnes, aurait conservé le nom de *Fontaine des Templiers*.

Elle coule sur les flancs de Clairier, et du côté nord-est,
au-dessous de la ferme dite *Tabardon*. Il est facile de la
retrouver : elle est à peu de distance de l'ancienne voie romaine
et sur le sentier qui conduit de la source de Charombel à l'Escours
de Boucher.

En creusant le sol près de cette source, « dont le cours a été
coupé », suivant Guinier, on trouva de fort grosses pierres de
taille, dont plusieurs mesuraient une « canne ». On exhuma également une grande pierre de moulin et d'autres débris qui indi-
quaient d'une façon indubitable l'existence d'un moulin.

« J'en parle savamment, dit Guinier, puisque j'ai acheté une

---

(1) L'affirmation de Guinier est très nette; mais nous nous expliquons difficilement comment, en l'année 1210 et le 15 février, un nommé Arbert Martel
donnait à la maison des Templiers de Roaix, plutôt qu'à la maison de Malaucène, une partie de ses propriétés, bien qu'il fît son dernier testament dans
sa propre maison de Malaucène. Ne semble-t-il pas étrange que ce mourant
allât chercher loin de sa commune des Templiers, lorsqu'il en avait sous la
main, dans son propre pays, à Malaucène même, à moins, toutefois, que l'on
ne place la fondation de la COMMENDERIE, entre les années 1210 et 1245 ?

Voici un extrait de cet acte de donation (*Cartulaire des Templiers et
des Hospitaliers* par l'abbé CHEVALIER, page 130) :

« Notum sit quod ego Arbertus Martelli dono Deo et Beate Marie de Roais
« et fratribus present. et fut. in ea domo servientibus, pro remissione anime
« mee et antecessorum meorum, omne jus et omnem dominicaturam quam
« emeram a W' et R' de Rosaz in castro de Boissona, intus et foris in toto
« tenemento suo, scilicet quartam partem et hoc donum facio in ultimo testa-
« mento meo, *in propria domo mea ad Malaucenam*, et volo quod valeat
« jure testamenti, si non qualicumque racioni ultime voluntatis, etc. »

« partie de ces pierres de taille pour ma maison, dont la porte
« principale fut faite et posée les 17 et 18 du mois de mars de
« l'année 1695. »

Or, toutes ces pierres avaient été extraites du sol en 1692, lors de la construction de la ferme de Tabardon.

Jean XXII et ses successeurs ne partagèrent point l'affection de Clément V pour la solitude du Groseau, mais on y vit plusieurs cardinaux et, entre autres surtout, Bertrand de Montfavet, neveu et créature de Jean XXII.

Bertrand avait acheté dans la ville et le territoire de Malaucène de nombreux immeubles : maisons, vignes, prés, chènevières, etc. L'*Inventaire du Pont et de l'Œuvre sainct Benoist* (ou *Bénézet*)(1) mentionne une bulle de Clément VI par laquelle ce pape mande au recteur du Comtat de donner l'investiture de tous les biens du cardinal (2) à ses héritiers et autres ayant-cause ; faisant payer une seule fois le droit de lods. Ce manuscrit n'indique pas la date du document apostolique ; mais cette clause de ne faire payer les droits *qu'une seule fois* donne facilement à entendre que ces biens nouvellement acquis par les héritiers avaient déjà passé en d'autres mains.

§ 3. — URBAIN V (1362-1370).

Urbain V était connu des Malaucéniens. Il était venu dans leur pays, au mois de septembre 1359, peu de temps avant son élévation au souverain pontificat, alors qu'étant simplement Guillaume de Grimoard, abbé de Saint-Victor, de Marseille, il avait fait la visite canonique des religieux bénédictins du prieuré du Groseau.

Nous le dirons plus tard : sous ce pape, les murs d'enceinte de Malaucène furent refaits du côté du sud-ouest (1363). Ces travaux de fortification entraient dans le plan général de Guillaume de Hérédia, capitaine du Comtat et de Philippe de Cabassole, afin de s'opposer aux courses des compagnies venues d'Italie dans le Venaissin, sous le pontificat d'Innocent VI, et qui, depuis cette époque, n'avaient point cessé de piller la contrée.

L'illustre recteur ne se contente point de préparatifs militaires : il cherche des hommes intelligents pour concourir avec lui à la défense du pays. Il écrit donc au représentant de l'autorité pontificale, à Malaucène, la lettre suivante :

---

(1) Manuscrit in-f° de la bibliothèque de M. l'abbé Corrensou, d'Avignon.
(2) Décédé en 1343.

ARMOIRIES D'URBAIN V

« Philippe, Recteur, au Viguier de Malaucène ou à son Lieute-
« nant, salut.

« La Communauté a beaucoup de choses à faire dans ce temps
« où l'on craint l'arrivée des compagnies. Elle se voit forcée à
« entreprendre de grandes dépenses et, cependant, elle n'a point
« de Syndics qui puissent prendre soin de ses intérêts.

« Pour ces motifs ; considérant surtout que les affaires muni-
« cipales sont traitées dans les grandes réunions populaires,
« appelées parlements, et livrées de la sorte à la connaissance du
« public et des étrangers eux-mêmes, au lieu que la connaissance
« de ces mêmes affaires devrait être réservée aux seuls vrais
« habitants, pour ces raisons, et à la prière des habitants eux-
« mêmes, nous voulons et ordonnons que vous convoquiez les
« chefs de famille en assemblée générale, à l'effet de faire nom-
« mer par eux deux Syndics et huit Conseillers reconnus capa-
« bles de remplir dignement les fonctions auxquelles vous les
« appellerez.

« Les Syndics, assistés des Conseillers, prendront la direction des
« affaires de la Communauté ; veilleront à la défense de la ville ;
« imposeront les tailles jugées nécessaires et veilleront à leur
« rentrée.

« Leurs pouvoirs seront annuels.

« Si, parmi ceux qui seront désignés pour remplir les fonctions
« de Syndics ou de Conseillers, il s'en trouvait quelqu'un qui
« refusât d'accepter cette charge, vous l'y contraindriez par les
« moyens légaux.

« Donné à Carpentras, sous le sceau de notre Rectorat, le 28
« octobre 1365. »

Nous supposons que ces ordres ne furent point alors exécutés ;
du moins, rien ne prouve qu'ils l'aient été.

Dix ans plus tard, Jean de Chaylar, prieur du monastère de
Charaix, dans le Vivarais, et régent du Comtat, donna les mêmes
instructions.

Le viguier était noble Robert de Carbuzio, camérier du pape.
A lui naturellement revenait le droit et le devoir de promulguer
ces ordres et d'en assurer l'accomplissement. Mais, dans ces
temps, la charge de viguier était une vraie sinécure, fonction
rétribuée, n'obligeant pas même à la résidence. Robert de Carburio et Jean de Carburio, notaire du Comtat, nommèrent, pour exécuter
les volontés du régent, un homme du pays, appelé Jean Provençal (Provincialis) qui remplissait en même temps les fonctions de
notaire public apostolique et celles de lieutenant du viguier.

Le titre de délégation adressé à Jean Provençal portait la date du 10 février 1375. Il rappelait et confirmait la lettre de Philippe de Cabassole et affirmait le désir du régent de suivre les errements du patriarche de Jérusalem, ci-devant recteur du Venaissin.

En conséquence, le lieutenant fit convoquer les habitants.

Le lundi, 18 février 1375, sous le pontificat de Grégoire XI, cent soixante-dix chefs de famille se réunissent sur la place publique. En leur présence, le lieutenant donne lecture des lettres venues de Carpentras, puis il en fait la traduction dans la langue du peuple.

Les premiers Syndics et Conseillers annuels furent désignés d'un commun accord, savoir :

Syndics : Noble Raymond Souchière et maitre Guillaume Tonue, notaire.

Conseillers : 1° Bertrand Franconis ; — 2° Antoine Seguin ; — 3° Noble Bertrand de Remusat ; — 4° Noble Hugues Favaud ; — 5° Maître Rostang Constancii, notaire ; — 6° Albert Roquefort ; — 7° Jean de Chapelle ; — 8° Philibert Chapus.

Les deux premiers furent nommés par le clergé, les deux suivants par la noblesse et les quatre derniers par le peuple.

Les nouveaux élus prêtèrent serment de fidélité au pape et à la Communauté entre les mains du lieutenant et sur les saints Evangiles.

Entrons maintenant dans l'étude de l'organisation administrative, considérée dans ses divers degrés. La connaissance de ces nombreux détails jettera de grandes clartés sur les évènements dont nous aurons bientôt à parler et permettra d'en mieux apprécier la nature et la valeur.

CHAPITRE SEPTIÈME

ADMINISTRATION SUPÉRIEURE

Les détails généraux de l'organisation de l'administration supérieure appartenant à l'histoire de la légation d'Avignon et du Comtat Venaissin, nous nous bornerons à rappeler succinctement ce qui est nécessaire à l'intelligence de notre histoire locale.

Sous les comtes de Toulouse, le Venaissin était divisé en baillages qui relevaient en première instance des juges majeurs. Malaucène dépendait de la judicature de Carpentras. La cour du sénéchal jugeait en dernier ressort.

En passant sous la domination pontificale, le Venaissin conserva ces trois degrés de juridiction : les viguiers, les juges mages et la cour suprême.

Le Comtat et la ville d'Avignon formèrent toujours deux états séparés et bien distincts ; ce dernier, administré par un légat, ou vice-légat, tandis que le premier était soumis à un recteur.

Le recteur qui, dans le principe, relevait directement du Souverain Pontife, fut, dans la suite, subordonné au chef de la légation d'Avignon.

Somme toute, l'administration de la justice était organisée comme il suit : — la cour de justice de Malaucène, — la judicature de Carpentras, — la révérende Chambre apostolique du Comtat Venaissin, — la légation d'Avignon.

§ 1. — LA LÉGATION D'AVIGNON.

Les tribunaux d'Avignon, présidés par un légat ou vice-légat, étaient une sorte de cour de cassation, ne jugeant les causes qu'en appel. Nous allons en donner une preuve, preuve d'autant plus concluante qu'elle est d'une époque plus récente. En 1782, la Communauté se trouvant en procès avec le marquis de l'Espine, celui-ci porta le différend devant le vice-légat. Les consuls opposèrent un déclinatoire fondé sur ce qu'« ils ne pouvaient être assignés que devant le Recteur ».

Citons, parmi les affaires présentées au tribunal du vice-légat le procès intenté par la Communauté à divers particuliers, à propos de grains achetés par eux au grenier public. La Ville tenait toujours des blés en réserve, et les cédait aux habitants qui les payaient ensuite, ou bien les rendaient à l'époque de la récolte. Or, quelques individus, après avoir acheté des grains, ne les ayant point rendus, se refusaient à en payer la valeur. Une ordonnance du vice-légat prescrivit qu'il serait fait commandement aux débiteurs d'avoir à solder la quantité de blé que chacun d'eux avait reçue.

Les légats avaient vis-à-vis de leurs administrés une puissance *royale* et, dans l'occasion, ils usaient largement de leurs prérogatives à l'égard des criminels. Ainsi firent-ils, en particulier, en 1641. Grâce fut accordée à un capitaine, habitant de Malaucène, lequel, étant à Visan, avait tiré un coup de pistolet sur un individu. L'arme avait éclaté au moment de l'explosion, sans faire de mal à personne ; telle fut la circonstance atténuante.

Le légat d'Avignon déléguait souvent ses pouvoirs judiciaires *in spiritualibus et temporalibus* au vice-gérent. Muni de cette délégation, le vice-gérent étendait alors sa juridiction sur toutes les terres soumises au Souverain Pontife dans la légation d'Avignon et le Comtat Venaissin. Nous le voyons intervenir deux fois dans les affaires de Malaucène.

Le nommé Pierre Alboin, qui avait été syndic en 1406, acquittait annuellement à la Cour pontificale, à Malaucène même, une pension en blé et en avoine. Cette redevance avait été portée, pour le montant de la pension, aux tailles de la Communauté. Alboin ayant refusé le payement de la taille, les consuls portent l'affaire devant les tribunaux et la poursuivent de Malaucène à Carpentras, à Avignon et enfin d'Avignon à Constance, où se tenait alors un concile (1414). L'opposant est condamné à payer tailles, frais et intérêts, en tout cent-dix florins d'or et cinq gros, monnaie courante à Avignon et dans le comté Venaissin ; mais, comme Pierre Alboin fait le récalcitrant et se refuse toujours à payer, une sentence d'excommunication est fulminée contre lui (1), le

« (1) Anno retroscripto et die XII mensis februarii fuerunt presentes litero
« presentate michi Rostagno Melheti, uice curato ecclesie loci de Malaucena,
« et recepte fuerunt cum reuerentia et honore quibus decet et conuenit.
« Fuerunt publicate de uerbo ad uerbum in ecclesia parrochiali, alta uoce et
« intelligibili, atque explicate per me supradicto uice curato prout in manda-
« mento apostolico precipitur et mandatur. » (*Archives municipales*). — L'original, sur parchemin, est percé de quatre trous. — Le sceau de la vice-gérence pendant et plaqué sur lanière de parchemin a disparu. — Hauteur : 0m,29 ; largeur : 0m,35.

9 janvier 1419, par Hugues de Génalio, doyen de l'église de Valence et vice-gérent. Ce représentant de la puissance supérieure se sert de ces expressions : *auctoritate apostolica specialiter delegatus*, formule qui établit d'une façon indubitable la nature de ses pouvoirs.

La sentence d'excommunication fut publiée à la messe paroissiale de Malaucène par le vicaire (*vice curato*) Rostang Melhet, comme le prouve le certificat écrit de sa propre main au dos de la sentence. La même publication se fit dans toutes les autres églises paroissiales du pays circonvoisin.

Plus tard, intervint une transaction entre les héritiers d'Alboin et la Communauté (1). Mais, le 14 janvier 1427, le trésorier du Comtat réclamait encore de la fille et héritière de cet entêté débiteur, pour solde, la somme de trente florins. Le Conseil de la ville, prenant en pitié la fille Alboin, députa deux conseillers à Carpentras, afin de solliciter un délai, *attento tempore guerre*.

Le second fait de cette juridiction déléguée, exercée par le vice-gérent, à Malaucène, au nom du chef de l'Etat, est une ordonnance d'Antoine de Castro, prescrivant qu'il soit publié, dans tout le ressort de la vice-gérence, que toute personne connaissant les auteurs d'un des crimes ci-après, ou les détenteurs des biens, titres et papiers de la Communauté de Malaucène, sera tenu de les dénoncer sous peine d'excommunication :

« Ceux qui, au mois de juillet 1511, ont abandonné, hors des
« murs de Malaucène, un enfant, sur le banc de Pierre Julian.

« Ceux qui, le 4 juillet 1513, ont abandonné une petite fille,
« au portail Duron de la même ville.

« Enfin, ceux qui ont enlevé les bornes ou pierres placées dans
« la combe du Sublon, destinées à séparer les terroirs de Malau-
« cène et du Crestet, et celles qui séparaient les terroirs d'Entre-
« chaux et de Malaucène. »

On possède encore, aux Archives municipales, la bulle donnée par Antoine de Castro, le 18 juillet 1513, signée de lui et contresignée (2). Elle porte en tête, comme la pièce précédente : *A sancta Sede apostolica specialiter delegatus*. Au dos du

---

(1) « Fuit conclusum quod soluat expensas, et in proximo festo sancti Michahelis decem florenos pro principali debito, et sic anno quolibet in dicto festo decem florenos, quousque dictum debitum fuerit solutum. » (*Archives municipales : Liber Regiminis.*)

(2) Le sceau a disparu. — Nous n'avons point vu la mention de cette bulle dans l'*Inventaire sommaire des archives municipales*.

parchemin sont consignées les déclarations des curés ou vicaires des paroisses environnantes, constatant les publications faites dans ces églises en conformité aux ordres du vice-gérent.

Dans ce second acte, le vice-gérent agissait au nom du légat, sur la plainte adressée à celui-ci par les consuls. Dans le premier, il n'était intervenu qu'en appel, l'affaire ayant suivi la filière judiciaire. Nous faisons ces remarques, afin qu'on ne se fasse point une fausse idée des droits du vice-gérent sur le territoire de Malaucène.

Ses habitants, du reste, veillaient à ce qu'il n'y eût point d'empiètement sur leurs privilèges, à cet égard. Le 18 avril 1744, ils obtinrent de Benoit XIV un bref adressé à l'archevêque d'Avignon, Guyon de Crochans, « défendant au vice-gérent de connaître des causes des habitants de Malaucène dont la juridiction appartient en première instance à la Chambre apostolique de Carpentras. »

§ 2. — LA RÉVÉRENDE CHAMBRE DU COMTAT ET LA JUDICATURE DE CARPENTRAS.

La Chambre était composée de quatre officiers. Le recteur, qui en était le président, réunissait sous sa direction la justice, les armes et les finances. Il était, à proprement parler, le seul juge.

Venaient ensuite le trésorier général, le procureur ou avocat fiscal et enfin le secrétaire.

Le juge mage, vulgairement appelé juge ordinaire, ne faisait point partie de la Chambre et rendait la justice seulement dans une section de la province.

Tous les hauts dignitaires de l'Etat pontifical avaient droit de visite dans les localités de leur ressort. Lorsque le légat usait de ce pouvoir, ce qui lui arrivait rarement, il était accompagné de nombreux fonctionnaires et serviteurs. Il réunissait le Conseil de la ville et, muni d'un questionnaire fort étendu et très-varié, il se faisait renseigner sur tout ce qui concernait les différents détails administratifs. Les énormes volumes in-folio conservés aux Archives municipales et ayant pour titre *Registres des Privilèges*, mentionnent les questions posées par le légat et les réponses faites par les consuls, ou autres membres du Conseil. Les vacations prenaient, en deux séances, la journée tout entière et étaient répétées trois ou quatre jours consécutifs.

Ces visites étaient faites plus habituellement par le recteur. Il procédait lui aussi par questions et se rendait sur les lieux, lorsqu'il s'agissait de donner une solution à des difficultés relatives à la ville ou au territoire.

Le recteur, bien qu'occupant dans l'échelle officielle un rang inférieur par rapport au légat ou au vice-légat, ne laissait pas de se présenter avec une suite nombreuse et un certain apparat. Pour en donner une idée, faisons un emprunt aux procès-verbaux de la rectorerie (1) :

« Commencement de visite generalle faicte par Monseigneur
« Illustrissime et Reuerendissime Guido Baldo Gallo, Abbe de
« Sainte Marie de Fontana, Proto-notaire du S. Siege Apostolique,
« Recteur du presant pays du Comte de Venisse pour Nostre tres
« Saint Pere le Pape et la Sainte Romaine Eglise et par ordre
« expres de Sa Saintete et de l'Eminentissime Cardinal Anthonio
« Barberin, Legat de ceste Legation d'Auignon.

« L'an a la Nativite de Nostre Seigneur mil-six-cent-quarante-
« trois et le lundy, huitiesme Juin, Monseigneur Guido Baldo
« Gallo, Recteur du presant pays du Comte de Venisse, est parti
« de la presante Citte de Carpentras, en compaignie de Noble
« Claude de Faulcon, magniffique et egrege personne, Aduocat
« general de Nostre Saint Pere au presant pays, magniffique et
« egrege personne Mons. Carolo Cœsarini, domestic de mondit
« Seigneur, Pietro N. mestre dhostel dudict Seigneur Recteur, et
« moy Greffier soubsigne, est parti de la presente Citte, pour
« aller, en la ville de Malaucene, commancer sa visite. Et estant
« arriue a Serres, sont venues pour rencontre de Sa Seigneurie
« Illustrissime, pour lhonorer davantage Illustrissime Seigneur
« Pierre des Astoau, Seigneur de Velleron, Messieurs ses deux
« freres les cheualiers, Messieurs Jean de Florens, Joseph Mar-
« tineau, egrege personne Monsieur Anthoine Joannis docteur en
« droict, Jean Gaudibert, Jean Martineau, Louis Martinel, Pierre
« et François Robin, Messieurs Isoar et Bonneti, prebtres et plu-
« sieurs autres de ladite ville, après luy avoir faict la reue-
« rance, lon tous accompaigne a ladite ville de Malaucene, ou a
« este receu auec grandes brauades. Et estant arriue a la porte de
« la ville, Messieurs les Consuls, scauoir François Anthoine, Jean
« Desplans et Louis Messie, luy ont presante les clefs de ladite
« ville auec grande honneur et reuerance. Et, en apres, estant Sa
« Seigneurie Illustrissime entree dans la ville est alle desandre
« de cheual a l'Eglise dudict lieu, et apres, a prins pour mayson

(1) Bibliothèque de Carpentras. — *Rectorerie*, 1er volume, f° 4. — (1er vol. des *Collections de Firmin*, avocat, chancelier de la rectorerie.)

« le logis de noble Guilhaume de Lespine, Seigneur du Poet,
« lequel a accompaigne Sa Seigneurie Illustrissime depuis la
« ville de Carpentras. »

Les autres membres de la révérende Chambre faisaient également des apparitions dans le pays, lorsque ils y étaient appelées pour des affaires urgentes ou imprévues. Nous aurons occasion, dans la suite, d'en citer plusieurs exemples et notamment d'une visite faite, en plein charivari municipal, par le procureur-avocat général du Comtat (1).

C'était, chez les Malaucéniens, une vieille habitude de vivre en bonnes relations avec les autorités supérieures: légat ou vice-légat d'Avignon, recteur du Comtat, procureur et trésorier de la Chambre apostolique de Carpentras. A Malaucène, tout comme ailleurs, on n'ignorait point que *les petits cadeaux entretiennent l'amitié*. L'on en faisait donc et l'on s'exécutait de si bonne grâce que l'habitude de donner avait établi l'habitude de recevoir. En effet, le vice-légat faisait demander de la venaison par le recteur aux approches de la fête de Noël et dans d'autres circonstances encore. Le recteur en demandait pour lui. Le juge de la Chambre apostolique agissait de même pour célébrer la Saint-Martin. Le *trésorier* qui avait rendu certains services à la Communauté ne voulait pas non plus être oublié (2). Alors, que faisait-on ? L'un allait à la chasse dans la partie la plus giboyeuse du territoire, les montagnes de Veaulx, et la population tout entière était convoquée comme à une corvée obligatoire (3). Dans les cas ordinaires et lorsque on pouvait agir plus simplement, on se contentait d'acheter aux chasseurs de profession le gibier qu'ils avait pu abattre et on l'envoyait aux différents fonctionnaires de l'ordre supérieur.

L'article suivant figure au chapitre des dépenses municipales :
« Approbation d'une dépense de 21 gros pour des perdrix, des

---

(1) Voir, au livre III, chapitre ; Usages particuliers. (*Le capitaine de la jeunesse.*)

(2) 16 juin 1448. — Il avait travaillé dans le sens municipal, à propos de la *Rève* de la boucherie, et *petit aliquod commodum* ; on décida de lui donner *duos scutos*.

(3) 21 novembre 1460. — « Dñus Rector mandauit literas graciosas Uni-
« uersitati, requirendo dictam Uniuersitatem ad venandum pro Dño Rectore.
« Fuit conclusum quod venatores vadant venatum pro ipso. »
« Jouis die 18 decemb 1460. — Dñus Rector mandauit literas graciosas ut
« Universitas venaretur pro eo. Fuit conclusum quod die dominico fiat dili-
« gentiam pro eodem D. Rectore. »

lapins et un lièvre achetés pour en faire présent au trésorier de la Chambre apostolique (1.) »

Faute de grives, on mange des merles, dit le proverbe. Faute de gibier, on envoyait des volailles. Exemple : A la prière d'un des syndics, durant les troubles du schisme, le général du Comtat réduit le nombre des hommes qui devaient être présents, jour et nuit, pour la défense de la ville. Deux chapons sont immédiatement expédiés au général en témoignage de gratitude ; mais, lorsque quelque belle pièce de venaison se rencontrait sous les coups des chasseurs, les consuls ou syndics ne manquaient pas d'en faire l'acquisition et de l'offrir au légat ou au recteur (2).

Les habitants se considéraient comme obligés d'offrir des présents aux personnes constituées en dignité, toutes les fois qu'ils les recevaient dans leurs murs (3). Ces offrandes étaient devenues en quelque sorte réglementaires et nous voyons que toutes les années, à la *tabelle*, ou budget de la commune, un crédit était ouvert au trésorier (chapitre *Charges ordinaires*). Il était intitulé : *Pour le présent à nos seigneurs supérieurs*. La somme portée à la tabelle de 1715-16 était de 55 livres 16 sous.

(1) Ces achats de gibier étaient fréquents. Citons-en encore un exemple : « Martis, 26 dec. 1418. — Retulit Gaymarii emisse XII perdices pro precio « XVII gros. et illas portasse Dño Rectori. »

(2) « Lune, die 22 mens. decembr. (1460). — Venatores huius loci repererunt « unam *suam* siue trogiam et esset bonum illam dare Dño Rect. seu Dño « Cardin. — Fuit conclusum detur trogia Dño Card. et detur dict. venato-« ribus unum mutonem et unum barale vini. — Dicti venat. dixerunt quod « nichil facerent minus duorum floren. cum vino. Totaliter et finaliter fuit « concl. quod eis dentur duo flor. et una etiam vinum et illam portet Gaspar-« dus Alberti (*premier syndic*). Item fuit concl. quod dicti duo flor. sint de « pecuniis Reve. »

(3) 23 décembre 1418. — « Super facto doni ciuate Dñi Rect. fuit conclu-« sum quod dicta Uniuersitas det Dño Rect. videlic. X saumatas ciuate. » On fut plus généreux que cela, puisque on lui en donna quinze.

13 août 1450. — « Fuit mandatum per Dñum Thesaurarium quod Dñus « Legatus D. N. P., una cum dicto Thesaurario debet venire in dicto loco, et « esset bonum sibi dare aliquid pro suo jucundo auentu. Quod sibi prouide-« retur de una saumata ciuate et unum barale vini. »

8 août 1571. — « M. le cardinal Alexandrin nepueu de N. S. P. le Pape « doyt passer un de ces jours par ceste ville ; Parquoy seret bon luy fere « quelque honeur asson antree et luy fere quelque gratuite ; car cest ung « grand personage et meme ung grand train. — A este conclu que lon face « metre sur les portes les armoyries de N. S. P. le Pape et des cardinaux de « Borbon, Dalmignac (*sic*) et dudit Alexandrin et que lon face prouision de « cher, pein, vin, foin, avoyne et autres choses requises et que lon le resoyue « tant honorablement que sera possible »

Il n'est pas souvent parlé, dans les archives, des relations des Malaucéniens avec les Juges de la judicature de Carpentras. Cela tient à ce que, par le fait, ces relations étaient assez rares, les viguiers suffisant à la solution des difficultés courantes. Quant aux affaires majeures, on les portait facilement aux tribunaux supérieurs soit de Carpentras, soit d'Avignon. Les juges mages s'en plaignirent plus d'une fois et entreprirent de faire arriver jusqu'à leur barre des affaires qui s'arrêtaient à la Cour de justice de Malaucène.

Du reste, nous reviendrons sur ce sujet dans le paragraphe suivant, à prpos des attributions des viguiers.

§ 3. — LA COUR DE JUSTICE DE MALAUCÈNE.

Cette Cour était composée de trois membres : le viguier, le procureur fiscal et le greffier ou secrétaire.

I. — Le viguier est appelé, dans le latin du XIIIe siècle, *vicarius*, c'est-à-dire vicaire ou représentant local de l'autorité supérieure. Cette expression, prise dans le sens ordinaire qu'on lui donne communément de nos jours, a induit en erreur l'auteur d'une liste chronologique des curés ou vicaires perpétuels de Malaucène, dont le travail, très-fautif d'ailleurs, est conservé aux archives de la paroisse. Par suite de cette méprise, noble Pierre d'Auriolo, viguier de Malaucène, en 1284 (1), figure sur la série des curés de l'église paroissiale Saint-Michel.

Dans la suite et dès le XIVe siècle, le chef de la Cour de justice est appelé *vigarius*, *viguerius* ou *vigherius loci Malaucene pro Domino Nostro Papa et Sancta Romana Ecclesia*; le vicaire perpétuel ou curé étant désigné par cette qualification : *Vicarius Eccleste Malaucene*.

On devra faire attention à cette différence *loci* ou *ecclesie*, dans la lecture de nos *Pièces justificatives*, le *lieu* s'appliquant au viguier, et l'*église* au curé.

II. — Le droit de nomination appartenait au recteur. Si, cependant, le sujet désigné par lui ne plaisait pas à la population ou aux conseillers, les syndics ou consuls savaient élever la voix et faire entendre leurs réclamations et même leur opposition formelle.

Nous citerons deux exemples à l'appui de ce que nous avançons.

Le 1er octobre 1430, un certain Lucas ou Luc de Châteauneuf avait été désigné pour remplir les fonctions de viguier. Cet

---

(1) Voir *Pièces justificatives*, n° X.

homme avait-il un passé peu honorable, ou bien sa profession (1) ne convenait-elle pas à la dignité judiciaire ? Cette dernière supposition nous paraît plus probable. Toujours est-il que les gens du pays, peu flattés de ce choix, refusèrent de laisser installer Luc de Châteauneuf, et cela malgré le recteur, malgré l'official et vicaire général de Vaison. Aussi, sa révocation fut-elle signée le 26 février 1431.

Galéas de Saluces, après avoir une fois déjà exercé les fonctions de viguier, avait obtenu d'être nommé de nouveau. On avait été fort mécontent de son administration peu paternelle. L'opposition fut formidable. Galéas de Saluces usa vainement de tous les moyens pour se faire accepter ; il dut se soumettre et descendre au rang de simple conseiller municipal. Nous aurons, du reste, occasion de revenir sur ce fait qui, dans le pays, prit des proportions colossales !...

III. — Le titre et les fonctions de viguier étaient annuels. Le recteur fut cependant autorisé, par la bulle de Paul III *Fides et devotio* (2), datée de Rome le 17 juin 1546, à confirmer pour une seconde année, dans sa charge, le viguier dont la conduite avait été honorable et digne de louanges.

Laurent de Villaret Sauvage (Salvagii) avait été nommé à la viguerie de Malaucène, en 1560. En 1561, il fut confirmé par le recteur et maintenu pour une seconde année. Puis, le poste étant à sa convenance, il s'adressa au vice-légat Salla et obtint de rester en place *sa vie durant*.

Ce fait était inouï et souleva des oppositions universelles ; c'était, en effet, la violation flagrante d'un des grands privilèges de la Communauté.

Le Conseil se réunit donc à la voix des consuls et décide, avant de rien entreprendre, de faire consulter les procureurs de la

---

(1) Qu'on veuille bien nous permettre de parler ici le latin de nos archives municipales, afin que nous puissions honnêtement braver l'honnêteté :

1460, 3 sept. — « Coram Johanne de Saluciis, etc... Super facto glandagii, « quod Poncius Comitis et Richardus Joli fuerunt Valreaci et locuti sunt « cum nobili Luca de Castro nouo, qui eis dixit quod esset contentus recipere « *porcos Uniuersitatis* ad rationem quatuor grossorum pro quolibet porco. — « Fuit conclusum quod sibi tradantur dicti porci datis cautionibus. »

1460, 12 oct. — « Vacauit Gaspardus in tradendo porcos et obligando nobi- « lem Lucam de Castro nouo et in siguando porcos duabus diebus. »

(2) Voir *Pièces justificatives*, n° XXXIX. Cette bulle avait été adressée à Michel de la Paix (Micahele de Pace), procureur de la Communauté à Avignon.

Commune à Carpentras et à Avignon. Ceux-ci sont d'avis de ne point faire encore de réclamations officielles, attendu que le Comtat est en ce moment en instances, en Cour de Rome, pour solliciter la confirmation des privilèges généraux et particuliers (1).

On attend donc ; mais on ne cesse point, pour cela, d'agir. Vingt-cinq florins d'or sont offerts à Villaret pour le prier de se désister lui-même de sa nomination *à vie*. Villaret avait eu, pendant ses deux ans d'exercice, le temps de connaître ses justiciables et leur fière tenacité en fait de privilèges. Il jugea sage de céder à l'orage, accepta les vingt-cinq florins et se retira.

On a reconquis le droit municipal. Le Conseil se réunit le 15 mars 1561 pour l'installation d'un viguier annuel. Le choix du recteur est tombé sur un enfant du pays, Christol Astier. Celui-ci se présente à l'assemblée et s'annonce comme étant nommé pour *un an* seulement. Le Conseil l'accepte avec empressement, tout en faisant des réserves pour l'avenir (2).

Confirmé pour une nouvelle année, Christol Astier continue l'exercice de sa charge ; mais, sans attendre que ce nouveau délai soit expiré, il prévient le Conseil qu'il veut agir en conformité des vieux statuts et privilèges (3) et engage en conséquence les consuls à se pourvoir, auprès du recteur, d'un nouveau viguier (10 février 1563.)

Le moment était mal choisi pour exécuter ces projets. Loin d'opérer le renouvellement du viguier, on maintint en place, pour la première fois, les syndics en exercice. Tout ceci était fait à cause des Huguenots dont la présence fit tant de mal, ainsi que nous le dirons plus tard, non pas à Malaucène seulement, mais encore dans tout le Venaissin et autres pays circonvoisins.

L'année suivante, on reprit la nomination accoutumée des syndics, mais non point celle du viguier. Il fut maintenu par l'autorité supérieure, à raison des circonstances critiques, et accepté sans difficulté par ses concitoyens, à cause de son intelligence et de son dévoûment à la chose publique. En effet, nous le

---

(1) 28 juin 1560. — « Fuit expositum quod D. Viguerius obtinuit à R. D.
« Vice Legato Jacobo Maria Salla officium Vigueriatus *ad* eius *vitam*, contra priuilegia presentis patrie. »

7 juillet 1560. — « Qui quidem domini dixerunt quod patria Comitatus
« misit Rome ad habendum confirmationem priuilegiorum et esset bonum
« expectare eorum aduentum. »

(2) « Qui quidem omnes unanimiter receperunt illum in Viguerium *ad*
« *annum* et citra preiudicium priuilegiorum loci huius. »

(3) « Quod D. Rector prouideat de uno Viguerio, attento quod ipse est
« jam in fine anni sui Vigueriatus ; ne priuilegia infrangantur. »

retrouvons encore en place en 1569. Il demandait pourtant à être relevé de ses fonctions, si bien que les conseillers prirent, le le 5 août de cette année, la délibération suivante :

« Suyvant les statuts, le Viguier et les Juges doybuent estre
« annuels. Que les Consuls alent à Carpentras suplier à M. le Rec-
« teur qu'il nous prouoye dun aultre Viguier annuel. »

Christol Astier fut néammoins conservé jusqu'à l'époque où, étant devenu aveugle, il pria le Conseil et le recteur de lui permettre de se retirer. Il fut remplacé par Raynaud de l'Espine, seigneur du Poët, et celui-ci par Alexandre Astier. Ces deux derniers, tout comme Christol Astier, enfants du pays, eurent le talent de se faire supporter de longues années par leurs justiciables et concitoyens, contrairement aux dispositions des statuts et privilèges.

IV. — Nous avons vu, dans le chapitre précédent, que lors de la création des syndics et conseillers annuels (1375), le viguier Robert de Carburio ne résidait point à Malaucène et qu'il ne quitta point son domicile pour assister au grand parlement tenu à cette occasion. Ses successeurs firent de même; ils rendirent la justice de haut et de loin. C'était à peine s'ils se montraient parfois au siège de leur judicature pour quelques rares affaires de la plus haute importance et avec les pouvoirs délégués du recteur ou du légat. Ne leur était-il pas plus commode de recevoir chez eux, à Carpentras, ou ailleurs, les gens de leur ressort qui réclamaient leurs bons offices ?

Les habitants, fort mécontents de ce sans-gêne, demandèrent longtemps et avec insistance au recteur d'obliger le chef de leur Cour à résider dans la localité et à rendre la justice dans son prétoire même, attendu que les malfaiteurs profitaient de cet état de choses et désolaient la commune.

Le viguier se défendait de résider et afin que la justice n'éprouvât point d'intermittence dans le prononcé de ses décisions, il nommait un lieutenant, auquel, par procuration notariée, il passait tous ses pouvoirs. « Et, attendu, était-il dit dans ces trans-
« missions de juridiction, que le lieutenant délégué pourrait se
« trouver empêché, on désignait un second lieutenant pour rem-
« placer le premier... » (1).

(1) « *Pro nobili Andrinoto de Platea, Viguerio Curie Malaucene, cons-*
« *titutio Locumtenentium.*

« Die xiiij mensis augusti (1408), nobil. Andrinotus predictus viguerius
« constituit Locumtenentem suum magistrum Johannem de Viana, notarium
« dicte Curie , ad omnia exercenda que dictum officium tangunt, et, eo casu

Enfin, le recteur accorda ce qu'on demandait depuis longtemps. Le recteur dont il s'agit était Gisard de Corneilhan, qui fut, pendant longtemps et à différentes reprises, chargé de la légation d'Avignon. Usant de ses pouvoirs en quelque sorte illimités, il décida par un rescrit, en date du 18 mars 1521, que désormais le viguier serait tenu à la résidence, sous peine d'une amende de dix marcs d'argent.

V. — Par suite de cette mesure, les fonctions judiciaires de Malaucène devinrent moins ambitionnées et on dut les confier à des habitants de la localité. Le recteur, ne connaissant point les prétendants, demanda qu'à l'avenir ils lui fussent présentés, sur une liste de deux et puis de trois, par les consuls.

VI. — La nomination de viguier conférait la noblesse personnelle ; noblesse par conséquent qui n'était point transmise à la postérité du nouveau titulaire. Celui-ci, comme ses collègues de Pernes et de Bonnieux, touchait, au XV° siècle, une indemnité pécuniaire et annuelle de quatorze livres huit sous.

VII. — Comme insigne de ses hautes fonctions, le viguier fut autorisé à paraître en public avec un bâton ou canne de cérémonie. Ce privilège lui fut accordé par le vice-légat Salviati.

Nous trouvons dans les registres de la Mairie la note suivante :

« Comptes approuvés, le 6 décembre 1769, par M. de la Tour,
« Intendant de la Province :

....

« VIGUIER : *Canne de cérémonie.*

« A M. Fédéric, orfèvre d'Avignon, pour avoir fait une canne
« de cérémonie pour M. le Viguier, et fourni :

« 3 onces 2 gros 2 deniers d'argent pour la pomme.	21	13	0
« Pour la façon....................................	15	0	0
« Pour le jonc.....................................	33	0	0
« Pour la gravure des armes du Roy.................	1	10	0
« Pour le bout et les yeux.........................	1	10	0

VIII. — La première de toutes les attributions du viguier étant de représenter l'autorité supérieure, il assistait à toutes les assemblées municipales, grandes ou petites.

Aucune publication ne pouvait être faite par le crieur public,

---

« quod dictus magister Johannes non esset aut non posset interesse in dicto
« officio, dictus D. Viguerius constituit magistrum Fredericum Beniami, nota-
« rium Locumtenentem suum. Actum Malaucene, in carreria recta ». (Protocole: *Liber notarum breuium* de G. Bermond, 1408-1409, f° 15; Etude Souchon.)

sans son autorisation. Tel était, du moins, le principe. Mais, comme, dans l'application, la chose devenait à peu près impossible, le viguier conférait, le 1" mai de chaque année, aux nouveaux consuls les pouvoirs nécessaires à cet effet. Aussi, lit-on dans les procès-verbaux des parlements tenus le 1" mai, dans le XVI° siècle, cette phrase en quelque sorte stéréotypée : « M. le « viguier a donné une fois pour toutes licence de faire les criées « acostumées et requises pour les affaires de la ville. »

Les attributions du viguier, assez restreintes dans le principe, furent peu à peu considérablement augmentées, après les guerres de religion du XVI° siècle, à raison même des suites de ces luttes regrettables. Les ravages et les ruines que les protestants avaient laissés derrière eux firent naître parmi les habitants une multitude de contestations et de petits procès, dont la valeur s'élevait d'ordinaire à un ou deux ducats et rarement à trois. Il fallait, néanmoins, observer, pour ces petits procès, toutes les règles judiciaires, tout aussi bien que pour les grands, sans compter les délais et lenteurs accoutumés, au détriment des pauvres gens qui n'avaient pas le temps d'attendre et ne pouvaient supporter de nouveaux frais. Les habitants s'en plaignirent au Saint-Siège par la voie de ses consuls. Ces plaintes furent entendues et le pape Sixte V, dès la première année de son pontificat, donna la bulle *Fidei sinceritas* (1) par laquelle non pas le viguier seulement, mais tous les magistrats chargés de juger les procès pouvaient prononcer dans les affaires n'excédant pas trois ducats, sommairement, sans forme de procédure et sans appel ; chargeant les évêques de Carpentras, de Cavaillon et de Vaison de veiller à ce que la Communauté de Malaucène et ses habitants pussent jouir en paix de ces mesures bienveillantes.

Sur la demande faite par les consuls, en 1608, auprès du vice-légat Joseph Ferreri, le viguier fut autorisé à entendre dans les affaires concernant les droits de lods établis sur la vente et les nouveaux baux de propriété, avec réserve, toutefois, du droit d'appel (2). Les mêmes facultés furent étendues, en 1616, par le vice-légat Bagni, au lieutenant du viguier (3).

(1) *Pièces justificatives*, n° XLVI.
(2) « Audiat Vigherius dicti loci Malosenae etiam summarie simpliciter et
« de plano, et sola facti veritate inspecta, appellatione tamen non remota. —
« Dat. Aven. in Pal. Apost., die 22 decemb. 1608. Pontif. S. D. N. D. Pauli,
« pp. V, an. quarto. »
(3) « Audiat idem Vigherius dicti loci Malocenae, seu ejus locum tenens,
etiam Summarie, *etc.* — Datum Aven. in Ap. Palac. die 1ª Jul. Pontif. D. N.
« Pauli PP. V, anno XII°. »

Le viguier et son lieutenant avaient le pouvoir de relaxer moyennant caution les prisonniers détenus sous prévention de crime. Le juge ordinaire de Carpentras voulait que ces causes lui fussent réservées. Le viguier et les consuls s'en plaignirent au recteur César Rocagna, pour lors en cours de visite (20 mai 1624), demandant le retour aux anciens usages, attendu que ceci entraînait pour les habitants des délais et des dépenses. La réponse fut promise comme ne devant pas se faire attendre. En effet, quinze jours après la réclamation, le recteur rendit une ordonnance en vertu de laquelle on devait conserver les vieilles traditions (*Quod servetur solitum*).

Dans cette même visite officielle, le recteur ordonna que les insolences commises envers le viguier, ou son lieutenant, dans l'exercice de leurs fonctions judiciaires, pourraient être punies, séance tenante, d'une amende de dix écus, applicable au fisc pontifical. En cas d'insolvabilité des délinquants, l'amende pouvait être remplacée par la prison.

« Mondit Seigneur le Reuerendissime Recteur a ordonne et
« ordonne que lesdits sieurs Viguier ou ses Lieutenans feront
« executer leurs decrets d'arrets souverains aux causes criminel-
« les, nonobstant toutes appellations et inhibitions, suivant
« le reglement, sur ce, faict par Mgr Illme et Rme Cardinal d'Aqua-
« uiua, lhors Legat a la Legation d'Avignon (1). »

IX. — Il était sévèrement interdit au viguier et à son lieutenant de rien recevoir soit en argent (2), soit en nature. Nous n'avons jamais nulle part rencontré un seul fait blâmable imputé à ces juges locaux.

On ne peut en dire autant des employés subalternes de la Cour de justice.

Un greffier, nommé Lantelme avait trouvé le moyen de pressurer les plaideurs, sans cependant faire pencher la balance de la justice d'un côté plutôt que de l'autre. Ce procédé consistait à réclamer douze deniers, — un sou — de tous ceux qui avaien besoin des bons offices du tribunal (3). Le juge Rivet intervint pour abolir un pareil désordre (26 avril 1448).

Maitre Guintrandy forçait un peu la note et se faisait payer un peu trop cher (21 mai 1570). De nombreuses réclamations partirent de Malaucène pour Carpentras, Avignon et Rome même !

(1) Bibliothèque de Carpentras — *Registre* où sont consignées les *visites des recteurs*.
(2) Archives municipales. — Série FF. 28 septembre 1555.
(3) Archives départementales. — Cour de justice de Malaucène.

CHAPITRE HUITIÈME

ADMINISTRATION MUNICIPALE.

§ 1er. — ASSEMBLÉES MUNICIPALES.

Ces assemblées étaient de trois sortes : le Parlement, le grand Conseil et le petit Conseil, toutes et toujours présidées par les syndics ou consuls, et tenues en la présence du viguier ou de son lieutenant. La séance était levée, de plein droit, par la sortie du représentant de l'autorité supérieure (1).

Les délibérations n'avaient de valeur que de l'assentiment du viguier et avec l'approbation du recteur, ou même du légat, ou vice-légat, quand il s'agissait d'une affaire importante.

Aussi, dans la rédaction des procès-verbaux de ces délibérations, les notaires-greffiers avaient-ils soin de dire qu'on s'était réuni en la présence du viguier ou de son lieutenant (*coram Domino N. Viguerio* ou *coram N. Locumtenente Domini Viguerii*) et que celui-ci avait confirmé les décisions de l'assemblée (*qui suum decretum et assensum interposuit et auctoritatem*, etc).

La présence du représentant de l'autorité souveraine était la seule entrave mise à la liberté des délibérations municipales, sous le gouvernement pontifical, comme autrefois sous celui des Baux et des comtes de Toulouse. Les faits sont nombreux pour le démontrer.

Le Parlement, le grand et le petit Conseils étaient toujours convoqués à son de trompe et par la voix du crieur public (*voce preconis, sono tube precedente*), le soir pour le lendemain matin, ou le matin pour le soir du jour même.

I. — Le Parlement général.

Le Parlement général (*venerabile Parlamentum*), simplement appelé, d'habitude, le Parlement, était la réunion plénière des chefs de famille (2) ou habitants reçus. (Nous expliquerons plus tard le sens de cette dernière expression.)

---

(1) « Illico Dominus Viguerius voluit recedere, ad audiendam magnam « missam, et sic nihil fuit conclusum (28 juillet 1443). »

(2) « *Capita hospiciorum hominum, seu capita dicti loci.* »

Le document le plus ancien relatif à ces grandes assemblées est une charte datée du 18 des calendes d'octobre 1270. Comme ce manuscrit n'a jamais été publié, nous avons jugé à propos de le donner en entier (1). Le nombre de ceux qui figurent dans cet acte notarié est de 590, non compris les quatre syndics et les nombreux témoins désignés dans cette pièce. L'*Inventaire-sommaire* des archives municipales donne mal à propos cette charte comme étant le titre de fondation de la Commune, car celle-ci existait déjà depuis bien longtemps. Ce document, on ne saurait le nier, est tout bonnement le procès-verbal d'une de ces grandes réunions populaires appelées Parlement.

Il est dit, dans ce procès-verbal, que la convocation de cette assemblée avait été faite *par le crieur public*, COMME C'EST L'HABITUDE, pour la nomination de quatre syndics. La délibération fut prise en présence du sénéchal Guy de Vaugrigneuse qui l'approuva, au nom du comte de Toulouse, Alphonse de Poitiers.

D'ordinaire, le Parlement se réunissait sur la voie publique : dans le principe sur le marché ancien, en dehors de la ville et près de l'église (2), et, dans la suite, sur le marché neuf (3), dans la rue (4) et devant la maison de la Communauté (5). Bien que nos ancêtres fussent moins délicats que nous, ces longues stations en plein air ne devaient leur être ni agréables ni commodes, les jours de grosse pluie notamment. Dans les cas d'inclémence du ciel, la réunion était remise à un autre jour (6), ou la décision à prendre confiée aux conseillers.

Ces grandes assemblées populaires sur la voie publique présentaient un autre inconvénient. Il n'était pas toujours facile d'y obtenir le silence nécessaire à des discussions de la plus haute importance.

Le 31 mai 1565, le Parlement général, tenu sur la place publique, fut scandaleusement troublé.

« Ung Guilhaume Jehan print paroles aueques ung Anthoyne
« Martinel, non point pour les afferes de la ville. Alors M. le
« Viguier imposa silence par plusieurs foys audict sieur Guil-

---

(1) Voir *Pièces justificatives*, n° IV.
(2) « In mercato antiquo. »
(3) « In mercato nouo »
(4) « In carreria publica. »
(5) « Ante hospicium Uniuersitatis. »
(6) 1ᵉʳ mai 1559. — « Nota : quod fuit supercessum electioni aliorum offi-
« ciariorum propter vehementes et continuas pluuias. » — Le parlement fut convoqué de nouveau le 8 du même mois.

« baume, et ne volant hobeir, commanda quil fut mene empri-
« son, et quand lofficier le menoyt furent plusieurs qui le gar-
« derent de mener emprison, empechant justice ; eins apres luy
« en heut deux qui furent condampnes aller par la ville, la
« torche a la men, la teste neue et les pies deschaux. A la place
« publique, criarent merci a Dieu et a la justice. Les aultres
« furent menes a Carpentras. » (1)

Lorsque les décisions ne pouvaient pas, sans inconvénient, être prises publiquement et sans réflexion, les délibérants avaient le bon sens de s'en rapporter à la sagesse du Conseil et de le charger de prendre les résolutions les plus sages et les plus conformes aux intérêts communs, promettant d'avance de les ratifier (2).

Il n'est point rare de voir dans les registres de la Municipalité que les Parlements se réunissaient dans l'église paroissiale de Saint-Michel. Les réunions de ce genre se reproduisirent durant la reconstruction de l'ancienne maison consulaire, au temps des guerres de religion, la ville étant encombrée par les soldats et à l'époque où Malaucène allait passer du Saint-Siège à la France (1789-1791).

Les élections faites sur la place publique s'accomplissaient assez souvent d'une façon plus ou moins tumultueuse. Pour en finir avec ces désordres, le vice-légat Salviati ordonna que pour la nomination des divers fonctionnaires de la Communauté, on ne convoquerait plus le Parlement et que les sujets seraient désignés par le Conseil des vingt-cinq, tenu dans la Maison de ville.

Un fait saillant à signaler, c'est la grande exactitude avec laquelle le grand Parlement se réunissait toutes les années, le premier jour du mois de mai.

Parfois, cependant, il était retardé de quelques jours, afin de faire coïncider sa tenue avec un jour de dimanche ou de grande solennité, la fête de l'Ascension par exemple.

La réunion du 1er mai avait pour but principal la nomination des fonctionnaires de la Communauté.

Dans le XVe siècle, on nommait : deux syndics ; — huit conseillers ; — deux estimateurs, chargés de la rentrée des fonds publics ; — deux ou quatre auditeurs des comptes ; — un procureur ; — un, deux ou trois *ouvriers* (marguilliers) de l'église.

---

(1) Archives municipales : *Liber Regiminis*, BB. 10, f° 118.
(2) « Omnes actus Uniuersitatis fuerunt remissi magno Consilio, specialiter ad manulendum pecunias. » (1er mai 1460.)

Dans les siècles suivants, on désigne : les consuls et conseillers ; — un procureur pour Malaucène, un autre pour Vaison, un troisième pour Carpentras, un quatrième pour Avignon et enfin un cinquième pour Rome ; — un trésorier municipal ; — les estimateurs ; — les auditeurs des comptes ; — un procureur de l'hôpital, un pour la Maladrerie et un pour l'Aumône ; — les ouvriers de l'église, d'ordinaire au nombre de deux ; — les conducteurs des *beyliers* ; — les conducteurs des abeilles ; — les *alialayres* ou allialateurs (vérificateurs des poids et mesures) ; — les collecteurs du vingtain ; — les visiteurs des chemins qui, d'habitude, étaient les estimateurs de l'année précédente ; — les visiteurs de chair et *poyssons*. — Quant aux employés, dont voici les titres : campanier, — régent des écoles, — chabrier, — *pourchier* (pourcher), — et secrétaire, le choix en était laissé aux consuls, la plupart du temps.

On s'occupait encore, dans ces conférences, des modifications à faire aux statuts municipaux et aux règlements de police et on en faisait la promulgation ; on y traitait également les grandes affaires courantes.

Quant aux affaires importantes imprévues et qui demandaient de la part du peuple une prompte solution, le Conseil prenait cette délibération : *vocetur Parlamentum* ; ou celle-ci : *cras vocetur Parlamentum post prandium*, ou *ad horam prime*. On avait recours également à cette assemblée plénière lorsqu'il s'agissait de voter une taille, un vingtième, un quarantième, un impôt quelconque. Car l'impôt devait être toujours accepté par ceux qui auraient à le payer. L'adjudication de la Rève, ou ferme annuelle de la boucherie, et du souquet, ou ferme du vin, était presque toujours réservée au Parlement.

Le Parlement du 1ᵉʳ mai 1458 autorisa le grand et le petit Conseil, réunis, à régler les affaires ordinaires, sans qu'il fût nécessaire de convoquer tous les chefs de famille (1). De là vient que le grand Conseil, ou le double Conseil, est souvent appelé Parle-

---

(1) « Fuit conclusum per Parlamentum quod magnum Consilium cum
« paruo Consilio possint et valeant determinare omnes causas hujus loci abs-
« que Parlamento. »
Dans ce même procès-verbal, figurent, pour la première fois, après les syndics et les huit conseillers, les autres conseillers appelés *de magno Consilio*, au nombre de quinze ; ce qui portait les membres du grand Conseil à vingt-cinq.
Par décision du parlement du 1ᵉʳ mai 1559, les membres du petit Conseil furent portés à vingt-cinq et ceux du grand Conseil à trente-cinq.

ment, bien que le nombre des présents n'excédât jamais quatre-vingts et qu'il descendit parfois à cinquante et même au-dessous de ce chiffre.

Disons maintenant un mot de la manière dont se faisaient les élections dans ces grandes réunions, notamment celles des syndics et prenons pour spécimen ou modèle du genre les élections des syndic du 1ᵉʳ mai 1460.

Chacun s'approchait du bureau composé du viguier, des syndics sortants et du notaire-greffier et nommait les deux individus qu'il désirait voir revêtus de la première dignité municipale. Il n'y avait ni ordre ni préséance. Le noble, le bourgeois ou le manant votaient indifféremment avant ou après, et le secrétaire écrivait de la sorte :

« Nobilis Galeas de Saluce elegit Girardi et Matheronem.
« Riuele elegit Girardi et Saluciis.
« Nobilis de Podio ut Galeassius.
« Girardi elegit Saluanhi et Matheronem.
« Bertrandus Boneti ut supra Girardus.
« Baudouis Charrasse Girardi et Saluanhi.
« Joannes de Ponte Girardi, Gaspardi.
« Nobilis Petrus de Mirabello eosdem. »

II. — Le petit Conseil.

Le petit Conseil, désigné le plus souvent par ce seul mot le *Conseil*, comptait dix membres, lors de sa création (1375) : les deux syndics, plus huit conseillers, dont deux nommés par le clergé, deux par la noblesse et quatre par le peuple (1). Le nombre des conseillers, porté à vingt-cinq (1559), fut ensuite réduit à dix-huit (1626), y compris les consuls.

Ils furent toujours désignés par le Parlement. Celui-ci, pourtant, se dessaisit de ce droit (5 mai 1630) en faveur des consuls (2). Cette décision fut approuvée dès le lendemain par le recteur Perse Caraccio.

Sur la fin du gouvernement pontifical, une ordonnance du vice-légat Jacques Filomarino régla les cas d'empêchement pour l'admission au Conseil : — le père et le fils, — les frères vivant sous

---

(1) Voir le chapitre VI du livre II et *Pièces justificatives*, n° XX.
(2) « Le Conseil, pour le bien de la paix, et suyvant ce qua este faict ces
« annees precedantes, a remis et donne puissance aux sieurs Consuls de faire
« et establir les nouveaux Conseilhers selon quils treuueront bon et ray-
« sonnable. »

le même toit, — l'oncle et le neveu ne pouvaient pas être simultanément membres de cette assemblée.

Les anciens viguiers, syndics ou consuls, avaient le droit d'assister aux réunions avec voix délibérative (1). Quant au public, il n'était point admis, et les conseillers, au moins dans certaines circonstances graves et délicates, comme en 1435, s'obligeaient, sous la foi du serment, à garder le secret.

Le Conseil veillait à l'expédition des affaires courantes et convoquait le grand Conseil ou même le Parlement dans les circonstances graves. Il exécutait les décisions prises par ces deux assemblées, notamment pour la levée des tailles et autres impôts. Il veillait, surtout dans le cas de disette, à ce que le blé et même le vin ne vinssent point à manquer, le premier dans le grenier public et le second chez les taverniers.

La lecture des registres des délibérations du Conseil est fort curieuse et dépeint admirablement les sentiments et les mœurs des anciens habitants. Nous aurons occasion, dans la suite de notre récit, d'en faire la remarque. Citons, pour le moment, quelques faits qui prouveront l'indépendance, le bon sens pratique de nos aïeux et leur générosité :

11 mai 1572. — Le recteur écrit aux consuls que « Pie V vient
« de passer de vie à trepas et que lon face fayre ung cantar,
« comme est la costume. Et parce que jamais on nan a point fayt
« pour la mort de aulcun Pape, et que cela se fayt tant seulement
« es eglises catredales, ils ont fayt assembler le Conseilh pour con-
« clure que sera de fayre ; car ne veulent point metre cela en
« consequance.

« A este conclud que M. le Cure inuite que chescun prie Dieu
« pour ledit Pape. »

1 mai 1593. — Le Conseil s'oppose à ce que l'évêque de Vaison prenne « l'eau de Grausel plus haut que d'habitude pour la faire
« tumber dans la font de la Bredoyre et la conduire à son moulin
« du Crestet ; — afin de ne pas nuyre aux arrosages. »

1698. — Le Conseil résiste aux évêques de Vaison qui, en visite pastorale, voulaient se réserver la nomination des *ouvriers* (ou marguilliers) de l'église.

27 novembre 1574. — Les Huguenots avaient démoli la maison curiale et la porte Filiol. Quelques pauvres gens, en peine pour trouver des matériaux et réparer leurs habitations et les relever de

---

(1) Rescrit, du 20 mars 1626, de Cosme Bardi, évêque de Carpentras, vice-légat.

leurs ruines, se permettaient de prendre les pierres provenant de la démolition des deux édifices communaux et qui étaient rangés en tas, appelés *clapiers*. On signale ce fait au Conseil. « On vole, dit-on, les pierres du clapier de la porte Filiol et de « la *Clastre*... Que faut-il faire pour l'empêcher ?— Que des deux « clapiers on n'en fasse qu'un seul, tellement élevé qu'on ne « pourra pas y atteindre. »

23 août 1598. — Trois cent quatre-vingt-deux florins avaient été dépensés par la Province au *Pont des Vaches*, sur la route de Carpentras à Avignon. Les conseillers se demandent s'ils ont à payer pour de pareils travaux. Ils consultent. On leur conseille de payer. Ils s'exécutent sans avoir fait de réclamations.

11 mai 1572. — Un individu que la Communauté tient en prison est malade « et dépense tous les jours à la Ville *deux sols*, « et tant qu'il y demeurera, tant plus la Ville perdra, car il n'a « rien.— Que la Ville le relaxe a cette fin que la Ville ne despande « pas follement argent. »

3 octobre 1581. — Les consuls exposent au Conseil que le « Sgr « d'Aulanc est en marché d'achepter le bois que M. de Pracomtal « a en cette ville, et que si la Ville luy veult faire bon marché des « lods, il les acheptera; aultrement, il les prendra à nouvel balh « dudit de Pracomtal et la Ville n'aura point de lods. — « La Ville « a besoin d'argent », répond un conseiller, et l'on accepte la proposition du seigneur d'Aulanc, un peu valant mieux que rien.

4 décembre 1573. — « Que si aucun des Consuls ou aultres « députés (envoyés en mission pour et par la Communauté) « estoient prins prisonniers des Huguenauts, faysant et allant « pour les affaires de la Ville, que la Ville les racheptera, aux « despans de la Communauté, quoy quils costent. »

1ᵉʳ avril 1578. — « Que la Ville balhe à Guilhem Juard dict « Barbier, vingt-quatre florins pour le pris de son *aze* que se per- « dit au cam d'Entrechaux. »

6 février 1591. — « Le P. Silvestre, de Caromb, de la religion « de saint François, dicts *Escapuchins*, est venu pour demander « si la Ville leur veult donner quelque chose, pour leur ayder à « edifier ung couen de leur religion, qui va se dresser pres « de Carpentras. — A este conclud que la Ville luy donra, « pour l'honneur de Dieu, vingt-cinq escus de soixante sols « pièce. »

Les membres du Conseil étaient défrayés de toutes leurs

dépenses et de tous leurs voyages faits pour l'intérêt de leurs concitoyens (1).

Ils étaient mis à l'amende pour chaque absence non justifiée. Cette amende a varié suivant les temps. D'abord 10 sols, puis 30 et 40, et en dernier lieu 3 livres (2).

Par contre, ils recevaient, en indemnité de présence, *trois* livres par an.

Le vice-légat Passionei ordonna que les amendes seraient chaque fois de dix sous et que leur somme réunie ne dépasserait point trois livres, c'est-à-dire l'indemnité annuelle du conseiller.

Le 2 juin 1581, l'exclusion, seule mesure de rigueur que nous remarquions dans toute notre histoire, fut prise contre un conseiller qui avait été inconvenant dans l'assemblée et avait insulté un consul. On le priva en même temps de sa charge de procureur de la commune.

III. — Le grand Conseil.

Le grand Conseil est une création du milieu du XVe siècle. Les habitants, fatigués de ces fréquentes réunions tenues en plein air sur la voie publique, désignèrent une quinzaine d'entre eux pour les adjoindre au petit Conseil dans les circonstances qui motivaient ordinairement la convocation du Parlement. Le grand Conseil se trouvait donc composé de vingt-cinq membres (dans la suite il le fut de trente-cinq) ce qui n'empêchait pas d'y appeler d'autres citoyens, lorsque leur présence pouvait être utile au pays ; aussi, le nombre des personnes présentes au grand Conseil était-il parfois très considérable et arrivait-il jusqu'à soixante-dix ou quatre-vingts.

On n'y délibérait point sur la place publique, trop incommode, ni dans les salles de la Maison de ville, de dimension insuffisante ; mais chez l'un des principaux habitants, tels que le seigneur de Beauvoisin, le marquis de l'Espine ou de Valouze.

---

(1) 24 juillet 1426. — « Talhia pro annona et siuata facta fuit, et syndicus « et estimatores habeant victualia pro eorum labore. »
23 mai 1569. — « Pour aller a Carpentras, les Consuls auront huit gros ; « et pour aller en Avignon, vingt gros ; et se prouoyront de montures si « voudront aller a cheval. »
1er mai 1606. — « Indemnité accordée aux Consuls et autres : Pour aller en « Avignon : 4 florins ; pour aller a Carpentras : vingt sols. »
(2) Archives municipales. — BB., 30 juin 1616.

§ 2. — FONCTIONNAIRES MUNICIPAUX

I. — Les Syndics ou Consuls.

I. — Au sommet de l'échelle du personnel administratif se présentent les syndics.

Sous la domination des seigneurs et même sous les papes, les rouages de l'organisation municipale étaient d'une simplicité toute primitive.

Tous les cinq ans, le peuple, réuni en assemblée générale, sur la place publique, choisissait et nommait quatre procureurs généraux, auxquels il donnait le nom de syndics et les plus amples pouvoirs pour administrer les intérêts communs, durant l'espace de cinq années consécutives (1).

Ces quatre fondés de pouvoirs étaient, à eux seuls, tout le Conseil et tout le personnel administratif de la Communauté, dirigeant et agissant par lui-même, au nom du peuple, et convoquant le Parlement dans les circonstances majeures.

II. — Philippe de Cabassole, ayant trouvé cette organisation insuffisante, surtout en face des luttes guerrières, donna des instructions pour la création de syndics et de conseillers annuels (1375).

Les syndics pouvaient être nommés de nouveau, après avoir été remplacés au moins durant l'espace d'une année. Il est très rare de voir un syndic ou consul, confirmé pour une seconde période annuelle.

Nous mentionnerons, à cause de la rareté du fait, le maintien des consuls nommés le 1ᵉʳ mai 1749 et qui devaient être remplacés le 1ᵉʳ mai suivant. Le vice-légat Aquaviva écrivait au Conseil, à la date du 29 avril 1750, que « étant pleinement informé
« du zèle et de l'attachement aux intérêts de la Communauté
« des anciens consuls, il les confirmait pour une nouvelle
« année (2). »

III. — Les magistrats chargés de l'administration municipale portèrent en premier lieu le titre de syndics. Ceux qui furent nommés au mois de mai 1651 adressèrent une supplique au vice-légat dans laquelle ils demandaient à changer la qualification de syndic en celle de consul, à l'instar de ce qui se pratiquait à Cavaillon, à L'Isle, à Bollène et même dans les localités de bien

---

(1) Voir : *Pièces Justificatives*, nᵒˢ IV, VII, VIII et IX.
(2) Joseph de Joannis, Etienne Saurel et Joseph-François Reynaud.

moindre importance que Malaucène, telles que Mormoiron, Villes et Méthamis, dont les administrateurs étaient appelés consuls. Le *concedimus ut petitur* leur fut accordé aux nones de septembre de la même année (1).

IV. — Les syndics furent d'abord nommés par la masse des habitants, réunis en assemblée générale ; chaque chef de famille ayant le droit de vote. Mais le peuple, livré à lui-même, abuse parfois de sa force. C'est ce que l'on vit en particulier aux élections syndicales du 1er mai 1628. Les opérations électorales furent signalées par de violentes discordes, si bien qu'elles furent annulées par le recteur. Celui-ci vint, peu de jours après, présider en personne les nouvelles élections.

Les électeurs, dans le principe, étaient libres de désigner directement les candidats de leur choix. Nous voyons, pour la première fois, en 1458, les membres du Conseil présenter à leurs concitoyens une liste de cinq candidats, parmi lesquels on les invitait à choisir les deux syndics modernes, aux élections annuelles du 1er mai. Cet essai ne fut pas heureux, car le premier syndic fut choisi en dehors de cette liste et les autres candidats n'eurent pas les honneurs du succès, à l'exception de celui qui fut désigné pour deuxième syndic.

Dans la suite (2), et sur la proposition du Conseil, il fut admis que chaque consul sortant présenterait au choix des électeurs une liste de trois candidats (3) parmi lesquels devraient nécessairement être pris les consuls modernes. L'administration supérieure finit par donner la nomination des consuls au grand Conseil.

V. — Les syndics, lors de leur institution, étaient au nombre de deux, appelés l'un le syndic des nobles et l'autre le syndic du peuple.

Plus tard, il y en eut trois : le premier pour les nobles, le second pour les bourgeois et le troisième pour les *manants* ou roturiers. Cette innovation, due à l'initiative locale, fut simplement tolérée par l'administration supérieure.

C'était du temps de la guerre des Huguenots. On trouva que deux syndics étaient insuffisants et le Conseil fut d'avis de propo-

---

(1) L'original est conservé aux Archives de la ville. — Il fut présenté par les consuls à Esprit de Sobirats, lieutenant-général pour le roi. La confirmation du privilège porte la date suivante : Carpentras, 17 août 1663.

(2) Au XVIe siècle.

(3) Archives municipales. — Rescrit du vice-légat Filomarino, (16 juin 1780).

ser au parlement la création d'un troisième syndic (1" mai 1564).
La proposition fut acceptée avec empressement, mais on ajouta
cette clause : « Sans cependant vouloir empiéter sur les droits du
« Saint-Siège (1). »

Le gouvernement pontifical voulut bien permettre cette innovation et ce nouvel état de choses continua jusqu'au vice-légat Grégoire Salviati. Celui-ci supprima la charge de troisième consul à partir du 29 avril 1762.

La troisième main, (les manants) chargée d'élire ce consul, dut voter avec la deuxième main (les bourgeois). Le second et dernier consul devenait ainsi le représentant de la roture et de la bourgeoisie, tandis que le premier consul continuait à représenter la première main (les nobles). D'après ce nouveau règlement, les consuls sortants, désignés sous le nom d'*anciens* consuls, restaient en fonctions une seconde année, pour aider les consuls *modernes* dans leurs fonctions administratives et prenaient rang immédiatement après eux. Cet ordre fut interverti par le vice-légat Filomarino; les nouveaux consuls prirent rang après les anciens (2).

Quoi qu'il en soit de cette dernière modification, tout-à-fait transitoire, il y avait en définitive quatre consuls au lieu de trois.

Un rescrit du vice-légat Casoni, donné le 10 août 1789, au moment d'une grande fermentation locale, rétablit la troisième main. Elle fut composée moitié de *ménagers* sachant lire et écrire et possédant un alivrement au moins de 2000 livres, et moitié d'artisans ayant même capacité et faculté. L'élection devait être faite alternativement entre ménagers et artisans.

VI. — Ceux qui étaient appelés à remplir les fonctions municipales n'étaient pas libres de les refuser. Le syndic de la noblesse, élu le 1" mai 1427, put bien faire agréer ses excuses pour sa non acceptation, mais il n'en fut point de même pour le syndic du peuple, son collègue, qui, avant la fin du même mois, entreprit de se retirer. Il se heurta contre l'opposition absolue du Conseil et du viguier et resta syndic malgré lui. Nous voyons un fait analogue se reproduire, le 16 mai 1790, dans les derniers temps

---

(1) « Et quia negotia et onera quotidie *assedentes* sunt magna et ardua,
« ratione *beli* vigentis in presenti patria, esset necesse eligere tres Consules,
« citra consequentiam et derogationem Juridictionis Sanctissimi D. N. Pape,
« et juxta conclusionem Consilii nuper tenti. » (Archives municipales :
Liber Regiminis.)

(2) Archives municipales, BB., 18 mai 1780.

de la domination pontificale. Le Conseil prit une délibération contre son premier consul, Charrasse de Brasselieux, qui s'était démis parce qu'il se voyait impuissant à faire prévaloir ses idées. Comme il avait fait enlever de dessus la porte de sa maison les armoiries du consulat, on lui enjoignit de reprendre ses fonctions et de faire replacer son écusson, sous les peines de droit.

VII. — La charge de syndic ou de consul n'était pas sans désagréments. Outre qu'ils avaient à s'occuper des affaires de la Communauté comme des leurs propres, les nouveaux magistrats devaient donner hypothèque sur tous leurs biens, en garantie d'une administration intègre et faire même de la prison, lorsqu'ils se trouvaient en retard pour la reddition ou la régularité de leurs comptes, ou simplement encore lorsque la Communauté dont ils étaient les représentants, ne faisait point honneur à ses engagements.

Dans le procès-verbal de la réunion du Conseil, tenu le 7 avril 1451, il est dit que Pons Comte, syndic, se trouvant à Carpentras, fut arrêté par ordre de Boncœur, collecteur de la taille. La redevance de la Commune devait être versée dès le lendemain, sans retard, faute de quoi le syndic serait de nouveau mis en arrêt. Le surlendemain, les débiteurs de la caisse municipale ne s'étant point exécutés, les syndics, à leur tour, ordonnèrent leur incarcération. On en vint à un accommodement entre ces derniers et la Communauté. Il fut dit que celle-ci emprunterait de l'argent à Carpentras, pour payer la taille, et que les débiteurs (Buxi et Abraham) en payeraient les intérêts. Les syndics, par ce moyen, n'eurent plus à redouter les sévérités du collecteur.

On n'aurait que l'embarras du choix, si l'on voulait citer des faits propres à démontrer les ennuis attachés à la charge de syndic ou consul (1).

VIII. — Une cérémonie religieuse faisait partie intégrante de l'installation des nouveaux consuls. Après que ceux-ci avaient prêté serment entre les mains du viguier, on se rendait avec grand fracas de l'hôtel-de-ville à l'église paroissiale. Le cortège officiel était précédé de tambours, fifres et trompettes. L'artillerie municipale remplissait les airs de ses détonations. Les élus, revêtus de leurs chaperons et portés en litières, étaient

---

(1) 22 mai 1448. — « Quod arrestentur infra villam, donec et usque reddiderint eorum computum. »

20 novembre 1435. « Sindici sint incarcerati, pro triginta florenis debitis, in medio augusti preteriti. Curie, etc... »

escortés de la garde urbaine que commandait le chef des arbalétiers. On se rendait ainsi à l'église Saint-Michel pour y chanter un *Te Deum* d'actions de grâces et attirer les bénédictions célestes sur les nouveaux magistrats, que l'on reconduisait ensuite chez eux dans le même ordre et avec le même appareil ; l'artillerie mêlant de nouveau sa puissante voix aux joyeuses fanfares et aux acclamations de la foule, toujours avide de spectacles et de nouveauté. Ce cérémonial était la reproduction de ce qui se passait, de longue date, à la nomination des viguiers ; l'antique usage voulait que les consuls, aussitôt après leur installation, fissent une visite à chacun des conseillers. Cette coutume fut abolie par ceux qui avaient à en faire les frais : le besoin du repos se faisant sentir après la fatigue de cette cérémonie.

IX. — Les consuls se montrèrent plus fidèles à une autre vieille tradition, convertie en droit par un décret du recteur Dominique Grimaldi (22 janvier 1580). Sous peine d'une amende de vingt-cinq livres, applicables au fisc, tout chasseur qui, dans la forêt de Veaulx, s'emparait d'un sanglier, d'une biche, ou de tout autre animal de ce genre, devait en donner la tête aux consuls. Et quand on parlait de donner la tête, voici ce que l'on entendait par là : « La teste avec les deux oreilles et tant que icelles se peu-
« vent estendre le long du corps. »

Quelques habitants, ayant abattu un sanglier, se refusaient à en donner la tête. Cela se passait en 1726, époque où déjà ce gros gibier commençait à devenir rare. « A l'instance des sieurs Con-
« suls, fut octroyé commandement d'expédier auxdits sieurs
« Consuls la teste du sanglier, conformément à d'anciennes tra-
« ditions. » (23 novembre 1726. *Mandement du vice-recteur Damion.*)

X. — Voici quelques uns des autres droits et privilèges dont jouissaient les consuls.

Ils remplissaient les fonctions judiciaires dans les causes minimes. La demande en autorisation en avait été faite par les consuls, au Saint-Siége (1), sur l'avis des conseillers (7 juillet 1566). La bulle sollicitée se fit attendre, elle arriva pourtant et, le 23 octobre 1585, les consuls annonçaient sa réception aux membres du Conseil.

Les consuls avaient également pouvoir de faire, sans délibéra-

---

(1) Mittant Rome et obtineant à S. D. N. Papa quod domini Consules sint
« judices de causis minimis. »

tion du Conseil, toutes les dépenses nécessaires à la bonne tenue des moulins et autres bâtiments de la Communauté. Il en était de même pour l'entretien des fontaines publiques, des chemins et de l'église paroissiale, pourvu que chacune de ces dépenses n'excédât point la somme de douze livres.

Ils présentaient à l'évêque diocésain un prédicateur de leur choix pour annoncer la parole de Dieu, dans l'église paroissiale, pendant l'avent et le carême (1), les prédications de ces deux stations étant toujours données par le même missionnaire. Ce droit, dont nous dirons l'origine (2), avait été reconnu par les évêques de Vaison. (24 novembre 1625) (3). Il était d'ailleurs assez naturel, puisque le traitement du prédicateur était pris sur les fonds de la Ville. Quoi qu'il en soit, les choses se passaient ainsi :

Les consuls, après s'être entendus avec un prédicateur, celui-ci se rendait à Malaucène, muni de ses titres et de la permission de son supérieur.

Le premier consul, assisté du secrétaire-greffier du Conseil, l'accompagnait à Vaison et le présentait à l'évêque. Le prélat examinait les pièces du missionnaire et, s'il les trouvait en règle, il lui accordait les pouvoirs nécessaires.

Le premier ancien consul était chargé de se rendre, à Carpentras, aux États de la province, pour y représenter la Communauté.

Leur temps d'exercice terminé, les anciens consuls devenaient de droit les deux premiers conseillers pour l'année suivante. Le vice-légat Cosme de Bardi, évêque de Carpentras, leur accorda dans la suite (20 mars 1626) l'autorisation d'assister, leur vie durant, avec voix active, à tous les Conseils où se traitaient les affaires publiques; privilège antérieurement concédé aux anciens viguiers.

XI. — Aucune marque honorifique quelconque ne distinguait les sieurs consuls dans les cérémonies publiques. Il n'en était pourtant pas de même dans toutes les localités de la domination pontificale. On s'en émut à Malaucène et l'on décida qu'il serait adressé au vice-légat une supplique dont voici la substance.

(1) Archives municipales. — Registre n° 3 du Livre des Privilèges
Voir aussi : *Pièces Justificatives*, n° XLVII.
(2) Voir chapitre : *Usages particuliers*.
(3) L'original de ce document apostolique, dû à la bienveillance de Sixte V, est précieusement conservé aux Archives municipales. On en trouvera la copie fidèle à nos *Pièces Justificatives*, n° XLVI.

« Malaucène, par son ancienneté et par la qualité de ses habitants a toujours été une des villes les plus considérables de tout cet Etat ; et cependant les consuls et magistrats n'ont jamais eu de marque de leur dignité ; quoique plusieurs autres villes et lieux beaucoup inférieurs à la ville de Malaucène en ayant été honorés. Nous venons donc supplier votre Seigneurie Illustrissime de vouloir permettre à M. le viguier de Sa Sainteté et aux consuls de porter, savoir : ledit viguier un baston, et les consuls, le chapperon et à la Communauté d'en faire la dépense : lesquels chapperons seront remis par les consuls qui sortiront de leur charge à leurs successeurs, pour s'en servir *tant que lesdits chapperons pourront estre portés décemment.* »

Le vice-légat Sinibaldi Doria permit tout ce qu'on lui demandait, marquant toutefois que ces « chapperons » ne conféreraient aucune nouvelle juridiction aux consuls (1).

A dater du 2 juillet 1711, les épaules des consuls furent donc ornées du chaperon en soie rouge, bordé d'hermine.

Le vêtement d'honneur était assez coûteux, aussi évitait-on de le renouveler souvent, et les magistrats municipaux se le transmettaient, en même temps que l'autorité dont il était le symbole. Du reste la chose avait été réglée de la sorte dans le rescrit de concession. Mais tout à une fin en ce monde, même les insignes du pouvoir.

« L'an 1742 et le 18 jour du mois de may, Mgr Ill^{me} et R^{me} vice-légat d'Avignon (Marcel Crescenci) informé de la délibération prise dans le Conseil de la ville de Malaucène, tenu le 6 du courant, portant de faire des chaperons neufs pour MM. les Consuls ; — les vieux se trouvant hors d'usage, servant depuis plus de trente ans (2) : — et, pourvoyant aux instances faites à sa seineurie Ill^{me} de la part des sieurs Consuls :

« A permis et permet aux sieurs consuls de faire faire des chaperons neufs... et quant aux chaperons vieux *hors d'usage*, a

(1) Archives municipales. Rescrit du 2 juillet 1711. — Dummodo tamen usum *Chapperoni* nullam novam Juridictionem eisdem Consulibus tribuat.

(2) Il ne faudrait pas croire que les chaperons des consuls dans les autres localités fussent souvent renouvelés.

A Orange, ville autrement considérable, il en était de même. « Les chaperons appartenaient à la Communauté. En 1688, ils étaient usés, servant depuis 20 ans, et la ville était tellement pauvre qu'elle ne les pouvait remplacer. Il fallut pour cela un ordre du comte de Grignan, gouverneur de Provence, qui ne les jugea pas assez propres pour que les consuls s'en parassent dans les cérémonies publiques. » (*Hist. de la Ville et Princip. d'Orange*, par Bastet.)

approuvé et approuve la susdite délibération *de les employer* à quelque ornement pour l'église paroissiale (1). »

Cette fois les chaperons durèrent vingt ans et voici quelle fut l'occasion mémorable de leur renouvellement.

A la fin d'avril 1762, le vice-légat Salviati venait de supprimer la charge de troisième consul et de maintenir pour une seconde année les consuls anciens ; c'était en réalité quatre consuls en exercice au lieu de trois, et il n'y avait que trois chaperons ! Il fallait donc en confectionner un quatrième ; mais le neuf ne risquerait-il pas d'éblouir de son éclat ceux qui comptaient vingt ans de bons et loyaux services ?

Il fallut recourir au vice-légat pour lui demander deux choses : 1° l'autorisation de faire chaque année deux chaperons neufs pour les consuls modernes ; 2° de laisser désormais aux consuls anciens, « comme honoraire de leurs fonctions » les vieux chaperons. Ce dédommagement leur étant bien légitimement dû, puisque durant leur année d'exercice, ils n'avaient retiré pour toutes leurs peines que 25 livres de chandelles, fournies par les fermiers des boucheries. La double permission fut accordée par le vice-légat Salviati, le 10 mai 1762 (2).

Les troupes françaises ayant envahi et occupé le Comtat Venaissin en 1769, les chaperons des consuls en éprouvèrent un rude contre-coup, et l'intendant de la Provence et du Venaissin pour le roi, écrivit d'Aix, le 19 septembre 1770, aux chefs de l'administration locale pour s'opposer au renouvellement annuel des chaperons. Son intention était que les chaperons des consuls ne fussent renouvelés que lorsque ils seraient hors d'usage. « Les fonctions consulaires étant des charges de l'habitation, disait-il, elles doivent être gratuites » (3).

II. — Le Secrétaire du Conseil.

Le secrétaire-greffier exerçait toujours la charge de notaire public. Il était nommé par le Conseil, qui souvent s'en rapportait aux consuls. Mais comme les fonctions de secrétaire étaient fort recherchées à cause de l'importance qu'elles donnaient à celui qui les remplissait, le parlement du 1er mai 1604 se réserva de le désigner lui-même.

Cette élection donnait parfois occasion à des intrigues et à des

---

(1) Archives municipales. CC. 89.
(2) Archives municipales. CC. 89.
(3) Archives municipales. CC.

cabales, et même à des fraudes. Telle fut la nomination faite le 1er mai 1745.

Le vice-légat Aquaviva « étant informé qu'on vient de procéder
« à l'élection du secrétaire de la Communauté de la ville de
« Malaucène, contre la disposition du règlement de M⁰ʳ Gontiéry,
« comme encore des décrets rendus par le viguier dudit Malau-
« cène, et pourvoyant aux très-humbles instances qui lui ont
« été faites à ce sujet, Mondit S⁰ʳ Ill^me et R^me vice-légat a cassé et
« révoqué ladite élection, et ordonné et ordonne qu'il sera de
« nouveau procédé à l'élection du secrétaire de ladite commune,
« en observant les dispositions du susdit règlement. »

La principale fonction de secrétaire était la rédaction des procès-verbaux des séances du Conseil, rédaction remarquable d'habitude par sa brièveté et sa lucidité. Les rédactions étaient signées fort rarement et portaient la seule signature du secrétaire. A partir du 1ᵉʳ mai 1600, la signature du secrétaire fut suivie ou précédée de celle des consuls et même de celle des conseillers.

La grande et très-grande affaire était de dresser le compte-rendu des assemblées plénières et générales, alors que tous les chefs de famille y assistaient au nombre de cinq ou six cents. Afin d'être à même de recueillir les noms de tous les délibérants, le notaire secrétaire-greffier s'adjoignait trois ou quatre de ses collègues dans le notariat, et chacun de son côté recevait, sur la voie publique, les noms, prénoms et surnoms de ceux qui se faisaient inscrire ; puis, toutes les listes étant entre les mains du secrétaire du conseil, celui-ci dressait à loisir son acte et ensuite son instrument, c'est-à-dire l'expédition authentique sur grand parchemin (1).

Le secrétaire-greffier de la Cour de justice de Malaucène qui avait à écrire, lui aussi, en pareille circonstance, pour le compte du viguier, se prêtait, paraît-il, de bonne grâce, pour inscrire les membres de la grande assemblée.

Le 21 mai 1570, le notaire-greffier de la Cour, nommé Guintrandy, celui-là même dont nous avons déjà parlé dans un chapitre précédent, se vit repousser rudement par le consul Jean Daulmas, ce dernier se vengeant ainsi des procédés de Guintrandy vis-à-vis des habitants, à propos des frais de justice.

Avant même l'ouverture du parlement, Daulmas interpella Guintrandy, lui disant que la Ville n'entendait nullement le

(1) Voir *Pièces Justificatives*, n° VII.

payer de ce qu'il écrivait, attendu qu'elle avait son secrétaire (Guillaume Gaudibert). Guintrandy répliqua que, pour l'interposition du décret, il devait, suivant l'usage, écrire et être payé (1).

Les secrétaires se servaient, dans leurs rédactions, de la langue latine ; pauvre langue, souvent bien différente de celle de Cicéron ! Disons cependant que le latin de Vaison, de Carpentras, d'Avignon et d'ailleurs ne valait pas mieux.

Si l'on en excepte les procès-verbaux des grands parlements, tous les autres actes sont rédigés en français, depuis 1567.

Ce français n'était pas celui du siècle de Louis XIV, ainsi qu'on peut s'en convaincre facilement par les nombreux extraits que nous en donnons.

Les fonctions de secrétaire du Conseil ont été habituellement remplies par des hommes capables, parmi lesquels nous citerons les Gaudibert qui, de père en fils, se sont succédé pendant fort longtemps, et Torcat. Ces notaires ont rendu de grands services à la commune dont ils ont conservé les archives, lisant les vieilles chartes, les transcrivant ensuite sur d'énormes registres, ainsi que les documents d'une certaine importance.

Les secrétaires se plaisaient à inscrire sur les livres des délibérations des sentences fort curieuses ou fort sages. Pour en donner une idée, citons seulement celle-ci, placée en tête du 12° volume, de la série BB, et dont nous respectons l'orthographe :

« Omnino qui rei publice profeturi sunt, duo Platonis precepta teneant: unum ut utilitatem civium sic tueantur, ut quidquid agunt ad eam refferant, obliti comodorum suorum, alterum ut totum corpus rei publice curent, ne dum partem aliquam tuuntur reliquas deserant (*Cicero. Officiorum.*)

Les blancs abandonnés après les actes des délibérations sont parfois remplis par des *Nota*, sortes d'entrefilets, d'ordinaire fort intéressants. Donnons-en un exemple :

— « *Nota* que le 29 mars 1576, Maystre Jacques Rolier, dict
« la Rose, est parti desta ville de Malaucene, pour sen aller a
« sainct Jacques en Galice. — Ledit Maystre Jacques Rolier est
« arrivé, en esta ville, sain et en bon point, au bout de six moys
« entiers. »

III. — Les Agents financiers.

Jusqu'au commencement du XV° siècle et même un peu plus

(1) Archives municipales : *Liber Regiminis.* BB. 11.

tard, la rentrée des fonds municipaux se faisait par l'intermédiaire de quatre employés, appelés *Estimateurs*. Il y en avait deux pour les nobles et deux pour le peuple. Le parlement général, tenu le 3 mai 1434, décida la nomination d'un *Procureur de la Commune*, dont il laissa la désignation au Conseil. Trois jours après, celui-ci régla quelles seraient ses fonctions (1) dont le résultat final devait être de faire payer tout ce qui était dû à la caisse municipale, à la suite de nombreuses avances faites en blé aux habitants pauvres. C'était lui également qui était chargé de recouvrer les tailles. On lui abandonna, comme honoraire, le vingtième des rentrées.

Les comptes continuèrent, comme du temps des Estimateurs, à être vérifiés par quatre *Auditeurs des Comptes* (Auditores computorum) dont la nomination était faite annuellement à la grande assemblée populaire du 1ᵉʳ mai (2).

IV. — Le Sergent-trompette.

Il était appelé *sirviens* (servant), mot dont on a fait *sergent*. La qualification de trompette lui vient de *trompe*. Il faisait en effet toujours précéder ses publications ou *préconisations* du son de la trompe. Le sergent-trompette était un personnage officiel d'une haute importance. Sa parole faisait foi auprès des notaires publics pour la rédaction des actes authentiques concernant la municipalité. Nommé par le Conseil, il prêtait serment avant d'entrer en fonctions (3). Au XVIIIᵉ siècle il touchait 12 livres par an.

V. — Les Médecins, chirurgiens-barbiers et sages-femmes.

Les médecins, chirurgiens-barbiers et sages-femmes étaient désignés par les consuls, de concert avec les conseillers. L'administration ne s'occupait guère d'assurer le service médical, excepté en temps d'épidémie. Alors seulement l'honoraire des médecins et chirurgiens était inscrit à la tabelle. Cet honoraire

---

(1) Procuratorem Universitatis ad exhigendum, petendum, procurandum, recipiendum debita.

(2) Cum plenaria potestate audiendi, referendi, contrahendi, obligandi; etc.

(3) 1458. 3 mai. — Anthonius Bruni, sirviens publicus, promisit servire dictam Universitatem in omnibus negociis videlicet : mandare consilium et alias expletas, sicut inquantos vincenorum, soqueti, revarum et alios inquantos: et hoc pro precio XVIII (sic) solvendorum medietatem in principio anni et aliam medietatem in fine dicti anni. Promisit et juravit.

variait beaucoup suivant l'époque, les circonstances et les médecins eux-mêmes ; ceux-ci étant admis à faire leur prix.

Au XV° siècle le médecin recevait une rétribution annuelle de vingt florins. Le médecin Loys Bonéti, à cause de la peste, demandait, en 1580, « quarante florins par moys, durant le *temps* « *de salut*, et si survenoyt quelque excès en ceste ville, on luy « donra huytante florins. »

Le chirurgien-barbier, cumulait naturellement les fonctions indiquées par son titre professionnel. Il faisait la barbe et assurait l'exacte exécution des prescriptions du médecin. Il était choisi parmi les plus habiles et les plus expérimentés, ayant déjà fait ses preuves en temps de contagion.

En 1487, la Communauté fit pacte avec un étranger qui devait s'établir à demeure dans la ville et « faire la barbe aux personnes « bien portantes, comme aux personnes malades, » La ville lui payait le loyer de sa « boutique» et l'exemptait de toute redevance à payer soit à l'église, soit à la caisse municipale.

Le chirurgien-barbier de 1586 demanda pour son salaire « 15 escus en temps de salut et 30 escus en temps de contagion. »

Au moindre bruit de maladie épidémique, les consuls faisaient, à Avignon, ample provision de médicaments, lesquels étaient ensuite administrés gratuitement aux malades.

Les sages-femmes étaient admises en franchise de charges municipales, et recevaient, en outre, de la ville, toutes les années, huit florins et six émines de blé.

VI. — Les Ouvriers de l'Eglise.

Les Ouvriers de l'Eglise *(Operarii Ecclesie)* étaient les fabriciens ou marguilliers De tout temps la Communauté avait été en possession de les nommer dans ses assemblées générales.

Au XV° siècle, nous voyons le curé en tête des trois ouvriers annuels, et tous les anciens ouvriers conserver leur titre, au moins quant aux honneurs.

Les ouvriers, comme le sont aujourd'hui les fabriciens, étaient chargés du soin des objets servant à la célébration du culte et de leur conservation. A une certaine époque, cependant, personne ne voulut plus garder dans sa propre maison la grande caisse fermant à quatre serrures et renfermant les objets les plus précieux (1).

---

(1) 22 mai 1458.— Quoad Juellos Ecclesie, non reperitur qui eos vellet custodire, et esset bonum providere de remedio.— Remaneant in domo Anthonii Franconis *(Liber Regiminis*, BB, ad an. 1458.

Un évêque de Vaison, en tournée pastorale, entreprend de se réserver le droit de nommer les Ouvriers de l'Eglise. Les consuls s'y opposent. Le différent est porté devant le pro-légat Gualtéry. On signe une transaction en vertu de laquelle le dernier consul de l'année précédente sera désormais Ouvrier de l'Eglise (1).

VII. — Le Campanier.

La principale fonction du Campanier était de sonner en temps d'orage (2) plus encore que de sonner les cloches pour annoncer les offices. Il recevait comme honoraire la somme annuelle de 20 florins.

§ 3. — STATUTS ET PRIVILÈGES.

I. — Statuts Municipaux.

Guinier (3) cite, à propos des vieux statuts, le témoignage d'Alexandre Filiol, ancien curé de Malaucène, qui durant sa longue administration de cette paroisse, s'était beaucoup occupé de tout ce qui pouvait intéresser l'histoire du pays. « Les seigneurs de Baux, dit ce dernier, avaient fait des statuts en 26 articles. La population y était divisée en trois classes : les nobles, les bourgeois et les roturiers. Chacune de ces classes avait ses lois et ses habitudes. Les seigneurs accordaient divers privilèges aux habitants, mais aussi ne manquaient pas de s'en attribuer à eux-mêmes une grande quantité et selon leur bon plaisir. »

Au commencement du XVe siècle, ces anciens statuts furent longuement remaniés, ou *réparés*, comme disent les vieux procès-verbaux. Chaque année, dans le parlement du 1er mai, il était question de ces statuts et de leur *réparation*. Le 5 mai 1429, le

---

(1) Arch. municip. GG. Rescrit du 6 juin 1698.

(2) 22 juin 1458. — Quod esset necesse prouidere de aliqua persona que pulsaret campanas pro cuitandis tempestatibus. — Quod sindici prouideant de duobus hominibus qui pulsent campanas et quod sacerdotes faciant eorum debita.

Est-il vrai, comme l'ont prétendu certains savants hostiles aux idées chrétiennes de nos ancêtres, que les cloches mises en branle attiraient les tempêtes? Arago ne l'a pas pensé. « Il n'est pas prouvé, dit-il, que le son des cloches rend les coups de tonnerre plus imminents, plus dangereux ; il n'est pas prouvé qu'un grand bruit ait jamais fait tomber la foudre sur des bâtiments que, sans cela, elle n'aurait point frappés. » (*Annal. du Bur. du Longit.* an. 1838.) D'après le Pontifical romain, la bénédiction donnée aux cloches a pour but d'éloigner la foudre, la grêle et les tempêtes. (*Les Comm. du Dép. de Vaucl.* — Lagnes. par l'abbé J.-F. ANDRÉ).

(3) *Histoire* manuscrite *de Malaucène*, ch. XII.

travail paraissait assez avancé pour pouvoir être prochainement terminé : *Statuta reparentur et ad Pentecosten publicentur*. Cependant les années et les Parlements se suivaient et la rédaction définitive n'était point encore arrêtée. On prenait alors une délibération dans le genre de celle-ci : *Statuta reparentur, et interim restent antiqua in eorum firmitate, quousque sint reparata et publicata*. L'œuvre fut enfin et définitivement achevée en 1433 et payée *cinq* sous *(pro labore sindicorum et exactorum)*. Entre temps survint l'occupation de Malaucène par Jean de Champetreux, et il ne fut plus question de statuts.

Au mois de septembre 1434, le pays étant rendu à lui-même, on se remit à légiférer, puisque on en avait le droit, et on revint tout d'abord à l'ancienne formule : *Statuta reparentur*. Enfin, le 16 juin 1435, les fameux statuts, *réparés* avec une sage lenteur, furent lus et publiés, depuis le premier mot jusqu'au dernier, devant noble de l'Espine, viguier, sur la place publique, en présence de quatre témoins venus tout exprès d'Entrechaux (1).

Le 25 juillet suivant, une copie de ces règlements, soigneusement collationnée avec l'original, fut remise au viguier (2), et par son intermédiaire au légat Pierre de Foix.

Cependant, le cardinal ne se pressait point de donner sa haute approbation ; si bien que, le 17 juillet 1445 et même en 1446, il demandait la modification de certains articles, au sujet desquels des plaintes lui avaient été adressées par quelques habitants.

Le juge du Comtat (11 octobre 1448) et l'avocat fiscal (15 août 1449) firent, à leur tour, des difficultés ; ces règlements n'ayant pas toujours été remaniés en présence du viguier. Dans la suite, les viguiers donnèrent, et à plusieurs reprises, les autorisations demandées ; mais le cardinal de Foix descendit dans la tombe sans avoir approuvé les statuts (3).

(1) Statuta fuerunt lecta et publicata, à principio usque finem, coram nobili Spina, viguerio, in platea Malaucene, in Parlamento publico.

(2) Solvit Gaymarii pro vino 12 denarios et pro pane 3 denarios.

(3) Dans les anciens registres des délibérations du Conseil il est parlé des *statuts du cardinal* de Foix, qu'il ne faut point confondre avec les *statuts municipaux* de Malaucène. Les premiers sont relatifs au *Comtat*. Ils furent envoyés par le susdit cardinal à Roger de Foix, son parent, régent de la Provence (14 oct. 1441) et approuvés par une bulle d'Eugène IV (21 juill. 1448).

En 1448 (26 mai), sindici exposuerunt quod esset bonum pro commodo Universitatis habere statuta noviter edita per Dñum Cardin. ad conservationem loci.— Sindici faciant quod habeant dicta statuta ad meliorem pretium quo poterunt.

Le 6 juin : esset necesse invenire tres florenos pro exsolvendo statuta Dñi

Dans un parlement général (tenu comme d'habitude sur la place publique, devant la maison consulaire), le 4 juin 1500, par devant Castelli, lieutenant du viguier Raybaud du Puy, une commission fut nommée pour une nouvelle révision des statuts. Les syndics avaient pris eux-mêmes l'initiative de cette mesure.

Cette œuvre de révision générale, soumise à l'approbation du parlement, reçut la sanction du viguier (3 février 1501). Nous donnons à nos Pièces Justificatives (n° XXXIII) le résumé des opérations relatives à ce travail.

Une nouvelle réunion du parlement (1er mai 1530) décida de procéder à un remaniement plus complet de toutes les vieilles ordonnances municipales.

A la fin du mois de janvier suivant (1531) les nouveaux statuts furent, devant le peuple assemblé, lus en latin d'abord, puis traduits en français; Mathieu Rabasse, lieutenant du viguier Jean du Puy, siégeant en son tribunal *(pro tribunali sedens)*, étant syndics Jacques Chabrier et Guillaume Martin. Ces statuts furent acceptés par acclamation et à l'unanimité *(nemine discrepante)*.

Ils commencent ainsi :
Adsit principio Sancta Maria meo.
STATUTA MUNICIPALIA PRESENTIS LOCI MALAUCENE.
In nomine Domini. Amen.

La table, ou répertoire, placée en tête de l'ouvrage, occupe onze pages.

Le corps des Statuts est divisé en 181 chapitres, comprenant 72 feuillets.

Il est écrit tout entier de la main de Vitalis Barri, clerc du diocèse d'Avignon, citoyen de Carpentras, notaire public apostolique à Carpentras, et fut lu par ce même notaire, assisté de Mathieu Gaudibert, notaire à Malaucène.

De nombreuses additions, opérées de 1532 à 1590, avaient mis certains articles en contradiction les uns avec les autres. C'était à ne plus s'y reconnaître (1). On pensa d'ailleurs que la langue

---

Cardinal.— Sindici faciant diligentiam ad solvendos tres florenos et quod habeant dicta statuta.— Les statuts arrivèrent enfin, et le 19 juill. 1448, solvit Gaymarii magistro Johanni Monelle, pro copia statutorum Dñi Cardin. 2 florenos. Item clerico dicti Monelle 1 grossum. Les syndics avaient donc marchandé et obtenu une réduction de prix.

(1) Nous avons longtemps cherché ce volume et nous l'avons vainement demandé à toutes les personnes à même de nous renseigner à ce sujet. Nous l'avons enfin trouvé à la bibliothèque du Musée Calvet, d'Avignon, où il existe en original.— C'est un manuscrit latin, gothique, petit in-folio, relié bois et basane, piqué des vers.

française serait préférable à la langue latine ; en conséquence une commission fut chargée de procéder à une nouvelle rédaction.

Ces règlements municipaux, dont Guillaume Gaudibert et Théoffre Jean, notaires-secrétaires, avaient été les principaux rédacteurs, furent présentés le 3 février 1598 au double Conseil qui les approuva au nom de tous les habitants, promettant « de les observer de point en point (1). »

« Lors, ledit sieur Viguier, se seant pour tribunal, a la maniere
« de ses majeurs, ayant oyi et entendu lesdits statuts et la requi-
« sition faicte par lesdicts conselhiers estre juste et resonable,
« lesdicts statuts a apreuves, emologues et confirmes et aucto-
« rises comme bien et duemant faicts, y a interpose son decret et
« auctorite judiciale. »

Ces « statuts traduicts du latin en français, repares, corriges et « refformes », comprennent 189 articles. Ils débutent par les trois épigraphes suivantes :

« La republique est heureuse en laquelle les habitants redoutent plus le deshonneur que les lois.

« *Laus Deo, Beataeque Mariae.*

« *Concordia parvae res crescunt, discordia vero maximae delabuntur.*

L'expérience cependant démontra bientôt que ces mêmes statats, tout écrits qu'ils étaient en langue française, manquaient, eux aussi, de clarté, et que de nombreuses modifications étaient indispensables, si l'on ne voulait pas brouiller entre eux tous les habitants et fournir prétexte à de longs procès. Ces changements se firent peu à peu, sans secousse, suivant les temps et les circonstances.

On vécut ainsi jusqu'en 1762. Le 5 septembre de cette année, le Conseil se réunit dans la salle de l'Hôtel-de-Ville, par devant le viguier de Robins, à la réquisition des consuls. Ceux-ci exposèrent à l'assemblée que les anciens statuts, à cause des modifications et additions qui y avaient été faites, étaient devenus obscurs, contradictoires même en certains articles. Au lieu de maintenir la paix et l'union parmi les habitants, ils les mettaient en des procès souvent interminables. Les contrevenants se moquaient d'ailleurs des sanctions et pénalités modiques qu'ils leur infli-

---

(1) Ces statuts français furent copiés par Reymond Meynier, notaire ; travail pour lequel il reçut cinq *escus*. — L'original, un volume grand in-4°, est conservé aux Archives municipales.

geaient, « vû, disaient les consuls, que ce qui ne coûtait autrefois qu'un sou, en coûte aujourd'hui cinq ou six ». Ils prièrent en conséquence le Conseil de vouloir désigner quelques personnes capables et de les charger de réviser les statuts. Une commission de huit membres fut nommée à cet effet. Tous acceptèrent et promirent de s'en occuper « selon Dieu et leur conscience ».

Ce travail prit une année. Le 29 mai 1763, le Conseil se réunit de nouveau. Les règlements présentés par la commission furent lus et acceptés, puis soumis à la haute approbation du vice-légat Grégoire Salviati (18 juillet 1763), et enfin imprimés l'année suivante, étant consuls *modernes* F. F. Charrasse et J. L. Amondieu et consuls *anciens* P. P. Cottier et C. J. Fabre. Ces règlements dressés en 286 articles, furent les derniers.

Tel est l'historique des statuts et règlements depuis les temps les plus reculés jusqu'à la Révolution française. La forme seule avait souvent et beaucoup varié. Le fond, c'est-à-dire l'esprit, était toujours resté le même.

La police était livrée aux dénonciateurs, auxquels on abandonnait, en prime d'encouragement, le tiers des amendes (1).

Les habitants étaient en quelque sorte solidaires des crimes, délits et contraventions. Les plus proches voisins d'un lieu où avait été accompli un méfait étaient les premiers appelés à en rendre compte.

Les actes condamnés par la loi municipale étaient passibles d'une amende double, lorsqu'ils avaient été commis de nuit ou durant les offices de l'église.

Il y avait également deux mesures de répression, suivant que les délinquants étaient ou non habitants de la localité. Le châtiment était toujours plus rude envers les étrangers.

II. — Priviléges.

Les Malaucéniens furent toujours très-jaloux de la conservation de leurs priviléges municipaux. Une sorte de commission permanente, choisie parmi les hommes les plus intelligents, veil-

---

(1) Les délations, comme moyen de police, étaient assez en usage dans la législation française. Citons-en un seul exemple. L'ordonnance, connue dans l'histoire sous la dénomination d'Edit de Chateaubriand, rendue au commencement de son règne, par le roi de France Henri II, contre les protestants, déclarait confisqués, au profit du roi, les biens de ceux qui émigreraient pour cause d'hérésie : *le tiers des biens confisqués, meubles et immeubles devant être dévolu à ceux qui auraient signalé les délinquants à la justice.*

lait sur ces vieilles coutumes, afin de les préserver de toute atteinte. Dès que la Provence et le Comtat changeaient de souverain, la commission prenait en main le recueil de ses droits, privilèges, franchises et usages et en demandait la confirmation au nouveau maître. Elle cherchait même à faire étendre les attributions de ses magistrats, afin qu'ils fussent mieux en état de défendre leur commune.

Le texte de ces divers privilèges fut copié à double exemplaire par le secrétaire du Conseil, André de Saint-Romain, dont l'un fut déposé aux archives de la ville et l'autre présenté au juge de Carpentras, (22 octobre 1448).

Le parlement nomma une commission présidée par Nicolas de Pracontal, pour demander au cardinal-légat la confirmation de ces privilèges, (1ᵉʳ mai 1449); on n'obtint cependant pour le moment d'autre confirmation que celle donnée par une bulle du pape, par laquelle on reconnaissait les libertés générales et particulières *(confirmavit libertates presentis patrie, generales et particulares* (20 avril 1450). Ce qui n'empêcha pas le viguier de les méconnaitre, par des préconisations « *contra libertates et franchesias dicti loci* (26 janvier 1451). » Afin d'être à même d'attaquer, pièces en main, les prétentions du viguier, on voulut vérifier les textes dans la copie du recueil des droits et privilèges municipaux, conservé dans la Maison de ville. Les perquisitions les plus minutieuses demeurèrent sans résultat; le manuscrit avait disparu. On se mit donc à la recherche de l'exemplaire du Recueil des privilèges municipaux qui devait se trouver aux archives de la Rectorerie, à Carpentras. Alauson, procureur, à Carpentras, pour la Communauté de Malaucène, reçut mission de faire ces recherches. Le volume fut retrouvé (14 mars 1451). Ces privilèges et franchises finirent par être approuvés par le cardinal de Foix, peu de temps avant sa mort. Ils furent confirmés dans la suite par les représentants des souverains Pontifes et des Rois de France.

Tous ces privilèges, avec leurs confirmations successives, transcrits les uns à la suite des autres dans les registres de la mairie, forment trois énormes volumes in-folio; beau monument de l'intelligence, de la patience et du dévoûment des anciens secrétaires du Conseil.

Ces soins et cette vigilance pour la conservation des droits et privilèges municipaux, continuèrent jusqu'au moment où les libertés locales passèrent sous le niveau révolutionnaire. En effet, le 28 juillet 1775, le président-pro-légat Georgi, chargé de la vice-légation d'Avignon, donnait son *Concedimus* à une requête que lui avaient présentée les consuls de Malaucène, pour l'établissement d'un bureau chargé de veiller à la conservation des droits et privilèges de cette ville (1).

§ 4. — REVENUS PUBLICS

Le blé, sous toutes ses formes, le vin, la viande, les poids et mesures, les ventes et lods, les tailles et divers impôts, formaient les principaux revenus de la ville. Quant aux autres, moins considérables, on pourra les connaître par les détails de la Tabelle dont nous donnons le relevé à la fin du présent chapitre.

La longue et très-intéressante énumération des sources financières de la commune nous permettra d'étudier les mœurs de ses habitants dans les détails de la vie domestique.

I. — Blé, Moulins, Fours, Pain.

I. — Les habitants payaient à la Commune le vingtième du produit du blé et autres grains. Nous ne donnerons ici aucun détail sur cet impôt, attendu que nous y reviendrons tout à l'heure, à propos de la Tabelle. Signalons seulement un fait. Après la disette, la peste et tous les autres fléaux qui affligèrent le pays dans le deuxième quart du XV⁰ siècle, le procureur de la commune éprouvait de telles difficultés pour faire rentrer dans les greniers publics les grains, dûs par un certain nombre d'individus, qu'il fut obligé d'user de tous les moyens de rigueur pour arriver à ses fins. Ordre fut donné d'arrêter dans la ville tous ceux qui devaient une quantité quelconque de grains (2) et de les tenir sous les verroux jusqu'à ce que ils eussent versé tout ce qu'ils devaient. On en vint pourtant à un accommodement et l'on donna du temps à ceux qui étaient en retard, à condition qu'ils payeraient l'intérêt de la somme à laquelle pouvait s'élever leur dette.

Le vingtain des grains était versé dans le grenier public, nommé le *Septier* (1761), dans les bâtiments de l'hôpital. Ces grains, ainsi mis en réserve, étaient, dans la mauvaise saison, prêtés jusqu'à l'époque de la moisson aux habitants pauvres, ou bien vendus aux habitants aisés. Le *Septier* remplissait donc

---

(1) Archives municipales, série AA.
(2) 1458, 21 août. — Quod omnes illi qui debent Universitati arrestentur infra villam donec et quousque solvant.

un double but. On l'appelait *Mont-de-Piété* ou *Aumône du blé*. On rencontre souvent dans les procès-verbaux du Conseil cette phrase ou cri de détresse : « La Communauté n'a plus d'argent ; que les consuls vendent tant d'éminées d'annone (1).

Dans le cas de disette (2), au contraire, la ville achetait, dans les localités voisines, les grains nécessaires à la consommotion publique et les prêtait aux habitants.

Le 6 avril 1570, il y avait ample provision de blé au grenier public et l'on s'attendait à recevoir, d'un moment à l'autre, du Recteur ou du Légat, un ordre d'avoir à porter ces grains dans quelque forteresse voisine, pour les soustraire au danger d'être pillés par les Huguenots. Le Conseil, pour empêcher le départ de sa provision, ne trouva rien de mieux que de la diviser et de la donner à crédit aux particuliers.

II. — Il n'y avait autrefois que les deux moulins à farine de Duron et de Filiol, ainsi appelés du nom des portes de la ville dans le voisinage desquelles ils se trouvent situés. Ils furent achetés par la Chambre Apostolique à Alauzon et à Gaufredi, en l'année 1513. Après leur cession à la Ville, faite en vertu de la transaction de 1575, la Communauté servit une redevance pécuniaire de six deniers annuels et une autre, tous les neuf ans, lors du renouvellement du bail. Cette dernière consistait en deux chapons. Les deniers étaient versés dans la caisse fiscale et les chapons servis chauds sur la table du greffier de la Chambre *(Servit sex denarios et tenetur solvere, de novennio in novennium, duos capones.)*

Une fois en possession des moulins, la Ville les donna à ferme et séparément (3). Elle fit de même pour le poids public des grains et farines et pour ses fours à cuire le pain. Le particulier qui faisait moudre du grain payait le meunier en nature, et au poids ; le prix variait du 20° au 30°, suivant la qualité des grains présentés et de la farine demandée. Le meunier devait rembour-

---

(1) Communitas non habet amplius pecunias. Quod Sindici vendant... eminas annone !

(2) Nota que ceste annee 1572, et moys de may, et deuant les meyssons, le « ble a este bien chier au pais ; dessorte que a lextremite nia que ont vandu, « tant la saumee de ble anone que segle et feues, trante florins, quest une « chose admirable. Je prie Dieu que cela narriue james plus. »
(Archives municipales : *Liber Regiminis*, ad an. 1572.)

(3) Le 17 octobre 1796, ces deux moulins, propriétés communales, furent vendus, comme biens nationaux, pour la somme totale de 13,525 francs.

ser le déchet des farines lorsqu'il dépassait une livre par quintal. Il payait à la Ville un droit de 1 gros par septier.

Par décision du parlement général tenu le 23 mai 1569, les habitants devaient, sous peine de confiscation, faire moudre leur blé et autres grains aux moulins de la ville.

III. Les fours qui avaient été cédés par la Chambre Apostolique et qui étaient les seuls *bannerets* ou publics, étaient au nombre de trois, dans le principe, et connus sous les noms de : *grand Four*, *Four neuf* et *Four vieux*. Le grand Four était jadis affermé quatre cent quarante six florins par an. En 1715, le revenu total des trois fours était de mille livres.

Différents propriétaires, croyant sans doute faire un bon placement de fonds, se firent autoriser à construire de nouveaux fours. Six furent bâtis en même temps (1), mais quatre ayant trompé l'attente de leurs constructeurs, ceux-ci les cédèrent à la Ville. La Ville entreprit alors de retirer aux deux autres l'autorisation donnée, afin de reprendre à son compte le monopole des fours ; mais le Vice-Légat maintint les deux fours dans les droits concédés, ordonnant seulement la construction d'un grand four en remplacement des quatre petits dont les propriétaires s'étaient démis.

Avant que les fours appartinssent à la Communauté, les fourniers étaient tenus d'exercer leur état dans le pays, sans pouvoir le faire ailleurs (2).

D'après les Capitoulx municipaux (3), ces particuliers pouvaient avoir des fours, et y cuire leur pain, à la condition de payer à l'hôpital une redevance. Les habitants de Veaulx, payaient chacun une demi-émine d'annone, moyennant ce, ils étaient autorisés à cuire leur pain au four du hameau. Une délibération du Conseil (1 février 1660), permit « aux grangers de cuire aux « fours de leurs granges, à condition qu'ils payeraient chacun « 3 livres patas à la Saint-Michel ; les 3 livres patas font, au Roy,

---

(1) Archiv. Municip. Série HH. Requête du 15 août 1740.

(2) 17 juin 1425. Gullielmus Chalueti (Chauvet), fornerius, arrestetur, ne faciat suum officium extra.

(3) LE LIVRE DES CAPITOULX (DE CAPITOLI, PETITS CHAPITRES) sorte de recueil de règlements ou de cahier des charges pour les fermiers de la Commune, a subi le sort des statuts municipaux, dont nous avons précédemment parlé, et a été bien souvent additionné et remanié. Il est écrit en français et date seulement des premières années du XVII° siècle. C'est un cahier in-4°, sans couverture, et en assez mauvais état, pour avoir longtemps et souvent passé de main en main. Il compte quatre-vingt-cinq feuillets.

« 2 livres 11 sous 5 deniers. » On comptait, dans le territoire, trente-un fours de ce genre.

IV. — De temps immémorial, une imposition pesait sur le pain. La perception en était donnée en ferme, par adjudication, pour une période triennale. Elle rendait à la Ville plus de trois cents florins par an. Mais cet impôt était impopulaire, et les fermiers avaient beaucoup de peine à le percevoir. On payait « 3 sous par émine » pour le pain blanc et le pain rousset qui se débitait chez les « hôtes » de Malaucène. Les consuls ne tenant pas toujours la main à la rentrée de ces fonds, les fermiers furent contraints, par plusieurs fois, de les attaquer devant la Chambre Apostolique, pour les obliger à faire les constatations nécessaires à la découverte des contrevenants.

Toute personne (les juifs exceptés), pouvait fabriquer du pain « blanc, rousset et bis » pour la vente, moyennant une redevance de 24 sous Roy, pour chaque salmée d'*annone* (froment), ou de *concégal* (blé grossier), payable au fermier.

Le prix du pain était réglé par l'administration municipale.

II. — Le Souquet.

I. — Le mot provençal *souquet*, actuellement employé pour désigner un petit morceau de viande de qualité inférieure, ajouté pour faire le poids, signifiait dans le principe *bonne mesure*. De là vient que l'on appelait le *souquet de vin*, la ferme du vin, comme si, dans cette ferme, ceux qui en étaient adjudicataires devaient toujours faire bonne mesure aux particuliers, obligés d'en payer les droits.

Cette branche des revenus municipaux était une des plus importantes puisque, de quarante florins, elle s'éleva bientôt à cent quatre-vingts et finit par suffire presque au payement annuel des sept cents florins attribués à la R. Chambre Apostolique, par la transaction de 1575 (1).

(1) Nous lisons en effet ce qui suit dans les statuts de 1762-63 : « Que le « fermier du Souquet sera tenu de payer à la décharge de la Communauté « et porter à ses frais, en déduction de la rente qu'il faira, la cense de sept « cens florins, grosse monnoie, que ladite Communauté supporte à la Révé-« rende Chambre Apostolique du présent Païs et, pour elle, à M. son trésorier, « à Carpentras, et de ladite cense retirer, garentir et indemniser ladite Com-« munauté, comme aussi de tous dépens et dommages et intérêts que ladite « Communauté pourroit souffrir faute de tel payement, rapporter acquit bon et

II. — Le souquet était d'ordinaire mis en adjudication sur la place publique devant l'Hôtel-de-Ville, appelé Maison consulaire, et à la chandelle. Les vieux usages, a défaut de règlements écrits, donnaient à la Municipalité le droit de procéder à cette opération locale sans autre formalité que la présence du viguier. Les choses s'étaient toujours passées de la sorte.

En 1449, comme précédemment, le Conseil avait agi de son chef, et sans autorisation préalable. L'avocat fiscal, peu content de ce sans-gêne, attaqua la Communauté, prétendant qu'elle avait outre-passé ses pouvoirs ; les statuts et privilèges de la localité n'ayant pas encore été approuvés par le Légat. Celle-ci ne voulut pas entreprendre une lutte avec plus fort qu'elle, et au lieu de faire un procès au Saint-Siège, elle fit entendre des paroles d'excuses (1) et demanda, en attendant l'approbation qu'elle sollicitait depuis longtemps, la faculté permanente de délivrer le souquet. La permission fut accordée ; mais il n'en fallut pas moins payer une amende de vingt-cinq florins.

Peu de jours après en avoir reçu l'autorisation, le souquet fut adjugé à des conditions avantageuses pour l'époque (2), mais on se méfiait de celui qui l'avait obtenu et l'on avait pris certaines précautions afin de ne pas être joué par lui (3), d'autant plus qu'un riche habitant de Malaucène, maître (Magister) Abraham, dit de Narbonne, offrait une surenchère de deux florins (4). Ce qui avait été prévu arriva, et celui avec lequel on avait d'abord traité retira sa parole. Restait l'offre d'Abraham ; mais sa qualité de juif s'opposait à ce qu'il parut comme adjudicataire du souquet. On tourna la difficulté au moyen d'un prête-nom. Peu de jours après, le Conseil désigna les deux syndics, assistés des deux autres

« valable, même public, s'il le faut ; le tout aux propres frais dudit fermier, « et, au cas que ladite vente ne fut pas suffisante pour payer lesdits sept « cens florins, ladite Communauté lui fournira ce qui manquera pour com- « pléter la somme. » (Art. 123).

(1) 22 févr. 1450. — Nullo modo litigetur cum D. N Papa, sed fiat supplicatio humilis Dño Rectori ut habeat dictam Universitatem in misericordiam.

(2) Licentiam perpetuam dicte Universi quathenus posset faceret soquetum.

(3) Reperitur aliquis qui daret de soqueto 120 florenos, cum pacto quod in dicta villa non sint nisi duo taberne clause et quod ostelarii non vendant vinum, sed capiant de vino dictorum tabernariorum.

(4) 4 juin. — Soquetum fuit liberatum Guill. Gaudiberti precio 120 florenorum per euudem, in consilio, offertos, quare esset bonum prouidere de remedio in tali forma quod dictus Gaudiberti non se *truffetur* de Universitate **Malaucene.**

membres du Conseil, pour s'assurer de la qualité du vin du *soquétaire (an sit sufficienter an non)*. Les quatre délégués prétèrent serment de s'acquitter de cette mission « selon Dieu et leur conscience » (1).

Les conventions, ou si l'on veut, le cahier des charges, étaient toujours réglés avant la délivrance publique de la ferme. Par ce moyen, les habitants savaient d'avance à quelles conditions il leur serait possible de se procurer le précieux liquide.

On procédait un jour à l'adjudication annuelle du souquet, lorsque tous les *hôtes* du pays s'opposèrent, d'un commun accord, à sa délivrance, « attendu, disaient-ils, que contrairement aux capitouls de Carpentras, Cavaillon, l'Isle, Mazan, Caromb, qui font aux hôtes une remise d'un demi-barral de vin chaque mois, représentant leur consommation domestique, les capitouls de Malaucène ne leur accordent à cet égard qu'une déduction de deux sous par florin. » Nous ignorons le résultat de cette affaire. Nous supposons qu'elle dut se terminer par un accommodement.

Le fermier du Souquet percevait « dix-huit sols roy » pour chaque salmée de vin. Il avait le droit de pénétrer dans les logis, tavernes, cabarets, le jour et la nuit « à heure non indue » pour faire le « dénombrement » des vins.

Quant aux hôtes, taverniers et autres débitants, ils ne pouvaient vendre leur vin rouge que « deux patas pour chaque pot et picher » (pinte) plus cher que ce même vin, vendu chez les habitants, à pot et à pinte.

III. — Les habitants qui possédaient des vignes dans les territoires des communes limitrophes pouvaient introduire leurs vins et vendanges sans payer d'autres droits que ceux du tarif ordinaire, dont voici la substance. Lorsque le prix du vin n'excédait pas douze patas le pot, on payait trente sous pour chaque charge de vendange « de grosse bête » et vingt sous pour

---

(1) Cum tali pacto quod si barale vini vendatur de quatuor grossis in basso, tres denarios ; — et a quinque grossis usque ad quinque grossos, vendatur quatuor denarios, — et a quinque grossis in super lucretur unum grossum pro barale. Et incontinentur, in presentia D. Viguerii fuit dictum soquetum liberatum Anthonio Buxi, precio 122 florenorum solvendorum : incontinenter vigenti florenos et in proximo futuro mense Augusti triginta et successive quartenum per quartenum, donec et quousque dicta Universitas fuerit de dictis 122 florenis persoluta. (Archives municipales: *Liber Regiminis*).

chaque charge de « petite bête » et lorsque le vin excédait douze patas, on payait la moitié moins.

Le vin et les vendanges provenant d'un territoire autre que ceux ci-dessus indiqués, devaient toujours entrer par la porte Duron, à peine de confiscation du vin, des raisins et des moyens de transport; ils acquittaient un droit d'entrée fixe de vingt-quatre sous par salmée, droit, en somme, de beaucoup supérieur à celui que l'on acquittait pour les vins et raisins de provenance locale. Ceci explique la demande d'un habitant (1) de faire admettre au tarif ordinaire son vin provenant d'un pays non limitrophe.

Rien n'était exigé des habitants pour l'entrée de leur provision de vin muscat, vin blanc et clairette « toute fraude et abus cessant. »

A une époque où la campagne était désolée par les pillards (1435), on fit un règlement municipal relatif aux vendanges. Avant le jour fixé pour leur ouverture, il était défendu d'entrer dans les vignes d'autrui. Les propriétaires eux-mêmes ne devaient point aller à leurs vignes avec des corbeilles ou paniers, ni en emporter, à la fois, plus de *trois raisins*. Pour agir autrement il fallait la permission du viguier (2).

IV. — Les maraudeurs surpris en flagrant délit de vol de raisins, se mettaient dans le cas d'être condamnés par le viguier, à demeurer, trois jours durant, sur la place publique, debout, les entraves aux pieds, les mains liées et les raisins volés attachés au cou (3).

Un peu plus tard, des peines furent édictées contre ceux dont les chiens seraient trouvés dans les vignes (1458). Il y avait deux mesures pour ces animaux, comme il y avait deux mesures pour les gens; on ne confondait pas les chiens du pays avec les chiens

---

(1) Archiv. municip. Série FF. Ordonnance du 24 janvier 1755, rendue par le Vice-Légat, en conformité de la délibération du Conseil de Malaucène, du 10 décembre 1754.

(2) 1449. 22 févr. — Super facto Anth. Rostolani quia volebat portare vinum suum de Falcone in presenti loco, pro vendendo ; fuit conclusum quod ipse portet suum vinum dumtaxat et pro isto anno.

(3) Quod nullus intret alienam vineam, neque de sua exeat, nec portet ultra tres racemos, sub pena consueta et solvendo contenta in statutis, et stando in compedibus tribus diebus ad ordinationem dñi viguerii et cum furto pendenti in collo. Neque eundo cum paneriis, cordelhiis, sine licentia dicti viguerii, usque vendemias. (Arch. municipales: *Lib. Regiminis*).

étrangers. Ceux-ci étaient beaucoup plus sévèrement traités que ceux-là (1).

§ 3. — RÈVE DE LA VIANDE

I. — On appelait Rève (*Reva macelli*) la ferme de la boucherie. La Rève joue un grand rôle dans les délibérations du Parlement, des grand et petit Conseils, aussi bien que dans les anciens règlements et dans les vieux protocoles des notaires publics.

II. — Lors de la disette de 1432, on avait donné toute facilité aux habitants d'abattre dans leurs maisons particulières tous les animaux de boucherie. Quand l'abondance fut revenue au pays, on continua à ne plus aller à l'abattoir municipal. Le trésorier du Comtat dût retirer toutes les anciennes permissions et ordonner le retour aux règles accoutumées. De rechef, l'adjudication de la ferme de la Rève fut faite à la fin du mois de février de chaque année. L'entrée en jouissance était le Samedi-Saint et le bail finissait le premier jour de Carême de l'année suivante. La ferme comprenait « la boucherie des bœufs et la grosse chair, comme aussi la boucherie du mouton et de la chair de lait », c'est-à-dire les veaux, agneaux et chevreaux.

L'adjudication avait lieu d'habitude un jour de dimanche, après les offices de la paroisse, à la chandelle et sur la place publique, après avoir été annoncée d'avance, à son de trompe, par le crieur ou sergent public, qui faisait savoir la mise à prix.

En 1435, le sergent avait annoncé que la mise à prix serait de dix-huit florins. Il n'y eut pas de surenchère et la ferme fut donnée, pour cette même somme, au premier et seul offrant.

En 1548, l'adjudication fut faite pour dix écus d'or Roy (2) et en 1457 pour quarante florins. De grandes difficultés se présentèrent, le 16 février 1461, lorsqu'il s'agissait de s'entendre, au grand Conseil, pour établir ce que nous appellerions aujourd'hui le cahier des charges. Après de nombreuses discussions, on décida que, pour cette année, la Rève ne serait point vendue, et que dans le but de combler le déficit qui allait en résulter pour la caisse municipale, on ferait une taille extraordinaire et générale (3). On revint l'année suivante à l'adjudication accoutumée.

---

(1) Duodecim denar. de banno et totidem pro esmenda. Item, de canibus extraneis, solvat 1 gross. de banno et de esmenda totidem (31 août).

(2) Decem scutos aureos regis cum signo solis.

(3) **Magnum consilium** (16 févr. 1461). Fuit multum altercatum, tamen fuit conclusum quod nullo modo Reua vendatur, sed fiat una talhia generalis pro exsolvendo negocia Universitatis.

A la fin du XVII° siècle, elle produisait, en tout, « *vingt sous*
« par an ; payables les deux tiers en bonne et grosse monnoye et
« l'autre tiers en patats, à sçavoir : la moytié au jour et feste de
« S. Michel, l'autre aux festes de la Noël ». Les adjudicataires
devaient en outre « donner aux Pénitents blancs vingt-quatre
livres de chandelles, d'après les capitouls de 1665 ». Dans la
suite, ce tribut adipeux devint beaucoup plus considérable. Les
statuts de 1762-63 obligeaient, en effet, les fermiers à payer cent
soixante et quinze livres de chandelles de première qualité,
réparties comme il suit : vingt-cinq livres à la confrérie du Saint-
Sacrement ; vingt-cinq livres à la confrérie des Pénitents et
vingt-cinq au Viguier et à chacun des quatre Consuls. Ils devaient
enfin payer au trésorier de la commune « trois livres Roy avec
un *mousquet neuf !* »

En 1715-1716, le revenu de cette ferme ne figure plus sur la
tabelle municipale que pour la somme de six livres, à laquelle il
faut ajouter douze livres un sou pour le produit de la « Reue des
couchons ».

Avec cette grande variété de monnaies, il devient assez difficile de comparer, les uns avec les autres, les produits de la
ferme aux diverses époques. Du reste, le prix de l'adjudication
variait lui-même d'après les concessions que les fermiers étaient
obligés de faire. Voici, en effet, comment on procédait à ces
opérations de la Rève. Le Conseil fixait d'abord le prix auquel
devaient être vendues les différentes sortes de viandes et les
différentes parties de l'animal. On cherchait ensuite des acquéreurs et, quand on croyait en avoir trouvé à des conditions convenables, on faisait publier l'*inquantum* (l'encan) ou l'adjudication publique.

III. — Voici le relevé du prix de la viande au milieu du XV°
siècle. Les différentes qualités et divers morceaux de viande étaient
rangés en cinq catégories, et vendues à la livre, comme il suit :

Deniers

1° Foie de mouton, lève de chevreau et agneau....... ⎫
    Tête de chevreau et agneau (la pièce)............ ⎬ 12
    Ventre de mouton, lève de mouton, chevreau et
       agneau (cuits).............................. ⎭

2° Mouton, porc : cœur, lève et ventre de mouton..... ⎫
    Tête de mouton (la pièce)..................... ⎬ 6
    Ventre de chevreau et agneau (cuits)............ ⎭

3° Bœuf et brebis.................................... 5

		Deniers
4°	Chevreau et agneau (menon)................................	4
5°	Ventre de chevreau et agneau........................	3

Au milieu du XVII° siècle, le prix du mouton était fixé de la manière suivante: « Deux sols la livre depuis le 22 juillet jusqu'au 22 janvier et, pendant tout l'autre temps de l'année de ladite ferme : 14 patats la livre ». On devait « tenir et bailler de bonnes chairs de moutons pour les malades, en caresme, en raison de trois sols et demy, en patats, la livre. »

IV. — D'après tout ce que nous avons dit de la Rève, on n'aura pas manqué d'observer que cette ferme était délivrée à un seul individu. Dans la suite, et afin de donner plus de facilité aux habitants, la Rève fut donnée solidairement à deux bouchers; mais de nombreux inconvénients ne tardèrent pas à naître de ce nouvel état de choses. Pour y porter remède, il fut décidé que les deux fermiers n'auraient plus entr'eux aucune société, afin, disent les règlements, « d'éviter tout abus ». L'un devait vendre la viande de bœuf et l'autre celle de mouton. *Le boucher du bœuf* ne pouvait pas vendre du mouton, ni *le boucher du mouton* vendre du bœuf.

Plus tard, une ordonnance du Vice-Légat permit l'établissement d'une troisième boucherie pour le porc et d'une quatrième pour « la chair de lait. »

V. — La viande mise en vente devait être fraîche et ne pas remonter à plus de vingt-quatre heures, du 1er mai au 29 septembre (1).

Les statuts de 1762 autorisaient les bouchers à donner un *souquet* ou morceau de viande de qualité inférieure, mais *de la même* bête. Ce souquet ne devait pas dépasser deux onces par livre. Personne n'en était exempt « de quelque qualité et condition qu'il put être, pas même le Viguier, les Consuls et les Maîtres de police »

Les fermiers devaient « fournir les viandes qui leur seraient demandées « pour les particuliers, les hôtes, les allants et ve-
« nants, (sauf s'il se faisoit un gros d'armée), bœufs, vaches,
« védèles, menouts, chèvres et feddes ; chascune en leur saison.»

Recommandation expresse de ne jamais donner une viande pour l'autre, (de la brebis pour du mouton, ou de la vache pour du bœuf). Défense rigoureuse de faire faux poids, sous peine d'une grosse amende.

(1) Voir *Pièces justificatives*, n° XXXIII, Statuts municipaux de 1500.

Enfin les employés des boucheries, appelés *coupadous*, seraient
« gens de bien et agréables au public, sous peine d'être chassés
« par les Consuls . »

Licence était donnée aux habitants de vendre ce qu'on appelle
la chair de lait, c'est-à-dire les veaux, agneaux et chevreaux,
ainsi que les porcs.

A la fin de 1699, des plaintes furent portées contre un boucher
qui vendait « une chair pour l'autre : de la *fède* (brebis) ou du
« *menon* (jeune bélier) pour du mouton. Il faisait payer deux
« patas par livre de plus que le tarif et ne faisait pas le poids.
« D'ailleurs, ce boucher tenait un coupadou de méchante réputa-
« tion, qui querellait le monde ». Les consuls établirent des sou-
ricières pour prendre sur le fait ceux qui leur étaient signalés ;
des gens affidés furent envoyés à la boucherie dénoncée, et les
délits de toute sorte constatés par témoins et procès-verbaux.
L'affaire fut lancée et suivit son cours. Au mois de janvier suivant,
le boucher fut simplement condamné aux dépens. Quant à sa
femme, complice de tous ces méfaits, et au coupadou, on leur
défendit « toute récrimination et de récidiver, sous peine d'incarcération ». Telle fut la bénigne sentence du Vice-Légat (1).

VI. — On aura une idée des *Capitouls de la Rève*, en lisant
l'extrait suivant de ceux de 1459 :

« *Item*... Quando quis faciet festum nuptiarum vel alia festa
possit occidere pro prouisione sua.

« *Item*, si sint duo, tres, vel plures, qui emere vellent unum
animal bouinum, pro prouisione sua, pro salando, hoc facere
possent. — Quod quando quis emere vellet unum capretum, quod
non possint esse plus de quinque personis.

« *Item* quod nullus sit ausus vendere de carnibus, pro prouisio-
nibus, sine licentia dicti macellarii, et hoc sub pena 25 solidorum
applicanda D. N. Pape.

« *Item* quod dictus macellarius teneatur occidere in dicto
macello unum animal bouinum et sufficienter, de 15 in 15 diebus,
lapso festo Si Micahelis et ultra, et de aliis et sufficientibus carnibus per tempora debita.

« *Item* quod quilibet possit vendere de carnibus porcorum sine
conditione quacumque.

---

(1) Imposuit perpetuum silentium, cum inhibitionibus de simili in futurum
committendo, sub pena carceris.

§ 4. — POIDS ET MESURES

En 1715, la ferme des poids et mesures rendait à la Communauté 75 livres.

Comme les autres fermes, elle était donnée, chaque année, à l'adjudication publique (1).

Voici un aperçu du tarif autorisé par les capitouls de 1635 et maintenus par les statuts de 1762-1763, et dont les adjudicataires ne devaient point s'écarter :

Emine d'huile....................	2 liards
Banaste de poisson.................	2 sous
Salmée de vin.....................	1 sou
Quintal de foin, paille, etc...........	2 liards
» laine...................	1 sou
» charbon	1 liard
» cocons..................	2 sous
» soie et saffran..	50 sous

Le prix était doublé quand l'acheteur était un étranger, ou même lorsque cet acheteur, tout en étant domicilié sur le territoire de la commune n'était point habitant reçu ou actif, c'est-à-dire lorsqu'il ne jouissait pas du droit de cité.

Généralement dans le Comtat, l'unité de poids était la *livre* composée de *seize onces*.

A Malaucène, il y eut un jour grande discussion pour savoir si dans cette commune, comme dans les autres localités de la même province, la livre avait bien 16 onces. Quelques-uns prétendaient que la livre de Malaucène n'avait que 15 onces. Le Conseil se réunit en présence du viguier (20 janvier 1458) et chacun exposa son sentiment ; les uns tenant pour 15, les autres pour 16 ; mais tous furent du même avis sur la nécessité d'établir l'uniformité dans les poids et les balances, et de faire une livre-étalon qui servirait de modèle et que l'on conserverait dans la Maison de l'Université. Cependant avant de rien faire, on décida d'appeler au Conseil le lundi suivant (ceci se passait le vendredi) les gens experts dans cette question et les vieillards du pays (probi homi-

---

(1) Paul Sadolet, recteur du Comtat, confirma l'usage de mettre à l'adjudication publique les poids et mesures, le 23 avril 1547. (Arch. municip. parcemin marqué de la lettre D.)

nes et antiqui, seu antiquiores) afin de prendre leur avis, laissant au viguier le droit de prononcer ensuite.

Nous avons vainement cherché la solution de cette difficulté sur les registres du conseil. A la date que nous citons il n'y a pourtant point de lacune, mais la délibération qui devait avoir lieu trois jours après, ne figure point sur le volume des procès-verbaux de la commune; ce qui nous donne à supposer qu'elle n'eut point lieu et que la victoire resta du côté de ceux qui voulaient 16 onces à la livre de Malaucène, comme dans le reste du Comtat.

Il était d'usage que chaque année, au 1" mai, dans la grande réunion populaire, on désignât un homme expérimenté auquel on confiait le soin de la *vérification des poids et mesures*. Nous trouvons en effet quelques fois, dans les procès-verbaux des Parlements, la mention de ce choix. C'est aussi ce qui fut répondu au viguier de 1448, Galéas de Saluces, lorsqu'il demanda à connaître les habitudes du pays sur la vérification des instruments servant à peser ou à mesurer les marchandises (1).

§ 5. — LODS ET VENTES.

Les Lods ou ventes produisaient, en 1715, plus de 853 livres. C'était un des grands revenus municipaux.

Les droits devaient être payés dans un délai de trois mois, et variaient suivant que les acquéreurs étaient habitants reçus ou non. Ces derniers, pour n'avoir à payer que d'après le tarif des habitants reçus, cherchaient à tromper le fisc par des ventes passées sous forme d'arrentements simulés. On prenait donc toutes sortes de moyens pour ne pas être frustré. Le plus usité par l'exacteur des droits de lods consistait à forcer les emphitéotes à passer leurs actes par devant le notaire qui remplissait les fonctions de secrétaire-greffier de la Commune. Ceci donne facilement à comprendre pourquoi cette dernière fonction était si briguée par les notaires publics du pays.

§ 6. — TAILLES ET CORVÉES.

I. — Il y avait des tailles générales et des tailles locales. Les

---

(1) 26 décembre. — Fuit relatum quod est assuetum in dicto loco quod, die prima mensis madii, Uniuersitas presentat D. viguerio unum legalem hominem qui dictas mensuras aliegalare debet, dumtaxat dicto anno.

premières étaient votées par l'assemblée des Trois-États, à Carpentras, ou ordonnées par l'autorité supérieure. Nous donnerons en exemple de taille générale celle de 1450.

Après des difficultés qui duraient depuis vingt ans, un échange définitif et authentique eut lieu entre la France et le Saint-Siège. Celui-ci fut mis en possession officielle de la terre de Valréas et céda au roi celle de Pierrelate. A cette occasion, il fut convenu que le pays Venaissin payerait au Dauphin la somme de six mille écus. Le grand conseil de la province fit la répartition de cette somme à fournir par les différentes municipalités. Malaucène, représentée dans cette assemblée par son premier Consul, Antoine Nègre, fut taxée à 58 florins.

Nous rencontrerons, dans la suite, d'autres faits relatifs à des tailles générales. Nous nous abstenons donc d'en parler plus longuement ici; d'ailleurs ces impôts constituaient une dépense sèche pour la Ville et non point un revenu.

Quant aux tailles purement locales qui se renouvelaient plus ou moins souvent, suivant les circonstances, elles avaient pour objet de procurer à la Communauté les fonds nécessaires au paiement des dépenses occasionnées par la construction et surtout par l'entretien perpétuel des remparts, des portes de la ville, et autres travaux de défense. La construction des fours à chaux et à plâtre, l'entretien des chemins, le remboursement des dettes criardes de la Municipalité et mille autres motifs entrainait souvent l'obligation de voter des tailles locales (1).

Parfois l'impôt était *personnel*. C'est ce que l'on appelait le *capage* (de *caput*, tête). Il pesait sur les chefs de famille et variait, suivant les époques et les besoins, de trente sous à un écu de soixante sous.

Dans d'autres circonstances, on avait recours à la taille *réelle*. La valeur en était levée tantôt en argent, tantôt en nature. En nature, c'était un dixain, un vingtain, un trentain, un quarantain de la récolte des grains et autres produits des champs. En argent, on demandait assez ordinairement deux liards ou six deniers par florin.

Toutes ces impositions n'étaient valables qu'après avoir été votées par le peuple réuni en parlement général et sanctionnées

---

(1) Voir *Pièces justificatives*, n° XXIX : Rescrit du recteur Almaric, ordonnant des impositions à l'occasion des réparations faites aux remparts.

par l'autorité supérieure. Elles avaient toujours un effet temporaire et passager, durant un an, deux ans, trois ans au plus (1).

La rentrée des sommes votées souffrait parfois des retards et l'administration municipale, toute débonnaire qu'elle fut, n'aimait pas les lenteurs dans la perception de ses revenus. Voici donc ce qui se pratiquait très régulièrement.

Dès que la taille était autorisée, on en mettait la ferme à l'adjudication publique et à la chandelle. En 1599, après tous les malheurs des guerres dites de religion, la Ville étant obérée de dettes et menacée par ses créanciers, juifs pour la plupart, eut recours aux enchères, sur la place Notre-Dame, en face de la maison consulaire. Il s'agissait à la fois d'un dizain et d'un capage. La perception en fut donnée, à la chandelle, à Bertrand Anthoine, au prix total de « huit mille vingt escus francs de soixante sous ».

On remit aussitôt à l'adjudicataire la note des dettes de la ville, le chargeant de les payer lui-même. C'est, du reste, de cette façon que l'on agissait presque toujours.

Ce Bertrand Anthoine était catholique ; d'habitude, les adjudicataires des impôts étaient juifs. Les enfants d'Israël étaient toujours prêts à se charger de la perception des tailles ordinaires et extraordinaires, dont ils versaient la somme dès que l'adjudication de la collecte leur avait était abandonnée. En 1445, par exemple, ils donnaient 170 florins du vingtain.

Le parlement du 1" mai 1725 décide de lever un capage d'un écu (de soixante sous) pour chaque chef de famille et, en même temps, un trentain sur tous les fruits et grains qui se perçoivent dans le territoire. Cette imposition est acceptée pour trois ans, « attendu que les revenus étant inférieurs aux dépenses, on ne « peut pas suffire aux réparations des remparts, du grand chemin « de Saint-Roch et de la reconstruction de la porte appelée « *Sobeyran* ».

Cette délibération municipale fut autorisée par le Vice-Légat Rainier d'Elci, (5 juin 1725) (2).

Le 1" mai 1733, le peuple vote un nouveau capage de « trente sols » dont la perception est permise par le Vice-Légat Philippe Bondelmonti (3).

II. — Le hameau de Veaulx, situé à l'extrémité nord-est du territoire communal, et dans sa partie la plus montagneuse,

---

(1) Voir *Pièces justificatives*, n° XXXVII : Rescrit du recteur Paul Sadolet.
(2) Archives municipales : Série CC, 63.
(3) Archives municipales : Série CC, 31.

faisait en quelque sorte bande à part pour les charges municipales. Il en était de même des quartiers situés sur les flancs du Mont-Ventoux et désignés sous les noms suivants: Arnoux, Vesce et Championes. Cela tenait à ce que, depuis les temps les plus reculés, cette partie excentrique du sol avait appartenu à des seigneurs particuliers, lesquels exercèrent longtemps leurs droits féodaux et directs sur les terres de Veaulx, Arnoux, Vesce et Championes et sur leurs fruits ; prélevant les *tasques*, sortes de dîmes au neuvième et même au huitième du produit.

Des difficultés surgissent entre ces divers propriétaires relativement aux tasques de Vesce (*Omnes tasquas omnium fructuum tocius territorii*). Ces différents sont aplanis en 1230, par une sentence judiciaire, prononcée par le juge du Venaissin pour l'Église romaine et confirmée ensuite par le juge-chancelier du comte de Toulouse (1).

Plusieurs d'entre ces particuliers ou petits seigneurs vendent (1286) à la Communauté tous leurs droits généralement quelconques sur les territoires et sur les tasques de Veaulx, Arnoux et Vesce (2). D'autres propriétaires imitent cet exemple (3).

Seule, la famille de l'Espine veut conserver ses droits. Elle est attaquée dans sa jouissance, — à tort ou à raison, — par la Communauté (1286). Celle-ci met la main sur les tasques, au huitième du revenu (*Percipiuntur dicte tasque, octave partis*), et s'empare, à titre de garantie, de tous les autres droits domaniaux, acapits, treizains, etc. Les défendeurs, pour trouver une issue à ces difficultés *dont ils ne peuvent point sortir autrement*, dit la charte, *dans leur intérêt et afin d'obtenir l'élargissement des ôtages* (personnels ou réels) saisis par la Communauté, vendent leurs droits, vrais ou prétendus, à d'autres particuliers (4).

Mais cette vente, simulée peut-être, est noblement remplacée, dix ans après (1296), par une donation simple, vraie et irrévocable, consentie par la famille de l'Espine en faveur de la Communauté (5).

Telles sont les origines des droits municipaux sur les tasques et autres revenus des quartiers de Veaulx, Arnoux, Vesce et Championnes, compris sous le nom générique de *Tasques de Veaulx*.

(1) Voir *Pièces justificatives*, n° I.
(2)   » *Pièces justificatives*. n° XI.
(3)   » *Pièces justificatives*, n° XIV.
(4)   » *Pièces justificatives*, n° XIII.
(5)   » *Pièces justificatives*, n° XV.

La Communauté use de ses droits et afferme le produit de ses montagnes.

En 1416, par acte passé dans la cuisine (*in focanea*) de la maison de Roulet-Miraillet, en présence de nobles Antoine de Châteauneuf et Jean du Puy, habitants de Malaucène, écrivant Jean Barnelli, notaire *impérial*, Etienne Buxi, syndic, accorde le droit de pâturage de Veaulx et Vesce à Louis Adhémar, co-seigneur de Mollans, au prix annuel de trois florins d'or et six gros d'argent (1).

Par devant Faulquet Gaudibert, notaire à Malaucène, les consuls Anthoine Messier et Ambroise Hugonis, donnent (23 avril 1548) par adjudication faite sur la voie publique, la ferme annuelle des tasques et revenus de Veaulx, à Michel *de Fonte*, textoris, (Michel de la Fontaine, tisserand), au prix de trente-trois florins et neuf gros (2).

Les biens des granges de Veaulx sont imposés d'un neuvain pour tous les fruits recueillis sur leur territoire, en faveur de la Communauté (6 juin 1764) (3).

Au moyen du paragraphe suivant (*Tabelle*), il sera facile de compléter ces indications relatives aux produits que la Ville retirait de son annexe.

III. — Il en était des corvées comme des tailles : les unes étant générales et les autres purement locales.

Nous aurons à mentionner dans la suite, et plus particulièrement au XVI° siècle, plusieurs tailles générales. Pour le moment, contentons-nous d'en citer un exemple.

La capitale de la province se met en état de défense. Elle purge les fossés de ses remparts. Toutes les localités du Venaissin sont appelées à faire chacune sa part de travail. Malaucène est sommée par le recteur d'avoir à s'exécuter et d'envoyer, chaque jour, à Carpentras, quatre-cents pains, une salmée de vin et quatre

---

(1) Archives municipales: DD. — Deux pièces en parchemin, mesurant la première 0™ 35 sur 0™ 25 et la seconde 0™ 8 sur 0™ 25, sont réunies et attachées par une lanière en parchemin. Au dos de la plus grande de ces deux feuilles, une main peu habile a écrit en gros caractères la date de 1470. — Or l'acte débute par ces mots: Anno... MILLESIMO QUADRINGENTESIMO SEXTO DECIMO, ce qui fait 1416. C'est l'acte de cession ; tandis que la petite bande de parchemin est la reconnaissance et l'acceptation de cet acte faite par le co-seigneur de Mollans.

(2) Archives municipales: *Liber Regiminis*.

(3) Archives municipales: *Lettre du Consul Charrasse*.

florins de monnaie, pour l'alimentation de la compagnie du capitaine dit *Bonne-Chère*, chargé de la défense de la capitale.

Les consuls trouvent les charges trop considérables en égard surtout à la pauvreté de leur commune.

Le recteur entre alors en accommodement et fait les propositions suivantes : La Province ayant besoin d'argent pour des affaires urgentes, le recteur demande que Malaucène avance à la Révérende-Chambre la somme de vingt écus pistoles, et comme ce prêt sera un service signalé rendu à la Province, en reconnaissance, le Recteur dispensera la Communauté de la corvée relative au purgement des fossés et de la contribution en vivres ; s'engageant, d'ailleurs, à faire rembourser prochainement la somme prêtée.

Les consuls rendirent compte au Conseil de la proposition du recteur et la firent accepter. En conséquence la somme fut prêtée. Le recteur, de son côté, fut fidèle à sa promesse et l'argent fut remboursé peu après (1).

On avait généralement recours à la corvée locale dans les cas urgents, lorsque la caisse municipale se trouvait à sec. Les hommes corvéables donnaient leur travail, et la Ville leur fournissait les aliments (2). Ceux qui avaient des bêtes de somme (*animalia*), étaient occupés au transport des matériaux, pierres,

---

(1) Conseil tenu le 24 mars 1563.

« Exposuerunt Consules quod die 22ᵉ presentis mensis R. D. Rector mandauit eisdem quamdam missiuam literam et inter cetera in eadem contenta mandabat eisdem ut illico, visa eadem, assederent (accederent) eumdem D. Rectorem alocutum pro certis negotiis. Quod statim fecerunt. Qui quidem D. Rector eis precepit sub grauibus penis quod haberent, seu Communitas Mallaucene, purgare eorum ratam partem fossatorum Carpentoractis prout fecerunt et faciunt alie communitates Comitatus, et vltra hoc quod Communitas Mallaucene portet, singulis diebus, in eadem ciuitate, quatuor centum panes, unam salmatam vini et quatuor florenos monete, pro alimentatione comitiue capitanei Benechere existente in dicta ciuitate.

« Sed dicti Consules remostrauerunt et informauerunt eumdem de paupertate predicti lici, adeo quia conuenerunt cum eodem quod si Communitas prestauerit Camere, pro certis negotiis urgentibus, summam viginti scutorum pistolarum, D. Rector liberabit eamdem Communitatem a predicta purgatione fossatorum et a contributione monitionis predicte et nihilominus eidem faciet restituere dictos viginti scutos, atento quod erit ad vtilitatem Communitatis.

« Consilium approbauit. »

A la suite de ce procès-verbal, on lit : — Post certos dies, illos restituit. (Archives municipales : *Registre des délib.*, f° 121).

(2) 9 février 1450. — Est necesse habere carnes pro hominibus qui stabunt in furno calcis. Sindici emant unum quadrantem bouis.

sable, plâtre, chaux. Ceux qui n'avaient que leurs bras, servaient de manouvriers (1).

La répartition de la corvée était dressée non par taxe de travail, mais par taxe pécuniaire. Être taxé à un gros équivalait, au XV° siècle, au transport d'une salmée de chaux ou de deux salmées de sable (2).

Ceux qui étaient portés pour la corvée pouvaient payer cette prestation en argent, à raison de quatre gros pour une journée.

Lorsqu'il s'agissait d'éviter quelque grand danger, ou simplement d'exécuter des travaux de fortification, les ecclésiastiques n'étaient point exempts des charges générales. De même, les biens du clergé étaient toujours imposables. Une ordonnance émanée de la Légation d'Avignon (3) maintenait la Communauté en possession d'exiger *comme de coutume* l'imposition du vingtième sur tous les biens patrimoniaux des gens d'église.

§ 7. — TABELLE

On appelait autrefois *Tabelle* ce que l'on nomme aujourd'hui *Budget*. La *Tabelle* était dressée d'avance et soumise à l'approbation de l'autorité. Afin de donner une idée du bilan des finances municipales, nous transcrivons ici une tabelle quelconque, prise au hasard (4). Nous sommes tombés sur celle de 1715-1716. Nous complèterons, de la sorte, notre exposé des revenus de la ville

Pensions

	Livres	Sous	Deniers
A M. de Cromessière................................	63	0	0
A M. de Genet.......................................	603	0	0
A M. d'Antoine.....................................	24	0	0
A M. le marquis de Brantes.....................	400	0	0
A M. Guinier..	204	0	0
Aux hoirs de Mme Gautier.....................	102	0	0
A M. de Quinson..................................	180	0	0
Au sieur Bernard Camaret.....................	48	0	0
A reporter	1.624	0	0

(1) 27 janvier 1461. — Ut quisque sciat quantas saumatas portare teneatur et quod illi qui non habent animalia curent furnum calcis.

(2) Quod pro quolibet grosso in quo fuit talhiatus, una saumata calcis et duos de arena.

(3) 9 août 1645.

(4) Il en existe un certain nombre dans les Archives municipales.

	Livres	Sous	Deniers
Report.	1.624	0	0
Au sieur Pierre Sap.....................	48	0	0
A M. de Guion........................	48	0	0
A M. d'Antoine, prêtre................	36	0	0
A M. Proal...........................	284	0	0
A M. d'Antoine, pour M. Roland.......	48	0	0
A M. de Piloubaud....................	144	0	0
A M. du Pouët........................	36	0	0
A M. d'Andrée, chanoine..............	96	0	0
A M. de Nicou........................	40	0	0
A la dame d'Andrée...................	60	0	0
A M. Hiérome Martinel................	36	0	0
A M. Jean Payen......................	40	0	0
A la D^{lle} Elizabeth Martinel................	32	0	0
Au sieur Charles Garcin...............	67	10	0
A M. Claude Joannis...................	120	0	0
A la D^{lle} Gautier, veuve.................	20	0	0
A MM. Boqui et Quinquin..............	72	0	0
A la Confrérie du S. Sacrement........	15	0	0
Aux Prêtres agrégés du Chapitre de Malaucène..	123	12	0
A l'hôpital............................	55	12	0
Aux pauvres filles à marier............	48	0	0
Aux Religieuses.......................	30	0	0
Au Chapitre de S. Siffrein (de Carpentras)......	18	0	0
Au Verbe Incarné (d'Avignon).........	168	0	0
	3.072	14	0

Charges ordinaires

	Livres	Sous	Deniers
A la Révérende Chambre pour la Cense.........	500	11	0
A la même pour Fastigages............	360	0	0
Pour le port des Fastigages...........	14	8	0
Taille du pays........................	850	0	0
Pour le présent à nos Seigneurs Supérieurs....	55	16	0
Au Prédicateur.......................	120	0	0
A MM. les Prêtres agrégés............	3	0	0
A l'Organiste.........................	36	0	0
Au Campanier........................	3	0	0
Pour l'huile de la lampe (du Sanctuaire)......	48	0	0
Pour les Cierges dominicaux..........	15	12	0
A reporter.	2.006	7	0

	Livres	Sous	Deniers
Report.	2.006	7	0
Pour les Assises	6	0	0
Avoine et Pignatelle	499	10	0
Pour la Visite des Veaux	18	0	0
Au Secrétaire pour gages	60	0	0
Au Portier	72	0	0
Au Trésorier	36	0	0
Aux Auditeurs des Comptes	18	0	0
Aux Gardes du Terroir	60	0	0
A l'Horlogier	24	0	0
Au Sergent-trompète	12	0	0
Au Régent des Escoles	108	0	0
Aux Sages-femmes	7	16	0
Au Fontenier	24	0	0
Au Peseur de la Chair	30	0	0
Au Capitaine de la Junesse	2	8	0
Pour Poudre à Canon	15	0	0
Aux Musiciens	30	0	0
	3.059	1	0

Autres parties à payer

	Livres	Sous	Deniers
Arriéré par la précédente Tabelle	3.352	11	9
Pour le Change de la Monoye	314	0	0
Pour le louage des boucs	6	0	0
Plus dépenses extraordinaires	991	2	5
	4.663	14	2

Rentes et Revenus

	Livres	Sous	Deniers
De l'Imposition sur le Pain	318	11	1
Du Grand-Four	249	0	0
Du Four-neuf et du Four-vieux	330	0	0
Du Postage des trois Fours	420	0	0
Des Grangers, pour le droit de postage	87	0	0
Du Souquet à vin	333	8	10
Du Pressoir à vin	18	1	8
Les deux Boucheries	6	0	0
Des Poids et Mesures	75	0	0
Du Droit des Lods	853	2	4
Du Chapitre de Notre-Dame (d'Avignon)	30	0	0
A reporter.	2.720	3	11

	Livres	Sous	Deniers
Report.	2.720	3	11
De Jean et Michel Guintrand et autres..........	55	5	6
De la Sueille (fosse à fumier) du portail Filiol...	19	0	0
De l'Escoubage de la porte Duron...............	7	0	0
De l'Escoubage de la Fontaine haute............	1	2	0
De celuy de la Fontaine basse..................	1	10	0
De la Feuille des Muriers......................	5	2	0
De l'Herbage de S. Raphael....................	2	3	0
Des Perdrix...................................	16	4	0
De la Reue des Couchons......................	12	1	0
	2.973	11	5

Rentes en Grains

	Saumées	Eyminées	Cosses
Du Moulin à bléd de la porte Duron.			
En Bléd.................................	16	7	21
En Conségal.............................	34	0	0
Du Moulin à bléd de la porte Filiol.			
En Bléd.................................	13	7	15
En Conségal...	27	7	0
Des Tasques des Veaux.			
En Bléd.................................	14	7	4
En Conségal,............................	26	6	9
Du Poids des Grains et des Farines.			
En Bléd.................................	8	0	11
En Conségal.............................	16	0	20
Des Habitants des Veaux, pour cuire à leurs granges,			
En Bléd.................................	0	7	0
De divers particuliers.			
En Bléd.................................	0	1	7 1/2
Toutes les rentes en grains arrivent à............	162	4	27 1/2
Sur quoy, ayant déduit pour les charges en grains.	6	4	16
Reste à la Communauté.......................	156	0	11 1/2
On doit compte d'avoir vendu des années précédentes.....................................	257	6	0
Plus qui restoit à vendre des années précédentes dont le prix total de vente est 3,853 livres 8 sous.	115	1	2 1/2
Il ne reste donc plus à vendre des grains des années précédentes que.............................	59	1	28

Autres parties dont la Communauté a joui

	Livres	Sous	Deniers
A compte du Capage imposé en ladite année, sans faire mention d'aucune permission.........	906	13	4
Plus, provenant de l'exaction des censes en grains.	348	14	8
Plus, la somme empruntée en pension perpétuelle de MM. Boqui et Quinquin, en suite du Rescrit du 6 novembre 1715......................	1.200	0	0
Plus, augmentation arrivée sur les espèces dudit emprunt.................................	40	10	0
Plus, capital deu à M. Joseph-Marie d'Antoine, ayant droit de M. François Roland (de Carpentras); attendu que la pension est nouvelle et n'a pas donné compte dans le crédit................	1.200	0	0
	3.695	18	0

Résultat des Rentes

	Livres	Sous	Deniers
Rentes et Revenus en argent..................	2.973	11	6
Rentes en grains...........................	3.853	8	0
Autres parties dont la Communauté a joui.....	3.695	18	0
	10.522	17	6

Résultat des Debtes

	Livres	Sous	Deniers
Pensions.................................	3.072	14	0
Autres parties.............................	4.663	14	2
Charges ordinaires.........................	3.059	1	0
Dépenses extraordinaires...................	900	0	0
	11.695	9	2
Somme totale des Debtes........	11.695	9	2
Celle des Rentes.......................	10.522	71	6
Reste en arrière......................	1.172	11	8

Comme on voit, le budget municipal était obéré en 1715-1716 et ce fait constituait un état normal, nécessaire même, et en voici la raison. Le pays avait beaucoup souffert durant l'anarchie de l'époque féodale et des guerres de religion. La ville, plusieurs fois prise et saccagée, s'était vue forcée à payer de fortes contributions. Les réparations du fort, du château et des remparts extérieurs et l'entretien des troupes italiennes, envoyées sans cesse à sa défense, avaient épuisé ses finances, et comme les charges dépassaient les revenus, le Conseil s'était lancé dans la voie ruineuse des emprunts, dont il fallait servir les intérêts, suivant l'usage ancien, au six, au sept pour cent, et même davantage.

Si l'on ajoute à cela la persistance de la Communauté à vouloir devenir propriétaire de son propre sol, afin d'être libre et *damefoncière*, ne relevant plus directement d'aucun petit seigneur, ni même de la Révérende-Chambre apostolique, on comprendra cet état de gêne dont elle ne pouvait s'affranchir.

Ceci, du reste, ressortira, d'une façon très-saillante, de ce que nous dirons bientôt à propos du territoire.

CHAPITRE NEUVIÈME

ADMINISTRATION RELIGIEUSE.

§ 1er. — L'ÉVÊQUE DIOCÉSAIN.

Malaucène dont tous les habitants étaient catholiques (à quelques rares exceptions près, comme nous le dirons bientôt), fut toujours comprise dans le diocèse de Vaison et considérée comme une des paroisses les plus importantes de cette circonscription ecclésiastique.

Les procès-verbaux des visites pastorales, conservés aux Archives du département de Vaucluse, présentent ce qu'il y a de saillant dans les relations officielles entre l'évêque et ses diocésains. Nous allons donc en faire le relevé.

I. — Les prélats, tout comme les autres fonctionnaires supérieurs de tous les ordres, légats, recteurs, généraux, magistrats, etc., faisaient leurs visites « avec grand bruit et grand fracas. » Ainsi le voulait l'étiquette.

Ils voyageaient en litière ou chaise à porteur; plus tard ils montèrent à cheval et enfin en carrosse. Ils étaient accompagnés de vicaires généraux, chanoines, aumôniers, secrétaires et d'une troupe nombreuse de serviteurs.

Une vingtaine de cavaliers allaient à la rencontre de l'éminent visiteur jusqu'à la limite de la commune, sur la grande route de Vaison. Dès qu'apparaissait le cortège épiscopal, les cavaliers exécutaient des salves de « pistolétades ; » puis, ils précédaient le prélat jusqu'au moulin de la porte Filiol.

L'évêque mettait pied à terre devant une chapelle improvisée à cet effet dans la cour du moulin. Il y entrait et se revêtait des habits pontificaux. Puis il était reçu par le curé en chape, environné de tous les ecclésiastiques de la paroisse, par le viguier, les consuls en chaperons, et par les notables.

Une harangue était adressée au prélat par le premier magistrat de la ville ; en français, ou même en latin, comme fit, en 1761, le chirurgien Ripert, premier consul, s'adressant à l'évêque Charles François de Pélissier de Saint-Ferréol.

Le prince de l'église remontait ensuite à cheval, et marchait processionnellement sous le dais, dont les bâtons étaient portés par le viguier et les consuls ; les cavaliers ouvrant la marche, et l'artillerie annonçant au loin l'arrivée du seigneur-évêque diocésain.

Le cortège suivait la Grand'rue et la rue Chaberlin et arrivait à l'église. L'évêque descendait de cheval devant la porte principale de l'édifice paroissial, où se faisaient les premières prières liturgiques, puis il se rendait soit chez un des grands personnages du pays, laïque ou ecclésiastique, soit à une hôtellerie. Celui qui avait reçu l'évêque était ensuite défrayé par la Communauté de toutes les dépenses faites à cette occasion, comme nous le voyons en 1433, pour Hugues de Teissac (1), et, en 1449, pour Pons de Sade (2).

II. — Durant des siècles, les évêques n'avaient pas eu à se mettre en peine de savoir ce que coûtaient leurs tournées épiscopales. Ils finirent par prendre pour un droit ce qui était un pur usage gracieux, résultant du savoir-vivre des habitants. Les gens de Malaucène payaient parce qu'ils étaient libres de ne pas payer.

Cette espèce d'équilibre social et financier fut rompu par une mesure arbitraire que rien ne justifiait. L'official général du diocèse rendit une ordonnance en vertu de laquelle la moitié des frais de la visite pastorale serait à la charge de la Communauté.

Appel de la Ville contre cette ordonnance ; gain de cause est donné à la Communauté. Appel de l'évêque devant le vice-gérent ; gain de cause est encore donné à la Communauté. — Nouvel appel devant le cardinal d'Armagnac, co-légat du cardinal de Bourbon. Pour la troisième fois, gain de cause est donné à la Communauté ; le co-légat ayant décidé que celle-ci n'aurait point à entrer en part des dépenses (6 avril 1566).

Les Malaucéniens, satisfaits d'avoir eu raison dans cette affaire, n'en continuent pas moins à se montrer gracieux vis-à-vis de leur premier pasteur et à solder la note (3). Mais ils tiennent à

(1) 18 mai. — Quum D. Vasionensis episcopus fuit Malaucene, ad faciendam ordinationem, sindici soluerunt, pro sumptibus suis, duos florenos.

(2) 18 mars. — Retulit Guillelmus Gaudiberti soluisse nobili Anthonio de Remusato, pro expensis et indemnisationem expensarum factarum per D. episcopum in domo dicti nobilis Anthonii, videlicet nouem grossos.

(3) 19 décembre 1583. — Que pour cette fois et « sans conséquence » l'on deffraye l'évêque lors de la prochaine visite pastorale. (Arch. municip. — Registre des délibérations du Conseil).

prouver que s'ils sont généreux c'est par pure courtoisie et non point par ordre (1).

Aussi après la visite pastorale faite en 1616 par Guillaume IV de Cheisolme, soixante-douzième évêque de Vaison, le gérant de l'hôtellerie du *Lion d'or* présentait-il la note (qui s'élevait à vingt-deux écus), non point aux consuls, mais au vicaire perpétuel de la paroisse, Joseph Drumon. Le vicaire passa la note à l'évêque, et l'évêque au Chapitre métropolitain d'Avignon, prieur en titre de la paroisse Saint-Michel de Malaucène.

La Rote du Palais Apostolique d'Avignon trancha ce différend en faveur de la Communauté contre l'évêque (9 mars 1623) auquel ce tribunal donnait recours contre le Chapitre de Notre-Dame-des-Doms, comme prieur de Malaucène *et alios quos de jure, si et quatenus, de jure teneri reperiantur.*

Le Vice-Légat, Cosme Bardi, confirma ce jugement (19 décembre 1625), qui laissait désormais les frais à la charge du Chapitre et des autres co-prieurs (2).

Ce règlement fut suivi tant qu'il y eût des évêques à Vaison.

III. — La visite durait trois, quatre ou même cinq jours, avec deux cérémonies ou *vacations* par jour; une le matin, l'autre le soir. L'évêque confirmait (3), faisait de petites ordinations (4) visitait le matériel et le personnel soumis à l'inspection canonique, commençant toujours par l'église paroissiale; blâmant, approuvant ou réformant, suivant les circonstances.

Faisons connaître quelques-unes de ces décisions épiscopales.

(1) 28 mai 1600. — Prouver à l'évêque, pièces en main, que la Communauté n'est pas tenue de le défrayer et encore moins sa suite; que si on le fait, c'est par « pure courtoisie et sans conséquence. » (Rég. des délib.)

(2) Un rôle détaillé avait été dressé pour indiquer les corporations et les individus qui devaient entrer en part des dépenses.

Le premier tiers était à la charge du Chapitre métropolitain.

Le second tiers était reparti comme il suit : L'Hôpital et la Charité réunis. —L'Œuvre des pauvres filles à marier. — Les confréries du Saint-Sacrement, du Suffrage, du Rosaire, de Saint-Joseph et des Agonisants. — Enfin, l'Œuvre de la demoiselle Guintrandy.

Le reste de la dépense était supporté par la Magdelaine, — l'Agrégation, — Saint-Baudile, — les Pénitents-Blancs, — les Congrégations de filles et de la jeunesse, — et enfin par les individus dont les noms suivent, ou du moins par leurs hoirs: Ricard,—Brémond, curé d'Entrechaux, — Billon,— Arnayen. — Giraud, — de Jonquerette, — Garcin et Galand. (Archives paroissiales : Registre des capitaux de la confrérie du Saint-Sacrement, 1772).

(3) Les listes de confirmation conservées aux archives donnent les noms des parrains et marraines des personnes admises à recevoir le sacrement.

(4) Par exemple, le dimanche 11 octobre 1761.

Après la grand'messe des dimanches et fêtes, (chantée à huit heures en été et à neuf heures en hiver), il y aura toujours une messe basse.

Les PP. Augustins cesseront d'avoir des messes dans leur chapelle durant la messe du prône et ne commenceront de célébrer leurs messes que lorsque celle-là sera terminée.

Il en sera de même pour les Pénitents. Leur messe commencera à sept heures en été et huit heures en hiver. Il leur est, en outre, défendu de laisser entrer dans leur chapelle les personnes du sexe, pour les offices de la Semaine-Sainte.

L'habitude de donner du pain bénit aux offices des dimanches et fêtes est louable et doit être conservée.

Aucun banc ne devait être placé dans l'église sans la permission de l'Ordinaire. On profitait du moment où celui-ci faisait sa tournée pastorale pour lui présenter, dans l'église même, les demandes de ce genre, afin de n'avoir pas à écrire à l'évêché.

Voici une supplique de ce genre :

« Expose humblement Esperit de Bottins (de Mazan) de Vallouse
« que, depuys huict à dix jours, et ça auec participation et
« consentement du Vicaire de l'église paroissiale et des Consuls
« du lieu, anoyt faict dresser, dans ladicte Eglise parroichielle et
« chapelle appelée de Saint-Jacques, ung banc noyer auec son
« accoudoir, pour le decorement de ladicte chapelle et pour le
« seruice d'il exposant et de ceulx de sa mayson, lorsque ils
« assistent aux diuins seruices quy se celebrent dans ladicte
« Eglise, et aultrement pour y pryer Dieu selon leur deuotion. »

En reconnaissance, Esprit Boutins de Vallouze fonde dans la paroisse une messe à dire tous les lundis. Il hypothèque à cet effet un capital de 200 florins, produisant six pour cent.

L'attention du prélat, — nous le verrons plus tard, — se porte également sur les couvents et les établissements hospitaliers, sur la chapelle des Pénitents et sur le sanctuaire vénéré du Groseau, etc.

L'évêque s'enquiert aussi de tout ce qui concerne l'observation des lois de l'église, notamment pour la sanctification des dimanches et jours de fête. Des permissions sont données pour les travaux urgents de la campagne. « Nulle personne ne pourra « exposer la *roue de la fortune* en public, pour jouer, qu'après « les offices divins, à peyne de confiscation *ipso facto* ».

Le régent des écoles est appelé. Le prélat veut savoir de sa bouche même, comment il s'acquitte de ses devoirs, s'il fait le catéchisme, s'il conduit les enfants à l'église pour les offices du dimanche. Les sages-femmes sont également mandées, afin de donner la certitude que, dans un cas pressant, elles sauront administrer validement le baptême.

« Feu Joseph Filiciet avait fait faire un tableau représentant la
« Sainte-Famille, pour être placé à un autel qu'on dresse au plan
« ou rue du Rieu, lors des processions du Saint-Sacrement. Le
« tableau était retenu par Jérôme Davin ».

Le cas est soumis à l'évêque Pellissier (1761), celui-ci, prenant peut-être pour point de départ de sa décision, notre principe moderne « En fait de meubles, la possession vaut titre », ordonne que Jérôme Davin conservera le tableau chez lui, à la condition de le prêter toutes les années, lorsqu'on fera la procession.

L'inspection canonique terminée dans la mère-paroisse, l'évêque montait à cheval, accompagné des gens de sa suite (qui tous étaient également à cheval), pour faire la visite à l'annexe de Veaulx.

Dans sa tournée de 1726, l'évêque J. L. de Cohorne partit à cinq heures du matin de Malaucène et ne mit pied à terre à Veaulx qu'à huit heures. Les habitants, dont le service religieux était fait par un des prêtres de Malaucène, demandèrent un curé résidant. L'évêque promit d'y penser (1).

§ 2. — LES CURÉS DE MALAUCENE ET LES PRIEURS DU GROSEAU

L'administration paroissiale fut, dès le principe et jusqu'au 28 juin 1117, confiée à des curés pris dans les rangs du clergé séculier.

A cette date, l'évêque Rostang (2) plaça l'église paroissiale Saint-Michel, ainsi que les autres églises du pays, (sauf celle de Sainte-Marie-Magdeleine), sous la juridiction immédiate du prieur du Groseau, autorisant celui-ci à présenter à l'évêque les sujets de son choix et à lui demander, pour eux, l'institution canonique.

Les sujets appelés aux bénéfices devaient, autant que possible, être pris parmi les prêtres du diocèse. Néanmoins, les titulaires

---

(1) Cf. Archives municip., Registre n° 3 du Livre des Privilèges, passim. Série CC., 4, et 14° vol. des délibérat. du Conseil. — Archives paroiss.. *Liber B. fundationum* f° 82. — Archiv. département., Archives de l'Evêché de Vaison, Liasses: Visites pastorales, et Série B, Cours séant au palais Apostolique, B, 571 (1616). Malaucène 3, 51, pièce 31.

(2) Voir: pages 95 et 96.

d'origine étrangère ne devaient point être dépossédés sans un jugement épiscopal.

Il résulte des divers documents mis à notre disposition que les moines administrèrent par eux-mêmes la paroisse pendant environ deux siècles et demi.

Comme il devait leur être pénible d'habiter leur monastère et de desservir en même temps l'église paroissiale, deux ou trois d'entre eux furent spécialement chargés de l'administration des sacrements et des autres fonctions paroissiales; les autres continuant à vivre dans leur solitude.

Les religieux appelés à l'exercice du ministère pastoral furent logés dans une maison qui porta dès l'origine le nom qu'elle conserve encore aujourd'hui. Elle fut appelée *le Prieuré*.

Guinier fait remonter la construction de cet édifice à l'année 1120 environ, c'est-à-dire aux premiers temps qui suivirent la donation de l'évêque Rostang. Nous sommes de cet avis et la position seule du Prieuré, entre les anciens remparts du Vieux-Bourg et les nouveaux remparts, construits au XII° siècle, suffirait pour empêcher une longue incertitude à cet égard.

Du reste, il est parlé de cette maison dans un acte portant la date du VIII des Ides de mai 1185, acte dont il existe, aux Archives de la Ville, une copie écrite de la main d'Alexandre Filiol, jadis curé de Malaucène.

C'est une transaction relative aux dîmes dues par l'église du Barroux. Il y est parlé du P. Jean, abbé de Saint-Victor de Marseille et de D. Chabuone, prieur de Sainte-Marie-de-Grausello, comme devant intervenir pour la ratification de cet acte. (On n'a pas oublié que l'église du Barroux avait été donnée aux religieux de Saint-Victor par les papes Pascal II et Innocent II et par l'évêque Rostang).

Le manuscrit traitant de Malaucène donne sur la maison du Prieuré d'assez longs détails parmi lesquels nous choisirons les quelques petites particularités suivantes comme présentant seules un véritable intérêt.

L'édifice avait été construit, en moyen appareil, avec des pierres provenant des carrières de Beaumont. Il était desservi par plusieurs escaliers. On y voyait un cloître et plusieurs cours, des salles vastes, nombreuses et voûtées, du moins au rez-de-chaussée. La chapelle était en tout semblable à celle de Saint-Quenin, dans le château d'Entrechaux. La voûte, dont les nervures s'entrelaçaient et se confondaient, était supportée par six colonnes élancées.

C'est dans ce petit sanctuaire que se réunissaient les religieux pour tous leurs exercices de communauté, de préférence à l'église paroissiale qui ne leur servait que pour les offices publics. Près de l'autel était le tombeau réservé à la sépulture des prieurs, recouvert d'une large pierre sculptée, avec croix et inscriptions.

Lorsque les Bénédictins cessèrent d'administrer par eux-mêmes la paroisse Saint-Michel, ils en confièrent le soin à des prêtres séculiers de leur choix.

Un des premiers, sinon le premier de tous, nous paraît être Rostang Melhet. Le 18 du mois de janvier 1372, il présente, par devant notaire, à Jacques de Vacqueries, prieur du Groseau, des lettres apostoliques, en bonne et due forme, avec sceau à la cire blanche, émanées de Grégoire XI, par lesquelles ce pape demande au prieur de réserver au porteur le premier bénéfice vacant parmi ceux qui sont à sa collation. Le prieur reçoit ces lettres avec respect et promet à Rostang Melhet de lui réserver le premier poste dont il pourra disposer. Acte de cette promesse est dressé par le notaire (1).

Le prieur tient parole et donne au solliciteur (2) le bénéfice curial de Saint-Michel, relevant de la sorte ses religieux des soins de l'administration paroissiale.

Les prieurs continuent à user de leur droit et présentent à la nomination épiscopale les sujets de leur choix. Le curé Buxi déclare par une reconnaissance du 26 novembre 1493 tenir son

---

(1) Nouerint, etc... Quod anno quo supra (1372), die dominica, XVIII mensis Januarii, constitutus in presentia honorabilis et religiosi viri D. Jacobi de Vacqueriis, prioris prioratus de Grausello, Vasion. dyocesis. ordinis sancti Benedicti, D. Rostagnus Melheti, presbiter de Malaucena, exhibuit ac presentauit eidem D. Priori literas apostolicas Pontificis Gregorii Pape XI, in forma communi; de aliquo beneficio vacante, ad collationem dicti Domini Prioris de Grausello, etc. Quibus lectis, prememoratus et prefatus D. Prior cum reuerentia qua decet recipiens, certum promissi obtulit, se paratum facere quod debebit, etc. Actum Malaucene, in claustro, in crota. Testes presentes, etc. (Liber notarum breuium, ad annum 1372, en l'étude de Me Souchon, nota re à Malaucène).

(2) Ce Rostang Melhet, curé ou vicaire perp'tuel de Malaucène, en 1372, est-il le même que celui dont nous avons parlé au chapitre VII du présent livre, (page 122, sous la date de 1419 ? Ou bien nous trouverions-nous en présence de deux personnages différents, portant mêmes nom et prénom, l'oncle et le neveu, par exemple ? — Nous inclinerions pour le premier sentiment, rien dans les archives ne donnant à supposer qu'il y ait eu deux Rostang Melhet.

bénéfice de la seule disposition du prieur, (*sub censu, singulis annis, sex solidorum turonensium,*) et rien ne démontre qu'il soit survenu des modifications dans le mode de collation de la cure jusqu'aux réclamations faites en 1720. Le curé Alexandre Filiol établit par deux longs mémoires, (conservés aux Archives du département), que les curés ont existé dans le pays longtemps avant les moines, et que si la paroisse a été donnée à ces derniers, elle est rentrée naturellement dans le droit commun du moment où, par suite d'un procès, (dont-il sera question plus tard), les religieux de Saint-Victor ont cessé de posséder le Prieuré de Malaucène.

Toutefois, il faut arriver jusqu'à 1786 pour voir mettre en pratique les disposition du Concile de Trente. A la mort du curé Brémond, le bénéfice fut mis au concours, en vertu des ordres de l'évêque Pellissier de Saint-Ferréol. L'ordonnance épiscopale fut affichée à la porte de l'église-cathédrale de Vaison, par les soins du notaire-chancelier de l'Evêché (22 juillet 1786).

Nous ne dirons rien dans ce chapitre des prieurs de Sainte-Marie-Magdeleine, ces bénéficiers, religieux ou séculiers, n'ayant jamais eu de part dans l'administration du pays.

CHAPITRE DIXIÈME

LES JUIFS (1253-1660)

Les Juifs étaient sous la dépendance des trois administrations dont nous venons de parler. D'ailleurs, arrivés pour la plupart à Malaucène à la suite de Clément V, leur histoire se mêle à l'histoire du pays. Telles sont les raisons pour lesquelles nous plaçons ce chapitre après ceux qu'on vient de lire et auxquels il sert en quelque sorte de complément.

Le Polyptique des comtes de Toulouse (1) mentionne deux Juifs comme habitant déjà le pays en 1253 et payant au seigneur des redevances pour des jardins.

De même, le procès-verbal du Parlement pour la nomination de syndics chargés de procéder à la délimitation entre le territoire de Malaucène et ceux d'Entrechaux et du Crestet (2), faite en 1282, parle de trois Israélites qu'il compte parmi les habitants présents à cette grande réunion (3).

Le Venaissin étant devenu la propriété définitive du Saint-Siège, les Juifs, partout persécutés, virent dans cette province, enclavée au sein même de la France, un asile protecteur et un lieu de refuge. Ils s'y précipitèrent, c'est le mot, en toute confiance. Ils connaissaient la beauté de ce pays qu'ils avaient autrefois habité. Ils savaient aussi, par l'expérience des siècles écoulés, que les Souverains Pontifes les couvraient de leur protection contre les exagérations souvent furieuses et sanglantes de fanatiques rapaces, auxquels la religion servait de prétexte et d'excuse.

Le roi de France, Philippe-le-Bel, surnommé à juste titre le Faux-Monnayeur, profita des accusations portées contre les enfants d'Israël pour les faire tous saisir le même jour, dans ses états, le 22 juillet 1306. Il les chassa de France, leur défendant sous peine de la vie d'y jamais rentrer. Il confisqua tous leurs biens, préludant ainsi à la destruction de l'ordre des Templiers dont il convoitait les immenses richesses.

(1) Voir : *Pièces justificatives*, n° II.
(2) Voir : *Pièces justificatives*, n° VII.
(3) Fait unique dans l'histoire locale. Jamais les Juifs n'étaient admis dans les assemblées municipales.

Cette rude persécution eut pour résultat de diriger la fuite des Juifs vers le Comtat; ils y arrivèrent par milliers. Trois ans à peine s'étaient écoulés, lorsque le pape Clément V fixa sa résidence la plus ordinaire à Malaucène. Il y fut suivi par une foule d'étrangers et surtout d'Israélites. A chaque page, on retrouve dans les vieux registres des délibérations et dans les anciens protocoles des notaires, ces mêmes noms, à teinte géographique, qui subsistent encore dans le département de Vaucluse : Astruc de Beaucaire; — Vidal et Salvet de Cadenet; — Aulas de Carcassonne; — David et Raffel de Lunel; — Vidone de Melgueil; — Jossé, de Monteux; — Salomon de Noves; — Abraham de Narbonne; — Salomon et Crescen de Rodez; — Durand des Vignères; — Jacob et Meyr de Valabrègues, etc.

Ces enfants d'Israël furent confinés près de la porte Filiol, dans un quartier de la ville appelé dans la langue officielle de l'époque SIRVAGIUM JUDEORUM, et *Juiverie* dans la langue du peuple.

La Juiverie se composait d'une trentaine de maisons ne communicant avec le reste de la ville que par une porte donnant sur la rue des Trois-Pèlerins, et constituant avec de hautes murailles une véritable prison, un *Sirvagium*.

Cette porte, de style roman, existe encore.

Tous les soirs elle était fermée, après le couvre-feu, par le sergent papal qui en remettait les clefs au viguier, sur un plateau d'argent. Les habitants de la Juiverie étaient de la sorte emprisonnés jusqu'au lendemain matin.

Leur cimetière était situé dans la plaine dite de la *Béoune*, sur le chemin de Beaumont.

L'évêque de Vaison fit des difficultés au sujet de l'établissement des Israélites. Il ne voulut pas cependant les renvoyer. Il se contenta de les obliger à une redevance annuelle. Chaque Juif devait donner une livre de gingembre, une livre de poivre et deux livres de cire. Cet impôt était appliqué à l'entretien du cimetière et des écoles. Pour comprendre la raison de la nature de cette contribution, on doit se rappeler qu'à cette époque le commerce des épiceries était entre les mains des enfants d'Israël.

Ce que nous venons de dire des difficultés faites par l'évêque de Vaison à la réception des Juifs dans son diocèse, doit s'entendre d'une époque postérieure à Clément V. Ce peuple fut en effet chassé de France, après la fameuse conspiration de 1321; il fut même expulsé du Comtat, sous Jean XXII. Il s'agit d'un nouvel établissement des Juifs, à Malaucène, après la peste de 1348, dont on les avait rendus responsables ; et c'est à cette même époque que nous voyons intervenir l'évêque de Vaison. On leur permit de vivre dans l'enceinte de la ville et dans le quartier qui leur avait été jadis affecté ; mais ils ne furent point traités comme les habitants reçus ou actifs et ne jouirent jamais des droits de cité. Par exemple, il leur était formellement interdit de vendre de la viande (1), du pain, du vin (2), ni rien de ce qui sert à l'alimentation. Il leur était aussi défendu de rien toucher de tout ce qui était exposé en vente soit sur les marchés, soit dans les magasins, sous peine d'être obligés d'acheter tous les objets souillés par leur contact. Ils étaient en cela assimilés aux femmes de mauvaise vie (3); on les regardait même comme des empoisonneurs publics et comme des gens à craindre et des malfaiteurs de profession (4).

En 1425, le viguier voulut les autoriser à tuer, à l'abattoir commun, les animaux destinés à leur alimentation. Le Conseil s'y opposa et chargea ses syndics d'en appeler au recteur. Celui-ci révoca l'autorisation donnée par le viguier. Les Juifs déclarèrent ne pas vouloir plaider contre la Communauté et se contentèrent de demander que le différent fut définitivement réglé en leur présence par le recteur, contradictoirement avec les syndics. Ils obtinrent par grâce spéciale *(gratia speciali)* de pouvoir tuer *(sagatare)* dans l'abattoir commun, deux fois par semaine, à l'approche de la fête de saint Michel ; mais il était expressément convenu que, cette fête une fois passée, les Juifs devaient s'en tenir aux dispositions édictées dans les statuts municipaux.

En suite de cette décision, deux des principaux juifs refusèrent de payer ce qu'ils devaient à la caisse publique, disant que puis-

---

(1) Les Juifs trouvaient cependant le moyen de tourner la difficulté. Ils prenaient un prête-nom qui soumissionnait pour eux à l'adjudication de la ferme et les représentait ensuite vis-à-vis de l'administration, tandis qu'ils faisaient eux-mêmes le commerce de la boucherie pour leur propre compte. Josué de Monteux se permettait de paraître dans le lieu de la vente, touchait les viandes et les pesait même, ce qui lui fut sévèrement défendu *quia judeus est* (7 juillet 1448).

(2) Le 12 janvier 1447 on dénonça les Juifs au Conseil, comme vendant du vin *(faciunt tabernam)*. Il ne s'agissait pourtant pas de tous les Juifs, mais d'un seul nommé Meyr. Celui-ci se justifia disant qu'il ne faisait point taverne. Il vendait seulement du vin qui lui avait été cédé en payement d'une dette.

(3) STATUTA AVENION, 1243. cap. 137: — Statuimus quod *Judei et meretrices* non audeant tangere manu panem vel fructus qui expenuntur venales. Quod si fecerint tunc emere illud quod tetigerint teneantur.

(4) In diebus dominicis et festis, hora misse, *Judei et alii malefactores* exeunt extra villam, dampnum facientes (28 juillet 1434).

que on ne voulait point leur accorder ce qu'ils demandaient, il n'était pas juste qu'on fit peser sur eux le fardeau des tailles et des impôts. Ce fut inutilement qu'ils essayèrent de bouder ; les syndics munis de pleins pouvoirs opérèrent la rentrée des sommes réclamées.

Malgré ces difficultés, d'autres Juifs, plus persécutés ailleurs qu'ils ne l'étaient à Malaucène, demandèrent qu'on voulut bien les recevoir dans la ville. Ils éprouvèrent un refus absolu. On était fatigué de la présence des enfants d'Israël (1). Ceux-ci, de leur côté, étaient aussi ennuyés. Les remparts de la ville sans cesse ébranlés par les secousses guerrières les faisaient trembler pour leurs beaux florins d'or. *Ils pratiquaient l'usure d'une façon si admirable!* dit un historien. Lorsque les paisibles habitants du pays, entièrement adonnés à la culture de leurs terres, avaient besoin d'argent, ils étaient obligés d'aller trouver les Juifs qui les « écorchaient » suivant l'expression pittoresque de l'abbé Guinier. Il en était de même pour les emprunts à faire par la Communauté. Qu'on en juge par les deux faits suivants.

La caisse municipale avait besoin de cent florins. On les fit chercher dans les environs, et l'on s'adressa aux Juifs, naturellement. Les cent florins furent trouvés à Avignon au 10 0/0 et à Carpentras au 11 0/0 (9 juin 1432).

Dans une autre circonstance analogue, quelques années plus tard (15 mai 1445) les Juifs de Carpentras offrirent de l'argent à la Communauté au 15 0/0. Le Conseil répondit « qu'on les refuse et qu'on cherche ailleurs » et en même temps on prit des mesures contre cette pratique *si admirable* de l'usure (2).

Les routiers de Bernard de Guarlans, menaçant la ville d'un siège, les Juifs qui en avaient assez de toutes les épreuves au travers desquelles ils avaient passé, songèrent à mettre en sûreté leurs personnes et... leurs trésors, et résolurent de quitter le pays pour fuir les horreurs de l'investissement et du pillage. Ils avaient compté sans les Malaucéniens. Ceux-ci auraient volontiers consenti à leur départ en toute autre circonstance ; dans le

---

(1) 23 mai 1427. Judei extranei veniunt ibi habitare propter impedimenta. Fuit ordinatum quod D. Viguerius prouideat ut exeant. (Archives Municipales).

(2) Nous devons mettre ici en lumière l'expression quelque peu barbare en fait de latinité dont se sert le texte de cette dernière délibération : « Preuideatur de Judeis aut aliis mutuantibus pecunias *quoquomodocumque* ». — *Quoquomodo*, ou *quomodocumque* rendaient parfaitement l'idée ; mais ce *quoquomodocumque* nous parait aussi digne d'admiration que l'usure elle-même dont il stygmatise l'infamie.

cas présent, en prévision d'une contribution de guerre dont ils pourraient être frappés ; ils s'opposèrent au départ de la fortune des Israélites. Les Juifs restèrent donc. Ils furent même incorporés dans la milice comme les citoyens, et durent entrer en part dans l'impôt commun (1479).

Après les compagnies de routiers et des autres bandes armées, survinrent d'autres fléaux : les guerres et les maladies pestilentielles, dans les environs, qui étaient pour les membres de cette nation un sujet de frayeurs continuelles. D'un autre côté, se trouvait trop gênés de la part de liberté civique qui leur était faite par la Communauté, peu à peu ils se dégoûtèrent de Malaucène, si bien que, au dire du P. Columbi, en 1533, il n'y avait plus dans la ville que deux familles, et encore faisaient-elles des difficultés pour payer leurs redevances annuelles.

Le Conseil, à la requête du viguier, décida, en 1570, l'expulsion définitive de ces derniers enfants d'Israël. On agissait de la sorte en vertu des ordres de Pie V, enjoignant aux Juifs de vendre leurs biens et de sortir du Comtat.

Le registre des Délibérations du conseil porte la mention suivante précédée d'une *main*, dont l'index est d'une longueur remarquable : « Nota, que les Juifs sen alerent de ce païs du Conta
« l'an 1570 et du moys doctobre ; chose digne de memoyre !
« Mais non point tous : car ceulx d'Avignon demeurerent et daul-
« tres a Carpentras. »

S'il n'en resta point à Malaucène, quelques uns trouvèrent le moyen d'y revenir. Nous en avons la preuve dans le fait suivant :

Un de ces Israélites, nommé Alissac de Narbonne, essaya de s'affranchir de l'ancienne servitude à laquelle étaient jadis astreints ceux de sa race, et entreprit de se loger hors du quartier de la Juiverie. Les habitants réclamèrent auprès du Vice-Légat Laurent Corsi et en obtinrent un cartel contre l'innovateur. L'ordre fut notifié au Conseil par les consuls, le 16 juillet 1651.

Quelques années après, à l'occasion des luttes engagées, à Avignon et à Carpentras, entre les nobles et les roturiers, un certain nombre de Juifs de ces pays demandèrent à être reçus à Malaucène, réclamant en même temps qu'on voulut faire revivre en leur faveur les privilèges dont leurs ancêtres jouissaient autrefois dans ce pays.

Le Conseil s'y refusa (1660).

Le séjour des Juifs avait été assez long dans cette localité pour lui valoir la qualification de *Ville de Juda*, « avec ou sans S. « Expression que chacun interprète à sa manière, » dit Guinier.

Malgré leur infériorité civique vis-à-vis des habitants actifs de la ville qui avaient consenti, à différentes reprises, à les recevoir, et les quelques tracasseries municipales auxquelles ils avaient été exposés à Malaucène, les Juifs n'y étaient point à plaindre. Ce qui le prouve, c'est qu'après en avoir été chassés, ils demandèrent à y revenir.

Nous sommes de l'avis de l'ancien archiviste du département de Vaucluse, le savant M. Paul Achard. « Les Juifs, dit-il, qu'on « s'accorde à représenter comme persécutés par le gouverne- « meur pontifical, n'apparaissent point sous un semblable jour « dans les actes qu'il nous a été permis de consulter. Nous les « voyons s'enrichir par le trafic, les finances et même par l'exer- « cice de la médecine. Ils soumissionnaient toutes les fermes de « la Chambre apostolique et demeuraient adjudicataires du plus « grand nombre. »

Tout ceci est l'expression de la plus exacte vérité en ce qui concerne les Juifs de Malaucène, à l'exception toutefois de l'exercice de la médecine. En effet, bien que, dans le principe, ils n'eussent été autorisés à exercer dans le Comtat que l'industrie de *bric-à-brac* ou des vieux habits, nous les avons déjà vus faire le commerce des épiceries, et pratiquer sur une grande échelle la profession de financiers, ou, pour mieux dire, celle d'usuriers. On leur permit d'acheter des terres. Il nous serait facile de citer à l'appui des preuves par centaines.

Il ne paraît pas que dans notre ville ils aient été autorisés à devenir propriétaires de maisons ou de constructions quelconques, le quartier affecté à leur demeure devant leur suffire. Cette règle dut pourtant avoir des exceptions, puisque le *Livre-Terrier* du XV⁻ siècle mentionne Salomon de Rodez comme payant une redevance annuelle au seigneur Antoine de Remusat, pour une maison située à la *rue des Chaberlins* (1).

Quant à la ferme des revenus de la Chambre Apostolique, les Juifs en eurent toujours le monopole à peu près exclusif, à Malaucène. Les Archives du département de Vaucluse en fournissent une multitude d'exemples. Nous ferons seulement remarquer que l'administration pontificale n'exigeait pas toujours la somme

---

(1) D. Anthonius de Remusato percipit super quodam hospicio, in carierra Chaberlinorum, magistri Salomonis de Rodesio, judei de Carpentoracte, VI denarios bone monete.

intégrale à laquelle la ferme avait été adjugée. A l'occasion, la Chambre Apostolique savait faire des concessions. Ainsi, voyons-nous présenter au trésorier du Comtat une lettre de l'évêque de Maguelonne, en vertu de laquelle, au nom du Souverain Pontife, une remise considérable lui était accordée. Ce juif, nommé Durand-Duranti, était jadis rentier des revenus de la Province, à Malaucène ; il avait éprouvé des pertes et disait se trouver dans l'impuissance de satisfaire à ses engagements. On lui fit l'abandon de 80 florins.

Le 4 janvier 1459, le pape Pie II, interdit au Juifs d'être désormais fermiers des revenus pontificaux. Mais cette défense fut bientôt levée par le même pontife. Nous voyons en effet, Ange Géraldini, recteur du Comtat, de 1459 à 1461, autoriser une transaction, à ce sujet, entre la ville de Carpentras et les Juifs.

A Malaucène, ceux-ci continuèrent comme ils l'avaient fait précédemment, à percevoir les revenus de l'État ; nous en trouvons de nombreux exemples aux Archives du département, jusqu'en 1537.

CHAPITRE ONZIÈME

LE TERRITOIRE DE MALAUCÈNE.

I. — A Malaucène les biens étaient de deux espèces seulement : *serviles* ou *francs*. Il n'y avait point de biens allodiaux ou en franc alleu (1). Les biens serviles ou *en censive*, se mouvaient du domaine direct de la Chambre Apostolique ou de quelque autre seigneur particulier. Les biens francs et *libres de cens* ou service devaient les lods à la Chambre, en certains cas d'aliénation, comme étant soumis à son domaine direct universel.

Ce droit du domaine direct de la Chambre Apostolique sur tous les biens du Comtat était fondé originairement sur une coutume qui s'était établie dans le marquisat de Provence, dont le pays Venaissin faisait partie.

En conséquence du droit de foncialité, le recteur de Carpentras pour le Saint-Siège fit faire, en 1280, des criées ou préconisations, à Malaucène comme dans le reste de la province. Ces publications portaient défense d'aliéner des biens de quelque façon que ce fût, sans le consentement de la Cour du Comtat, et en payant toujours les lods et treizains.

La Communauté de Malaucène ne contesta point à la Chambre son domaine direct-universel, non plus que le droit de lods qui lui compétait sur les biens francs, mais elle se récria sur la défense d'aliénation.

Une autre sorte de mécontentement avait soulevé contre le recteur les réclamations de toutes les communes. Il avait fait publier dans tous les pays de son ressort que toutes les personnes qui avaient des possessions franches ou serviles étaient tenues à en faire la déclaration avant un délai de quinze jours, à peine de cinquante livres d'amende et de la confiscation de ces terres. On le comprend : les Comtadins se soulevèrent contre une

---

(1) Dans le Comtat, quatre communes possédaient des biens allodiaux, c'étaient Carpentras, L'Isle, Ménerbes et Mornas.

telle sévérité et Malaucène s'empressa d'envoyer au recteur deux délégués, le priant de modérer cette pénalité (1).

Dans la suite, ces différents furent réglés, pour ce qui concernait Malaucène, dans une transaction passée entre la Chambre et la Communauté, en l'année 1489. Il fut convenu qu'il ne serait point permis aux habitants de cette localité de donner à nouveau bail les biens qu'ils possédaient et qui n'étaient point serviles, lorsqu'ils excéderaient la valeur de cinq florins.

Malgré cette défense, huit particuliers de Malaucène, agissant isolément, avaient donné des propriétés à nouveau bail. La Chambre attaqua les délinquants ; mais l'affaire se compliqua ; la Communauté ayant pris parti pour ces huit particuliers. Tous ensemble prétendirent qu'ils n'allaient point contre la transaction de 1489, attendu que tous les biens, tant urbains que ruraux, devaient être présumés libres, à moins de preuves du contraire. Ils allèrent plus loin : ils attaquèrent la validité de la transaction elle-même, passée, il est vrai, avec un consul et quelques habitants, mais qui n'avait pas été ratifiée ; qui même n'avait pas pu l'être, attendu qu'elle était en opposition avec la bulle *De Testimonio*, donnée en 1311 par Raymond Guilhen Budos, neveu de Clément V et recteur du Comtat ; bulle qui avait toujours servi de règle jusqu'à cette époque (1533). Ils ajoutaient que, soit avant soit après l'acte de 1489, les habitants avaient toujours été libres de donner à nouveau bail leurs propriétés de la manière qu'ils avaient voulu.

Après avoir traîné longtemps, gain de cause fut donné, le 12 juin 1554, à la Révérende-Chambre.

Nouvel appel de la Communauté. Cette fois on était arrivé au sommet de l'échelle hiérarchique judiciaire : on se trouvait en Cour de Rome. L'affaire fut commise au cardinal carmelingue, qui probablement n'en aurait pas vu la fin, si un accord n'était survenu entre la Chambre Apostolique et la Communauté. Nous voulons parler de la fameuse transaction qui opéra dans le pays

---

(1) Consilium. Mercurii, die 10ᵃ decembris, coram Nobili Johanne de Saluciis, locumtenente dⁱ Viguerii.

D. Thesaurerius fecit preconisari, infra locum Malaucene, sub pena L librarum et amissionis fundi, infra XV dies, faciant eorum manifestum, de omnibus bonis suis, tam seruis quam franchiis. — Conclusum est quod pena est nimis artɪ (*arcta*), et esset bonum loqui cum D. Thesaurerio, quod placeret sibi mitigare dictam penam. — Fuit commissum dominis sindicis quod ipsi loquantur D. Thesaurerio.

tout une grande révolution foncière et dont nous allons raconter l'histoire pièces en main.

II. — Une des pièces les plus intéressantes qu'on puisse lire, dans les Archives municipales, est assurément la délibération ayant pour titre *De Loco* VENDENDO ET EMENDO (1), document dont aucun auteur jusqu'ici n'a fait mention.

Elle est du 9 juin 1562.

L'ancien consul Théofre Vilhet rappelle au Conseil que, sur la fin de sa gestion annuelle, il avait reçu du recteur une lettre qui l'invitait à se rendre à Avignon avec ses deux collègues, auprès du Vice-Légat, pour une communication intéressant la Communauté.

Le moment des élections du 1ᵉʳ mai n'étant pas éloigné, l'administration sortante n'avait pas voulu entamer cette affaire et avait laissé ce soin aux consuls qui allaient être nommés dans la réunion du Parlement.

Au mois de juin suivant, le même Théofre Vilhet est délégué par les conseillers pour se rendre enfin auprès du Vice-Légat, en compagnie du viguier et de Guillaume Gaudibert, notaire-secrétaire. Le Vice-Légat leur apprend que le Pape est résolu à aliéner la seigneurie de Malaucène, afin de se procurer l'argent nécessaire à l'entretien des troupes destinées à tenir tête aux Huguenots. Il leur demande si la Communauté ne serait pas dans l'intention de faire elle-même cette acquisition, afin de n'avoir pas à dépendre d'un vassal quelconque.

Les délégués qui s'étaient rendus à la légation, sans connaître le motif pour lequel ils étaient appelés, ne voulurent point prendre sur eux la responsabilité d'une réponse. Ils demandèrent du temps afin de pouvoir en référer au Conseil et à la Communauté, promettant de faire savoir, sans retard, les intentions de leurs commettants.

Le Conseil, modeste dans ses prétentions, chargea ses fondés de pouvoirs de dire au Vice-Légat que s'il ne s'agissait que des fours et des droits d'entrée des nouveaux acapits, volontiers la Communauté les achèterait; mais que pour la juridiction elle-même, les habitants n'avaient pas les moyens d'en faire l'acquisition.

Furent désignés pour faire partie de cette commission: le commandeur Louis de L'Espine, — les consuls, — Théoffre Vilhet, alors lieutenant du viguier, — et Guillaume Gaudibert.

(1) Voir : *Pièces Justificatives*, n° XLII.

Les guerres de religion et la seconde occupation de Malaucène par les Huguenots empêchèrent en ce moment cette affaire d'aboutir, mais les pourparlers reprirent trois ans plus tard.

24 *juillet* 1565. — On a entendu dire que le pape a disposé de la seigneurie de Malaucène. (*Papa dedit ad nouum accapitum predictum locum Malaucene.*) Aussitôt les Consuls courent à Avignon. Le procureur du cardinal de Bourbon leur dit qu'il n'en sait rien ; que même cela l'étonne, mais qu'il serait bon d'envoyer à Rome, pour s'en assurer. (BB. 10.)

20 *novembre* 1571. — La Communauté entre en pourparlers avec le cardinal de Bourbon pour être « mis en possession de « balher a neuvel bailh les pieces franches, ou bien sil nous « veult fere francs en alod. »

18 *février* 1572. — Un sieur Tule, d'Avignon, fait dire aux Consuls par Jean de Britons (Bertons de Crillon,) prieur du Groseau, que si la Communauté veut lui donner 200 écus, il fera passer à Rome, au tribunal de la Rote, la demande afin que la commune soit « franche en alod, sauf le bon vouloir de M. le cardinal de Borbon. »

Cette proposition n'est pas acceptée ; « pas d'argent en caisse, » répond-on.

8 *mai* 1572. — « Si M. le cardinal de Borbon nous veult fere « francs en alod, lon luy dorra mille escus, proveu que face « passer a Rome loffre susdite en bonne forme. »

17 *juin* 1572. — « Les Consuls sont alles en Avignon pour « parler a M. de Saint-Sauveur. Lequel leur a dict que, pour « apointer » (mener à bonne fin) « le procès des nouveaux « achepts et pour nous fere francs en alod faudra donner a M. le « cardinal de Borbon mille escus, et cent escus a M. de la Cha-« trisse et cent escus pour donner a qui bon luy semblera.

« A este conclud que puisque la ville ne peut pas sempecher « de mander a Rome, elle fournira jusques a la somme de treize « cents escus. »

13 *juillet* 1572. — « Le prieur du Grausel promet de faire « lapointement et faire tout passer a Rome, pour douze cents « scuts portes a M. le cardinal. »

29 *août* 1572. — Dans le Parlement tenu au sujet de la transaction, l'on nomme procureurs de la Commune : « Johannem de Britonis, sancte sedis apostolice proto-notarium et priorem prioratus nostre Domine de Grausello predicti loci Malaucene, velut privatam persouam, nec non honorabilem magistrum Gabrielem Mosteri, notarium ».

1 *juillet* 1573. — « Le prieur du Grausel, mestre Mosteri et M. de Saint-Sauveur » sont envoyés à Paris « auprès du cardinal « de Borbon. »

« Que mestre Mosteri aye per son viage et travailh, allant a « Paris, cent florins, et non li mestran gis de soldas, si survenie « de compagnie. »

22 *mai* 1574. — « Que mestre Mosteri semparte aujourduy ou « demain, et si luy ont promis au nom de la Communaute que, « si par cas fortuif, il estet prins des Hugueneaux, sur les « chemins, en alant ou venant, que la ville le rachaptera aux « despans de la Communaute et, outre cela, on luy payera ses « vacations. »

28 *mai* 1574. — Mosteri a écrit, d'Avignon, de lui envoyer un homme qui ira avec lui à Lyon et reviendra porteur de la transaction qui est aux mains du prieur du Groseau. (1)

22 *juillet* 1574. — Le Consul Mosteri a rapporté de Paris, la transaction.

En voici le résumé :

« Transaction passée entre MM. les officiers de la Chambre Apostolique, d'une part, et les Consuls et Communauté de la ville de Malaucène, d'autre part.

« L'an 1575 et le dernier du mois de mars, écrivant Pierre Inguimberty, notaire de la cité de Carpentras et de la Chambre Apostolique, et dans le Conseil papal, composé de Jacques Sacrat, évêque de Carpentras et Recteur du Comtat Venaissin, du vice-Recteur, du Juge et Président de la Chambre Apostolique, séante à Carpentras, du Juge des Appellations et du Juge ordinaire de la ville de Carpentras, furent présents l'Avocat et Procureur de ladite Chambre et vice-Trésorier d'icelle, pour et au nom de la dite Chambre, d'une part ; et les procureurs et députés de la ville de Malaucène, savoir : Gabriel Mostéri et Théoffrède Vilhet, Consuls, Nobles Raynaud et Hercules de l'Espine, Isoard de Beaumont, Vasquin Astéri, Jean Augier, Foulquet Gaudibert,

---

(1) Un cahier in-4° de quinze feuilles en parchemin. — Instrument contenant acquitement et rémission en faveur de la Communauté des droits prétendus de la Chambre Apostolique, par le cardinal de Bourbon, étant procureur de la Communauté : Jean Debriton (de Bertons de Crillon), prieur de N. D. du Groseau et Gabriel Mosteri. — 1ᵉʳ août 1573.

notaire, et André Giraudi également notaire, d'autre part ; ont passé un acte de transaction par laquelle :

« Ladite Chambre Apostolique fit transport auxdits sieurs
« Consuls et Communauté de Malaucène et leur bailla première-
« ment touts les droicts de domaine direct que ladite Chambre
« avoit sur les fonds tenus à fief franc d'icelle, dans la dite ville
« et son territoire.

« Plus, toutes les censives ou cens que ladite Chambre auroit
« dans le mesme lieu et son territoire.

« Plus, les fours à cuire pains, construits dans ladite ville,
« avec la faculté d'en construire de nouveaux et de défendre à
« toute sorte de personnes d'en faire d'autres dans ladite ville et
» son territoire.

« Plus, la permission de lignerer dans les terres incultes
« dudit territoire et de faire les défens qu'ils trouveront à propos
« pour l'usage desdits fours.

« Lequel bail de tout ce dessus fut faict soubs le cens annuel
« et perpétuel de sept cens florins, monnoye ayant cours en ce
« pays, portables en cette ville de Carpentras, sçavoir la moitié
« aux festes de la Noël et l'autre moitié à la feste de S. Jean
« Baptiste.

« Plus, il fut convenu que, de neuf en neuf ans, la Communauté
« passeroit acte de reconnoissance de ce dessus, sans payer autre
« chose qu'une paire de perdrix et qu'elle passeroit dans le mesme
« temps reconnoissance des moulins et canaux d'iceux, en
« doublant le cens moture, et payant deux chapons pour chaque
« moulin.

« Plus, on reserva à la Chambre (1) le droict de prendre les
« demys lods des mains mortes (2) qui ont des directes dans

---

(1) Les Archives du département de Vaucluse possèdent de nombreux dossiers rélatifs aux droits de la Chambre Apostolique sur la ville et le territoire de Malaucène, depuis 1274 jusqu'à 1575. (Voir la Série B., n°° 385, 386, 387 et 388.)

La bibliothèque de Carpentras conserve également quelques documents ayant trait au même sujet. (Voir en particulier dans la *Collection Tissot*, 22° volume, f° 173.)

(2) Les Consuls remirent en 1674, à la Chambre Apostolique, le rôle des biens de main-morte, dont il suffira de donner ici le relevé : — 1° François de Troncy, prieur du prieuré rural de Sainte-Magdeleine. — 2° Le Chapitre métropolitain d'Avignon, prieur de Notre-Dame du Grosel. — 3° L'Hôpital de Saint-Bénézet d'Avignon. — 4° Les Chapellenies de S. Julian et S. Roman, S. Antoine et S. Michel, Notre-Dame, Sainte-Magdeleine, Saint-Michel et Saint-Jean du Grosel. — 5° Les Religieuses de Saint-Pierre du Puy et Notre-

« ladite ville et son territoire ; comme aussy le péage, la leide
« et les langues des animaux. » (1)

Cette transaction, autorisée, le 12 avril suivant par le Co-Légat cardinal d'Armagnac, fut ratifiée par les habitants, réunis en grand parlement, dans l'église paroissiale Saint-Michel, le 17 du même mois.

Dès le 2 mai de la même année, dans une autre réunion générale, on prit la résolution que voici : « Quand quelqu'un achettera
« des possessions de la Directe de la Ville, cédée par la Révérende-
« Chambre, il payera dix pour cent. »

La confirmation officielle fut donnée, — tardivement, — par le pape Clément VIII, le 23 octobre 1592, à Rome, au Château Saint-Marc, et scellée de l'anneau du pêcheur (2).

Telle est la fameuse transaction par laquelle Malaucène devint *Dame-foncière* ; titre dont elle fut toute heureuse et fière, mais qui ne fut pas sans embarras et sans inconvénients, à cause de la difficulté à faire rentrer les fonds. Dès les premières années, les fraudes devinrent très nombreuses ; les vendeurs se mettant d'accord avec les acquéreurs, dans l'intention commune de frustrer le trésor municipal. On faisait des baux simulés ou, comme on disait alors, des *emphytéoses perpétuelles*, bien que dans les statuts de la province (Art. 250) la chose fut expressément défendue, tout comme par la bulle *De Testimonio*.

Les consuls se plaignirent (1608) au Vice-légat de ce qui se passait, et signalèrent les difficultés que rencontrait la Communauté pour percevoir ce qui lui était dû. « Lesquelles susdites
« ont cause et causent tel interest et prejudice a ladite commu-
« naute que, pour le payement des susdits sept-cens florins de

---

Dame-des-Plans, d'Orange, comme prieures de Saint-Pierre-en-Vaux. 6° L'abbé de Montréal, comme prieur de Saint-André de Rozans. — 7° L'Hôpital.—8° La Confrérie du Saint-Sacrement. — 9° L'Œuvre de la Charité de Malaucène. — 10° La Chapellenie de S. Nicolas du Crestet. — et 11° L'Archidiaconné de la cathédrale de Vaison. (*Inventaire-Sommaire des Arch. du dépt de Vaucluse.*)

(1) Le lundi, 20 mai 1624, le Recteur César Rocagna, faisant sa première visite à Malaucène, demanda quels étaient les droits de la Chambre Apostolique dans cette localité. Les Consuls interrogés « ont dit y avoir le château,
« tout ruiné, avec une tour ruinée, servant pour prison, le droit de péage, les
« langues de bœuf, les demi-lods et la cense annuelle que la commune lui fait,
« suivant la transaction sur ce passée. » (Archives municipales : *Reg. n° 3 du livre des priviléges.*)

(2) L'original, revêtu de toutes les signatures est conservé aux Archives de la Mairie. (Parchemin de 43 pages).

« cense quelle sert annuellement a ladite Chambre pour laliena-
« tion desdites directes, il est necessayre non tant seulement y
« employer les reuenus dicelles, voyre encore beaucoup des
« rentes et reuenus de ladite communaute quy reste grandement
« interessee et en arriere a la subuention de ses affayres et charges
« quil luy convient supporter. » Ils demandaient en conséquence,
et d'après les *statuts du Comtat* et la Bulle *De Testimonio*, que
ces prétendus baux nouveaux, excedant 20 florins fussent *déclarés
nuls et réduits en ventes*. Et, afin d'éviter les procès, les Consuls
suppliaient le Vice-Légat de donner « commission et pouvoyr
« au sieur Viguier de ladite ville, quy est ou sera pour laduenir,
« quaduenent telles difficultes et proces pour rayson des dictes et
« dependences dicelles, de proceder au jugement et termination
« diceulx sommairement, simplement, sans figure de proces,
« *(Sola tantum facti veritate inspecta,)* condempner les ache-
« teurs et acquerants soubs tiltre de nouveau bailh au payement
« des lods et ordonner debueoir demphiteotes, nayant esgard
« sy ladite Communaute ne peult fayre foy de recognoissances,
« veu quelles sont si antiennes quelles ne se peuuent verifier,
« et declairer nulz et inualides touts nouueaux bailhs quy se
« seront faicts et passes contre la teneur des susdicts statuts et
« instrument *De Testimonio :* sauoir, lors que les entrees diceulx
« excederont, pour le plus, vingt florins. »

Les consuls ajoutaient, dans leur supplique, la clause : « non
obstant quelconques appelations. » Et ce semblait être justice ;
la Chambre Apostolique s'étant dessaisie de ses droits, moyennant
finances, en faveur de la ville de Malaucène. Cette clause fut
pourtant refusée.

Quelques années après, on revint à la charge (1616). Le Vice-
Légat n'était plus le même. On fit de la supplique une nouvelle
édition, revue et corrigée, pour obtenir la clause relative au droit
d'appel. Un habile avocat plaida pour la Communauté avec une
éloquence remarquable, mais tout fut inutile et le Vice-Légat de
Bagni se contenta de donner au lieutenant du viguier les mêmes
pouvoirs qu'au viguier pour l'expédition des affaires, d'après ce
qu'on lui avait fait observer « que ledit sieur Viguier, le plus
« souuant, ny est pas, ou, y estant, se peut treuver mallade ou
« occupe ».

Enfin, un demi-siècle plus tard, la Communauté eut encore
recours au « gouverneur général ès Cité et Légations d'Avignon »,
au sujet des neuvains ou demi-lods dûs à la R. Chambre, pour

les censes ou domaines directs acquis à différentes époques par la ville de Malaucène de divers seigneurs particuliers.

Il était dû 8,700 livres. Le Vice-Légat François Nicolini accorda un dégrèvement et l'autorisation de payer en plusieurs annuités(1).

III. — Restait à rendre productif, au point de vue des tailles et autres impôts, ce sol devenu le domaine direct de la Communauté. Il existait bien un *livre-terrier*, sur lequel étaient mentionnées les diverses propriétés urbaines et rurales de chaque habitant, et les charges de ces mêmes propriétés envers certains particuliers ou seigneurs ; mais ce recueil commençait à vieillir puisqu'il avait été dressé dans les premières années du XV° siècle. De plus, il se bornait à indiquer d'une façon très sommaire les différentes possessions, avec leurs confronts et le nom du quartier, sans faire connaître la contenance, la valeur et le revenu de chaque domaine.

Il avait été dressé par un notaire de Malaucène, nommé Pierre Rougon, sur les notes fournies par les propriétaires eux-mêmes (2).

Cependant, après bien des indécisions et des lenteurs, on finit par se décider à procéder à un arpentage général du territoire et à la confection d'un *livre cadastral*.

Ce travail fut confié, le 15 octobre 1589, à un *canayre* (arpenteur-géomètre) maître Claude Arnaud. L'acte fut passé dès le lendemain. Il y fut convenu que la Ville et les particuliers payeraient à maître Arnaud deux sous par salmée, que la Communauté mettait à sa disposition deux *estimayres* (estimateurs) pour lui donner les renseignements dont il aurait besoin, et qu'elle lui fournirait « un livre blanc et neuf » pour y coucher le résultat de ses opérations.

Arpenteurs et estimateurs furent bientôt découragés par l'étendue et l'arduité du territoire qu'ils avaient à mesurer. Ils s'en ouvrirent au Conseil. Celui-ci prit la délibération suivante :

« Que l'arpenteur, ou canayre, arpente le terrain plat et que
« les estimayres l'estiment ; quant au pays bossut qu'ils l'es-
« timent *sans l'arpenter* (2 décembre 1590) ».

IV. — Du commencement du XIII° siècle à la fin du XVIII°, la préoccupation constante des habitants de Malaucène, vers

---

(1) Archives municipales: *Liasse* CC.
(2) Ce *livre-terrier* sans couverture, sans titre, sans pagination, à peint cousu et devenu très incomplet, constitue un fort cahier in-1°, et appartient aux Archives de la ville.

laquelle ils faisaient tout converger, fut l'affranchissement de leur territoire ; s'ils acceptaient de bonne grâce ce qu'ils ne pouvaient empêcher : la suprématie du souverain régnant, ils cherchaient peu à peu et toujours à se débarrasser de tous les possesseurs de directes et de censes, petits ou grands, sociétés ou particuliers, en passant avec tous des accords ou transactions.

Les montagnes de Veaulx, Arnoux, Vesce, et un peu plus tard celles des Champignnes, furent les premières acquisitions faites (1), comme il est facile de s'en assurer au vu de nos *Pièces justificatives* auxquelles nous nous rapportons, afin d'éviter des longueurs.

Ces montagnes correspondent assez exactement à la section D du cadastre actuel, en y ajoutant la partie orientale de la section C, et comprennent par conséquent toute cette portion du territoire bornée par les communes de Beaumont, de Saint-Léger et de Mollans, et l'ancien prieuré de Saint-Sébastien.

Lors de la seconde fondation du monastère du Groseau, les seigneurs donateurs avaient accordé aux religieux bénédictins le droit de percevoir la dîme dans toute l'étendue du territoire (2). Peu d'années après, l'évêque Rostang céda, lui aussi, aux moines une portion considérable de ses droits sur les dîmes ecclésiastiques (3) du pays.

Dans la suite, le grand prieuré ayant été démembré et ses biens partagés entre les divers petits prieurés de Malaucène, le privilège de percevoir la dîme fut également divisé entre le prieuré du Groseau, le prieuré de la Magdeleine et quelques autres établissements de ce genre.

Or, la perception de ce revenu en nature donna lieu à bien des discussions entre les habitants et les décimateurs et amena ensuite des transactions.

La première de ces difficultés dont il est parlé dans nos archives est relative au taux de la dîme perçue par le prieur du Groseau, le prieur de Sainte-Magdeleine et le curé de la paroisse (10 juillet 1445).

Ils prétendent décimer au vingtième. Le Conseil leur reconnait seulement le droit de décimer au vingt-cinquième. Alauson,

---

(1) De 1222 à 1296.
(2) Voir chapitre IV, page 94.
(3) Voir au même chapitre, la note 3, page 95.

procureur de la commune à Carpentras, obtient des lettres d'inhibition (1).

Presque à la même époque, autre prétention de la part du prieur du Groseau ou du moins de son représentant. Il veut introduire des habitudes nouvelles (*certas et novas consuetudines*) et percevoir la dîme sur les produits maraîchers (*ortollalhia, alhios et cepas*). On s'y refuse (24 juin 1450).

Longtemps après (2 janvier 1552), écrivant Philibert Sarpellon et Antoine de Bédarrides, notaires à Avignon, une transaction est passée entre Alexandre Grillet, prieur du Groseau, agissant en son propre nom et au nom des autres participants à la dîme, d'une part, et les consuls, au nom de la Communauté, de l'autre.

En voici les points principaux :

1° Les Communauté et habitants de Malaucène payeront la dîme des grains, vins, foins, huiles, chanvre et lin, noix et amandes, chardons, agneaux, chevreaux, cochons, veaux et poulains, — (au trentain, ou demi-sou tournois, valant deux liards, pour chaque veau et poulain).

2° L'entretien du prédicateur pour l'Avent et le Carême sera à la charge du prieur du Groseau.

3° Le prieur du Groseau et les autres codécimateurs contribueront aux réparations à faire à l'église paroissiale et en payeront « la quarte part ».

4° Est rapportée et réduite à néant la transaction passée, le 29 août 1306, entre le prieur de Notre-Dame du Groseau et les clercs de Malaucène, relative à un dîner que le prieur devait donner, deux fois l'an, à tous les clercs de Malaucène indistinctement, les jours de saint Jean-Baptiste et de l'Assomption (2).

5° La présente transaction étant subordonnée à la ratification conditionnelle du prieur de la Magdeleine, de l'archidiacre et d'un chanoine de Vaison, tous participants à la dîme

Dans la suite, le prieur proposa à la Communauté de lui céder une partie de ses droits (3), à condition que « la Ville print en « charge le prêcheur de la Caresme. » (3 mars 1571).

(1) Archives municipales: *Liber Regiminis*, années 1445, 1449 et 1450.

(2) Archives du département de Vaucluse : Anniversaires de Malaucène ; chartier contenant les titres de l'ancienne Communauté des prêtres agrégés de Malaucène, dits aussi le Corps des anniversaires. Pièce n° 1.

(3) « Non percipiet decimam des agneux, cabris, porceux, ni vedeux, ni noyes, ni amelles ». (22 août 1567).

Le Conseil, tout décidé à transiger, avait déjà nommé ses fondés de pouvoirs, mais l'accord ne fut pas possible.

La même année, nouvelle tentative de la part du prieur ; nouvelles propositions ; nouveau refus. Le prieur demandait, pour conclure la transaction, que les habitants « *portassent* les gerbes à « son fermier » et les habitants répondaient par cette délibération : « Les Conseilhers ont dict que ne seret pas bon se asubgetir a « cela, mais que long usera comme de costume. » (8 novembre 1571.)

Nous aurons occasion de le dire : le prieur du Groseau céda dans la suite ses droits au Chapitre métropolitain d'Avignon.

Ce dernier, en 1786, éleva des prétentions sur les produits des prairies artificielles, attendu que dans la transaction de 1552 il était question de *foins*, sans expliquer leur provenance ; venaient-ils des prairies naturelles ou des prairies artificielles ?

Dans le principe, cette dîme sur les foins se réduisait à bien peu de chose, le sol étant couvert de forêts ou de vignes ; mais à mesure que les forêts disparaissaient, on cherchait à utiliser les eaux de la fontaine et les prairies artificielles prenaient un développement proportionnel.

On voulut donc revenir au texte primitif ; mais le notaire d'Avignon, chargé de l'affaire par les consuls de Malaucène, déclara n'avoir pas pu « bien déchiffrer l'écriture ».

Ceci n'empêcha point le procès d'être plaidé pardevant le vicaire-official-général de Vaison.

Celui-ci maintint le prieur dans la perception de la dîme au *trentième*, pour la première et la seconde coupe de *foin* et de *luzerne*, les autres fourrages étant reconnus exempts de toute redevance (20 mars 1789.)

Toutes ces dîmes étaient quérables et nullement portables.

Les collecteurs ou décimateurs ne devaient point entrer en fonctions avant d'avoir prêté serment entre les mains du viguier, *(Jurare in manibus Viguerii bene et legaliter decimare)* qu'ils s'acquitteraient loyalement de leur charge et qu'ils ne participeraient en rien à la dîme.

Un décimateur, recueillant les dîmes pour le compte du prieur du Groseau sans avoir au préalable prêté le serment voulu, se vit entravé dans ses opérations jusqu'au moment où il eut juré suivant l'usage (21 juin 1450).

Une autre fois, le prieur de Groseau et le curé de la paroisse présentèrent chacun un collecteur de leur dîme, auxquels ils avaient promis d'abandonner une part de la recette, afin de stimuler leur zèle. Or, c'était précisément ce zèle dont ne voulaient point les habitants. Les consuls demandent à ces collecteurs s'ils ne participent en rien à la dîme. — « Ils répondent que *si faict*. » Les consuls les refusent et invitent le prieur et le curé à choisir « deux hommes de bien ; aultrement ils protesteront à la Rectorerie et suyura ledict procès virilement. » (30 juin 1585.)

V. — Peu d'années après la transaction passée avec la Révérende-Chambre, la Communauté fit l'acquisition des censes et directes du seigneur de Rémusat (1).

Nous lisons ce qui suit, dans les registres des délibérations du Conseil :

« Nota que ce jorduy honzieme de janvier (1584) la Commu-
« naute de Malaucene a chepte les directes et priuileges de coyre
« franc aux fours que M. Gabriel de Remusat, seigneur de Roche-
« brune, auoyt en esta ville, pour le prix de deux-cent-vingt-cinq
« scus sol, valant chescung cinq florins, come conste par moy,
« notaire soubsigne, secretaire de ladicte Communaute.

« 26 mars 1584. — Les Consuls sont alles en Avignon et ont
« acorde les los des directes de M. de Rochebrune a vingt-quatre
« scus sol, et recognoistre de neuf en neuf ans, et payer pour les
« demy-los deux scus sol.

« Que les Consuls aillent a Carpentras pour se investir à la
« Chambre ».

VI. — Transaction, pour une rectification de bornage, entre la Communauté et les religieuses de Pré-Bayon, pour le monastère de Saint-André de Ramières. Cet acte est autorisé par le Vice-Légat Charles Conti, évêque d'Ancône (15 mai 1604.)

VII. — La Communauté achète les directes de l'Agrégation de Malaucène (1644), étant curé Edouard Pontayx et vice-prieur Pierre Vallon, au prix de dix-huit cent livres tournois « valant
« vingt sols tournois et faisant six-cens escus de soixante sols,
« (non obstant tous feux, foudres, guerres, gresles, tempestes,
« sterilites, inondations deau), pension de nonante livres ».

Les consuls donnent hypothèque sur leurs biens privés et la Communauté sur ses deux moulins des portes Filiol et Duron et sur le bannérage.

L'acte devait être renouvelé de neuf en neuf ans (2).

(1) Voir *Pièces justificatives*, n°ˢ XVI, XLIV et XLV.
(2) Voir *Pièces justificatives*, n° XLVIII.

VIII. — Achat des directes du duc de Villars, autorisé en juillet 1658, par le Vice-Légat Jean Nicolas Conti.

Le même chef de la légation permet de vendre une coupe de bois réalisant quatre mille livres et d'affecter cette somme au payement de l'acquisition faite par la Communauté (1).

IX. — Contestation entre la Communauté et Esprit-Pierre Julien, archidiacre de Vaison, au sujet de la terre de Saint-Quenin, sise au territoire de Malaucène, quartier de Saint-Martin, et de la contenance « de quatre saumées et demie en semence. »

L'archidiacre prétendait que la Communauté de Malaucène, substituée aux droits de la R. Chambre, n'était pas dame-foncière, directe et universelle *de tout le territoire ;* qu'elle n'avait aucun droit sur la terre de Saint-Quenin. Cette terre, étant franche, avait pu être donnée par ses prédécesseurs à nouveau bail, sous la réserve du domaine direct, conformément aux dispositions de la bulle *De Testimonio*, à laquelle se rapporte la transaction de 1575, et même d'après une délibération prise par la Communauté, en 1619.

A cela la Ville répondait que l'ancien état de choses avait été changé par les règlements du Vice-Légat Bagni, faits en 1614 et 1615, par ordre exprès du Pape. Par ces règlements il est expressément défendu de reconnaître pour valables les baux postérieurs à 1555. Or, le plus ancien bail, mis en avant par l'archidiacre est du 27 février 1613. La transaction de 1575 n'avait rien innové ; elle transmettait seulement à la Communauté les droits de la Chambre ; du reste, les diverses investitures données à l'insu de la Communauté furent cassées par ordonnance du Vice-Légat Cosme Bardi, le 23 septembre 1627, et les acquéreurs obligés à payer à la Ville le lods de la terre de Saint-Quenin. Enfin, en 1702 et 1707, la Communauté avait donné quelques investitures dont elle avait perçu les lods.

Cette affaire, après avoir été portée en Cour de Rome, se termina, le 17 mars 1750, par une transaction passée à Vaison, dans la maison même de l'archidiacre, pardevant Bérard, notaire apostolique. Il y fut conclu ce qui suit :

1° La terre de Saint-Quenin relève du domaine direct de la Communauté, cessionnaire de la Révérende-Chambre, et, à ce titre, devra payer les lods.

2° La Communauté payera à l'archidiacre la somme de trois cents livres, monnaie de France, une fois pour toutes, pour tous

---

(1) Archives municipales, série CC, 60.

les droits auxquels il renonce et en compensation de toutes les dépenses faites par lui dans la poursuite de ce procès (1).

X. — L'exa teur des droits des lods et censes de la commune, agissant en vertu des ordres du viguier, réclama, le 15 juin 1739, à trois particuliers les sommes dues par eux à la caisse municipale, à raison d'acquisitions faites depuis peu de biens provenant du prieuré de la Magdeleine, bénéfice qui, à cette époque, appartenait aux chanoines-comtes de l'Isle Barbe, de Lyon. Le noble Chapitre députa un de ses membres à Malaucène et à Avignon pour maintenir les droits des chanoines-prieurs. Survinrent, les unes à la suite des autres, des sentences de la Chambre et des ordonnances du Vice-Légat. L'avocat-général de la Chambre prit fait et cause pour la Communauté, la reconnaissant Dame foncière et universelle, par suite de la cession faite en sa faveur par la Révérende-Chambre. La cause demeura pendante jusqu'en 1746. Des descentes judiciaires eurent lieu sur les propriétés causes du procès. On entendit des témoins; on introduisit des documents sans nombre de part et d'autre; on dressa des procès-verbaux; tout fut inutile pour arriver à une conciliation.

Le Vice-Légat Aquaviva d'Aragona proposa aux intéressés de nommer, chacun de leur côté, des fondés de pouvoir qui désigneraient un ami commun pour trancher la question. Le chanoine-Comte du Vivier de Lansac fut délégué par son Chapitre. Les habitants de Malaucène nommèrent Joseph de Joannis, premier consul et Lély-Joseph Aubéry, notaire public et secrétaire de la Commune. Ces délégués, à leur tour, choisirent pour juge le Vice-Légat lui-même.

Celui-ci proposa une transaction qui fut passée le 30 janvier 1751 (par devant M" Martin, notaire apostolique de Carpentras), et dont voici le résumé que nous empruntons à l'homologation faite par le Chapitre de Lyon.

« Le Chapitre se départ de la directe sur tous les fonds de la
« dixmerie du prieuré de la Magdelaine et sur d'autres fonds
« situés hors de ladite dixmerie, s'il y en a, dans le territoire de
« Malaucène; et la Communauté dudit lieu crée en faveur du
« Chapitre, comme prieur de Sainte-Marie-Magdelaine, *alias* de
« Capella, dans le territoire dudit Malaucène, une rente annuelle
« et perpétuelle de quatre-vingts livres, payable au 1" janvier de

---

(1) Archives municipales, série FF. et Mémoire (manuscrit) de M. Julien, archidiacre de Vaison, pour la justification d'une directe à Malaucène, 1735, petit in-f° (appartenant à M. Félix Brusset, de Malaucène.)

« chaque année; le premier payement devant commencer au
« 1ᵉʳ janvier 1752: ladite Communauté s'engageant, en outre et
« expressément, de renouveler et reconnaître, à ses frais, de
« vingt-cinq en vingt-cinq ans, ladite rente et sous toutes les
« clauses y apportées (1) ».

XI. — L'hôpital Saint-Bénézet, d'Avignon, avait des possessions très nombreuses sur le territoire de Malaucène. Les quarante premières pages de l'*Inventaire de l'œuvre et pont de Sainct-Bénézet* (2) sont presque exclusivement consacrées à l'énumération des actes de reconnaissances de certains habitants, passés en faveur de l'œuvre du pont.

On y rencontre, à la date du 20 août 1557, un cartel pour contraindre plusieurs retardataires du pays à payer la redevance due par eux à l'hôpital Saint-Bénézet.

Le 29 août 1737, une transaction fut passée entre la Communauté et l'hôpital du pont.

La Communauté accordait à cet établissement charitable la cinquième partie des droits de lods dûs à l'occasion d'un échange fait entre le seigneur de Montferrand et le sieur François Fare, de Mollans; échange par lequel ce dernier devenait propriétaire du domaine de Saint-Baudile, l'hôpital conservant à perpétuité la directe du cinquième, tant du bâtiment que des terres.

Quant à la partie du domaine de Saint-Baudile, sise au quartier des Roches-Hautes, et qui était *terre servile* et soumise à une cense de douze sous, il fut convenu qu'elle resterait à l'hôpital Saint-Bénézet et lui appartiendrait en totalité, sauf la directe des quatre cinquièmes dont jouirait désormais la Ville de Malaucène.

XII. — Le 27 octobre 1767, la Communauté passe une transaction avec le Chapitre métropolitain, cessionnaire des droits du prieuré du Groseau.

Le Chapitre cède à la Communauté toutes et chacune de ses directes et censes de Malaucène, sous la réserve de la maison prieuriale et de tous les bâtiments qui appartiennent au Chapitre en propriété; et continuera le Chapitre à posséder en franchise l'église avec la sacristie, le sanctuaire et les agrandissements faits suivant accord; plus le revenu de la directe sur le château de Notre-Dame du Groseau, avec ses jardins et enclos.

La Communauté supportera au Chapitre une rente et cense per-

---

(1) Archives municipales, liasse intitulée: *Prieuré de Sainte-Magdelaine de Capella.*
(2) Manuscrit in-f°, appartenant à M. l'abbé Correnson, d'Avignon.

pétuelle et inextinguible de soixante livres, monnaie de France, franche de toute charge.

Le Chapitre donne hypothèque sur les deux moulins que la Communauté occupera, sans les pouvoir vendre.

Le Chapitre cède à la Communauté les pierres du vieux bâtiment qui se trouvent dans le château de Notre-Dame du Groseau, sans pouvoir toucher à sa chapelle, à son clocher et au logement actuel de l'ermite et à tout ce qui est couvert en toit.

La Communauté sera tenue de laisser autour dudit enclos une muraille d'environ douze pans de hauteur et de laisser subsister à le même hauteur la muraille qui sépare le jardin de la cour.

Cette transaction fut ratifiée par les habitants réunis en parlement général, le premier mai 1768, et approuvée par le Vice-Légat Vincentini, le 24 du même mois (1).

(1) Archives municipales : *Registre* n° 3 *du livre des priviléges*.

CHAPITRE DOUZIÈME

LES FORTIFICATIONS DE LA VILLE

§ 1ᵉʳ. — LES ENCEINTES FORTIFIÉES

La rage des vents, d'une part, et le voisinage des eaux courantes, de l'autre, furent sans doute des motifs déterminants de l'abandon des anciennes positions de Clairier en faveur du monticule appelé Puy-Malaucène *(Podium Malaucenœ)*.

Le choix de ce dernier emplacement se justifiait assez de lui-même ; les eaux du Groseau s'offraient comme suffisantes, presque à elles seules, à défendre le nouvel établissement. D'ailleurs, elles arrosaient et fécondaient les plaines voisines et promettaient, avec la sûreté, l'abondance et la salubrité.

Les conditions stratégiques du Puy-Malaucène, bonnes à l'époque où les seigneurs Arthémius et Arédius construisirent la petite forteresse autour de laquelle se groupèrent quelques chétives maisons, c'est-à-dire à la fin du VIᵉ siècle et au commencement du VIIᵉ, ces conditions stratégiques seraient déplorables de nos jours, et elles le furent dès l'année 1338 (date de l'invention de la poudre à canon, d'après du Cange).

Ce mamelon, émergeant d'une plaine très étroite, est dominé presque de tous les côtés et à une faible distance, par les montagnes qui l'environnent.

Quoi qu'il en soit, ces premières fortifications devaient être de minime importance et tombées en un bien mauvais état d'entretien, puisque, au XIIᵉ siècle, le prince Hugues de Baux les renversa pour élever un château de forme ovale et défendu par plusieurs tours et par un fort, établi sur le sommet du Puy-Malaucène.

Le fort environné de remparts très-élevés dominait le château et était protégé lui-même par deux tours, posées sur la plate-forme.

La grande tour, placée au centre de la plate-forme ou terrasse, était carrée et mesurait onze toises de hauteur. Elle était couronnée de machicoulis et de créneaux et formait trois étages, communiquant ensemble par des échelles en bois et séparées par des voûtes solides, dont la plus élevée, recouverte en plomb, servait d'observatoire aux hommes du guet.

De l'intérieur de cette grande tour on descendait dans les nombreux souterrains et on parvenait jusqu'au niveau du sol des rues voisines, appelées *Brayes* (1) *du Château*.

L'ouverture supérieure de ce passage était masquée par une pierre carrée, mesurant « deux pans et demi » de côté.

L'autre tour, beaucoup moins considérable de diamètre et d'élévation, portait dans le pays le nom de *donjon*.

C'étaient donc trois enceintes fortifiées, et, pour ainsi dire, concentriques qui constituaient le *castrum*, réputé un des sept plus importants de la contrée (2).

Son territoire, limitrophe de Mollans et de Brantoulx (3), était frontière avec le Dauphiné, au nord, et avec la Savoie, à l'est. Cette position seule devait déterminer les seigneurs à faire de Malaucène une place forte. Telle est l'origine de ces trois étages de remparts superposés : le fort dominant le château ; celui-ci commandant la ville, protégée elle-même par des remparts très-élevés.

Deux tours défendaient la porte d'entrée du château. Cette porte donnait accès dans des cours, au nombre de trois. La première, dite la cour d'honneur, était entourée d'arcades ornées de sculptures.

Un des côtés de la première cour était occupé par l'église paroissiale primitive, dédiée à saint Étienne, martyr. On voyait encore, d'après Guinier, les belles ruines de cet édifice religieux au milieu du XVIIIe siècle.

Les salles étaient nombreuses dans la demeure seigneuriale. Deux d'entre elles, qui avaient été occupées par le pape Clément V et par le cardinal Pierre de Foix, conservèrent jusqu'à l'époque de leur destruction le nom des grands personnages qu'elles avaient abrités.

Une autre salle était assez spacieuse pour suffire aux grandes réunions des soirées d'hiver, quand les seigneurs étaient de résidence dans le pays et convoquaient non-seulement les nobles

---

(1) *Carreira braccarum castri*. Rue Brayes du Château, de *Bracca*, braye, fortification.

(2) Les six autres étaient ceux de Beaumes, Pilles, Serres, Mornas, Monteux et Oppède.

(3) Brantoulx (*Brantulœ*, Brantes), dont le territoire divisé plus tard a formé les trois petites communes de Brantes, Saint-Léger et Savoillans qui font actuellement partie du canton de Malaucène.

dames et les gentilshommes de la localité et des environs, mais encore tous leurs vassaux, jusqu'au dernier varlet. Cette foule, éclairée par les torches fumeuses et par les grands feux qui pétillaient dans deux immenses cheminées, devait présenter un curieux spectacle. Tout ce monde ne formait qu'une seule famille dont le seigneur était le protecteur et le père. Nobles, bourgeois et manants se coudoyaient et se valaient, au moins au château de Malaucène, écoutant les chants poétiques de Rambaud de Vacqueyras ou de quelque autre troubadour.

La demeure seigneuriale ayant cessé d'être habitée par ses maîtres, devint la résidence ordinaire des sénéchaux du Venaissin sous les comtes de Toulouse, et même dans les premiers temps de la domination pontificale, alors que le siége de la rectorerie était encore fixé dans la ville de Pernes.

Dans la suite, ce château fut occupé par le commandant militaire, ou capitaine-gouverneur de la localité, jusqu'en 1610, époque de la suppression de ce commandement, devenu inutile (1).

Avant la domination des Baux, le bourg s'étendait sur un espace fort restreint, tout autour du château, comme il sera facile de s'en convaincre par un simple coup d'œil jeté sur notre plan colorié de la Ville. Ce quartier composé d'une centaine de maisons, généralement assez mal bâties, a conservé le nom de *Vieux-Bourg*.

Le Vieux-Bourg était flanqué de sept tours, dont les unes étaient carrées et les autres rondes, reliées entre elles par de minces remparts. Les seigneurs de Baux, au XII° siècle, renversèrent ces remparts et ces tours qui présentaient peu de solidité et les reportèrent en dehors des nouvelles constructions devenues beaucoup plus considérables que les anciennes.

La disparition de ces murailles et probablement aussi d'une de ces tours, laissèrent entre la vieille et la nouvelle ville un vacant, au carrefour formé à la Grand'rue, par la naissance de la rue Chaberlin. Ce fut le *Marché neuf*, qui figure sous ce nom, (*Mercato novo*) dans le polyptique des comtes de Toulouse de 1253, dans la charte de 1270, et dans d'autres documents anciens.

A cette même époque où s'élevèrent les nouveaux murs

---

(1) Le 9 juin 1643, dans la visite officielle dont nous avons parlé, (page 125), le recteur Guido Baldo ayant demandé aux consuls s'il y avait un gouverneur, ceux-ci « ont repondu quil a este oste depuis que M⁵ʳ Filonardy estoit Vice-Legat ». (*Biblioth. de Carpentras, Rectorerie*, 1ᵉʳ vol., f° 4).

d'enceinte, le seigneur de Baux, habile dans l'art de fortifier les places de guerre et connaissant bien la partie faible de celle-ci, voulut y remédier par la construction de la *Tour* dont nous avons déjà dit un mot. Il l'établit sur le sommet de la colline comprise entre la ville, le col de Nostre-Done, la grande Vallée et le Puy de la Recluse.

Ce fortin, toujours appelé dans nos Archives la grande Tour de Baux (*magna turris de Baucio*), dominait non-seulement la ville, mais encore tous les chemins par lesquels on pouvait aboutir de n'importe quel point de l'horizon.

Dans le pays on avait su apprécier la valeur de cet emplacement au point de vue stratégique, et nous verrons plus tard les regrets des habitants au sujet de la disparition de cette tour et les résolutions relatives à de nouveaux travaux de défense, pour protéger la ville du côté du nord.

Il ne paraît pas que les comtes de Saint-Gilles, de Toulouse et de Provence aient contribué en quoi que ce soit à la modification de la ville. Ils la laissèrent dans le même état qu'elle leur avait été remise. Rien, du moins, ne prouve le contraire.

Le pape Clément V fut, après les Baux, celui qui le premier, s'intéressa au pays dans lequel il aimait à se rendre. Il fit d'abord construire une grande et belle église paroissiale sur l'emplacement d'une autre beaucoup plus ancienne et beaucoup plus petite. L'édifice religieux qui, d'ailleurs, subsiste encore, après avoir été agrandi deux fois et réparé bien souvent, était une véritable forteresse, avec créneaux et machicoulis, formant bastion à l'angle des remparts au sud-ouest, soutenu par les deux portes voisines(1). Ce pape fit également construire de nouveau les remparts du côté du sud-est.

Après la victoire remportée à Poitiers par les Anglais sur l'armée française (1356), le roi Édouard III licencia son armée dont les soldats se répandirent, en pillards, dans les provinces. Le pape Innocent VI adressa (1359) une bulle à Guillaume de Roffillac, recteur du Comtat, par laquelle il lui enjoignit de faire fortifier les villes et les châteaux du Venaissin.

---

(1) En 1560, pour fortifier la ville du côté du sud, on fit construire la belle muraille, percée de meurtrières, qui longe l'église, depuis la façade de l'ouest jusqu'à la porte Soubeyran. Les contre-forts disparurent derrière ce nouveau rempart. Celui-ci s'éleva jusqu'à la hauteur de la toiture, de façon à former des *chambres* ou casemates, au-dessus des chapelles.

Ces travaux de défense furent continués sous Urbain V (1363) et terminés avant ceux des remparts de Carpentras et d'Avignon (1).

L'enceinte fortifiée fut légèrement agrandie, en 1431, du côté du nord, par la reconstruction de la porte Filiol et du rempart. L'entreprise des travaux fut donnée à Geyrard Allirgii, maître-maçon, *(lapiscida)*, à raison d'un florin, la *canne carrée*. Nous disons bien : la canne *carrée* et non la canne *cubique*. L'épaisseur des remparts étant connue, il n'en était jamais question dans les prix-faits ou, s'il en était parlé, c'était pour dire que les parties creuses et les parties pleines seraient payées au même taux. Il ne s'agissait donc que de la surface.

Dans le cas présent, l'administration avait pris à sa charge de faire transporter les matériaux sous la main des ouvriers. On se mit à l'œuvre dès les premiers jours de janvier 1431, et les travaux furent conduits avec une très grande activité, tous les habitants étant appelés à la corvée ; mais on s'aperçut bientôt que les constructions prenaient un développement trop considérable pour les ressources municipales, et on se demanda s'il ne serait pas prudent de s'arrêter. La crainte du ridicule (2), plus encore que celle du danger, décida le Conseil à poursuivre l'entreprise, à laquelle on se livra avec tant d'ardeur que le 1ᵉʳ juin de la même année l'œuvre fut terminée et maître Allirgii payé de ses peines.

Il fallut cependant se livrer à de nouvelles dépenses pour compléter les fortifications extérieures. Ces travaux furent exécutés au commencement de l'année 1433 (3).

Les murs du château tombaient en ruine et livraient passage aux chèvres du pays. Le clavaire pontifical se plaignit des dégradations faites par la dent cruelle de ces animaux et fit publier défense, sous peine d'une amende de 10 livres, d'introduire aucune chèvre dans le vieux manoir (4), que le cardinal Légat était dans l'intention de remettre en état. Il rappela aux syndics l'obligation où était la Commune de fournir la chaux, le plâtre et le sable nécessaires. Le Conseil délibéra de cons-

---

(1) Los remparts de Carpentras furent commencés en 1359 et finis en 1377. L'ordre d'achever ceux d'Avignon fut donné en 1368.

(2) Quia maior pars est facta et est necessarium quod usque ad magnum fossatum perficiatur, fuit ordinatum quod opus compleatur, quia esset verecundia et dampnum si ita remaneret. (Arch. municip. *Liber Regiminis*).

(3) Voir *Pièces justificatives;* n° XXVIII.

(4) 14 sept. 1448. — Clavarius conquiritur de eo quia capre devastant bracatas castelli, et fuerunt facte preconisationes sub pena Xᵉ Libr., quod nulle capre intrent in dicto castro (Arch. municip. *Liber Regiminis*).

truire un four à chaux (1), car les ouvriers envoyés par le cardinal devaient se mettre à l'œuvre aussitôt après Pâques. En effet, le juif Vidal, clavaire pour le pape, annonçait peu de jours après que deux envoyés du Légat allaient arriver pour s'assurer si la Communauté avait fourni tout ce à quoi elle était obligée (2). Guillaume Luynes, procureur de Barthélemy de Brancas, permit de prendre du sable à l'arénier, situé au pied de la vieille tour de Baux (3), à quelques pas de la ville.

On travaillait en même temps à fortifier la ville du côté de l'église paroissiale (4) dont les deux façades extérieures étaient des remparts solides et d'une très grande hauteur. L'édifice sacré servait puissamment à la défense du pays et devenait par cela même le point de mire des assaillants; d'où il résultait qu'après chaque lutte, il fallait en réparer les murailles.

On décida, pour se procurer des fonds, de vendre le *quarantenum meliori precio quo poterit*; mis à l'adjudication *ad candelam*, il fut livré pour la somme de cent-dix florins, six gros (16 juin 1449). Les travaux exécutés près de la porte de Roux furent terminés au mois de novembre de la même année (5).

Le parlement tenu le 1er mai 1451, résolut de soumettre à la

(1) Jovis, 27 mart. 1449. — Guillelmus Gaudiberti et Hugoninus Michaleti... tradiderunt ad conficiendum furnum calcis cum Johanne Pitoti, loci de Bedoyni, cum pactis sequentibus. Primo quod dictus Pitoti debeat construere, minare dictum furnum et illud redere bene et sufficienter dequitum. Tamen dictum furnum debet esse longitudinis XVIII palmarum et IV canarum altitudinis. Et hoc, pro precio et nomine precii IX florenorum soluendorum per solutiones sequentes: primo, in introytu cause, II florenos, et II florenos quando furnum erit repletum et quando dictum erit dequitum restam dictorum IX florenorum. Pro quibus se obligant in forma, etc.

(2) Vidaletus, Judeus, clauarius papalis, petierat si furnum calcis erat conclusum, eo quod dominus Johannes de Millano et dominus Jacobus Bucheti debent venire pro videndo si dicta Universitas faciat illud quod debet pro reparatione castri. (6 madii 1449).

(3) Ut valeat accipere arenam in quodam arenario Domini Bertholomei, subtus *turrim de Baucio*.

(4) Quod bariona claudantur de portali ad portale, dempto quod bariona claudantur de portali Ruffi usque portale Isnardorum, cum cemeterio, restantibus tantum in quolibet muro videlicet estum sufficientem quod animalia *cum basto* transire possint. (Parlement du 1er mai 1417).

(5) 17 nov. 1449. — Retulerunt, videlicet nobiles Anthonius Constancii et Johannes de Sayson, una cum Anthonio Gaymarii et Guillelmo Saluanhi, virtute commissionis eis atribute, se transtulerunt in portale Rufforum et ibidem canasse barionum novum, in presencia mei Andree de sancto Romano, et retulerunt reperisse videlicet XXIV canas quod accedunt XX florenos ad rationem de X grossis.

corvée et à la taille (1), tout comme les habitants, les personnes venues du dehors à cause de la peste, et le Conseil du 17 du même mois imposa la même obligation au clergé, tant séculier que régulier (2). Ces travaux de restauration furent adjugés à Pierre Buffardin, au prix de onze gros la canne carrée (3).

On avait à peine fini les réparations d'un côté qu'on les recommençait de l'autre. On venait de refaire les murailles d'Urbain V ; il fallait reprendre celles de Clément V (4). Les nobles et les ecclésiastiques ne furent pas exempts de la contribution à fournir pour une nouvelle taille de quarante florins (5), et ces réparations se terminaient à peine que l'on se voyait dans la nécessité de voter une nouvelle taille (6).

Toutes ces corvées et ces impositions fatiguaient les habitants qui s'en plaignirent et finirent même par refuser de travailler et de payer. Le recteur cependant voulait visiter les travaux. Il fit prévenir les syndics de sa prochaine arrivée. Ceux-ci convoquent aussitôt le Conseil, et lui proposent de prendre des mesures afin que l'on se mette sérieusement à l'œuvre, et que le recteur n'ait point à se plaindre. « Que demain donc, disent-ils, ceux qui n'ont « pas d'animaux se mettent à creuser les fondations des murailles

(1) Pro reparando frachias.
(2) Vocentur domine sacerdotes ad contribuendum cum Uniuersitate, et ibidem in dicto Consilio fuerunt convocati videlict Dominus Johannes Cassoli, Monachus, Dominus Anthonius Misini, Anthonius Stachii, Capellani.
(3) Pacta habita inter Uniuersitatem loci Malaucene, ex una, et Petro Buffardi, ex altera. — Anno M. IIII. LI. ex dio XV mensis Junii, Johannes, Boneti, unus ex sindicis loci Malaucene, nomine dicte Uniuersitatis tradiderunt Petro Buffardi, lapisside, videlicet opus seu constructiones frachiarum murorum dicti loci Malaucene cum conditionibus sequentibus : Et primo, quod dicta Universitas teneatur et debeat dicto magistro Petro Buffardi habere calcem, arenam, lapides et alia necessaria, sumptibus dicte Universitatis. Item fuit de pacto quod Uniuersitas teneatur curare fundamenta sumptibus Universitatis. Item dicta Universitas tenetur dare pro cana cadrata dicto Petro videlicet XI grossos, canando tam vacuum, quam repletum, et debet facere ad primam, solam et simplicem requisitionem dicte Universitatis. Item quod Universita teneatur de dampno et interesse. Actum: Malaucene in hospicio dicte Universitatis, presentibus Guillelmo Gentridi et Johanne Pronisia, testibus.
(4) 26 mai 1458. — Faciant (pactum) cum magistro Johanne Jansoynis meliori precio. — 15 oct. 1460. — Johannes compleuit et perfecit opus parietum et frachie, prope hospicium Johannis Guigonis et est contentus cannare.
(5) Tam nobilibus, ecclesiasticis, et laycis et quod vocentur Domini sacerdotes et alii.
(6) 24 nov. 1460. — Quod fieret una talhia pro construendo frachiam barrii juxta hospicium Guillelmi Saluanhi.

« et que ceux qui ont des animaux aillent prendre la terre et la
« portent devant la maison de Jean Guigue (1). » Deux jours après,
nouvelle réunion du Conseil. « Il conviendrait de s'occuper de
trouver un logement convenable pour le recteur.— Hé bien! qu'on
fasse des préparatifs au *logis de la Cloche* (2) ».

Mais la grève des corvéables et des taillables avait porté ses
fruits : on manquait de chaux. Il fallut se mettre en mesure d'en
trouver, et il n'y en avait nulle part dans les pays voisins. Montélimar seul pouvait en fournir ; mais la dépense devenait fort
considérable, à cause des frais de transport à dos de mulet. On
était dans la désolation, car on craignait le mécontentement du
recteur. Le vicaire perpétuel de la paroisse parvint à calmer l'inquiétude publique, promettant d'interposer ses bons offices auprès
du seigneur recteur, auquel on demanderait un délai pour avoir
le temps de fabriquer de la chaux sur place.

Le recteur vint en effet. Il visita les chantiers, et s'occupa de
plusieurs affaires et notamment entendit des plaintes contre le
viguier Galéas de Saluces. Il fallut ensuite régler la note pour
les dépenses faites à l'occasion de cette visite et elle fut considérable, car le recteur n'était pas venu seul ; il avait amené avec lui
un personnel nombreux. Il fut dépensé 27 florins, — que l'on
n'avait pas : — les syndics furent chargés de les emprunter (3).

On se remit donc à l'œuvre avec une ardeur peu spontanée,
même de la part des syndics, mais excitée par les rigueurs du
viguier qui était désireux d'être agréable au recteur. Tous, pauvres et riches, devaient une journée de travail pour le four à
chaux (4). Les murailles s'élevaient lentement, très lentement, et
ce ne fut qu'avec beaucoup de peine que Galéas parvint à faire
terminer les créneaux.

Les fossés des remparts étaient, à ce qu'il paraît, d'une profon-

(1) Jeudi, 20 avril 1458.
(2) 23 avril.— Esset bonum prouidere ubi poterit aloiare bene et decenter et honorificenter. Fuit conclusum quod preparetur in diuersorio camppane.
(3) 27 avril 1458,— D. Rector venit in dicto loco visitandum dictum locum super frachiis et aliis negociis et *petit pro suo labore* X Saumatas annone, et D. Aduocatus unam Saumatam, et Bonicordis, (collecteur de la taille pour le Légat et le Recteur), unam aliam Saumatam, et alij homines unum scutum, et alii officiarii unum alium.
(4) 13 janv. 1459. — Quilibet habitatores huius loci et alij, tam pauperes et divites, faciant unum jornale ad cavandum. Quilibet habitatores faciant, pro quolibet, quatuor fagotos tales quales magister furni ordinabit. Quod Guillelmus Gaudibert habeat onus faciendi cavare crosum et faciet scribere omnes illos qui stabunt.

deur et d'une largeur très convenables. Il était si facile de les inonder avec de l'eau sans cesse renouvelée que plusieurs particuliers, empiétant sur les droits de la Ville, avaient pratiqué des viviers dans lesquels ils tenaient du poisson (1).

L'ensemble des moyens de défense était complété par des ponts-levis et par des bastions construits en avant de la place (2).

Toutes ces fortifications qui, de nos jours, n'auraient pu résister à une attaque sérieuse, rendirent cependant bien des services pour la protection de la place.

L'époque féodale fut terrible dans le Comtat, et les croisades servirent de prétexte à de nombreux brigands. Ceux-ci remplissaient la province de meurtres et de pillages. Dans ces temps agités, les murailles, quelque minces qu'elles fussent, présentaient de la sécurité pour les premiers moments d'une surprise quelconque. Il est facile de comprendre la confiance que les habitants mettaient dans ces remparts et l'importance qu'ils attachaient à les tenir toujours en état, aussi n'accordait-on que difficilement même le droit d'appui du côté de l'intérieur, et refutait-on avec obstination de pratiquer des ouvertures dans l'épaisseur des murs d'enceinte pour mettre le dedans en communication avec le dehors (3).

§ 2. — LES PORTES DE LA VILLE

La ville avait cinq portes. Quatre seulement furent livrées à la circulation.

I. — La porte Supérieure ou Soubeyran.

Ce nom « Supérieure » lui venait de sa position ; elle est en effet plus élevée que les autres. Elle s'ouvre en haut de la Grand'rue, tout à côté de la grande façade sud de l'Eglise paroissiale. Autre-

---

(1) 15 mai 1588. — « Que Gabriel Allard face conduire leau de lenfer de son « moulin ; que nentre pas dans les fosses, a ceste fin qui ne nuyse au poysson « que lon pretend y metre. »

(2) Voir *Pièces justificatives*, n° XXXIV.

(3) La maison de l'Espine, voisine de la porte Chaberlin ou de Roux, avait des fenêtres percées dans les remparts. Le conseil les fit fermer et n'en permit la réouverture qu'après la seconde occupation de la ville par les Huguenots, (*Dominus de Poeto faciat facere suas fenestras prout erant per antea*.— (Conseil du 18 avril 1566.) Quant à la porte de la même maison elle dût rester murée. (Archives Municipales, série AA. *Sentence de l'Auditeur général* de la Légation d'Avignon, en date du 22 janvier 1627.)

fois elle était considérée comme étant le point le plus fortifié de toute la ville *(Porta Sobeyrana ubi consistit principalis protectio totius Universitatis)*, et en même temps la plus fréquentée *(et per quam major pars hominum transit)*. Dans le principe elle était appelée *Portale Ysnardorum*, porte des Isnards, à cause de quelque voisin, sans doute. Dans la suite elle quitta cette dénomination pour celle de *Portale Superius*, et au XV° siècle, il n'est plus question que de Portale Superius, Porte Supérieure, Porte Soubeyran, trois expressions parfaitement synonimes et appartenant à trois langues différentes : le latin, le français et le provençal. Ce nom provençal de Soubeyran apparaît pour la première fois dans un acte public en 1521, à savoir dans le jugement prononcé par le délégué du cardinal François de Clermont. A partir de ce moment *Porte de Soubeyran* passe dans toutes les langues parlées ou écrites dans le pays et subsiste seul encore de nos jours (1).

Cette ouverture faisait face à l'ancien chemin de Carpentras. Il était tout naturel qu'elle servit aux réceptions officielles des grands personnages, princes, cardinaux, légats et autres.

Ses créneaux servaient à la pendaison des criminels.

Détruite et reconstruite plusieurs fois, cette porte subsiste encore actuellement, et bien qu'elle ne présente rien de remarquable sous le rapport architectural, nous faisons des vœux pour sa conservation, la ville n'ayant rien gagné au renversement de la Porte Inférieure, dont nous allons parler.

II. — La Porte Inférieure ou Filiol.

On est dans l'habitude, au moins dans la belle saison, de lâcher dans l'intérieur de la ville une partie des eaux fraîches et limpides du Groseau. Elles s'y précipitent avec fracas par la porte Supérieure et, suivant la Grand'rue dans toute sa longueur, vont ensuite ressortir par la porte *Inférieure* (2).

Cette dénomination de porte inférieure est présentement inconnue des indigènes eux-mêmes, et cela ne doit surprendre personne, puisque à l'époque de sa reconstruction, en 1431, on l'appelait déjà, du nom d'un de ses plus proches voisins, *la Porte Filiol*.

Elle n'existe plus aujourd'hui ; le vent du nord, il est vrai, pénètre en toute liberté par cette ouverture jusqu'au centre de la

(1) Voir *Pièces justificatives*, n° XXXIV.
(2) Voir *Pièces justificatives*, n° XXXIV

ville qu'elle purifie, mais le touriste a le droit de regretter la destruction de cet édifice gothique qui avait, du moins, le grand mérite de masquer quelques maisons en assez mauvais état d'entretien.

La porte Filiol mettait la ville en communication avec le chemin papal de Vaison et Orange.

III. — La porte Chaberlin ou de Roux

Cette porte date de l'agrandissement de la ville, au XIIe siècle. Elle fut reconstruite par Guillaume Chaberlin, en 1363, en même temps qu'une partie des remparts, sous le pontificat d'Urbain V, en vertu des ordres de Philippe de Cabassole, évêque de Cavaillon, recteur, et de Jean-Ferdinand de Hérédia, capitaine général du Comtat Venaissin.

Ceci résulte d'une inscription placée au-dessus de la porte et assez lisible encore, malgré les sottes mutilations dont elle a été l'objet.

ANO DNI MLLO CCC LXIII
SB DNO NRO VRBANO PPA V FVIT FCA PSENS
PORTA D MADATO DNOR PHLI RECTR ET IOHIS
CAPITANEI COITTS VEN P G CHABERLINI (1).

Les armoiries du pontife avaient été gravées au-dessus de cette inscription. Elles ont subi le même sort qu'elle et ont été rendues méconnaissables.

Du côté de l'intérieur, dans une niche sculptée, on voit de nos jours une statue en pierre, représentant la Sainte-Vierge tenant l'Enfant-Jésus dans ses bras.

L'abbé Guinier parle de la construction de cette porte et des remparts du sud-ouest, comme ayant été exécutés aux frais d'Urbain V. Mais, après de sérieuses recherches, nous avouons n'avoir rien trouvé à l'appui de cette assertion; tout, au contraire, nous démontre que les dépenses furent supportées en entier par la Communauté. Des travaux analogues avaient été faits à la même époque dans les autres localités, dans le but de résis-

---

(1) Anno Domini millesimo trecentisimo sexagesimo tertio — sub Domino nostro Urbano papa quinto fuit facta presens — porta de mandato Dominorum Philippi Rectoris et Johañnis — Capitanei Comitatus Venaissini per Guillelmum Chaberlini.
L'an de Notre Seigneur 1363, sous le règne de notre seigneur le pape Urbain V, cette porte a été faite par ordre des seigneurs Philippe, recteur,
Jean, capitaine du Comtat Venaissin, par Guillaume Chaberlin.

ter aux courses des compagnies venues d'Italie dans Comté Venaissin.

Cette porte est connue dans les vieux documents sous le nom de *Portale Brusquetum*, porte Brusquet. Plus tard, elle le fut sous celui de *Portale Ruffi* ou *Rufforum* (noms empruntés aux principales familles du voisinage), et enfin sous celui de Chaberlin, (*Portale Chaberlini* ou *Chaberlinorum*). Aujourd'hui elle est désignée sous cette dernière dénomination, *Porte Chaberlin*, ou sous celle de *Roux*, nom si commun dans le midi de la France, et que les actes du moyen-âge traduisaient par Ruffus ou Ruffi.

IV. — La porte Duron ou Cabanette.

Dans le principe et jusqu'au XVe siècle, cette porte était appelée indifféremment *Portale Ravalheri* ou *Portale Desideriorum*. La première dénomination lui venait peut-être de l'architecte qui l'avait construite, et la seconde du voisinage de l'oratoire et de la colline de Saint-Didier, situés entre cette ouverture et le quartier de Saint-Baudile (*Collem sancti Desiderii. — Oratorium sancti Desiderii*).

En 1431, lorsque s'exécutèrent de grands travaux de défense, ces désignations disparurent pour faire place à une nouvelle. Celle-ci était prise du nom d'un habitant voisin de la porte (1), et qui jouissait d'une certaine influence dans son pays. On l'appelait *Duroni de Calvineto*.

On commença donc à dire *Portale Duroni*, et l'on continua pendant assez longtemps. Mais comme de Duron de la Calvinette à Duron de la Cabanette, il n'y avait pas loin, on finit par dire *Porte de la Cabanette*. D'ailleurs, l'occasion se présenta de construire sur une tour voisine, appelée la tour du Prieuré, une guérite d'observation (2).

Cette tour voisine du moulin de la porte Duron, était surmontée d'un grand édifice, servant à la fabrication de la poudre de guerre et appartenant à un Pierre Reynaud. Une nuit, sur la fin du mois de juillet 1559, la foudre tomba sur ce bâtiment qui, volant en éclats, entraîna dans sa chute un pan des remparts et couvrit le moulin de ses ruines. Peu de jours après, le Conseil décida de réparer au plus vite le mal causé par cette formidable

---

(1) Heredes Duroni de Caluineto possident quoddam hospicium, cum curtibus, prope portale Raualherii (*Livre-terrier* du XVe siècle, dressé par Pierre Rougon).

(2) *Guérite* se traduit, en provençal, par *Cabanette*.

explosion (1), et de construire une guérite, ou *cabanette* ; mais les ouvriers demandaient cent florins de prix-fait et... comme cela se reproduisait souvent... la caisse municipale était, en ce moment, complètement épuisée. Il fut donc décidé que la réparation serait faite par corvée (2).

La guérite ou cabanette, peu d'années après, fut jugée insuffisante : « La Communante voulsist fere bastir et edifier ung
« membre pour fere ung corps de garde pour la tuission et
« deffense de la Ville de Malaucene sur la thour ronde, pres la
« mayson de discret homme Anthoine de Beaumont ; et, pour ce
« que ladicte thour est trop petite et que fauldra aduancer ledict
« bastimant sur la mayson dudict de Beaumont, etc. »

A cet effet, une transaction fut passée, le 10 décembre 1588, pardevant Guillaume Gaudibert, notaire à Malaucène, en vertu de laquelle les consuls purent « aduancer le bastimant sur la mayson « dudict de Beaumont. » Une clause expresse de ce contrat portait : « On debura tenir le corps de garde ferme a clef, si non « quand sera besoing fere la garde (3). »

Deux siècles plus tard, il est encore question de la construction d'une guérite, sans doute pour remplacer celle dont nous venons de parler.

En effet, le 19 septembre 1770, l'intendant de la province pour le roi écrit aux consuls ce qui suit :

« Pour le projet relatif à la guérite que l'on doit construire sur le rempart de la porte Duron, il sera nécessaire, avant de le mettre à exécution, que vous obteniez de la Chambre Royale la permission de percer ce rempart et d'y adosser la guérite dont il s'agit. »

Elle fut enfin reconstruite par ordonnance du Vice-Légat, portant la date du 13 avril 1778.

V. — La porte Taborer ou du Théron.

Les quatre portes dont nous venons de parler étaient seules ouvertes au public. Cependant, il en existait une cinquième, au

---

(1) 3 août 1559. — Die jovis proxima preterita, tertia presentis mensis Augusti, fulgur, circa secundas horas post medias noctes, ruinavit edificium magnum Petri Reynaudi, salpetrarii, quod edificium erat super turrim, existentem, prope molendinum porte Duroni et in quo quidem edificio erat certa quantitas pulueris et illud edificium cadendo cecidit super eumdem molendinum Communitatis et illud ruinauit. Quare fuit conclusum quod reparetur quanto sitius (Archiv. Municip. *Liber Rigiminis*, ad an. 1559, f° 17.)

(2) Loc. cit. ad an. 1569, 30 oct.

(3) Archiv. municip. Sie CC. Liasse : *Guérite de la porte Duron.*

sud-est, tout aussi ancienne que les autres et dont le nom primitif était *Portale Taborerium* (porte Taborer).

Cette appellation, comme presque toutes les autres, avait été empruntée à un des principaux habitants du voisinage. Nous voyons, en effet, dès l'année 1230, Pierre Taborer en possession d'une partie des droits seigneuriaux sur les tasques du quartier de *Vescia* (1), le nom de porte Taborer revient assez souvent dans les documents du XIV° siècle (2) et se perd dans le XV° pour faire place à celui de porte du Téron ou du Théron (*Teronis, Theronis, Toronis.*)

La pensée des architectes avait été — ceci est incontestable — de mettre, par cette ouverture, et au moyen d'une ligne droite, le château et l'intérieur de la ville en communication directe avec l'ancien chemin du Dauphiné, par lequel on aboutissait aussi à Beaumont et au monastère du Groseau. La maison du prieuré, touchant presque à cette porte, devait être la première à en bénéficier.

Elle resta pourtant toujours murée, au grand détriment de tout un quartier populeux qui, durant des siècles, présenta l'aspect d'un labyrinthe sans air et sans soleil, ressemblant assez, en somme, au quartier où étaient relégués les Juifs.

Sur la plainte des habitants, faite au Conseil de Ville, le 13 octobre 1789, que le quartier du Théron était un vrai « coupe-gorge », on décida d'ouvrir cette porte « une des plus anciennes de la ville » dit la délibération.

L'autorisation, demandée à la Légation d'Avignon, fut accordée le 13 janvier 1790, par le Vice-Légat Casoni.

VI. — La porte Neuve ou de Béchon.

L'exemple fut contagieux. Les habitants du nord-est demandèrent, eux aussi, à respirer et à circuler à leur aise; et, le 2 février 1790, le Conseil vota la création d'une sixième porte. Toutes les autres, même celle que l'on venait de rouvrir, étaient anciennes; celle-ci était la seule neuve, on l'appela donc le *Portail-Neuf,* ce qui est encore sa dénomination cadastrale; bien que, dans le peuple, elle ait subi le sort des autres portes, car dans le pays on l'appelle la porte Béchon. Béchon était le surnom d'un habitant voisin. Cet édifice, qui est loin d'être un monument, a été bâti sur le terrain acheté par la Municipalité à l'administration de l'hospice, dont il touche les constructions.

---

(1) Voir *Pièces justificatives,* n° I.
(2) Voir *Pièces justificatives,* n° XVI.

CHAPITRE TREIZIÈME

GRAND SCHISME D'OCCIDENT (1378-1447).

Reprenons le récit des évènements dont nous avons interrompu le récit pour donner place aux longs détails de l'administration pontificale.

A la mort de Grégoire XI, deux papes se trouvent en présence et partagent la chrétienté.

La période du grand schisme présente une série de faits très intéressants pour l'histoire de notre pays, qui demanderont quelques développements. Dans les vieux protocoles et dans les chartes de cette époque, c'est tantôt le pontife d'Avignon qui figure en tête des actes publics, et tantôt le pontife de Rome. Ici, un nom a été gratté et surchargé de celui de son compétiteur. Ailleurs, le nom du pape a été laissé en blanc, ou bien encore remplacé par cette formule : *Regnante Sacro-Sancto Collegio*.

§ 1er. — MALAUCÈNE SOUS LA PROTECTION D'AMÉDÉE VIII, COMTE DE SAVOIE.

Un des registres du notaire Girard Bermond contient, au premier feuillet, un acte unique en son genre. A cause de son importance pour notre histoire locale, nous l'avons reproduit, dans son texte primitif, à nos *Pièces Justificatives* (1).

Le 20 novembre 1408, Roulet Miraillet (2), habitant de Malaucène, présente par-devant le susdit notaire, au damoiseau Antoine Déchiel, des lettres-patentes d'Amédée VIII, alors comte de Savoie (3), datées du 7 mars de la même année.

Les lettres munies du sceau comtal, à la cire rouge, étaient adressées à Déchiel. C'était la réponse à une supplique par laquelle Roulet Miraillet demandait au comte d'interposer son autorité souveraine, dans un différent qu'il avait avec Déchiel.

---

(1) Voir le n° XXI.
(2) Nous lui avons consacré un article au chapitre *Biographie*.
(3) C'est ce même Amédée qui plus tard devint duc de Savoie et, sous le nom de Félix V, entreprit de s'opposer au pape Eugène IV.

Voici le contenu de ce document :

« Nous avons reçu la supplique de notre cher Roulet Miraillet
« et l'avons annexée à nos présentes lettres. Roulet, en fidèle ser-
« viteur, nous a rendu notre *Castrum* de Turbie, se fiant à votre
« loyauté, d'après la promesse que vous nous aviez faite par écrit
« de nous rendre cette place à nous même et à personne autre.

« A votre honneur et à celui de Roulet et pour vous dégager de
« votre serment, nous vous donnons reçu de ce Castrum de Tur-
« bie et de tout son matériel, à vous et à vos descendants, en
« notre propre nom, vous promettant de ne plus vous les réclamer
« et de vous rembourser de tout ce dont nous serons reconnu
« vous être redevable.

« Cependant, comme nous ne voulons point que Roulet ait à
« souffrir de sa bonne action (*nolentes quod de bono opere lapi-*
« *detur*) nous vous ordonnons, sous peine d'une amende de deux
« cents marcs d'argent et aussi sous peine de notre indignation,
« de n'être désagréable en rien au dit Roulet et de lui rendre,
« sans retard aucun, les instruments et autres obligations con-
« sentis par lui, à l'occasion de cette affaire.

« Ordonnant à notre juge majeur et à nos autres officiers
« présents et à venir, sous peine d'encourir notre indignation,
« de vous y contraindre par l'incarcération de votre personne et
« la séquestration de vos biens ; à moins que vous ne fassiez à
« Roulet la restitution de tout ce que vous lui détenez injuste-
« ment et que vous ne lui donniez toutes les satisfactions qu'il
« pourra désirer ».

La lecture de ces pièces ne fut pas plus tôt terminée que Déchiel offrit spontanément à Roulet Miraillet de lui faire l'abandon d'une somme de cinq cents florins d'or, et de le dédommager en tout ce qu'il demanderait.

Voilà donc le comte de Savoie agissant à Malaucène comme souverain du pays et donnant ses ordres au juge majeur et aux autres officiers. N'est-ce point dire que Malaucène s'était mise sous la protection du prince Amédée, afin de n'avoir pas à souffrir des luttes engagées à l'occasion du schisme ?

Malaucène fut en effet très-agitée à l'époque dont nous parlons et rien ne le prouve mieux que le changement fréquent du magistrat représentant, dans le pays, l'autorité supérieure.

(1) Turbie, bourg situé à trois ou quatre kilomètres de Monaco. L'on y voit encore une vieille tour en ruines, dernier vestige de la forteresse romane des comtes de Savoie.

La seule année 1408 vit passer trois viguiers : Mignonet Raymond, Andrinote de la Place et Louis de la Tour; fait qui ne s'est jamais renouvelé depuis.

Cet acte extraordinaire de prudence de la part des habitants est facile à expliquer, si l'on fait attention à la situation géographique de la localité. La partie orientale de son territoire était limitrophe avec le territoire de Brantoulx; or, ce dernier faisait partie du comté de Savoie, fort considérable en ces temps-là.

D'un autre côté, de grandes luttes étaient engagées dans le Venaissin entre Grégoire XII et Benoît XIII. La France avait d'abord soutenu ce dernier. Le maréchal Le Meingre de Boucicaut lui avait prêté des sommes considérables, en reconnaissance desquelles Benoît avait inféodé au maréchal plusieurs places de ses États, entr'autres Pernes, Bollène, Bédarrides et Châteauneuf (1). Et ce fut pour éviter ce même sort que Malaucène se mit un instant sous la protection des comtes de Savoie.

Le 23 mars de la même année, Bernard de Cambrilis, prieur de Saint-Michel, procureur du cardinal Pierre de Tourroye (de Turreyo), prieur de Notre-Dame de Montfavet ou de Bon-Repos, donne aux frères Effre, en acapit, une maison sise à Malaucène, à la Grand'Rue, près du *plan de l'Orme* (2).

Ce cardinal, du titre de Sainte-Suzanne, fut nommé premier Légat d'Avignon et administrateur du diocèse. Il fut l'un des dix qui, après avoir quitté l'obédience de Benoît XIII, prirent part, à Pise, à l'élection d'Alexandre V (3).

§ 2. — BERNARDON DE SERRES, SEIGNEUR DE MALAUCÈNE.

Mais voici un autre évènement qui fait, en quelque sorte, pendant à ce que nous venons de raconter de la prudence des Malaucéniens. Ce second acte peut presque être considéré comme la suite du premier et lui sert de confirmation.

A différentes époques, depuis leur prise de possession du Venaissin, les papes avaient inféodé la seigneurie de Malaucène à divers personnages bien méritants. Ces inféodations finissaient avec la vie de ceux qui en étaient l'objet.

---

(1) Fornéry, *Hist. civile*. Livre VI, page 545.
(2) Protocoles de Girard Bermond. (Étude de M⁰ Souchon, notaire à Malaucène).
(3) H. Reynard-Lespinasse, *Armorial historique du Diocèse et de l'État d'Avignon*, pages 57 et 142.

On cite, comme ayant possédé cette seigneurie, un membre de la famille de Sévérac et le comte d'Astoud, qui n'eurent pas le temps de laisser des souvenirs après eux. Puis Bernard de la Salle qui s'était distingué dans plusieurs combats, défendant courageusement, dans le Comtat, les droits du Saint-Siège.

Après lui, Clément VII donna la seigneurie à Bernardon de Serres (1), en récompense de services importants. La bulle d'institution est du 15 mai 1386.

Bernardon, de concert avec Raymond Roger, vicomte de Turenne, avait arrêté les incursions des partisans de Charles de Duras, usurpateur des états de Naples, qui désolaient le Venaissin et la Provence.

Cette fois l'inféodation était donnée à Bernardon, pour lui et ses descendants, à perpétuité.

Néanmoins elle « *fut cassée* dans la suite par le Souverain-« Pontife Jean XXIII, *en haine* de la mémoire de Clément VII, et « Malaucène revint ainsi sous la juridiction immédiate les rec-« teurs du Comtat » (2).

L'historien Cottier est ici tombé dans une double erreur : d'abord en disant « l'inféodation *fut cassée* » et ensuite en attribuant ce fait « *à la haine* de la mémoire de Clément. » Il y a mieux que tout cela. Voici en effet ce qui s'était passé.

Un nommé Guillaume de Pesserat avait été placé sur le siége épiscopal de Vaison par Boniface IX ou par Benoît XIII, on ne sait. Dans tous les cas, s'il avait été choisi par Boniface IX, il avait, du moins, été maintenu par Benoît XIII.

Pesserat prit plus de soin de sa fortune privée que des intérêts de son diocèse, et comme il était fort inquiet à cause des troubles, il voulut aller à ce qu'il croyait le plus sûr et, en l'année 1410, il plaça son église sous la sauvegarde de Bernardon qui, lui-même, avec ses vassaux s'était mis sous la protection du comte de Savoie.

L'évêque nommait le seigneur de Malaucène « *administrateur* de son église.

---

(1) Il existe, dans les protocoles de Girard Bermond et de Antoine Constant, un très grand nombre d'actes relatifs à Bernardon de Serres, agissant comme personne privée. Ce sont des ventes et des reconnaissances pour prêt d'argent ou d'annone, *etc.* On y rencontre aussi beaucoup d'actes passés par Etienne de Baschio. (Nobilis Stephanus de Baschio, Locumtenens Nobilis et potentis viri Bernardoni de Serris, Domini Malaucene.) Un, entre autres : vente de de deux bœufs, au prix total de quinze florins, 31 mai 1408. (Etude de M⁰ Souchon.)

(2) *Notes historiques concernant les Recteurs.*

« S'il arrive, est-il dit dans l'acte, que Bernard on fasse quel-
« ques dépenses de son propre et au-delà de nos revenus et fruits,
« pour la défense, garde, conservation des biens susdits ou de
« quelqu'un d'iceux, nous lui promettons et ordonnons que
« faisant ainsi ces dépenses, l'on s'en rapportera à sa conscience
« et à sa déclaration, et nous les lui restituerons ; pour laquelle
« restitution nous obligeons et voulons que tous et un chacun de
« nos biens soyent obligés et tout ce qui appartient à l'église de
« Vaison » (1).

La raison de cet acte était de mettre à l'abri de toute secousse les biens de son église et, plus encore, sa fortune privée. Cette hypothèque, donnée par Pesserat sur son évêché, était la garantie d'un emprunt considérable fait par lui à Bernardon de Serres (2).

Deux ans après son infâme marché, Guillaume de Pesserat mourut, bientôt suivi dans la tombe par Bernardon de Serres.

Le nouvel évêque de Vaison, Hugues de Teissac, fut désagréablement surpris quant il reçut la visite de Garciot, frère de Bernardon, qui lui réclamait plus de quinze cent florins (3), pour les dépenses faites, durant trois ans, au château du Crestet.

Hugues porta l'affaire devant François de Conzié, Légat d'Avignon, et celui-ci ordonna la restitution immédiate de la place avec tout son mobilier (4).

Le pape Jean XXIII, fort mécontent des procédés de Bernardon, était sur le point de le déposséder. C'est, sans doute, ce qui a fait dire à Cottier que cette inféodation avait été *cassée;* mais, le coupable usurier étant mort sur ces entrefaites, le pape ne voulut pas agir en rigueur envers sa veuve, que l'on disait être en état de grossesse. Il se contenta de faire passer une transaction, le 12 mars 1413, transaction dont nous allons rendre compte, vu son importance historique (5).

Par égard pour la veuve de Bernardon, l'acte fut dressé à Malaucène même et dans la chambre à coucher du seigneur défunt. La dame Romaine de Baschio était assistée de son oncle (Etienne de Baschio) et de ses deux frères (Barthélemy et Bartold de Baschio). La Ville était représentée par les syndics et procureurs

---

(1) Cf. Fornéry, livre VI, pages 453 et 454. — P. Boyer, livre 1er. — P. Columbi, livre III, pages 56 et 57.

(2) Non modicam pecuniæ vim, cum id faceret, accepit mutuam à Bernardono. (P. Columbi.)

(3) Quorum quisque solidis Delphinatibus quatuor et viginti responderet.

(4) Restituto antè omnia Cresteto cum omni supellectili.

(5) Voir : *Pièces Justificatives*, n° XXII.

de la Communauté ; l'évêque par Jean du Puy (de Putheo), vicaire de la maison épiscopale, et le Saint-Siége par le cardinal légat François de Conzié, archevêque de Narbonne. Ce dernier avait mené à sa suite Thomas de la Merlie, archidiacre de Rodez, trésorier du Comtat, lieutenant de Jean de Poitiers, évêque de Valence et de Die, recteur de la province, et Constantin de la Treille (de Pergula), ancien prieur de Groseau, archidiacre d'Aquilée, collecteur général.

Il fut convenu ce qui suit :

« Attendu que la veuve de Bernardon prétend être en état de grossesse ; celle-ci, son oncle et ses frères prêteront serment de fidélité au pape Jean XXIII et à ses successeurs légitimes.

« Si elle met au monde un enfant du sexe masculin, la mère ou le tuteur du nouveau-né feront hommage-lige, en son nom, au Pape ou à ses représentants, ainsi qu'il est dit dans l'acte d'inféodation octroyé en faveur de Bernardon.

« Si elle n'est point enceinte, ou si elle n'accouche point avant la fin du mois d'octobre, ou si l'enfant n'est pas du sexe masculin, ou s'il ne vit pas, dans le mois suivant, c'est-à-dire au mois de novembre, les Baschio rendront le château et la ville.

« Dans cet intervalle, ils ne pourront ni vendre le château ni le donner en gage à qui que ce soit. A leur départ, il leur sera donné un sauf-conduit. En attendant, et en dédommagement de la garde du château et de la ville, ils jouiront des fruits et droits.

« Les syndics et conseillers de Malaucène, présents et futurs, en cas de restitution du château et de la ville, faciliteront l'accomplissement des conventions susdites.

« Les Baschio et les fondés de pouvoirs de la Communauté hypothéqueront leurs biens personnels et ceux de la ville. »

On est obligé d'avouer que cette transaction ne se ressent en aucune façon de « la haine de Jean XXIII pour la mémoire de Clément VII. »

Quoi qu'il en soit des motifs de la conduite de Jean XXIII, les évènements tournèrent en faveur des Malaucéniens. Leur pays, délivré des seigneurs, passa de nouveau sous le gouvernement direct du Saint-Siège. (Novembre 1413).

§ 3. — PRÉPARATIFS DE GUERRE.

Les Malaucéniens avaient reconnu Jean XXIII. Peu après, ils apprirent sa déchéance au concile de Constance, puis la nomination de Martin V (1417).

Pierre Cottini, nommé par ce pontife recteur du Venaissin, s'appliqua à faire rentrer sous la juridiction immédiate du Saint-Siége, toutes les places de cette province données en gage à Boucicaut et à fortifier toutes les villes de guerre (1425).

Il faut donc que les habitants entrent dans de nouvelles dépenses pour réparer les parties faibles de leurs remparts. Un emprunt est ouvert dans le pays, en attendant qu'on puisse lever des tailles extraordinaires. L'emprunt est souscrit par quarante-cinq prêteurs qui avancent des sommes, variant de dix florins à trois gros, et réalise un total de soixante-deux florins quatre gros (1).

Au milieu de tous ces préparatifs, le recteur demande que l'on envoie du secours à Châteauneuf-du-Pape, qu'il faut restituer à son maître légitime. Le détachement va se composer de quatre hommes, dont deux cavaliers et deux fantassins. On choisit comme cavalier Jean du Puy (de Podio) avec son arbalétrier. Quant aux fantassins on désigne Louis Bélissard et Baudonis Provençal (Provincialis). Bélissard s'armera de la cotte de Ruffec et des brassards de Raynard. Provençal emprunte la cotte, les brassards et le casque de Jean Bonnéty, le baudrier de Jean Pascal et l'épée de Luynes (Loyni). Ces preux seront payés par la caisse municipale, à raison du temps qu'ils passeront à Châteauneuf, et ajoute la délibération : « Que nos voisins soient contents « de nous ! »

Ce détachement parut-il trop considérable au recteur ? Nous ne savons. Toujours est-il qu'il accepta seulement les deux arbalétriers à pied. Ceux-ci se rendirent incontinent au poste périlleux où les envoyait la confiance de leurs concitoyens ; mais leur séjour n'y fut pas long. Huit jours après leur départ, Provençal rentrait dans ses foyers, suivi de près par son compagnon Bélissard (2).

En paiement de leurs services militaires, ils furent exemptés de la taille levée à cette occasion et reçurent, en outre, quatre florins qu'ils se partagèrent, en tenant compte de la durée respective de leur absence.

Sur ces entrefaites on apprit que le château de Vaison, assiégé par les Français, avait été pris par eux, le 13 décembre 1426. Plus tard, dans un règlement général, fait à Carpentras (3), Malaucène

---

(1) Arch. Municipales : *Liber Regiminis*, Sie BB, ad an. 1425. die 19a Aug.
(2) Ludouicus seruiuit per medium mensem et Baudonis per octo dies.
(3) 14 mars 1435.

eût à payer, pour sa part des dépenses faites par les États, la somme de 4 florins 8 gros.

Le 25 janvier 1427, le Conseil reçoit une lettre du régent Geoffroy de Vénasque, seigneur de Modène, qui demande deux hommes de guerre, ou bien la somme nécessaire à leur entretien, estimée trente florins. Le Conseil se récrie et envoie au régent un de ses membres pour lui présenter les excuses de la Commune, désolée par la présence des troupes armées (1), et lui demander de vouloir bien se contenter d'un seul homme, pour lequel on fournirait quinze florins. Ces prières sont agréées. Il ne s'agissait plus que de trouver ces quinze florins. Un emprunt ouvert dans le pays, et souscrit par trente particuliers, fournit la somme qui est aussitôt versée entre les mains du trésorier du Comtat.

Une lettre de la Rectorerie annonce (1 octobre 1430) que le recteur Pierre Cottini va partir pour Rome, et demande à la Ville la somme de deux florins, dix gros, huit deniers, pour sa part de dépenses occasionnées par ce voyage (2).

Peu après, le régent demande aux syndics de lui envoyer un nouveau secours de guerre plus considérable que le précédent. Cette fois ce ne sont plus des hommes *ou* des florins, mais les uns *et* les autres. Le Conseil décide de fournir quatre arbalétriers et quatre lanciers, et de s'excuser pour ce qui est du numéraire.

§ 4. — SCHISME DE BALE.

Un des premiers soins d'Eugène IV, successeur de Martin V, avait été de nommer un de ses parents, Marc Condolmério, évêque et légat d'Avignon, et en même temps recteur du Comtat.

Le 10 mai 1432, le Conseil de ville étant en séance, en présence du marquis Guy de l'Espine, viguier, celui-ci annonce aux conseillers étonnés, que le nouveau recteur vient d'arriver inopinément et leur demande quelles sont leurs intentions pour faire une réception convenable à un hôte revêtu de tant de dignités. Il ne s'agissait, du reste, que d'un séjour de peu de durée; le recteur devant repartir le lendemain matin. Les conseillers

---

(1) Capitanei de Moreriis et de Cavailhone sunt in hoc loco et quod plurima dampna faciant, et promiserunt recedere. Fuit ordinatum quod loquatur cum eodem capitaneo de Moreriis, ut compleat quod promisit.(Archiv. Municip. Sie BB, 4).

(2) Pro viagio D. Rectoris apud Romam : duos florenos, decem grossos, octo denarios.

répondirent à ces ouvertures par le vote d'un crédit illimité, priant le viguier, les syndics et Roulet Miraillet, d'environner Condolmério de toutes sortes de prévenances et de leur procurer l'honneur d'être reçus par lui (1).

L'évêque-légat-recteur était à peine parti, que les cris de joie furent remplacés par des cris de douleur. Dès le lendemain, c'est-à-dire le 12 mai, les gens d'armes du comte Jean de Foix prirent dans la campagne quelques habitants de Malaucène qu'ils envoyèrent au quartier général de l'armée française. Dès le lendemain, une députation nombreuse se rendit auprès du cardinal Pierre de Foix, frère du comte Jean, pour obtenir l'élargissement des prisonniers.

Elle avait à sa tête le prêtre Girard Bermondi, notaire apostolique et impérial, secrétaire du Conseil. Ces envoyés après avoir vainement cherché le cardinal à Vacqueyras et à Monteux, le trouvèrent enfin à Carpentras.

Ils ne se contentèrent pas de demander l'élargissement de leurs concitoyens, mais, imitant ce que les autres faisaient devant eux, ils rendirent hommage au cardinal, au nom de leur Communauté (2).

Cependant le trouble allait grandissant dans la province, et l'on se demandait à Malaucène à qui l'on devait obéir : ou bien au recteur nommé par Eugène IV, ou bien à Alphonse Cariglio, cardinal de Saint-Eustache, fondé de pouvoirs du Concile de Bâle, ou bien enfin à Pierre de Foix, évêque d'Albano, cardinal de Saint-Etienne, *in Monte-Cœlio*, soutenu par les Français.

---

(1) Quid faciendum pro aduentu suo ? — Fuit ordinatum quod Uniuersitas soluat omnes sumptus. Cum ostelariis computabitur, et D. Viguerius et Sindici et Rouletus proponantur et exponantur D. Rectori. — Ascendit sumptus D. Rectoris, noctis preterite ad hodie mane :
In hospicio Rouleti XI florenos et I grossum.
In hospicio Ricani Berbigerii XVIII grossos.
In hospicio Duroni XVIII grossos.
(Arch. Municip. *Liber Regiminis*).

(2) Martis, die XII madii, fuit festum Bti Pancrassii, et eadem die gentes armorum Dni Cardinalis de Fuxo venerunt et ceperunt plures homines et duxerunt ad audientiam Dni Cardinalis. Et in crastinum, ego Girardus, ex commissione mihi data, fui cum Dno Ludouico Symonis et eum aliis Vaccayrassum et postea apud Montilios, ubi erat Dnus Cardinalis et postea Carpentoracte, et tunc ego, nomine Uniuersitatis, sicut ceteri faciebant, reddidi obedientiam. In Carpentoracte steti duobus diebus et postea pro meis sumptibus et pro sumptibus societatis mee, fuerunt mihi assignati ad solvendum IX grossos. (Arch. Municip. *Liber Regiminis*).

Dans cette perplexité, les conseillers avec leur bon sens pratique, furent d'avis d'attendre les évènements, et de conformer ensuite leur conduite sur celle des habitants de Carpentras (1). On redoubla dès lors de vigilance dans la défense de la ville. On nomma deux capitaines pour la garde des deux portes laissées ouvertes et, afin d'exciter leur zèle, on leur abandonna, en sus de leur salaire, la moitié des amendes.

Toutes ces dispositions ne servirent à rien, car, le 18 août de la même année, le recteur, en vertu des ordres du cardinal de Saint-Eustache, entra dans la ville et en prit possession, aussi bien que de la forteresse, au nom des enfants du feu maréchal de Boucicaut, promettant de respecter tous les privilèges municipaux. Les Malaucéniens essayèrent bien de se débarrasser de cette servitude; ils envoyèrent même consulter à Carpentras, mais on les engagea à se soumettre sans rien dire, en attendant que le Comtat eut payé les trente ducats réclamés par la France. Comme cette occupation était une affaire d'argent, on se mit en mesure d'en trouver. On fit publier à son de trompe une vérification générale des poids et mesures; on frappa d'une taxe extraordinaire tous les objets de consommation (2); on pressa tous ceux qui devaient à la Ville soit de l'argent, soit des grains. Le juge Rivet ordonna de faire le relevé exact de l'état des finances de la ville et prescrivit que chacun fit la déclaration des sommes qu'il devait aux Juifs, et de plus, sous peine de cent livres d'amende, que tous ceux qui avaient des armes ou autres objets quelconques appartenant à la Communauté les rendissent sans retard. A ces conditions, le juge nommé par le recteur promettait sa protection.

Peu de jours après (28 septembre 1432) arrivèrent à Carpentras les ambassadeurs qui avaient été députés par les Etats au Concile de Bâle. Toutes les localités furent invitées à envoyer à la capitale leurs délégués, afin de leur faire entendre le rapport des ambassadeurs. La conclusion de cette grande asssemblée fut que le cardinal de Saint-Eustache était le représentant légitime de l'autorité du Saint-Siège et qu'on lui devait obéissance, attendu qu'il avait été confirmé dans le Concile (2 octobre).

(1) Secundum quod fiet in Carpentoracte, ita et nos faciamus.
(2) La viande, 1 denier par livre.— Les grains, 1 gros par septier d'annone, et 1/2 gros pour les autres grains; le vin, 1 gros par barral vendu en gros, 1/2 gros vendu au détail. — Le sel, 1 gros par mesure (pro modio). — Le foin, 2 deniers par quintal.

Le Conseil de ville est encore présidé, le 17 décembre suivant, par le juge Rivet. Une fois en séance, il annonce que déjà est entré dans Malaucène Jean de Champétreux, gouverneur de la ville et du château, pour les enfants de Boucicaut, et termine sa communication en recommandant aux habitants d'être convenables à son égard. (Quod omnes sint boni et obedientes.)

Jean de Champétreux prend, avec le titre de viguier, celui de capitaine du château, de la ville et du territoire de Malaucène. (Pro nobilibus liberis quondam Dñi Boucicaudi.) Il préside les assemblées et dirige les affaires. Naturellement il veille à la sécurité des possessions qui lui ont été données en gage et cherche à résister à toute attaque. Le juge Rivet assiste lui aussi aux délibérations du Conseil, les préside même en l'absence du gouverneur. On doit reprendre l'œuvre des fortifications, et que personne ne s'y refuse, à moins qu'il ne veuille payer une amende de 40 marcs d'argent ! Mais voici le bruit des armes et les cris de guerre qui retentissent au loin. L'ennemi est à Sainte-Jalle et à Mirabel.... il arrive à Vaison.... du moins, on le dit.

Par ordre du recteur, tous les troupeaux et toutes les provisions de bouche doivent être abrités derrière les remparts. Cette ordonnance est promulguée par le juge sous la sanction des peines les plus graves. La patrie est en danger ! Qu'on fasse bonne garde !...

Nous voici revenus au temps des Celtes-Gaulois : on suit leur tactique. Les sommets de Clairier et d'Arfuyen sont occupés par des sentinelles avancées, hommes du guet, ou « bahètes », comme on les appelait dans le pays.

Le dimanche, 10 mai 1433, Gontier monte dans la grande et haute tour du fort, pour surveiller les abords de la place. Tous ces hommes sont payés à raison de deux gros par jour.

La défense de la ville est confiée aux habitants. On les divise en quatre sections commandées par Nicolas Guilletti, Louis Bélissard, Jacques d'Albert et Hugues Malosse. Le gouverneur-viguier est forcé de laisser faire, car les habitants auxquels il importait peu de dépendre du cardinal de Saint-Eustache ou du cardinal de Foix, s'étaient clairement exprimés ; ils ne voulaient point de garnison étrangère, ni pour la ville, ni même pour le château (1). Champétreux déclare cependant qu'il lui faut six arbalétriers pour le château ; que moyennant ce, il est dans l'intention de protéger les habitants de son mieux. Comme dernière précaution,

---

(1) Non ponatur guarnisio in villa nec in castro.

on avait arrêté que si quelque parlementaire se présentait, on ne le laisserait point entrer, mais qu'on lui enverrait Roulet Miraillet ou Bertrand Nègre. A plus forte raison, on devait refuser la porte à tout étranger qui demanderait à être reçu comme habitant.

Le jour même où l'on venait d'arrêter toutes ces dispositions, le Conseil sentant que l'ennemi, c'est-à-dire l'armée commandée par Jean de Foix, ne tarderait pas à arriver sous les murs de la ville, décida d'adoucir l'ardeur guerrière du cardinal Pierre de Foix, par l'envoi d'une douzaine de chevreaux (1) et d'un *barral* de bon vin. Les chevreaux avaient été pris à Brantoulx et le vin à Caromb. Les animaux furent envoyés à Montfavet où se trouvait le cardinal et on lui annonça seulement le prochain envoi du précieux liquide. Peu de jours après, le cardinal fit réclamer le vin qui lui avait été promis (2). Trois gros furent donnés à celui qui fut chargé de cette commission.

C'en était fait : la bienveillance de Pierre de Foix était acquise aux Malaucéniens. En effet, si nous rapprochons les dates, nous voyons que l'offrande de Montfavet avait été faite le 18 mai, et le 20, c'est-à-dire le surlendemain, Guy de l'Espine était réintégré dans ses fonctions de viguier avec le titre provisoire de syndic de la viguérie, et Jean de Champétreux faisait ses préparatifs de départ, demandant un sauf-conduit pour se rendre auprès du recteur.

Le 6 juin, on annonçait au Conseil réuni en séance, que l'ex-capitaine-gouverneur-viguier quittait le château ce même jour et proposait à la Communauté de lui vendre tous ses engins de guerre (3). Le prix total en fut fixé à vingt florins, payables au mois d'août suivant, plus dix livres comptant.

Peu de jours après (14 juin) on vit arriver à Malaucène un trompette venant de Vaison. Il était porteur d'une lettre par laquelle on réclamait pour l'armée française deux bombardes récemment vendues à la Communauté par Champétreux.

Jausseran est chargé de la commission (4). Les syndics envoient en même temps au seigneur Coharaza, capitaine-commandant la

(1) Duodecim cabridi boni.
(2) Misit nuntium pro mittendo eidem vinum.
(3) Desamparat hodie castrum. Habet arnesia, sicuti duo colobrinas, balistras et libenter vendet universitati et sostabit.
(4) Portauit bombardas ferreas et alia ferramenta Vasioni cum animali suo.
— Ces ferrailles consistaient en : duo perpalcei, unum pede-capre et unum martellum.

place de Vaison, deux paires de poulets. Le commissionnaire reçoit pour son salaire trois gros.

Tous ces engins de guerre furent restitués quelques mois plus tard ; mais la Communauté eut la peine de les envoyer prendre.

Cependant le recteur Jean de Poitiers, créature du cardinal de Saint-Eustache, ne voyait pas avec plaisir les relations qui, par les petits cadeaux, se resserraient de plus en plus entre les Malaucéniens et le cardinal d'Albano, et plus d'une fois il essaya de faire sentir à ses administrés le poids de sa mauvaise humeur. On allait alors trouver le Légat qui répondait toujours : « Restez tranquilles ; ne vous inquiétez de rien ; j'aurai soin de vous (1) ». Le recteur entreprit de s'opposer à ce que l'on fît dans le pays la levée d'une taille ayant pour objet de faire un présent considérable au cardinal-légat. Il fallut bien céder, et à la première visite de Pierre de Foix, à Malaucène (2), les habitants lui offrirent quatre septiers d'avoine, trois barraux de vin et un mouton. Pour le transport de tous ces objets, la Communauté dépensa quatre gros.

Comme de nouveaux dangers menaçaient le pays, on fit bientôt une nouvelle offrande au cardinal, consistant en huit chevreaux du Ventoux (3).

§ 5. — DISETTE

Au moment où Malaucène avait été livrée en nantissement aux enfants de Boucicaut, en la personne de Champétreux, le pays souffrait de la disette déjà depuis plusieurs années et le mal allait toujours en empirant. L'administration dut prendre des mesures pour assurer la subsistance des habitants.

Tout propriétaire qui avait des grains à vendre fut tenu d'en déposer un échantillon sur la place publique ; le prix de la marchandise étant fixé d'avance d'après le tarif des ventes du marché de la capitale (4). Si, après une journée d'attente, il ne se présentait pas d'acquéreur, l'exportation pouvait avoir lieu, toutefois avec l'agrément du viguier ; mais le blé fit bientôt défaut sur la place et, le 14 avril 1433, les syndics déclarèrent au Conseil que le grenier était vide de grains et la caisse d'argent. Que faire (5) ?

---

(1) Dominus Cardinalis dixit quod nos custodiet et seruabit nos indempnes.

(2) Jouis, die penultima mensis septembris (1435) Reuerendissimus in Christo Pater et DD. de Fuxo, Cardinalis legatus pro D. N. Papa, venit Malaucenam.

(3) Costaverunt duos florenos et duos grossos.

(4) Ponat mostram in platea publica, vendedo precio Carpentoractis.

(5) Sindici proposuerunt quod non habent blada, neque pecunias. Quid fiendum ?

On décida d'aller au plus pressé, c'est-à-dire à la recherche de quelques sacs de blé, et, en attendant, d'envoyer à Carpentras l'homme par excellence, Roulet Miraillet, qui fut l'âme de son pays dans ces temps difficiles. Il avait mission d'aviser le recteur pendant que tous les autres conseillers chercheraient du blé dans tous les environs : à Caromb, Brantes, Sainte-Cécile, le Thor, Courthézon, et jusques en Provence. On eut recours pour cette dernière expédition, à la protection du cardinal-légat de Foix, afin d'obtenir du gouverneur de Provence les autorisations nécessaires pour la sortie des grains. Sur la demande pressante des syndics, l'évêque de Vaison fit l'avance de 27 septiers d'avoine, remboursables à la moisson, et Champitreux prêta 45 florins à la Communauté. Tout ceci était insuffisant et la faim continuait à se faire sentir. On ordonna, par trois fois, du 2 novembre 1432 au 16 janvier 1433, de faire dans les maisons privées la recherche du blé que certains habitants pourraient avoir en abondance, afin de prendre ce qu'ils auraient en trop (1). Ces visites domiciliaires étaient faites par les syndics en personne, accompagnés du notaire-secrétaire du Conseil qui, tous, avant de se livrer à ces recherches, devaient prêter serment de s'en acquitter avec justice et délicatesse.

La viande devint aussi plus rare et plus chère. La Commune se relâcha de la sévérité des règlements, renonçant à son droit de « un denier par livre » de toute viande de provenance quelconque et permettant à tout le monde indifféremment de tuer les animaux pour l'alimentation, soit à l'abattoir commun, soit dans les maisons particulières (2).

Le vin faisait également défaut, par la raison qu'il fallait le payer 7 deniers, d'après la taxe officielle. Les taverniers n'en avaient plus à livrer à la consommation ; on les força à s'en procurer, *et qu'il soit bon !* Ce fut la recommandation des consuls. On leva l'impôt qui pesait sur le vin, de même qu'on avait levé l'impôt qui pesait sur la viande (3).

(1) Fiat perquisitio bladi et videant in eorum hospiciis quibus superabunt.
(2) Juin 1432. — Ad vendendum carnes in macello, fuit ordinatum quod qui volunt occidere, faciant, vendendo mutonem (libram) 8 denar, — porcum 8, — bovem 6, — leve et gecur 6, — carbonatam 8. — ventrem crudum mutonis 12, — ventrem coctum mutonis 15. — et hec fiant sine impositione et qui volunt portare carnes ab extra possint sine impositione, aut qui occidet in suo hospicio possit interficere carnes sine impositione.
(3) 27 août 1426. — Super eo quia vinum non reperitur ad vendendum in taberna et non potest dari nisi pro 7 denariis, fuit ordinatum quod vendatur ad septem denarios et quod sit bonum ! et sine impositione danda.

§ 6. — LA CHAPELLE DE SAINT-SÉBASTIEN.

Le jeudi, 11 août 1435, les habitants de Courthézon se rendent en procession à la chapelle dédiée à saint Sébastien. Le Conseil de ville décide d'offrir un barral de vin aux pèlerins. Le vin est fourni par Etienne Buxi et coûte neuf gros (1).

Cette chapelle avait été donnée aux moines de Saint-Victor, de Marseille, par l'évêque Rostang, le 28 juin 1117 (2); elle était située au lieu marqué aujourd'hui par un oratoire de construction toute récente, (section C du cadastre) au centre du quartier auquel elle donne son nom, à l'angle formé par la jonction du Rienfroid et du chemin vicinal n° 62, de Malaucène à Veaulx. Dans les vieux documents (3) et jusqu'à l'époque moderne, ce chemin n'avait d'autre dénomination officielle que « chemin de Saint-Sébastien » (Iter Sancti Sebastiani).

§ 7. — BRUITS D'INFÉODATION.

Les habitants n'avaient pas eu à se louer de leurs seigneurs de passage, aussi s'estimèrent-ils très-heureux de relever directement de l'autorité ecclésiastique. Ils le montrèrent avec une franche rudesse, en l'année 1446. Le 16 janvier, le bruit courut que le pape venait de donner la ville avec son territoire à un cardinal qui allait prochainement arriver pour en prendre possession (4). Le Conseil, effrayé de cette nouvelle, convoque le parlement. Le peuple n'a point oublié tout ce que le pays a eu à souffrir des inféodations passées et veut à tout prix empêcher le retour de ces malheurs. On décide d'abord de fermer toutes les portes, une exceptée, auprès de laquelle on fera bonne garde. On ne laissera plus entrer personne (5). La porte sera rigoureusement fermée au

---

(1) Jovis, die 11ª Augusti 1435. — Venit processio de Curtedone ad Sanctum Sabbastianum et fuit consultum quod daretur unum barrale vini et datum fuit. Costat IX grossos. Stephanus Buxi tradidit dictum vinum et dixit ita esse et fuit contentus.

(2) Voir page 96 (note).

(3) Voir *Pièces justificatives*, n° 1, et Livre-Terrier du XVᵉ siècle.

(4) Die 17ª Januarii 1446. — Refertur D. Papam nouiter dedisse presentem Locum Cardinali Damiano de Lombardia qui, ut dicitur, debet venire in dicto Loco pro capiendo possessionem.

(5) (Eadem die) — Portalia claudantur, uno excepto, quod bene custodiatur, et nullus intrare permittatur. Et fuerunt electi ad faciendum responsum huiusmodi videlicet : nobilis Alziarius Sicaudi, Guillelmus Loyni et Anthonius Remusatus cum Johanne Mayret (aliter Chalanco vocatus) et alijs maioribus dicti Loci.

nouveau seigneur, lors même qu'il se présenterait en compagnie du trésorier de la province. Si le trésorier vient seul, on le recevra; mais s'il parle de cette affaire, on lui résistera carrément (1). En attendant, on envoie une députation au Légat pour lui exposer les craintes et les représentations de la Communauté (2). Le Légat répond aux députés qu'il ne s'agit nullement d'une inféodation, mais d'un simple prêt, fait à un cardinal qui est en peine d'une résidence convenable (3). Ces explications ne satisfont point les habitants. « Qu'il vienne, s'il veut, disent-ils ; mais que personne
« ne lui obéisse en rien, et, avant d'entrer, qu'il jure de ne point
« introduire d'étrangers dans le château, pour en prendre la
« garde ». En face de la résistance énergique des habitants, il ne fut pas donné de suite à ces projets.

Au mois de novembre de la même année, nouvelle terreur, à l'occasion des bruits qui circulent. Octavien d'Orléans (de Vicence) seigneur de Bedoin, aurait obtenu la donation de Malaucène (4). « Il ne faudrait pas se laisser surprendre ! » Mais la partie dirigeante calme la partie dirigée : « Les paroles du Légat, dans la
« dernière affaire de ce genre doivent nous rassurer. Il n'y a
« qu'à attendre et à voir venir. » — Mais rien ne vient. — Dix jours après, Chalancon voit le régent à Carpentras et lui parle des rumeurs qui courent. — « Oui, répond celui-ci, moi aussi j'en
« ai entendu beaucoup parler. » Il engage Chalancon à l'accompagner à Avignon, pour en conférer avec le Légat. Ils font le voyage et reviennent parfaitement rassurés. Chalancon, à son tour, rassure ses concitoyens.

(1) Die 18ᵉ Jannarii. — Si veniat cum D. Thesaurario, aut alio quocumque, non permittatur intrare quomodocumque. Si D. Thesaurarius veniat solus, quod permittatur intrare. eidem respondendo negatiue si dicat aliquid de supra eisdem.
(2) (Eadem die). — Quod esset bonum mandare aliquem pro dicta Universitate D. Cardinali. ad sciendum veritatem et se excusando, et aliter procedendo, prout melius fieri poterit. Fuit conclusum quod resistatur omnimode et quod mandentur duo vel tres homines domino Cardinali ad procedendum super eisdem ; et fuerunt electi videlicet dictus Loyni. Johannes Boneti (alias de Capella) consindici et Petrus Michaelis.
(3) Die 20ᵉ Januarii. — D. Cardinalis mutuauerat sibi castrum dumtaxat, quia aliud non est. Fuit conclusum quod non obediamus sibi in aliquo et quod, si veniat, promittat non ponere alias gentes in dicto castro et alia, prout jurare ecerunt.
(4) 7 nov. — Fuit relatum Otavianum de Aureliano, Dūum Bedoyni, de nono impetrasse donationem presentis Loci.... quod prouideatur. Attenta declaratione Dñi Cardinalis qui habet potestatem super eisdem quod nichil procedatur, nisi aliud acciderit de nouo.

Il y avait pourtant du vrai dans la rumeur publique. Nicolas V, à peine monté sur le trône pontifical, donna la faculté au cardinal-légat d'inféoder quelques châteaux ruinés du Venaissin (1).

Malaucène était comprise au nombre de ces futures inféodations et, si elle en fut préservée, elle le dût à un de ses habitants, Barthélemy de Brancas (que nous croyons être un des frères de Nicolas de Brancas, évêque de Marseille).

Ce seigneur, qui avait de grandes propriétés dans ce pays (2), mit en œuvre toute l'influence des membres de sa famille et négocia cette affaire avec le cardinal de Foix, lequel était d'ailleurs plein de bienveillance en faveur de Malaucène. Barthélemy de Brancas parvint à empêcher cette place d'être rendue en gage aux enfants de Boucicaut. En reconnaissance de ce bienfait, les habitants lui offrirent un sanglier (3).

(1) COTTIER. *Notices historiques concernant les Recteurs.*
(2) Livre-Terrier du XVe siècle.
(3) Archives municipales : *Liber Regiminis*, BB, 4.

CHAPITRE QUATORZIÈME

INFLUENCE DES TROUBLES DU SCHISME SUR LES INSTITUTIONS RELIGIEUSES DU PAYS.

Les troubles et les guerres du schisme furent, à Malaucène, la cause ou au moins l'occasion d'une transformation profonde au point de vue monastique et paroissial.

En effet, les religieux bénédictins abandonnèrent à tout jamais leurs monastères du Groseau et de la Magdeleine et, à leur place, on vit surgir une association de prêtres séculiers, sous le nom d'Agrégation ou de Chapitre.

§ 1er — DÉPART DES BÉNÉDICTINS DU GROSEAU.

I. — Est-il besoin de le dire ? Les enfants de saint Benoît quittèrent définitivement leur maison du Groseau pour le même motif qui la leur avait fait délaisser, une première fois, au VIIIe siècle : ils fuirent devant les bandes armées dont la présence troublait le calme de leur solitude et qui les mettait à contribution à une époque où le pays était désolé par la famine.

Ce dernier départ s'effectua peu à peu et presque d'une manière insensible. Commencé vers 1425, il était complètement achevé avant l'arrivée à Malaucène de Jean de Champétreux (1432).

Il ne restait plus, à cette dernière date, dans les bâtiments déserts et silencieux du vieux monastère, qu'un seul moine, nommé Jean Fabri, choisi de préférence à tout autre pour veiller à leur conservation, par la raison qu'il était de Malaucène même.

Le P. Albert, abbé de Saint-Victor, avait prié les syndics de soigner le mobilier et de l'empêcher de se détériorer (1). L'inventaire en avait été dressé par le notaire Bermond. Un ou deux ans après, ce mobilier fut rendu contre quittance.

Quant aux joyaux et autres objets de valeur, ils avaient été enlevés par le prieur en même temps que certaines sommes provenant, sans doute, de la pieuse largesse des fidèles ; cet argent devant être consacré à l'achat d'un calice, pour le service de la

(1) Ne mobilia tradantur perditioni.

chapelle. Ainsi l'avait ordonné le prieur qui avait présidé à une partie de ce mouvement de retraite.

Il s'agit ici de Constantin de la Treille, dont nous avons eu déjà occasion de parler et qui, après avoir été prieur du Groseau était devenu évêque d'Apt, collecteur du denier apostolique en Provence, archidiacre d'Aquilée, référendaire de la Cour romaine.

L'argent destiné à l'achat du calice avait été enlevé, mais le calice n'arrivait jamais. Le curé Galleti et le syndic Roulet Miraillet furent chargés par le Conseil de ville de se rendre à Avignon pour réclamer du prieur la somme en question. Comme on se trouvait à une époque où la famine désolait le pays, le juge Rivet fut d'avis qu'au lieu d'argent, il vaudrait mieux demander du blé. Les délégués firent le voyage d'Avignon et en revinrent porteurs de vingt-huit florins qui furent versés à la caisse de l'œuvre de l'église, en attendant la confection du calice (1).

L'affaire du vase sacré n'absorbait pas tellement l'attention des administrateurs municipaux qu'ils perdissent de vue des intérêts plus considérables.

Les bâtiments laissés à la garde du moine Jean Fabri avaient été tellement négligés, depuis plusieurs années, qu'aucune réparation d'entretien n'y avait été exécutée. Les syndics et conseillers comprenaient leur devoir et veillaient à la conservation de ce grand édifice. Ils résolurent donc de s'adresser au moine Jean, leur compatriote, pour le prier d'écrire au P. Albert, abbé de Saint-Victor de Marseille *super reparationem hospiciorum Grauselli.*

Jean Fabri se rendit à Marseille afin de traiter cette affaire de vive voix avec le Père abbé. C'était plus qu'on ne lui demandait. Il revint de son voyage, porteur de lettres-patentes qui étaient loin d'être en rapport avec l'objet de sa commission. En effet, c'était une procuration notariée, parfaitement en règle, en vertu de laquelle ce même Jean Fabri devait exercer tous actes de pro-

---

(1) 22 janvier 1432. — Fuit relatum quod Prior Grauselli transtulit jocalia, libros et alia de Grausello et debet, pro quodam calice fiendo, prout Dnus Constantinus Episcopus Attensis (pour *Aptensis*) ordinavit, et constat instrumento publico quod, ut reffert Magister Stephanus Tonne, notarius, penes se tenet. Fuit ordinatum et commissum D. Anthonio Galleti et Rouleto, Consindico, ut habeant instrumentum et prosequatur contra dictum Priorem. — Eadem die Tonne instrumentum Rouleto tradidit.

15 janvier 1436. — Super calice ordinato per quondam Dnum Episcopum Attensem, pro XXVIII florenos, Rouletus habuit pecunias.

priété et percevoir tous droits, fruits, dîmes et revenus, poursuivre même en justice les retardataires.

Ces dispositions inattendues blessèrent les Malaucéniens plus encore dans leur amour propre que dans leurs intérêts (1 juin 1433).

Ils résolurent tout d'abord d'opposer à ces rudes procédés une résistance purement passive (1), mais dans la suite ils se ravisèrent et se prononcèrent pour les moyens extrêmes. Ils voulurent s'emparer du prieuré.

Sur quoi était fondée cette entreprise? Probablement sur ce que les biens de ce bénéfice ayant été donnés, dans le temps, en vue des religieux qui devaient habiter le monastère et pour leur honnête entretien, ces donations devenaient caduques par le départ de ces mêmes religieux.

Un bénédictin de Saint-Victor de Marseille, nommé Mathieu Rotundi, avait été envoyé au Groseau, en qualité de prieur. A peine arrivé dans le pays, il voulut sans doute urger les débiteurs. Il fut aussitôt arrêté et conduit au château, où il fut placé sous de solides verroux.

A cette nouvelle, l'évêque Hugues de Teissac lance l'interdit sur tout le territoire de Malaucène. Circonstance importante à noter: cette sentence était portée au moment où allaient s'ouvrir les grandes cérémonies de la Semaine Sainte. Donc, point d'offices le lendemain, dimanche des Rameaux (1 avril).

Ce même jour, le Conseil se réunit, non point dans un des lieux ordinaires de ses délibérations, mais dans le château et dans la prison de Mathieu Rotundi et en sa-presence. On lui reproche d'être là cause de l'interdit qui pèse sur le pays et de la privation des offices et cérémonies de la Semaine Sainte (2), puis, on décide de porter plainte à tous les représentants de l'autorité supérieure soit à Carpentras, soit à Avignon.

Le mercredi saint, 4 avril, le Conseil s'assemble de nouveau, dans le même local, toujours en présence de Mathieu Rotundi. Le

(1) 6 février 1436. — Super monitione generali impetrata per Priorem Grauselli contra quoscumque debentes de omnibus arreragiis et seruiciis et decimis pertinentibus ad Beneficium, nihil innouetur.

(2) Dominica Palmarum, 1ᵉ aprilis 1436. — Super eo quia est interdictum propter detentionem dni Mathei Rotundi, monachi, qui detinetur in Castro, et officium diuinum perditur. Sindici protestati sunt contra dictum D. Priorem de omni dampno, attento quod est debatum de Prioratu. *(Liber Regiminis.)*

prieur de la Magdeleine, P. Eustache, assiste à cette séance. On comptait, paraît-il, sur son influence pour décider le prieur Rotundi à faire des concessions.

A la suite de cette seconde réunion, l'on obtient du Recteur du Comtat une lettre pour l'évêque de Vaison, afin d'en arriver à la révocation de l'interdit.

En attendant, surviennent deux décès. On se presse de faire demander à l'évêque la révocation de sa sentence, ou du moins l'autorisation de la sépulture ecclésiastique. L'évêque ne veut rien entendre.

Enfin, le jeudi, 12 avril, la Communauté, ayant donné à l'évêque les satisfactions exigées par lui, est relevée de la censure ecclésiastique. On procède à l'exhumation des corps, et on les dépose en terre sainte au milieu des bénédictions et des prières accoutumées.

Quand à Mathieu Rotundi, si tôt après sa mise en liberté, il quitta Malaucène, renonçant à son bénéfice ; il accomplissait sans doute ainsi les conventions arrêtées entre lui et les Malaucéniens.

Le cardinal Pierre de Foix conféra ce bénéfice, devenu vacant, à un nommé Jean Gracian, malgré les protestations de l'abbé de Saint-Victor, lequel prétendait que le cardinal-légat outrepassait ses droits (1).

II. — Quoi qu'il en soit, les Bénédictins du Groseau avaient quitté pour toujours leur antique monastère, ne conservant plus que le prieuré avec ses nombreuses directes.

Ces possessions s'étendaient sur une grande partie du territoire et particulièrement sur les quartiers avoisinant le monastère, tels que les Arénées, le Claux, les Moulins, la Serrière de Brassetieux, les Gypières, le Pesquier. Elles embrassaient également une vaste étendue de terrain dans les quartiers de Notre-Dame-la-Blanche, Saint-Martin, Saint-Sébastien, Malaucenette, Piocher, etc., etc. C'étaient des chènevières et des vignes en grand nombre, des prés, des terres labourables, des jardins, des vergers, des terres hermes pour la dépaissance des troupeaux, des aires, etc. Piocher et Saint-Raphael étaient presque exclusivement réservés à la vigne ; à Notre-Dame-la-Blanche, au contraire, et plus encore à Saint-Martin, le sol se couvrait chaque année de riches moissons d'annone et de conségal (blé et seigle). Le prieuré retirait encore

---

(1) Notes inédites que nous devons à l'obligeance de M. le docteur L. Barthélemy, de Marseille.

de nombreuses censes de ses maisons, affectées pour la plupart à l'industrie, telles que les moulins à farine et martinets (1).

L'Inventaire de l'œuvre et Pont de Sainct-Benoist, d'Avignon, suffirait à lui seul pour démontrer combien étaient nombreuses, à Malaucène même, les possessions du prieuré. Signalons seulement les indications suivantes (2).

« Un vieulx instrument de six peaulx de parchemin, contenant
« quarante-deux recognoissances, faictes par plusieurs et diverses
« personnes, de plusieurs et diverses possessions, en faveur du
« prieur du Grauzel, de l'année mil-deux-cens-nonante-huict.
« (Notaire Bernard Boysserii).

« Un vieulx instrument, en parchemin fort vieulx, de douze
« peaulx, contenant cent-vingt-sept recognoissances, en faveur
« du prieuré de Saincte-Marie de Grausel, terroir de Malaussène,
« faictes par plusieurs particuliers dudict Malaussène.

« Vente de la quatrième partie du moulin, situé à Malaussène,
« dict Moulin Courtet; faicte par Pierre Esmoli, de Malaussène,
« en faveur d'Anthoyne Esmoli; lequel moulin, confronte d'une
« part le jardin de Jacques Baux, d'autre le pré d'Hugues Bou-
« chet, et d'autres le chemin, et est par indevis avec le Prieur
« du Grausel (25 octobre 1362). »

Nous donnons, comme pièce curieuse, à la fin du volume (3), l'acte le plus ancien que nous ayons pu rencontrer ayant trait aux possessions du prieuré. C'est une emphytéose perpétuelle d'une vigne, sise au quartier de Puy-Haut, consenti en 1364, par Jacques Vacquerie, ce même Prieur qui, sur la recommandation du pape Grégoire XI, donna la cure de Malaucène à Rostang Meilhet.

On rencontre fréquemment des actes du même genre, dans les vieux protocoles des notaires de Malaucène. Quelques-uns sont dignes de remarque, à cause de la dignité de celui au nom duquel ils furent passés (4). Il s'agit ici d'un prince de l'Eglise, fort

---

(1) Archives municip. Dossier du Grausel.
(2) Folios 1, 2 et 3.
(3) Voir *Pièces justificatives*, n° XIX *bis*.
(4) 15 octobre 1408. — Hariotus, Prior in Metensi diocesi, procurator Rm, in Christo Patris et Domini Domini G., Dei gratia, cardinalis Penest, Prioris Grauselli etc., donne en acapit une terre sise dans le quartier de Combe-Galline. — Die XXIII mensis octobri (1408) — Vicarius Prioris, procurator D. Cardinalis Penest, dedit ad acapitum et emphiteosim perpetuam Guillelmo Clementis quoddam viridarium oliuarum, situm iuxta Grausellum, ad quintam partem omnium fructuum, ad hospitium prioratus in Malaucena appor-

connu sans doute dans le pays, mais auquel les notaires donnent une simple initiale : G, l'appelant toutefois cardinal Pénest. C'était en 1408, époque de désorganisation sociale et politique.

Très peu d'années après, le Cardinal est remplacé dans son titre de prieur, par un moine de Saint-Victor (1). Les possessions continuent à être administrées comme précédemment, jusqu'à l'époque où les religieux quittent leur monastère pour ne plus y revenir.

Après le démembrement des biens du prieuré, et la cession, faite au Chapitre de Notre-Dame-des-Doms d'Avignon, de la portion conservée au prieuré du Groseau, le nombre des censes et directes était encore assez considérable et en voici la preuve.

Le Vice-Légat Banni, ayant ordonné, en 1615, aux seigneurs particuliers de vérifier leurs censes et directes dans les lieux où la Révérende-Chambre avait la foncialité, le Chapitre métropolitain, en sa qualité de prieur du Groseau, fit procéder, quoique un peu tard (1632), au dénombrement de ses possessions seigneuriales dans Malaucène et son territoire. Le nombre s'en éleva au chiffre de deux cent vingt cinq.

Il existe aux Archives municipales une belle copie de ce relevé, écrite tout entière de la main de Torcat, secrétaire du Conseil. Elle porte la date du 20 mars 1762 (2).

Le Chapitre de Notre-Dame-des-Doms, continua à percevoir les revenus du prieuré du Groseau jusqu'à l'époque de la vente des biens nationaux par le gouvernement français.

Il en fut de même pour les dépendances du prieuré du Groseau situées dans l'ancien diocèse de Gap, comprises actuellement dans l'arrondissement et le canton de Sisteron (Basses-Alpes). Elles étaient désignées sous le nom de Saint-Geniez, et comprenaient cette paroisse avec sa vallée, appelée *Notre-Dame-de-Valgèle*.

---

tandanr. — Pro D. Nicolao de Lauda, canonico Vasion, procuratori D. Cardinalis Penest, Prioris Grauselli. Die XVII mensis madii D. Poncius Riperti, Coarendator prioratus Grauselli, gratis assignauit et obligauit eidem procuratori duos boues pili nigri. *Item* unum rousium pili baii. *Item* unam truiam cum tribus porcellis, *etc*. — (Liber notarum breuium Girardi Bermundi, ad annos 1408 et 1409. Etude de Me Souchon, notaire à Malaucène).

(1) 15 mars 1412. — Venerabilis D. Rostagnus de Gualberto, monachus Sancti Victoris Massilie, prior prioratus Beate Marie de Grausello, dedit in accapitum quandam terram, *etc*. (Liber notarum breuium Anthonii Constantii, not. — Etude Me Souchon).

(2) Archives municipales, série GG, 4.

Saint-Geniez avait comme annexes quatre hameaux, plus ou moins considérables : Authon, Abroès, La Forest et Penne. Les trois premières étaient desservies chacune par un curé. Quant à la dernière, le service religieux en était fait par le curé de Saint-Geniez, de concert avec son secondaire.

Tous frais payés pour l'entretien des bâtiments et les honoraires du clergé de ces paroisses, il restait net au Chapitre métropolitain, à la fin de l'année, la somme de cinq cents livres (au XVIIme siècle)(1).

§ 2. — DÉPART DES BÉNÉDICTINS DE LA MAGDELEINE (2).

Les religieux de l'ordre de Saint-Benoît, établis dans le monastère de Sainte-Marie-Magdeleine, quittèrent Malaucène quelques années après que ceux du Groseau furent rentrés à l'abbaye de Saint-Victor, de Marseille.

Ils y étaient encore en 1427, mais se retirèrent bientôt, laissant, comme leurs confrères du Groseau, leur prieuré entre les mains d'un prieur commendataire.

Afin de n'avoir pas à reparler de cet établissement, nous allons en tracer ici l'histoire, jusqu'à l'époque où il fut vendu comme bien national.

La maison de Sainte-Marie-Magdeleine, surnommée (nous ne savons trop pour quel motif) *de Capella*, posée sur un mamelon non loin d'une forêt (3), arrosée par des sources abondantes à mi-chemin de Malaucène à Entrechaux, dépendait non point de l'abbaye de Saint-Victor, de Marseille, mais de celle de l'Ile-Barbe *(Insula Barbara)* de Lyon.

Guinier, dans ses deux ouvrages, (l'*Hirtoire* et le *Recueil*) mentionne une opinion d'après laquelle la fondation de la Mag-

---

(1) Aux Archives du département de Vaucluse, il existe cinq énormes volumes in 4°, recueil de pièces manuscrites, sous la rubrique : *Notre-Dame du Grosel de Malaucène et ses annexes qui sont : Saint-Geniez, Authon, Abroès, La Forest et Penne* 51¹, 51², 51³, 51⁴, 51⁵. Nous avons négligé toutes ces richesses, comme nous éloignant de notre but.

(2) Cf. Le Laboureur. Les masures de l'Isle-Barbe de Lyon. — Archives du Dépar'. de Vaucl. Notre-Dame du Grosel. — Archiv. Municip. Dossier du Prieuré de la Magdelaine et n° 3 du Livre des Priviléges. — Guinier, Manuscrit de M. l'abbé Correnson d'Avignon, et manuscrit de M. Félix Brusset de Malaucène. — Morénas, *Notice historique*, etc.

(3) Le Livre-Terrier du XV° siècle de Pierre Rougon, parle souvent de cette forêt : *Nemus juxta oratorium Capelle*.

deleine serait attribuée aux chevaliers du Temple ou à ceux de Saint-Jean de Jérusalem.

Nous n'adoptons point cette manière de voir. Tout, en effet, semble indiquer une fondation plus ancienne, au moins contemporaine à la restauration du monastère du Groseau par Pierre de Mirabel. M. l'abbé Buis, du clergé de Lyon, auteur de savantes recherches sur *les Religieux et le Monastère de l'Ile-Barbe* (1), la fait remonter (2) au X° siècle et même au IX°, et l'attribue à la pieuse munificence de quelque souverain.

Dans tous les cas, la Magdeleine appartenait déjà aux Bénédictins de l'Ile-Barbe, au moins au XII° siècle, puisqu'il en est fait mention dans une charte de l'année 1183, non pas à titre de donation ou de fondation nouvelle, mais comme une simple confirmation.

En effet, Dom Guichard, à son avènement au siège abbatial de l'Ile, obtint du pape Lucius III la confirmation des priviléges de son monastère. « C'était, au dire de Le Laboureur, une pra-
« tique assez commune, quand on entrait en dignité, de demander
« au Saint-Siège une bulle de ce genre. »

Les églises, prieurés, cures et chapelles énumérées dans la bulle représentent exactement le total des possessions de l'Ile et des dons qu'elle tenait des rois de France et de Bourgogne et des comtes de Provence.

Or, la Magdeleine figure dans ce document apostolique avec le titre de *monastère*.

« L'abbaye de l'Ile-Barbe » y est-il dit, possède dans la « pa-
« roisse de *Malossène*, du diocèse de Vaison, le monastère de
« Saint-Benoît *de Capella* (3).

Les autres possessions de l'abbaye de l'Ile, dans le diocèse de

---

(1) *Annales Catholiques* de Lyon, années 1878 et suivantes.

(2) Documents inédits que nous devons à l'obligeance de M. l'abbé Buis.

(3) Lucius, Episcopus, servus servorum Dei, dilectis filiis Guichardo Abbati Monasterii Sancti Martini, quod in Insula Barbara situm est, eiusque fratribus, tam presentibus quam futuris, regularem vitam professis in perpetuum, *etc*.
In Episcopatu Vasionensi, Ecclesiam de *Malossena*, MONASTERIUM SANCTI BENEDICTI DE CAPELLA, Ecclesiam Sancti Romani, Ecclesiam de Podio Almerado, Ecclesiam Sancti Georgii, Ecclesiam Sancti Marcelli, Ecclesiam Sancti Blasii, cum Capella de Placiano. — Datum Veletri, per manum Alberti, Sancte Romane Ecclesie Cardinalis et Cancellarii, V° Idus Maii, Indictione prima, Incarnationis Dominice Millesimo Centesimo Octogesimo Tertio, Pontificatus vero Domini Lucii Pape Anno Secundo. (Le Laboureur, tome 1ᵉʳ, page 115.)

Vaison, sont : les églises de Saint-Romain, de Puymeras, de Saint-Georges, de Saint-Marcel, de Tilletoupis et Saint-Blaise, ainsi que la chapelle de Plaisian. Le prieuré du Groseau possédait la moitié de la vallée de cette dernière localité (1).

Il résulte de cette bulle de Lucien III que Sainte-Marie-Magdeleine *de Capella* était, au XII° siècle, un monastère habité par des Bénédictins, c'est-à-dire par des religieux appartenant au même ordre que ceux du Groseau, tout en relevant d'une autre abbaye.

Ceci, disons-le en passant, expliquerait la facilité avec laquelle les moines du Groseau avaient cédé leur maison au pape Clément V.

L'abbaye de l'Ile-Barbe posséda longtemps ce monastère. Le procès-verbal de l'installation d'Eustache de Montmajour, le 14 mars 1427, est une preuve de cette possession plusieurs fois séculaire. Ce religieux fut appelé à ce bénéfice par le choix de l'abbé de l'Ile ; celui-ci agissant en vertu d'un droit que personne ne songeait à lui contester. La cérémonie fut présidée par le prieur de Notre-Dame-des-Fourches (de Furchiis), monastère situé sur le territoire de Beaumont, à une faible distance de celui de Sainte-Marie-Magdeleine (2).

Dans les minutes des notaires (3), il est souvent question d'un nommé Simon Chevelut, prieur *de Capella*. Nous citerons de lui un fait assez extraordinaire et dont on a de la peine à se rendre compte.

Par l'intermédiaire d'un fondé de pouvoirs, il résigna son bénéfice entre les mains du Souverain Pontife, pour en obtenir une compensation pécuniaire. Le VI des Ides de juin 1470, le pape Paul II, fit expédier deux bulles, conçues presque en termes identiques, et adressées, l'une à Simon de Chevelut, alors moine au monastère de l'Ile-Barbe, et l'autre à l'archevêque de Lyon. Par ces documents apostoliques, le Saint-Siège reconnaissait que le prieuré était vraiment sur la tête de celui qui voulait s'en dessaisir, mais il ne disait point par quelle voie il en était devenu titulaire, se contentant de ces mots : *Quem tunc obtinebas ex certis causis*. Par les mêmes bulles, il acceptait la résignation faite *spontanément et librement* dudit bénéfice et le donnait à **Jacques Glatody**, prieur de l'infirmerie de l'Ile-Barbe et à ses

---

(1) Voir page 95, note 2 et page 96, note 1.
(2) Voir *Pièces justificatives*, n° XXIV.
(3) Et, en particulier, dans celles de Rostang Gaudibert, années 1456 et suivantes. (Etude Souchon)

successeurs, moyennant la pension annuelle et viagère de quinze livres tournois, en faveur du résignataire. Le 24 juillet de la même année, Antoine Bertrand, official de l'Eglise de Lyon, notifiait la mise à exécution de ces bulles à l'évêque de Vaison et aux religieux du monastère des Bénédictins de l'Ile (1).

Nous supposons que ce fait doit se rattacher à la sécularisation des religieux du monastère de l'Ile-Barbe, effectuée plus tard, et dont elle était comme l'avant-coureur.

Aux Bénédictins de Lyon succédèrent les chanoines-comtes de Lyon. Le prieuré de la Magdeleine dut subir la même transformation ; il finit même par devenir bénéfice curial et fut, dès lors, desservi par les prêtres agrégés qui, tous les dimanches et fêtes, durant la belle saison, y disaient la messe, pour la plus grande commodité des gens de la campagne.

Le revenu annuel de ce bénéfice était, sur la fin du siècle dernier, de sept cents livres environ, dont une partie devait, sans doute, revenir aux comtes de Lyon qui furent toujours considérés comme les vrais propriétaires jusqu'à l'époque où le gouvernement français ordonna la vente des biens nationaux.

§ 3. — ÉTABLISSEMENT DU CHAPITRE PAROISSIAL OU AGRÉGATION.

Nous ne savons plus dans quel ouvrage nous avons lu cette phrase parfaitement conforme à la vérité : « Il n'y a jamais « eu de chanoines à Malaucène. » Nous allons pourtant parler du *Vénérable* Chapitre de l'église paroissiale Saint-Michel (2).

I. — Institution.

Sous ce titre, en effet, se forma en 1427, sous l'autorité des évêques de Vaison, une Société entre les prêtres originaires de Malaucène, ayant pour but le service de la paroisse et l'acquit de nombreuses fondations, dues à la généreuse piété des fidèles. Cette Société était communément appelée Agrégation (*Aggregatio Presbyterorum secularium*)

Cette institution nouvelle qui avait pris naissance au départ

(1) Dossier du *Prieuré de la Magdeleine*, aux Archives municipales.
(2) Cf. Archives paroissiales : Fonds de l'Agrégation, passim. — Archives municipales : Sie CC. 5, (1644-1778), etc. — Archives du départ. de Vaucluse : Cours séant au Palais Apostolique 1705, B. 771, et Fonds de Malaucène, passim. — Bibliothèque de Carpentras : Fonds de Malaucène et notamment les Livres des Reconnaissances.

des religieux bénédictins, rencontra des obstacles, dès les premières années, de la part même des administrateurs de la paroisse (1).

Faisaient partie de l'Agrégation : le prieur, le curé, les titulaires des chapellenies canoniquement érigées dans l'église paroissiale, et enfin les prêtres originaires du pays. Dans la suite (16 avril 1747), les étrangers purent être admis; mais il devaient, dans ce cas, être présentés par un membre de l'association et les consuls et avoir le consentement de l'évêque.

Admis, à la pluralité des suffrages, par les prêtres capitulairement réunies au son de la cloche, le récipiendaire était introduit dans l'assemblée et promettait régularité dans le service et observance aux règlements et aux ordonnances épiscopales. Il prenait ensuite l'engagement, tant qu'il serait au nombre des quatre derniers admis, de faire, à son tour, diacre ou sousdiacre aux offices solennels et, dès le lendemain, il prenait possession par la célébration de la *messe de l'Aurore* (2), pieuse institution chère aux habitants. Puis, *per turnum*, il remplissait les devoirs auxquels les agrégés étaient tenus, par le fait de nombreuses fondations.

Mais il fallait de l'exactitude, si l'on voulait rester dans le Chapitre. Le 30 juin 1690, dans une réunion générale, l'Association prononça l'exclusion d'un de ses membres, dont le service laissait beaucoup à désirer sous le rapport de la régularité. Six mois après, il fut admis de nouveau, sur la promesse exigée de lui d'être désormais fidèle à ses devoirs.

Un autre prêtre agrégé, ayant été nommé curé de Beaumont, fut rayé de la liste, comme se trouvant dans l'impuissance de remplir à la fois les devoirs de la charge pastorale et ceux de l'Agrégation. Il obtint, pourtant, d'être réintégré, mais voici à quelles conditions. Il devrait payer, annuellement et tant qu'il serait curé, à la masse de l'Association « seize écus de soixante sols. » Il aurait droit aux distributions, tout comme les autres membres et serait dispensé de tout service, les dimanche et lundi de chaque semaine.

« Plus déclairent et capitulairement statuent que, pour l'aduenir

---

(1) D. Giraudus Amblardi intendit cogere sacerdotes huius loci de non faciendo nouenas, nec alias expletas, infra Ecclesiam. (Archives municipales: *Liber Regiminis* ad an. 1448 et 1450).

(2) Voir *Pièces justificatives*, n° XXX.

à perpétuité, aulcun prebtre, originayre dudict Malaucène ou bénéficier, ayant la cure dudict lieu de Beaumont, ou autre cure, hors du terroir de la dite ville de Malaucène, ne pourra estre receu à l'Aggrégation de l'Eglise parrochielle, ni participer aux esmolumens et masse d'icelle, soubs quel tiltre et prétexte que ce soyt (30 juin 1642). »

Pourtant, quelques années après (1685), on apporta une modification à cette règle dont voici la teneur : « Aucun prêtre agrégé ne pourra prendre aucun service, sans en faire participants les autres membres de l'Aggrégation et que de leur consentement. »

La Société existait depuis un siècle et fonctionnait, sans avoir d'autres règles que l'autorisation épiscopale et le bon vouloir des administrateurs de la Communauté. S'il a existé des règlements écrits, ils ne sont point parvenus jusqu'à nous. En revanche, les archives municipales nous fournissent coup sur coup deux pièces authentiques fort intéressantes. L'une est une transaction, l'autre un corps de statuts ou règlements dont nous allons parler.

La transaction fut passée, à Vaison, dans la maison du vicaire et official général de l'évêque Jérôme Scléde, de Vicence, le 16 septembre 1527, au nom de l'évêque, d'une part, et de la Communauté de Malaucène et des prêtres agrégés d'autre part. L'évêque était représenté par Antoine Raymond, vicaire général et official et Monalde de Petris, procureur de l'évêché ; la Communauté par le viguier : noble Etienne du Puy, les syndics : noble Michel L'Espine, seigneur d'Aulan ; maître Gaudibert, notaire ; Jacques Charrasse, et Ambroise Hugues, et le trésorier-procureur Antoine Mosteri ; le prieur de Malaucène, Barthélemy Eymeri, par Jean Olivier, son vice-prieur ; et enfin l'Agrégation par noble Gabriel Borrely, Jean Joannis, Antoine Martinelli, Jean de Noveysan, et Jean Chauvet.

Le nombre des personnes présentes à la rédaction et à la signature de cet acte démontre suffisamment l'importance que l'on y attachait de part et d'autre.

La transaction comprenait quinze articles. Elle arrêtait les points principaux relatifs à l'organisation de l'Agrégation (à laquelle elle ponnait aussi le nom de Corps et de Collège), à l'acceptation et à l'acquit des fondations, et enfin elle fixait l'existence des différentes chapellenies établies dans l'église paroissiale. Les articles XII, XIII et XIV sont une preuve évidente que l'Agrégation fonctionnait déjà depuis longtemps puisque, y est-il dit, cette transaction doit mettre fin à tous les procès, dont les prêtres agrégés payeront les frais (1).

L'évêque s'était réservé, par l'article V, le droit de donner des statuts et règlements à l'Agrégation.

Ces statuts furent en effet dressés au nom de l'évêque par Antoine Raymond (2), docteur en droit, chanoine, vicaire général et official de Vaison, de concert avec le prieur et le curé.

Les nouveaux statuts confirmaient les dispositions renfermées dans la transaction précédente, en y ajoutant des prescriptions pour la bonne administration des finances de l'Agrégation. Celles-ci entre autres :

« Attendu qu'une église sans économe et sans administrateur est semblable à un navire sans gouvernail, nous ordonnons que chaque année, après la célébration d'une messe du Saint-Esprit, un procureur ou économe soit nommé, à la pluralité des suffrages, par les prêtres agrégés.

« Les prêtres admis dans l'Agrégation prêteront, avant d'entrer en fonctions, sur les Saints-Evangiles, le serment dont voici la formule :

« Je jure et promets à Dieu et à saint Michel, patron de cette
« église, que, tant que je ferai partie de l'Agrégation, je serai
« obéissant et fidèle au révérend père en Dieu et seigneur évêque
« de Vaison et à ses vicaires et officiaux canoniquement institués,
« ainsi qu'à l'économe et aux administrateurs en exercice. Les
« statuts faits et à faire, possibles et honnêtes, je les observerai
« de mon mieux ; je n'aurai point la témérité de les attaquer, et,
« ce qu'à Dieu ne plaise, si j'avais le malheur de mériter les
« peines édictées par ces statuts, je m'y soumettrais volontiers et
« m'offrirais à les subir ».

L'économe qui, à cause de l'étendue de ses pouvoirs sur les membres du corps des Anniversaires, était souvent appelé supérieur, avait le droit, de l'avis du prieur et du curé, de punir les délinquants, de les mettre à l'amende, tous droits épiscopaux réservés.

A la fin de son année d'exercice, l'économe devait rendre ses comptes à son successeur, en présence de deux membres du Chapitre délégués par lui. Il avait un mois pour remplir ce devoir ; passé ce délai, le retardataire cessait d'avoir part aux distributions.

---

(1) Voir *Pièces justificatives*, n° XXXV.
(2) Le même qui figure dans l'acte précédent.

Six prêtres devaient être présents aux messes ordinaires. Tous les membres de l'Agrégation étaient tenus d'assister aux anniversaires, sous peine d'amende en cas d'absence ou de retard.

Le costume du chœur était le surplis, aux jours de fêtes solennelles, et, aux jours ordinaires, le rochet (*roquetum clausum ex utraque parte*) Les prêtres agrégés avaient seuls le droit de porter dans l'église le surplis ou le rochet.

Défense de sortir du chœur, sous peine d'une amende d'un demi-gros, une fois l'office commencé.

L'ordre des préséances était ainsi réglé : le prieur (ou son délégué), le curé (ou son remplaçant) et l'économe. Puis les autres prêtres, en ayant égard non point à leur âge ou à leur ordination sacerdotale mais à la date de leur réception dans l'Agrégation (1).

Ces règlements furent légèrement modifiés par l'évêque Guillaume IV de Cheisolme (28 mars 1626). Les nouveaux statuts contiennent 27 articles. Il en existe une copie aux Archives municipales (2).

De temps à autre quelques difficultés plus ou moins considérables surgissaient entre le curé et l'Agrégation ; elles finissaient toujours par une bonne accolade et la paix était bientôt rétablie.

Nous négligeons plusieurs de ces difficultés et les transactions qui en furent le corollaire. Nous en citerons une seule, comme exemple de la nature de ces contestations.

Le curé Filiol, prêtre très zélé pour la gloire de Dieu, aurait voulu, pour l'édification publique, que tous les membres du Chapitre assistassent toujours et très régulièrement aux offices divins. Les moyens de simple persuation étant restés sans résultat, Filiol s'en ouvrit à l'évêque. Celui-ci en référa au pape. Nommé commissaire pontifical dans cette affaire, l'évêque ordonna aux agrégés d'assister aux offices, ainsi que le demandait le curé.

Les agrégés, après en avoir conféré entre eux, en assemblée capitulaire, répondirent, le 10 janvier 1723, à l'évêque Gualteri, par un mémoire très énergique. Une seule phrase suffira pour en faire connaître le sens et l'esprit. Il y était dit : « Nous voulons conser-
« ver le mérite de la bonne œuvre de surérogation qui cesserait
« de l'être si nous y étions obligés... car, enfin, pourquoy vou-
« loir exiger de nous par une ordonnance ce que nous pratiquons
« sans loy et bien volontiers ? »

(1) Voir *Pièces justificatives*, n° XXXVI.
(2) Manuscrit de Edouard Pontayx, curé.

Malgré ces dispositions pacifiques, l'évêque persista.

On lit en effet ces lignes sur le registre du *Vénérable Chapitre* :
« L'évêque signifla, le 12 fevrier 1724, la sentence nous obligeant
« d'assister aux offices, les dimanches et fêtes, sous une peine
« de deux sols !.... — Nous en avons appelé à Rome..... »

L'affaire traînait fort en longueur. Sur ce, Louis-Joseph de
Cohorne de la Palun, de prévôt devint évêque de Vaison. On le pria
de mettre fin à ces tiraillements. Le nouvel évêque se rendit à
Malaucène, le 18 mai 1726, pour sa première visite pastorale. Quelques jours après il réunit le curé et tous les agrégés et rétablit
parmi eux l'harmonie, remettant les choses en l'état où elles
étaient dès le principe. Le curé dont les rétributions capitulaires
avaient été arrêtées depuis deux ans, reçut son arriéré. *Et facta est
pax summa, tranquillitas magna in ista Ecclesia*, dit l'acte de
rédaction (1).

II. — Revenus.

L'Agrégation ou Corps des Anniversaires, était chargé d'acquitter les fondations faites en faveur de l'église paroissiale. Les
registres de cette association en mentionnent un très-grand
nombre ; toutes les familles y sont inscrites. Tout bon habitant
de la ville de Malaucène « sain de sens, veue, entendement et
« memoyre et en parfaite disposition de son esprit ; pour l'amour
« de Dieu ; meu de deuotion enuers l'Eglise parrochielle de
« Sainct-Michel et voulant thesauriser son ame dans le Ciel »,
faisait son « dernier et valable testament » fondait des messes
basses et des anniversaires « *siue* messes haultes, a chanter et
« celebrer dans ladicte Eglise. »

Ces fondations offrent cette particularité qu'elles étaient
presque toutes en capitaux rachetables, tandis que, à cette même
époque, dans les autres églises, elles sont en immeubles. Les
hoirs d'un testateur venant à racheter la fondation en versaient
le capital entre les mains de l'économe. Il fallait alors trouver un
nouveau placement à ces sommes remboursées, et comme ces
opérations n'étaient point toujours solides, il arrivait que certains
membres de l'association, pour éviter d'endosser la responsabilité
de ces nouveaux placements, s'abstenaient de paraître dans les
assemblées capitulaires où l'on décidait la direction à donner à
ces fonds. Il fut arrêté, avec l'approbation de l'évêque J.-M. de

---

(1) Bibliothèque de Carpentras : Livre des délibérations du Chapitre (1621
— 1748) et *Liber Massœ*, 7, (1742).

Suarès, que, dans la suite, aucun placement d'argent ne serait opéré sans un vote régulier fait en assemblée capitulaire (1643).

La piété des fidèles avait fondé un si grand nombre de services funéraires que, vers le milieu du XVII· siècle, les prêtres de l'Agrégation ne pouvaient plus y suffire, bien qu'à cette époque ils fussent au nombre de seize. Au 13 mars 1679, il y avait à acquitter toutes les années quatre cent quatre vingt six anniversaires avec grand'messe, treize cent quatre-vingt-dix neuf messes basses dans l'église paroissiale, plus trois mille neuf cent cinquante messes pour les Pénitents ou les Religieuses. A l'impossible nul n'est tenu, dit le proverbe. Une réduction étant devenue nécessaire, elle eut lieu par l'intervention de l'évêque et l'autorité du Saint-Siège. Les grand'messes furent réduites à cent quarante sept et les messes basses à six cent trois.

Moins d'un siècle après, une nouvelle diminution, jugée indispensable, fut opérée (1) de la même manière et pour le même motif: la modicité de l'honoraire (5 mai 1728).

Trois registres servaient à l'inscription des fondations et des revenus. Le premier (*Liber fundationum*) et le second (*Liber computorum*) étaient entre les mains de l'économe; quant au troisième (*Liber massae*), il était tenu à tour de rôle par chacun des membres de l'Agrégation.

Le *Livre des fondations* est le recueil de tous les actes authentiques et publics instituant des fondations. Il est écrit par les notaires qui faisaient eux-mêmes les extraits, sur la demande de l'économe, à l'ouverture des successions portant fondations en faveur de l'église et de l'association. Ceci explique d'abord la variété des écritures et puis le peu de suite dans la date des testaments et codicilles. La plupart de ces grands registres sont conservés aux Archives de la paroisse.

Le *Livre des comptes*, très-régulièrement tenu, indique dans les moindres détails toutes les sources des revenus ecclésiastiques.

Nous allons donner un rapide aperçu de ces revenus en formant une moyenne annuelle de la période décennale de 1697 à 1707.

	Livres	Sous
Chapellenies Saint-Michel....................	5	
» Notre-Dame et Sainte-Magdeleine..	10	
» Saint-Julien et Saint-Romain......	5	

(1) Voir, aux Archives paroissiales, le petit cahier écrit tout entier de la main du curé A. Filiol et qui a pour titre: *Fundationes reductionis*, 1728.

		Livres	Sous
Chapellenies	Saint-Michel	5	
»	Sainte-Anne.	1	8
»	Saint-Michel et Saint-Antoine......	6	8
»	Saint-Sébastien	4	
»	Saint-Georges.....................	10	
Services....	Dames Religieuses.	120	
»	Pénitents	40	
»	Confrérie des Agonisants..........	30	
»	Confrérie de Sainte-Anne..........	20	
»	Confrérie du Saint-Enfant-Jésus....	15	
»	Confrérie du Saint-Rosaire.........	20	
Veaulx......................................		60	
Beaumont...................................		32	

Le total général annuel allait de 2,141 à 2,588 livres, ce qui donnait à chaque agrégé de 126 à 150 livres, attendu que le nombre des prêtres agrégés variait, suivant les époques, de douze à vingt.

Nous n'avons point rencontré ailleurs qu'aux Archives paroissiales les livres des comptes de l'Agrégation.

Le *Livre de la masse* était le plus petit de tous et, sans contredit, le plus intéressant, comme il sera facile d'en juger par ce que nous allons en dire.

Chaque membre du Chapitre tenait, un mois durant, ce petit livre de comptes, par lui-même, s'il était *ingambe,* ou par l'intermédiaire d'un confrère dévoué, lorsque la maladie, l'âge ou les infirmités y mettaient obstacle.

Le prêtre agrégé chargé de la masse était appelé le *Massier* (*Custos massae* ou *Massarius*).

A son entrée en service, il écrivait la date, puis une maxime religieuse qui devait, en quelque sorte, lui servir de règle pendant son mois, comme celle-ci : « C'est une vanité de désirer vivre longtemps et de se mettre peu en peine de bien vivre (1). »

Le massier marquait, jour par jour, les divers services acquittés

---

(1) Vanitas est longam vitam optare et de bona vita parum curare (*Imitation de J.-C.*). — En voici quelques autres : — Clamant pauperes ad pontifices: cur in superfluitates vestras consumitis quae nostris debentur necessitatibus. (Saint Bernard, *Epist ad Falcon*). — Luccat imago Christi in operibus nostris et factis, ut, si fieri potest, tota ejus species exprimatur in nobis. (S. Ambr. *De Virgin.*). — Periclitatur castitas in deliciis, humilitas in divitiis, pietas in negotiis, veritas in multiloquio, charitas in hoc nequam seculo (S. Bern.).

par tels ou tels, les absences, les évènements extraordinaires comme celui-ci.

« 24 janvier 1748, onze heures du matin. Décès de l'évêque de Vaison, Joseph-Louis de Cohorne de La Palun, né à Carpentras (1670), frappé d'une attaque d'apoplexie et auquel on ne put donner que l'Extrême-Onction ».

Il inscrivait l'admission (1), le départ (2) et le décès (3) des membres de la corporation.

Puis, à la fin du mois, il faisait son addition et sa division, distribuant à chacun sa portion congrue. Celle-ci réunie aux sommes versées à la fin de l'année par l'économe, formait un total assez maigre. Chaque membre de l'association ne recevait en moyenne que cinq livres par mois, c'est-à-dire soixante par an, et en tout deux cent dix livres tout bien additionné au maximum.

La plupart des livres de la masse sont conservés aux Archives de la paroisse, les autres ont été transportés à la Bibliothèque de Carpentras.

(1) L'an 1727. — M. Jean-Jacques Guiméty, en qualité de prêtre originaire de la présente ville de Malaucène, aiant demandé à Messieurs les Prêtres Agrégés, capitulairement assemblés, d'être receu dans le Corps desdits Prêtres Agrégés, il le luy fut accordé aux conditions que de coutume, et a dit la messe de l'aube le 4 may de la même année.

(2) 1743. juin, 14, vendredi. — Hodie D. Guiméty, Aggregatus ab anno 1727, celebrata missa, optimo beneficio curiali praeditus, in diœcesi Lugdunensi, discessit ab Aggregatione.

(3) 1741, 25 septembre. — Décès de Charles Brémoud, âgé de 71 ans. — A Domino probatus tanquam aurum in fornace. Patientia fuit admirabili et magna in Deum fiducia. Non parva erat erga pauperes misericordia.

1744, 3 mars. — Décès de Joseph Filiolet, âgé de 73 ans. — Vir simplex et rectus, in quo iniquitas inventa non est, et qui post aurum non abiit. Multum in audiendis confessionibus, tam monialium quam secularium, ad mortem usque desudavit.

CHAPITRE QUINZIÈME

ÉVÈNEMENTS DIVERS (1427-1526).

§ 1er. — LES CLOCHES DE L'ÉGLISE PAROISSIALE.

Les guerres du schisme avaient bien endommagé le clocher, mais les cloches n'avaient pas eu de mal.

I. — Dans les premiers jours de juillet 1427, un jeune homme casse par maladresse la plus grande des trois cloches. Ce jeune homme était fils d'un ancien syndic nommé Etienne Buxi. Le Conseil se réunit dès le lendemain et délibère sur les mesures à prendre. Etienne Buxi sera-t-il ou non passible du dommage et dans le cas où il serait déclaré responsable, dans quelles conditions devra-t-il réparer la maladresse de son fils ? On décide de confier la solution de ces questions à deux experts assermentés, le Conseil promettant de tenir pour bien fait ce qui aura été réglé par eux.

Là s'arrêtent nos renseignements, quelques feuillets manquant au volume *Liber Regiminis* auquel nous avons emprunté les détails ci-dessus.

II. — Nous ignorons également d'où fut tirée la nouvelle cloche, mais nous savons parfaitement qu'elle fut de fort peu de durée. Le 11 mai 1445, le sonneur lui-même ayant appliqué intempestivement la main sur l'airain encore en vibration, la cloche se fêla. C'était pendant le service funèbre de Guy de L'Espine, viguier du pays (1).

En apprenant ce fâcheux accident, quelques habitants prennent l'initiative de la refonte de la cloche. Le Conseil accepte avec empressement cette ouverture et nomme une commission de deux membres, Guillaume Loyni et Jean Bonnéty, les engageant à ne pas perdre de temps pour recueillir les noms des souscripteurs, et à profiter des fêtes de la Pentecôte (2). Le Conseil décide en

---

(1) Dolenter reffertur : Campana maior fuit fracta eri, in cantatu nobilis Guigonis de Spina, quondam Viguerii dicti loci.

(2) 14 mai. — Cum aliqui se offerant dare ad refficiendum dictam campanam, fuit conclusum quod in isto festo Penthecoste describantur (eorum nomina) et quod Syndici et alii laborem volentes faciant diligentiam.

outre d'affecter à cette dépense une somme de vingt florins provenant de deux legs faits par Rémusat, seigneur de Beauvoisin, en faveur de la Communauté et de l'Agrégation.

Les commissaires se mettent aussitôt en relation avec maître Amorès, fondeur de cloches (*campanarius*). Celui-ci se rend sur les lieux, le 31 mai. On s'entend avec lui pour la fonte de la grosse cloche et d'une seconde, moins considérable. Voici quels sont les points principaux de cette convention (1).

Le maître fondeur recevra vingt florins, la nourriture et tout ce qui lui sera nécessaire et notamment du charbon de pin. Il aura avec lui, pour l'aider dans son travail, son neveu auquel on donnera six gros par semaine, le logement et la nourriture, jusqu'à la Toussaint prochaine. Le fondeur fournira le métal à raison de quatorze florins le quintal.

Un hôtelier se charge de la nourriture du fondeur et de son neveu, moyennant dix florins pour deux mois. Ce prix, à ce qu'il paraît, n'était pas rénumérateur pour l'hôtelier, ou du moins les aliments n'étaient point à la convenance du fondeur, car celui-ci réclame auprès des autorités locales et fait les propositions suivantes : il fournira lui-même le pain et le vin ; on lui donnera de la viande de première qualité, et on lui tiendra compte de ses dépenses, en déduction de la somme promise à l'aubergiste.

Avant de rien entreprendre, le fondeur propose un modèle. Il se disposait alors à couler une cloche à Caromb, pays limitrophe. Il engage donc les membres du Conseil à envoyer quelqu'un sur les lieux, pour voir si l'on veut accepter cette forme. Un syndic est chargé d'aller voir et de dire ensuite ce qu'il pense. *Non valet*, dit-il en revenant ; nous ne pouvons pas accepter ce modèle.

On le modifie donc et Amorès se met à l'œuvre, et comme il a besoin de fers, à prendre à Avignon, on met à sa disposition les moyens de transport (2).

(1) Amoresius venit et fecit pactum de manu sua, pro ambabus campanis videlicet ad XX florenos et quod habeatur sibi victum et omnia alia necessaria super eisdem. — *Item* quod fiat fieri carbonus de pino, prout dictus magister dixit ; quod fuit commissum dictis Syndicis. — *Item* dictus campanarius ducat nepotem suum pro manobra ; et fuit pactum de VI grossis pro qualibet septimina et debitum sostare, hinc ad proximum festum omnium Sanctorum. — *Item* quod de metalio, ipse campanarius debeat mutuare ad rationem XIV florenorum pro quintali.

(2) Unum hominem cum suo animali.

Le moment est enfin venu de descendre les cloches fêlées, mais à l'époque où nous sommes on procède avec lenteur. Il faudra du temps avant que les nouvelles cloches puissent prendre la place des anciennes et le clocher ne peut pas rester complètement silencieux pendant ce long intervalle.

La chapelle du Groseau avait une petite cloche, devenue inutile puisque on avait enlevé de ce petit sanctuaire tout le mobilier servant à la célébration des saints mystères. On s'adresse au prieur et on lui demande de vouloir bien la prêter ; la prêter simplement et non la donner. On promet de la rendre dès qu'on pourra s'en passer.

Le prieur accepte cette demande, mais il exige des garanties. Les deux syndics et quatre conseillers prennent l'engagement solennel et public de cette restitution, donnant en hypothèque leurs biens et ceux de la Communauté (1). Il fut reconnu par le fondeur et les emprunteurs que cette cloche pesait un quintal et neuf livres (2).

Le fondeur annonce, le dimanche 26 juin, que les cloches seront coulées le samedi suivant, et que, pour cette opération, il lui faudra quantité de crottin de cheval. On lui fournit à cet effet un homme et deux bêtes de somme.

Le vendredi, 1ᵉʳ juillet, les dernières dispositions sont prises. Sur la demande d'Amorès, huit hommes sont désignés parmi les plus intelligents et les plus adroits pour le seconder dans le moment critique. En première ligne figure le syndic Louis Bellissard ; mais comme ses fonctions administratives pourraient l'appeler ailleurs et l'empêcher de prêter son concours à l'artiste, on choisit deux hommes pour le remplacer (3).

---

(1) Die 24ᵃ junii, in festo sancti Johannis. — Super campana habenda a Priore de Grausello, fuit relatum quod dominus Baudilius, Prior, contentatur dum tantum aliqui se obligent sibi ad restituendum.

(2) Die 1ᵃ julii. — Guillelmus Jausserandi et Ludouicus Bellissardi, Syndici, confesserunt habuisse et recepisse à Johanne Baculi, nepote et nomine dicti D. Prioris, videlicet dictam campanam, ponderis unius quintalis et nouem librarum, prout asseritur ponderatam fuisse per dictum campanarium et alios expertos. Quam reddere promiserunt.

(3) Dominica, die 26ᵃ junii. — Super eo quod campanarius petit sibi prouideri de *bouses*, quoniam die sabbati proxima, Deo dante, intendit fundere campanas ; fuit conclusum quod prouideatur de uno homine cum duobus animalibus qui vadant conquirendum dictas *bousas* et alia necessaria, prout campanarius dictabit et quod fiat diligenter.

Veneris, die 1ᵃ julii. — Super conclusione dicte campane, quod debet cras

L'opération s'accomplit au jour convenu, dans le cimetière, au pied même du clocher, ce local ayant été choisi de préférence à tout autre, indépendamment de son voisinage, à cause de la finesse du safre et aussi parce que le local, étant environné de murailles, présentait plus de garanties à l'ouvrier.

Restait à tirer les cloches du sol où elles avaient été fondues, et à reconnaître si la Communauté pouvait les accepter. Le Conseil se réunit dans le cimetière, le mardi, 5 juillet, en présence du lieutenant du viguier. On extrait les cloches, on les pèse, leur poids total est de quatre quintaux et quarante trois livres. Le fondeur sera payé à la prochaine fête de saint Michel (1).

Guillaume Bernardi, chargé de fabriquer les moutons des cloches, se plaint de manquer des fers et autres objets nécessaires pour ce travail. On se met d'accord avec lui et on lui adjoint un serrurier (2).

Avec le temps et la patience les nouvelles cloches sont enfin hissées à la place des anciennes et « pour la fête de Notre-Dame de la Mi-Août » elles font entendre leurs gais carillons. Mais... hélas ! le dimanche 24 septembre 1448, maître André de Saint-Romain, notaire et secrétaire de l'Œuvre de l'église, ou si l'on veut des marguilliers, fait part au Conseil d'une fâcheuse nou-

---

fundi et fieri, et campanarius petit octo homines habiles ad seruiendum eidem in ducendo *bouses* et alia necessaria ; fuerunt electi videlicet dictus Ludouicus (Bellissardi) Consindicus, — Amedeus Boneti, — Anthonius Nigri, et Bartholomeus Jausserandi, operarii, — Guillelmus Gaudiberti, — Hugo Andree, — et B. Rolandi, presentis Communitatis. Et quod forte dictus Ludouicus non possit vacare, quia Sindicus, et pro aliis negociis, fuerunt electi ulterius videlicet Anthonius Gaymari et Hugonetus, filius Petri Micheletti, — et quod preuidecatur de victualibus condecenter.

(1) Dominica, die 3ª Julii. — Super campanario, quod jam compleuit dictum opus; pro extrahendo dictas campanas de greso indiget quibusdam hominibus.

Martis, die 5ª Julii. — Tentum fuit Consilium in cemeterio, coram D. Locumtenente, assistentibus dictis Syndicis et Consiliariis, super receptionem campanarum nouarum, cum campanarius vellet recedere et facere finem — Campanarius conputat IV quintalia et XLIII libras, etc. Solui poterit hinc ad proximum festum Bᵢ Micahelis. — Actum Malaucene, in dicto cemeterio, presentibus Dñis Ludouico Simonis, priore de Fulchis et Girardo Buxi, presbitero dicti loci.

(2) Die Dominica, 14 augusti 1445. — Guillelmus Bernardi, fusterius, qui facit lectum campane maioris nove, conquiritur quia non administrantur ferramenta et alia necessaria.

velle: les deux cloches neuves sont cassées après trois ans à peine de service! (1)

III. — En attendant qu'on ait pu réparer ce malheur, le curé Giraud Amblard, qui cumulait le bénéfice curial avec le prieuré de Notre-Dame-la-Blanche, offre au Conseil une des cloches de cette chapelle rurale et prend en échange le métal des cloches cassées, qu'on repousse comme étant mauvais (2).

Cette fois on veut une cloche d'environ quatre à cinq quintaux. On s'adresse à un fondeur de cloches résidant au Thor, maître Nicolas. Le prieur de la Roque et un marchand du Buis-les-Baronies procurent le métal nécessaire. L'argent de la vente du blé de la Communauté, vente faite avec l'autorisation du recteur, sert à payer le métal (25 décembre 1449).

Les registres de la Communauté auxquels nous venons de faire de si nombreux emprunts ne disent point si l'airain sacré fut fondu dans le pays même. Ils se contentent de nous indiquer les parrains de deux nouvelles cloches (3).

Ces mêmes registres sont plus explicites au sujet de la désinvolture d'un homme éminent et qui a laissé des souvenirs honorables après lui. Rican Berbiger était, comme on disait alors, ouvrier de l'église, c'est-à-dire marguillier ou fabricien. En cette qualité et dans l'intention de ne point laisser improductive une somme représentée par le métal resté sans emploi, il vendit ce métal à raison de dix florins le quintal. C'était un prix au dessous de sa valeur; nous avons vu, en effet, qu'il avait été parlé de quatorze florins entre la Communauté et Amorès.

Si Rican avait fait une bonne spéculation, le Conseil sans doute l'eut approuvée, mais la spéculation était mauvaise; elle fut blâmée et Rican se vit obligé de réintégrer le métal à ses frais (4).

(1) Dominica. 24ᵉ septembris 1448. — Super opere Ecclesie, retulit magister Andre de Sancto Romano, notarius operariorum dicte Ecclesie, dicens quod maior campana est fracta. Item alia de minoribus. Salva tertia et alia minor.

(2) Lune, 22ᵉ aprilis 1449. — Girardus Amblardi, vicarius Ecclesie Malaucene esset contentus accipere metallum Universitatis, cum tali conditione quod dicta Universitas recipiat unam de campanis nostre Domine La Blanche. — Universitas tradat dictum metallum et Universitas recipiat dictam campanam.

(3) 25 décembre 1449. — D. Viguerius faciat baptisare magnam campanam et Nicholaus de Pratocomitali faciat baptisare aliam campanam.

(4) Veneris, die, 22ᵉ martii 1450. — Ricanus Berbigerii vendidit absque licentia Universitatis XXIV libras metalli ad rationem X florenorum pro quolibet quintali. Restituat dictum metallum sui sumptibus expensis, necnon et reddat computum suum.

Cette sévère leçon donnée à Rican Berbiger par le Conseil n'empêcha point le Parlement d'élire de nouveau cet homme de bien, au premier mai suivant, en qualité d'ouvrier de l'église.

Il paraîtrait que si les cloches de 1449 furent de meilleure qualité que celles de 1445, leur monture laissa cependant beaucoup à désirer, puisque, onze ans après leur mise en place, « elles tombaient en ruine » suivant nos vieux registres (1).

IV. — La première et la seconde cloches, comme on les appelait, étaient, ce semble, destinées à partager le même sort. Coulées en même temps et presque dans le même moule, montées simultanément dans le même clocher, elles devaient en être descendues le même jour, après avoir mêlé leurs grandes voix durant cent quatre-vingt douze ans. Elles mêlèrent leur bronze le 28 septembre 1641 et remontèrent ensemble à leur place deux fois séculaire (2).

V. — La grosse cloche, après avoir servi plus d'un siècle, casse de nouveau, mais, cette fois, sans sa compagne. Le 17 avril 1762, l'évêque Pellissier, étant en tournée de visite pastorale, ordonne qu'elle sera refondue. Elle le fut en effet et dura jusqu'à l'époque de la Révolution et partagea le sort de tant d'autres cloches.

§. 2. — TAXE POUR LA CROISADE.

Sous le court pontificat du vieux Calixte III et pendant que le cardinal de Foix représentait le Saint-Siège à Avignon, une croisade contre les Turcs fut annoncée dans toute l'Europe (1456). Le pape adressa une bulle à la ville d'Avignon et au Comtat Venaissin pour engager les habitants à contribuer de leurs biens à cette guerre. Les différentes localités du Venaissin furent taxées en proportion de leur importance et de leur richesse. Malaucène versa la somme de 146 florins 21 sols. L'expédition n'eut pas lieu ; « mais, » dit malicieusement l'abbé Guinier, « les sommes versées ne furent pas rendues. »

---

(1) Jovis, die 18ᵃ decembris 1460. — Esset necesse providere de abtare (pour *aptare*) campanas huius loci ; cadunt ruyne et reperitur qui abtabit libenter dictas campanas et faciet lectum campane Guillelmus Loyni, pro VI florenis et esset contentus habere- unum monumentum infra Ecclesiam.

(2) Au *Livre des Anniversaires*, fº 41, on lit la note suivante: Anno 1641 et die 28ᵉ septembris, prima et secunda campana restitutionem de novo acceperunt. Quarum prima perduraverat fere trecentos annos, ut ex ejus inscriptione patuit à me visa. — Signé: BRACHET, prêtre. (Bibliothèque de Carpentras.) — Brachet a mal lu ou mal compté.

§ 3. GALÉAS DE SALUCES.

Sur la fin de l'année 1457, le viguier, marquis de l'Espine, seigneur du Pouët, étant décédé après une longue et honorable gestion, il fallut penser à lui donner un successeur. Le choix tomba sur un parent de Clément VII, nommé Galéas de Saluces. Celui-ci, à peine en exercice, trouva le moyen de se rendre impopulaire à l'occasion des tailles et des corvées imposées aux habitants pour la reconstruction des remparts, dans la partie sud de la ville. On y travaillait déjà depuis longtemps et le gouvernement pontifical pressait l'achèvement des fortifications. On était enfin parvenu aux créneaux et l'œuvre restait pourtant inachevée. Le 17 avril 1458, Galéas, s'en prenant à la personne des syndics de cette inaction, les condamna à une amende de 25 livres. Un mois après, le 18 mai, il fit faire dans la ville, par le crieur public, des publications contraires aux libertés municipales. Les habitants se soulevèrent en masse contre ses prétentions, et, réunis en parlement, en présence de ce même viguier, refusèrent de prendre à leur charge la construction de ces créneaux, attendu, disait-on, que cette dépense incombe aux hoirs de Duron et non à la Ville. La délibération conclut à un appel à l'autorité supérieure. Tout ceci n'empêcha pas Galéas d'intervenir de nouveau dans les prérogatives municipales. Il entreprit même de peser sur les délibérations du Conseil relativement à l'adjudication des fermes de la ville (24 novembre 1458).

La population, irritée de ces tracasseries, demanda un autre viguier, priant le recteur de limiter à un an la durée de ses fonctions (1). Ces vœux furent exaucés, et Galéas eut un remplaçant en la personne d'Elzéar Sicaudi. Tout rentra promptement dans le calme, mais les fonctions de ce haut fonctionnaire étant devenues annuelles, il fallut bientôt penser à se procurer un nouveau viguier.

Le pape Pie II alors régnant avait sans doute quelque intérêt à ménager les anciens partisans de Clément VII, car il désigna ce même Galéas dont les Malaucéniens avaient eu tant à se plaindre. Le cardinal-légat se voyant la main forcée, notifia sa nomination à Galéas; mais, en même temps, il écrivit aux syndics et conseillers la lettre suivante que nous reproduisons avec l'exactitude la plus sévère. Elle est en langue romane, langue popu-

(1) Pro habendo Viguerium annalem (9 mars 1459).

laire, et non en latin, dont on se servait habituellement dans les circonstances officielles; c'était déjà une marque de bienveillance.

« Cars amics. Nos habem entendut que ñre S. Segnor lo ppa ha
« constituit et feyt Veguier de Malausana Galeas ame ñre servi-
« dor. Et segons lom enformatz sy ha alguns que no volen que
« lod. Galeas sie admetut aladite Vagarie et p. tant que pensam
« lod. Galeas en son temps et office vos age ben et degudament
« gobernatz, vos pregan si degun ly a que no sie content de son
« regiment et que lage fayt causa no degude, vienque de vers
« nos, car nos lo audiram en sa rason, et lo faram justitie. Et
« ayso vos pregam vulhas diser achescun au loc de Malausana.
« Et lo Sant Sperit sie garde de vos.
« Scrite en Avinhon lo XXVIII de abril M. IIII. LX°. »

L'adresse porte: « A mes cars amics les sindics et conseilh deu loc de Malausana. »

Et au bas de l'adresse, la signature (1) *suivante:*

P. Cardinal de Foyx
Vicari p. ñre S. Segnor lo ppa.

Le Conseil, aussitôt convoqué (1) pour recevoir communication de cette lettre, décida de réunir le parlement dans la soirée du dimanche suivant (11 mai). Dans cette grande assemblée, présidée par le viguier sortant Elzéar Sicaudi, l'on compta 82 chefs de famille, parmi lesquels Nicolas de Pracomtal, Guy du Puy, Antoine de Rémusat, seigneur de Beauvoisin, Richard Joly, Bernard Rivet, Jean-André d'Alauson et Galéas lui-même. La lecture de la lettre du cardinal fut suivie de commentaires peu flatteurs pour le viguier nommé; puis, on en vint au vote public, le syndic Gaspard Albert recueillant les suffrages. Chacun parla à son tour. On décida, en somme, de remettre la conclusion de cette affaire à la sagesse du Grand Conseil, priant celui-ci de transmettre au cardinal la réponse quelle qu'elle put être, par une délégation de deux ou

---

(1) L'auteur de l'*Inventaire sommaire* des Archives muicipales, a donc fait erreur en disant que *cette lettre ne porte pas de signature*.

(2) 7 mai 1460. — Et ibidem in Consilio, Richardus Joly presentauit quasdam literas continentes qualiter sanctitas D. N. PP. contulit officium Vigueratus nobili Galeassio de Saluciis, et in dictis literis fit mentio quod sunt aliqui qui nolent quod dictus Galeassius esset Viguerius et dictus petiit sibi fieri responsum et instrumentum. Fuit conclusum quod vocetur parlamentum die dominica post prandium et ibidem determinabitur super responsum faciendum Dño Cardinali.

trois membres pris parmi les plus honorables habitants. Cette réunion du Grand Conseil suivit immédiatement la tenue du Parlement. Le viguier sortant délégua le seigneur de Beauvoisin pour la présider à sa place. Galéas assistait encore à cette délibération. Du reste, il en avait le droit, puisque, au 1er mai, on l'avait nommé premier conseiller. Voici le parti auquel on s'arrêta : faire une réponse respectueuse et modérée au cardinal (1), la lui envoyer dans les conditions marquées par le Parlement et lui demander ses instructions.

Il n'y avait encore ni belles routes ni voitures publiques. Les députés restèrent treize jours avant de pouvoir rendre compte à leurs commettants du résultat de leurs démarches. Enfin, le mardi, 20 mai, le Conseil étant assemblé de nouveau et Galéas présent, ils racontèrent le bon accueil qu'ils avaient reçu du cardinal et la permission qu'ils en avaient obtenue de régler cette affaire comme ils l'entendraient eux-mêmes, Pierre de Foix ayant promis de les soutenir de tout son pouvoir (2).

Le Conseil s'ajourna au surlendemain, afin de ne point s'exposer à procéder à la légère, et aussi afin d'avoir le loisir de consulter les habitants. Le jour fixé étant arrivé, chacun donna son avis, le secrétaire écrivant les votes. La plupart des conseillers dirent qu'ils ne voulaient aller en aucune façon contre la volonté du légat ou du recteur, mais tous furent unanimes à refuser de recevoir Galéas. Celui-ci parla le dernier. Ce fut pour faire entendre une parole de protestation (2). Il continua, néanmoins, à habiter Malaucène et à remplir avec assiduité ses fonctions de conseiller.

§ 4. — LES FAUX CROISÉS.

Les années qui s'écoulent de 1460 à 1482 présentent une longue période de troubles et d'appréhensions ; l'affaiblissement de la France, ses luttes avec le Saint-Siège, les succès des Mahométans en Europe et les croisades annoncées pour leur opposer une barrière, en sont la cause. Des bandes nombreuses de gens sans

(1) Ad faciendam bonam et honorabilem et placabilem responsionem super literas venerabilis D. N. Legati. Videlicet discretos viros Alzearium Corenhi, Anthonium Gaymari et Bertrandum Borioni, sumptibus Uniuersitatis. — (On dépensa un florin.)

(2) 20 mai. — Ipse D. Cardinalis nos benigne recepit et dixit quod dicta Universitas se gubernet, et ipse manum tenebit pro posse. — Supradictus nob. Galeassius de Saluciis dixit non debere facere prout supra factum est, ved de voluntati Parlamenti. Quare protestatur.

ressources, ressemblant plus à des mendiants qu'à des soldats, envahissent le Comtat, sous prétexte de guerre sainte.

Le viguier annonce au Conseil que le recteur et les syndics de Carpentras demandent à la Communauté d'envoyer au secours de la capitale du Comtat un détachement de seize arbalétriers.

Le Conseil est d'avis d'accorder le détachement demandé. Il décide en outre de mettre les portes de la ville en état de résister à une attaque et de les barder de plaques en fer (1).

Ces précautions redoublent après la mort du cardinal légat Pierre de Foix. On prend des mesures extraordinaires pour la garde du pays, à cause des partisans qui couvraient les routes, répandant partout la terreur et l'effroi.

Un de ces chefs de pillards s'était approché de la ville menaçant d'en faire le siège, si on ne lui donnait point une forte somme d'argent (1479). Comme on savait par expérience ce que coûtaient ces sortes d'opérations guerrières, on préféra payer la contribution et se débarrasser de ce chef de voleurs appelé par les siens le capitaine Bernard de Guarlans. Il accepta la somme convenue, mais il n'en resta pas moins dans le voisinage de la place ; ce que voyant, le Conseil envoya une députation au recteur du Comtat. Elle était composée d'Isnard de Pracontal, d'Elzéar de l'Espine et du marquis de Barral. Ces envoyés étaient chargés d'informer le recteur que ce capitaine, à la tête de ses partisans, dévastait tout dans les environs. Les députés demandaient en conséquence de prompts secours afin de mettre la ville en état de défense.

Le recteur répondit que ces troupes agissaient en dehors des ordres du roi de France ; qu'il fallait se mettre sur la défensive et se hâter de creuser de nouveau et d'inonder les fossés des remparts.

On fit donc des provisions de bouche et de guerre. On acheta une caisse de flèches, pour le prix de douze florins, dix brigantines (cottes de maille), six salades (casques) et d'autres munitions et instruments propres à la défense.

Enfin, le commandement de la place fut confié à un capitaine en renom, appelé Richard Joly. Ce guerrier, natif de Malaucène, avait déjà tenu garnison au Rasteau et défendait la ville de Vaison.

Celui-ci commença par faire réparer les remparts et les portes de la ville, travail qui se fit avec beaucoup d'entrain par les habitants appelés à la corvée. Le château reçut une garnison, et comme l'argent est le nerf de la guerre, on fit un emprunt de

---

(1) 22 juin 1460. — Quod Sindici emant unum quintale ferri.

deux cents florins et on vota une taille de cent florins. Pendant que tout ceci se passait à Malaucène, le recteur négociait avec Guarlans, par l'intermédiaire du seigneur de Saint-Vallier, pour savoir à quelle somme il taxerait la contribution de guerre qu'il exigerait de la province pour l'évacuer; et comme les pourparlers traînaient en longueur, les Etats Généraux du Venaissin furent convoqués à Sorgues et invités à voter un impôt, afin de lever et de solder des troupes destinées à expulser ces étrangers importuns et dangereux.

Bernard de Guarlans, de son côté, se préparait à la lutte. Il avait appelé à son secours trois cents hommes à cheval et plus de quatre cents fantassins. Le recteur, au courant de ce qui se passait, et sachant la petite garnison trop faible pour lutter contre toutes ces forces réunies, envoya deux cents hommes de renfort à Malaucène, en recommandant aux consuls d'avoir à les « nourrir et bien traiter » (1).

Toutes ces dispositions firent comprendre au capitaine de Guarlans qu'on était en mesure d'exiger de lui les armes à la main ce qu'on n'avait pas pu obtenir par des offres d'argent. Malaucène ne fut donc plus inquiétée pour le moment. Mais restait à cicatriser les blessures provenant de cette guerre et de toutes celles qui l'avaient précédée à des intervalles assez rapprochés. Les contributions de guerre et les impôts avaient épuisé le trésor municipal et les ressources des particuliers. Une grande disette s'en suivit. Le fisc continuait cependant à réclamer ses droits de toute sorte, comme si l'on se fut trouvé dans un temps normal. Les habitants, par l'organe de leurs consuls, prièrent le viguier d'adresser une supplique au Souverain Pontife pour lui demander de vouloir bien modérer les droits qu'on percevait dans le pays au nom de Sa Sainteté. Des concessions furent faites, mais elles ne suffirent point à compenser les maux qui affligèrent la commune pendant le grand schime d'occident et pendant les longues années de désordres sanglants qui en furent comme le corollaire.

§ 5. — LE PRIEURÉ DE SAINT-BAUDILE (1).

En l'année 1491, l'évêque de Grasse, Jean André de Grimaldis,

---

(1) GUINIER, *Histoire* manuscrite *de Malaucène*.
(1) Cf. Archives du dépt. de Vaucluse : Fonds de l'Evêché de Vaison ; Liasses : Visites pastorales. — GUINIER, *Hist. man. de Malaucène*, chap. XVI, page 180. — FORNÉRY, *Hist. civile et eccl.* — Arch. municip. N° 3 du Livre des Privilèges.

recteur du Comtat et lieutenant-général du cardinal légat de la Rovère, confirma le Chapitre collégial de Saint-Agricol d'Avignon, dans la possession du prieuré de Saint-Baudile de Malaucène.

Nous parlons de confirmation et nullement de donation, attendu que la vraie donation, d'après certains auteurs, aurait été l'œuvre de Jean XXII et d'Eugène IV.

Le prieuré de *Saint-Baudile* (1) (et non Saint-Basile, comme on l'a écrit quelques fois), était situé à 2,600 mètres environ sud-est de Malaucène et au nord de la bifurcation des routes de Carpentras et de Bedoin.

Le chemin d'exploitation qui conduit à la ferme de Saint-Baudile est indiqué, au commencement de la route de Bedoin, par un petit oratoire érigé, depuis peu d'années, en l'honneur du saint.

Nous ne saurions dire à quelle époque doit être rapportée la fondation de cet antique prieuré, nous savons seulement que l'édifice fut ruiné par les Sarrasins, en même temps que celui du Groseau (739).

Alexandre Filiol, ancien curé de Malaucène, qui s'était beaucoup occupé de l'étude des anciennes chartes du pays et avait fait des recherches spéciales sur les divers prieurés du pays, assure avoir trouvé des preuves de l'existence d'un monastère au quartier de Saint-Baudile. On en voyait, dit-il, encore les anciennes clôtures, en 1602.

Cent ans plus tard, au témoignage de Guinier, tous ces débris auraient disparu, pour servir, sans nul doute, à de nouvelles constructions.

La chapelle était bâtie sur un tertre fort élevé, à l'est de la ferme actuelle de Saint-Baudile, et son emplacement est indiqué aujourd'hui par une croix de bois très peu monumentale. La chapelle mesurait environ dix mètres de longueur sur quatre de largeur.

Lors de la visite pastorale faite à Malaucène par L. A. de Suarès, en 1673, le vicaire-général Julien fut chargé de l'inspection des chapelles rurales. Il se rendit sur les lieux, accompagné du curé de la paroisse, Alexandre Filiol, et du secrétaire de l'évêque. La course se fit à cheval. Il est dit, dans le procès-verbal de visite, que le prieuré était desservi par les prêtres agrégés de Malaucène,

---

(1) Ce saint fut martyrisé à Nîmes. Un gracieux petit sanctuaire a été érigé, sur le lieu même de son supplice, par les soins de M. l'abbé Guiméty, curé de Saint-Charles.

mais qu'il était la propriété du Chapitre collégial de Saint-Agricol d'Avignon.

Le délégué de l'évêque trouva l'autel sans tableau, sans ornements et même sans pierre sacrée, pour y célébrer les saints mystères. La voûte de la chapelle était en grande partie effondrée n'existant plus que sur le dessus de l'autel. La moitié des murailles s'étaient écroulées. La sacristie n'existait plus, ainsi que la porte même de l'église.

L'évêque, sur le rapport de son vicaire général, ordonna que les prieurs, chanoines de Saint-Agricol, remettraient la chapelle en état, avec une porte fermant à clef et un tableau représentant le titulaire (que le secrétaire appelle saint *Basile*), le tout devant être exécuté avant le terme de six mois. « et, ne l'ayant faict, leurs censes estre arrestées. »

Nous ne savons point ce qu'il advint des censes ; toujours est-il que l'ordonnance épiscopale resta lettre morte et que les réparations ne furent point exécutées.

Peu après intervint un accord entre la Collégiale et la Communauté (1).

§ 6. — LE PRIEURÉ DE NOTRE-DAME-LA-BLANCHE. (2)

Sur les bords de la grande vallée appelée dans la langue du pays *Plan d'Avàu* et qui, de l'oratoire Saint-Michel court dans la direction du nord, à quelques pas du chemin vicinal de Suzette, existait autrefois une petite chapelle, siège d'un prieuré assez considérable et d'une origine très-ancienne.

La chapelle, de forme rectangulaire, dont l'abside a été détruite au commencement de ce siècle, était confiée à la garde d'un ermite. Elle possédait plusieurs cloches, au XV° siècle, ce qui indiquerait une certaine importance que démontre le grand nombre de terres relevant de ce bénéfice.

Le prieuré était bénéfice curial. Rostang Millet lègue à la paroisse des ruches à miel, sa propriété personnelle, et les affecte à l'œuvre des cierges de Notre-Dame de la Chandeleur (1366). Charles Bonnély est en possession du prieuré (1513). Etienne

---

(1) Voir Chapitre XI : Territoire de Malaucène.

(2) Cf. Archives paroissiales : Livre de Notre-Dame-la-Blanche. — Archives municipales : Série GG. (1185-1789). — Archives du département de Vaucluse: Fonds de l'Evêché de Vaison; Procès-verbaux des visites pastorales.

Audibert détache quelques parcelles du terrain et les vend sous la cense annuelle de deux charges de blé (1566).

Sous la responsabilité du curé-prieur, le service religieux est confié aux prêtres agrégés de la paroisse. Ce service se réduisait à bien peu de chose : célébrer la messe, trois fois l'an, pour les membres de l'association des *boyers* (bouviers) et laboureurs.

La chapelle du prieuré, appelée dans le principe Notre-Dame de la Vallée (*Nostra Domina de Valle* ou *de Vallo*) perdit dans la suite cette dénomination pour prendre celle de Notre-Dame-la-Blanche. Ce changement de nom fut amené, ni plus ni moins, par la couleur d'une statue de la Vierge, en pierre blanche dite de Saint-Didier (1).

Il existe à quelques centaines de pas de l'annexe de Vealux, et sur la rive droite du Toulourenc, une antique chapelle désignée sous le nom de Notre-Dame-la-Blanche. Ce modeste sanctuaire offre une particularité fort curieuse : sise sur le territoire de la commune de Mollans et lui appartenant, elle est, avec le cimetière y attenant, la propriété privée des habitants de Veaulx auxquels elle sert de chapelle funéraire.

§ 7. — CHARLES-QUINT ET FRANÇOIS Ier (1536)

Le pays à peine débarrassé des partisans, fut envahi par les armées de Charles V et de François Ier. Avignon fut obligée de fournir 25,000 écus d'or pour l'entretien des troupes du roi de France. Mais Avignon n'avait pas été seule à voir reculer l'ennemi et ne devait pas être seule à fournir des subsides et des contributions de guerre. On fit appel à toutes les communes du Comtat, et Malaucène dut verser entre les mains du trésorier de la province la somme de 724 florins. Gérard de Corneillan, recteur du Comtat, voulant donner aux consuls de Malaucène la facilité de trouver la somme représentant leur quote-part, leur ordonna de mettre, pendant deux ans, un impôt du quarantième sur tous les produits agricoles, impôt dont la perception serait donnée aux enchères publiques (1536).

Les sommes qui rentrèrent dans la caisse municipale par ce moyen furent jugées insuffisantes, et, peu après, Paul de Sadolet,

---

(1) On peut encore voir la tête de cette statue qui est loin d'être un chef-d'œuvre, reposant, comme en une niche, dans l'embrasure d'une petite fenêtre. On l'aperçoit en face, au fond de la cour de l'ancien prieuré converti aujourd'hui en ferme.

qui avait succédé immédiatement à de Corneillan dans la rectorerie, autorisa la commune de Malaucène à publier l'imposition d'une taille générale sur tous les biens et revenus nobles, ecclésiastiques et roturiers. Cet impôt extraordinaire était destiné à finir de combler le déficit produit par le versement des 724 florins et à payer, en outre, à bref délai (deux ans), les dettes contractées antérieurement pour l'acquit des tailles pontificales, et de diverses dépenses majeures faites pour la réparation de l'église, des remparts, des fontaines et des chemins. Ces différentes dettes formaient un déficit total de 1,150 écus d'or. On devait aussi avec le produit de cette taille solder les pensions des capitaux empruntés et faire de nouvelles réparations urgentes à l'église et aux différentes fortifications de la ville et au pont de l'Orme, sur la route de Vaison.

CHAPITRE SEIZIÈME

LA RÉFORME ET LA LIGUE (1560 - 1593).

§ 1er. — MONTBRUN S'EMPARE DE MALAUCÈNE PAR TRAHISON.

Quelques années après, surgissent en France la prétendue Réforme religieuse et les luttes politiques et sociales dites de la Ligue. Chacun est prêt à tuer ou à mourir pour la défense de sa foi et de son parti. Le sol est bientôt couvert de sang et de ruines. Les Huguenots entreprennent d'enlever du château d'Amboise le jeune roi François II ; leur projet est déjoué. Les conjurés, sans autre forme de procès, sont « tout bottés et éperonnés » pendus aux créneaux de la forteresse. Un mois durant, on ne fait que décapiter, pendre et noyer. Sous l'influence des excitations de Genève, le Dauphiné se soulève sous la direction d'un gentilhomme nommé Charles du Puy de Montbrun.

Ce baron, né dans le voisinage du Comtat et catholique convaincu, avait servi avec distinction dans les guerres d'Allemagne. A son retour, il apprit qu'une de ses sœurs avait embrassé les nouvelles doctrines et s'était enfuie à Genève. Il en eut tant de chagrin, qu'il partit sur le champ pour aller la rejoindre, la convertir ou la tuer. Il la chercha longtemps et ne pouvant la rencontrer qu'au prêche, il s'y rendit, y goûta la morale protestante et se pervertit ; l'apostasie lui avait rendu sa sœur. Il reprit, avec elle, le chemin du château de Montbrun dont il fit détruire la chapelle, forçant les habitants de cette commune à embrasser le calvinisme.

Tel est l'homme dont Malaucène eut tant à souffrir.

Devenu redoutable pour les catholiques, ceux-ci voulurent s'emparer de sa personne. Le prévôt des maréchaux avait reçu ordre de l'amener à Grenoble, mort ou vif ; mais il était plus facile de signer cet ordre que de l'exécuter ; et loin de prendre Montbrun, le prévôt fut pris lui-même et retenu dans le château du baron. Celui-ci se vengea des catholiques, exerçant des représailles dans le Dauphiné et se jetant ensuite sur les terres du domaine pontifical.

Voilà quels avaient été les débuts de Montbrun.

Après s'être fortifié dans son château, il avait assemblé ses amis et fait appel à toutes les passions mauvaises. Les gens sans aveu, les vagabonds, tous ceux qui vivaient de vols et de rapines s'empressèrent d'accourir. Il en forma une petite armée et se trouva bientôt en état de prendre l'offensive, grâce au secours qu'il reçut de Paulon Richieu de Mouvans (1).

Ce rebelle, originaire de Draguignan, ne se croyait pas en sûreté dans son pays. Il se rendit auprès de Montbrun, amenant avec lui plus de cinq cents Vaudois qui avaient fui de Cabrières et de Mérindol, et les joignit aux trois cents hommes qui obéissaient à Montbrun. Ce puissant secours arrivait fort à propos pour celui-ci, car il était menacé par Hector de Pardaillan, plus connu sous le nom de La Mothe-Gondrin. Mouvans lui conseilla de résister à La Mothe et même de tenter un coup d'éclat. Montbrun se rendit à cet avis et, tous deux, de concert, marchèrent sur Malaucène.

Un avocat de Valréas nommé Guillotin, leur avait inspiré le dessein de n'attaquer cette place qu'à la faveur de la nuit, pendant que lui-même tenterait un coup de main sur Vaison. Le vif repentir qu'il conçut bientôt de sa perfidie sauva cette dernière ville; mais les Huguenots ne s'en dirigèrent pas moins sur Malaucène, couvrant leur marche par les forêts voisines.

Fantoni prétend que les Huguenots s'emparèrent de la ville de vive force. C'est une erreur facile à redresser par la note suivante, couchée tout au long dans les registres des délibérations de la commune (2).

« NOTA que l'an 1560 et ung mecredi, septieme du moys d'aoust,
« aviron deux heures apres mynuit : M. de Montbrun, en Daul-
« phine est antre dans esta ville de Mallaucene avecques deux
« ou trois cens homes bien armes, et ce *moyenant la trahison*
« fette et conspiree par ung Gauthier Geymar et aultres dudit
« lieu, et se sont seysis du chasteu et de la tour du reloge, a
« laquelle estet lartillerie dudit lieu, et aussi de leglise, et avant
« trois jours furent bien mille ou douze cens homes bien armes,
« lesquels sappeliont entre eulx Huguenaux sive Luteriens, les-
« quels ont demure dans ladite ville lespace dung moys revolu et

---

(1) Paoluccio de Richieu Movans unitose nel Delfinato col signor di Mombrun e rammassate alcune truppe d'eretici del Delfinato e della Provenza entro nel Venesino e investi il luogo di Malaucene. Indi presola a *viva forza*. FANTONI. *Istoria*, L. III).

(2) Ad an. 1560. (f° 52).

« rempli, durant lequel hont preche et fet lurs prieres a lur mode,
« baptise anfans, espouze fames, enseveli mors, et apres hont
« prins et emporte tous les calices (1), crois, reliques et aultres
« dourures, chasubles, aubes, bandieros, toalhes, servietes, et, en
« apres, ont rompu et brulle tous les retables et ymages de
« leglise et aultres que etoyent per ville et aussi aquelles du
« Grousel et aultres croses et oratores que erum per lou terrayre
« et an romput les fons que bateiamus, cayssos, bancs et aultres
« forfacs quero ung grand escandale et un cas execrable, sense
« les vexassions que hont fet an aulcuns particuliers et preptres
« dudit lieu, tant dedans que dehors la ville, et quand sen sont
« sortis hont prins et emporte certenes escalhes et armeures de la
« ville et toute la puldre et monitions de ladite ville ».

Ils étaient entrés dans la ville par la porte Duron, dont le gardien faisait partie du complot. Leur premier acte fut le meurtre du traitre. « Tu as trahi ton pays, lui dit-on : tu pourrais bien « aussi nous trahir nous-mêmes, » et ils l'assommèrent. Juste récompense de son forfait.

Une fois dans la ville ils n'eurent rien de plus pressé que de s'assurer de toutes ses portes, afin d'empêcher les habitants d'en sortir, en emportant ce qu'ils avaient de plus précieux. Ils se fortifièrent ensuite, de crainte de surprise, et firent appel à leurs coreligionaires des environs (2).

(1) L'inventaire des joyaux de l'Eglise paroissiale que nous donnons à nos *Pièces justificatives*, n° XL, présente l'énumération exacte de tout ce qui fut enlevé par les Huguenots en 1560. Dressé en 1548, il est de tout point conforme à un autre inventaire de 1559, conservé aux Archives de la Paroisse.

D'après ce dernier document, le grand calice et ses burettes (appelées eygadières, dans l'inventaire de 1548), auraient été données à Malaucène par le cardinal Bertrand de Montfavet, neveu du pape Jean XXII.

Voici l'histoire d'un autre de ces calices.

Dominica, die 25ª septembris 1445. — « Super calice legato per Stephanium Buxi, fuit relatum quod Guillelmus Maylaudi curet dictum calicem et intendit illud portare in curia et quod heredes quittentur, attento quod constat in dicto testamento dominum Giraudi (Amblardi, curatum), gaudere dicto calice, et post mortem dicti Giraudi restet operi Ecclesie. » On demande que le curé Giraud Amblardi donne une garantie : sinon que le calice soit enfermé dans le trésor de l'église. Quelques jours après, Guillaume Maylaudi, un des héritiers de Buxi remet le calice « et alia jocalia legata Ecclesie. » Le calice pesait un marc : « Calice ponderis unius marche. Fuit conclusum quod Sindici ponant eumdem calicem in archa dicte Ecclesie et quod non tradatur pro celebrando donec fuerit sacratum. » (Archives municipales : *Liber Regiminis*).

(2) Vi concorsero tosto da tutti i luoghi delle convecine provincie altri settarii per fortificar la piazza e per mantenervisi (FANTONI, *Istoria*, etc).

Puis, commença le pillage qui se fit avec un certain ordre. En effet, Montbrun, ainsi que l'historien Guinier en fait la remarque, ne faisait pas la guerre simplement pour commettre le mal ; son but principal était de s'enrichir. Aussi, dans cette œuvre de destruction et de pillage, avait-il donné l'ordre de ne point toucher avant lui à tout ce qui pourrait avoir quelque valeur. Les vases sacrés, les bijoux et tous les objets précieux devaient lui être réservés. Le reste était abandonné à la rapacité des pillards.

Ceux-ci, dans leur rage stupide, brisaient le mobilier des églises et des couvents. Ils en formaient de vastes bûchers auxquels ils mettaient le feu pour y brûler les croix, les statues et reliques des saints et tous les objets servant au culte catholique (1).

Les tombes furent fouillées et profanées, et les ossements des morts jetés au vent.

Nous devons mentionner certains établissements religieux comme ayant plus particulièrement souffert du génie destructeur des Huguenots.

Signalons tout d'abord le prieuré de Sainte-Marie-Magdeleine (dite *in Capella*). Placé sur la route du Dauphiné, pouvait-il échapper au premier accès de la fureur des hérétiques ? Les religieux bénédictins abandonnèrent la maison pour toujours.

Il en fut de même du couvent des Franciscains situé dans l'intérieur même de la ville, près la *place Picard*, entre la Juiverie et la *rue des Pères* ; cette maison fut pillée et ruinée. Les religieux, fustigés par ordre de Montbrun, furent détenus par lui comme ôtages ; on croit même que quelques uns furent massacrés. Les autres se retirèrent à Lyon.

A l'arrivée des Huguenots, les religieuses bénédictines voulurent s'enfuir « comme des colombes poursuivies par des vautours (2). » Quelques unes parvinrent à s'échapper des mains de ces barbares : les autres furent saisies et ni leurs cris, ni leurs larmes, ni leurs supplications ne purent les soustraire aux derniers outrages. On apprit ces tristes détails de la bouche de ces saintes filles quand elles furent en état de raconter les infamies par lesquelles elles avaient passé. Il va sans dire que la chapelle et la maison furent la proie de la rage des démolisseurs. Cet établissement était voisin

---

(1) Vi abbatereno gli eretici nella chiesa li altari e le imagini, e vi stabilerono l'esercizio della lor setta, secondo i dogmi pestifero di Gineura. (FANTONI, *loco citato*).

(2) GUINIER, *Histoire* manuscrite *de Malaucène*.

de celui des Franciscains dont il n'était séparé que par la *rue des Pères*.

L'église paroissiale et le palais du Groseau durent leur conservation aux services qu'ils rendirent aux Huguenots et à leur chef.

En effet, l'église fut convertie en temple protestant dans lequel un ministre, venu de Genève, présidait aux cérémonies de la nouvelle liturgie, au chant des psaumes traduits en français.

Quant au palais du Groseau, il devint le lieu de la résidence de Montbrun, par la raison que ce chef de fanatiques ne tarda pas à se déplaire dans le château seigneurial, au milieu des ruines sanglantes et fumantes ; à craindre même pour la sûreté de sa personne, dans le cas où la ville serait surprise par les armées catholiques. Toujours est-il qu'il transféra sa résidence au château papal du Groseau, après y avoir fait exécuter quelques travaux de défense, et, pour être à l'abri de tout danger, il s'y environna d'une garde nombreuse (1).

Montbrun régnait dans le séjour de sa toute-puissance autocratique et despotique, comme si jamais personne ne pouvait l'en déposséder.

Il fit comparaître devant lui les papistes, comme il les appelait. Plusieurs furent cruellement fustigés ou même massacrés sans pitié. Il exigeait de tous l'apostasie de la foi catholique. La crainte des tourments en fit faiblir un tel nombre que, plus tard, on se demanda si le catholicisme pourrait encore revivre à Malaucène. Les nobles et les bourgeois furent contraints de s'agenouiller devant l'orgueilleux vainqueur, afin de le reconnaître comme suzerain et de lui prêter hommage de fidélité. Des hommes de courage et de foi osèrent pourtant lui résister. Guinier cite entre autres le sire Foulquet de Beaumont, Hugues de Guiramand, le comte Bruce de Brusset, le baron d'Aulan de l'Espine et Jean de Maille, ce dernier, natif de Beaucaire. C'est dans cette circonstance que « l'illustre comte de Bruce de Brussett prononça les « parolles suivantes, dignes de la transmission à la postérité : « Mieux vault honneur que liberté ; il n'est chaynes plus poisan- « tes que le souvenir d'une lasche action. » Ils furent tous jetés en prison et n'en sortirent qu'après les plus cruels traitements. Leurs maisons avaient été pillées et ruinées et les membres de leurs familles avaient été expulsés du pays.

« Tous ces détails qu'on ne trouve nulle part dans l'histoire ; je

(1) GUINIER, page 442.

« les ai recueillis, dit Guinier, sur le journal de M. Foulquet de
« Beaumont et sur le Livre de Raison de M. de Brussett, tous
« deux du nombre de ceux qui surent résister. On lit sur le livre
« de M. de Brussett : *que Satan confonde Dupuy-Montbrun,*
« *duquel jay este prisonnier a Malaucene, en* 1560. »

Cependant, Alexandre Guidiccioni, vice-légat d'Avignon, ayant appris cette invasion des Huguenots, envoya à Montbrun une députation aussi nombreuse qu'honorable, afin de lui proposer la paix sous des conditions avantageuses. Elle était ainsi composée, au témoignage du P. Justin et de Pithon-Curt : Louis d'Ancezune, seigneur de Caderousse, Claude de Berton, seigneur de Crillon, consul d'Avignon et frère de celui qui fut surnommé le brave des braves, Thomas de Panisse-Pazzis, seigneur d'Aubignan, et Louis de Pérussis, seigneur de Caumont, auxquels se joignirent spontanément : Cambis d'Orsan, La Baume, Novezan et l'avocat Guillotin ; ce dernier est le même individu qui avait si puissamment contribué, par ses conseils, à la prise de la ville par les Calvinistes. On est étonné de le trouver en si catholique compagnie. Il fallait qu'il eut donné de bien grandes marques de regret de sa mauvaise action !

On ne fit point de difficulté de les laisser entrer dans Malaucène, mais comme Montbrun n'était nullement pressé de les recevoir, ils prirent un logement en ville. Confiants dans leur caractère de députés qui les rendait inviolables, ils s'observèrent peu dans leurs discours, et voyant que la place n'était gardée que par des paysans mal disciplinés, ils dirent que trois cents hommes de bonnes troupes régulières suffiraient pour la leur enlever. Cet entretien fut rapporté par un espion nommé Baudonis, de Carpentras, qui s'était glissé dans leur logis. Montbrun assembla sur le champ son conseil et lui fit part de ce qu'on venait de lui dire. « Ils feurent prins, dit un vieux manuscrit, et jetés en prisons souterraines du Castel de Malaucène. »

Le lendemain, afin de les effrayer par l'aspect de sa puissance,
« M. de Montbrun les fit paroistre devant luy, dans la plus
« grande salle du chasteau, tentée en noir. Aux tentures estoient
« appendues des sentences terribles » dont les historiens de l'époque
« ne nous disent point la formule « luy, en haut, sur une espèce
« de trosne, en pourpoint de velours noir(1) sur les espaules ; le sa-
« bre d'une main, le pistolet de l'autre, et sa garde l'environnoit,

---

(1) Garni de galons en argent.

« armée de halebardes. » Quelques historiens ajoutent que la garde avait *mèche allumée.*

Il leur dit qu'il était informé de leurs desseins et de leurs propos ; qu'il ne voulait point rendre la ville et que, sous peu, l'on verrait des choses bien plus surprenantes. Il les congédia fièrement ; mais en leur donnant la liberté de se retirer, il leur déclara que Novezan serait retenu et pendu dans le moment aux créneaux des remparts, pour en avoir le plus dit sur le mauvais état de ses troupes et sur la facilité qu'il y aurait à reprendre la ville. Ce fut inutilement que les autres envoyés mirent en avant leur caractère de députés qui devait les mettre à l'abri de tout mauvais traitement : le baron fut inflexible. Il les insulta, leur disant qu'ils étaient plutôt des espions que des députés ; ajoutant qu'il voulait absolument le supplice de Novezan, non-seulement pour les propos tenus par lui, mais encore pour s'être montré sans pitié envers les Huguenots de la conjuration d'Amboise, dont plusieurs avaient été tués de ses propres mains.

Novezan fut lié comme un criminel et conduit à l'endroit du supplice. Cependant Montbrun satisfait de son raffinement de cruauté, parut se radoucir lorsque le patient fut parvenu au lieu où il devait être pendu. Il lui fit grâce de la vie, pour le jeter dans une basse fosse où les misères et les mauvais traitements, et plus encore l'image effrayante de la pendaison dont il s'était vu si près, le firent tomber dans une sorte d'hydropisie à laquelle il succomba peu après.

Pendant que Montbrun faisait parade de sa puissance devant les députés, les hérétiques présents, surtout ceux de Cabrières, paraissaient furieux. Ils dirent mille insolences aux Avignonais, afin de faire naître le prétexte d'en venir à des violences.

Louis de Perussis fut relâché pour aller réclamer, au nom de Montbrun, la restitution d'un convoi surpris par les catholiques et la liberté des prisonniers tombés entre leurs mains. Le chef des Calvinistes ne se dessaisit des députés, devenus ôtages, qu'après leur avoir fait subir les plus cruels traitements et après que tout ce qu'il réclamait lui eut été rendu.

Heureusement, son triomphe ne fut pas de longue durée. La Mothe-Gondrin, lieutenant du roi dans le Dauphiné, en prévision des conséquences fâcheuses qui pourraient résulter pour sa province du succès des Huguenots à Malaucène, marcha sur cette ville, à la tête de quatre mille hommes, dans l'intention de la délivrer et de s'emparer de Montbrun. De son côté, le Légat ayant fait des préparatifs de guerre et ramassé des troupes (1), s'était concerté avec La Mothe-Gondrin. Celui-ci arriva à Bollène, ayant pour second le fameux baron des Adrets qui ne s'était point encore déclaré pour les Huguenots. Gondrin écrivit à Montbrun, par considération pour la famille honorable à laquelle appartenait ce gentilhomme, l'engageant à se soumettre et lui promettant sa grâce à ce prix.

En attendant sa réponse, Gondrin manda les consuls et les notables d'Orange; leur fit de vifs reproches sur ce qu'ils fournissaient des secours à ceux qui s'étaient emparés de Malaucène et leur commanda de leur livrer Mouvans. Les consuls soutinrent qu'ils n'avaient fourni aucun secours et que Mouvans n'était point dans Orange. Gondrin, convaincu de leur mauvaise foi, les en punit en leur imposant une contribution de six mille livres. Les habitants d'Orange crurent prudent de doubler la somme demandée.

Gondrin ne recevait pas de réponse satisfaisante de la part de Montbrun. Ce dernier cherchait à gagner du temps par ses subterfuges et démolissait, démolissait toujours, entassant ruines sur ruines.

Cependant le corps d'armée de Gondrin, après avoir fait sa jonction avec celui que le comte de Suze amenait d'Avignon, marchait sur Malaucène, pour en faire le siège.

Montbrun, intrépide dans les négociations, terrible sur son trône de comédien, perdit son assurance et sa fierté à l'approche du danger. Il abandonna la place et prit la fuite, suivi d'un seul serviteur. Ses soldats imitèrent son exemple et se débandèrent « de manière, dit le P. Justin, qu'on n'en vit nulle part quatre « ensemble ».

§ 2. — RENDUE A ELLE-MÊME, MALAUCÈNE SE PRÉPARE A DE NOUVELLES LUTTES.

Aussitôt après le départ des Huguenots, Théofride Augier et le

(1) Des jeunes gens de Monteux se joignirent spontanément et en grand nombre à ce petit corps d'armée et concoururent à la délivrance de Malaucène. En considération de cette haute marque de fidélité et de dévouement au Saint-Siège, Pie IV donna l'assurance aux habitants de Monteux qu'ils ne seraient jamais inféodés. Le bref porte la date du 10 juillet 1561, et est précieusement conservé aux Archives de cette commune (Série AA. 4).

lieutenant du viguier courent à Carpentras informer le recteur de cette bonne nouvelle (1).

Le recteur leur recommanda la vigilance la plus sévère dans la crainte d'un retour offensif. D'après ses conseils, douze hommes (dont six payés et six de corvée) devront être sous les armes durant le jour et cinquante durant la nuit.

Le 7 septembre, le viguier Laurent de Villaret-Salvagi, sur l'ordre du recteur, se rend à Malaucène et se présente au Conseil, disant qu'il est envoyé pour savoir si le pays peut se suffire à lui-même et pourvoir à sa propre défense ; que dans le cas contraire, on lui enverra, vingt-cinq, cinquante ou même cent hommes armés.

Le Conseil ne se croit pas autorisé à parler au nom des habitants et convoque le parlement général, pour le soir du même jour. La grande assemblée se réunit, délibère sur la place publique, en présence de Villaret, et s'arrête aux décisions que voici :

« La place a besoin pour sa défense d'un secours composé de vingt-cinq hommes, au moins (2). La Communauté devra acheter des munitions de guerre et des armes, entre autres vingt-cinq arquebuses, les Huguenots ayant enlevé la plupart des armes de la ville. On devra prendre toutes les mesures conseillées par la prudence pour empêcher toute surprise. Enfin, le commendataire du Bastet, Louis de l'Espine, chevalier de l'ordre de Saint-Jean-de-Jérusalem, est prié d'accepter le titre de capitaine et de vouloir bien se charger de la défense de la ville (3).

Trente hommes d'armes envoyés par le recteur sont sous le commandement du noble capitaine de Rossaco (11 septembre).

Ces mesures étaient justifiées et au-delà par les déprédations commises, tous les jours, sur le territoire, par les hommes qui avaient fait partie du corps de troupes de Montbrun ; et comme le Conseil de ville craint d'avoir longtemps à sa charge les soldats de Rossaco, il décide de fixer leur solde à un gros par jour (4).

---

(1) Die 5ᵉ septembris 1560. — Theofridus Augerii exposuit quod die tertia postquam D. de Montbrun cum suis militibus egressus fuerat a prefato Loco, idem Augerii cum D. Locumtenente se transtulerunt Carpentoracte ad D. Rectorem. (*Liber Regiminis*).

(2) Dixerunt esse necesse habere saltem XXV homines armati. — Communitas emat arma et munitiones.

(3) Nobilem et religiosum virum D. Ludovicum de Spina, Commendatarium Basteti, ordinis Sancti Johannis Ierosolimitani.

(4) Die 2ᵃ octobris. — Quod milites presentis loci non habeant nisi unum grossum pro quolibet die.

Mais le moment était venu de punir le principal auteur de toutes ces calamités, celui qui avait été l'âme de la trahison. « Gauthier Gaymard fust prins sur le terroir de Malaucene, par « les habitants du lieu et, de la, mene a la capitale du Comtat, « qui est Carpentras, ou il fust pendu et estrangle, mis ensuite en « quatre quartiers, par quatre chevaux, le 25 octobre 1560 ; et sa « teste fust portee a Malaucene et placee au dessus de la porte « Soubeyran, pres leglise ».

Malaucène, pour le moment, était débarrassée des Huguenots ; mais elle était à la discrétion des soldats de Rossaco, si bien que dans une même lettre adressée au recteur, les consuls se plaignent des dommages commis dans le pays par les soldats de ce noble capitaine, faisant suite aux pillages des Huguenots (15 décembre 1560).

Ces soldats logés à leurs frais chez les habitants quittèrent le pays, sans avoir payé leurs dettes. La difficulté, présentée au Conseil, fut tournée plutôt que résolue, car on décida, sur les prescriptions du recteur, que les particuliers recevraient de la Communauté la moitié de ce qui leur était dû (1).

Aucun fait digne de mémoire n'est à signaler pendant l'année 1561. — On continue à faire bonne garde. A l'occasion des vendanges, on voudrait laisser une porte ouverte, et même, dans un but d'économie, diminuer le nombre des hommes de corvée ; mais le recteur auquel on en demande l'autorisation, n'est point de ce sentiment. « On agira sagement, dit-il, de ne pas laisser la porte ouverte et de continuer à se méfier de toute surprise. »

Cependant voici venir la grande fête patronale de saint Michel, en laquelle on était accoutumé de se livrer à des réjouissances extraordinaires, en dehors de la ville, dans les esplanades comprises entre les portes de Roux et de Cabanette. Au lieu de renoncer à ces réjouissances publiques et traditionnelles, on préfère charger une vingtaine d'hommes de veiller à la garde des portes sous le commandement de Bertrand Jacomini, surnommé *Bonne-Chére* (6 septembre 1561).

L'année 1562 s'ouvre sous de fâcheux auspices. Le premier janvier, on annonce au Conseil qu'à Montbrun se font de grands préparatifs de guerre. Aussitôt on décide de redoubler de vigilance

---

(1) Die 20ª februarii 1561. — Hospites qui habuerunt de militibus D. de Rossaco non fuerunt satisfecti per eosdem milites. Fuit conclusum quop satisfacientur pro dimidia parte, juxta voluntatem D. Rectoris.

et de faire choix d'un capitaine de mérite auquel sera confié le soin de la garde du pays, tant de jour que de nuit. En attendant, et séance tenante, dix habitants choisis parmi les plus intelligents et les plus dévoués sont désignés pour remplir cet emploi, à tour de rôle.

Des dépenses extraordinaires sont jugées indispensables et urgentes pour se mettre en état de résister à de nouvelles attaques. On en demande l'autorisation au recteur ; celui-ci renvoie les Malaucéniens à Fabrice Serbelloni, alors général des armes dans le Comté Venaissin et la ville d'Avignon. Il est, du reste, actuellement à Carpentras, muni de pleins pouvoirs et autorisera lui-même la Communauté à faire les dépenses nécessaires (11 février 1562).

La première chose qu'ordonne Serbelloni, c'est de mettre les fossés des remparts en état, ne donnant qu'un délai de quinze jours pour exécuter ce travail.

Récriminations des habitants. Il n'y a pas longtemps, disent-ils, qu'ils ont fait ce travail et s'il faut maintenant le reprendre sur de nouveaux frais, ce n'est point à eux d'en supporter la dépense, mais bien à la Révérende-Chambre, puisque c'est elle qui a mis à néant tout leur travail de terrassement, en donnant à des particuliers ces fossés en nouvel accapit (18 février).

D'autres dispositions sont prises, en vue de la défense. Dès le même jour, commencent les feux de bivouac sur les places publiques. Vingt-deux cavaliers et deux fantassins du capitaine de Sainte-Jalle entrent dans la ville sous le commandement du seigneur de Méthamis (29 juin 1562). Un envoyé du vice-légat et du recteur se présente, chargé de lever une compagnie de gens d'armes, demandant le logement et la nourriture de ses hommes (14 juillet). Les consuls sont invités par le Conseil à s'entendre avec cet envoyé (1).

Lever une compagnie de gens d'armes dans une petite place frontière, au lendemain d'un pillage effrayant et au milieu de ruines encore fumantes, pourra paraître chose assez extraordinaire. Il y a pourtant plus extraordinaire encore et ceci n'est pas seulement un fait, mais un principe. Nous allons nous expliquer.

Malaucène possédait quelques canons. Le général Serbelloni

---

(1) D. de Glandage presentauit quamdam commissionem a Reuerendis Dominis Vice-Legato et Rectore, erigendi in presenti Loco unam comitiuam, siue *compagnie de Gendarmes*, et requisiuit de sibi prouidendo de ospiciis cum alimentis. — Consules prouideant.

convoitait ces grandes pièces d'artillerie qu'il disait dangereuses pour la province, les Protestants pouvant s'en emparer si elles restaient entre les mains de leurs propriétaires. Il y avait du vrai dans cette manière de voir. Il n'était pourtant pas nécessaire d'enlever ces canons, il suffisait de les bien garder et de les bien manœuvrer.

On fait donc demander ces canons, deux du moins; et afin de ne point trop effaroucher les habitants, celui qui est chargé de présenter la requête est un homme de loi, un homme essentiellement pacifique par conséquent.

Benoît Pulvinelli, notaire à Carpentras, est envoyé à Malaucène par le recteur et présente aux consuls des lettres-patentes dans lesquelles était formulée la réquisition de deux pièces d'artillerie, destinées à la défense de Vaison.

Grande rumeur! Les consuls assemblent le parlement. Le peuple, d'une voix unanime, s'écrie que ces pièces d'artillerie lui sont absolument nécessaires pour la défense de la ville; qu'il ne peut consentir à ce que les consuls les expédient à Vaison. « Nous « voudrions en avoir davantage et nous les gardons parce que « nous en avons besoin! » (1)

Les canons restèrent donc à Malaucène, regardés toujours d'un œil envieux par l'administration des armes du Comtat. Un mois ne s'était pas écoulé qu'on revenait à la charge. Cette fois les canons étaient demandés pour la défense de la Capitale!... pour Carpentras!

Trois personnages considérables font de concert le voyage de Malaucène: le premier consul de Carpentras, l'avocat fiscal et le commissaire des fortifications du Venaissin. Ils sont introduits au sein de l'assemblée municipale et par l'organe du consul de Carpentras, exposent l'objet de leur démarche.

« Attendu, dit celui-ci, que Malaucène n'est pas une place de guerre assez forte pour résister aux attaques des Huguenots, enfants d'iniquité, perturbateurs du repos public; ceux-ci pourraient entrer dans la ville, s'emparer des pièces d'artillerie et s'en servir pour faire beaucoup de mal aux localités voisines et

---

(1) Die 29ᵉ Julii 1562. — Qui omnes unanimiter et concorditer dixerunt et declaraverunt dictas *petias artillerie* esse valde necessarias pro deffensione et thuissione presentis loci Malaucene. Ideo non consentierunt quod dicti Sindici Vasioni expediant dicendo per similia verba: *nen vodriam avere davantage et gardam ce que nous fa bem besoing.* (Archives municipales, série BB, 10, fᵒ 102)

même à toute la province; en conséquence il demande que les conseillers et les consuls veuillent bien prêter — prêter seulement — à la ville de Carpentras ou bien vendre lesdites pièces d'artillerie ; le consul de Carpentras s'obligeant vis-à-vis de la Communauté de Malaucène à les lui rendre ou au moins à lui en payer le prix, au choix de la Communauté ; et au cas où sa demande serait refusée (chose qu'il ne croit pas) *il requiert le commissaire des fortifications d'ordonner aux consuls et à la Communauté d'avoir à livrer ces canons.* »

Devant une pareille réquisition, il n'y avait plus lieu à délibérer. Tous ceux qui étaient présents au conseil déclarent être prêts à obéir aux ordres du commissaire. Ils mettent à la disposition du premier consul de Carpentras quatre grosses pièces et quatre moyennes, et reçoivent de celui-ci une obligation notariée (1).

Les huit canons une fois partis pour la capitale du Comtat, le Conseil délibère sur ce qu'il conviendrait de faire. Vaut-il mieux vendre ou prêter ces canons ? — Si on les prête, ils pourraient bien, à la longue, finir par se détériorer ou même être définitivement perdus pour la Communauté. D'ailleurs la Communauté est présentement sans argent. Il serait donc préférable de les vendre... (2)

La question soumise au parlement, celui-ci partage la manière

(1) Die 26ᵉ Augusti. — Exposuerunt venerabiles viri D. Andreas Benedicti, Consul ciuitatis Carpent; Do. Johannes Seguini, Aduocatus fiscalis Comitatus ; Do. Johan. Pax, Dominus de Flassano, Commissarius super fortalitiis presentis patrie, organo dicti Do. Benedicti, quod attento quod locus Mallaucene non est fortis nec capax ad se defendendum contra Huguenaudos et filios iniquitatis ac pacis publice perturbatores ; et dicti Huguenaudi possen intrare in presenti loco Mallaucene et accipere petias artilherie et de illis danificare multa loca ac totam patriam, quare requisiuerunt dictos Consiliarios ac Consules vt velint prestare, seu comodare mutuo, civitati Carpentor. dictas petias artilherie, seu vendere. Et idem Do. Benedicti se obligauit dicte Communitati Mallaucene de easdem restituendo, seu saltem pretium ad electionem Communitatis, et in casum recusationis, quod non credit, requisiuit dictum Do. de Flassano, Comissarium prelatum, ut velit precipere dictis Consulibus et Communitati ac aliis incolis presentibus, etc. Omnes supra nominati se obtulerunt obedire mandatis dictis D. Commissarii et illico expediuerunt dicto Do. Benedicto, seu dicte Ciuitati Carpent., quatuor petias artilherie maiones et quatuor petias mediocres, et idem D. Benedictus, Consul, se obligauit in forma etc. (BB. 10, f° 101 et 105).

(2) Die 17ᵉ Septembris 1562. — Quia Communitas non habet pecunias, esset utille illas vendere, quam illas prestare, quia illas prestando possent successione temporis perdi, seu frustrari. *(Lib. Regim.* f° 105).

de voir du Conseil et ordonne que les canons seront vendus et non prêtés (1).

Cinq cents florins sont demandés aux consuls de Carpentras, comme prix de ces pièces d'artillerie. Les consuls de Carpentras en offrent quatre cents : la vente est conclue à ce chiffre.

Cependant les remparts de Malaucène ne pouvaient pas demeurer sans moyens de défense. Aussi, le même jour où fut opérée la vente des canons, les consuls de Malaucène achetèrent vingt-cinq pierriers, au prix de cinquante écus.

Croirait-on que le recteur fît des difficultés pour l'enlèvement de ces pierriers et leur transport à Malaucène ? (2) Il les voyait déjà, par la pensée, au pouvoir des Huguenots, lesquels les manœuvraient contre la capitale.

Les Malaucéniens redoutaient les Calvinistes, mais ils redoutaient presque au même degré les soldats qu'on leur envoyait pour les défendre contre ces fanatiques.

Sainte-Jalle (3) écrit aux consuls d'avoir à se mettre en mesure de recevoir, pour quelques jours seulement, les compagnies des capitaines Claude et Thomassi (6 décembre 1562). Des préconisations sont faites aussitôt dans les rues et carrefours afin que les habitants préparent le logement des soldats. La Communauté prend la charge de fournir l'avoine aux chevaux et de donner, par jour, deux gros à chaque homme, ce qui ne contente point les soldats.

D'un autre côté la ville est encombrée par les soldats du comte de Suze (4). Elle profite, pour faire entendre ses doléances, des fêtes de Noël. C'était le moment où, toutes les années, la Communauté offrait des présents aux grands dignitaires du Comtat et de la Légation. Les députés auxquels on confie cette mission demandent au recteur, au vice-légat et surtout au général Fabrice Serbelloni de vouloir bien délivrer la Communauté de la présence de ces troupes (5).

(1) Die 4ᵃ Decembris 1562. — Consules vendunt Consulibus et Ciuitati Carpent. octo petias artilharie quas ipsa Ciuitas habet.
(2) Die 14ᵃ Martii 1563. — Consules emerunt XXV vomipetras a quodam mercatore Carpent., precio L scutorum. Atamen R. D. Rector non vult quod Communitas illas expediat absque eius licentia. (*Lib. Regim.*)
(3) Sainta-Jalla est casi Gubernator et Superintendens pro Domico nostro Papa. (*Lib. Regim.* ad an. 1562).
(4) Propter impedimentum militum Domini de Suze (Ibidem).
(5) Quare esset necesse portare dictos presentes et suplicare dictos Dominos Rectorem et Vice-Legatum et Fabricium ut nos velit liberare ab huiusmodi militibus (Ibidem).

Ordre est en effet donné au capitaine Railerii de sortir de la ville; mais il s'y refuse d'abord et n'obéit que le 8 février 1563.

La Communauté prend à sa charge les réparations à faire chez les habitants, pour les dégats commis par les soldats.

Le surlendemain arrive un avis du recteur d'avoir à recevoir une compagnie de trente hommes. Le Conseil décide qu'ils seront logés et nourris aux frais de la Communauté (10 février).

Bertrand Jacomini veut faire entrer un nouveau détachement composé de trente hommes comme le premier. Une députation se rend aussitôt auprès de Jacomini et du recteur, les priant de les dispenser de ce surcroit de garnison.

§ 3. — SAINT-AUBAN ATTAQUE LA VILLE ET LA PREND.

Malgré l'édit de pacification publié à Amboise, le 25 mars 1563, les Huguenots ne cessaient de faire des courses et des ravages dans le Comté-Venaissin et de surveiller Malaucène, espérant la surprendre encore une fois.

Ils étaient commandés par un nommé Pape, seigneur de Saint-Auban, dans le Dauphiné (2).

Ce « gentilhomme cumulait, avec l'orgueil de sa caste, l'instinct un peu cupide et rusé de son pays natal. Pour parvenir à son but il savait prendre les allures tortueuses du renard ; mais les obstacles venaient-ils à se prolonger ou à se compliquer, il rugissait comme le lion et, comme le roi des forêts, il en appelait à ses griffes puissantes. Son menton long et carré accusait un entêtement invincible. Ses lèvres épaisses dénotaient des appétits sensuels. A ce front légèrement déprimé, à ces yeux gris et durs, à ces os maxillaires vigoureusement prononcés, à cette pose quelque peu théâtrale, on pouvait se convaincre que la miséricorde ne devait pas être son apanage. Enfin, son nez fortement recourbé le faisait ressembler, mais en beau, au personnage le moins évangélique de la fameuse cène de Léonard de Vinci » (3).

On chercherait vainement dans les archives de la localité des

---

(1) Die 14ª Martii 1563. — Ut nos velint liberare ab huiusmodi onere.

(2) Dans des lettres datées de Malaucène (8 juillet 1563) deux mois après s'être emparé de la ville, il se qualifie de gouverneur et lieutenant-général pour le Roy èz pays du Comté de Venisse et Principauté d'Orange, défenseur des Chrétiens oppressés qui veulent se retirer en leurs maisons et tous autres desdits pays qui veulent vivre en paix soubs l'obeissance de Dieu et du Roy. (Barjavel. Dict, bio-bibl.)

(3) J. COURTET, La Valmasque.

détails sur la manière dont les Huguenots parvinrent à s'emparer une seconde fois du pays. Les registres disent seulement que leur entrée se fit au mois de mai 1563, et n'en indiquent point le jour (1). Pour être édifié à ce sujet, il faut avoir recours à Guinier (2), à Perussis (3) et au P. Justin (4).

Voici, d'après ces auteurs, le récit de la prise de la ville.

Dans la nuit du 11 mai, trompés par le silence qui régnait dans l'intérieur de la place, les Huguenots jugèrent le moment favorable pour s'emparer de la ville par surprise. Les habitants qu'ils supposaient plongés dans le sommeil, veillaient sur les remparts, assis sur d'énormes provisions de pierres. Aucune résistance ne s'opposa à l'application des échelles ; mais quand les assaillants voulurent s'y élancer, une rude pluie de pierres et d'huile bouillante prouva au seigneur de Saint-Auban que tout le monde ne dormait pas au moment du danger.

La lutte devint alors très-vive et la victoire semblait cette fois devoir rester du côté des habitants, lorsque tout-à-coup la partie des remparts qui avait été reconstruite après l'explosion de la fabrique de poudre, en 1559, s'écroula dans le fossé, jetant la désolation et le découragement parmi les Malaucéniens. Ils parvinrent pourtant à faire reculer les Huguenots qui remplissaient les airs de leurs cris de joie, se croyant déjà maitres de la place.

Les assiégés essayèrent de barricader la brèche, tout en repoussant les assaillants ; mais bientôt toute résistance devint inutile ; il fallut céder au nombre et à la force.

Une fois maîtres de la ville, les Protestants la remplissent de sang, se livrent à l'orgie la plus révoltante et reprennent l'œuvre de démolition commencée lors de leur première occupation. Cette fois, ils renversent la maison du prieuré, l'oratoire de la porte Soubeyran (5) et la tour de la porte Filiol.

« Dans la campagne ils firent tout le mal qu'ils purent, coupè-

(1) Le.. (sic) de may 1563 tornarent entrer en esta ville de Malaucène, la ou ils firent de grans maux et choses execrables et y demeurarent sinc moys ou aviron, durant lequel tans demolirent la meyson de la Clastre et tout ce que la ville avet tourne acoutrer a leglise, comme la Custodie, les fons et autres linges. Demolirent aussi l'oratoyre du portail Sobeyran.

(2) *Hist.* manuscrite *de Malaucène*, chap. XX.

(3) *Discours sur les guerres*, etc.

(4) *Hist. des guerres*, etc.

(5) Cet oratoire ou petite chapelle, était situé à l'entrée de la Grand'Rue à main droite, en face de l'abside de l'église paroissiale. Des maçons occupés à réparer la maison qui fait l'angle, tout à côté de la porte Soubeyran, y ont trouvé des fûts de colonne (vers 1879).

« rent les blés encore verts, brûlèrent le château d'Entrevon, pro-
« priété de la famille de Robin, et mirent le feu à la plupart des
« métairies dont ils massacrèrent les fermiers. Leur rage s'exerça
« aussi dans tous les pays environnants et notamment au Crestet
« qu'ils assiégèrent et lui tirèrent plusieurs coups de canon et
« lui firent une grande brèche; mais il fut si bien défendu par
« ceux du dedans, tirant infinies arquebusades et mousquetades
« du plateau, que Saint-Auban fut contraint, après avoir perdu
« beaucoup de ses gens, et plusieurs blessés, de lever le siège, à
« son grand deshonneur et perte, et grandes louanges de ceux
« du dedans et profit. Il faut entendre que, durant le siège, les
« Huguenots firent de grands maux au Crestet, spécialement dans
« la campagne. Les méchans faisaient gaster les blés sous les
« pieds de leurs chevaux après qu'ils avaient mangé leur saoul.
« Ils coupoient les petits oliviers et autres arbres fruitiers et rom-
« pirent le moulin à blé dudit Crestet. Ils couroient d'un lieu à
« un autre, surprenoient les paysans qu'ils faisoient prisonniers,
« ne les rendant à la liberté que moyennnant rançon. Ils enle-
« voient le bétail. etc. »

Le chroniqueur de nos archives municipales ajoute : « Bref,
« la guerre etet si cruelle que le poure peuple nen pouet plus.
« Mais nostre Seigneur Jesuscrist lequel ne delaysse point les
« siens et pareillement N. S. P. le Pape nous ont envoye un ma-
« gnanissime et valeureux homme, appele le Seigneur Fabrice de
« Serbellioni, homme autant sage que vaillant, lequel fut gouer-
« neur du Comtat pour N. S. P. le Pape, et chassa lesdits Hugue-
« naux heretiques dudit pais, a force d'armes; rendit toutes les
« villes et villages a lobeissance de Notre Sainte Mere Eglise, lan
« 1563 et au mois de septembre, a laquelle obeissance nous vou-
« lons tenir, le pere, le fils et les parens. »

§ 4. — LA GARNISON ITALIENNE.

« Les arquebusades et mousquetades » ne furent pas même nécessaires. « Ceux de Malaucène, dit Pérussis, sentant approcher les
« haut-bois et trompettes, la plus grande par deslougearent, et
« lhors les sindicts (a cela bien advisez) vindrent se prosterner a
« mondit Seigneur Fabrice, demandant misericorde, et luy pourta-
« rent les clefs des portes et feurent bien entendus et receus. »

Serbelloni croit prudent de laisser dans la place, pour la défendre en cas de retour offensif de la part des Huguenots, une compagnie de cavalerie commandée par le capitaine Dagot. L'entre-

tien des hommes et des chevaux est, comme toujours, à la charge de la Communauté.

Mais celle-ci, bientôt fatiguée d'une dépense qu'elle n'est point en état de supporter après tous ses malheurs, envoie une députation à Serbelloni lui demandant d'être délivrée de la présence de ces soldats, de vouloir bien les remplacer par une petite compagnie d'une trentaine de fantassins, ou même de permettre à la ville de veiller elle-même à sa propre défense (1).

Dagot consent bien à partir; du moins, il le dit. Il attend pour s'exécuter d'avoir reçu de la Communauté ce qui lui est dû, d'après ce qui a été réglé par Serbelloni, à raison de quinze écus de soixante sous par jour environ (2).

Soixante écus, empruntés à divers particuliers, sont remis à Dagot; quant au réglement de compte définitif, on le lui promet pour la fête de saint Siffrein (27 novembre). Dagot reçoit l'argent et l'obligation et ne s'en va point. Il veut être intégralement payé. La Ville est à bout de ressources (3).

Serbelloni n'en persiste pas moins à ordonner que le capitaine Dagot soit payé.

Ce dernier croit avoir trouvé le moyen d'arriver sans retard à un règlement de compte. Il consigne les portes de la ville de telle sorte que gens et bêtes sont ses prisonniers (4).

Mais comment tirer du sang d'une pierre et de l'argent d'une caisse vide? N'importe, Dagot s'obstinait à vouloir rester, et ses soldats se payaient de leurs propres mains, en arrêtant les bêtes de somme des habitants (5). Nouvelle instance auprès de Serbelloni, qui promet de remplacer les cavaliers de Dagot par les fantassins de Mathe (6).

---

(1) Die 7ª Jamarii 1564.— Supplicant Ill.D. Fabricium ac R. D. Vice-Legatum ut nos velint liberare ab huiusmodi militibus, atenta paupertati Loci, ac comitere custodiam presentis Loci alicui capitaneo habenti XXX homines tantum, aut Communitas se obliget de se custodiendo deinceps.

(2) Die 9ª nouembris 1563.— Juxta taxam sibi cotisatam, que assendit ad XV scutos, vel circa, singulis diebus, juxta numerum soldatorum.

(3) Die 15ª decembris 1563.— Communitas non habet amplius bladum, fenum, vinum, oleum nec argentum, ad continuandum monitiones, et Capitaneus Dagot vult habere.

(4) Die 29ª nouembris 1563.— Capitaneus Dagot non permitit quod gentes nec animalia exeant a predicto Loco.

(5) Die 3ª martii 1564.— Milites arrestant eorum animalia, singulis diebus, pro arreragiis eisdem debitis.

(6) Die 13ª februarii 1564. — Fabricius fuit in presenti Loco, die 9ª presentis mensis Februarii et promisit liberare presentem Communitatem à militibus

Le capitaine Mathe, surnommé Fapoco (Fait-peu, *fainéant*) devait recevoir quatre écus par jour (1). Mais, par le fait, la dépense fut réglée d'une autre manière, comme il est évident par la note suivante écrite au *Livre des délibérations* :

« La compagnie du capitaine Mathe Fapoco prant tous les jours
« huitante ratos *(rations)* de pein, que font troys cens et vint
« peins et huitante ratos de vin que valent huit vins pechiers de
« vin et trois scus argent, tous les jours, avec boys, une liure
« chandelles et huyle et un quintal de foin » (15 mai 1564.)

Ces rations, qui indiquent une troupe relativement considérable, le capitaine Mathe les voulait en argent et non en nature et pour des soldats purement chimériques. Les consuls s'en plaignent à Serbelloni. Celui-ci ordonne de lui payer ce qu'on lui doit et de le renvoyer (2). Ces prescriptions furent mises à exécution le 29 mai 1564.

Après la première occupation de Malaucène par les Protestants, Louis de l'Espine, commendataire du Bastet, chevalier de l'ordre de Saint-Jean-de-Jérusalem, avait été nommé gouverneur militaire de Malaucène.

On ne doit pas être étonné du rôle effacé que joue ce gouverneur. Il n'est jamais question de lui depuis sa nomination jusqu'à son remplacement. On peut juger de l'importance des fonctions qu'il eut à remplir par l'importance du personnel qu'il eut à sa disposition.

Deux hommes moitié soldats moitié civils habitaient avec lui le château, veillant à la défense des habitants et s'occupant des affaires de la Communauté. Ces détails nous sont connus par les réclamations de ces deux hommes demandant à être payés de leurs services (3).

equestris et hoc donec et quando comitiua capitanei Mathe intrabit in presenti Loco. Que quidem comitiua ospitata fuit odie in presenti Loco, et milites equestres nolunt recedere.

(1) Die 17ᵉ februarii 1564. — Communitas tenetur dare, singulis diebus, capitaneo Mathe IV scutos.

(2) Die 24ᵉ Maii 1564. — Capitaneus Mathe Fapoco vult habere suas contributiones licet non habuerit soldatos et vult habere illas contributiones in pecunia et non in pane et vino. — Fabricius ordinauit quod Communitas soluat et expediat eidem capitaneo Mathe dictas pecunias, usque in finem presentis mensis maij.

(3) Die 17ᵉ Aprilis 1564. — Duo homines qui manserunt cum Commendatore, durante eius regimine et gubernatione et vacauerunt circa negocia Communitatis et pro thuissione habitantium et bonorum dicti Loci, quare requisiuerunt Consules et Consiliarios ut velint eosdem satisfacere honeste. (*Liber Regiminis.*)

Louis de l'Espine fut remplacé par un capitaine nommé Baudoni, qui fut logé et nourri aux frais de la Communauté (1).

A force d'instances, la ville avait été débarrassée du capitaine, Mathe Fapoco et de ses hommes qui, pour être peu nombreux, n'en étaient pas moins une lourde charge pour elle. Mathe partit, mais quelques jours après il était remplacé par un autre capitaine ayant nom Propiac.

Dès son arrivée, la compagnie de Propiac reçut, par ordre des Consuls : « Cinquanto ratos de pan, que sum deux cens pans et « cinquanto ratos de vin, que sum cent pechies, et aco tous les « jours » (15 mai 1564).

Serbelloni, sans doute sur les réclamations de Propiac, porta ces contributions au double, y ajoutant une somme quotidienne de quatre florins, sans compter « seize pans et huit pechies de vin » pour le capitaine-gouverneur (2).

Ces largesses, faites avec leur argent, n'empêchèrent point les Malaucéniens d'offrir un gracieux accueil à Serbelloni dans la visite dont il les honora le 30 mai (3). Elles n'empêchent pas non plus Propiac de continuer à se plaindre de l'insuffisance de ses allocations. Une nouvelle convention est passée avec lui dans laquelle on fixe de porter à dix-huit florins par jour la somme que la Communauté devra lui payer (4 juillet 1564).

Le capitaine-gouverneur lui aussi n'est pas content, et qui plus est, les gens du pays ne sont satisfaits ni de lui, ni des soldats qui, sous ses ordres, forment la garnison du château. On cherche donc à se débarrasser et de Baudoni et de Propiac. Tout d'abord les

(1) Die 15ª Martii 1564.— Ill. Fabricius misit in presenti Loco capitaneum Baudoni et comisit eidem regimen et gubernationem presentis Loci, quare pecierunt (Consules) eidem prouideri de hospicio et de alimentis, juxta taxam Ill. D. Fabricii, scilicet singulis hebdomadis tria quintalia feni, duas eyminas auene, duas eyminas anone *(Liber Regiminis.)*

(2) Die 4ª Junii 1564.— D. Fabricius decreuit et ordinauit quod Communitas det et expediat capitaneo Propiac et sue comitiue, singulis diebus, donec fuerit aliter prouisum per eumdem, videlicet quatre cens pans, deux cens pechies de vin et quatre florins argent et capitaneo Baudoni seize pans, huit pechies de vin, incipiens prima Junii. *(Liber Regiminis.)*

Die 10ª Junii 1564.— (Parlement tenu dans l'Eglise paroissiale, pour être à l'abri des indiscrétions des soldats de la garnison.) Capitaneus Baudoni; Gubernator presentis Loci, dixit : contributio non est sufficiens.— Fuit conclusum quod Communitas det eidem, singulis hebdomadis, IV florenos ultra contributionem.

(3) Illustriss. D. Fabricius fuit in presenti loco, die 30ª maij et cenauit, et expendit XX florenos. Fuit conclusum quod Consules satisfaciant illis qui expedierunt alimenta. *(Liber Regiminis).*

consuls se rendent à Bedoin, auprès du marquis de Flassan, capitaine-général du Comtat, sous les ordres de Serbelloni, et on lui présente la note de tout ce que la Communauté doit fournir tous les jours pour les soldats de la garnison (1ᵉʳ novembre). Puis, aux approches des fêtes de la Noël, le Conseil émet le vœu que les présents habituels à faire au recteur, au vice-légat et au général en chef Serbelloni soient accompagnés d'une supplique très-énergique dont la conclusion, sorte de *delenda est Carthago*, devait être : UT NOS LIBERET AB HUJUSMODI MILITIBUS (18 décembre 1564).

Pour le carnaval, nouvelle députation, nouvelle supplication : UT NOS VELINT LIBERARE AB HUJUSMODI MILITIBUS. Les perdrix, les chapons, les lapins arrivent en abondance, comme pièces justificatives (mars 1565).

Enfin, le capitaine Propiac est parti, et si bien parti qu'un moment le recteur lui-même ne sait plus ce qu'il est devenu, et que les Consuls sont en peine pour lui faire passer un petit arriéré qui lui est dû (24 octobre).

Quant au capitaine-gouverneur et à sa petite troupe, ils ont eux aussi vidé les lieux, à la grande satisfaction des habitants.

Le marquis de Flassan offrit en vain à Louis de l'Espine de reprendre ses anciennes fonctions de gouverneur. Reynaud de l'Espine, seigneur du Poët, auquel le poste fut ensuite proposé, l'accepta par dévoûment pour son pays (1).

Les Consuls prièrent ce dernier de vouloir bien se rendre au sein du Conseil de ville, afin de régler à l'amiable l'indemnité à laquelle il avait droit « pour soutenir son état de gouverneur ». Reynaud de l'Espine refusa la proposition honorable qui lui était faite et les consuls furent chargés de régler le chiffre des honoraires, de concert avec le viguier et son lieutenant (2).

---

(1) 1er novembre 1565.

(2) Die 29ᵃ octobris 1567. — Nemo Conciliariorum ignorat quod nobilis Reynaudus de Spina, dominus de Poheto, est Gubernator predicti Loci Mallaucene, ratione beli, et esset necesse dare eidem et satisfacere eumdem de suis laboribus et stipendiis quod vulgo dicitur *Son état de Gouverneur*, prout alii loci; quare petierunt (Consules) concludi supra premissis.— Fuit conclusum quod dictus D. Gubernator vocetur in huiusmodi Concilio ad fines conueniendi cum codem.— Prout fuit vocatus et quod non voluit aliquid accipere, fuit conclusum quod DD. Consules conueniant cum eodem, una cum D. Viguerio et D. Locumtenente et eum satisfaciant prout eisdem videbitur rationabiliter. (Les émoluments du gouverneur furent fixés, par le Recteur, à la somme de « vint escus, valant quatre florins la pièce ».(Archiv. municip. :

§ 5. — ON OUVRE LES PORTES DE LA VILLE.

Délivrés du voisinage des Huguenots — ils le croyaient, du moins, — et de la présence des soldats de Baudoni et de Propiac, les Malaucéniens, après en avoir obtenu la permission de l'autorité supérieure, se décidèrent à rouvrir les deux portes de leur ville, murées par les Protestants en 1560, à savoir la porte Filiol et la porte Duron ou Cabanette. La première fut livrée à la circulation le 17 septembre 1565 et la seconde le 25 du même mois.

Le 7 octobre suivant on fit une procession très-solennelle, restée fameuse dans l'histoire locale et connue dans le pays sous le nom de *Procession des Quatre Portes*. Elle avait pour but de remercier Dieu du départ des Huguenots. Nous en empruntons le récit au sire Foulquet de Beaumont (3).

« La procession de l'Eglise parrochielle de S. Michel sortit par
« la porte *Duron*, rentra par la *Filiole*; sortit de la porte *de*
« *Roux* et rentra par la *Soubeyran*, avec un grand concours de
« peuple. Il n'estoit resté dans les maisons que fort peu de monde,
« entrautres les estropiés et les mallades. Elle a esté faicte en
« l'honneur de Dieu et pour le remercier de ce que les quatre
« portes avoient esté ouvertes, (parce que elles avoient estés fer-
« mèdes pendant l'espace de cinq ans révolus, selon le bon plai-
« sir de M^{er} Montbrun). Tous estoient parés et munis des plus
« beaux coustumes, manthes, bouffes, chausses et haut-de-chaus-
« ses, trousses bouffantes, pourpoint en satin et en velues de tou-
« tes nuances chez les nobles et presque toujours marrhon chez
« le menu peuple, ou d'une couleur de petite apparence. Cha-

Registre des Délib., 29 oct. 1572.) Quant au logement, il était peu de chose, si l'on en juge par ce que nous lisons du capitaine-gouverneur Basille : » Il « demande une mayson qui aie une salle et deux chambres fornies de meu- « bles. » (Reg. des Délib., 15 août 1591.)

(3) Ce même fait est ainsi mentionné dans le Registre des Délibérations.
« NOTA que le 7 doctobre 1565 au presant lieu de Mallaucene, fut fete une
« procession generale, rendant grasses a Dieu de la victoire que les chevaliers
« de Rodes avoent heu contre l'armee des Turcs qui avet assiege la ville de
« Malthe, et ladite procession passa par les quatre portes de la ville, rendant
« grasses à Dieu de ce que lesdites portes etoynt avertes, lesquelles avoent ete
« fermees lespace de cinq ans. Laquelle procession au sortir de leglise par la
« petite porte, sortit de la ville par le portal Duron et entra par le portal Filhol,
« et sortit par le portal du Roux et entra par le portal Sobeyran, et de la a
« leglise aveques ung grant nombre de gens et ung grant contentement, et les
« memes firent feu de joye.   « *Signé* : Guil. GAUDIBERT, notaire ».
(Archives municipales, série BB. 10, fol. 231.)

« peaux noirs, grits, blanchs, rouges, pointus chez les nobles
« guerriers et fortement retroussés en l'air chez les gents de
« robbe ou de cabinet. Pour les fames, s'est fort curieux, tant elles
« occupent de l'harge, On dirait deux clhoches opposées par le
« haut. Il est necessaire besoing que Dieu agrandisse le monde,
« tant nous voulons estre à notre ayse. La sainture est étroite et
« va en s'élargissant des deux coustés. D'en haut et tout près des
« espoles, se trouve la frayse, enrichie de dentelles et d'orfèverie,
« et le bas est légèrement rond pour cause des baleynes insérées.
« Plus spécialement dans ce cortège se laissoient voir plusieurs
« personnages distingués autant par leurs qualités personnelles
« que par leurs riches costumes et leur riche parler. Entraultres
« ceux-là, M. le marquis d'Aulan de l'Espine dont le pourpoint esté
« de rouge crémesy, bordé d'argent de brodure, avec orfaverie,
« chausses et haut-de-chausses de mesme couleur. Son espée esté
« soutenue par une lanière de soie brunette, portant agraffe d'ar-
« gent, d'un travail fin. Messire d'Aulan du Pouyet, premièrement
« avait jacquette de couleur violhette, lisée d'argent; ses chausses
« et haut-de-chausses estoient blanches et bleues, semés d'argent
« de brodure et enrhubanés de plusieurs diverses couleurs ; les
« bas d'une étoffe brune, aynsy que les souliers. Ensuite, messire
« de Boutin coustumé tout d'une mesme couleur d'un rouge cré-
« mesy, semé d'or et d'orfaverie, ayant espée au cousthé, soute-
« nue par des agraffes d'argent d'un travail fin. Ensuite messire le
« comte de Brusset-Bruce, coustumé de menu-vair, semé de
« points d'argent et d'orfaverie à tranches bouffantes de petite
« couleur tissue, les chausses de velues, semé d'or de brodure,
« semé de vermeil ; sur sa teste, un chapeau de bieurrhe où esté
« une houpette d'or, aynsi que chez les aultres chevaliers, puis
« une espée soutenue par des agraffes tenues par une banderolle
« azurée. Mon coustume estoit d'assez grande apparence : pour-
« point de velues crémesy, semé d'argent, chausses azurées se-
« mées d'argent de brodure ; le chapeau de bieurrhe avec une
« houpette d'or et orfaverie; espée au cousté, soutenue par une
« banderolle de diverses manières et couleurs, le tout prisé trente
« florins. Il y avoit grande joie et liesse dans toutes les bouches.
« Es carrefours estoient personnages vieux et estropiés qui
« crioient : joie et liesse. Le reste du peuple estoit couvert de di-
« verses manières et couleurs. Les soudards vestus de costhes
« d'armes, pavois en main et salade sur la teste, aynsy que grand
« nombre de poursuivans ».

La fête se termina, comme toutes les fêtes du Comtat et de la Provence, par un immense feu de joie.

§ 6. — PRÉPARATIFS CONTRE UNE NOUVELLE ATTAQUE

Une fois les portes ouvertes, il fallut les garder et ce ne fut pas un petit travail, car les Huguenots rôdaient toujours dans le voisinage. La ville se vit dans la nécessité de recevoir de nouveau une garnison.

En effet, dès le 25 janvier 1566, le recteur écrit aux consuls d'avoir à se mettre en mesure de fournir le logement et la nourriture de vingt-cinq hommes (1).

Cette petite compagnie arrive; elle est commandée par le capitaine Bertrand Jacomini, surnommé *Bonne-Chère*, dont nous avons déjà parlé.

Dès le principe tout fut pour le mieux. Les relations étaient bonnes entre les magistrats et le capitaine. Les premiers payaient bien et tenaient des vivres en abondance, le second, vrai Cerbère, défendait avec zèle les portes confiées à sa garde. Mais peu à peu les relations et le zèle se refroidirent, par suite de retard dans les versements de fonds, si bien que Jacomini mettant en pratique la fameuse maxime : *Point d'argent, point de Suisses*, se croisa les bras et laissa les gens de Malaucène se garder eux-mêmes (28 septembre 1566).

Jacomini revint pourtant à résipiscence et, se livrant aux ardeurs d'un zèle qu'on ne lui connaissait plus depuis longtemps, il donna des ordres à ses soldats, leur enjoignant de faire désormais la garde des portes de la ville comme par le passé.

Les habitants s'en étonnèrent peu, mais comme ils avaient pris l'habitude de se tenir eux mêmes sur les armes et de faire le service de la place par corvées, ils appelèrent le capitaine dans la salle des délibérations, et là, en présence de tous les conseillers, les consuls lui dirent qu'il pouvait garder les portes de la ville, si tel était son bon plaisir, mais que la Communauté ayant appris à se passer de ses services, ne le payerait en aucune façon, ni lui, ni ses hommes (27 mai 1568).

C'était justice. Le pays venait en effet de passer par une crise fâcheuse, durant laquelle Bertrand Jacomini avait prouvé combien il était digne du surnom de capitaine *Bonne-chère*.

Livrés à eux-mêmes, les Malaucèniens ne seraient point sortis

---

(1) Quod prouideant de ospiciis et monitionibus pro XXV hominibus.

de leur mansuétude habituelle et ne se seraient pas permis de rompre si carrément avec Jacomini. Sans doute, ils furent lancés dans cette voie par les conseils ou même par les ordres de Sainte-Jalle, récemment arrivé dans le pays, escorté de vingt-cinq cavaliers.

Voici maintenant ce qui s'était passé pendant que Malaucène était sous la protection purement nominale de Jacomini.

De crainte de se voir surpris de nouveau par les Protestants, les consuls demandèrent au cardinal co-légat, Georges d'Armagnac, de vouloir bien céder à la ville les fossés des remparts dont la Révérende-Chambre disposait comme de sa propriété, les donnant en acapit à divers particuliers.

On voulait creuser de nouveau les fossés et les remettre dans l'état où ils étaient précédemment, pour la défense de la ville (1).

Le cardinal ne céda point les fossés et se contenta de donner la permission de les purger de nouveau (2). Les propriétaires, qui étaient en possession de ces fossés, convertis par eux en jardins, mus par un louable sentiment de patriotisme, consentirent à la destruction de ces jardins et poussèrent l'abnégation et la générosité jusqu'à offrir leurs personnes et leurs biens pour la défense du pays (22 décembre 1567).

Les consuls furent chargés de se rendre à Avignon afin d'y acheter des pierriers, des obusiers et autres engins de guerre pour la défense du pays. Sur les ordres du commissaire des armes, ils envoyèrent des vivres au camp de l'armée catholique et à Vaison (3).

Georges d'Armagnac, cardinal co-légat, et le comte de Suze, confiants dans les mesures prises par les Malaucéniens, les dispensèrent de l'ordre général donné par eux de transporter leurs provisions de bouche dans certaines forteresses réputées imprenables (4).

(1) Die 4ᵃ novembris 1567. — Consules supplicent R. et I. Cardinalem velit dare Communitati *fossales* sive *vala*, ad fines eadem purgandi, prout erant tempore preterito pro fortificatione presentis Loci.

(2) Die 22ᵃ novembris 1567. — Authorisationem dedit purgandi *valla* seu *fossata* pro fortificatione.

(3) Die 4ᵃ decembris 1567. — Consules eant Auenionem et emant vomi petras et alia arma ad defensionem predicti Loci. — Consules portare fecerunt monitiones *au camp (sic)* et Vasioni, juxta mandatum D. Commissarii.

(4) Die 22ᵃ decemb. 1567. — Ipsi (consules) obtinuerunt a D. Cardinali et D. de Suze quod huiusmodi Locum Mallaucene non est de locis qui tenentur portare eorum victualia in fortaliciis. — Emerunt duodecim vomitoria cum eorum fornimento.

Deux compagnies, commandées l'une par le capitaine Honorat de Docine, l'autre par le capitaine Mandène, arrivent et, au nom du cardinal, demandent à être logées et nourries aux frais de la ville. Il est fait selon leur désir, seulement « les jours caresmiers « on leur donnera de largent et non des viures (7 avril 1570). « Les soldats du capitaine Mandene sont fort difficiles a seruir et « jamais ne sont contans. »

Malgré ces charges imposées à la Communauté, dans l'intérêt de la Province, le recteur demande des provisions de bouche pour Carpentras. Vite les consuls courent à Avignon et obtiennent du cardinal cette déclaration qu'il n'est nullement besoin de porter à Carpentras les vivres réclamés par le recteur, attendu que Malaucène est assez pressurée par les deux compagnies de sa garnison (16 avril).

Cependant le danger augmente : les Huguenots sont sur le point d'entrer dans le Comtat. Ordre est donné par le co-légat de surseoir, jusqu'à la Saint-Jean, à la nomination des nouveaux consuls. Le 1ᵉʳ mai 1570, on nomme tous les autres fonctionnaires annuels, mais les anciens consuls sont maintenus en exercice. Le parlement est pourtant autorisé, à raison des temps critiques, à leur donner quatre coadjuteurs pour les seconder dans leurs fonctions.

Des morions sont distribués aux gardiens chargés de veiller à la défense de la porte Duron (1), la seule restée ouverte (2) au public (15 mai).

« Si les Huguenaux antrent dans le Comtat, fayre descendre « les cloches et porter à Vaison ou à Carpentras, par charrette « ou autrement. »

Les Protestants revinrent peu après, comptant s'emparer de la ville par surprise, au moyen d'une intelligence qu'ils s'étaient ménagée dans la place. Un soldat de la garnison avait traité avec les Huguenots de Vinsobres et de Mérindol, et leur avait

---

(1) Un peu plus tard on en ouvrit une seconde : — 7 octob. 1570. — « Que « lon ne tiegne que deux portes ouertes, et une semeyne deux, et l'autre « les deux, et ansuite continuant. »

(2) 21 novembre 1570. — « A este conclus que lon paye la rante de la meyson ou lon fet la garde, au portal Duron, es heritiers de Jehan Brusset. » (Reg. des délibérat).

9 janvier 1580. — « Les consuls ont faict fayre une cheminee a la botique de Anthoine Hugo, atandu que Anthoyne Brusset faict bastir sa mayson ou on faisoit la garde » (Ibid f° 298).

promis, moyennant la somme de quinze écus d'or, de leur livrer la ville la nuit du dimanche suivant, dans le temps qu'il serait de garde. C'était sur la fin du mois de juillet 1570.

Heureusement le projet fut éventé et le traître arrêté. Dans son interrogatoire il prétendit avoir des complices, dont il donna les noms. Ceux qu'il avait désignés furent arrêtés, mais ils déclarèrent n'avoir pris aucune part à cette action infâme ; d'ailleurs, rien ne prouvait leur culpabilité.

Le traître fut pendu aux créneaux de la porte Soubeyran. L'opération de la pendaison se fit si maladroitement que le patient tomba lourdement dans le fossé du rempart. Interrogé alors de nouveau sur la prétendue existence de complices, il répondit que cette déclaration était fausse de tout point, et de rechef il fut accroché aux murailles.

§ 7. — LES HUGUENOTS ENVAHISSENT LE COMTAT ET MENACENT MALAUCÈNE.

La pendaison du traître produisit, à ce qu'il paraît, un bon effet chez les Protestants qui cessèrent, pour le moment, d'inquiéter Malaucène.

Les habitants de cette ville n'eurent plus à s'occuper que des soldats italiens logés chez eux sous prétexte de les protéger et des troupes pontificales, allant et venant pour la défense générale du pays.

26 novembre 1571. — « Le seigneur Torcat, gouverneur de ce païs, san retorne en Ytalie, avec ses trois compagnies dytaliens et doyt passer par esta ville, et les commissaires ont mande que lon leur apreste des viures et logis pour quatre cens hommes a pie et cinquante a cheual ; car doyvent passer demain ou apres demain. A este conclud que lon face monitious (provisions). »

Cependant après les horribles massacres de la Saint-Barthélemy, commis par la politique sous le masque de la religion, les Protestants devenaient tous les jours plus nombreux dans les états pontificaux; ce dont les Catholiques étaient fort effrayés. Afin d'arrêter les progrès du mal, ou du moins pour contenir plus facilement les hérétiques, le cardinal co-légat Georges d'Armagnac et le général Martinengo, commandant les troupes pontificales, mirent d'un commun accord des commandants particuliers dans chaque ville et bourgs importants de la Province. Carpentras et L'Isle, réputées les places les plus fortes, furent seules exceptées de cette mesure générale (1573). Nous avons vu que déjà Malaucène avait ses gouverneurs « pour le fait de guerre. »

Une agitation extrême règne en effet dans le Comtat à l'époque où nous entrons. Malaucène ne s'était jamais trouvée en pareil trouble.

Mentionnons sous forme brève les faits principaux.

6 mai 1573. — « Que l'on face acoutrar les fosses pour les rem-
« plir deau et que les trauailleurs reçoivent quatre gros par
« jour. »

1ᵉʳ juin. — « M. de Cadarosse (*Caderousse*) a este en esta
« vile, ayant comission de Mᵉʳ Illᵉ Cardinal de viser les gardes
« et forteresses, et sa comission portet que lon le defrayesse et
« sa suyte, ce quils ont faict, et on faict une grande despanse, car
« ils estoyent trante hommes a cheval et dix a pie. »

6 juin. — « Le capitaine Aysse de Lisle arriua yer en esta ville
« auec une comission de fere une compagnie de deux cens hom-
« mes et leur faut bailher logis et viures. »

22 juin. — Les soldats sont dans la ville et garderont les portes.
« Les consuls logent ung homme pour fere la sentinelle sur la
« torre du chastel. » — « Qu'on mette des hommes pour garder le
« territoire. » — « Achat d'un demi quintal de pouldre » et autres
munitions de guerre.

15 août. — « Quant la compagnie du capitaine Aysse sen
« fut allee, ils loyerent douze hommes pour garder la ville et
« la porte pour ung moys, a douze florins pour homme ; grande
« despense ! et aurait voulu moyener que sa garnison fust en
« esta ville ! »

18 août. — « Sainte Jalle, auec vingt-cinq soldats, a passe par
« esta ville. »

« A expause Anthoyne Jehan, conseul, que yer, 17 de ce moys
« dauost, il fut oultrage et batu fesant les afferes de la vile. Par-
« quoy demande si la vile antant de le maintenir et deffendre
« par justice. Lesdicts conseilhers ont dict et conclus, au nom de
« la Communaute, que quant ung consul sera injurie et batu pour
« les afferes de la vile, que la vile le sustiegne et que si ledict
« Anthoyne Jehan, consul, a este batu ou oultrage, fesant les
« afferes de la vile, quil soyt maintenu par la Communaute
« comme par justice. »

« Le soir, auant larriuee du comte de Vile Clere, M. de Venas-
« que, auec sa compagnie de caualerie, vint et fit achepter arque-
« buses et mousquets. »

L'année 1574 s'annonce mal pour nos contrées. Les Huguenots, au mois de janvier, s'emparent par surprise de plusieurs localités voisines.

15 février. — « Une cloche, empruntee a Beaumont, est pla-
« cee au chasteau pour sonner, quand la sentinelle voyt venir
« quelques estrangiers. »

1" mai. — « Achapt darquebuses, alebardes et mosquets, et
« puis les ont donnes a certains particuliers qui doyuent les
« payer. »

27 juillet. — « Le cardinal et le comte de Vile Clayre nous
« ont mande le capitaine Mancip, auec trente ou quarante hom-
« mes de la compagnie du capitaine Cosmons (*Caumont*), pour
« garder la ville. »

25 janvier 1575. — Le cardinal et Vaucler avertissent que les Huguenots ont l'intention de marcher sur Malaucène. Ils offrent des secours en hommes et en vivres ; mais, en même temps le comte de Vaucler demande cinq cents pistoles pour le sergent Marquet qui commande à la tour de Sabran, près l'Isle. La Ville laisse au seigneur du Poët, son gouverneur militaire, le soin de décider ce qu'il convient de faire. Sur son avis, on accède à tout ce qu'offrent et demandent ces deux grands personnages.

2 mai. — « La guerre est encore si furieuse que lon tiegne
« encore la sentinelle sur la torre du chastel, pour huit florins
« par moys. »

8 mai. — — « Les Hugueneaux ont massacre 318 habitants
« de la Motte, pres Chalancon, dans le Dauphine. »

29 mai. — Le capitaine César Faziolo, arrive à Malaucène avec une compagnie de cavalerie. Le comte de Vaucler ordonne que « les consuls feront reparer la porte dabas dicte Filhou. »

Avant d'aller plus loin, faisons remarquer les procédés de l'administration supérieure vis-à-vis des habitants de Malaucène. On sait que ce pays touche au Dauphiné, que les Huguenots ne peuvent point passer de cette province dans celle du Venaissin sans se heurter à Malaucène qui est sur leur chemin ; n'importe, on agit comme si cette ville était loin de tout danger ; comme si elle était fraiche en hommes et riche en munitions et en argent. Ce sont des demandes continuelles qui se succèdent et pour lesquelles les Malaucéniens réclament tout d'abord, puis finissent « par hobeir. »

Citons quelques faits de ce genre.

18 juin 1574. — On fournit des vivres au comte de Vaucler,

à Oppède, et au camp de Ménerbes. Tous les jours cinq cents pains, quatre barraux de vin et dix florins en espèces.

10 juillet 1574. — « Formilher, commissaire des monitions, « a mande une lettre que lon ne falhe point de porter les contri-« butions et arrerages a Opede ; et M. le Comte de Vile Clayre a « mande une lettre aussi que si lon ne porte les arrerages, il « enuoyera la cavalerie a nos despans et ameneront de bestal. »

On se soumet et le lendemain, 11 juillet, le Conseil décide qu'il sera fait une taille de « un gros pour florin et un capage de « 4 florins » et que le tout sera mis à l'adjudication.

25 janvier 1575. — Sur l'ordre du cardinal et de Vaucler, on envoie des munitions de bouche « pour le Roy et sa suyte qui sen retourne en France. »

5 mai. — « Les Huguenaux ont surpris Camaret. Ordre de « porter au camp, tous les jours, 800 pains, 4 charges de vin, « 2 quintaux de chair. » Ces transports sont exécutés par corvées. « La ville rachettera ceux qui seront prins par les Huguenaux. »

Un fait très-important pour Malaucène, bien qu'il se soit passé hors de ses murs, a été consigné dans les registres des délibérations du Conseil (1) : c'est le supplice de Montbrun.

Nous copions textuellement, selon notre habitude.

« NOTA que de lan 1575 et du moys de julhet, Charles du Puy « Segneur de Monbrun, chef des Huguenaulx en Dauphine, fut « prins pres de Crest et deffayt au mesme lieu et de la ledict « Segneur de Monbrun fut mene a Grenoble et la fut condampne « par Messieurs du Parlement a estre trayne par toute la ville et « puis avoyr le bras droyt cope et puis la teste et puis mis a quatre « quartiers, comme ainsi fut execute; et voyla la fin destuila que « auoit tant cause de maux ! »

Les Protestants n'en continuaient pas moins leurs courses dans le Comtat.

12 janvier 1576. — « Quon fasse des fosses aux chemins pour « empescher la caualerie des Huguenaulx que ne viegnent pres « la ville. »

25 janvier. — Les Consuls de l'Isle demandent que tous les jours, on leur fasse tenir deux quintaux de foin et quatre emines d'avoine.

11 mars. — Un Italien arrive avec vingt-quatre soldats. Cinq sont envoyés à Entrechaux, les autres restent à Malaucène. Ce

(1) Série BB. 11. f° 201.

secours est motivé par un massacre fait par les Huguenots à Beaumont.

1ᵉʳ mai. — « Le Comte de Ville Clayre, gouerneur de ce païs, ennoya querir des pioniers pour les enuoyer vers Menerbes, a un lieu appele les Beaumettes, pour illec fere quelque fort, et falut balher aux susdicts pioniers argent et viures, de sorte que sest fayt une grande despanse. — Les Conseilhers ont aproue, atandu que a este fayt par le commandemant des superieurs et pour la thuission et deffance du païs. »

29 juillet. — Une trève est annoncée ; néanmoins, par mesure de prudence, la sentinelle est maintenue à la tour du château.

27 octobre. — Le capitaine Saint-Croix, gouverneur de Brantoulx (Brantes) pour les Huguenots, demande avec menaces une contribution. Le Conseil décide de ne point répondre, mais on se tient sur le qui-vive et on demande en toute hâte au cardinal et à Vaucler un secours d'hommes à pied et à cheval. — Ceux-ci expédient aussitôt seize chevaux légers à Malaucène.

1ᵉʳ décembre. — Après avoir dépensé 405 florins en préparatifs d'expédition, une colonne de quatre cents hommes, tant à pied qu'à cheval, part de Malaucène pour Saint-Léger. Le but de cette entrée en campagne est de démolir une maison que les Huguenots voulaient fortifier.

18 décembre. — Les quatre corps-de-garde sont réduits à deux : un à la porte Duron et un à une certaine distance de la ville, du côté de Beaumont. — Quatre escouades. — Huit sentinelles.

5 janvier 1577. — Vaucler envoie quatre soldats italiens pour leur confier la garde d'une seconde porte de la ville.

19 février 1577. — *Prise d'Entrechaux*. — Le Cardinal et Vaucler l'ayant connue, envoient à Malaucène un commissaire pour faire « monitions » (provisions de bouche) et réunir un petit corps d'armée.

Les troupes pontificales commencèrent à se grouper à Malaucène le 25 du même mois, et se trouvèrent en nombre, le 26 du mois de mars, par l'arrivée d'une compagnie de cavalerie italienne, commandée par le capitaine César Palasol.

Ce fut un encombrement tel que, tout le temps de cette occupation, c'est-à-dire jusqu'au 15 avril, la cour de justice du viguier ne put tenir ses audiences comme à l'ordinaire (1).

---

(1) 1577. — A die vigesima quinta mensis februarii usque ad diem lunæ, intitulata quinta decima mensis Aprilis, qua fuit presens curia tenta, post quam non fuerunt tentæ curiæ nec causæ, ob occupationem militiæ et totius

La ville fut bientôt affamée. On peut en juger par le passage suivant que nous empruntons aux sources les plus authentiques.

1" avril 1577. — « Le Conseil a dit dachepter du ble à quel-
« que prix que ce soyt, a cause que les habitans ne patissent pas
« de faim. Que les consuls retornent a Avignon dire au cardinal
« quil lui playse de nous delivrer de la compagnie du seigneur
« Cesar, ou bien quil nous donne moyen de lentretenir, car
« nous nauons plus ni foin, ni palhe, encore moins dauoyne.
« Que le ble de la Communaute soyt mis en vente, a rayson de
« trante gros leymine et que nen balhe a personne que ne
« porte un tillet scrit par la main de Messieurs les consuls. »

Bientôt on en fut réduit à renvoyer les étrangers inutiles « qui
« affamamaient la ville. »

Enfin, on députa au général et au cardinal pour leur dire :
« Esta ville a deja tant sofert que ne peut plus et quil leur playse
« nous descharger. »

Ces instantes prières furent exaucées et tout rentra dans un calme relatif.

§ 8. — LE COMTE BRUCE DE BRUSSETT EST NOMMÉ CAPITAINE-GOUVERNEUR.

Sur ces entrefaites, le poste de gouverneur militaire devint vacant par la démission de Reynaud de l'Espine, seigneur du Poët. Le recteur y pourvut par la lettre suivante.

« A Messieurs les Syndics et Conseillers de Malaucene.
« Dominique Grimaldi, Recteur de ce pays du Comtat de Venisse.
« Auons, de nostre authorite, depute, despeche et commis pour
« et comme gouuerneur du Chasteau de Malaucene Messire le
« C" de Bruce-Brussett dont les bonnes mœurs sont connues et
« probite. Auons icelay despute et choisi comme gouverneur
« dudict chasteau, nous appartenant au nom de N. S. P. le Pape,
« en tems et pendant celuy quil nous plaira, et pour ce mandons
« et commandons a tous nos subjects dudict Malaucene, et aul-

---

ferme exercitus illustrissimi domini comitis de Villaclere, imperantis por sanctissimo domino nostro papa, qui adfuerunt in presenti loco recepti, et exeuntes campos existunt campati ad instar memoriæ loci de Intercallis occupati per capitaneum *Bernardi de Laneois* revellato Huganaud, qui pro primo habebat onus custodire arcem et locum predictum pro eodem sanctissimo domino nostro papa cui fidelitatem violavit unde et fidem et testimonium omnium premissorum, hic me manualiter subsignavi ego Johannes Guintrandy, notarius (Archives du département de Vaucluse : Cour de Malaucène, Registre B. 2283).

« tres que besoing sera, de reconnoistre ledict comte de Brusset,
« obei en tous ses commandemens et ordres, et luy prester main
« forte et assistance en son exercice et charge.

« Le 20 octobre 1577, Dq. Grimaldi, Rect. du C. V. »

Une fois la lettre faite, il s'agissait de l'expédier et de faire procéder à l'installation du gouverneur. Le recteur se chargea lui-même de cette double besogne et voici, d'après le sire Foulquet de Beaumont, comment les choses se passèrent :

« Dans ce temps dhostilites ouvertes et declarees contre la
« chrestienne religion, chaque ville et village a necessaire
« besoing dun Capitaine-Gouverneur pour sa surete person-
« nelle, pour la bonne tenue dudict et fortifications. Cest pour
« ce que M{{er}} le Recteur de ce present pays du Comtat de Venisse
« est venue à l'improviste visiter le chasteau et fortifications de
« Malaucene et sasseurer sil seroit propre a seupporter un siege.
« Ce M{{er}} recteur a nom Dominique de Grimaldi et est venue en
« piteux coustume et de petite apparance, dune couleur brune,
« accompaigne de deux soudards seulement, et monte sur une
« mule ; et, de quy despend la pleine et entiere jurydiction du
« chasteau dudict lieu, y a de son austhorite commis et despeche,
« comme Gouverneur-Capitaine, M. le C{{te}} de Brusset-Bruce,
« homme autant vailhant que sage, en tems et pendant celuy
« quil luy plaira. Les lettres remettant deuant la porte de leglise
« parrochielle dudict Malaucene, par deuant la peuplade. Il y
« eut grande joye et liesse, criement de la foule et reiouissement
« du peuple qui applaudit a grande crierie ceste nomination. »

« M. de Brusset lui respondit : M{{er}}, je vous remercie de linsigne
« honneur qui mest escheu maintenant (*en se prosternant*) : et
« de toute la puissance de mon ame. Je feray mon possible pour
« ne pas broncher a gauche. Je veilleray sur la ville avec grand
« soing ; mais si Dieu ne la garde, malh elle le sera. »

« M{{er}} le Recteur quitta Malaucene le meme jour, deuant se
« randre au siege de Menerbes. »

« Le 14 du present mois de nouembre de lan de Dieu 1577, le
« sire M. de Brussett, gouverneur du chasteau de Malaucene, se
« promenoit, aynsy que suivant sa coustume, sur les creneaux
« diceluy et aimoit a aspincher au dehors peut estre pour s'as-
« seurer de la tranquillite quil deuoit faire garder, lorsque un
« certain jour, qui est le 14 nouembre 1577, il touscha des yeux
« un inconneu que oncques il nauoit veu. Lequel mesuroit
« de l'œil la hauteur des murailles. Sa tailhe estoit giganthesque,

« et coustume en satin noir. Il estoit la depuis un bon moment,
« lorsque le sire gouverneur le vit, et, sans mot dire, descendit
« de derriere la rampe et estroit chemin et vint laccoster. Il le
« print pour un mechant dheretique qui aurait grande enuie
« denjamber fortune et gloire, et que peut estre il estoit le pour-
« suiuant de quelque chef Huguenaux, enuoye pour estudier le
« moyen de semparer dudict chasteau. Il demanda a visiter le
« chasteau, si cela nestoit pas deplaisant au sire Gouverneur. Il
« estoit bien defendeu et empesche de faire oncques visiter le
« chasteau a personne ; mais le gouverneur qui rouloit dans sa
« teste un projet a luy, et en deslogeant dune tour a laultre, et
« venant au donjon, il linuita a passer le premier, et auoit a
« peine rettire sa deulxieme jambe dessus la porte que le sire
« gouverneur poussa le guichet ; linconneu fust son prisonnier.
« On manda et despecha au Recteur de laffaire. Celui-cy se print
« a en rire et nen blama pas M. de Brussett qui auoit faict son
« debuoir et ordonna le desemprisonnement de linconnu qui
« nestoit aultre que M. de Baroncelly, enuoyé par M. le Recteur
« pour sasseurer si le sire gouuerneur estoit en seruice serieux
« en son chasteau. »

Sous l'habile direction du capitaine-gouverneur, des mesures de prudence furent prises en vue d'une attaque imprévue.

15 juin 1578. — « Defense daller dormir hors la ville, auec ou sans armes, car ferait faute en cas de surprise ou de trahison.»

Douze hommes veillent en dehors et près de la porte Duron, dans un corps-de-garde dressé pour la circonstance. « Les retifs
« pour monter la garde payeront une amende de dix sols et, sils
« nont de quoy payer, demeureront vingt-quatre heures en
« prison. »

Ces dispositions suggérées par la sagesse sont interrompues par une lettre du cardinal (18 septembre 1578). Ce légat ordonne de tenir prêts douze soldats, armés d'arquebuses et de morions, « pour aller la ou ils seront commandes et ce sur grosses peynes.» On charge « Piarre Trisse et Ambrosi Jacomin de fayre ung uolle
« de ceulx quils cognoistront estre aptes a porter armes, et que
« la Communaute fornisse a tous arquebuses et morions. »

Ce détachement fut-il mis sur pied ? On l'ignore, nos vieux registres gardant à ce sujet le silence le plus absolu. Nous pensons pourtant que ce secours devint inutile, par suite de la conclusion de la paix avec les Protestants. La ratification des articles de ce traité fut soumise à l'approbation du parlement de Malaucène (8 décembre 1578).

Mercredi, 10 décembre. — « Les Huguenaulx rendent la for-
« teresse de Menerbes au Pape, dapres les articles de la capitula-
« tion et tractat faict a Nismes, entre les Catholiques et ceulx de
« la religion pretendue reformee. Ils auaient occupe Menerbes
« enuiron cinq ans, et aussi faut noter que nous Catholiques y
« auions tenu le siege enuiron seza moys, auant que rendissent
« ladite place. »

24 décembre. — « Les ostages qui alloient a Saint-Auban,
« pour la restitution de Menerbes, passerent par Malaucene a
« grand compaignie et firent grand despans. »

Peu avant la paix, les Malaucéniens avaient réclamé pour être remboursés des dépenses faites par eux à l'occasion du camp d'Entrechaux (2 juillet 1578). Mais « les Esleus, ou « deputes du Comtat, refusent les reclamations relatiues au camp « d'Entrechaux. On ira aupres du Cardinal dire que la despense « a este faicte par ordre de Ville-Clayre » (20 septembre).

Les habitants d'Entrechaux blessés, parait-il, des instances que font « ceulx » de Malaucène voysinent mal avec eux.

La Communauté poursuivait encore d'autres rentrées : notamment pour la fameuse expédition envoyée contre les fortifications entreprises par les Huguenots à Saint-Léger, dépendant de la commune de Brantoulx, et pour des objets de literie fournis à la garnison de Brantoulx.

Le 4 septembre 1578, « le cardinal d'Almignac (*Armagnac*),
« scrit que lon aye a fournir es soldas que sont a Brantoulx douze
« couertes (*couvertures*) et douze bassaches (*paillasses*). » Sur les difficultés faites à ce sujet par les consuls de Malaucène, ceux-ci obtiennent une réduction dans le nombre des objets réquisitionnés, et on s'en tient à ceci : « Que les Consuls balhent
« au capitaine Vespasien Marabotin, gouerneur de Brantoulx,
« six couertes et six bassaches » (20 septembre 1578).

Enfin arrive le règlement de compte si impatiemment attendu; règlement qui embrasse non seulement les avances faites pour Entrechaux et Brantoulx, mais encore tout ce que la Communauté était en droit de réclamer pour Menerbes et autres localités.

Le travail de répartition « pour égaliser les frais de la guerre
« des Huguenaux » est fait à Carpentras, par les élus ou députés du pays (3 mai 1579). Malaucène reçoit la somme de 4,769 florins, fournis, savoir :

Par le Crestet 1,130 ; par Faucon 2,139 ; par Brantoulx 1,600.

La paix a été signée, mais on ne s'endort point dans une dangereuse sécurité. Les soldats qui tenaient la campagne sont répartis dans les différentes places de guerre. Malaucène doit donner asile à des soldats italiens (29 décembre 1578) et, un peu plus tard, loger trente-cinq chevau-légers de la compagnie du S' Thomasso Grimaldo (7 avril 1579). Ces derniers, dit-on, séjourneront un mois seulement.

Cependant les remparts avaient besoin d'une prompte réparation.

20 septembre 1578. — « La muralhe de la Ville, vers le por-
« tal Filhou (*Filiol*) est fort escartee et dangereuse de tomber et
« en porroyt venir quelque scandale et dangier, a cause de la
« guerre qui regne. » On est d'avis de reconstruire ce morceau de rempart. — Mais on ne fait rien.

15 novembre 1579. — « Le general Pirrus Maluesi fut en cette
« ville. Il recommanda que lon establit un corps de garde sur
« leglise et que lon fit des fenestres sur les muralhes, afin que
« ceulx qui font les rondes regardent dehors, et *que l'on fasse*
« *acoutrer la muralhe Filhol.* »

Néanmoins la muraille ne fut point « acoutrée. » Qu'en résulte-t-il ?

7 décembre 1579. — « Tumba une frache (brèche) du barri
« proche le portal Filhou !... » Alors on prend cette belle délibération : « Que les consuls la facent reparer subitement ! »

§ 9. — TRÈVE ROMPUE PAR LES HUGUENOTS.

Raynaud de l'Espine, seigneur du Poët, reprend son titre et ses fonctions de gouverneur militaire. C'est d'une manière tout-à-fait incidente qu'il en est fait mention et comme d'une chose connue de tout le monde.

14 avril 1580. — « Quand M. du Poyet (Poët) nest pas en cette
« ville, le caporal Angiolo Balto qui commande les Ytaliens veult
« balher le mot aux caporals des escoades, et cela apartient aux
« Consuls. » On conclut que des réclamations énergiques seront adressées au cardinal et au général.

19 avril 1580. — « Les Huguenaux ont rompu la paix. Ils
« escorrent (*battent la campagne*) et prennent des prisonniers. »

Le sergent Paul Trissa est chargé de la garde de la porte Duron, seule restée ouverte, tant à cause du fait de la peste qu'à raison de la guerre.

Les fossés des remparts, parfaitement en état, sont inondés.

18 mai. — « On arrente les fosses pour y tenir et prendre des
« poyssons (1).

29 mai. — Par ordre du recteur, la garde de la porte est enlevée au sergent Trissa et donnée à des soldats italiens.

25 avril 1581. — Le nommé Vespasien Marabotin que nous avons vu tout récemment capitaine-gouverneur de Brantoulx est aujourd'hui colonel. Il est envoyé pour visiter le pays, au point de vue de la défense. Il ordonne la construction de plusieurs travaux et notamment l'établissement d'un fort sur les ruines de l'ancienne tour des Baux, près la porte Filiol. Les travaux commencés immédiatement sont poussés avec activité, mais les députés de la province se récrient sur la dépense considérable causée par la construction de ce fort. « Ils sont alles treuner le cardinal
« d'Almignac et tout cela est demore en arriere. »

26 novembre. — « Il fallait enuoyer troys cens pioniers a
« Tulette pour démolir les forts que les Huguenaux y avaient
« faicts. On vit que cetait grand depanse. On proposa au comis-
« saire quinze escus et il releua la ville de plus y enuoyer. »

26 novembre. — Avec la permission du Recteur, on tient
« deux portaux ouerts. »

26 décembre. — Arrivée de la compagnie de cavalerie italienne commandée par Horatio Fontano. — Elle séjourne trois mois.

§ 10. — PAIX SUIVIE DE MANIFESTATIONS RELIGIEUSES.

15 septembre 1582. — En apprenant que la paix est de nouveau signée avec les Protestants, le Conseil demande l'autorisation d'ouvrir les quatre portes de la ville. Le cardinal et le général y consentent. « Quon fasse acoutrer le reuelin bastion de la porte
« Fillol et quon en fasse un a la porte Sobeyran. »

Tous les fléaux disparurent à la fois en l'année 1583. La guerre, la peste et la famine. Les populations en profitèrent pour donner à Dieu des marques non équivoques de leur reconnaissance pour tant de bienfaits simultanés. Qu'on en juge par cette note tirée des registres du Conseil :

(1) Cette spéculation ne fut pas d'un grand bénéfice, car peu à peu les eaux filtrèrent dans les caves des maisons et inondèrent celles de Louis Beynet et de Gabriel Boneti. Ces filtrations tenaient moins à ce que les pierres des remparts avaient été imparfaitement cimentées, qu'à la nature du sol qui est très-spongieux. Toujours est-il que la résolution suivante fut prise par le Conseil : « Que lon face escoullar ladite eau aux despands de la ville. » (30 novembre 1588).

« Il est a scauoir que de lannee presente 1583 et des moys de auril,
« mai et juin, les Crestiens Catholiques, meus de deuotion, firent
« beaucoup de processions et pelerinages, cheminant jour et nuyt,
« venans a la Saincte Croix de Mont Ventoux. La procession de
« Vaulreas, de Bolene et du Saint-Esprit, Visan, Boysson, Ville-
« dieu, Saincte-Cecile, Tulete, Queyrane, Le Rastel, Vason, Sablet,
« Seguret, Entrechaux, Faucon, Molans et plusieurs lieux du
« Dauphine et Prouence. Dessorte que les festes de pentecostes,
« se trouarent a Mont Ventoux plus de deux ou trois mille per-
« sonnes chesques festes, et la Vile donna colation aux gens que
« passerent du coste de dessa : que costa beaucop a la ville. Les-
« dites processions se faysaient pour randre grasses à Dieu de
« nous avoir donne la paix, la sante et labondance, laquelle nous
« veulhe maintenir. »

Les Malaucéniens n'avaient pas attendu si longtemps de donner des marques sincères d'un retour à Dieu. Plusieurs, en effet, avaient passé du côté des Huguenots qui, le sabre à la main, les exhortaient à embrasser les nouvelles doctrines. Ces malheureux apostats avaient compris que leur place ne pouvait plus être au milieu de leurs concitoyens restés catholiques pour la plupart, et avaient quitté le pays. Mais, après la seconde occupation de la ville par les hérétiques, ils avaient abjuré leurs erreurs et étaient rentrés chez eux, demandant aux consuls des certificats pour attester leur conversion (1).

Ces réconciliations furent universelles. Nous en avons la preuve dans les procès-verbaux des visites officielles faites par les recteurs A cette demande du questionnaire : « Quelle est la religion des habitants ? » les consuls répondaient invariablement : « Les habi-
« tants sont tous Catholiques, Apostoliques et Romains. »

Le curé Jean Bonnety (1583) profita de ce mouvement religieux pour établir dans la paroisse la confrérie des *Pénitents blancs*, sous le titre des *Cinq Plaies de Notre Seigneur* (1).

Les statuts en furent approuvés par l'évêque Guillaume IV de Cheisolme, en 1598.

---

(1) 25 juillet 1567. — Hii qui erant Huguenaudi fugitiui et nunc sunt retirati in presenti Loco requisiuerunt Consules ut faciant eisdem certificationes comodo ipsi viuunt Catholice, ad fines illas monstrandi Reuerendissimo Cardinali Auenionensi.

(1) Cf : Archives paroissiales, et Archives municipales, passim. — Archives du Département de Vaucluse : Registres des Comptes des Pénitents blancs de Malaucène, de 1650 à 1782. — Fondations de la Chapelle de MM. les Pénitents ; — et Cours séant au Palais Apostolique, série B. 757, an. 1698.

Cette institution ayant pour but spécial la visite des malades et des prisonniers et l'assistance mutuelle, était d'une utilité incontestable à une époque où se présentaient dans le pays tant de plaies à soigner et tant de maux à guérir.

L'article de ces règlements relatif à l'élection du recteur de la confrérie mérite une mention spéciale. Le pénitent nommé aux fonctions de chef de la Société ne pouvait s'en exempter qu'en payant la somme de *trois écus d'or.*

Une petite chapelle adossée au presbytère actuel, vis-à-vis le clocher de l'église paroissiale, servait aux exercices religieux. Elle avait, en sus du maître-autel, un autel latéral consacré à Notre-Dame-de-Pitié.

Des caveaux furent creusés dans l'intérieur même de la chapelle. On les destinait à la sépulture des confrères et l'on ne pensait point rencontrer de difficultés, du moment qu'on aurait acquitté à la paroisse les droits accoutumés. Néanmoins les évêques ne voulurent jamais y consentir.

Les revenus de la confrérie étaient fort minimes et suffisaient à peine aux dépenses ordinaires.

Quant au service religieux, il était fait par un des prêtres de l'Agrégation (2).

Peu après la conclusion de la paix, « an mespartement des « 40,000 escus des debtes deubs par le general du pays du Comtat « de Venisse, faict (à Carpentras) le 9 aoust 1584, la Communauté « de Malaucène a este taxee a 1,701 escus soleil et 20 soubs. »

§ II. — NOUVELLE ENTRÉE EN CAMPAGNE

Mais la paix fut de courte durée et, dès le 15 septembre de l'année suivante, il est déjà question d'une nouvelle entrée en campagne. On se remet donc sur le pied de guerre à Malaucène : on répare et on fortifie les portes avec leurs basfions et leurs ponts-levis ; on achète de la poudre ; le conseiller Antoine Brusset est chargé par le Conseil d'acheter et de choisir lui-même trente-six arquebuses et six piques ; Jaumes Anthoyne est nommé capitaine de la porte Duron et Jacques Augier capitaine de la porte Filiol ; une sentinelle fait le guet jour et nuit sur la plate-forme de la porte Duron.

---

(2) Le 9 décembre 1761. — La Confrérie du Tiers-Ordre de Saint-François fut canoniquement érigée dans cette chapelle. Les réunions avaient lieu le dimanche, après les offices de la paroisse. Le curé Esprit Bourre-Despréaux, fondateur de cette pieuse association, en fut nommé directeur.

Toutes ces précautions sont insuffisantes pour préserver les habitants d'une surprise. Nous lisons, en effet, ce qui suit dans les registres, écrit de la main du secrétaire Guillaume Gaudibert, bien que ne portant point sa signature :

« Lan 1587 et le 14° du moys de decembre, les Huguenaux se
« vindrent embuscher aupres desta ville, du coste de vers Beau-
« mont et ung matin, quand les gens voloint aller au bois et les
« ungs voloint aler querir de ble a Brantolz, ils prindrent le bestal
« et ne se mostrerent que bien peu de Huguenaux. Quant les gens
« de la ville en furent auertis, ils acururent pansant que fussent
« certains volurs que destrossoint les gens sur les chemins. Lors
« la grosse troupe se desbucha et dona dessus nos gens et en
« tuarent six, scauoir : Jaques Augier, Bertrand Martinel, An-
« thoyne Boneti, Jaumes Testut, Nycolas Quartel et Bertrand
« Bonet, et amenarent prisonier M. dAulanc (de l'Espine), Mathieu
« Roland, Anthoni Eyceric, Joseph de Beaumont, Peyre Geydas et
« capitaine Theoffre Mancis. »

Le 21 décembre, le Conseil reconnait la nécessité d'avoir de nouveau une garnison de soldats italiens et n'ose trop en formuler la demande, après les démarches nombreuses faites par lui précédemment pour en être débarrassé. Il se décide pourtant à envoyer les consuls auprès du cardinal d'Armagnac, à Avignon.

Ce voyage des consuls pouvait d'ailleurs être avantageusement utilisé pour l'achat d'armes jugées nécessaires. Il le fut en effet et les consuls réussirent dans toutes leurs entreprises. Ils achetèrent « deux piesses, apellées campagnoles, pesant cinq quintaulx
« et cinquante quatre livres, inclus les molles, et costent a raison
« de trente deux francz le quintal ; six piques, vingt-cinq arque-
« buses et six mosquets. »

De plus, ils obtiennent la promesse d'une petite garnison de soldats italiens. Ceux-ci arrivent, en effet, peu de temps après, sous les ordres du capitaine Barthélemy Gastaldo.

Les consuls rendent compte au Conseil du succès de leurs opérations. « Plus ont expause les dits Consuls que M. dAulanc, estant
« prisonnier à Merindol, entre les mains des Huguenaux, leur a
« escript une missiue contenent en substence que M. de Gouernet
« est fort courroce contre esta ville, Caromb, Bedoyn et Mazan,
« pource que on luy a faict quelque domage et quil menasse
« fort de nous fere quelque oultrage. De que seroit bon de la payser
« par quelque honeste presant et den auertir Monseigneur le
« Legat. »

Séance tenante on arrête d'écrire sans retard à M. D'Aulan pour l'informer qu'on s'occupe de lui et des autres prisonniers.

Puis, on profite d'une trêve de quelques jours (mai 1588) pour négocier la délivrance des prisonniers. « Les Consuls furent a
« Piegon parler a M. de Bonaual, lequel dict que M. de Gouuernet
« demande trois cents escus pour les domages quon luy a faict. »

« Quil nous enuoie bonne assurance, » répondent les Conseillers, « et nous les luy donnerons. »

Au moment même où avaient lieu ces pourparlers (26 mai), les Protestants recommencent leurs déprédations. « Les Huguenaux
« furent hier en ceste ville et prindrent des prisonniers et mena-
« rent de bestail et encore menassent de venir tous les jours. »

18 juin. — On est averti que Lesdiguières et Gouvernet sont à Nyons, Piégon, Mirabel, etc. avec toutes leurs forces, qu'ils font de grands préparatifs et sont encore indécis sur le point par lequel ils commenceront l'attaque. Mais tous les jours « ils courent sus aux Malaucéniens dans la campagne. »

Les troupes pontificales sillonnent le territoire, passent par Malaucène, se rendent à Entrechaux, Faucon, Puymeras, à la rencontre des Calvinistes.

3 septembre. — Le recteur et le légat écrivent à la Communauté d'avoir à envoyer un détachement de troupes, pris parmi les soldats italiens de la garnison, au secours d'Entraigues tombé au pouvoir des Huguenots. — Vingt-cinq hommes partent sous le commandement d'un sergent. « On luy donnera six francs et aux
« soldats quatre a un chescung. »

Trois jours après, le recteur et le légat demandent un secours en vivres, pour les soldats du camp de Monteux, réunis pour le recouvrement d'Entraigues. — « Que lon porte du pain pour trois
« jours, cest a dire six cens. »

16 octobre. — Nouvelle demande de provisions de bouche pour le camp de Monteux. Le Conseil veut bien envoyer le secours réclamé, mais les chemins ne sont pas sûrs. On décide donc de s'adresser au recteur, à Carpentras, pour « tascher dapointer en
« argent, a cause que lia dangier sur les chemins. »

Au milieu de toute cette sollicitude pour les soldats réunis dans le but de délivrer Entraigues, le capitaine Pierre Jehan, de Bedoin, arrive à Malaucène, chargé de lever dans cette localité une compagnie de cent hommes. Les volontaires se présentent en foule, le capitaine n'est embarrassé que du choix.

On ne doit pas être surpris de ce grand enthousiasme. Les Malaucéniens se laissaient tout naturellement aller à l'accomplissement d'un devoir de reconnaissance. Ils n'avaient point oublié, en effet, que, vingt ans auparavant, les jeunes gens de Monteux étaient accourus à leur délivrance. A leur tour, les jeunes gens de Malaucène voulurent partager les fatigues et les dangers auxquels allaient s'exposer les Montelins, pour porter secours à Entraigues.

« Nota que ung samedy, 29 doctobre 1588, les Huguenaux sont
« sortys du lieu dEntraygues que lauoyent teneu despuys le pre-
« mier de septembre, annee susdite, et emportarent le fourage et
« le saccagerent et amenarent plusieurs gens pour prisoniers et
« les menarent a la principaulte daurenge. »

Quelques mois après avoir quitté Entraigues, les Huguenots se répandent dans la campagne, du côté de Malaucène, et donnent à craindre aux habitants de cette ville qu'ils ne tarderont pas à être assiégés (janvier 1589). Les hérétiques s'avancent en effet sous le commandement d'un gentilhomme nommé de Saint-Sauveur. Celui-ci fait dire aux consuls que si Malaucène veut lui remettre, contre paiement du pain, du vin, de la viande et autres objets de consommation — les munitions de guerre exceptées — « il ne
« courira point au terroir de ceste ville et ne rompra point la
« treue » (3 avril).

Les soldats de l'armée catholique passant et repassant sans cesse sous les murs de la ville, pour se rendre à Puymeras, Bedoin, Faucon, Entrechaux, etc. demandent, eux aussi et avec plus de raison, des vivres et des munitions de guerre, et ceci n'arrête point le succès des ennemis. Nous lisons en effet cette note dans nos registres.

« Nota que le 17 fevrier, annee presante 1589, les Huguenaux
« assiegerent le lieu de Mollans et le lendemain samedy, 18ᵉ jour
« dudict moys, tirarent contre ledict Mollans enuiron trois cens
« coups de canons et firent une grande bresche et entrarent das-
« sault enuiron vespres. »

Les gens de Malaucène se tinrent pour bien avertis et se mirent en mesure de recevoir de leur mieux une attaque nouvelle. En même temps, ils s'occupèrent de se procurer des soldats et des armes, et de terminer leur système de fortifications.

Montezuy, avec son régiment, est envoyé à Malaucène. Le chevalier de Caumont, à la tête de sa compagnie, et d'autres détachements encore reçoivent la même destination.

On fait, presque tous les jours, des achats d'armes de tout genre:

piques, mousquets, lances, hallebardes, arquebuses, etc (1). On prend à la maison de sire Théoffre Augier « les corcelles et corps « de cuirasses pour les donner aux particuliers reconnus aptes à « les porter ». On emprunte au seigneur du Barroux piques et mousquets.

On ne peut pas compter sur le fossé du rempart pour protéger la ville du côté de l'est. Le gouverneur ou plutôt le directeur des fortifications, nommé Paradis, décide de creuser un nouveau fossé beaucoup plus considérable et parallèle au premier, passant derrière le moulin dit de la porte Duron. Les travaux sont exécutés sans que cet établissement ait à en souffrir (15 février).

Le directeur des fortifications et le chevalier de Caumont, assistés d'Hercule de l'Espine d'Aulanc, font le tour des remparts, tant à l'intérieur qu'à l'extérieur. Ils reconnaissent « que pour rayson « que lya des cottaux que dominent contre les muralhes, que nest « assez des foussetz, pour grands et proffonds que puissent se « fere » il est impossible de fortifier la ville sans y entreprendre des travaux considérables.

« Quon les entreprenne, « répondent les habitants ! » Que nous « sommes disposes a viure et a mourir dans ladicte ville pour sa « tuyssion et sa deffense » (19 mars).

On se met sérieusement à l'œuvre, sous la direction de l'ingénieur ou directeur ; on construit des casemates, des bastions ; on exhausse les remparts et la tour de la porte Duron (2), sans faire attention que la trève a été signée (11 mai).

Le général commandant les troupes pontificales, suivi de deux compagnies, vient visiter la place. Il examine les fortifications, les approuve et ordonne qu'elles soient poursuivies. Il passe en revue toutes les armes qu'il trouve en état et en nombre suffisant, sauf les mousquets. Il prescrit de s'en procurer encore une douzaine (17 juin).

§ 12. — SORCIÈRE BRULÉE VIVE

Tous ces préparatifs, qui durent près de deux ans, sont interrompus par un fait extraordinaire et qui ne paraît point avoir

---

(1) 25 janvier 1589.—« 12 piques, que costent 18 escus de 5 florins pièce, et 9 mousquetons que costent 30 florins la piece. Deux douzaines d'arquebuses auec leurs fournimens, que costent 16 florins, 3 sols la piesse, 1 allebarde que coste 10 florins. » etc.— 19 mars : « Quon achette 2 piesses dartillerie comme celles que jauons, scanoir : une pesant 3 quintaulx et l'autre 4 quintaulx ; 12 mousquetons, » etc.

(2) La chaux se fait à Puy-Haut

causé une grande émotion dans la localité : il était dans les mœurs de l'époque.

Nous copions textuellement la note du registre des délibérations du Conseil :

« Lan 1590 et le second jour du mois d'octobre, etc., auquel
« Conseil ont expause MM. les Conseuls que M. laduocat de Car-
« pentras a mande par une lettre missiue que la ville face fere
« ung pilier, en quelque lieu eminant, pour faire bruller Mar-
« guerite Oliuiere, come masque ou sorciere, et que la ville face
« vendre son bien a cette fin quils ne se tornent guerres en cesta
« ville, car M. le juge, M. laduocat, le notaire et les officiers et
« lexecuteur de justice viendront en cesta ville avec leurs mon-
« tures et seruiteurs, et ladite masque est ja arriuee auec quel-
« ques officiers et lon doubte quils ne veulhent fayre payer les
« despans a la ville, pource que demandent que soyt conclus que
« sera de fere.

« Les Conselhiers, ayant entendu ladite exposition, ont conclud
« que la ville face fere ledit pilier et fornisse le bois pour la brus-
« ler et que paye les despans de bouche de Messieurs les officiers
« et de leurs montures, sans payer aultre chose ; car la ville est
« poure, et que le bien de ladite Oliuiere y doyt estre employe. »

§ 13. — FIN DE LA GUERRE CIVILE

Ce supplice, heureusement unique dans nos annales locales, passa presque inaperçu au milieu des préoccupations de la guerre civile.

Les Huguenots sont maîtres de plusieurs localités voisines : Mollans, Nérindol, Moustiers et autres places obéissent à Gouvernet. Celui-ci réside dans un fort, voisin de Mevoillons, d'où il dirige, de concert avec Lesdiguières, le mouvement de ses soldats.

Les habitants de Malaucène et les Huguenots du voisinage se font réciproquement des prisonniers et se prennent des têtes de bétail, pour lesquels on échange de longues et minutieuses réclamations ; Gouvernet menaçant « de courir dessus » et les Malaucéniens faisant entendre des paroles de paix à Gouvernet et à Lesdiguières, par l'intermédiaire des recteurs, du légat, du général et du commissaire du Comtat.

De part et d'autre on dit qu'on veut en finir. Malaucène ne fabriquera plus de balles et n'enverra plus ni poudre, ni autres munitions de guerre à Mevoillon. Gouvernet ne « courira plus sus aux Malaucéniens. »

Gouvernet manque à sa parole et ses hommes continuent à faire beaucoup de mal aux habitants de Malaucène pris à l'improviste dans la campagne. Les consuls s'en plaignent aux autorités pontificales; celles-ci en écrivent au duc de Montmorency, lequel a pris le Comtat sous sa protection.

Sur le conseil de la Fare, commissaire de la province, les Malaucéniens envoient à Gouvernet quelques charges de vin, pour se le rendre favorable. Le vin est bientôt bu et oublié.

Gouvernet a toujours la menace à la bouche. Ses gens continuent à détrousser les passants. La garnison de Monnieux inquiète Malaucène, Malaucène qui voudrait cependant en finir avec ses prisonniers détenus à Monnieux depuis près de quatre ans.

« Ceulx qui tiennent les prisonniers à Monieulx ne les veulent
« lascher, a moins de cent cinquante escus et les frais. »

Gouvernet envoie le baron de Sainte-Euphémie à Malaucène négocier cette affaire, et en même temps la reddition de quelques-uns de ses gens saisis par ceux de Malaucène, et entre autres le fils du baron de Sainte-Euphémie et un fermier de Gouvernet.

En suite de ces ouvertures, une députation se rend à Monnieux, pour traiter de la rançon. Elle est fixée à cent écus seulement, mais à condition que tous les prisonniers seront rendus de part et d'autre (8 avril 1591).

On va même plus loin. De la Fare revient de parler à Gouvernet et apporte de sa part des paroles de paix. Gouvernet « veult
« estre ami et voysin. Le sieur de la Fare a dict quil seroit fort
« bon de fere quelque presant, aux enfants de Gouvernet, de
« quelque satin et a Madame de quelques boytes de confiture, et
« encore quelque presant a M. de Saint-Sauveur. »

Ces conseils sont suivis et l'on envoie « soixante pans de satin
« et des confitures, pour rechepter vexassion » (11 juillet 1593).

Deux jours après, aux cris de « *Vive le Roi!* » avait lieu à Saint-Denis l'abjuration d'Henri IV.

Avec la paix revint l'abondance, mais en même temps il se produisit une très grande dépréciation dans la valeur de l'argent, « a
« cause du reflus des monoyes » et une grande cherté des vivres.

On vendait la charge de blé 48 florins, celle de vin 30, celle d'huile 250. Les draps et les cuirs se vendaient au quadruple de leur prix ordinaire. Les travailleurs gagnaient, au mois d'avril, 2 florins par jour. Le prix d'un bœuf était de 40 à 50 écus; celui d'un mouton de 20 à 35 florins; une livre de poisson se payait de 12 à 15 sous.

Les élus ou députés aux Etats du Comtat mirent un taux modérateur, mais cette mesure ne fut point suivie dans le pays.

CHAPITRE DIX-SEPTIÈME

restauration religieuse (1593).

Le mouvement incessant des troupes de l'armée pontificale continue, tout en perdant de son activité. Les charges deviennent moins lourdes pour les habitants « la cavalerie estant logee en « destables pour ne descommoder. » Toutes les portes de la ville sont ouvertes, par autorisation supérieure, à condition toutefois que les bastions et ponts-levis soient toujours tenus en parfait état.

Si, par moment, on ferme les portes, c'est uniquement par mesure de prudence « à cause des bruits de contagion. »

Cette période de calme, la plus considérable depuis la fondation de la ville, se prolonge sans interruption jusqu'à la première occupation du Comtat Venaissin par les armées de Louis XIV (1663). Puis, ce sont des alternatives de calme et d'agitation jusqu'à l'annexion définitive de ce pays à la France.

Avec la paix revient l'abondance : Ex pace ubertas ; les habitants se livrant avec ardeur à leur amour pour le travail, l'agriculture et l'industrie viennent à leur aide pour réparer les maux de la guerre.

Les Malaucéniens font remonter vers l'Auteur de tout don, l'expression de leurs sentiments de reconnaissance et s'appliquent à la restauration de leurs anciennes institutions religieuses détruites par les Protestants, et à la création de nouvelles.

§ 1er — ÉGLISES OU CHAPELLES.

1° Chapelles Urbaines.

I. — *Notre-Dame-la-Brune* ou *Notre-Dame de Consolation*, appelée communément *Notre-Dame de la Place* (1).

---

(1) Cf. Archives paroissiales: Fonds de l'Agrégation,*Liber B. fundationum* et le Cahier de la réduction des fondations (en 1728). — Archives municipales : *Liber Regiminis* (mai et août 1561) et Registre des Délibérat. (avril 1585). — Archives du département de Vaucluse: Fonds de l'Évêché de Vaison, *Liber visitæ generalis D. Vasion. Episcopi*, an. 1600, 1602, 1673, 1754, 1761.

Le premier de ces noms lui venait de ce que la statue de la Vierge, après avoir passé des siècles exposée dans une simple niche aux injures de l'air, avait été brunie par le temps. Le second, qui était le vrai titre du petit sanctuaire, indique le sentiment de bonheur des habitants *consolés* par la paix des horreurs de la guerre. Le troisième marque seulement la position de la chapelle. Elle était construite sur la place, l'ancien *marché neuf*, des Baux, à l'intersection de la grand'rue et de la rue Chaberlin, en face de l'Hôtel-de-Ville actuel.

Par testament, en date du « pénultième » jour du mois d'août 1529, reçu par Mathieu Rabasse, notaire à Malaucène, Claude de Gruffaco de Malaucène avait constitué une fondation dont le revenu annuel était destiné à fournir de l'huile pour l'entretien d'une lampe qui devait brûler, jour et nuit, devant une « image *sive* effigie de Nostre-Dame plantée et posée contre la « paroir de la mayson consulaire. »

Cette statue était très ancienne, et nous la faisons remonter au moins à l'époque de l'agrandissement de la ville, dans le courant du XIIe siècle. Elle faisait face à la partie inférieure de la grand'rue, en entrant par la porte Filiol, et était adossée à l'ancien Hôtel-de-Ville qu'on appelait alors Maison Consulaire.

Cette maison menaçant ruine, la Communauté se vit dans la nécessité de la démolir pour la reconstruire sur de nouvelles bases. Avant d'entreprendre l'œuvre de démolition, la statue de la Vierge et le petit autel qui la supportait furent enlevés avec respect, afin qu'ils n'eussent pas à souffrir du voisinage des ouvriers. Les consuls, sur l'avis du Conseil, informèrent officiellement l'évêque de ce fait, lui promettant de remettre le tout en place quand les travaux de reconstruction seraient terminés ; ils lui donnèrent même à espérer que l'autel ancien serait remplacé par un autre neuf et plus beau (28 avril 1585).

En même temps, on commanda à un peintre de Carpentras, nommé Ménerbes, de faire « ung ymage de Nostre-Dame » qu'on devait placer sur l'autel, ainsi que les armes de la Ville qu'on voulait placer au-dessus de la porte du nouvel Hôtel-de-Ville.

Les consuls firent construire au-dessus de l'autel « une crotte » (sorte de voûte), afin de préserver de la pluie la statue, le tableau et l'autel. C'était presque une petite chapelle, mais sans porte, ni façade, ni même sans barrière aucune. Ceci avait été exécuté de cette façon, non point dans un but d'économie, mais par sentiment religieux, les habitants étant fort aises de trouver sur leur chemin, dans le carrefour le plus fréquenté de leur ville, la statue de « Noste-Done », de la saluer en passant et même, lorsqu'ils n'étaient point trop pressés, de réciter un *Ave Maria*.

« L'ymage » faite par le peintre Ménerbes, fut mise en place le 8 août de la même année, et bénite le 15, fête de l'Assomption, par le curé Etienne Audibert « faysant la procession » de Notre-Dame.

Cependant, depuis nombre d'années, les hoirs de noble Gruffaco ne payaient plus la redevance à laquelle ils étaient obligés, en vertu du testament de leur auteur, à savoir « une eymine d'huyle « annuellement. » Les arrérages formaient déjà une somme considérable dont la Communauté réclamait la rentrée depuis longtemps, mais toujours sans succès.

Les consuls profitèrent, pour faire une réclamation formelle, de la présence à Malaucène de l'évêque diocésain Guillaume IV de Cheisolme, et le 12 juin 1601, « au deuant le cestier, place « Nostre-Dame, auec plusieurs honorables habitans », ils demandèrent à l'évêque de vouloir bien ordonner aux héritiers de payer la somme dûe par eux, avec tous les arrérages, le tout devant être employé à convertir « en chapelle la crotte quest illec, et y « faire brusler ladite eymine dhuyle annuellement doresenauant, « suyuant lintention dudict donateur. »

L'évêque, faisant droit à cette juste demande, ordonna que les arrérages seraient payés et que la « crotte *siue* voulte serait « conuertie en chapelle, défendant les danses deuant cette ymage. »

Le procès-verbal de la vente de cet édifice, comme bien national (13 pluviôse an VI), nous apprend que ses dimensions étaient trois cannes et trois pans de longueur sur deux cannes et demi de largeur.

L'autorisation épiscopale une fois accordée, les fondations pieuses ne tardèrent point à venir. Citons en deux ou trois.

Joseph Martinel, par son testament du 21 janvier 1604, et par un codicille écrit quatre jours après (1), institua un anniversaire et des messes en « faveur de la chapelle quest dessoubs la maison consulere, appelee *Nostre-Dame* La Brune.

Le 9 septembre 1605, Jean Guintrand père, et Edouard Guintrand, son fils, prêtre-agrégé de Malaucène, fondent une messe dans la chapelle de *Notre-Dame* de la Place, construite dessous

---

(1) Etude Girandi.

la maison consulaire. Il s'agit d'une messe à dire tous les mardis, par les prêtres de l'agrégation et *per turnum*. La fondation est acceptée par Jean Auréoly, curé de la paroisse et procureur de l'Agrégation et par Etienne Giraud, prêtre-agrégé. Les fondateurs versent en leurs mains la somme de cent cinquante florins.

L'évêque présent à l'acte de fondation, dressé à Malaucène, chez le notaire Gaudibert, autorise ce qui a été fait, à condition que la chapelle aura un rétable et un autel décents et une porte, « afin de séparer le sacré du profane » jusqu'à ce que cette ordonnance reçoive son entier effet, la messe devant être dite au jour fixé, mais « dans l'église paroissielle. »

Malgré ces fondations et beaucoup d'autres encore, il ne paraît pas que la chapelle de la Place soit jamais parvenue à être un monument remarquable par ses formes artistiques ou par sa décoration.

Il est question d'elle dans tous les procès-verbaux des visites pastorales ; or, ces procès-verbaux n'indiquent rien qui soit digne d'intérêt.

Dans le rapport de la visite canonique de 1761, il est parlé de « la chapelle de *Notre-Dame de Consolation,* qui est sous l'an- « cienne Maison de Ville, » comme servant à recevoir les corps des personnes décédées en dehors de la ville, en attendant l'heure du convoi funèbre.

II. — *Annonciation de Notre-Dame.*

Elle était située à la porte Duron. Voici ce que nous lisons à son sujet dans les Archives municipales (1).

« L'an 1680, la chapelle de la porte Duron a esté érigée par la
« Communauté soubs le tiltre de l'Annonciation de Notre-Dame.
« Elle a esté bénite par moy, Alexandre Filiol, curé, (le 20 auril,
« veille de Pasques, sur le soir,) qui ai bénit aussy la cloche
« d'icelle chapelle, le 4 septembre, et lui ay mis nom : *Maria*
« *Angelica* ; et ay fait le tout par la commission de M⁺ Loüys
« Alphonse de Suarès d'Aulan, évesque de Vayson, qui a ordonné,
« dans la permission de l'érection d'icelle, qu'il y eut deux clefs,
« une pour le Curé et l'autre pour les Consuls *et nulla sit cloacha*
« *circa capellam.* »

2° Chapelles rurales.

I. — *Saint-Martin.* — Ce petit sanctuaire n'a rien de commun avec la chapelle Saint-Martin de Clairier dont Guinier est seul

(1) Série GG. 1634.

à parler. (1) Il était situé entre l'ancienne voie romaine qui conduisait de Carpentras à Vaison et la grande route actuelle de Malaucène à Vaison, non loin de la rive droite du Groseau. Notre plan de la commune permettra de trouver facilement cette position.

Cette chapelle était une des plus anciennes de tout le territoire. Il en est en effet question dans la bulle donnée, en 1113, par le pape Pascal II (2) et dans la charte de l'évêque Rostang, en 1117 (3).

Il en est également parlé dans le *Polyptique* des comtes de Toulouse (4), dans le *Livre-Terrier* du XV° siècle et dans le *Liber Regiminis* (5).

Disons, en passant, que la disposition des lieux n'a pas changé. Il est facile de se reconnaître sur le terrain avec les indications données par nos vieux documents. Les flancs des collines de droite et de gauche sont encore, malgré le phylloxera, complantés de vignes, dont plusieurs sont prospères, grâce à la nature sablonneuse du sol. Les terres qui constituent la partie basse de la vallée sont toujours de luxuriantes prairies.

La chapelle n'existait plus depuis longtemps, lorsque un curé de Malaucène, Alexandre Filiol, entreprit de la relever de ses ruines. Nous ne saurions préciser l'année de cette reconstruction ; mais la note suivante empêche de faire à ce sujet un grand écart.

« L'an 1714 et le 5 mai, M⁰ʳ Joseph-François (de Gualtéry),
« évêque de Vaison, a visité la chapelle de Saint-Martin *nouvelle-*
« *ment* reconstruite par M. Alexandre Filiol qui en a orné l'autel
« avec un tableau du saint et de saint Quenin. Sa Grandeur a
« loué son zèle. » (6)

A dater de cette époque, on célébra toutes les années la messe dans cette chapelle le jour de la fête du saint patron et le troisième jour des processions dites des Rogations.

Cette seconde chapelle comme la première, a été détruite et

---

(1) Voir page 115.
(2) Voir la note de la page 95.
(3) Note de la page 96.
(4) Voir *Pièces justificatives*, n° II.
(5) Lune die 11° madii 1450. — Aqua bidalis pratorum Sancti Martini et D. Viguerii (marquis de l'Espine Sgr. d'Aulan) deuastant iter pontis ulmi, sic et taliter quod nullus non possit transire in dicto itinere.
(6) Arch. municip. *Série GG.*

avec les pierres en provenant on a construit, tout récemment, une *grangette*. Le lieu jadis occupé par ce sanctuaire est encore reconnaissable aujourd'hui, près de la petite rivière, par un reste de *clapas*.

Il existait un cimetière au-dessus de la grande route qui conduit à Vaison, et au dessous du grand réservoir dont il est parlé dans les registres municipaux, à la date de 1450. Les ossements sont très-nombreux en cet endroit ; il suffit de regarder pour en apercevoir.

II.— *Noste-Done-du-Col* (1).—Près du chemin vicinal de Suzette, au quartier de la Tour des Baux, existait jadis une petite chapelle attenant à une étroite cellule. A cause de son voisinage, elle fut d'abord appelée chapelle de la Tour.

C'était l'habitation, ou, si l'on veut, le tombeau dans lequel venait s'ensevelir vivante une solitaire recluse (2) ; d'où lui vint le nom de Notre-Dame ou plutôt *Noste-Done-la-Recluse*, appellation qu'elle perdit après le XVe siècle, pour faire place à celle de *Noste-Done-du-Col*.

Les bâtiments appartenaient à la famille Gaudibert qui, durant des siècles, a fourni des notaires publics et des secrétaires du Conseil de Ville.

Faulquet Gaudibert (1618) et son fils Jean Gaudibert (1647) firent de nombreuses fondations en faveur de la chapelle de la Recluse et notamment une grande messe avec procession le 8 septembre, fête de la Nativité de la Sainte-Vierge.

(1) Col, (du celte *Coll*, union.) S'entend d'un passage étroit entre deux montagnes, entre deux collines ; presque un defilé.

(2) On sait que, à une certaine époque, dans le voisinage de plusieurs villes et dans de chétives habitations, de pieux solitaires se livraient aux pratiques les plus rigoureuses de la pénitence chrétienne et à la contemplation des choses divines. Les conciles avaient tracé les réglements de cette vie austère et marqué la manière dont les populations devaient pourvoir à la subsistance de ces moines. Une fois admis par l'autorité ecclésiastique à se retirer du monde, ils s'enfermaient dans une méchante cellule, n'ayant d'autre récréation que la culture d'un petit jardin. Au dehors on murait la porte de l'habitation, laissant une étroite ouverture par laquelle on faisait passer les aliments et les objets de première nécessité. Ces sortes d'ermitages étaient fort recherchés par les amateurs de pénitence qui se succédaient rapidement les uns aux autres, ne pouvant résister longtemps à ce genre de vie, si contraire à la nature. Ménard (*Histoire de Nimes*) dit qu'au commencement du XVe siècle, la cellule affectée au logement d'une recluse, près de Nimes, fut habitée successivement par trois solitaires, dans l'espace de quatre ans, une nouvelle victime s'offrant pour remplacer celle qui venait de disparaître.

« Jehan Gaudibert, *etc.*, desirant, a toutes ses meilleures fins
« de thesauriser spirituellement en ce monde enuers le ciel, tant
« pour luy et son ame que pour les ames de ses encestres et de
« celles de ses successeurs a laduenir ; de son gre et franche vo-
« lonte, a fonde et fonde, vollu et veult estre dictes et cellebrees
« huict messes *de die* les iours et festes que sensuyuent et cy
« apres designees, dans leglise et chapelle du present terroyr de
« Mallaucene et quartier de Noste-Done-du-Col, aultrement dict
« icelle chapelle Noste-Done-la-Recluse, cy deuant restauree et
« rebastie, comme apresant est et se treuue, par feu Monsieur
« Foulquet Gaudibert, son honnore pere, aussy notaire, en son
« viuant, de la presante ville : Scauoyr une le iour et feste de
« la purifficalion de *Nostre-Dame*, segond iour du moys de fe-
« burier ; une aultre le iour et feste de Monseigneur Sainct Jo-
« seph, dix-neuf de mars ; une aultre le iour et feste de Monsei-
« gneur Sainct Joachim, vingtiesme dudict moys de mars ; une
« aultre le iour et feste de la visitation de Madame Saincte Eli-
« sabet par la tres-Saincte Vierge et Mere de Dieu, sa cousine, au
« segond iour de iulhet ; une aultre le iour et feste de Madame
« Saincte Anne, au vingt-six dudict et mesme moys de iulhet ;
« une aultre au jour et feste de Nostre-Dame des Anges, au se-
« gond jour du moys daoust ; plus une aultre le iour et feste de la
« Presentation Nostre-Dame au temple, vingt-unieme de nouem-
« bre ; et finalement une aultre au iour et feste de Nostre-Dame
« des Neges, le cinquième du mesme moys daoust. Et cest en
« lhonneur diceulx iours, et saincts et sainctes que dessus ; cel-
« lebrables par lung des sieurs prebtres agreges.... Ledit sieur
« Gaudibert fondateur les a volleu dotter et dotte dune pansion
« annuelle et perpetuelle de quarante huict sous, monoye courant
« au present Comtat, qua volleu et veult que soyt inextinguible. »

Cette fondation, comme toutes les autres, fut non pas extinguée, mais réduite par ordre du Souverain Pontife (1728) à cause de son insuffisance. On conserva cependant la grand'messe de Faulquet Gaudibert.

Il n'existe plus aujourd'hui debout une seule pierre de toutes les constructions qui jadis couvraient la colline. Les noms de Noste-Done-la-Recluse, de Notre-Dame-du-Col et de la Tour des Baux ont seuls survécu.

III. — *Saint-Raphael* (1). — Vers la fin du XVII° siècle, le

---

(1) Cf. Archives paroissiales : *Liber B. Fundationum.* — Archives municipales : Polyptique *du seigneur de Remusat*, dressé en 1328, dont nous

Conseil décida la restauration de cette chapelle et la construction d'un ermitage y attenant ; il vota même à cette fin la somme de cinquante florins. Il paraît que la somme votée fut absorbée par la restauration de la chapelle et l'ermitage ne fut pas construit.

Cette chapelle dominait le monticule qu'on a devant soi lorsqu'on sort de l'église paroissiale par la porte principale. Elle mesurait « trois cannes de largeur sur six cannes et demie de longueur » et fut autrefois le siège d'un prieuré. Nous trouvons ce bénéfice, en 1513, possédé par le curé Charles Bonéty.

L'édifice dont nous parlons était déjà fort ancien lorsque fut dressé le *polyptique* ou tableau des reconnaissances des directes possédées à Malaucène par Bertrand de Rémusat, damoiseau, seigneur de Beauvoisin. Qu'on veuille jeter un coup d'œil sur ce que nous avons dit au chapitre IV du présent livre (1) et sur l'extrait que nous donnons de ce polyptique, et on comprendra facilement que la chapelle de Saint-Raphaël devait exister dès les temps les plus reculés et avoir à cette époque une importance relative, entourée qu'elle était de constructions nombreuses.

Parmi les fondations faites en faveur de la chapelle de Saint-Raphaël, la plus considérable est du 1ᵉʳ octobre 1755. François d'Astier, chevalier de Cremessière, assure plusieurs capitaux pour l'établissement d'une chapellenie perpétuelle, sous le vocable de saint Raphaël, archange, avec obligation de faire célébrer toutes les années quatre messes basses. Il est dit dans l'acte de constitution que « Saint-Raphaël appartient à la Communauté de la ville » (2).

De grandes réparations furent faites à cet édifice, en 1785, lequel fut vendu, par ordre du gouvernement français, dix ans après.

Autrefois la paroisse se rendait processionnellement à Saint-Raphaël le jour de saint Marc, 25 avril, pour la station des *Litanies majeures*.

IV. — *Saint-Roch* (3). — Le culte de ce saint était parfaitement

---

donnons des extraits, à nos *Pièces Justificatives*, n° XVI. — Directes du Grosel, série GG. 4. — Registres des délibérations du Conseil, BB. 20, de 1685 à 1697. — Livre-Terrier du XV° siècle, passim.

(1) Page 81.
(2) Ecrivant Claude-Jacinthe Poyol, notaire à Vaison.
(3) Cf. Archives paroissiales : Livre de la Confrérie de Saint-Roch. — Archives municipales, série GG. ms. du curé Edouard Pontayx et Livres des Privilèges. — GUINIER, *Hist. manuscrite de Malaucène*.

établi à Malaucène et depuis longtemps, avec chapelle dans l'église paroissiale, autel, statue et confrérie, lorsque, le 12 août 1629, les consuls, agissant au nom de leurs concitoyens, firent vœu de célébrer toutes les années, la fête de saint Roch avec abstention des œuvres serviles et assistance aux offices, comme le jour du dimanche. Ce vœu était fait en reconnaissance de ce que le pays avait été préservé de la peste.

Peu d'années après, ce sentiment de confiance dans la protection du saint gentilhomme de Montpellier ayant grandi dans le cœur des habitants, la Municipalité décida la construction « aux dépens publics du corps de la Communauté ».d'une chapelle rurale en l'honneur de saint Roch et de saint Denis. On choisit à cet effet un emplacement au bord de la grande route de Carpentras, à un kilomètre de Malaucène, sur lequel on éleva un édifice mesurant environ six mètres de largeur sur dix de longueur, et n'ayant de remarquable que la simplicité des lignes et l'absence de style architectural.

La bénédiction en fut faite, le 8 août 1658, par le chanoine-sacristain de Vaison, Julien, « avec les solennités suivantes. Les
« prêtres agrégés, le Lieutenant du Viguier, les Consuls, le
« secrétaire, avec la plus grande partie des habitants se sont
« acheminés en procession à ladite chapelle, où étant arrivés, le
« susdit sacristain a fait la bénédiction, il a célébré une
« grand'messe solennelle et luy ont adsisté Messire Edouard
« Pontayx, curé de Dieu-le-fit, subrogé pour M. Marc Pontayx,
« son frère, diacre ; Claude de Balme, curé de Vaison, sous-
« diacre.

« Les Consuls ont doté la chapelle d'une pension annuelle et
« perpétuelle de cinq florins, avec son capital de cent florins,
« pour le service que les prêtres agrégés feront : une grand'messe
« avec procession le jour de saint Roch, une grand'messe et
« procession le jour de saint Denis, une messe basse le jour de
« saint Sébastien et une messe basse le jour de saint Laurent.

« Et m'a esté remise la clef bénite de ladite chapelle, etc.

V. — *Sainte-Foy* (1). — Jadis appelée Notre-Dame des Sept-Douleurs, fut construite à peu près à la même époque. Elle est toute petite, de forme rectangulaire, avec abside semi-circulaire, en moyen appareil. Elle existe encore. Avec un peu de bonne volonté, on la découvrira, cachée dans une luxuriante prairie, derrière le

(1) Archives municipales: Série GG, ms du curé Pontayx.

grand rideau de peupliers de la route de Vaison, à la naissance du chemin de la Croix de Florent. Elle est si peu élevée qu'en se dressant sur la pointe des pieds on peut, du bout des doigts, atteindre les bords de la toiture. Ce que nous en disons ici est dans l'intention de prévenir le lecteur de la raison pour laquelle nous ne mentionnerons pas cette construction au chapitre des monuments. Si, un jour ou l'autre, elle vient à s'écrouler, ce qui ne saurait tarder, l'archéologue n'aura pas à verser des larmes sur sa disparition.

Il y a longtemps déjà que cet oratoire était en souffrance ; on peut en juger par ces quelques lignes.

« Le 5 mai 1714, Monseigneur Joseph-François de Gualtéry, en
« visite pastorale, se rend à la chapelle avec le curé Filiol et l'abbé
« de Valouze. Il trouve l'autel en bon état, avec la pierre sacrée
« bien couverte d'une toile, avec un tableau décent où sont les
« armes de la maison des Boutin de Valouze, dans le fonds de
« laquelle ladite chapelle est construite : et comme le couvert et
« le pavé ont besoin de réparations et qu'il faut, pour la garantir
« de l'humidité, abaisser le terrein d'alentour, mondit Seigneur
« a dit à M. l'abbé de Valouze qu'il luy laissoit le soin de pour-
« voir à tout ce qu'il verroit être nécessaire pour la réparation de
« ladite chapelle, s'en rapportant à sa piété et à celle de sa
« famille. »

§ 2. — COUVENTS.

1° Couvents d'Hommes.

I. — *Cordeliers.* — Après les guerres de religion, les Franciscains ne voulurent point revenir dans un pays où ils avaient été si rudement traités. Leur ancien établissement demeurait dans un état de délabrement et d'abandon qui avait quelque chose d'effrayant.

Le Conseil jugea peu convenable de laisser inutile une vaste maison dont on pouvait tirer parti et prit la sage détermination d'ordonner les réparations les plus urgentes et d'appeler d'autres religieux. Ce qui fut fait.

Des Cordeliers furent installés dans l'ancien local des Franciscains, avec l'autorisation de l'évêque diocésain. Ils venaient de la maison d'Avignon et avaient pour supérieur un père nommé Joseph de Saint-Félix.

Ces religieux firent de grandes réparations et améliorations à la maison et à l'église ; mais, peu d'années après, ils se virent rappelés par leur supérieur. Ils quittèrent à regret un pays qu'ils aimaient et dont ils avaient eu le talent, en peu de temps, de se faire aimer.

L'abbé Guinier (1) donne à entendre que la raison de ce départ regrettable fut l'impuissance où se trouvèrent les Cordeliers de remettre sur pied un établissement trop considérable pour leurs ressources pécuniaires et d'augmenter le nombre de religieux.

II. — *Augustins* (2). — Aux Cordeliers succédèrent peu après les Augustins déchaussés-réformés. Les pourparlers commencèrent en l'année 1642, mais la fondation n'eut lieu que l'année suivante. L'évêque Joseph-Marie de Suarès les avait demandés à la communauté d'Avignon et les proposa au Conseil de Malaucène. De son côté, le supérieur avait demandé les autorisations nécessaires au vice-légat et au recteur. Toutes les facultés sollicitées furent accordées ; seulement, le Conseil mit à son acquiescement cette clause, acceptée par le supérieur : « En cas de guerre, de « peste, ou de toute autre calamité publique, les habitants ne « seront point tenus de pourvoir les religieux d'aliments et autres « choses nécessaires à leur entretien. »

Le Conseil obtint peu après (9 août 1645) du vice-légat, une ordonnance où il était dit qu'aucune donation ne pourrait être faite en faveur des pères Augustins qu'en vertu d'une autorisation de la Ville, rendue par le Grand Conseil, et qui ne serait valable que tout autant que cette assemblée aurait été composée de trente membre au moins.

La Ville avait accordé, dès le principe, un secours annuel de trente livres et avait continué, sans interruption, cette allocation; mais (en l'année 1738 et le 4 mai) on cessa de voter ce secours « afin, » disent les registres, « d'empêcher la prescription séculaire. »

Quelques pères vinrent d'abord prendre possession de l'établissement et le mirent en état de répondre à sa destination. D'autres religieux arrivèrent ensuite et, en peu de temps, cette maison se vit dans un état très-florissant ; au point qu'on y ajouta un noviciat, avec une chaire de philosophie.

(1) *Histoire* manuscrite *de Malaucène*, chapitre XXII.
(2) Cf. Archives municip. : Série BB, 15 et 17, et n° 3 du livre des *Privilèges*. — Archives de l'Hôpital, passim. — GUINIER, *Hist. de Malaucène*, chapit. XXII, page 326. — EXPILLY, *Hist. eccl. et civile du Comté ven.* — FORNÉRY, *Hist. Eccl.* — *Gallia Christiana* : *Ecclesia Vasionensis*, tome I, page 919. — BOYER, *Hist. de l'Egl. de Vaison*, livre 1er, page 221.

Les noms de la plupart des religieux de cette institution nous sont connus. Ils sont mentionnés dans les actes de donations, de fondations et autres, où il sera facile de les retrouver.

Epris de la nouveauté, les habitants coururent à la chapelle des pères Augustins et abandonnèrent leur église paroissiale et leur curé Edouard Pontayx. Celui-ci naturellement entreprit de retenir ses ouailles fugitives et, ne pouvant y réussir, il fit à l'évêque le récit de ce qui se passait et en obtint une transaction, sous la date du 16 juin 1645, à laquelle il apposa sa signature, ainsi que le P. Sylvestre de Sainte-Anne, économe du couvent. Ce dernier agissait au nom de toute sa maison.

Voici les points principaux de cet acte.

« I. — Il fallait une permission spéciale du curé pour qu'un
« habitant de Malaucène pût recevoir la communion pascale dans la
« chapelle des religieux. Cette interdiction commençait le diman-
« che des Rameaux et finissait après le dimanche de *Quasimodo*.

« II. — Les religieux se contenteraient d'une seule cloche pour
« appeler les fidèles à leurs offices.

« III. — L'heure des bénédictions du Très-Saint-Sacrement
« données au couvent ne devait jamais coïncider avec celle de la
« paroisse.

« IV. — Dans leur chapelle, les religieux ne pouvaient établir
« que les confréries propres à leur ordre.

« V. — Pour leurs processions, les religieux se borneraient au
« *petit tour* (1), sans pouvoir s'en écarter, sauf une seule fois par
« an, le jour de saint Augustin (28 août) fête de leur ordre,
« ils pourraient circuler dans l'intérieur de la ville et faire le
« *grand tour*.

« VI. — Il était interdit aux religieux de dire la messe ailleurs
« que dans leur chapelle et, dans celle-ci, d'y célébrer des messes
« *de relevailles*.

« VII. — Les Augustins devaient assister aux processions
« solennelles de la paroisse et notamment à celles de saint Michel
« et de saint Sébastien, patrons l'un de l'église paroissiale et
« l'autre du territoire.

« VIII. — Une partie des offrandes et des cierges donnés aux
« pères était réservée à l'église paroissiale et à son curé.

---

(1) La dénomination de *Petit tour* est restée populaire et comprend la rue *des Pères*, la rue *du Rieu*, la rue *des Trois-Pèlerins* et la *Grand'rue*, jusqu'à sa jonction avec la rue *des Pères* (Voir Livre III, chapitre : *Rues et Places publiques*).

« IX. — Les prêtres de la paroisse assisteraient aux enterre-
« ments qui auraient lieu dans la chapelle des Augustins. »

Après cette transaction, le clergé de l'Agrégation et les religieux vécurent en bonne intelligence. Cependant, en 1683, un oubli de l'article IV valut aux religieux un rappel à l'ordre. L'évêque interdit formellement à ceux-ci d'établir dans leur chapelle une confrérie en l'honneur de « l'Enfant-Jésus. »

Par une autre ordonnance épiscopale, il leur fut défendu de tenir au moulin d'huile, une bouteille vide, destinée à provoquer les offrandes des bonnes âmes, l'huile devant servir à l'entretien de la lampe du sanctuaire.

Ces bons pères cherchaient à déborder d'un côté quand on les comprimait de l'autre. Ainsi, les voyons-nous agir, lorsqu'ils avaient à se rendre en corps à la paroisse. Ils marchaient processionnellement, « croix levée » comme on dit en style de droit-canon ; le supérieur « portant l'étole, ce qui était considéré comme un signe de juridiction » dit Guinier. A la requête du curé Alexandre Filiol, l'évêque de Vaison défendit aux religieux d'entrer avec la croix et l'étole dans l'église paroissiale.

Les pères usèrent en toute liberté du droit qui leur était abandonné d'avoir des tombes dans leur chapelle pour la sépulture des religieux et pensionnaires de leur couvent et même pour celle des habitants qui désiraient y être inhumés.

2° Couvents de Femmes.

I. — *Clarices* (1). — En 1630 ou 1631, longtemps par conséquent après la ruine du couvent des Bénédictines par les Protestants, d'autres religieuses demandèrent à s'établir à Malaucène. C'étaient des Franciscaines, de l'ordre de Sainte-Claire, dont la maison-mère était à Avignon. Cette ville, on s'en souvient, avait déjà fourni les Cordeliers et les Augustins. Le Conseil de la Communauté consentit à la demande qui lui fut faite, en y mettant toutefois certaines conditions.

Les nouvelles venues s'établirent dans le local jadis occupé par les Bénédictines. Elles n'eurent sans doute pas les moyens de restaurer la maison ou ne purent point supporter les charges que la Commune leur avait imposées. Nous ne savons. Toujours est-il que ces saintes filles reprirent bientôt le chemin par lequel elles

---

(1) Cf. Archives municip : Série BB, 14. — GUINIER, *Hist. de Malaucène*, chapitre XXIII. — FORNÉRY, *Hist. du Comté Venaissin*.

étaient venues et rentrèrent dans leur maison d'Avignon. Quelques-unes cependant restèrent dans la ville et acceptèrent, comme lieu de résidence, la maison dite de la Charité, récemment achetée des deniers publics, et située au quartier de Beauvoisin.

II. — *Ursulines* (1). — Les ruines du couvent abandonné par les Clarices ne demeurèrent pourtant pas dans leur état de désolation. L'évêque J.-M. de Suarès demanda au couvent des Ursulines de Valréas, ville de son diocèse, quelques religieuses de bonne volonté pour faire revivre la vieille maison de Malaucène.

Elles arrivèrent en 1643. Bientôt l'évêque et la ville venant en aide aux filles de sainte Ursule, on vit la maison renaître de ses cendres et être en état de recevoir des novices et des élèves.

La chapelle dédiée à sainte Ursule avait deux autels latéraux ; celui du côté de l'évangile en l'honneur de l'Ange-Gardien et celui du côté de l'épître en l'honneur de sainte Barbe, vierge et martyre. L'évêque-bienfaiteur présida lui-même la cérémonie de l'inauguration (1645).

On plaça dans l'intérieur de la chapelle une collection de tableaux d'une excellente facture, dit Guinier, et représentant la vie de la Très-Sainte-Vierge.

Malgré son ampleur, le couvent devint en peu d'années insuffisant (2) pour contenir les postulantes qui demandaient à y être admises et les élèves qui affluaient de toute part.

L'auteur de l'*Histoire* manuscrite *de Malaucène* énumère avec complaisance les religieuses ursulines qui de son temps, ou même avant lui, avaient vécu dans le couvent de Malaucène. Elles étaient alliées aux meilleures maisons du pays et des environs. Nous avons pu contrôler, dans certains actes notariés, les noms de ces religieuses et nous avons trouvé que la plupart appartenaient à la noblesse (3).

(1) Cf. Archives de l'Hôpital: Grand sac. — Archives du département de Vaucluse; Fonds de l'évêché de Vaison : Procès-verbaux des visites pastorales — GUINIER, *Histoire* manuscrite *de Malaucène*, chapitre XXIII.

(2) Nous en avons la preuve aux Archives du département de Vaucluse (Chambre Apostolique de Carpentras, série B, 300, 1640-1655.) « Licence est « accordée aux Ursulines de Malaucène de jeter un arceau à travers la rue « des Jésiou (juifs), afin de réunir leur couvent avec la maison en face, « qu'elles venaient d'acquérir. »

(3) Nous citerons les noms suivants : — d'Astier de Cromessières, — de Florens de Saint-Estève, — de Cheylus, — d'Eymery, — d'Estuard, — de Boutin de Vallouze, — de Segnery, — de Robin, — de l'Eglise, — de Rochegude, — de Saunier, — de Guintrandy, — Le Moyne, — de Guiramand, — de Cottier, — d'Anselme, — de Sobirats, etc.

L'éducation donnée par de telles maîtresses était très brillante, et attirait un grand nombre de jeunes filles de la haute société.

Ces succès nuisirent à l'établissement, en soulevant de puissantes jalousies ; des plaintes furent portées au recteur et au vice-légat, et l'évêque se vit, en quelque sorte, forcé de détruire son œuvre, en défendant formellement aux religieuses de conserver leurs élèves.

Les habitants qui avaient puissamment contribué à la restauration de cette maison et qui étaient fiers de ses succès, vivement blessés de cette mesure de rigueur, ne tardèrent pas à demander avec instances à l'évêque de rapporter sa défense.

Cette contrariété d'un moment eut l'effet ordinaire des obstacles mis en travers d'un dessein quelconque ; la défense épiscopale une fois levée, on vit accourir au pensionnat un essaim de jeunes pensionnaires.

Les religieuses avaient été placées par l'évêque sous la direction spirituelle des pères Augustins. Le service religieux était fait par les prêtres de l'Agrégation. Des difficultés étant survenues entre ces derniers et les Ursulines, des conventions furent réglées sur les bases suivantes :

1. — Une messe basse serait dite tous les jours à l'intention de ces dames. La messe serait chantée, avec diacre et sous-diacre, les jours de la fête de sainte Ursule et de saint Augustin.

2. — On dresserait un tableau indiquant les bénédictions du Saint-Sacrement.

3. — Le 29 septembre, les religieuses payeraient aux prêtres de l'Agrégation, pour leurs honoraires annuels, la somme de cent livres, monnaie de France.

4. — Si le taux des messes, actuellement à « cinq sols roy » était augmenté ou diminué, la rétribution donnée pour ces messes serait augmentée ou diminuée.

5. — Quant aux autres messes demandées en sus, dans le courant de l'année, les dames donneront un sou de plus. Les grand'messes de *requiem* seront taxées à trois livres.

§ 3. — CORPORATIONS RELIGIEUSES.

1° Corporations spéciales aux divers corps de métiers.

I. — *Bouviers et Laboureurs* (1). — Les bouviers, appelés

---

(1) Archives paroissiales : Registre des Roys Boyers. — Ce manuscrit va jusqu'au 21 août 1791. La dernière signature qu'on y rencontre est celle du curé Mauron. La bibliothèque de Carpentras possède un autre *registre de la*

boyers dans le pays, et les laboureurs formaient une sorte d'association dont le siège principal était la chapelle du prieuré de Notre-Dame-la-Blanche, et le lieu des réunions ordinaires la chapelle Sainte-Anne, dans l'église paroissiale.

La fête patronale de la corporation était célébrée le 26 juillet, jour de sainte Anne.

Le dimanche précédent, avait lieu la réunion générale de tous les associés, pour l'élection des officiers annuels. Comme pour les affaires municipales, on délibérait en plein air, sur la place publique, avec cette différence, pourtant, que les délibérations étaient présidées par le chef sortant de l'association, au lieu de l'être par le viguier. Un notaire public dressait le procès-verbal de ce qui avait été décidé.

Nous donnons à nos *Pièces justificatives* (1) l'extrait d'un de ces procès-verbaux, pris dans les protocoles de Fouquet Gaudibert de l'année 1548. Trente-six bouviers ou laboureurs, sous la présidence du roi de l'année précédente, procèdent à l'élection des nouveaux officiers, au nombre de quinze, savoir : un roi et son lieutenant, un trésorier, quatre auditeurs des comptes, deux estimateurs ou experts, deux porte-bannières, un juge, deux servants et un tambour.

Dans la suite, le nombre et les attributions des titulaires furent modifiés d'un commun accord ; il n'y eut plus que quatre délégués de la corporation qui, tous quatre, prirent le titre de rois boyers.

Les élections de 1673 furent entachées de fraude, certains ambitieux ayant employé des moyens illégaux pour arriver à la royauté. L'évêque dût intervenir pour le rétablissement de la paix, casser les élections et désigner lui-même ceux qui devaient régir la corporation jusqu'aux élections futures.

Le 25 juillet 1779, on apporta une nouvelle modification aux vieux règlements. Au lieu de quatre rois, il n'y en eut plus qu'un seul auquel on donna un lieutenant.

Le roi choisissait deux hommes mariés pour l'aider dans ses royales fonctions. Le lieutenant prenait aussi deux assistants, lesquels, à son exemple, devaient être célibataires. Ces mesures furent sanctionnées par l'autorité épiscopale.

dévote confrérie de Sainte Anne de Malaucène. Il s'étend de 1646 à 1683 et ne présente rien de bien intéressant. On y remarque seulement le grand nombre des associés.

(1) N° XLI.

Les évêques s'occupaient, en effet, dans leurs visites pastorales de cette association, tout comme des autres. Ils réunissaient eux-mêmes les bouviers dans la ville et chargeaient le vicaire-général d'aller faire la visite à la chapelle du prieuré de N.-D. la-Blanche, siège officiel de la confrérie.

II. — *Tisseurs de toile* (1) — La délibération du Corseil, en date du 12 août 1629, donna la première idée d'une corporation des tisseurs de toile, sous le patronage de saint Roch. Le curé Edouard Pontayx prit la direction de la paroisse au moment où les tisseurs cherchaient à s'organiser; il les aida efficacement dans leur entreprise et, en 1634, la confrérie existait déjà, bien que non encore revêtue de l'érection canonique.

Les statuts suivants furent dressés le 3 juillet 1639.

« 1. — La fête de saint Roch sera célébrée le 16 août, avec
« grand'messe et procession, suivie le lendemain d'une messe de
« mort.

« 2. — A la mort d'un confrère, les bailles accompagneront
« le corps, avec deux cierges ou flambeaux, et feront dire une
« messe pour lui.

« 3. — Les maîtres qui viendront habiter, ou tenir boutique,
« ou travailler de leur état, payeront, pour une fois, un écu ou
« son équivalent, et les compagnons, après avoir travaillé
« quinze jours, payeront cinq sols pour le luminaire, et ceux
« qui se mettent en apprentissage payeront vingt sols.

« 4. — Si un des confrères travaille le jour de la fête de saint
« Roch, il payera une livre de cire pour la première fois. A la
« troisième fois, il sera renvoyé.

« 5. — Tous ceux qui se feront enrôler dans la confrérie paye-
« ront chaque année, le jour de saint Roch, pour subvenir aux
« dépenses de la confrérie, un sol, *au moins*.

« 6. — Le jour de la fête de saint Roch, les maîtres feront
« élection de deux confrères et confréresses qui payeront les
« dépenses, etc., et, au bout de l'an, rendront leurs comptes.

« 7. — Les comptes étant rendus en présence du sieur vicaire,
« les bailles nouveaux se chargeront de l'administration, et ainsi
« de suite, chaque année.

« 8. — Tous les confrères et confréresses vivront en paix, en

---

(1) Cf. Archives paroissiales : Registre de la confrérie de S. Roch, continué jusqu'au 12 août 1792, par le curé Mauron. — Archives municipales : Série GG, f° 68, 1631. — Bibliothèque de Carpentras : Statuts pour la confrérie Saint Roch, de Malaucène.

« concorde et charité fraternelle et s'abstiendront des jeux les
« jours de dimanches et fêtes. Ceux qui, pendant les offices,
« seront surpris aux jeux ou cabarets payeront chaque fois un
« sol à ladite confrérie.

« 9. — Les présents statuts seront soumis à l'approbation de
« l'évêque. »

Ils le furent en effet ; mais des modifications importantes ayant
été opérées dans la suite, ces modifications furent, à leur tour,
soumises à l'approbation épiscopale. Celle-ci fut accordée le 12
août 1703.

Voici les nouveaux articles.

« 1. — Les tisseurs étrangers qui viendront habiter et lever
« boutique à Malaucène payeront, pour une seule fois, quatre
« écus en patas.

« 2. — Les habitants qui lèveront boutique et les fils de
« tisseurs, s'ils exercent la profession de leur père, payeront, une
« fois donné, un écu pata.

« 3. — Les apprentis, fils de maitres ou autres, payeront, une
« fois, pour leur apprentissage trente sols, un mois après leur
« entrée en apprentissage.

« 4. — Tous les compagnons payeront, une fois, dix sols,
« dans les quinze jours de leur entrée dans la boutique du
« maitre.

« 5. — Tous ceux qui travaillent de l'art de tisseur à toile
« seront tenus de contribuer pour leur part aux frais nécessaires
« au service du jour de la fête du glorieux saint Roch, « autre-
« ment leur sera défendu de tenir boutique du mestier de
« tisseur. ».

Le siège de la corporation était, à la paroisse, dans la chapelle
Saint-Roch.

III. — *Fustiers, Menuisiers, Sculpteurs, Maçons, Plâtriers*
(1). — Le 12 mars 1639, dans l'église paroissiale, par devant
Edouard Pontayx, curé, se présentent « seize maitres menuisiers,
fustiers, gippiers » demandant à être organisés en confrérie.

Des statuts sont, d'un commun accord, dressés en seize articles
dont voici les principaux.

« 1. — La fête sera célébrée, toutes les années, le 19 mars, en
« l'honneur de saint Joseph, choisi pour patron de l'association.

---

(1) Archives municipales: Série G.G. Manuscrit d'Edouard Pontayx, curé
de Malaucène ; écriture d'Alexandre Filiol, un de ses successeurs.

« 5. — Tous les maîtres qui viendront habiter et lever bou-
« tique ou travailler, payeront une fois seulement une livre de
« cire ou l'équivalent. Les compagnons, après quinze jours,
« payeront quatre sols. Les apprentis, ou pour eux leurs patrons,
« payeront une fois demi-livre de cire ou l'équivalent.

« 6. — Ceux qui seront trouvés travaillant le jour de saint
« Joseph payeront une livre de cire, pour la première fois. A la
« troisième fois ils seront rayés.

« 9. — Toute personne de l'un et de l'autre sexe peut être
« admise dans la confrérie.

Ces statuts furent approuvés, à Vaison, le 15 mars 1639, par Joseph-Marie de Suarès.

Les fustiers se considéraient comme seuls et vrais enrôlés dans cette corporation. Par le fait, ils étaient plus nombreux que tous les autres corps d'état et choisissaient toujours dans leurs rangs les « bayles » ou officiers annuels, au détriment des maçons, sculpteurs et autres ouvriers.

Le curé Alexandre Filiol porta la difficulté à l'évêque de Vaison François de Genet. Celui-ci rendit une ordonnance dans laquelle il prescrivait que les fustiers ne seraient point seuls à être appelés, à la charge de bayles tous les habitants ayant le droit de se faire recevoir dans la confrérie de Saint-Joseph (10 avril 1696).

L'association avait sa chapelle dans l'église paroissiale.

IV. — *Cordonniers* (1). — Le 17 octobre 1651, furent dressés les règlements suivants à la demande des maîtres cordonniers, par Marc Pontayx, vicaire, assisté de Jean Astier, vice-prieur, Hercule Gaudibert, Jean Charrasse et autres prêtres de l'Agrégation.

« La fête de la corporation sera célébrée le 25 octobre, avec
« grand'messe et procession. Le lendemain, messe de mort pour
« les confrères décédés.

« Les maîtres cordonniers qui viendront à Malaucène, et y
« lèveront boutique, payeront, pour une fois, trois livres. Il en
« sera de même pour les cordonniers du pays qui lèveront bou-
« tique. Les apprentis payeront trente sols, à leur entrée en
« apprentissage.

(1) Archives paroissiales : Statuts faicts à l'érection de la dévote confrérie de Monseigneur *sainct Crespin*, érigée sous le bon plaisir de Monseigneur l'Ill^{me} R^{me} Joseph-Marie de Suarès. — Ce registre va jusqu'au 20 février 1790 ; la dernière signature est du curé Mauron.

« Une amende de cinq sols est édictée contre ceux qui n'assis-
« teraient pas aux offices ou qui travailleraient le dimanche.
« L'amende est portée à vingt sols pour le jour de la fête de
« saint Crépin. »

Ces statuts furent autorisés par J.-M. de Suarès, au château du Crestet, le 19 octobre 1651.

V. — *Tanneurs, Curatiers* (corroyeurs) et *Grouliers* (1). — Peu de temps après l'érection de la confrérie de Saint-Crépin pour les cordonniers, tous les autres corps d'état dont la matière première était le cuir, se réunirent en corporation sous le patronage de saint Antoine de Padoue.

Le siège de la société était à la paroisse dans la chapelle dédiée à saint Antoine, saint Crépin et saint Crépinien, laquelle servait déjà de lieu de réunion pour la confrérie des cordonniers.

Les membres des deux associations ayant entre eux deux points de rapprochement : leur industrie et le siège de leurs assemblées religieuses, il leur parut tout naturel de fondre les deux confréries en une seule.

Cette union, confirmée par l'évêque, s'opéra le 19 avril 1681, par le moyen des articles additionnels que voici : « Les cordon-
« niers célèbreraient la fête de saint Antoine tout comme les
« confrères de la corporation des tanneurs et les tanneurs célèbre-
« raient la fête des saints Crépin et Crépinien tout comme les
« confrères de la corporation des cordonniers. Les uns et les
« autres chômeraient ces deux fêtes à l'égal du dimanche.
« La somme à payer par les étrangers qui lèveront boutique est
« portée de trois livres à « quatre escus de trois livres, chaque
« livre valant vingt sols. »

Une statue fut commandée à Brin, maître doreur d'Avignon. Elle mesurait quatre pans de hauteur, socle non compris, et représentait saint Crépin « tenant de la main droite le couteau à pied, et sous le bras gauche un livre » (1766).

VI. — *Vignerons et Journaliers* (2). — La dévote confrérie de Saint-Marc, évangéliste, « érigée depuis longtemps » demanda et

---

(1) Mêmes sources que pour la confrérie des cordonniers, — et statuts additionnels pour la confrérie de saint Antoine, saint Crespin et saint Crespinien.

(2) Archives paroissiales : Livre de la Confrérie de saint Marc. Ce registre finit au 25 avril 1792, avec les dernières élections des « Roys Vignerons » faites en présence du curé Mauron.

obtint l'autorisation épiscopale, le 17 mars 1677, Alexandre Filiol étant curé de la paroisse.

Les statuts, de date postérieure, furent approuvés par Fr. Genet, évêque de Vaison, le 7 mars 1692. Ce prélat voulut bien accorder à cette confrérie les mêmes indulgences qu'aux autres.

Les chefs annuels de la corporation étaient au nombre de deux. Le premier portait le titre de « Roy des Vignerons ; le second était appelé « Lieutenant du Roy ».

Le siège de la confrérie était la chapelle de l'église paroissiale dédiée à saint Antoine, saint Crépin et saint Marc, commune aux trois corporations érigées sous ce triple patronage,

VII. — *Jardiniers* (1). — Elle fut érigée, le 6 août 1679, par le curé Alexandre Filiol et approuvée par Louis-Alphonse de Suarès, en tournée de visite pastorale, en 1681. En donnant sa sanction épiscopale aux statuts de cette corporation, l'évêque accorda les indulgences communes aux autres confréries.

Voici ce que nous remarquons de particulier dans les statuts. Le patron de l'association était saint Fiacre, qui exerça la profession de jardinier aux environs de Meaux, et dont on célébrait la fête le 30 août. Chaque nouveau confrère devait payer un sou, le jour de sa réception. Il n'était permis de mettre en charge que des pères de famille, choisis parmi « les plus commodes » c'est à dire parmi les plus aisés.

Le siège de la corporation était, à la paroisse, dans la chapelle de sainte Monique, commune aux cardeurs en laine et aux veuves.

VIII. — *Cardeurs et Fabricants de laine* (2). — Elle était de création moderne et constituait un simple dédoublement de la confrérie de Saint-Roch, spéciale aux ouvriers travaillant le chanvre. Avant les guerres de religion, une seule et même association, sous le vocable de Saint-Michel, réunissait tous les corps d'état dont la matière première était la laine et le chanvre. Il est question de cette confrérie de Saint-Michel, dans les registres les plus anciens de l'Hôtel-de-Ville, comme d'une institution fonctionnant régulièrement et depuis longtemps (3).

(1) Archives paroissiales : Registre de la confrérie de Saint-Fiacre. Ce manuscrit commencé par le curé Filiol s'arrête avec lui, à l'année 1728.

(2) Archives paroissiales : Livre des comptes pour la confrérie de Saint Blaise. Ce registre s'arrête au 3 février 1791. La dernière signature de curé est celle de Mauron.

(3) « Lune, die 30° septembris (1426). — Super boue vendito in macello post « heri (avant-hier) dicunt macellarii quod perdiderunt propter impositiones « et Confreria Sancti Michahelis habuit unum quarterium. »

Le livre des comptes de la confrérie des cardeurs et fabricants de laine ne fait remonter cette corporation qu'à l'année 1741. Son autorisation officielle par l'évêque de Vaison, Sallières de Fosseran, porte la date du 28 janvier 1772.

Placée sous le patronage de saint Blaise, évêque et martyr, elle célébrait sa fête annuelle le 3 février. Le siège de la société était la chapelle saint Augustin et sainte Monique, dans l'église paroissiale. L'autel était commun aux confréries des jardiniers et des veuves, l'une et l'autre aussi pauvres que celle des cardeurs.

2° Corporations communes aux divers corps de métier.

I. — Congrégation des *Jeunes-Gens* (1). — Le 15 février 1712, la congrégation des Jeunes-Gens fut érigée dans la chapelle « du palais de Notre-Dame du Groseau », sous le vocable de l'Assomption de la glorieuse Vierge Marie, par Paul-François Robin, prêtre de la ville, avec le consentement et l'approbation de J.-Fr. de Gualtéry, évêque de Vaison.

Ce prélat, étant en tournée de visite pastorale, voulut donner aux congréganistes une preuve de sa bienveillance et accepta la proposition qui lui fut faite de se rendre à l'antique chapelle, à l'occasion de la communion générale qui avait lieu tous les mois. Il loua le zèle et la dévotion avec lesquels ces jeunes hommes fréquentaient la chapelle, les exhortant à persévérer dans le culte de la Sainte-Vierge qui se plaît à être servie dans ce lieu, vénérable par son antiquité et illustré par le séjour d'un grand pape. Il les exhorta à vivre en union fraternelle et à avoir une noble et sainte émulation pour faire fleurir leur association et concourir à la décoration de la chapelle, leur défendant d'y apporter la moindre modification, sans sa permission expresse.

Il confirma les règles de la congrégation. Nous n'en dirons rien par la raison qu'elles ressemblent, plus ou moins, à tous les statuts des autres corporations dont nous avons eu occasion de parler.

Le chef de l'association portait le titre de « préfet »; ses fonctions étaient annuelles.

L'œuvre prospérait et semblait devoir prendre de grands développements. Les congréganistes ayant résolu de se donner un lieu de réunion qui leur appartint en propre, firent l'acquisition

(1) Archives paroissiales : Livre de la Congrégation de la Jeunesse.— Ce registre finit au 27 août 1791.

de la chapelle primitive de la Charité, devenue inutile pour le service religieux de cette maison, par suite de la construction du gracieux sanctuaire de Notre-Dame-du-Salut et Saint-Alexis. L'acte de vente fut passé, le 3 juin 1756, pour le prix de mille livres.

Une partie seulement de cette somme fut versée par les acquéreurs, lors de la signature du contrat. Les intérêts du restant du prix d'achat demeurèrent dix-huit ans sans être payés; ce qui détermina les administrateurs de l'hôpital à reprendre l'immeuble. Il fut remboursé à la congrégation 547 livres 12 sous 5 deniers (1).

La congrégation continua néanmoins d'exister jusqu'à la Révolution française.

II. — Congrégation des *Filles* (2). — Cette association avait été créée en l'honneur de la Sainte-Vierge, sous le vocable de Notre-Dame du Cœur-Immaculé ou du Saint-Cœur de Marie. Le but final était de fournir aux jeunes filles des moyens de persévérance dans la vertu.

Cette congrégation jouissait des privilèges de la confrérie du Saint-Rosaire à laquelle elle était associée ; elle procurait à ses membres les secours corporels et spirituels.

Des règlements généraux pour toute la corporation et particuliers pour chacune des nombreuses officières traçaient les devoirs des congréganistes et des dignitaires, et l'ordre à suivre pour l'admission des jeunes filles.

Les règlements furent approuvés par les évêques François Genet (23 janvier 1687), J.-Fr. de Gualtéry (3 mai 1714) et J.-Louis de Cohorne de la Palun (21 mai 1728).

Il y avait communion générale, à la paroisse, le troisième dimanche de chaque mois.

« La feste s'est touiours faicte dans la chapelle de Nostre-Dame
« de Montaigu, dedans la paroisse, au dimanche d'après la feste
« de la Nativité de Nostre-Dame, iusqu'à l'année 1698, qu'on a
« commencé et puis continué *pro semper* de la faire dedans la
« chapelle de Nostre-Dame de Salut et Saint-Alexis (3). »

Le prêtre-directeur rendait annuellement les comptes en présence du délégué de l'évêque.

(1) Archives de l'hôpital.
(2) Archives paroissiales : Livre de la Congrégation des Filles établie dans la paroisse Sainct Michel Archange, de la ville de Malaucène, soubs la protection de Nostre-Dame du Cœur, en l'année 1686. — Ce livre a été commencé par le curé Alexandre Filiol.
(3) Note autographe du curé Filiol.

III. — Confrérie des *Veuves* (1). — Les veuves avaient choisi sainte Monique pour titulaire de leur association. Elles célébraient leurs fêtes religieuses dans la chapelle de l'église paroissiale appelée Saint-Augustin et Sainte-Monique et qui servait également aux cardeurs de laine et aux jardiniers.

La fête principale était fixée au 4 mai.

Les statuts avaient reçu l'approbation épiscopale le 30 avril 1629, étant curé de Malaucène Mathieu Villet.

IV. — Confrérie du *Saint-Sacrement* (2). — La confrérie du Saint-Sacrement existait déjà, mais non point d'une manière officielle et canonique, lorsque les recteurs de cette association pieuse adressèrent une supplique à l'évêque Guillaume de Cheisolme, sous la date du 2 décembre 1623. Ils lui demandaient l'approbation des statuts dressés par leurs soins, et l'affiliation à l'archiconfrérie de Rome, afin de pouvoir participer aux indulgences. La supplique était signée non seulement par les trois recteurs de la confrérie, mais encore par le viguier, les trois consuls et le secrétaire du Conseil.

D'après ces règlements, divisés en onze articles, le premier recteur devait toujours être un prêtre et les deux autres laïques, tous élus pour un an. On recommandait aux associés tout ce qui tenait au culte eucharistique et à l'entretien de l'église, la charité fraternelle et en particulier le soin des confrères malades, pour lesquels on devait prier après leur décès.

L'évêque accorda son approbation, le 12 du même mois, se réservant toutefois la confirmation des élections et le droit, pour lui et ses successeurs, de modifier ces statuts.

La générosité des associés du Saint-Sacrement ne tarda point à se manifester, soit par des dons manuels, soit par des dispositions testamentaires, et la confrérie se vit, en peu de temps, en possession de plusieurs maisons et terres dont le produit servait à secourir les confrères nécessiteux et à décorer l'église paroissiale (3).

(1) Archives municipales : Manuscrit d'Edouard Pontayx, curé de Malaucène (1634).

(2) Cf. Archives municipales : Série GG. 1623.— Archives du Dépt. de Vaucluse : Chambre Apostolique. B. 31 (1525-1665.)

(3) Voir aux Archives du Dépt. de Vaucluse : Fonds de Malaucène. (25 avril 1637, pièce 113) la déclaration portant vote de ressources pour la continuation de l'orgue que la confrérie du Saint-Sacrement fait faire par le R. P. Jean Jacques Pouzargue, prédicateur.

Pour toutes ces directes, la confrérie était obligée, tous les neuf ans, de reconnaître sa dépendance vis-à-vis de la Révérende-Chambre Apostolique et de payer *unam barberinam* pour droit de demi-lods (1).

V. — Confrérie de *Notre-Dame du Rosaire*. — L'établissement de la dévotion du Rosaire est très-ancien et paraît remonter à l'année 1213 (2), mais nous n'avons pas pu découvrir les registres relatifs à la confrérie érigée à la paroisse dans la chapelle appelée autrefois du Rosaire et qui, de nos jours, n'a d'autre désignation que celle de *chapelle de la Sainte-Vierge*

VI. — Confrérie de *Notre-Dame de Montaigu* (3). — Dans les environs de Montaigu, gros bourg du Brabant méridional, existait au commencement du XIV° siècle un chêne séculaire qui, vu de loin, présentait la forme assez régulière de la croix. Une petite statue de la Mère de Dieu, placée par une main pieuse au milieu des branches de cet arbre, attirait le peuple des environs. On racontait nombre de prodiges et notamment de guérisons subites et inespérées, obtenues, disait-on, par l'intercession de la Sainte-Vierge, à la suite desquelles les ducs de Brabant construisirent, dans le voisinage du chêne, une grande et belle église qu'ils ornèrent avec une magnificence toute princière.

(1) Bibliothèque de Carpentras: *Repertorium Camerale Apostolicum*, page 928. « Venerabilis Confraternitas Corporis Christi, in ecclesia paro-
« chiali erecta, tenetur recognoscere de novennio in novennium Reverendae
« Camerae dominia directa quæ habet et possidet in territorio et, adveniente
« quolibet novennio, eidem solvere unam *barberinam* pro jure dimidii lau-
« dimii. Adest decretum latum die 17° junii, anno 1634. » — Les mêmes indications sont mentionnés dans le *Jura et reditus Rec. Cam. Apost.* conservé à la Bibliothèque Calvet, d'Avignon.

Les *barberines* étaient des monnaies qui furent frappées au nom d'Urbain VIII par le légat Antoine Barberini.

Il était tout simple que l'on donnât alors le nom d'un personnage à la monnaie qui portait l'effigie de ce même personnage. De nos jours on dit encore un *Louis* ou un *Napoléon*.

M. Laugier, conservateur du cabinet des médailles de Marseille, que nous avons consulté à ce sujet, nous a montré des Barberines en or (*Quadruple écu* et *Double écu*); en argent (*Franc, Teston* et *Jules*); en cuivre (*Liard* et *Patard*).

Nous pensons que la pièce dont il est ici question était celle qui équivalait au franc d'Henri III et qui était la plus grande pièce d'argent frappée sous l'administration du légat Barberini.

Le *franc* que nous avons tenu entre les mains pèse 2 fr. 75 c. de notre monnaie.

(2) Voir page 100
(3) Archives municipales: Série GG. Statuts de la confrayrie de Notre-Dame de Montaigu, 1638.

L'arbre miraculeux dut subir de fréquentes mutilations, pour favoriser la dévotion populaire : son bois servant à la confection de petites statues représentant la Vierge de Notre-Dame de Montaigu ou de Notre-Dame du Chêne (1), lesquelles étaient ensuite expédiées dans toutes les directions, pour être honorées dans les églises ou chapelles.

Malaucène eut sa statue de Notre-Dame de Montaigu ou du Chêne. Elle lui fut expédiée, le 27 septembre 1627, par le frère Augustin de Béthune, ministre provincial de l'ordre des capucins aux Pays-Bas. Elle avait été donnée à un Malaucénien, religieux du même ordre et nommé en religion frère Quenin, « à « condition quelle soit honorablement colloquée en l'église de « Malaucène, du Compté d'Avignon, et qu'elle ne soit jamais « asportée de ce lieu, pour de plus exciter la dévotion de ce « peuple, nation de nostre dict confrère » (2).

Le Conseil de Ville prit une délibération quelques années après (14 octobre 1637) à l'effet d'ériger une confrérie en l'honneur de Notre-Dame de Montaigu et de l'unir à celle de Notre-Dame du Rosaire, priant les consuls de faire dresser les statuts de cette nouvelle association et d'aller eux-mêmes les présenter à l'approbation de l'évêque.

Ces statuts peuvent être réduits à ces quelques points principaux:

« Tous les habitants des deux sexes, sans distinction d'état, pouvaient faire partie de la confrérie.

« Les dignitaires étaient : 1° Trois prieurs, dont le premier, prêtre, nommé par l'évêque, entre les mains duquel il prêterait serment. Il était chargé des intérêts purement spirituels. Les deux autres, laïques, prenaient soin des intérêts matériels de l'œuvre. — 2° Deux prieuresses, à la nomination des prieurs ; ayant dans leurs attributions les quêtes, la propreté et la décoration de la chapelle. — 3° Six conseillers, dont deux prêtres et quatre laïques, tous six prêtant serment par devant le curé de la paroisse. La principale fonction des conseillers laïques consistait à prendre soin des malades et, en cas de décès, à les accompagner à la sépulture, portant chascun un flambeau ardent en mains.

« Le jour de leur admission et le jour de la fête, les confrères devaient payer un sou.

« La fête principale était la Purification de la Sainte-Vierge

---

(1) Nostra Dominica de Monte Acuto, seu de Quercu.
(2) Archives municipales: Série GG.

(2 février). Ce jour-là et toutes les fêtes de la Mère de Dieu, on faisait une procession avant la grand'messe, célébrée à 8 heures. Il en était de même le second dimanche de chaque mois.

« Une messe était dite, le premier samedi du mois, pour les confrères malades ou absents. »

L'évêque Joseph-Marie de Suarès, sur la présentation qui lui fut faite par les deux premiers consuls, Jean de Florens et Christophe Brachet, approuva ces statuts et nomma pour premier prieur ou recteur Hercule Gaudibert, prêtre de l'Agrégation. Celui-ci, séance tenante, jura de remplir *bene et fideliter* l'emploi qui lui était confié (30 janvier 1638).

Les consuls dirent à l'évêque qu'ils se réservaient à eux-mêmes, pour cet' ' première année, l'honneur d'être second et troisième prieurs de la confrérie et de donner ainsi à leur administrés l'exemple du dévouement.

Ils profitèrent de cette occasion pour demander à l'évêque l'autorisation de placer dans la chapelle de la confrérie une relique de saint Thadée, un des compagnons de saint Maurice, chef de la légion thébéenne, relique récemment donnée à l'église paroissiale.

Dans la suite, les recteurs de la confrérie obtinrent du pape Clément X (26 août 1670) une bulle d'indulgences (1).

VII. — Confrérie de *Notre-Dame du Suffrage* (2). — La piété envers les fidèles trépassés était l'objet principal de cette œuvre. L'octave des morts se célébrait en grande solennité à l'autel de la chapelle tendue en noir. Tous les jours de cette octave on chantait la messe et l'absoute avec diacre et sous-diacre. Douze pauvres, un flambeau à la main, priaient pour les défunts et recevaient ensuite une aumône. Après les vêpres du jour, on chantait celles des morts, avec l'absoute et bénédiction du Saint-Sacrement. Il y avait prédication tous les jours de l'octave, ou au moins le jour de la Toussaint et le dimanche dans l'octave. Au décès d'un confrère, les prieurs assistaient à ses funérailles et faisaient ensuite chanter une grand'messe pour laquelle on payait « douze sols en tout. »

La fête principale était le 8 septembre (Nativité de la Sainte-Vierge).

Ce jour-là avait lieu l'élection de deux prieurs et de deux

---

(1) Voir *Pièces justificatives*, n° XLIX.
(2) Archives Municipales : Série GG, (1527-1711).

prieuresses, dans l'église, au scrutin secret et à la majorité relative ; puis, on réglait les comptes de l'année.

Le Suffrage, le Rosaire et Montaigu constituaient trois confréries différentes, sous le patronage de la Mère de Dieu. D'un commun accord, il fut décidé, en 1651, que ces trois associations seraient réunies pour n'en former qu'une seule. En conséquence tout devint commun, recettes et aumônes « sous les clefs, garde « et administration des prieurs du Suffrage » cette dernière confrérie ayant, en quelque sorte, absorbé les deux autres.

Le Rosaire continuait cependant ses processions du premier dimanche de chaque mois et la célébration de ses fêtes accoutumées. Les prieurs et prieuresses des trois confréries-unies assistaient aux processions et aux grand'messes, un flambeau à la main. Avec le fonds commun étaient payées les messes et les processions, à savoir : « un sol à chaque prêtre ayant assisté à la procession, et « douze sols pour la grand'messe. »

Montaigu devait « tant seulement » faire sa procession et chanter une grand'messe pour sa fête, le 2 février.

Le Rosaire et Montaigu n'avaient plus chacune qu'un prieur et une prieuresse.

La caisse commune payait annuellement au Chapitre de l'église de Malaucène « la somme de vingt-cinq escus de soixante sols « pièce. Le Chapitre, de son côté, s'obligeait à chanter dans « l'octave des trépassés une grand messe *pro defunctis*, avec « diacre et sous-diacre et l'absolution générale ; à chanter les « vêpres des morts tous les jours de l'octave, avec exposition et « bénédiction du Très-Saint-Sacrement, à la suite des vêpres du « jour ; et, enfin, tous les lundis de l'année, à chanter une grand « messe, et puis dire et chanter dans la susdite église et tout « autour d'icelle sur les tombes voisines de l'église, les abso- « lutions générales pour les fidelles trépassés. Le luminayre « devant estre fourny, comme estoit la coustume, sans que ladite « confrayrie en paye ni contribue aulcune chose. »

L'évêque J.-M. de Suarés étant à Malaucène, en cours de visite pastorale, donna son approbation à toutes ces nouvelles dispositions, le 25 juin 1651, se réservant le droit de les modifier dans la suite, s'il y avait lieu.

L'acte d'union fut signé, en outre, par le curé, le vice-prieur, le procureur du Chapitre et deux autres prêtres.

Le Suffrage, devenu plus considérable par cette fusion, voulut s'affilier à l'archiconfrérie érigée à Rome sous le même titre, afin que les membres des trois sociétés fondues en une seule, pussent participer aux nombreuses indulgences. Cette affiliation eut lieu en effet. Le diplome en fut délivré, au nom du cardinal Antoine Barberini, le 19 mars 1653, dixième année du pontificat d'Innocent X (1). Aussi les confrères de Malaucène reçurent-ils l'honneur d'être invités à se rendre à Rome, pour le jubilé de 1675, revêtus du sac à la manière des confréries de Rome (2).

VIII.—Confrérie des *Agonisants*.— Elle fut créée dans les premières années du XVe siècle, au plus tard. Elle avait son siège dans la chapelle voisine du sanctuaire, du côté de l'évangile, chapelle qui servait en même temps aux confréries de Montaigu et du Scapulaire. Nous manquons de renseignements sur cette association.

§ 1. — UNION DU PRIEURÉ AU CHAPITRE MÉTROPOLITAIN D'AVIGNON.

Tous les ouvrages, tant imprimés que manuscrits, relatifs à l'histoire des prieurs du Groseau et de Saint-Michel, renferment cette phrase stéréotypée, dont un mot ne dépasse pas l'autre : « Le dernier des prieurs commendataires, Guillaume Catalani, « perdit son bénéfice *par un dévolu.* »

Pour en savoir plus long, on doit s'armer de patience et avoir recours aux documents originaux (3).

C'est tout une histoire que nous allons faire connaître avec ses péripéties.

Nous l'avons déjà dit : les Bénédictins avaient une seconde fois abandonné leur monastère, laissant la gérance de leurs propriétés à un abbé commendataire, l'acquit des fondations aux prêtres agrégés et l'administration paroissiale au curé.

L'acquit des fondations et l'administration de la paroisse étaient choses bien distinctes et si le Corps des anniversaires

---

(1) Nous n'avons point découvert l'original de ce diplôme, Il en existe seulement une copie écrite de la main du curé Alexandre Filiol, à la suite du manuscrit du curé Edouard Pontayx. (Arch. Municip., Série GG).

(2) « Propriis saccis, more nostræ confraternitatis induti : aliàs, non reciperentur. » (Arch. municip., Série GG. Epistola archifraternitatis suffragii Romæ, directa ad confraternitatem suffragii Malaucenæ, pro anno sancto, die prima februarii 1674).

(3) Archives du Département de Vaucluse : Fonds de Malaucène, Notre-Dame du Grosel. — Pièces du procès intenté à Rome par le Chapitre contre Catalani, tome II, pièces 20 et suivantes.

fonctionna toujours très régulièrement, il n'en fut pas toujours de même du vrai clergé paroissial qui laissa longtemps à désirer, après le départ des religieux, le prieur commendataire se mettant généralement peu en peine de fournir au curé les moyens d'avoir au moins un « secondaire. »

Cette explication est nécessaire pour comprendre les plaintes échelonnées, à cette époque, dans les délibérations du Conseil Municipal.

Catalani fut du nombre de ces prieurs peu soucieux de leurs obligations. Rien cependant n'avait manqué à la légitimité de son entrée dans le bénéfice. Tout au contraire ; les formes avaient été observées de point en point.

En effet, « le 25 mai 1583, sous le pontificat de Grégoire XIII, « dans le quartier du Grosel et devant l'église de la bienheureuse « Marie, étant présents : Estienne Audiberty, prebtre et curé de « Malaucène, Faulquet Gaudibert, notaire, et plusieurs autres « personnes, se présenta Guillaume Catalani, nommé prieur du « prieuré de la B. Marie du Grosel. »

Il était muni de lettres patentes, écrites sur beau parchemin, signées par le cardinal Georges d'Armagnac, co-légat du cardinal Charles de Bourbon, et portant la date d'Avignon, le 4 mai 1583.

Le curé Etienne Audibert prit le nouveau titulaire par la main droite, l'introduisit dans l'église, l'accompagna au maître-autel. Catalani baisa l'autel, fit sa prière et récita l'antienne *Regina Cœli*.

Puis, tout ce monde se rendit à l'église paroissiale, où le même cérémonial ayant été renouvelé, Catalani s'assit, comme prieur, dans la première stalle du chœur, sans que personne fit la moindre réclamation.

Le 30 mai suivant, deuxième fête de la Pentecôte, sur la réquisition de Catalani, le curé annonça au prône de la grand' messe que le 25 du même mois il avait mis le révérend Catalani en possession du prieuré du Groseau et de l'église paroissiale Saint-Michel, en vertu des ordres du cardinal co-légat.

A l'exemple de ses prédécesseurs, Catalani habita la maison du prieuré.

Il fut en lutte continuelle avec les consuls qui lui reprochaient de ne point fournir un personnel suffisant pour le service religieux de la paroisse, dont tout le poids retombait sur le curé. Ces discussions finirent par un procès entre la Communauté de Malaucène et l'abbé du monastère de Saint-Victor de Marseille. Les consuls firent mettre le séquestre sur les biens et revenus du prieuré et se donnèrent un prieur de leur choix, nommé Claude Silvestre.

Ce Silvestre est qualifié d'*intrus* dans les pièces formant le dossier des Archives de la Préfecture. Il ne paraît pourtant pas que la nomination de ce second prieur, opposé à Catalani, ait été faite malgré l'évêque de Vaison, car les registres des délibérations du Conseil témoignent des bonnes relations existant entre l'évêque et Silvestre (1).

Les chanoines de la métropole d'Avignon, informés de toutes ces luttes, jugèrent l'occasion favorable pour obtenir une compensation à toutes les pertes qu'ils venaient d'éprouver pendant les guerres des Huguenots. Ils s'adressèrent au Souverain Pontife lui demandant de vouloir bien unir à leur mense capitulaire le prieuré de Malaucène, avec toutes ses dépendances situées soit dans le diocèse de Vaison soit dans celui de Gap.

Deux suppliques conçues en termes presque identiques furent expédiées de ces deux villes, apostillées par les deux évêques.

Clément VIII se montra favorable au Chapitre et lui fit expédier une bulle datée du 3 février 1594 (2) par laquelle il unissait à la mense capitulaire d'Avignon les prieurés du Groseau et de Saint-Michel, avec leurs dépendances.

Cette bulle ne fut mise à exécution que le 13 mai 1598. On attendait sans doute la pacification des esprits. Il n'en était pourtant rien.

En effet, dès le lendemain, le Conseil de ville se réunit et le premier consul lui fait la communication suivante : « Messieurs « du Chapitre de Nostre-Dame-des-Doms, d'Avignon, se sont « venus mettre en possession du prieuré de Nostre-Dame du « Grosel desta ville; laquelle chose porret venir au préiudice de « la ville et du païs, car, comme lon dict, ces unions sont « deffandues par le Sainct Concille. »

Le Conseil répond à l'ouverture de ses consuls par cette délibération peu verbeuse : « Que la ville fasse opposition *in scriptis* « et que lon en demande acte au notaire quest venu fere ladicte « immission en possession » (3).

Et comme on n'agissait pas à la légère, on s'empressa d'envoyer des délégués à Avignon et à Carpentras, pour consulter les gens

---

(1) Archives Municipales : Registres des délibérations du Conseil. (17 mars 1596).
(2) « III° nonas februarii, anno Pontificatus nostri tertio. »
(3) Archives municipales : Registre des délibérations du Conseil.

experts, afin de savoir ce qu'il convenait de faire pour se tirer avec honneur de la difficulté présente.

Le résultat de ces consultations fut qu'on devait vouloir ce qu'on ne pouvait empêcher.

Le cardinal-légat Octave Aquaviva dut intervenir et il intervint en effet. Sa sentence portait confirmation de l'union du prieuré et de ses annexes (1 juillet 1599).

Il fallut même un cartel, avec ses exploits, contre les habitants qui « avaient commis des insolences envers le Chapitre » et pour dégager du séquestre les revenus du prieuré (15 novembre 1599).

Silvestre a disparu de la scène sans que nous sachions à quel moment, ni de quelle manière.

Catalani lutte toujours envers et contre tout le monde, voulant, avant de se retirer, obtenir au moins une compensation pécuniaire du Chapitre métropolitain.

Quand à la Communauté, elle fait toujours la sourde oreille et ne se rend que devant « *l'honnêteté* de deux cents escus, promise « pour le moment où les chanoines d'Avignon seront définitive- « ment en possession des annexes du prieuré » (1).

Cependant le vice-légat Charles de Conti se prononce en faveur du Chapitre d'Avignon *super pacifica possessione prioratus Nostræ Dominæ de Grosello* (7 juillet 1600).

Fatigué d'une résistance aussi ridicule qu'opiniâtre, Catalani sort de Bedoin où il s'était retiré, se rend à Vaison et fait, le 8 novembre de la même année, sa soumission entre les mains de l'évêque Guillaume IV de Cheizolme. Celui-ci, en vertu des pouvoirs qui lui avaient été conférés quatre jours auparavant par le vice-légat, relève Catalani des censures ecclésiastiques encourues par lui, lui imposant, en échange, l'obligation de réciter une fois les *sept psaumes de la pénitence*, et de verser à la caisse de la chancellerie épiscopale, avant la fête de saint André, la somme de « vingt escus de soixante sols pièce », qui devaient être affectés aux travaux de réparation de l'église cathédrale de Vaison.

Cette union du prieuré au Chapitre métropolitain était enfin un fait accompli. Elle fut ratifiée et confirmée par une délibération de Conseil Municipal (1614), par le roi de France (1630), par le Chapitre de Saint-Victor de Marseille (1634), par le cardinal

---

(1) Archives municipales : Registre des délibérations (26 Juillet 1600).

de la Vallette, abbé de Saint-Victor (1639), et enfin par une bulle d'Urbain VIII, le quatrième jour des nones de septembre 1639 ; à la condition toutefois que le Chapitre métropolitain d'Avignon payerait toutes les années au monastère de Saint-Victor de Marseille une redevance fixée à la somme de cent livres.

Ce fut tout ce qui resta à cette célèbre abbaye de toutes les donations si souvent renouvelées et confirmées en sa faveur.

Le Chapitre métropolitain se faisait habituellement représenter dans son bénéfice de Malaucène par un prêtre pris d'ordinaire au sein même de l'agrégation. Ce représentant des droits prieuriaux prenait le nom de sous-prieur, le vrai prieur étant le Chapitre d'Avignon. Cependant quelques uns de ces ayant-droits ne craignent point de s'intituler *prieurs*.

En leur qualité de prêtres de l'Agrégation, ils passaient dans l'église après le curé, mais le titre de prieur ou sous-prieur leur donnait le pas sur lui. De là des difficultés.

Le prieur prétendait avoir le droit d'officier à certains jours de grande fête. Le curé Filiol qui savait se défendre, dressa un long mémoire pour établir que les prétentions du prieur étaient mal fondées (5 juin 1720), et le fit parvenir à la sacrée congrégation du Concile, à Avignon, par la voie officielle de l'évêché de Vaison (29 juin 1720).

La réponse ne se fit pas attendre. Elle fut adressée au chancelier épiscopal et trancha la question en faveur du curé. « Cette
« Eglise, y est-il dit, avant de dépendre du chapitre métropolitain
« dépendait des moines de Saint-Benoît. Or, la transaction passée,
« le 2 janvier 1572, entre le prieur Jean de Bertons et le curé
« ou vicaire perpétuel, contenait cette clause que le Prieur se
« réservait seulement la prééminence dans l'Eglise (*præmi-*
« *nentiam unicè sibi reservavit quando gli piacera dimorare*
« *in detta Chiesa*).

Le Chapitre métropolitain de Notre-Dames-des-Doms d'Avignon fut en paisible possession du prieuré de Malaucène jusqu'à la Révolution.

§ 5. — AGRANDISSEMENT DE L'ÉGLISE PAROISSIALE (1).

Les chanoines de la métropole d'Avignon ne savaient point que

---

(1) Cf. Archives municipales : N° 3 du Registre des Privilèges.— Registres des délibérations, série BB. 15.21 et 22. passim et série DD. — Bibliothèque de Carpentras : Fonds de Malaucène. Livre des anniversaires, Livre des

le prieuré de Malaucène, si ardemment désiré par eux, leur serait à charge dans la suite.

Prenant la place de Saint-Victor, ils acceptaient par là même les obligations contractées par ceux-ci vis-à-vis de la Communauté dans plusieurs transactions. Ils devaient notamment, en vertu de la convention passée en 1552, entrer en part des dépenses à faire à l'église paroissiale.

Ils opposèrent pourtant une résistance presque systématique, toutes les fois qu'ils eurent à verser des fonds pour des réparations majeures, résistance qui prit des proportions considérables lors des deux agrandissements de l'édifice.

En face de ces difficultés, la Communauté en était réduite à recourir à la justice. Les pièces relatives aux nombreux procès élevés entre les chanoines d'Avignon et les habitants de Malaucène forment, presque à elles seules, les cinq volumes petit in-folio des Archives du département de Vaucluse qui ont pour titre: *Notre-Dame du Grosel*.

Au lieu d'entrer dans de fastidieux détails, nous nous arrêterons à consigner ici quelques dates et à mentionner les faits les plus intéressants.

En 1626, un curé nommé Mathieu Villet, précédemment aumônier du vice-légat Cosme Bardi, dans la pensée d'être soutenu par son protecteur, entreprit de prouver que l'église paroissiale était insuffisante et avait besoin d'être agrandie. Il organisa sous un prétexte quelconque une grande fête extraordinaire, à laquelle il invita toutes ses ouailles. Le peuple étant accouru avec empressement, l'insuffisance du vaisseau devint évidente.

Le curé tira partie de ce fait pour demander l'agrandissement de l'église; mais il ne fut pas alors donné suite à cette demande; on ne s'en occupa même que beaucoup plus tard.

On se contenta, pour le moment, d'adresser une supplique au gouverneur des Armes du Pape pour rouvrir la porte principale de l'église, « sortant hors du lieu », à cause de l'humidité de l'édifice et pour la plus grande commodité des habitants. On ajoutait que « l'ouverture étant munie d'une bonne porte de

---

reconnaissances, f. 122. — GUINIER, *Hist.* msc. *de Malaucène*, chap. XXI et *Recueil, etc.* chap. XIX. — Archives du dépt. de Vaucluse: Malaucène, 3,51⁴; pièces 31 et 51⁴. — Cour de Malaucène, B. 2331. — Notre-Dame du Grosel, tome II. pièces 41 et 44; tome III. pièces 17, 23 et 24. — Cours séant au Palais Apostolique, B. 727.

« bois, doublée en plaques de fer », il n'y avait pas lieu à craindre pour la sûreté de l'édifice et de la ville (20 mai 1635) (1).

A la suite d'instances faites aux consuls par Claude de Balme, vice-vicaire, une convention est signée dans laquelle on arrête qu'il s'agit bien « de vraies réparations et nullement d'agrandissement » (5 décembre 1648).

Cependant les travaux étant finis, les chanoines attendent un cartel et puis une ordonnance du vice-légat avant de se décider à payer soixante et dix écus, formant le quart de la dépense (21 novembre 1659).

Le clocher qui avait beaucoup souffert des luttes guerrières du XIV° siècle avait été réparé en 1428 et 1429 (2). Endommagé par les Huguenots, de nouvelles réparations étaient devenues indispensables. Celles-ci furent exécutées en 1677.

Guinier parle de ces travaux comme d'une reconstruction et cherche à établir que les chanoines de la métropole et un habitant de la commune, nommé Esprit de Charrasse, furent les seuls à en supporter les frais, la Ville n'ayant pas eu besoin de contribuer à la dépense.

L'auteur de notre *Histoire* manuscrite est dans l'erreur la plus complète à ce sujet. Le clocher ne fut pas reconstruit, mais simplement réparé, ce qui n'entrainera pas grande dépense, et les frais en furent soldés, comme d'habitude, savoir : un quart par le Chapitre, et le reste par les autres co-prieurs et la Communauté.

Pour être aussi affirmatifs, nous avons besoin de nous sentir forts en preuves, car si ces preuves sont peu nombreuses, elles sont concluantes.

On conserve aux Archives du département de Vaucluse (3) un acquit du 31 mars 1678 par lequel la Communauté déclare avoir reçu du Chapitre métropolitain la somme de quatre-vingt-cinq livres dix sous, pour la quatrième portion des dépenses occasionnées par les réparations faites à l'église dans le courant de l'année précédente.

Il résulte de ce premier témoignage que les chanoines entrè-

---

(1) Archives municipales : Série FF.
(2) Etaient syndics : Bermont Poyol et Guillaume Laurent ; et auditeurs des comptes : Roulet Miraillet, Duroni de la Calvinète et Bertrand Nègre.
(3) Fonds de Malaucène : Notre-Dame du Grosel, tome III, pièce 17.

rent dans leur part accoutumée des dépenses et que les travaux exécutés consistèrent en bien peu de choses.

D'un autre côté, il est démontré par des documents écrits fournis par la famille Brusset, substituée à celle de Esprit de Charrasse, que celui-ci, malgré ses belles alliances et sa profession d'avocat au Parlement, n'était pas alors dans une position de fortune à pouvoir faire des largesses à son pays.

Nous croyons donc que Esprit de Charrasse agit en cette circonstance au nom de l'œuvre de l'église paroissiale dont il était trésorier.

Alexandre Filiol reprit, en 1685, le projet de Mathieu Villet, un de ses prédécesseurs, relativement à l'agrandissement de l'église. Il convoqua et réunit dans la sacristie les prêtres du Chapitre paroissial (15 octobre).

« Etait présents : A. Filiol, curé perpétuel, Gabriel Joannis,
« vice-prieur, Etienne Messier, procureur et économe de
« l'Agrégation, Charles Barnier, Noël Friaud, Joseph-Marie Brus-
« set, Etienne Galand, Gabriel Testud, Ignace Gaudibert, Joseph
« Guinier, Marcelin Guibert et Pons Desplans.

« ..... Après, ont unanimement dict et asseuré que, par suc-
« cession des temps, le peuple s'est si fort augmenté, qu'il ne
« sauroit présentement entrer et se contenir, surtout aux festes
« solennelles, dans la susdicte Eglise, en sorte qu'une grande
« partie du peuple est en obligation les jours susdicts, ou de se
« priver d'assister aux offices solennels, ou de se tenir hors
« l'enceinte et dans le chemin même ; ce qui donne occasion
« à plusieurs personnes de se retirer ou d'entendre lesdicts
« offices exposés au soleil, à la pluye et autres incommodités du
« temps.

« Outre que l'Eglise a esté dès son commencement destinée
« à une longueur plus grande que celle qui se trouve à présent,
« comme il aparoist par les deux chapelles continuées après la
« muraille qu'est derrière le maître-autel, contre lequel autel
« la dicte muraille est appuyée ; laquelle n'est aucunement liée
« avec les autres murailles d'un côté et d'autre qui s'y trouvent,
« mais seulement afflorée et par forme de simple closture, qui
« même présentement menace une évidente et prompte ruine en
« divers endroits, s'estant entrouverte en plusieurs parts, et dont
« mesme est tombée et tombe parfois des pierres, au très-grand
« danger de Messieurs les prebtres, lors y faisants et célébrants
« les saincts offices.

« .... Le Chapitre, etc., délibère de suplier le Vice-Légat
« d'ordonner à Messieurs les Consuls de faire mettre, le plus tost
« que faire se pourra, en exécution la conclusion du Conseil de
« ladicte ville. »

Le Chapitre métropolitain n'était point pressé de venir au secours de l'église Saint-Michel, lorsque il s'agissait d'y faire de simples réparations. Ce fut bien autre chose quand on lui parla d'agrandissement. Cette fois il ne voulut rien entendre et la Communauté en fut réduite aux travaux indispensables.

Le dallage de l'église remontait à l'année 1559. Il était à peine achevé qu'il eût beaucoup à souffrir des deux occupations des Huguenots. L'évêque ordonna sa réfection (2 mai 1692). L'œuvre de la paroisse eut à payer pour sa part cent dix livres quatre sous. Pour se couvrir de cette dépense, le Conseil Municipal mit un droit sur les sépultures dans l'église pour les personnes qui, n'ayant point de tombeau en propriété, seraient inhumées dans les tombes communes.

Doué d'une persistance de volonté peu ordinaire, ardent pour le bien, ne se laissant point décourager par les obstacles, le curé Alexandre Filiol poursuivait toujours son rêve favori, son idée fixe : l'agrandissement de l'église. Il finit par aboutir.

Le 3 novembre 1703, écrivant Joseph-Marie Gaudibert, notaire à Malaucène, les travaux furent donnés aux enchères au prix de 15,300 livres à Paul Rochas, architecte d'Avignon, Jean Rochas, maçon, et Pierre Ricou, revendeur. De plus, une somme de 2,479 livres devait être consacrée à l'achat de deux petites maisons adossées au chevet de l'église. Enfin, pour l'agrandissement des fenêtres, la confection des boiseries, des portes et leur doublure en fer, on allouait une somme de 4,221 livres, ce qui portait le total de la dépense à 22,000 livres.

Le monument érigé par Clément V s'arrêterait au-dessus de la quatrième travée. On voulut en ajouter une cinquième avec les chapelles de Notre-Dame de Montaigu et de saint Michel, plus un petit sanctuaire.

Au lieu d'harmoniser les nouvelles constructions avec les anciennes qui étaient un mélange de roman et d'ogival, on adopta le plein-cintre. On poussa l'amour du style de la Renaissance jusqu'à changer la forme gothique des fenêtres, sous prétexte de les agrandir et de donner ainsi plus de jour à l'édifice.

Toutes ces constructions et modifications, entreprises longtemps après l'adjudication, furent conduites lentement, les ouvriers mettant à l'œuvre aussi peu d'empressement que la Communauté en mettait à les payer.

Elles eurent cependant un terme et « L'an 1714 et le 31 mars,
« jour de samedi-Saint, l'allongement de l'Eglise fini et étant en
« état d'y faire décemment le service divin, M⁰ʳ J. F. de Gualtéri,
« notre évêque ne pouvant venir pour la bénir en visite pasto-
« rale, comme il l'avait fait publier, commit M. Alexandre Filiol,
« notre curé ; ce qui se fit immédiatement avant l'office qu'on y
« célébra ensuite.

« Le lundi de Pâques, 2ᵉ d'avril, ledit Seigneur Evêque arriva.
« Furent chantées des vêpres auxquelles il assista et à la prédi-
« cation ; lesquelles finies, il commença sa visite. Le lendemain,
« dernière fête, il célébra pontificalement, confirma l'après-dîner
« et resta ici jusqu'après la consécration de ladite Eglise, à la-
« quelle il se détermina, ne se trouvant aucun mémoire de la
« première dont, par tradition, on faisait l'office le jour de saint
« André.

« Cette consécration se fit donc le 29ᵉ dudit mois, 4ᵉ dimanche
« après Pâques, avec beaucoup de magnificence ; la Commu-
« nauté ayant fait venir une fort belle musique, accompagnée de
« symphonie, dont les consuls avaient chargé le maître de cha-
« pelle de Carpentras qui amena de très beaux sujets et qui restè-
« rent ici trois jours consécutifs.

« Le lendemain, lundi, fête ordonnée au sujet du synode qui
« se tint ici ; Messieurs les curés du reste du diocèse ayant été
« convoqués par une lettre circulaire ; auquel synode, la pro-
« cession étant faite, M. Louis de Cohorne de la Palun, prévôt de
« Vaison, célébra la grand'messe, chantée par la musique, dans
« laquelle M. Ollivier, du Buis, curé de Puymeras, fit l'oraison,
« dans l'assemblée qui se tint, l'après dîner, dans la chapelle de
« saint Alexis.

« Entre autres choses, il s'y annonça le nouvel office de saint
« Joseph et de saint Jean de Dieu, et le samedi d'après, 3 mai,
« ledit Seigneur Evêque s'en retourna à Vaison, ayant fixé l'office
« annuel de la dédicace au quatrième dimanche après Pâques. »

Mais tout n'était pas fini !... Les travaux, bien qu'exécutés avec lenteur, ne présentaient pas toute la solidité voulue. Peu de temps après, la voûte de la cinquième travée, entraînant avec elle celle du chœur, s'écroula une belle nuit avec fracas, mais sans faire de mal à personne.

Le Conseil appela un architecte d'Avignon, nommé Thibaut, le chargeant de faire un rapport sur les dommages causés à l'église par ce fâcheux accident.

Comme la caisse municipale n'était pas en mesure de solder la la réfection de la voûte en pierres de taille, il fut convenu que, pour le moment, on se contenterait d'une voûte provisoire; entreprise ruineuse; car, bientôt, cette construction en plâtre étant ébranlée par le mouvement du chœur qui menaçait ruine à son tour, il fallut, bien qu'on n'en eût point l'intention, se remettre à l'œuvre.

Des nouvelles constructions, les deux chapelles seules offraient des garanties de solidité ; tout le reste était à refaire.

Dans ces conditions, on résolut d'agrandir de nouveau l'église, y ajoutant non pas seulement un chœur, mais encore un sanctuaire assez vaste, l'un et l'autre, pour la commodité des prêtres de l'Agrégation et pour le déploiement des grandes cérémonies, aux jours de fêtes solennelles.

Paul Rochas, l'architecte du premier agrandissement, fut chargé du second. On lui avait reproché le peu de solidité de ses travaux, il tint, paraît-il, à honneur de contribuer à la réparation du mal, et consentit une nouvelle convention avec la Communauté (7 décembre 1723).

Les choses traînaient en longueur et la voûte en briques, bois et plâtre menaçait toujours de s'effondrer sur la tête des officiants et des assistants.

Un jeune curé nommé Jean Chaix, d'Avignon, avait depuis peu succédé (par résignation) au vieux A. Filiol. Le nouveau titulaire mit toute son ardeur de novice à vaincre les difficultés et chanta sur tous les tons que son église était insuffisante pour la population et qu'il fallait procéder à un second agrandissement, d'autant plus que tout était à refaire.

Le Chapitre, à son tour, soutenait que le vaisseau était plus que suffisant même aux jours de grandes solennités, et pour arriver à une démonstration on invoqua, par devant notaire, le témoignage de quelques étrangers qui s'étaient trouvés à Malaucène à certains jours de fête et avaient assisté aux grands offices dans l'église paroissiale.

Citons la déposition d'un de ces témoins.

« L'an 1729 et le 27 mai, par devant notaire, N. N., habitant de
« Villedieu, cardeur en laine, lequel en éclaircissement de la
« vérité et pour la décharge de sa conscience, déclare que le jour
« jour d'hier, jour de l'Ascension de Notre Seigneur, passant par

« Malaucène et s'y estant arrêté pour entendre la grand'messe,
« comme aussi ayant assisté aux vespres et à la bénédiction du
« Saint-Sacrement, le tout dans l'église paroissiale dudit Malau-
« cène, il se seroit aperçu qu'à ladite grand'messe il y avoit dans
« ladite Eglise beaucoup de vuide et qu'il y seroit entré encore
« pour le moins le tiers plus de monde, et que dans le chœur il
« n'y avoit que des prêtres placés avec quelques petits enfants, et
« qu'auxdites vespres et bénédiction du Saint-Sacrement, il y
« avoit encore moins de monde qu'à la grande messe. »

Neuf autres actes notariés émanant d'habitants de Villedieu et d'Entrechaux renferment des dépositions analogues.

Ces pièces sont conservées aux Archives du département de Vaucluse, avec une foule d'autres, (telles que consultations d'avocats, mémoires de la Communauté, doutes proposés à la Congrégation d'Avignon, etc.) toutes relatives au procès pendant entre la Ville et les co-décimateurs, au sujet du nouvel agrandissement de l'église paroissiale.

Ces procédures furent suivies de nombreuses transactions dans lesquelles le Chapitre s'obligeait à payer tantôt une somme, tantôt une autre. On peut en lire les articles dans le grand registre des Archives municipales (*N° 3 du Livre des Privilèges*).

Nous mentionnerons seulement celle du 20 septembre 1742, comme nous fournissant le chiffre précis des revenus du prieuré de la Magdeleine et du prieuré de Malaucène à cette époque. On y lit en effet ce détail :

« M. Coiffier, prieur de la Magdeleine, doit payer pour sa por-
« tion des dépenses tout son revenu de 1741, fixé à 650 livres, sur
« le rapport des fermiers ; le revenu du chapitre étant sur le pied
« de 1100 livres. »

Les travaux étant enfin terminés furent vérifiés par Antoine d'Allemand, « ancien ingénieur du roi. » Le rapport de cet architecte, donné à Carpentras, le 2 juillet 1744, conclut en ces termes : « Les travaux ont été mieux exécutés que ne le portent les devis » (1).

(1) Archives municipales, : Série DD.

CHAPITRE DIX-HUITIÈME

PRÉLUDES POLITIQUES (1640-1789)

Enclavé au milieu des domaines de la monarchie française, le Venaissin subissait forcément son influence.

Afin de ne point sortir de notre cadre, nous nous bornerons à narrer les faits relatifs à notre histoire locale.

§ 1er — VISITE DU GRAND CONDÉ A MALAUCÈNE.

Le prince de Condé était de passage à Avignon, se rendant à Montpellier. Son écuyer Chamaretty de Simiane manifesta à son maître le désir de faire, à Malaucène, une courte visite à Esprit de Brusset, son cousin germain. Le prince, dans toute la vigueur de la jeunesse, ayant témoigné le désir d'être de la partie, l'écuyer écrivit la lettre suivante, dont nous avons l'original entre nos mains :

« A M. le comte de Brusset, à Malaucène, par Carpentras.

« Monsieur et cher cousin,

« C'est avec une vive ioie que ie vous annonce qu'après une si
« longue absence, mais involontaire, j'aurai le plaisir et l'hon-
« neur de vous aller voir à Malaucène, accompagnant nostre
« illustre et gracieux maistre Mgr LOUIS II DE BOURBON, *prince de*
« *Condé, premier prince du sang royal, fils de* Mgr HENRY II DE
« BOURBON-ENGHIEN, ainsi que plusieurs aultres princes de la
« Cour de France.

« Nous arriverons le soir du 7 juillet. Je vous prie de marquer
« si ces visites vous seront agréables en venant au devant de Sa
« Grâce, avec le Parlement et les nobles du pays, jusqu'aux por-
« tes de la ville. Elle sera vostre hoste, hoste illustre, s'il en fust
« iamais, et qui sera une gloire pour vous et vostre postérité. Les
« aultres seigneurs logeront chez les nobles et bourgeois du pays,
« à l'exception de M. le comte de Gaves qui se réserve M. le che-
« valier de Lépine. Monseigneur sera estranger; c'est vous dire
« que ie vous conjure de luy espargner les inconvénients que l'on
« presouve ordinairement dans un pays inconnu. Quand vous

« connoistrez Monseigneur, vous serez heureux de l'avoir obligé,
« et son bon cœur vous payera largement de ce service. Sa con-
« noissance ne pourra que vous estre utile et agréable ; vous savez
« que l'ingratitude ne loge pas chez de telles gens.

« La duchesse de Grammont, nostre nièce, vous envoie ses plus
« gracieux souvenirs et l'assurance de ses sentiments ; ie ne vous
« parle pas des miens, depuis longtemps ils vous sont acquis. Je
« demande, Monsieur mon cher cousin, un peu de part dans vos-
« tre amitié, et soyez bien persuadé que ie suis plus que personne
« au monde votre très-humble serviteur,

« Chamaretty de Simiane,
« Escuyer du prince de Bourbon Condé.

« Avignon, ce 5 iuillet 1640 » (1).

Les illustres visiteurs arrivèrent en effet le soir du 7 juillet. Ils furent reçus par le Parlement, qui avait voté à cette occasion un crédit de huit écus d'or (2), et par toute la noblesse en grande tenue. Le cortège se rendit à la Commune où le viguier et Guillaume de Valouze complimentèrent le prince, et ensuite chez le comte Esprit de Brusset, dont la maison était située dans la Grand'Rue.

Le prince coucha dans cette maison deux jours de suite, ainsi que le comte de Chamaretty, son écuyer. Les autres seigneurs furent hébergés par les familles de Valouze, de l'Espine et autres. Ce ne furent que « nopces et festins » ; chacun des nobles voulant avoir l'honneur de les recevoir à sa table. Le marquis de Valouze les invita à un bal donné en l'honneur du prince, auquel il avait appelé toute la noblesse et la bourgeoisie du pays.

Le grand Condé quitta Malaucène le surlendemain de son arrivée, c'est-à-dire le 9 juillet, mais non point sans laisser de nombreux souvenirs de sa visite et des marques de sa sympathie envers les habitants qui l'avaient si bien accueilli. Peu de jours après, il fit parvenir à Esprit de Brusset un tableau et un médaillon en cuivre, portant les armoiries du prince avec cette inscription : *Souvenir de mon passage à Malaucène, 8 juillet* 1640.

(1) Cette lettre est la propriété de la famille Brusset.
(2) Voici ce que nous lisons au Registre des délibérations du Conseil de la ville de Carpentras, sous la date du 22 juillet 1640 :
« Le prince de Condé est arrivé à Carpentras et on lui a offert le présent ordinaire de dragées et confitures... 94 florins.
« On a payé aussi pour la peinture de ses armoiries 5 francs valant 8 florins 4 sous ». (Archives de la ville de Carpentras).

Ces détails sont complétés par la note suivante : (1) « 1640. —
« Le soir du 7 juillet est venu à Malaucène M^r le prince d'En-
« ghien-Condé, accompagné de moult aultres Seigneurs; lequel et
« lesquels ont logé chez M. le comte de Brusset. Celui-ci avoit
« esté prévenu par lettre datée d'Avinion le 5 du présent mes,
« laquelle fust portée par estafette. Il y eu grand festival, où j'as-
« sisté aveq les aultres notables de la ville, et grande brillante
« réception.

« Tout le peuple s'étoit transporté à la porte Soubyran, par où
« il devoit arriver; et, de là, c'est moy qui fust chargé de le me-
« ner à la maison consulaire, en conduisant le cheval par la
« bride; et pendant tout le parcours le peuple crioit : *Vive Mon-
« seigneur le Prince de Condé*, qui, esmeu de cette réception,
« remercia bien fort les braves gens de Malaucène et les engagea
« à bien toujours recevoir leurs supérieurs Seigneurs.

« Ils y restèrent jusqu'au neuf matyn. Le Parlement leur fit la
« conduite jusques au terme de la juridiction du lieu de Malau-
« cène, au bruit des boëtes, mousquetades et arquebusades.

« Son Altesse laissa plusieurs présents de certaine valeur aux
« personnes qui l'avoient si noblement receu, et je puis dire que
« j'ai eu, pour ma part, une bague en or.

« Les notables, qui d'ordinaire sont très-sourds, firent cette fes
« des largesses dignes d'eulx et de leurs moyens.

« Fait à Malaucène, ce doulzième jour du présent mes de juillet
« 1640 (2).

« D'ANTHOINE. »

(1) Notes brèves d'Anthoine, notaire à Malaucène, ms. de la bibliothèque de M. Félix Brusset.

(2) On nous fait observer qu'il est assez difficile que le grand Condé ait pu se trouver à Malaucène le 8 juillet 1640 puisque, à cette époque, il devait être au siège d'Arras, dont les opérations commencées dès les premiers jours du mois de juin se terminèrent, le 9 août suivant, par la reddition de la place. On en conclut qu'il s'agit ici peut-être du père du grand Condé.

La plupart des historiens prennent pour guide la grande histoire de Louis de Bourbon, par Désormeaux (tome I, page 34) dans laquelle on lit : « Le duc « d'Enguien donna des marques de la plus brillante valeur *pendant tout le « cours du siège qui dura deux mois,* » et parlent du jeune duc comme ayant fait ses premières armes sous le maréchal de la Meilleraie, au siège d'Arras.

Nous sommes loin de contester ce dernier fait. Dès les débuts des opérations d'investissement de la place, le futur vainqueur de Rocroi poussa le courage jusqu'à la témérité et faillit partager le sort de quelques jeunes seigneurs qu'il avait entraînés à la poursuite des ennemis. Plusieurs d'entre eux perdirent la liberté ou même la vie.

§ 2. — OCCUPATIONS DU COMTÉ VENAISSIN PAR LES FRANÇAIS.

Pendant les XVII° et XVIII° siècles, les Malaucéniens s'adonnent avec ardeur à la restauration de leurs institutions religieuses et, en même temps, à leurs travaux industriels et agricoles.

Cette vie calme et paisible est fréquemment troublée par des évènements de tout genre : avis inattendus et souvent répétés des vice-légats et des recteurs de se tenir en garde contre de nouvelles attaques de religionnaires ; disette et famine dans la localité (1) et peste dans le voisinage ; passages réitérés de troupes pontificales ou royales qui vont et qui viennent, exigeant comme chose due le logement et les secours en vivres et en numéraire ; demandes de contingents armés, pour contribuer à l'apaisement des troubles de Carpentras, dans la lutte des *Pévoulins* et des *Pessugaux* (1652), et d'Avignon (2), entre les nobles et le peuple (1660) ; désordres et troubles de la Fronde ; patrouilles à faire chaque nuit afin de veiller à la sécurité des habitants ; et, brochant sur le tout, occupation, trois fois répétée, d'Avignon et du Comtat par les armées françaises.

I. — Sans vouloir accueillir comme suffisantes les réparations offertes par le pape Alexandre VII, à la suite de l'insulte faite à son ambassadeur par la garde corse, Louis XIV avait ordonné à ses soldats d'occuper Avignon et le Venaissin, profitant de cette occasion pour mettre de son côté les formes de la justice. Bien servi, en cette circonstance, par le parlement d'Aix qui avait rendu un arrêt par lequel il déclarait « Avignon et le Comtat

Ce que nous nions, c'est que le grand Condé ait donné « des marques de la « plus brillante valeur *pendant* TOUT *le cours du siège* qui dura deux mois. »
Voici en effet, ce que nous lisons dans Michel le Vassor :
« *Je ne trouve point ici le duc d'Enguien.* Cela me surprend. Il n'étoit pas « homme à s'absenter des belles occasions. L'auteur de sa vie assure qu'il se « distingua dans celle-ci. *Les mémoires des officiers présens à l'action ne* « *font aucune mention de lui.* Ne l'empêcha-t-on point d'y aller, de peur « qu'il n'exposât trop librement sa vie ? » (*Histoire de Louis XIII.* Amsterdam, 1757. Tome VI, page 77.)
Voilà donc, ce nous semble, la difficulté résolue ; cet ardent jeune homme de dix-neuf ans *avait été éloigné du théâtre de la guerre* des Pays-Bas, dont il revenait lorsque, passant par Avignon, il se détourna de son chemin pour faire une visite à Malaucène.

(1) A cette occasion, de nombreux emprunts furent contractés par la Communauté.

(2) Pour cette dernière expédition, Malaucène fournit un contingent de cent hommes.

« partie intégrante de l'ancien domaine de la couronne, lequel
« ne pouvait jamais être aliéné (26 juillet 1663). »

Cet arrêt exécuté à Avignon, le 28 juillet, et à Carpentras, le
1ᵉʳ août, le fut à Malaucène, le 4 de ce dernier mois. Les commissaires, députés par la Cour de Provence pour prendre possession des états pontificaux, nommèrent, pour le roi, Gabriel Charrasse, docteur en médecine, à la dignité de viguier. Ce choix fut notifié aux consuls et ensuite publié dans toutes les places et carrefours de Malaucène, le 14 du même mois d'août.

Le lendemain, « régnant notre très chrétien prince Louis XIV, roi de France et de Navarre, comte de Provence, Forcalquier et terres adjacentes et du Comté Venaissin : Gabriel Charrasse, viguier pour le roi, Gabriel Gaudibert, François Camaret et Esprit Daumas, consuls; » le Conseil fait assurer par Esprit de Sobirats, conseiller au parlement d'Orange, le roi de sa fidélité inviolable et demander la confirmation des priviléges de la Communauté et notamment la conservation des foires de Saint-Sébastien (20 janvier) et de Saint-Michel (29 septembre) et du marché hebdomadaire du jeudi.

Tous ces priviléges sont confirmés, le 17 du même mois, par Esprit de Sobirats, agissant au nom du roi, en sa qualité de lieutenant-général (1).

Bientôt, cependant, les fleurs de lys cédèrent la place aux armoiries pontificales. A la suite du traité de Pise, monument de l'orgueil et non de la grandeur de Louis XIV, Avignon et le Comtat furent rendus au Saint-Siége et le recteur César Salvani nomma viguier pour le pape, à Malaucène, César d'Astier (10 septembre 1664).

II. — Ce malheureux Comtat, auquel on a donné, non sans raison, la qualification de *menottes pontificales*, fut de nouveau occupé par les troupes françaises qui en prirent possession, le 30 septembre 1687. Louis XIV voulait, cette fois, se venger de la résistance d'Innocent XI, au sujet des régales.

Le marquis de Vénasque fut chargé par la Province de demander au roi la confirmation des priviléges des communes. Une ordonnance royale du 10 mai 1689 fit droit à cette requête. Elle fut publiée à Malaucène, le 22 juin suivant.

À la mort d'Innocent XI, le roi rendit les états pontificaux au pape Alexandre VIII (20 octobre 1689).

---

(1) Archives municipales : N° 3 du Livre des priviléges.

Cette seconde restitution fut suivie d'une assez longue période de calme politique.

Vers la fin d'octobre 1746, le général Maillebois s'étant rejeté sur la frontière du Var, avec son armée trop faible pour arrêter les progrès des Impériaux et des Piémontais, Louis XV envoya le maréchal de Belle-Isle à son secours. Celui-ci chercha tout d'abord à rallier les corps épars et désigna Malaucène pour y recevoir un régiment de dragons. La permission en avait été demandée, il est vrai, au gouvernement pontifical, mais celui-ci avait répondu par un refus (10 décembre 1746), s'opposant au séjour de ces troupes dans la ville et même à leur entrée. Le maréchal écrivit du camp de Tournon, le 13 janvier suivant, au vice-légat Aquaviva, lui disant qu'il avait ordonné au marquis d'Argouges, son lieutenant-général, de faire prendre logement à deux régiments de cavalerie et que l'on ne pouvait ni changer l'itinéraire de cette troupe, ni encore moins suspendre sa marche. Après l'échange de quelques lettres, le vice-légat ne se trouvant pas assez fort pour s'opposer à la volonté persistante du maréchal, adressa une ordonnance aux consuls de Malaucène, leur recommandant de protester contre la violation du territoire pontifical, si les soldats se présentaient à Malaucène pour y prendre logement.

Par le fait, ordre fut donné aux dragons de marcher vers Malaucène. « Le 27 février, sur les 10 heures du matin, MM. Jean-François Camaret, Charles Charrasse et Alexandre Légier ayant eu advis, par un maréchal-des-logis du régiment des dragons des volontaires royaux, qu'il devoit ici arriver dans deux ou trois heures, quatre compagnies desdits dragons, composées de soixante-quinze hommes, lesquels feront le nombre de trois-cents, sans compter les équipages, afin de préparer des logements. »

« Une heure après-midi, accompagnés de quelques notables habitants de la ville et de moy-secrétaire, transportés et acheminés à la porte Soubeyran; ayant lesdits consuls, à toutes meilleures fins, fait fermer les trois autres portes; y ayant trouvé M. le Cte de Limoge, commandant desdits dragons, accompagné d'un capitaine, M. de S. Paul, et de quelques-uns des dragons; les consuls signifièrent l'ordonnance du vice-légat, en date du 7 du présent mois de février et réitérant les protestations et déclarations y mentionnées. Sur quoy, le commandant est entré dans la ville tout de suite, accompagné du capitaine et de quelques dragons, disant qu'il ne pouvoit pas faire autrement de venir faire cantonner ses dragons en ce pays, et qu'on y observeroit une exacte discipline. Une heure après, le commandant ayant visité le lieu qui devoit servir de caserne et ne l'ayant pas trouvé à sa convenance, ordonna à ses hommes d'entrer dans la ville pour y chercher des logements, malgré les protestations et déclarations réitérées des consuls. »

Le 14 janvier 1748, nouvelle entrée des dragons français. — Une altercation survint le 7 avril suivant, entre de Coliquez, commandant du détachement et le premier consul. L'officier s'oublia au point d'adresser à celui-ci des paroles qui, loin d'être parlementaires, étaient tellement grossières et d'un homme mal élevé que nous nous abstiendrons de les reproduire ici. Les curieux pourront aller aux Archives municipales et trouveront, à la date que nous indiquons, ces expressions injurieuses, couchées tout au long dans les registres des délibérations du Conseil. Le premier consul dont l'autorité avait été méconnue fit, de concert avec les conseillers, une plainte officielle auprès du vice-légat. Celui-ci porta l'affaire devant les représentants de l'autorité royale. Le capitaine de Coliquez, voyant que la chose prenait mauvaise tournure pour lui, présenta des excuses tardives qui ne furent point acceptées, et il fut interné dans la prison du Pont-Saint-Esprit (1).

III. — Quelques années plus tard, Clément XIII ayant pris dans sa bulle *Apostolicum pascendi*, la défense des Jésuites que les rois de France et d'Espagne voulaient faire chasser des états de Parme et de Naples, Louis XV entreprit de forcer la constance du pape et s'empara des états d'Avignon et du Comtat (9 juin 1768). Sept jours après cette prise de possession, l'intendant de la province, comte de Gléné de Latour, écrivit aux consuls (16 juin), leur demandant de connaître les revenus ainsi que les dettes et charges de la commune.

Le 29 juin, le viguier Brun et les consuls durent prêter serment de fidélité au roi. La chose se fit tout uniment et sans secousses ; on commençait dans le pays à être fait à ces fréquents changements de maître. Les habitants ne se montrèrent difficiles que lorsque il fut question de la nouvelle organisation administrative.

Il s'agissait de comprendre Malaucène dans la subdélégation de Valréas, bourg fort éloigné et avec lequel les habitants n'avaient aucune relation. Le Conseil se réunit et délibéra d'adresser des représentations à l'intendant de Provence, à l'effet de faire entrer

(1) Archives municipales : Série CC. 7 et Registres des délibérations.

la communauté de Malaucène dans la subdélégation de Carpentras, ville voisine avec laquelle les habitants avaient des rapports très fréquents. Ce qui fut accordé.

Peu de jours avant sa mort, Louis XV rendit le Comtat au Saint-Siège (10 avril 1774). Le Conseil de Ville, en apprenant qu'il rentrait sous la paternelle domination des papes, ordonna, par sa délibération du 1" mai, trois jours de réjouissances publiques. On cria : *Vive le Pape* ; on illumina la ville et on s'empressa de substituer les insignes pontificaux aux insignes royaux. Cette substitution donna occasion à une grande cérémonie dont on peut voir le récit au 21° volume des Délibérations du Conseil.

§ 3. — MESURES DE POLICE CONTRE LES MALFAITEURS.

Toutes ces agitations politiques et tous ces changements de gouvernement favorisèrent le désordre. Les gens sans aveu surent en profiter pour se répandre dans la campagne et jusque dans la ville, et y commettre toutes sortes de déprédations, comme aux mauvais jours du schisme et des guerres de religion.

Sur la demande des Etats du Comtat et par règlement émané du vice-légat, une maréchaussée fut créée le 20 décembre 1750. Le service de Malaucène était fait par les cavaliers de la brigade de Vaison qui se rendaient à Malaucène pour le maintien du bon ordre et pour veiller à la sûreté publique. Leurs vacations étaient payées par la commune.

Ces dispositions n'empêchèrent pourtant pas le vice-légat Jacques Filomarino d'autoriser (19 janvier 1782) l'administration municipale à ordonner des patrouilles qui étaient composées de dix-huit personnes le dimanche et de douze seulement les autres jours.

Au nombre de ces hommes de patrouille figuraient toujours un conseiller de la première main, un noble, remplissant les fonctions de capitaine et un conseiller de la seconde main, un bourgeois ou roturier, artisan ou ménager, commandant en second.

Les hommes de service avaient le droit, sous la conduite d'un de ces deux conseillers, d'entrer dans les maisons pour rechercher les malfaiteurs que l'on pensait s'y être cachés.

Le soir, la cloche de l'horloge donnait le signal de la retraite. La sonnerie commençait à 8 heures et 1/2 et finissait à 9 heures, et aussitôt qu'elle avait cessé de retentir, il ne devait plus y avoir personne dans les rues sans lumière, sous peine d'une amende de six livres.

Défenses furent faites aux cabaretiers et débitants de boisson de donner à manger ou à boire, sous quelque prétexte que ce fut, après sept heures du soir.

Pour en finir avec les nombreux voleurs qui désolaient la commune, le vice-légat donna un arrêt, en vertu duquel les malfaiteurs devaient être punis de la peine du carcan. La punition fut mise à exécution, dans la ville même, contre une femme de Malaucène. Plusieurs fois déjà elle avait été surprise volant des fruits dans la campagne. Chaque fois elle avait prié et supplié qu'on voulût bien lui faire grâce, promettant bien de ne plus récidiver, mais l'indulgence dont on avait usé à son égard ayant toujours été inutile à sa correction, rapport en fut adressé au vice-légat, avec demande de faire un exemple. En conséquence la voleuse de fruits fut condamnée à subir la peine du carcan (1).

Le bâtiment affecté aux prisons était, antérieurement à 1640, du côté nord de la ville, près de la porte Filiol. Elles furent ensuite transférées dans le rez-de-chaussée de la grande tour et elles y étaient encore en 1779, d'après ce qu'en assure Morénas (2).

§ 4. — DÉMOLITION DU CHATEAU-FORT

Après les grands travaux de restauration exécutés à la forteresse de la ville, par les ordres du cardinal de Foix, en 1449, on s'occupa très-peu de l'entretien des vieilles murailles et de la grande tour élevés par les anciens seigneurs pour la défense de la place. Il en résulta que, cent ans après les invasions des Huguenots, le château n'était plus redoutable que pour les gens du pays, sur la tête desquels il demeurait suspendu comme un danger de tous les instants ; déjà quelques pans de murs s'étaient écroulés sur les maisons voisines (30 mai 1604).

Les habitants effrayés demandaient depuis longtemps qu'on avisât aux moyens d'empêcher une catastrophe. Le président de la Révérende-Chambre, envoyé enfin à Malaucène par le vice-légat, dressa procès-verbal de l'état des lieux, concluant à ce que des travaux de démolition fussent exécutés sans retard ; mais ces dispositions demeurèrent lettre morte (28 juin 1679).

---

(1) Archives municipales : Registres des délibérations. — N° 3 du Livre des privilèges; rescrit du vice-légat Filomarino, 19 janvier 1782. — Série FF.

(2) Archives municipales : Série FF. — 22 juin 1759. — Ordonnance du vice-légat, sur la demande du Conseil. « Que les voleurs de fruits et de blé soient mis au carcan pendant une heure, et qu'ensuite ils soient bannis. »

Sur de nouvelles plaintes, nouvel envoi d'un délégué pontifical et nouveau procès-verbal. L'abbé Rutali, auditeur et secrétaire d'état, chargé de cette mission, constate que « le château n'est plus qu'une masse de pierres, présentant un danger imminent (30 janvier 1748).

Pour en finir, le Conseil de Ville délibère de demander l'inféodation à la Communauté du vieux édifice féodal et l'autorisation de le démolir, en utilisant les pierres provenant de la démolition (25 septembre 1749).

Le 11 octobre suivant, le vice-légat Aquaviva donna son *bene placitum* à cette délibération, « sauf la directe et majeure seigneurie, moyennant une cense annuelle et perpétuelle de trois livres et un droit de soixante livres pour l'entrée du nouveau bail, à payer de neuf en neuf ans, le sol demeurant la propriété de la Révende-Chambre (1). »

Une nouvelle délibération du Conseil décida l'emprunt d'une somme de trois mille livres qui devait être affectée à l'achat de deux maisons de peu de valeur dont la démolition était nécessaire pour l'amélioration de la rampe du château afin d'en faciliter l'accès aux charrettes, et aux dépenses que devait entraîner cette œuvre de destruction.

L'ordonnance du vice-légat autorisant l'emprunt et les travaux porte la date du 21 décembre 1749 (2).

On procéda sans plus de retard à l'enlèvement des matériaux qui furent utilisés à améliorer le tour de ville et à réparer tous les ponts de la commune.

On conserva les grands murs de soutènement du fort, le donjon, la tour de l'horloge et même la grande tour, « haute de onze toises et lézardée depuis le sommet jusqu'à dix pans du sol » par le fait du tremblement de terre de 1348 (3).

Pour quel motif avait-on laissé subsister si longtemps un édifice que, depuis des siècles, les habitants désiraient voir disparaître, à cause du danger dont il les menaçait (4)? Ne pourrait-on pas

---

(1) « Habet Reverenda Camera unam magnam domum, sive castrum « dirutum, infra quod sunt carceres papales. Quod dictum castrum datum « fuit ad novum acapitum dictae universitati, sub censu annuo, anno 1749. » (Bibliothèque de Carpentras: *Repertorium Camerale*, page 929).

(2) Archives municipales : Série CC. n° 57. — Registres des délibérations, — et Série DD.

(3) Voir page 47.

(4) « La tour menace d'écraser la maison de l'Espine. » (Arch. municip.. Délibération du 16 février 1769).

supposer que la Communauté avait toujours rencontré de la part de l'administration supérieure des fins de non-recevoir ? Ce qui semblerait donner de la consistance à ce doute, c'est le moment où l'on obtient enfin la permission tant de fois sollicitée.

Louis XV avait fait occuper depuis peu le pays Venaissin par les troupes françaises. Les consuls se font délivrer un rapport par des experts de leur choix et l'envoient à Sibour, intendant de la province pour le roi (18 avril 1769).

Quinze jours après, les consuls recevaient de l'intendant une lettre dans laquelle on lisait ce qui suit :

« Je vous envoie, Messieurs, l'authorisation de la délibération
« prise par le Conseil de votre Communauté qui porte de démolir
« la grande tour jusqu'à la première voûte qui sert de prison : »
(c'est-à-dire huit toises sur onze) (1).

(1) Registre des délibérations.

CHAPITRE DIX-NEUVIÈME

FIN DE LA DOMINATION PONTIFICALE (1789-1791).

Les états d'Avignon et du Comtat étaient trop au cœur de la France pour ne point se ressentir des commotions politiques qui agitèrent ce royaume dès l'année 1789.

La demande du rétablissement du troisième consul fut l'occasion des premières agitations locales (11 mai). Le peuple obtint de l'administration supérieure la réforme qu'il réclamait et la troisième main fut rétablie, ainsi que nous l'avons déjà dit (page 145).

Bientôt après, des bruits sinistres se répandirent dans la ville. Le Conseil se réunit sous la présidence du viguier (1).

« Les Consuls ont exposé, dit le procès-verbal de cette séance,
« que sur la nouvelle, reçue hier, une troupe de brigands armés
« ravageait le Dauphiné, brûlant et pillant tout ce qui se trouvait
« sur son passage, et menaçait d'envahir cette province; que la
« nécessité étant des plus pressantes, attendu que, par une lettre
« de MM. les Consuls de Mirabel, on donnait avis que ces brigands
« se trouvaient aux environs de Nyons, ils avaient pris toutes les
« précautions nécessaires pour mettre la ville en état de défense :
« qu'en conséquence, ils avaient envoyé un exprès à S. E. le Vice-
« Légat, à Avignon, pour en donner avis, et d'autres aux villes et
« lieux qui nous avoisinent, pour aviser et demander des secours ;
« que, d'autre part, ils ont fait acheter de la poudre et du plomb
« pour faire des balles ; que le bureau a nommé des officiers pour
« commander les habitants armés, auxquels il a été fourni des
« cocardes ; que les fusils de la Communauté se trouvant en
« grande partie en mauvais état, ils les ont fait porter chez les
« armuriers et serruriers. »

Toutes ces mesures furent approuvées par le Conseil et sanctionnées par le viguier. La ville fut mise en état de défense, mais les brigands ne parurent point.

(1) P. P. de Merle.

On organisa ensuite un bureau d'approvisionnement et de police. Il était composé du viguier, des consuls et de quelques autres personnes.

Le bureau décida de s'adresser au vice-légat Casoni, pour le prier de livrer, sans retard, à la commune cinq cents salmées d'annone et de conségal; et comme, en ce moment, la caisse municipale n'était pas suffisamment pourvue pour solder cet achat, on le suppliait en même temps de permettre l'emprunt de 15,000 livres (11 octobre).

Le vice-légat permit l'envoi des grains dont le besoin se faisait si cruellement sentir à cause de la mauvaise récolte, suite d'un hiver très rigoureux. Il autorisa l'emprunt au 5 p 0/0 (13 octobre), et donna même du temps pour le payement (27 octobre); aussi le Conseil s'empressa-t-il d'en remercier le représentant de l'autorité pontificale et de lui en témoigner sa reconnaissance (2 novembre).

Le 20 décembre suivant, les consuls réunirent de nouveau le Conseil, pour lui communiquer une lettre du vice-légat Casoni. Elle était du 11 du même mois et demandait au nom du Souverain Pontife, que chaque commune émît ses vœux et formât son *cahier de doléances*, en vue de la future convocation des Etats-Généraux de la province.

En réponse à cette communication, le Conseil déclara « que
« les citoyens désiraient la convocation de cette assemblée pour
« les motifs suivants: — Que les trois ordres du Comtat fussent
« plus légalement représentés ; — que les impôts fussent plus éga-
« lement repartis; — qu'il fut créé, à Avignon ou à Carpentras,
« un tribunal souverain, ayant droit de prononcer, sans appel,
« dans les causes n'excédant point une certaine somme à fixer
« par Sa Sainteté; et cela afin d'éviter le recours à Rome, toujours
« dispendieux et entraînant des longueurs regrettables; — et
« enfin, qu'on supprimât le droit de péage établi à la porte de
« la ville. »

Le consul Pierre Charrasse fit partie de l'assemblée générale du Comtat réunie à Carpentras, pour préparer l'union de cette province à la Couronne de France. A la séance du 23 mars 1790, il déposa sur le bureau de l'assemblée un extrait de la délibération prise par le Conseil de Malaucène sur ce projet de réunion. Dans la séance du 25, c'est-à-dire deux jours après, « MM. les Assemblés » comme on les appelait alors, reconnurent à Malaucène le droit de nommer douze électeurs lesquels devaient désigner un député aux futurs Etats-Généraux de la province. La même ville, de concert avec les communes voisines de Beaumont, Saint-Léger, Savoillans et Brantes, devaient désigner un autre député. Pour cette seconde désignation, Malaucène avait cinq électeurs votants et les autres communes réunies en avaient sept.

Ces dispositions étaient l'application du règlement du vice-légat sur le mode de convocation des assemblées primaires, la nomination des électeurs et le choix des députés aux Etats-Généraux et dont l'article X portait que les communes peuplées de 2,000 habitants, devaient fournir un député; les localités dont le chiffre était inférieur devaient se réunir à d'autres, jusqu'au complément voulu.

Le 11 avril 1790, les consuls de Malaucène donnèrent lecture au Conseil de leur ville du règlement en question: on procéda ensuite aux élections des députés, d'après le mode prescrit. Ginoux fut choisi par la population de Malaucène et Cottier par le collége électoral ou assemblée primaire composée d'une partie de Malaucène et des quatre communes voisines réunies. Le comte de Robins fit également partie des Etats-Généraux, comme député de la noblesse.

Ces élections occasionnèrent quelques troubles dans le pays. Le Conseil en profita pour voter l'établissement de la « garde bourgeoise ou milice citoyenne » (23 avril 1790).

Celle-ci parut en armes, dès le lendemain, pour satisfaire la curiosité des amateurs de nouveauté. Sur le refus des habitants de payer la dîme, le Conseil, dans l'intention d'éviter un soulèvement du peuple, pria ses députés Ginoux et Cottier d'appeler sur cet objet l'attention des Etats-Généraux (31 mai) et, par la même délibération, vota d'acheter du blé pour les pauvres.

Ces événements coïncidaient avec la détermination prise par les Etats-Généraux, tenus à Carpentras, de s'opposer à la réunion du Comtat à la France.

Le 8 juillet, le Conseil envoya une députation de trois de ses membres pour aller à Carpentras, porter à l'Assemblée représentative les vœux et les hommages du Conseil et de la milice bourgeoise. Dans la même séance, le chevalier d'Hugues vendit à la Communauté quatre canons, à raison de 300 livres la pièce, et fit cadeau d'un cinquième, à condition qu'on laisserait subsister sur ces canons les armoiries de Louis de la Fare, son ancêtre, lequel avait reçu ces pièces d'artillerie du roi de France, comme récompense militaire. Le chevalier d'Hugues avait de plus stipulé que si son fils venait à se marier, on les lui prêterait pour les réjonissances du jour des noces. Le Conseil accepta ces deux conditions et remercia le donateur.

On procéda, le 17 juillet, aux élections des membres de la nouvelle municipalité. Il s'agissait de nommer non plus des Syndics ou des Consuls, mais un Maire et des Agents municipaux. La ville et son territoire furent divisés en trois sections, sous les dénominations suivantes : La première, de l'*Eglise paroissiale;* la seconde, des *Pénitents*, et la troisième, des *Augustins*. Les élus furent : Bonéty, *Maire;* J. Beaumont, E. Martin, Peyre, Davin, J.-L. Bonnet et Mathieu Blanc, *Agents municipaux*.

Le lendemain, 18, Aubéry fut nommé procureur de la commune.

La nouvelle municipalité fut solennellement installée par le baron de Saint-Christol, un des députés de la noblesse à l'Assemblée de Carpentras (8 août 1790) et son premier acte fut de rappeler aux habitants l'obligation de payer la dîme à la Commune.

Le 7 novembre, Aubéry, procureur de la Commune, lit au Conseil divers décrets de l'Assemblée représentative de Carpentras, qu'il a reçus par l'entremise du député Ginoux. Le Conseil vote des remerciements à cette Assemblée, *à laquelle la province doit le bonheur d'être toujours sous le pouvoir de N. S. P. le Pape.*

Aubéry lit aussi le décret de l'Assemblée représentative abolissant les droits féodaux, et un autre décret portant que les Communautés qui ont des droits de banalité sur des fours, moulins, etc., pourront continuer à en jouir. Mais le Conseil de la commune, par une délibération (qui fut approuvée par l'Assemblée représentative), décide que « tout en abolissant le mot de banalité, la Commune continuera à obliger ses habitants à moudre à ses moulins, sous les peines portées au statuts. Les droits de lods, directes, sont supprimés et remplacés par le douzième du prix d'achat, payable à la Communauté.

Le 14 novembre on installa ceux qui avaient été désignés, en conformité des décrets de l'Assemblée représentative, pour rendre la justice dans le pays. Les notables chargés de faire ces choix avaient nommé pour *juge*, Montfaucon; *lieutenant du juge*, Rolland, et *greffier*, Fabre.

Voici quelle fut la formule du serment prêté par ces nouveaux titulaires : « Nous jurons, en présence de la Municipalité, de maintenir la Constitution de tout notre pouvoir et d'être fidèles à la Nation, à la Loi et *au Saint-Siège.*» Le curé, le secondaire et les autres fonctionnaires ecclésiastiques furent appelés à prêter le même serment (5 décembre).

L'Assemblée représentative de Carpentras avait décrété que les biens du clergé seraient soumis à l'impôt. Le Conseil de Malaucène nomma deux experts : J.-F. Brusset et Alexandre Ville pour faire l'estimation des biens ecclésiastiques, situés dans le territoire de la commune (28 novembre 1790).

Le 7 du mois suivant, il émit un vote par lequel il décida de contracter un emprunt, en argent ou même en assignats, pour la somme de 2,998 livres 10 sous, destinée à payer des fusils qui avaient été achetés pour armer la garde citoyenne.

« Le 21 décembre 1790, le Conseil étant assemblé, se sont pré-
« sentés M. le colonel et le lieutenant-colonel de la garde citoyenne
« de cette ville, lesquels ont exposé à la Municipalité qu'un bruit
« sourd et séditieux court dans cette ville ; que les choses en sont
« au point qu'ils n'osent répondre de la tranquillité publique.
« Qu'on persuade au peuple que les notables et riches cherchent
« à attenter contre lui, et à la milice qu'elle doit garder les fu-
« sils qu'on lui a remis et de ne pas les rendre. Ils ont prié le
« Conseil de pourvoir à la tranquillité publique de la manière
« que sa sagesse lui inspirera et se sont retirés.

« M. le procureur de la Commune a ajouté que M. le curé est
« venu cette après-midi lui déclarer que parmi les calomnies ré-
« pandues dans le public, on affecte de propager et affirmer qu'il
« a été mis dans les caveaux de l'église paroissiale des barils de
« poudre pour faire sauter les habitans de la ville, la veille de
« Noël, à la messe de minuit. Que le peuple est allarmé... et
« conclut à ce qu'il soit pris des informations pour découvrir les
« auteurs de pareilles calomnies, et à ce que les caveaux soient
« visités et le peuple éclairé.

« Le Conseil municipal, affligé et indigné, décide qu'il sera sur
« le champ procédé à cette information.

« Le lendemain, 22 décembre, le Conseil, considérant qu'après
« la vérification des tombeaux de l'église, on a reconnu la faus-
« seté et la calomnie des bruits répandus ; pénétré d'indignation
« de ce que des hommes méchans et ennemis du repos public
« inventent et propagent des calomnies tendant à ameuter le peu-
« ple ; affligé de ce que toute démarche même la plus innocente,
« les choses les plus sacrées et les plus saintes trouvent des con-
« tradicteurs qui trompent le peuple ; pénétré d'indignation de ce
« que la Commune ayant fait venir 149 fusils pour la défense pu-

« blique, certaines personnes inspirent aux gardes citoyens l'idée
« de ne plus rendre ces fusils lorsqu'ils leur seront délivrés, leur
« persuadant que la Municipalité, les notables et les principaux
« citoyens veulent se servir de ces fusils pour tuer le peuple. Que
« l'on persuade au public que les canons seront posés aux fenê-
« tres de l'Hôtel-de-Ville pour détruire les habitans ; le Conseil
« ordonne des poursuites sévères contre les auteurs de ces calom-
« nies, et déclare traîtres à la patrie et coupables du crime de
« lèze-patrie tout homme qui émettra des calomnies tendant à
« ameuter et exciter le peuple et à lui faire craindre des malheurs
« imaginaires. »

Ces mesures ne purent point calmer l'effervescence populaire et, le 29 décembre, le Conseil décida d'envoyer, le 2 janvier 1791, deux de ses membres à l'Assemblée de Carpentras pour l'informer de ce qui se passait. Mais dès que la nuit fut survenue, de graves troubles éclatèrent dans la ville. On parlait d'assassinats et de pillage. Heureusement, sur les 11 heures du soir, arriva le lieutenant-colonel de la garde citoyenne de Caromb, à la tête de 150 hommes. Il était mandé par ordre du baron de Saint-Christol, président de l'Assemblée représentative de Carpentras et major général, pour le Pape, de la Garde Nationale. Les honnêtes gens se réunirent à cette troupe et l'ordre fut momentanément rétabli. Les deux principaux chefs de l'émeute furent conduits à la prison de Carpentras.

C'est sous ces auspices fâcheux que commença l'année 1791, année désastreuse et déplorable pour Malaucène. Les habitants se divisèrent en deux partis bien tranchés. Ceux qui voulaient passer brusquement à la France, comme les Avignonais, et ceux qui auraient préféré rester sous la domination pontificale, ou qui du moins voulaient arriver au changement de régime d'une manière régulière et légale, en évitant les bouleversements suscités par une transformation subite.

Le 16 janvier 1791, une assemblée générale de tous les habitants eut lieu dans l'église paroissiale convertie pour la circonstance en salle de délibération, ainsi que cela s'était pratiqué déjà plusieurs fois dans les occasions solennelles. Le président de l'assemblée fit un long et chaleureux discours pour engager ses concitoyens à imiter l'exemple de Carpentras qui venait d'arborer les armes de France. Il y eut à cette motion de rares contradicteurs au nombre desquels figurait le marquis de Valouze. Il savait bien que sa voix ne serait point entendue mais sa conscience lui fit un devoir de résister. La conclusion de son discours mérite d'être citée : « Le Pape, dit-il, n'a jamais fait peser sur nous qu'une « chaîne d'or ; je vote pour le Pape. » Le peuple n'en décida pas moins par acclamation « d'arborer les armes de France, manifestant à haute voix que cette mesure n'avait d'autre but que la paix ; demandant à être incorporés au département de la Drôme ; mais que si la nation française ne jugeait pas à propos de nous réunir à elle, elle voulut bien, au moins, nous prêter aide et secours et nous prendre sous sa sauvegarde. »

A la suite de ce vote, les officiers municipaux et l'assemblée tout entière se réunirent à l'Hôtel-de-Ville, pour y prendre les armoiries royales préparées d'avance. Un immense cortège auquel s'adjoignirent la garde citoyenne et la musique, se rendit tumultueusement à la porte Soubeyran. Les armes du pape en furent enlevées « avec respect et décence » et à leur place furent mises celles du roi, aux cris plusieurs fois répétés : « Vive le Roi ! Vive la Loi ! Vive la Nation ! » Le cortège se rendit successivement aux autres portes de la ville, où l'on répéta ce qui venait d'être fait à la porte Soubeyran.

Comme conséquence de cette mesure, le Conseil autorisa (18 janvier) la garde citoyenne à nommer des députés pris dans son sein, pour et au nom de ladite milice s'affilier aux gardes nationales françaises des environs. Il envoya aussi (20 janvier) quatre membres de la Municipalité au Conseil de la ville d'Avignon pour lui dire que « en arborant les armes de France, la ville de « Malaucène désirait se soumettre à tout ce que l'Assemblée « Nationale de la France statuera sur elle. Et par une lettre du « 2 février, elle lui fait savoir qu'elle refuse d'envoyer des « députés à la Fédération que l'on projette à Avignon, s'en réfé- « rant à sa délibération du 20 janvier précédent. »

Les communes du Haut-Comtat partageaient cette manière de voir et formèrent une Assemblée dite de l'*Union* qui se réunit à Sainte-Cécile et dont les tendances étaient opposées à celles de l'assemblée d'Avignon.

Malaucène se décida cependant à envoyer des députés à la Fédération. Cet acte, en opposition directe avec la délibération du Conseil Municipal, indique suffisamment l'existence de tiraillements profonds. En effet, on fit intervenir la garde nationale de Nyons, dont les officiers furent introduits dans le lieu où les conseillers étaient réunis en séance (6 février). Ces officiers et les membres du Conseil furent d'avis qu'il convenait de procéder à de nouvelles élections des officiers de la garde nationale de Malaucène. Se voyant impuissant à faire accepter sa manière de voir opposée à cette mesure, Aubéry donna sa démission de procureur de la Commune (12 février).

Le lendemain, grande émeute et mêlée générale. Le corps de garde est désarmé, un homme est blessé d'un coup de fusil, on pousse des cris : *à la lanterne*, on envahit Château-Vert (1) qui est pillé et incendié. Le maire appelle, en toute hâte, la force armée des environs. Elle accourt d'Orange, de Courtheson et de Nyons.

Le 14, de la Villasse, maire de Vaison, et son secrétaire sont assassinés. L'historien Ch. Soulier prétend que les auteurs de ce double meurtre seraient les habitants de Séguret qui auraient voulu tirer vengeance du détournement d'un cours d'eau, fait à leur détriment, par le maire de Vaison. Nous consignons ici ce fait, parce qu'un habitant de Malaucène fut accusé d'y avoir participé et même d'en être l'auteur.

C'est ce même jour et dans ce moment d'effervescence populaire que se firent les élections des officiers de la garde nationale de Malaucène.

Trois jours après, les Avignonais attaquaient les Comtadins dans les plaines de Sarrians (17 avril) et restaient maîtres du champ de bataille qu'ils souillèrent par des cruautés inouies. Dans les rangs des Comtadins figuraient trois des canons de Malaucène, ayant jadis appartenu au chevalier d'Hugues, et que la Commune avait prêtés à Carpentras, malgré l'opposition d'un certain nombre d'habitants.

Pour mettre plus facilement à la raison les fidèles sujets des papes, les médiateurs venus de Paris résolurent d'employer les gardes nationales des départements voisins. C'était au moment où les populations allaient être appelées à émettre leurs vœux sur l'annexion. Deux cents Marseillais, avec deux pièces de canon, furent envoyés à Malaucène (22 juillet). Un égal nombre de Nîmois, tous protestants, se rendirent le même jour à Bédarrides pour y protéger les délibérations de l'Assemblée électorale de Vaucluse. Sous la protection des baïonnettes françaises et protestantes, l'Assemblée décréta la réunion définitive à la France des ci-devants Etats d'Avignon et du Comtat (18 Août).

Le 14 septembre suivant, l'Assemblée Nationale de France,

---

(1) Résidence du Chevalier d'Hugues.

« prenant en considération le malheureux état de cette province,
« décréta sa réunion à la France. Ce décret fut lu au Conseil le
« 22 septembre. En réjouissance de cet évènement, un *Te Deum*
« fut chanté dans l'Eglise paroissiale, le 30 octobre 1791, et l'on
« tira 21 coups de canon. » (1)

(1) Cette réunion à la France est devenue irrévocable par le fait du traité de Tolentino, passé entre Bonaparte et Pie VI, le 1er Ventôse an V (19 février 1797) — Article VIe — « Le Pape renonce purement et simplement à tous les droits qu'il pourrait prétendre sur les villes et territoire d'Avignon, le comté Venaissin et ses dépendances ; et transporte, cède et abandonne lesdits droits à la République Française. »

CHAPITRE VINGTIÈME

USAGES PARTICULIERS

Afin de ne point entraver notre récit par la description de certains usages particuliers, nous groupons ici ces détails intéressants au point de vue de l'étude des mœurs locales.

§ 1ᵉʳ. — DÉVOTIONS POPULAIRES.

1. — Notre-Dame du Groseau (1).

La dévotion à Notre-Dame du Groseau, dévotion par excellence des habitants de Malaucène, est aussi ancienne que la chapelle et remonte à l'année 1078 ou 1079 (2).

De même que le sanctuaire fut plus ou moins délaissé, après le départ des Bénédictins, de même aussi la piété des fidèles sembla se refroidir, l'abbé commendataire, substitué aux religieux, ne résidant pas toujours dans le territoire de la commune. Cependant en 1665 et 1666, époque de la grande restauration religieuse locale, quelques personnes ayant obtenu par l'intercession de la Vierge du Groseau des grâces spéciales, à la suite de visites nombreuses rendues par elles à la chapelle de Notre-Dame, il y eut un retour prononcé de la part des habitants. Le concours du peuple redevint ce qu'il était autrefois. Bientôt les ruines et débris de toute sorte disparurent par le travail des enfants qu'on envoyait, le soir, après la classe. La masse de la population imita cet exemple ; les avenues furent bientôt aplanies et les chemins rendus faciles.

Edouard Pontaix, curé de la paroisse, pensa qu'il était de son devoir d'informer l'évêque de ce qui se passait. Il lui écrivit dans ce but, une lettre dont l'original est conservé aux archives municipales.

Il y expose « comme depuis quelque temps il y a affluance de « peuple, lequel esmeu de dévotion visite l'Eglise, *sive* chapelle

---

(1) Archives municipales : Registre n° 3 du Livre des Privilèges, etc., et GUINIER.

(2) Voir ce que nous avons dit, page 94.

« de Nostre-Dame de Grosèu. » Il lui demande « de luy permettre
« de faire une procession générale demain, huictiesme iour du
« présent mois d'avril de l'année 1670 et dernière feste de
« Pasques, avec les sieurs prestres actuels et aggrégés à l'aggré-
« gation de ladicte Eglise ; pour aller célébrer une messe solen-
« nelle dans ladicte chapelle du Grosèu, pour impétrer la grâce
« du sainct Esprit, par les prières de la saincte Vierge ; afin qu'il
« luy plaise d'augmenter ladicte dévotion, etc ; avec pouvoir à
« l'advenir d'establir, avec les sieurs prebtres, des personnes
« pieuses, pour recevoir les aumosnes pour l'ornement de ladicte
« chapelle, renger les messes et offices que la dévotion du peuple
« pourra exiger ; sous la direction dudict suppliant et sieurs
« prebtres actuels et agrégés de ladicte Eglise ; et concéder
« mesme indulgence de quarante iours à tous ceux qui assisteront
« à la première procession et messe solennelle qui se dira dans
« ladicte chapelle. »

Cette supplique était du 7 avril 1670.

L'évêque de Vaison, Charles-Joseph de Suarès, répondit en ces termes, le 12 du même mois :

« Nous approuvons le zèle et la piété de Messieurs le curé et
« prestres aggrégés et habitants de la ville de Malaucène et les
« exhortons de continuer dans leur dévotion envers la Sainte-
« Vierge, pour l'ornement de la chapelle du Grosel ; et, pour
« cela, nous donnons pouvoir au susdit sieur curé de Malaucène
« d'establir, avec les susdits sieurs prestres, des personnes
« pieuses pour recevoir les ausmosnes pour l'ornement de l'Eglise
« et pour tenir compte des ausmones des messes, qui se garde-
« ront, dans une caisse à double clef, et dont ils rendront compte
« audit Curé et à deux des sieurs prestres aggrégés ; obligeant
« lesdits sieurs curé et prestres de satisfaire exactement à la
« célébration d'autant de messes qu'on demandera à célébrer.

Comme il est facile de le remarquer, la permission ne fut pas accordée à temps pour le jour où elle avait été demandée ; ce qui donne à supposer que la fête ne put avoir lieu que plus tard.

Quoi qu'il en soit, les oblations des fidèles affluaient au sanctuaire. Les chanoines de l'église métropolitaine, successeurs des Bénédictins, s'en émurent ; voici à quel propos.

Une convention avait été passée dans le temps (12 avril 1572), entre Jean de Berton des Balbes (de Crillon), proto-notaire apostolique et prieur du prieuré de Malaucène et Etienne Audibert, vicaire perpétuel de l'église paroissiale. Sous divers pactes et conditions, le prieur avait cédé au vicaire tous les droits qu'il avait à recevoir les dons des fidèles, *dans les limites de la paroisse*. Ces expressions ne parurent pas alors susceptibles d'engendrer plus tard des difficultés, attendu qu'à cette époque les offrandes étaient chose rare au sanctuaire papal ; mais, elles arrivèrent en abondance, après l'élan donné par le curé E. Pontayx.

Celui-ci s'opposa aux prétentions des chanoines-prieurs, mettant en avant la convention passée un siècle auparavant. Il établissait ses droits sur ce que la chapelle du Groseau étant située *intra limites ecclesiæ parrochialis*, les offrandes lui appartenaient et non point au Chapitre ; et il obtint gain de cause (20 avril 1670).

Dans le courant du mois suivant, le même évêque auquel on s'était adressé pour obtenir des faveurs spirituelles, établit des indulgences, en faveur des personnes qui, visitant la chapelle, y réciteraint certaines prières indiquées par lui (1).

(1) En voici la reproduction, d'après une plaque en cuivre, gravée en 1731, par un nommé Gigognan, et conservée aux archives paroissiales.

TOT TIBI SVNT DOTES, VIRGO, QUOT SYDERA COELO

Oraison à Nôtre Dame de Grosseau dans le Terroir de Malaucène du Diocese de Vaison.

Très Sainte Vierge Mère de Dieu qui parmy tant de graces que vous obtenez de la divine bonté faites principalement éclater celles de vôtre Clemence, dans la Chapelle du Palais de Grosseau, par les infinies faveurs qu'ont reçû de vôtre intercession tous les Fidelles qui l'ont implorée et par ce fervent merveilleux, et inspiré de Dieu concours du Peuple, je recours à vôtre Royale Majesté, et parce que vous portes dans les prières publiques de l'église, le glorieux tiltre de Mere et de Vierge de Clemence. je vous prie de vouloir appaiser la justice de vôtre Fils Nôtre Seigneur. I. C. que j'ay mérité par mes pechez et m'obtenir les dons de sa misericorde ma conversion, une heureuse mort, et povr le présent la grace dont je vous prie (icy vous nommerez la grace que vous prétendez). Souvenez-vous ô Mère de Clemence que jamais aucun n'a recouru à vous : qu'il n'aye experimenté les effets de vôtre pouvoir, ne meconduisez pas de ma priere ; mais exaucez là, accordez là a un cœur tout consacré à vôtre service, tel qu'est le mien. Ainsi soit-il.

Tous ceux qui visiteront la dite Chapelle et ceux qui ne scauront pas lire diront trois fois le Pater noster et trois fois, l'Ave Maria gagneront quarante jours d'indulgence.

NOVS CHARLES-IOSEPH DE SVARES par la grace de Dieu et du S. Siege Apostolique Evêque de Vaison attendu les graces qui sont obtenues de Dieu et par l'intercession de la Tres Sainte Vierge sa Mère dans la Chapelle de Notre Dame de Grosseau pour favoriser et exciter la devotion des Fidelles,

Cette même année, on établit, dans le vieux sanctuaire, et sous le titre de *Notre-Dame de Grâces*, une confrérie et une chapellenie dont la fête était célébrée le 8 septembre, jour de la nativité de la Sainte-Vierge.

Il conste par les *Registres des privilèges* que cette double institution n'avait d'autres revenus que les quêtes et les offrandes spontanées des fidèles (1).

Guinier avance comme chose connue de tout le monde que, à la date du 7 avril 1671, le pape Clément X concéda une indulgence plénière et perpétuelle à cette confrérie.

Sans vouloir contester l'existence de ce document apostolique, nous avouons ne l'avoir rencontré nulle part, même sous forme de copie. On pourrait peut-être se demander si Guinier n'aurait point confondu la bulle dont il parle avec cette autre émanée de Clément X (2), mais donnée le 26 août 1670 (et non point le 7 avril), en faveur de la confrérie de Notre-Dame de Montaigu, érigée dans l'église paroissiale.

Aux murs de la chapelle sont appendus de nombreux *ex-voto*, témoignages de reconnaissance pour des grâces corporelles ou spirituelles obtenues par l'intercession de la Sainte-Vierge.

Cette collection de souvenirs pieux ressemble à toutes celles qu'on rencontre dans les sanctuaires les plus vénérés ; nous les passerons donc sous silence, ne mentionnant que le plus important de tous. Il est accroché au-dessus du bénitier, en entrant dans la chapelle. C'est une mauvaise peinture représentant une procession en marche. Au bas on lit ce qui suit :

« Ex voto des trois processions que l'on fit pendant l'année 1769
« à la croix *Pieau* et à Notre-Dame du Groseau, afin d'implorer
« le secours du Ciel sur la campagne. Une pluie abondante
« fut accordée. On compta à cette procession plus de 3,000
« personnes. Ce tableau a été fait par M. Blanc Célestin. »

Il nous parait tout naturel de clôturer ce que nous avons à

concedons a tous ceux qui reciteront la susdite dans la meme Chapelle quarante jours d'Indulgence Donné à Vaison dans Notre Palais Episcopal ce 17 may 1670.
CHARLES JOSEPH EVESQUE DE VAISON

(1) A la petite chapelle, ou, si l'on veut, à l'autel de saint Jean-Baptiste, tout à côté du maitre-autel, avait été élevée une chapellenie, sous le titre de Saint-Jean, au revenu annuel de trois florins de cense, sur des propriétés appartenant à Charles Hilarion Brémond.

(2) Voir *Pièces justificatives*, n° XLIX.

dire des manifestations populaires envers N. D. du Groseau par ce que nous avons vu de nos jours.

A peine interrompues à la fin du siècle dernier, ces manifestations reprirent spontanément à la restauration du culte. La messe avait d'abord été célébrée en secret dans le vieux sanctuaire par le curé Reboul et par d'autres prêtres restés fidèles à leurs devoirs ; puis, on se gêna moins et enfin les habitants accoururent en foule. Ce concours journalier ne se ralentit que lors de la restitution de l'église paroissiale à sa destination première.

Il ne faudrait pourtant pas croire que cette restitution ait pu nuire à la confiance des habitants envers la Mère de Dieu, invoquée dans la chapelle du Groseau sous le titre de *Notre-Dame de Grâces et de Clémence*. Loin de là, la dévotion des Malaucéniens sembla grandir de jour en jour.

Voulant répondre à leur désir, le curé actuel forma le projet, avec l'autorisation archiépiscopale, d'organiser un grand pèlerinage à l'antique sanctuaire, pour le dimanche 31 août 1873, jour où devait être inauguré un nouveau maître-autel.

Toutes les paroisses du diocèse ayant été invitées par lettres, adressées aux curés du diocèse, et par affiches imprimées, apposées aux portes des églises, le concours fut très considérable. Six ou sept mille âmes se pressèrent autour de la petite chapelle. On compta une vingtaine de prêtres, pour la plupart originaires de la localité, ou curés dans les environs.

Dès six heures et demie du matin, la foule pieuse et recueillie partait en procession pour le sanctuaire où la messe de communion fut suivie d'un grand nombre d'autres (dites aux deux autels), et de la messe solennelle.

Dans l'après-midi, nouvelle procession générale à laquelle prirent part les fidèles de toutes les paroisses, accompagnés par la musique des *Enfants de l'Isle*.

Après les vêpres solennelles, chantées en plein air, par M. l'abbé Guiméty, curé de Saint-Charles de Nîmes, président du pèlerinage, le sermon fut prêché du haut de l'escalier de l'ermitage, converti en chaire, par M. l'abbé Terris, alors curé-archiprêtre de Saint-Siffrein à Carpentras, actuellement évêque de Fréjus et Toulon.

L'éloquent prédicateur paraphrase, avec un rare à-propos, ce texte du livre de la Genèse (chapitre II), *une source jaillissait du sol et arrosait toute la surface de la terre*.

À l'entrée de la nuit, la procession se reforme et se met en mouvement, éclairée dans sa marche par les milliers de flambeaux que les fidèles portent dans leurs mains et la fête se termine dans l'église paroissiale (1).

Toutes les années, le dernier dimanche du mois d'août, on célèbre l'anniversaire de cette fête par un nouveau pèlerinage, avec procession, chants de cantiques (2), prédication en plein air et illumination.

Souvent, dans le courant de l'année, il y a concours religieux à la chapelle, mais les démonstrations sont moins nombreuses et plus calmes ; enfin, dans la belle saison surtout, on voit des familles pieuses de la localité ou des environs se rendre au Groseau dans un but de dévotion.

(1) *Pèlerinage à Notre-Dame du Groseau*, poésie par M. A. de Merles.
(2) Le cantique préféré est le suivant dont l'auteur est M. Autheman de l'Isle :

A NOSTRO-DAMO DAOU GROUSÈOU.

1
Salut, o Vierge dau Grousèu,
Que dins ta nèu mounumentalo
As vist trouna coumo un soulèu
La Majesta pountificalo.

CHUR
Maire de Dieu quouro relusira
L'aubo de delivranço ?
Quouro veiren toun souleu s'auboura
Sus Roumo e sus la Franço ?

2
A tu venen, et tant que sian
S'aman touti coume de fraire,
Car sian li fieu di vieï crestian
Que t'an chausido per sa Maire.

3
Alors la fe de tout cousta
Rayounavo, e, dins la bagarro,
Lou mounde avie pèr s'assousta
La triplo crous de la tiaro.

4
Aven passa de marri jour,
Trono encaro sus nosto testo ;
Vène lèu à noste secour,
Maire, escounjuro la tempèsto.

5
Di màu que nous an escrasa
Que ta santo man nous guarigue ;
L'infèr nous avie divisa,
Que ta graci nous reunigue.

6
Rende nous lou bonhur d'antan !...
Lou tèmp erous de nosti rèire,

Mounte la fe brihavo tant,
Oh ! fai que lou pousquen revèire.

7
Aubouran vèr tu nosti bras,
Li plour sihounon nosto faci,
Mando nous l'ange dau soulas,
O Nostro-Damo de la graci.

8
Prègo pèr n'autro lou Bon Dieu
Pèr que nous sauve de l'abime,
Pèr que dins lou sang de soun fieu
Bugade touti nosti crime.

9
Li michant s'eroun reuni,
Voste poudè lis a fa fuge.
Cor adourable, cor beni,
Sias touti dous noste refuge.

10
Prestas l'auriho e n'auzirès
Plus qu'uno voues dins la patrio,
I'a que vous que la sauvarès,
Cor de Jeuse, Cor de Mario.

11
La sauvarès car Dieu lou vòu,
Dieu, lou mèstre de la vitori,
Rèndra soun trone à Pio nòu,
A la Franço sa vieio glori.

CHUR
Pople de Dieu bèn lèu relusira
L'astre de delivranço,
Reviho te, lou jour vai s'auboura
Sus Roumo e sus la Franço.

II. — Chapelle de la « Sainte » Croix de Puy-Haut.

De temps immémorial, les habitants se sont rendus en procession à la chapelle de la « Sainte » Croix de Puy-Haut, située au sommet de la montagne de ce nom, au-dessus de la source du Groseau.

Un double attrait de dévotion portait autrefois le peuple à faire cette rude ascension, par des chemins abruptes, bons, tout au plus, pour des chèvres. Le premier était de demander au Ciel une pluie bienfaisante, aux époques où la sécheresse désole la campagne. Le second constituait un exercice bien méritoire de pénitence, les pèlerins s'arrêtant à chacune des quatorze stations d'un long *Chemin de Croix*, marquées de grandes croix en bois, simples et sévères.

La dernière, la plus élevée, celle qui lutte contre les vents et les tempêtes et qu'on a de la peine à maintenir debout, est située à une faible distance de la petite chapelle, digne par sa pauvreté et son délabrement de la crèche de Bethléem. Cette chapelle a été relevée, en 1839, sur l'emplacement d'une autre, tombée en ruines.

A proprement parler, cette quatorzième croix et ce petit sanctuaire constituent l'objet de la dévotion populaire de la chapelle de la *Sainte* Croix de Puy-Haut. Nous signalons à dessein ce mot *Sainte* ; un vrai Malaucénien ne se permettrait jamais de parler de ces lieux vénérés sans leur donner leur titre complet et ne les appelant que « Chapelle de la Sainte Croix de Puy-Haut. »

Pendant les jours dits de la Terreur, les fidèles continuèrent leurs pèlerinages (1). La croix finit cependant par disparaître (2) sur les ordres du commissaire de police du directoire exécutif (3), mais pour être relevée peu de jours après.

---

(1) Le 29 nivose an II (18 janvier 1794). — A une heure du matin, les portes de la ville étaient soigneusement fermées, « un attroupement considéra-
« ble de gens se présentèrent, demandant à entrer. » Les portes ne s'ouvrirent point pour eux ; ils venaient de prier Dieu à la Sainte-Croix de *Pihaut* ! (Archives municipales : Registres des délibérations du Conseil).

(2) Elle avait été inaugurée le 8 juillet 1714, par le curé Filiol, sur l'autorisation à lui donnée par l'évêque Gualtéri, le 22 avril. L'ancienne croix avait besoin d'être renouvelée, à cause de sa vétusté (Archives municipales: Série G.G. Ordonnance épiscopale, en suite de la visite pastorale de 1714).

(3) 3 messidor an IV (21 juin 1796). — *Le commissaire du directoire exécutif d'Avignon écrit à l'administration municipale* : « Il existe une croix dans le terroir de la commune de Malaucène, sur une montagne appelée *Piau*.

La chapelle et la Sainte Croix de Puy-Haut continuent, comme par le passé, à être l'objet de la dévotion des habitants, tout comme la chapelle de Notre-Dame du Groseau.

III. — Patrons invoqués contre les maladies contagieuses et les épizooties.

I. — Saint Sébastien, patron du territoire de Malaucène, était jadis invoqué par le peuple contre les maladies épidémiques de toute nature, et possédait sa chapelle rurale dont nous avons déjà parlé, et à laquelle on se rendait en pèlerinage dans les moments critiques (1). Il avait également une chapelle et un autel dans l'église paroissiale, chapelle et autel qu'il partagea plus tard avec saint Denis, autre patron auquel on avait recours dans les maladies contagieuses. Enfin, au XV⁻ siècle, le culte de saint Roch s'établit dans la localité à côté d'abord et bientôt au-dessus de celui de saint Denis et de saint Sébastien.

Saint Roch eut, en peu de temps, sa statue et sa confrérie et finalement une chapelle rurale (2). Ce modeste édifice, destiné à remplacer l'antique chapelle Saint-Sébastien, devint en quelque sorte commun à ces trois bienheureux ; la population n'ayant jamais assez de protecteurs contre les maladies pestilentielles.

II. — Saint Denis encore, saint Pierre et sainte Marie-Magdeleine figurent dans les chroniques comme spécialement invoqués dans les cas d'épizooties.

Les prières de l'Eglise étaient demandées contre les morsures d'animaux atteints ou soupçonnés d'hydrophobie.

Le procès-verbal de la bénédiction de la chapelle rurale de Saint-Roch (faite en 1656) contient ces lignes écrites de la main du curé Edouard Pontayx :

« Et m'a esté remise la clef bénite en Avignon par M. l'Ill⁰
« vicaire général et prévost de la Saincte Eglise d'Avignon, laquelle
« j'ay pris des mains de M. Jean Gaudibert, notaire et secrétaire,
« pour marquer ceux qui sont mordus par les chiens enragés. Ce
« que j'ay commencé de faire le dernier jour d'aoust (1). »

Au XV⁰ siècle, un porc que l'on croit hydrophobe mord ses congénères, enfermés avec lui dans la porcherie communale. Le Conseil

J'ai lieu d'être surpris que ce signe n'ait point encore disparu du territoire de votre commune. Je vous invite à faire enlever, etc. (Archives municipales). »

(1) Voir page 245.
(2) Voir page 333.
(3) Archives municipales : Série GG. 1531.

effrayé, cherche un *bon remède* et s'arrête au suivant : « Dès
« demain matin, toute la porcherie sera conduite au prieuré de la
« Magdeleine, dit *de Capella* ; les porcs seront marqués avec la
« clef de Saint Pierre et une messe de Saint Denis sera célébrée
« en l'honneur de Dieu et de la bienheureuse Vierge Marie » (2).

IV. — Les Brandons de la Chandeleur.

L'œuvre des brandons de la Vierge (opus candele Beatæ Mariæ),
était aussi ancienne que toutes les plus vieilles traditions du
pays. Elle avait son directeur annuel, ses revenus et son but. Le
directeur, appelé *Conducteur des Abeilles* (Conductor ou Rector
Apum) ou *Collecteur des Brandons de la Vierge* (Collector
Candalae Beatae Mariae) fut désigné d'abord par les syndics, puis
par les conseillers et enfin par le parlement. Les revenus pro-
venaient de sources diverses : le miel sauvage, cueilli dans les
montagnes et lieux solitaires du territoire (1) ; le miel domestique,
fruit de quelques ruches appartenant à la Communauté (2),
et enfin la générosité des fidèles donnant de la main à la main
ou par dispositions testamentaires en ces termes : *Lego Operi
Candelae Beatae Mariae, etc.* Le but de l'œuvre était de fournir
assez de cire au curé de la paroisse pour qu'il fut en mesure,
chaque année, de donner un petit cierge à chaque habitant
reçu, ou chef de famille, le 2 février, fête de la Chandeleur ; de
placer deux rangées de brandons sur les gradins du maître-autel

---

(2) Die martis, 24 octobris 1457. — Porci hujus loci sunt morti (ont été mordus) de uno alio porco enrabiato Andree de Brunis, in grande preiudicium universitatis, et esset bonum prouidere de bono remedio. — Fuit conclusum quod porqueriata veniat cras mane in prioratu *de Capella* et ibidem porci signentur cum claue sancti Petri et ibi celebretur una missa sancti Dionisij, ad honorem Dei et beate Marie Virginis. (Archives municipales : *Liber Regiminis.*)

(1) 22 juillet 1427. — Super Apibus que reperiuntur in desertis, fuit ordinatum quod Johannes Lagerii, Collector Candele, et Johannes Giraudi possint colligere Apes brescas et conuertere in luminaria Candele Beate Marie, non preiudicando alicuj. Promisit reddere bonum computum et legale, et ita jurauit Johannes Giraudj. (Archives municipales : *Liber Regiminis*, ad an. 1427, f° 31.)

(2) Samedi, 21 octobre 1447. — Super Apibus Candele Beate Marie retulerunt Gaymar et Boneti se fuisse ad recognoscendum cum P. Pati, olim rectore eiusdem, et quod ad presentem dicte Candele, videlicet : quinque brusquas, traditas dicto Buxi, rectori moderno, cum XV libris cere debite per Petrum Pati, ex concordia super eisdem facta. (Archives municipales : *Liber Regiminis*, ad an. 1417.)

les jours de grandes solennités (1), et enfin de chanter une grand messe, dans le carême, en faveur de l'œuvre.

Lorsque la récolte du miel était mauvaise et les autres sources de revenus insuffisantes, le Conseil de ville votait des fonds pour venir en aide à l'œuvre des brandons (2).

Un curé, nommé Etienne Audibert (dont nous avons eu occasion de parler, à propos de l'administration ecclésiastique) essaya de se soustraire à ces vieilles coutumes qu'il trouvait peut-être trop surannées. Le Conseil ne fut point de cet avis : il prit une délibération en vertu de laquelle cette affaire fut portée par Jean Augier, premier consul, devant Jacques Cortès, patriarche d'Alexandrie, évêque de Vaison. Celui-ci, en présence d'Audibert, rendit une ordonnance le vendredi, 19 mars 1568, pour le maintien des traditions. Le curé se soumit et promit d'agir *more consueto* et de suivre *antiquum morem* (3). Mais ces petits cierges étant par trop petits, « le curé donne des brandons, a chescun « selon son degut, et il en balhe de petits oultre mesure, et de cire « vielhe, quest casi *in contemptum* de la ville et des habitants. » La conclusion du conseil fut celle-ci : « Que lon le contregne par « justice de fere des brandons semblables a la costume » (4).

§ 2. — FONDATIONS RELIGIEUSES.

Il serait trop long de faire l'énumération de toutes les œuvres pies fondées dans l'église paroissiale de Saint-Michel. Nous devrons nous borner à mentionner quelques-unes des plus importantes, suivant en cela l'ordre des temps.

I. — LAMPES du Sanctuaire et de Notre-Dame. — L'huile de la lampe du sanctuaire de la paroisse était fournie par la Communauté (5). Celle de la chapelle de Notre-Dame, dans la même

---

(1) Mercredi, 25 mars 1450. — Dominus Giraudi (Amblardi) vicarius Ecclesie Malaucene tenetur, in festiuitatibus solemnioribus, brandonos duplices ponere in magno altari, que hic recusat facere. Fuit ordinatum quod sindici loquantur cum Domino Giraudi. (Archives municipales : *Liber Regiminis*.)

(2) Lundi, 26 mars 1450. — Petrus Michaelis dixit et exposuit in Consilio quod non habet unde facere luminaria brandonum. Conclusum fuit quod faciat facere brandonos usque ad quantitatem duorum florenorum. (Archives municipales : *Liber Regiminis*.)

(3) Archives municipales: Série GG, n° 26, — et n° 3 du Livre des Privilèges.

(4) Archives municipales : Registres des délibérations du Conseil.

(5) Die 30° septembris 1460. — « Sindici tradant lampadi duas eminas olei. »

église, était à la charge des hoirs de Théofrède Castelli, en vertu d'un contrat de vente (1).

II. — Messe de l'Aurore. — Il est fréquemment parlé de cette institution à laquelle tenait beaucoup la classe ouvrière, à cause des nombreux services qu'elle lui rendait. Elle fut fondée le 27 décembre 1488, par Bertrand Guintrandy (2), vicaire perpétuel de la paroisse, aidé en cela par la générosité de quelques habitants (3). Cette messe devait être célébrée au maître-autel de l'église paroissiale, tous les jours, à l'aurore, et appliquée par les prêtres du pays au salut de l'âme des fondateurs. La fondation assurait une pension annuelle et perpétuelle de vingt-cinq florins.

III. — Traitement de l'organiste. — Esprit de Boutin, seigneur de Valouze, laissa par testament (4) à la Communauté, un capital de trois-cens écus, produisant le cinq pour cent, dont le revenu devait être affecté au traitement d'un organiste.

IV. — Litanies de la Sainte-Vierge. — Marie d'Augier, veuve de ce même Esprit de Valouze, décédée le 1ᵉʳ septembre 1630, donna également par dispositions testamentaires (5), à la Confrérie de Notre-Dame de Montaigu, un capital de cent florins, produisant 6 0/0 monnaie courante, ordonnant que les litanies de la Sainte-Vierge seraient « chantées à haute voix, » à l'autel de Notre-Dame de Montaigu, tous les samedis de l'année et toutes les veilles et fêtes de la Mère de Dieu.

Dans la suite, ces litanies ne furent plus chantées que la veille des grandes fêtes de la Sainte-Vierge (6).

V. — Vêpres et Complies. — Annette Testud, veuve de Mathieu

---

(1) Le 22 décembre 1451. — Par devant Antoine de Ruffo, notaire public apostolique, Jean Garelle et Antoinette, sa femme, Guillaume Chaci et Françoise, sa femme, vendent à Théofrède de Castelli, notaire de Malaucène, un verger situé au quartier de Saint-Baudile, à la charge, par celui-ci, d'entretenir la lampe de la chapelle de Notre-Dame dans l'église paroissiale. (Archives municipales : Série DD, n° 13).

(2) Dont la maison était : « In portali Ysnardorum, confrontans carreriam dicti portalis. »

(3) Voir *Pièces justificatives*, n° XXX, et Archives municipales : Dossier des divers biens formant la dotation de la chapellenie de la messe de l'Aurore.

(4) Ecrivant Fayard, notaire, le 20 janvier 1639.

(5) Testament du 6 février 1630 (Louys Florens, notaire à Pernes) et codicile du 10 août de la même année (Gabriel Mostéry). Voir le Registre de N.-D. de Montaigu, Archives de la paroisse, folio 224.

(6) « Fundationes Litaniarum Beatæ Mariæ reductæ fuerunt ad solas vigilias eiusdem Mariæ. » (Arch. municip. *Fundationes Reductionis* 1728.)

Eysséric, décédée en 1641, avait laissé un capital « de deux cens escus de cinq florins pièce » dont les héritiers devaient servir les intérêts au 7 0/0, à la charge, pour les prêtres du Chapitre, de chanter les vêpres et complies tous les jours de l'année où ils n'y seraient point obligés d'ailleurs. Les consuls requirent cette célébration. Elle commença, en effet, le 22 septembre suivant, mais surgit tout d'abord une difficulté non prévue dans l'acte de fondation. Fallait-il sonner ces offices? Devait-on allumer des cierges? et, dans ce cas, sur quels fonds seraient payées ces dépenses quotidiennes? L'évêque décida que le Chapitre qui bénéficiait de la fondation aurait à fournir « les brandons » et à payer le sonneur. Le Chapitre s'en défendit, prétendant que c'était l'affaire du curé. La difficulté fut résolue comme il suit dans une transaction (19 janvier 1643). Les charges pèseraient uniquement sur le curé ; le Chapitre recevrait le curé en participation des distributions et revenus capitulaires et, en plus, lui payerait annuellement et à perpétuité « la somme de cinq florins de
« douze sous tournois la piesse, à chacun jour et feste de sainct
« Jean-Baptiste (1). »

VI. — Prédications. — De tout temps, les frais occasionnés par les prédications des grandes stations avaient été supportés par la caisse municipale. Nos plus anciens registres des délibérations répètent souvent cette résolution sous différentes formes: « Que
« la Communauté prenne à sa charge, *comme c'est l'usage*, les
« dépenses relatives au prédicateur » (2).

Celui-ci s'installait dans une hôtellerie ou bien dans une maison particulière (3) et cet état de choses dura jusqu'après le carême de 1567.

(1) « Fundatio vesperarum, facta ab Anneta Testud, aplicata fuit ad vesperas et complectorium pro festis et dominicis » (Arch. paroiss.: *Fundationes reductionis* 1728).
Par une vieille fondation, il avait été réglé que, tous les dimanches, lorsque l'office ne serait pas double de 1re ou de 2e classe, on chanterait les vêpres des morts, après celles du jour. Cette fondation subit une réduction, en 1728, et fut appliquée au chant des premières vêpres des grandes fêtes. Les absents devant être punis d'une amende de deux sous. « Fuit aplicata ad primas vesperas festorum Nativitatis Domini, Epiphaniæ, Ascensionis, Pentecostes, Corporis Christi et Assumptionis Mariæ et sub poena duorum solidorum. » (Arch. paroiss.: loco citato).

(2) « Communitas nutriat predicatorem prout assuetum est. »

(3) 6 mars 1566. — Le prédicateur ne veut plus loger « in hospicio Cam-
« pane, sed vult viuere solus in aliqua domo et dare residuum sui pastus
« pauperibus. » On lui donna « quinque scutos, hinc usque ad festum Resurrectionis. »

Le 22 août de la même année, le prieur du Groseau fit dire aux consuls que si la Ville voulait lui donner annuellement douze écus, il se chargerait de la nourriture du prédicateur et que, de plus, il céderait une partie de ses droits sur les dîmes (1).

Les consuls, autorisés à s'entendre avec le prieur, règlent les conditions de cet accommodement; mais le prieur regrette bientôt ce marché et propose de rendre le prédicateur à la Ville, offrant de diminuer encore ses droits de dîmerie (3 mars 1571).

On ne peut pas se mettre d'accord. Le prieur fait de nouvelles offres. Il dit que « si la Ville veult le decharger de tenir ung pres-
« cheur durant la caresme, il dorra toutes les années vingt escus
« et ostera la disme des veaux et poulins, des olives, des noix et
« des amandes »; mais, comme en dédommagement de cette cession il demande que les habitants portent les gerbes à son décimateur (2), les pourparlers n'aboutissent point.

De guerre lasse, le prédicateur resta sur les bras du prieur. Naturellement puisque celui-ci conservait la charge, il dut garder les avantages. Il demeura donc en possession de choisir lui-même le missionnaire.

Souvent le prédicateur eut la chance de plaire à la population (3); une fois même, il excita un enthousiasme tel qu'on le demanda au vice-légat comme prieur. C'était au moment où le prieuré de Malaucène allait être uni au Chapitre métropolitain. Inutile de dire qu'il ne fut pas donné suite à cette requête (4).

A partir de ce moment, le choix, l'entretien et l'honoraire du missionnaire passèrent dans les attributions du Conseil. Celui-ci délégait ses pouvoirs aux Consuls pour se mettre en quête d'un « prêcheur. » (5)

(1) *Liber Regiminis.*
(2) Nous avons déjà parlé de ces dimes, page 211.
(3) 10 février 1580. « Le prieur du Grausel doyt mander ung prescheur
« pour esta Caresme; lequel, comme lon dict, est home de bien et docte. Que
« les Consuls regardent de le mettre dans quelque mayson que soyt bien loge
« et traite come il merite.»
(4) Il s'agissait d'un Dominicain dont on avait fait l'éloge aux consuls. Ceux-ci le demandent au prieur: « Le prieur fait difficulte d'accorder le pres-
« cheur de Vernine, inquisiteur de la Saincte foy. On supplie en Auignon le
« Reuerendissime auditeur de nous le voloir otroier. » Le missionnaire ayant été accordé, les prédications ont lieu comme de coûtume; puis « les Consuls payent a M. linquisiteur qui a presche, sauf le regret *(recours)* contre le prieur, car le doyt payer, comme est porte par la transaction. (Archives municipales: Registre des délibérations.)
(5) 29 juillet 1607.

— 399 —

La station quadragésimale terminée, surgissait toujours un moment désagréable, quand il fallait trouver les honoraires du prédicateur. On s'adressait parfois à l'évêque, le priant de venir en aide à la Communauté (1).

Une fondation était le seul moyen de sortir de cette fâcheuse situation et de favoriser la dévotion d'un peuple avide de la parole de Dieu.

Sous la direction d'un prédicateur, le P. François Foyot, jésuite, une quête générale fut faite à domicile par les consuls assistés de quelques personnes pieuses. Elle produisit six cents florins. Les confréries du Saint-Sacrement et de Sainte-Anne donnèrent deux-cents autres florins. Ces sommes réunies furent acceptées par le Conseil ; leur revenu devait servir à payer désormais le prêtre qui évangéliserait la paroisse (21 janvier 1624), seulement on décida que le prédicateur de la station du Carême prêcherait aussi celle de l'Avent (2). Ces dispositions reçurent l'approbation du vice-légat Cosme Bardi (26 janvier 1624).

Le 15 février 1708, le curé A. Filiol « cède à la vénérable Con-
« frérie du Saint-Sacrement un capital de cent écus de trois livres
« pièce (deux tiers en bonne et grosse monoye, l'autre tiers en
« patas, portant pension annuelle de cinq pour cent) pour la fon-
« dation d'une mission à donner dans la paroisse, de dix en dix
« ans, à l'honneur du glorieux saint Quenin, patron du diocèse et
« pour l'honneur de Dieu et le salut des âmes, laissant à l'évêque
« le choix des missionnaires » (3).

La première mission fut donnée, en 1718, avec la permission de l'évêque Gualtéri (23 mars).

La seconde, commencée le 7 décembre 1727, deuxième dimanche de l'Avent, dura jusqu'au 4 janvier suivant, et fut prêchée par les capucins de la maison de Saint-Maximin. Ils étaient au nombre de six, non compris un frère chargé de préparer la nourriture des religieux, ceux-ci, dans l'intention de suivre leur règle dans toute sa rigidité, ayant demandé à vivre seuls. Le 1ᵉʳ janvier, les prédications touchant à leur terme, le P. Théodose, supérieur, institua dans la paroisse l'œuvre de l'*Adoration perpétuelle du Très-Saint-Sacrement* (4).

(1) 15 mars 1599.
(2) Registre N. 3. du Livre des Privilèges.
(3) Archives paroissiales: Livre des Comptes de la Confrérie du T.-S.-Sacrement. (André Giraudi, notaire.)
(4) Archives paroissiales: loco citato.

La troisième mission, qui devait être donnée en 1738, éprouva du retard, sans que nous en connaissions le motif, et commença seulement le 4 janvier 1739, pour finir le 2 février, fête de la Purification. L'évêque l'avait confiée aux Jésuites. Ceux-ci vinrent au nombre de cinq, savoir : les PP. de la Calade, Sinéty, de Geneys, Roussel de Courthézon et Jacques.

A cette époque, le produit de la fondation étant de 390 livres, monnaie de France, 330 livres furent données aux religieux ; les 60 livres restant servirent à payer les menus frais de la mission.

Bien que toutes les oblations faites à l'église appartinssent de droit au curé, le curé Merles fit gracieusement l'abandon de tous les cierges présentés le jour de la communion générale, les cédant à la confrérie du Saint-Sacrement, pour être affectés à l'œuvre de l'Adoration perpétuelle, établie dix ou onze ans auparavant.

En même temps, on fit fondre, à Avignon, par un orfèvre nommé Lamaletière, deux chandeliers en argent massif, pesant ensemble sept marcs quatre onces et sept gros, pour être placés sur l'autel devant le Saint-Sacrement. Ils coûtèrent quatre cent cinquante livres quatorze sous cinq deniers, et furent payés par la confrérie, aidée en cela par l'évêque de Cohorne de la Palun, ce prélat ayant, à ce dessein, cédé à la paroisse une somme de 150 livres, produit d'une amende (1).

VII.— Processions des Rogations. — Le curé Filiol ne s'était point contenté d'établir des fondations pour les missions ; il avait également pris des dispositions pour que, chaque année, trois grand'messes pussent être chantées dans les chapelles des stations des processions pour les Rogations et dans l'ordre suivant :

Le lundi, 1ᵉʳ jour, à Notre-Dame du Groseau.

Le mardi, 2ᵉ jour, à Saint-Raphael.

Le mercredi, 3ᵉ jour, à Saint-Martin. (2)

---

(1) Voici, en effet, la note que nous rencontrons, aux Archives paroissiales (Comptes du Saint-Sacrement, page 154). Elle porte la date de 1739 et la signature du curé Merles :

« Mᵍʳ l'Evêque a donné pour les chandeliers en argent, cent cinquante livres
« d'une amende imposée à un jeune homme et à une jeune fille qui s'étoient
« présentés à moy, de nuict, pour me déclarer qu'ils vouloient se prendre en
« mariage. La somme restante a été fournie des épargnes de la Confrérie du
« Saint-Sacrement. »

(2) Depuis la réouverture des églises, au commencement de ce siècle, les processions des Rogations se font ainsi :

Le 1ᵉʳ jour, procession à l'oratoire Saint-Michel, sur la route de Carpentras ; messe à la chapelle Saint-Roch.

§ 3. — RÉCEPTION DES NOUVEAUX HABITANTS.

Tous les habitants ne jouissaient point des privilèges et franchises communales. Pour y avoir droit, certaines formalités étaient indispensables.

Un étranger désirait-il se fixer dans la localité, la première démarche à remplir était de se présenter aux magistrats municipaux, pour leur en faire la déclaration et justifier de son origine, de sa religion, de ses mœurs et qualités, car les vagabonds et fainéants étaient impitoyablement repoussés (1). Lorsque l'étranger paraissait devoir faire honneur à la Communauté et lui devenir utile par son commerce ou son industrie, les consuls, après avoir pris l'avis du Conseil, profitaient de la première réunion du parlement général pour présenter au peuple la demande d'admission. On procédait « à la balote » et, si la majorité des suffrages était favorable, le Conseil déclarait que le candidat était admis à jouir des droits et privilèges réservés aux *habitants-reçus*, seuls citoyens de Malaucène. Si la demande était repoussée parce qu'il y avait du louche dans la personne de l'étranger, notamment sous le rapport de l'honorabilité ou de l'amour du travail, il en était rendu compte au chef de la légation, auquel il appartenait de se prononcer.

La déclaration faite aux consuls entrainait le versement du « droit d'habitanage » qui varia suivant les époques. Au XVIe siècle, la somme était fixée à dix florins (2) ; dans la suite et jusqu'à l'annexion du Comtat à la France, elle fut de douze livres, une fois payée (3).

Le 2e jour, procession et messe à Notre-Dame du Groseau (ainsi que le 25 avril, pour le jour de saint Marc).

Le 3e jour, procession à la Croix-de-Florens, sur le chemin d'Entrechaux, et messe à l'église paroissiale.

(1). A la prière des consuls, le seigneur du Pouët, gouverneur, chasse de la ville plusieurs soldats étrangers qui s'y étaient retirés et « allaient à la pico
« rée, en Daulphiné et prenaient tant sur les catholiques que sur les aultres ;
« qui porret causer quelque inimitié ou trahison contre nous. » (Archives municipales : Délibération du 8 janvier 1575).

« Plusieurs gens estrangiers se viennent habiter en este ville et font beau-
« coup de maulx. — Que lon chasse par justice les estrangiers qui sont inu-
« tiles et nont point de moyen de viure. » (Délibération du 19 décembre 1583).

(2) « Que les estrangiers qui voront habiter en esta ville payent dix flo-
« rins de droyt » (Délibération du 21 novembre 1570).

(3) « Les sieurs consuls ont exposé que M. Louis d'Aillaud, prêtre, seigneur
« d'Entrechaux, désirant être reçu au nombre des habitants de Malaucène ;

Cependant, de 1563 à 1590, la Communauté se vit frustrée de ce revenu. Après les deux occupations de la ville par les Huguenots, un certain nombre d'étrangers avaient fixé leur résidence dans la localité, sans déclaration préalable, comme aussi sans versement de la somme voulue. Comme, à ce moment, les finances de la ville étaient dans un état déplorable, l'administration municipale voulut réclamer ce qui était dû pour toute cette longue période. Elle demanda au recteur l'autorisation de poursuivre les débiteurs. Il lui fut répondu que la prescription ne permettait pas de remonter au delà de dix ans et qu'on devait se borner à réclamer à chacun des retardataires la somme de trente florins. Les récalcitrants étaient nombreux. Leur nombre leur donnant de l'audace, ils entreprirent de refuser. « Dou sen est « peu falhi que ne sen soyt ensuyvi quelque esclandre. » A la suite de ces difficultés, on se montra très sévère pour l'admission des étrangers. On résolut même de ne plus les recevoir au parlement sans qu'ils eussent été, au préalable, agréés par le Conseil(1).

Du moment où l'on s'annonçait comme voulant s'établir dans la localité, on avait à supporter sa part de charges municipales, sans pouvoir cependant être admis aux libertés et privilèges des habitants. Une résidence corporelle non interrompue durant l'espace de six ans (2) mettait en possession des droits et franchises *ordinaires*; les autres, c'est à dire les professions d'aubergiste, cabaretier, épicier et boucher, étaient toujours expressément réservées dans les procès-verbaux de réception, sous le nom des « quatre articles, » (3) auxquels on ne manquait pas d'ajouter

---

« et, tout de suite, ayant été procédé à la balote, a été vérifié qu'il a été reçu
« au nombre des habitants dudit Malaucène, à la pluralité des suffrages, pour
« y jouir à l'avenir des droits et privilèges dont jouissent les autres habitants,
« après y avoir supporté les charges et fait résidence actuelle, continuelle et
« corporelle audit Malaucène pendant cinq ans consécutifs et non autrement;
« en payant douze livres à la communauté, suivant la coûtume, etc. » (Archives municipales : Registre des délibérations, année 1774.)

(1) Voir aux Registres des délibérations du Conseil, les procès-verbaux des 19 novembre, 2 décembre 1590, — 27 décembre 1591, — et 4 juin 1606.

(2) Dans les registres du Conseil, on trouve bien souvent que un tel ou un tel a été admis à jouir de ces droits, au bout de quatre, trois ou même deux ans ; mais c'était à compter de la décision prise par le parlement, les six ans partant toujours du moment de la déclaration faite aux consuls et du versement de la cotisation.

(3) « Exceptis tamen capitulis consuetis, videlicet : hostelarius, taberna-
« rius, mangonerius et macellarius. »

l'exclusion à la députation au Tiers-Etat, ou Conseil général de la Province, séant à Carpentras. (1)

Lorsque l'arrivée de l'étranger promettait à la Communauté quelque avantage à cause de sa profession qui remplissait une lacune commerciale ou industrielle, tout en maintenant les exclusions mentionnées plus haut, on lui accordait quelque faveur. Ainsi, le 13 novembre 1432, un mercier de Briançon est reçu avec dispense, pour une période de huit ans, du guet et de la garde (*de guachia et custodia*).

Une fois l'admission prononcée, lors même qu'elle devait avoir son effet après un stage de plusieurs années, le futur citoyen prêtait serment de fidélité au Pape et à la Communauté (2).

De même que le droit de cité s'acquérait par une résidence non interrompue, de même il se perdait par une absence prolongée et non autorisée par les magistrats. Une nouvelle période de six ans de séjour continuel devenait nécessaire pour rentrer en possession des droits et privilèges perdus.

En 1451, un habitant se plaint au Conseil de la façon dont sont traités ses bergers et ses troupeaux. Il en ignore, dit-il, la cause. Dans tous les cas, cela le surprend, car il contribue aux charges communes, comme les autres. On lui répond que s'il veut jouir des libertés municipales, il doit faire sa résidence corporelle et continuelle dans le pays (3).

Cette seconde réception, faite après une longue absence non autorisée, explique, dans les registres des délibérations du Conseil, l'inscription des noms de plusieurs individus reçus comme nouveaux habitants, bien que leurs familles fussent domiciliées dans la localité depuis nombre d'années et même depuis des siècles (4).

(1) « Etiam pro generali Venaissini. »
(2) « Promisit esse bonus et fidelis domino nostro Pape et Communitati. »
(3) Si dictus Ysnardus (Anserii) vult gaudere libertatibus dicti Loci, faciat domicilium continuum in dicto Loco; aliter, non gaudeat franchisiis. (*Liber Regiminis*, 1ª madii 1451.)
(4) 21ª junii 1428. — Super eo quia tractatu D. Viguerii et aliorum, in Natali Domini proxime preteriti, pro Helia Effre, ad habitandum Malaucene et libertates et franchisias sibi dando, etc. Dictus Helias, *oriundus dicti loci* fuit receptus in franchisiis et libertatibus, modo et formis, et cum capitulis consuetis, tangentibus dictam Universitatem; exceptis tamen capitulis consuetis, videlicet : hostelarius, tabernarius, manganerius et macellarius, et etiam pro generale Venaissini. Ista excipiuntur a libertatibus. Et hec fuerunt sibi concessa a dicto festo Natalis Domini proxime preteriti, in sex annos continuos. Et juravit. (*Liber regiminis*).

§ 4. — CONTRATS ET ACTES PUBLICS.

Les notaires publics ajoutèrent longtemps à leur qualification *d'apostolique* celle *d'impérial*, reste d'un ancien régime.

Ils rédigeaient leurs actes en latin, comme nous l'avons déjà dit (1), se servant de protocoles oblongs en tête desquels ils inscrivaient assez généralement cette épigraphe :

J. H. S.
CONDUCTOR OMNIUM RERUM
DET MIHI N. (2) SCRIBERE VERUM

Ordinairement les testaments étaient dictés dans le domicile du testateur et dans la pièce principale de la maison, appelée *fugagne* ou *fugaigne* (3) et qui n'était autre que la cuisine. Quand le testateur était retenu au lit par la maladie, l'acte des dernières volontés était dressé dans la chambre. On ne manquait jamais d'indiquer le nombre de chandelles allumées, lorsqu'on instrumentait de nuit (4).

Les contrats de toute nature étaient passés assez habituellement en plein air ; le notaire étant assis devant le banc ou étal de tel marchand, au Marché neuf (5) ou simplement devant la maison d'un tel ou d'un tel, ou même devant la sienne. D'autres fois, les affaires se traitaient chez les particuliers, tant juifs que chrétiens ; à l'Hôtel-de-Ville ou maison consulaire (6). Les actes dans lesquels intervenaient des étrangers se passaient souvent dans les hôtelleries et notamment à *l'auberge de la Cloche* (7) qui était au XV° siècle ce qu'il y avait de plus confortable dans le pays, et où les juifs de Carpentras et d'Avignon aimaient descendre pour leurs opérations financières, grandes ou petites.

Quant aux actes publics intéressant directement la commune, tels que les adjudications des fermes, pour les différents revenus publics, ils étaient rédigés, non point dans la Maison de Ville, ou sur la place publique, mais dans la *boutique* du notaire. Le sergent-trompette se présentait chez le scribe et, au nom des magis-

---

(1) Page 152.
(2) Rostaguo, Guillelmo, *etc.*
(3) Focanea ; de *focus*, (feu, foyer.)
(4) « Duabus vel tribus candelis accensis. »
(5) « Ante *stare* Anthonii N., ou ante *bancum* Mathei N. »
(6) « In hospicio, diversorio, domo Communitatis, Universitatis, Consulari. »
(7) « In domo diversorii Campane. »

trats, rendait compte à celui-là des opérations faites par ceux-ci, soit à l'Hôtel-de-Ville, soit sur la voie publique ; ce dont le notaire dressait acte, sur la seule déclaration du serviteur municipal (1).

La signature des notaires est chose assez curieuse à examiner dans les veilles chartes « les instruments publics » et les grands potrocoles appelés : *Liber notarum extensarum*. Il sera facile d'en juger par les *fac-simile* que nous ajoutons à la fin du Tome II.

Plusieurs signatures, très-embrouillées dans le croisement des lignes et dans les détails du dessin, devaient demander un temps relativement considérable et une grande somme de patience ; surtout lorsque elles étaient répétées sur les coutures des différentes feuilles de parchemin. Dans l'acte des reconnaissances du seigneur de Beauvoisin, dont nous donnons des extraits (2), le seing du notaire Rostaug Constant est reproduit vingt fois : à la fin de l'acte, cela va sans dire ; et de plus sur chacun des dix-neuf points de suture. Ces signatures tiennent toute la largeur de la feuille, c'est-à-dire cinquante centimètres environ.

Comme tous les notaires publics n'avaient point le titre d'*apostolique*, ceux qui en étaient décorés ne manquaient pas d'illustrer leur seing de deux sortes d'ailes, plus semblables à des râteaux qu'à des clefs.

Les prêtres et les religieux, appelés à servir de témoins juraient, non pas en levant la main, comme cela se pratiquait habituellement, mais en mettant la main droite sur le cœur ; l'acte portait, dans ce cas : « et ont les susdits juré sur leur poitrine, à la manière des prebtres. » Les juifs gardaient dans la prestation du serment leurs usages bibliques (3).

§ 5. — OUVRIERS.

I.— Foulaisons des grains.

Il y avait autrefois peu de chevaux dans le pays et, pour la foulaison de l'annone, du conségal et de l'avoine, on était dans la nécessité de recourir à certains riches particuliers des communes voisines (Mollans ou Bedoin), avec lesquels les syndics traitaient au nom de leurs administrés. Ces conventions se faisaient d'ordinaire dans le courant du mois de mai. Les foulaisons des grains

---

(1) « In appotheca mei notarii. »
(2) Voir *Pièces justificatives*, N° XVI.
(3) « Juravit Judeus more *ebrayco*. »

étaient toujours faites par des juments. Les propriétaires de ces animaux *(equiferii)* s'engageaient à ne point quitter le territoire pour aller travailler ailleurs, avant d'avoir terminé à Malaucène. Ils étaient payés en nature et recevaient le vingtième des grains. Défense à tous les possesseurs de juments d'entrer sur le territoire de la commune et d'y faire concurrence aux *equiferii* avec lesquels on avait passé un accord ; on exceptait pourtant de cette défense les bêtes de labour (1).

Au mois de juin 1450, nous voyons les habitants assez munis de bêtes de somme pour n'avoir plus besoin de s'adresser à leurs voisins, et même pour aller chez ces mêmes voisins exercer ce genre d'industrie.

L'intérêt privé prenant la place de l'intérêt général, les *equiferii* de Malaucène negligèrent bientôt les foulaisons du pays, pour aller travailler dans d'autres localités où on leur donnait, sans doute, un plus fort salaire. On fut obligé d'interdire à tous ceux qui avaient des juments d'aller hors du territoire avant que la commune eut été bien et suffisamment desservie, et cela sous peine d'une amende considérable (2).

II. — Journées des ouvriers.

Nous avons eu occasion, en plusieurs circonstances, de parler de la valeur d'une journée d'ouvrier, dans les temps anciens. Nous complèterons ces renseignements par quelques détails relatifs aux dernières années de la domination pontificale.

Vers le milieu du XVIII° siècle, la durée du travail effectif pour la journée de l'homme des champs était de sept heures, en hiver, neuf heures en été, et huit heures et demie, en demi-saison, attendu qu'il lui était accordé deux heures de repos, durant la journée et même trois heures, aux mois de mai, juin, juillet et août.

La journée d'homme, en hiver, était payée onze sous et, en été, seize sous. La journée de femme était taxée la moitié d'une journée d'homme. Il était prohibé de donner ou de recevoir un salaire supérieur à ce tarif, sous peine d'une amende de six livres (3).

---

(1) « Quod nullus equiferius intrare permittatur infra territorium Malau-
« cene pro calcando, nisi illi de loco qui consenserunt calcare cum bestiis de
« aratro. » (25 juin 1448.)

(2) « Quod omnes equiferii et omnes alii teneantur desservire universitatem
« bene et sufficienter. » Quelques jours après on demande au viguier de défendre *sub pena formidabili* de contrevenir à ces ordres. — Le viguier édicte une peine de 100 livres.

(3) Statuts et règlements municipaux et spécialement ceux de 1762-63.

Au commencement du mois de mai 1777, les paysans se mirent en grève, demandant comme toujours une augmentation de salaire et une diminution de travail. L'affaire avait été réglée par le Conseil de ville qui, en cette circonstance, outrepassa ses pouvoirs, à ce qu'il paraît du moins. Nous voyons en effet intervenir dans le conflit le chef de la légation d'Avignon. Les journaliers obtinrent la réduction d'une demi-heure de travail en demi-saison, mais ils durent accepter une heure de plus, pour tout le mois de mai. Leur salaire fut augmenté de deux sous en hiver et de quatre sous en été. Les moissonneurs, faucheurs et bûcherons qui travaillaient « d'une aube à l'autre » furent payés pour le surplus de leur labeur, proportionnellement à la taxe de la journée.

Les maçons travaillaient, en toute saison, depuis le lever du soleil jusqu'à son coucher. Ils gagnaient vingt sous par jour, depuis le 1ᵉʳ octobre jusqu'au 1ᵉʳ avril, prenant deux heures pour leurs repas. Ils gagnaient vingt-quatre sous le reste de l'année, prenant trois heures pour leurs repas (2).

III.— Apprentissage des ouvriers.

Lorsque des parents voulaient donner un état à leur enfant, le père et, à défaut, la mère le conduisait chez un maître-ouvrier et s'entendait avec lui sur le prix de l'apprentissage. Cette somme variait pour la quantité comme pour la qualité. Ainsi dans la même année 1548, et dans les protocoles du même notaire (Fouquet Gaudibert), nous trouvons pour prix total de l'apprentissage de divers métiers *six écus Roy (cum signo solis)* et *douze florins*, payables en trois payements égaux.

Quant aux autres conditions elles étaient, pour ainsi dire, stéréotypées et différaient par conséquent très peu. L'apprentissage durait ordinairement trois ans. Le patron recevait l'enfant dans sa maison, lui apprenait *son art*, le logeait, le nourrissait et veillait sur lui *de bonne foi (bona fide)*, expression que nous devons traduire par celle-ci : en bon père de famille.

L'apprenti s'engageait à servir son maître dans les choses de son art et dans toutes les autres opérations et affaires quelconques permises et honnêtes ; à ne pas le voler, par lui-même ou par d'autres, et à ne pas prendre la fuite.

Les parents, en garantie du séjour continuel de l'enfant chez son patron, et de la somme convenue, hypothéquaient leurs biens

---

(1) Archives municipales : Série FF. Rescrit du V.-Légat Filomarino du 28 mai 1777 et ordonnance du 4 juin suivant.

présents et futurs, mobiliers et immobiliers, et même leurs propres personnes ; en d'autres termes, ils s'obligeaient à faire au besoin de la prison.

§ 6. — FÊTES ET RÉJOUISSANCES PUBLIQUES

I. — Abbé du Mal Gouvert.

Le promoteur des fêtes et réjouissances publiques, désigné en d'autres localités sous le nom de *Prince d'amour* ou de *Roi de la basoche*, était communément appelé dans la langue du pays l'*Abbat du Mal Gouvert*. Dans les documents officiels, il figure assez souvent sous le titre de *Capitaine de la Jeunesse* ou de *Capitaine des Arbalétriers*. Cette dernière qualification lui venait de ce que, dans les circonstances solennelles, il paraissait toujours en public suivi d'une troupe nombreuse de jeunes gens armés d'arbalètes.

Sa principale attribution était de surveiller les veufs et veuves qui convolaient à de secondes noces. Il les admettait à composition, s'ils voulaient éviter le charivari traditionnel. L'argent de cette contribution, moitié forcée, moitié spontanée, était consacré à un bal annuel et public qui se donnait sur les bords de la source du Groseau, la seconde fête de Pentecôte.

Le Capitaine de la Jeunesse devait en outre veiller à ce que les maris fussent respectés par leurs femmes. Malheur à celui qui se laissait battre par sa compagne ! Dans ce cas un superbe charivari était alors organisé dans le pays ; tout le monde s'en mêlait ; chacun s'armait d'un instrument métallique quelconque de cuisine ; il n'y avait pas de composition possible en pareille circonstance ; il fallait inévitablement que le bon sens populaire donnât cette leçon de morale domestique à celui qui ne savait pas se tenir à la hauteur de sa position. Le tintamarre ne cessait que lorsque les concertants étaient fatigués de frapper et de rire.

Les habitants s'en donnaient un jour à cœur joie, frappant et s'évertuant à taper à qui mieux mieux sur leurs instruments de cuivre, lorsque l'avocat fiscal, ayant eu affaire dans le pays, y fit son entrée au milieu de tout ce vacarme. Il en fut d'abord effrayé, ne sachant qu'elle pouvait en être la cause. Son effroi se convertit en indignation et en colère, lorsque on lui eut appris que ce qu'il prenait pour du désordre n'était autre chose qu'une rude leçon de haute morale. L'avocat fiscal donna ordre au viguier de réunir le Conseil et le chargea de témoigner son mécontentement pour de pareils usages, ordonnant de faire des préconisations par le crieur public, pour en défendre le renouvellement. Le viguier s'acquitta de sa commission, mais il se heurta contre l'indépendance et la fermeté du Conseil. « Ce charivari, lui répondit-on, est une chose morale, une bonne habitude. A la « supprimer il faudrait la remplacer par une meilleure ; nous « nous opposons donc à toute innovation ; du reste, le parlement « sera convoqué et verra ce qu'il conviendra de faire. » Le parlement se réunit donc et décida le maintien des anciens usages (13 janvier 1448) (1).

La fête annuelle et patronale du pays se célébrait le dimanche après le 27 septembre, avec grand'messe et procession : cérémonies auxquelles assistaient le capitaine et sa joyeuse troupe, au milieu de laquelle flottait le drapeau municipal (2).

« Le 4 octobre 1598, « a la procession de Saint-Michel laba « du mal gouert et mestre Jean Guintrand eurent quelques « paroles et different, qui yrait le premier a la procession ; et « ont intente proces deuant levesque, car cela touche une perpe- « tuite. — Que les consuls aillent informer que laba est en « costume et possession, ledict iour, seulement a la procession, « de marcher le premier apres M. le Viguier et MM. les Consuls ; « et supplient levesque de maintenir labe et sa troupe a sa pos- « session et coustume » (3).

L'évêque Genet donna gain de cause au capitaine et l'évêque Gualtéri, son successeur, fit de même ; aussi, lorsque les prérogatives du capitaine ou abbé de la Jeunesse furent attaquées, quelques années après, le Conseil de ville s'empressa-t-il de recourir aux ordonnances épiscopales (4).

---

(1) Super eo quod retulit idem dñus Viguerius se habuisse in mandatis à dño Aduocato fiscali, qui hodie fuit in presenti Loco Malaucene, super quibusdam consuetudinibus, in presenti Loco existentibus, specialiter de faciendo *paleatas* coram domibus illorum qui verberabuntur ab uxoribus suis, ad euitandum scandalum plurimorum, inhibeatur omnibus, voce preconis, quod nulla persona audeat procedere ad faciendum paleatas, ab hinc in futurum... — Post plurima verba ibidem habita, dixerunt quod, cum foret dubium ne si ellam consuetudinem dictarum eo huiusmodi amoueret aliam meliorem et utiliorem poneret ; ideo non intenderunt consentire in eisdem, dicentes non ulterius procedere posse sine Parlamento.

(2) Archives municipales : Série BB, 23.

(3) Archives municipales : Registre des délibérations.

(4) 20 mai 1607. — « Ledit Abbé se servira, pour la protection et conser- « vation de ses droits, de l'ordonnance faite par Mgr de Vaison, à sa visite

Une fois les offices de l'église terminés, commençaient « les joyes » ou réjouissances publiques. Celles de Malaucène ressemblant à toutes celles qui se donnaient, en pareille circonstance, dans les fêtes votives des autres localités de la province, nous en passerons les détails sous silence, nous bornant à faire observer que ces amusements étaient un peu tapageurs (1) et que malgré, ou peut-être même à cause de cela, cette fête était attendue, désirée comme chose indispensable, même aux époques les plus troublées (2).

A raison des guerres de religion, le patriarche d'Alexandrie, Jacques Cortès, évêque de Vaison, veut empêcher la foire de Saint-Michel. On se remue, on s'industrie pour extorquer une permission du cardinal d'Armagnac, chef de la légation d'Avignon, et le Conseil Municipal décide qu'on donnera les joyes comme de coutume (septembre 1569).

En 1572 cependant, au lieu de s'amuser, on dût faire bonne garde, à cause des Huguenots ; mais, en 1575, malgré leur voisinage et leurs courses fréquentes, on ne sut pas résister au désir de tenir la foire et de donner quelques amusements. Afin de concilier les réjouissances avec la sûreté, l'on prit les dispositions suivantes :

« Que les portes de la ville soient gardées bien soigneusement ;
« — que les étrangers laissent leurs armes à la porte de la ville ;
« — que l'on ne donne point de joyes, si non lacostumado ; et
« que lon donne a labat deux ou trois livres de pouldre et des
« arquebuses pour faire honneur a la profession (procession) et
« que lon tiegne la fiere hors la ville, » tandis que en temps ordinaire elle se tenait à l'intérieur (3).

Somme toute, l'Abbé du Mal Gouvert, ou Capitaine de la Jeunesse était un personnage aimé de tous, ayant une position officielle, ainsi que le montre son inscription au budget municipal, pour une somme modique si l'on veut, mais suffisante pour témoigner de son existence légale (4).

« dernière. En cas de besoing, ung des sieurs Consuls en ira parler à nos
« supérieurs et aultres qu'il appartient. » (Arch. Municip. Reg. des Dél.).

(1) Voir, aux Registres des délibérations, le procès-verbal du 27 septembre 1559.

(2) Die 28ᵉ septembris 1566. — « Dent joyas assuetas et dent Dño Abati
« mali regiminis quatuor florenos pro timpanis ». (*Liber Regiminis*).

(3) Die 15ᵉ septembris 1567. — « Dent joyas assuetas, die beati Micahelis
et ponant animalia in nundino, sive *a la foire*, prout assuetum est ».

(4) Voir, aux Archives municipales, le *dossier des Tabelles*. Le capitaine
de la *junesse* figure sur celle de 1715-1716 pour le modeste chiffre de deux livres huit sous.

II. — Fête du De Fructu.

Nous retrouvons ici la fête du *De Fructu*, établie dans la plupart des églises de France (1). Les habitants de Malaucène, ainsi que nous l'avons dit (2), avaient chaleureusement complimenté leur maître Hugues de Baux, fils de Bertrand I", prince d'Orange, après ses brillants succès dans un tournoi. Hugues, sensible à ce bon procédé, donna à tous ses vassaux un splendide festin. Telle fut l'origine de la visite faite au châtelain par tous les habitants, le jour de Noël. Ce même jour, le seigneur assistait aux vêpres dans l'église paroissiale et lorsque on en était à l'antienne DE FRUCTU qui précède le psaume *Memento*, le chapier, accompagné du maître des cérémonies, venait annoncer l'antienne au seigneur. Celui-ci l'entonnait, puis faisait une libéralité en faveur de l'église Saint-Michel. L'office une fois terminé, le clergé de la paroisse se rendait au château pour y complimenter le souverain, par l'organe du curé ou vicaire perpétuel. Une collation était aussitôt offerte aux membres du clergé, et le dimanche suivant un grand banquet réunissait tous les habitants sans distinction d'âge, de sexe ou de condition.

Cette fête plaisait à la population, chacun des assistants n'ayant à payer de sa personne que pour se mettre à table ; si bien que l'institution survécut à la disparition des seigneurs et leur remplacement par les papes. La Communauté dut se prêter de bonne grâce à continuer les vieilles traditions et à supporter les frais qui en résultaient. Elle finit pourtant par s'affranchir de cette servitude ruineuse, profitant, pour opérer cette réforme, des nombreux et graves désordres qui s'étaient glissés dans cette institution. La somme consacrée à cette fête gastronomique fut distribuée aux indigents du pays (3).

(1) L. MÉNARD : *Hist. de la Ville de Nimes*, livre IX, chapitre CVI.
(2) Pages 98 et 99.
(3) Die 24° decembris 1559. — « Exposuerunt predicti Consules (Theofredus
« Augerii et Claudius Quartelli) quod annis singulis, in quolibet festo beati
« Estephani, post diem Natiuitatis Domini, Communitas assueuit facere unum
« conuiuium, apelatum *lou de Frutus*, in quo fiunt multe expense et sedit (pour
« *cedit*) in preiudicium Communitatis ; et multi, venientes in eodem conuiuio,
« faciunt plures insolentias, tam bibendo quam comedendo.

« Fuit conclusum quod huiusmodi conuiuium aboliatur et ille expense, siue
« pecunie, conuertantur in una generali heleemosina et detur pauperibus
« dicti Loci. (Archives municipales : *Liber Regiminis*).

III. — Fête de l'Offrande du cheval.

Une autre fête dont l'institution remonte aux premiers temps de la Commune avait le seigneur pour héros. Le viguier ou, en cas d'absence ou d'empêchement, son lieutenant, en pourpoint rouge frangé d'or, la jambe droite nue, devait conduire le seigneur depuis le château jusqu'à l'église, pour y recevoir la bénédiction du vicaire. Ils étaient suivis de la foule des habitants.

La bénédiction une fois donnée, on se rendait sur la place de l'ancien marché, en dehors de la ville. Alors le capitaine de la Jeunesse devait présenter un verre d'hydromel que le seigneur buvait en présence de la foule, sans doute pour prouver sa confiance dans la loyauté de celui qui le lui offrait. Le capitaine qui avait donné le breuvage, se tenant à cheval, marchait à côté du seigneur dont le palefroi était conduit en main par le viguier, et on entrait ainsi dans la cour d'honneur du château. Le cheval du capitaine était visité avec la plus grande attention, et s'il y avait quelque chose à redire, s'il manquait seulement un des clous de la ferrure, le cheval était confisqué. Si, au contraire, l'animal était trouvé parfaitement en règle sous tous les rapports, le viguier en faisait présent au seigneur, au nom des habitants. Confisqué ou donné, le cheval devenait la propriété du seigneur. Celui-ci, en dédommagement, faisait offrir au peuple des gâteaux faits avec des amandes et du miel (nougat).

Sous une forme festivale c'était, en somme, une redevance annuelle payée sur la caisse municipale, redevance à l'occasion de laquelle le peuple recevait des douceurs. Cette fête plaisait aux habitants et fut conservée jusque bien avant dans le XVIII° siècle. Le capitaine de la Jeunesse se couvrait de vêtements plus ou moins surannés et remplissait le rôle du seigneur d'autrefois. Seulement les vicaires ne voulurent jamais prêter la main à cette momerie en donnant la bénédiction au seigneur de parade (1).

§ 7. — « TIANS ET FOUGASSES ».

D'après ce que nous avons dit à propos *des revenus publics* (2) on a pu se faire une idée de la sobriété des habitants du pays.

Les fours des boulangers jouaient un grand rôle dans la préparation des aliments domestiques. A Malaucène, tout autant qu'à

---

(1) GUINIER : *Hist. msc. de Malaucène.*
(2) Chapitre IX, page 160 et suivantes.

Carpentras, pour ne pas dire davantage, on aimait à voir fumer sur sa table le *mets national*, comme l'appelle humouristiquement M. de Laincel-Vento (1). TIAN est le nom de ce *gratin* recherché, auquel « la courge » ne sert pas toujours « d'élément principal », quoi qu'en dise l'ancien bibliothécaire du palais de Compiègne (2). En effet, il y avait, — et la tradition ne s'en est point perdue, — il y avait des tians à toutes sortes de bases : tians au maigre, tians au gras, tians d'herbes ou de courges, tians de poisson ou de viande, etc.

Les *Capitouls* ou règlements municipaux de 1634 ne laissent subsister aucun doute à ce sujet. Qu'on veuille bien nous permettre une petite citation comme preuve :

« *Item* que les habitants qu'y vouldront cuire tians ou panades,
« payeront pour chasque tian d'herbes ou panade, une malhe
« (maille) et aultant de chasque tian ou cassolade de coucourdes,
« ou poysson, et aussy pour chasque tarte ; et pour chasque tian,
« ou cassolade qu'il y aura de chair, ris ou semblables, payeront
« pour chasque tian ou cassolade, un petit patat (3). »

De même que les fours servaient à préparer l'entrée et le rôti, de même ils étaient utilisés pour la confection du dessert, « fougasses et brassadeaux. » Le prix minime à payer pour la cuisson de ces pâtisseries de ménage n'était pas un léger stimulant à la consommation. Il suffisait, en effet, de laisser au boulanger *un* gâteau *sur trente*, absolument comme pour les pains ordinaires.

§ 8. — LÉGENDES ET CONTES DE GRAND'MÈRE (4).

I. — LA PORTE SAINT-JEAN. — On raconte aux enfants que l'énorme rocher situé au quartier des Aréniers et appelé (on ne sait trop pour quelle raison) *Porte Saint-Jean*, tourne comme sur un pivot et s'ouvre de lui-même, tous les ans, le jour de Noël, à la messe de minuit. Il existe derrière cette solide porte une roche d'or pur et massif tellement considérable qu'elle suffirait à faire la fortune du monde entier. Pour en prendre, il faut être exact et prompt, car la porte s'ouvre au commencement de l'épître, pour se refermer à la fin de l'évangile (5).

(1) *Avignon, le Comtat*, etc., page 52.
(2) Voir la *Provence à travers champs*, 2ᵐᵉ série, nº 26.
(3) Archives municipales.
(4) GUINIER : *Histoire* manuscrite *de Malaucène*.
(5) Cette légende existe à Montpellier presque sans variante. Elle est connue sous le nom de : *Trésour de Substansioun*.

Morale : L'argent ne se gagne pas en dormant.

II. — La Chèvre damnée. — Une chèvre (à cause de ses mœurs capricieuses et légères, sans doute), avait été condamnée aux enfers ; mais comme elle était fort remuante et tracassière et ne pouvait longtemps tenir en place, elle avait obtenu la permission d'en sortir et d'habiter un antre du fort. Au XIIIe siècle, une femme qui cheminait seule, la nuit, dans les rues de la ville, fut rencontrée par la chèvre damnée. Celle-ci la saisit, la conduisit au fond de sa caverne, pour la dévorer, car elle ne se nourrissait que de chair humaine. Sur les supplications de la femme qui promit peut-être de ne plus sortir seule après le coucher du soleil, la chèvre lui fit grâce de la vie. Après une détention de plusieurs années, la malheureuse prisonnière profita, pour s'évader, du moment où la bête terrible et cruelle était sortie, à la tombée de la nuit, pour saisir une nouvelle proie. Rentrée dans sa maison, ses parents ne la reconnurent pas, tellement elle avait vieilli par suite de ses privations et souffrances de tout genre.

Morale : Le soir, il faut rester chez soi.

III. — La fée de « Gargaméou. » — Il était autrefois une fée si complaisante et si puissante qu'elle accordait aux enfants de les rendre bons ou méchants, etc.

Morale : Les enfants doivent être sages.

IV. — Le chien « Cambaou. » — Cet animal était un monstre à faire peur. Il avait, disait-on, trois têtes et trois gueules, comme si une seule ne suffisait pas pour dévorer les enfants pleureurs. Cambàou écoutait à la porte de la maison et lorsqu'il entendait les cris et les sanglots du petit mutin, il ouvrait la porte, se jetait sur lui et l'emportait. Il était si méchant et si fort avec ses trois mâchoires, qu'il enlevait le pleureur et même sa mère, si celle-ci osait opposer de la résistance.

Morale : C'est une vilaine chose que de pleurer !

V. — Le Talisman. — Un jeune homme se promenait un jour, grave et pensif. Ses yeux remarquèrent par hasard sur le chemin, un petit caillou à forme régulière. Il se baissa, le prit et, sans trop savoir ce qu'il faisait, le mit dans sa poche. C'était un talisman, aux effets subits et merveilleux. En effet, dans un clin-d'œil et à son grand étonnement, il se trouva sur le rempart du château, près de la grande tour (appelée *Bramafam*, à cause des prisonniers condamnés, disait-on, à y mourir de faim), et peu après dans la salle connue sous le nom de chambre mystérieuse. Il voulut alors se rendre compte de la cause de ce transport à travers les airs.

Absorbé par ses réflexions, il mit machinalement la main dans ses poches et en tira la pierre qu'il déposa sur un meuble, à côté d'un tas de petites perles. Celles-ci se convertirent aussitôt en autant de grosses pièces d'or, toutes frappées au coin du roi de France. De plus en plus étonné, n'étant déjà plus maître de lui-même, le jeune homme se précipite sur ces richesses inattendues, s'en empare et se hâte de descendre. Bientôt il s'aperçoit que, dans sa précipitation, il a oublié son talisman, source de tant de bonheur. Il s'élance vers le château ; tous ses efforts demeurent inutiles ; les portes en sont si bien fermées qu'il lui est impossible d'y pénétrer de nouveau. J'ai été indiscret et ingrat, se dit-il. Au fait, il ne put jamais reprendre sa pierre merveilleuse. Il l'avait laissée au château ; elle y est encore. Pour la retrouver, il n'y aurait peut-être qu'à bien chercher.

Morale : En cherchant, on trouve.

CHAPITRE VINGT-UNIÈME

MALAUCÈNE DEPUIS SA RÉUNION A LA FRANCE JUSQU'A NOS JOURS.

La période que nous abordons nous amène à parler de luttes parfois sanglantes, toujours fâcheuses. Des haines et des divisions profondes transforment en un véritable champ de bataille cette commune jadis si paisible et si heureuse !

Nous n'avons point pris la plume pour rallumer de vieilles inimitiés, éteintes par le temps et refroidies par le renouvellement des générations. On nous approuvera dès lors, nous l'espérons du moins, si nous passons sous silence non point les faits acquis au domaine public de l'histoire, mais seulement les noms de leurs auteurs. Plusieurs de ces noms sont honorablement portés aujourd'hui, et il ne nous sied pas de rendre solidaires, en quelque sorte, les aïeux et leurs petits-enfants.

Dans l'intention de tenir ferme la balance de l'impartialité, nous nous abstiendrons avec soin de toute appréciation sur la valeur morale des actes que nous mentionnerons, et nous ferons usage des expressions employées dans les documents officiels, laissant au lecteur le soin de se prononcer lui-même. Notre récit, loin d'engendrer la monotonie, n'en deviendra que plus coloré, empruntant une grande variété de rédaction aux sources originales.

Afin d'éviter les longueurs, nous nous bornerons le plus souvent à enregistrer les faits sous forme sommaire, dans l'ordre où ils se accomplis.

1791. — 22 *Novembre*. — Proclamation de la Constitution française, dans l'église paroissiale. Le greffier monte en chaire et fait la lecture de cette pièce en présence des habitants réunis. Puis, à l'intérieur l'orgue joue pendant qu'au dehors le canon gronde. La cérémonie se termine par une prière pour le Roi. (1)

Malgré la présence d'une compagnie de soldats du régiment *Soissonnais*, « des attroupements hostiles à la révolution attaquent les patriotes, à coups de pierres, dans les rues (2). »

(1) Archives municipales : Registre des Délibérations.
(2) Archives du Tribunal civil de Carpentras : Registre du Comité de surveillance de la commune de Malaucène (dénonciations).

8 *Décembre*. — Sur l'invitation des commissaires du Roi, le Maire convoque le Conseil, les notables et quelques citoyens actifs. Il s'agit de régler les honoraires dûs aux députés que la Municipalité avait envoyés aux Assemblées électorales. Plusieurs habitants se présentent dans le lieu de la réunion et protestent, « s'op-
« posant à ce qu'il soit rien payé à des gens dont les uns ont déjà
« reçu leur salaire, à Avignon, et dont les autres ont quitté les
« réunions électorales avant le moment voulu, se rendant dans le
« pays pour y commettre toutes sortes d'atrocités, se livrant, en
« plein jour, au pillage et à la dévastation ».

Le plus ardent des opposants est le chevalier Pierre d'Hugues. « On ne doit point salarier, dit-il, des hommes, pour le temps
« qu'ils ont consacré à piller, à dévaster sa grange du Grès et sa
« maison de Château-Vert ». D'autres, après lui, se plaignent de l'enlèvement de leurs bestiaux et du pillage de leurs maisons, où tout a été méchamment brisé et détruit.

« Le procureur de la Commune reconnaît que ces faits étant de
« notoriété publique ne sauraient être niés. Il requiert que sur
« lesdits honoraires (s'il en est accordé), on prélève une juste
« compensation pour les enlèvements de troupeaux, pour tous les
« autres vols et aussi pour tous les dommages dont les réclamants
« ont eu à souffrir, attendu que les réquisitions pour le service
« de l'armée ont été de simples prétextes ».

26. — « Les rétrogrades attaquent les patriotes à la porte Soubeyran. »

29. — Dans l'église paroissiale, élection des membres de la Municipalité et des notables.

1792. — 11 *Janvier*. — Nomination du juge de paix et de ses trois assesseurs, (tous pris dans la commune de Malaucène), et nomination du Maire.

Les membres de la Municipalité, ceints de leurs écharpes, se rendent au lieu des réunions de la *Société des Antipolitiques*. Ils déclarent la maison fermée et la Société dissoute.

16. — Le Conseil défend aux habitants de rien donner à crédit
« aux soldats envoyés à Malaucène, « attendu que les ventes n'é-
« tant point faites au comptant, deviennent une source de rixes
« entre les soldats et les habitants ».

8 *Avril*. — Le Conseil, « à cause de la fermentation extrême
« qui règne dans le pays », demande à Vaison vingt-cinq hommes de troupe pour veiller à l'ordre public, à la fête qui a lieu, selon

l'usage, auprès de la fontaine du Groseau, le lendemain de Pâques.

9. — Le trouble augmente. Partout des rassemblements tumultueux. Les luttes sanglantes que l'on craint sont évitées par l'arrivée des troupes accourues de Vaison et d'Avignon.

30 *Mai*. — On publie un arrêté du Maire annonçant, pour le lendemain, la plantation d'un arbre de la liberté et une grande fête civique

31. — « A quatre heures du matin, salve de onze coups de ca-
« non. La fanfare et la musique annoncent la fête sur les places
« publiques. — A 2 heures du soir, un grand nombre de citoyens
« se rendent à la Maison commune où se trouve déjà réuni le
« Corps municipal. — A 3 heures, on se rend à la porte Soubey-
« ran où était dressé l'autel de la Patrie et où l'on avait déposé
« l'arbre qui devait être planté sur la place Notre-Dame. Un arc
« de triomphe, orné de verdure et de rubans aux trois couleurs,
« avec la devise : *Egalité, Liberté, Union, Fraternité*, venait
« immédiatement après la fanfare. Le bonnet de la Liberté était
« porté sur un brancard recouvert d'un tapis tricolore, entouré
« d'oriflammes, devant lequel brancard était porté le drapeau de
« la Liberté. Une musique nombreuse, toute composée d'ama-
« teurs, marchait immédiatement avant les magistrats, précédés
« de l'huissier. Une foule nombreuse terminait le cortège. Arrivé
« à la porte Soubeyran, le Maire, d'un lieu élevé, prononça un
« discours.

« Le *Te Deum* et le *Salvam* (sic) *fac Gentem, Legem et Regem*
« a été chanté à l'autel de la Patrie par les prêtres de l'église pa-
« roissiale qui s'y étaient rendus en corps et en habit de chœur.
« La musique jouait et le canon ne cessait de tirer. Entrés dans
« l'église, où avaient été portés l'arbre et le bonnet de la Liberté,
« on a donné la bénédiction du Saint-Sacrement.

« Au retour, la fanfare précédait ; venaient ensuite l'arc-de-
« triomphe et le brancard sur lequel reposait l'arbre de la Li-
« berté. Plusieurs jeunes gens, vêtus de blanc et ornés de rubans
« aux trois couleurs, marchaient de file. Le grand arbre de la
« Liberté, qui venait après, était porté par 80 citoyens qui jus-
« qu'alors avaient été livrés à toutes les horreurs de la discorde.
« Le Dieu de la Liberté, vêtu des trois couleurs, reposait sur cet
« arbre, faisant voltiger un oriflamme qui, d'un côté, portait cet
« emblème : *Vivre libre ou mourir* ; et, de l'autre : *La Nation*,
« *La Loi, Le Roi*. Immédiatement après la musique, répétant

« l'air : *Ça ira*, venaient le juge de paix, ses assesseurs, etc.

« L'arbre de la Liberté a été promené dans toutes les rues de
« Malaucène, et, surmonté du bonnet de la Liberté, il a été planté
« sur la place Notre-Dame, devant la Mairie, au son des instru-
« ments, au milieu des libations. »

11 *Juin*. — Désarmement de la Garde nationale.

12, 13, 14 et 15. — Désarmement de tous les habitants, opéré par les officiers municipaux, assistés des volontaires nationaux du département de l'Isère. Tout est enlevé : fusils de chasse, épées, balles, cartouches, etc.

17. — Nouvelles élections des officiers de la Garde nationale.

19. — Nouvelles élections municipales, comprenant le maire, cinq officiers municipaux, le procureur de la commune et onze notables. Les opérations sont faites en la présence des dragons de *Penthièvre*.

« Sur l'ordre de la Fédération avignonaise, Duprat et Minvieille se rendent à Malaucène, où ils sont reçus en médiateurs ». Ils prononcent des discours.

On enregistre sur les livres de la Commune les nombreux arrêtés rendus par Jourdan dit Coupe-Têtes. Pour la plupart ces arrêtés datés du camp de Monteux sont relatifs aux réquisitions pour loger et nourrir les troupes, confectionner de la poudre et des cartouches et couler des canons à la fonderie dite du Martinet.

« La nouvelle administration seconde de tout son pouvoir tou-
« tes ces prescriptions; ce qui lui vaut de la part de l'Assemblée
« nationale une déclaration portant que Malaucène a bien mérité
« de la Patrie, par le mouvement que cette ville a communiqué
« aux environs. »

3 *Juillet*. — « Le Conseil, considérant que l'arbre de la Li-
« berté, situé en face de la Maison commune, a été planté dans
« un temps où l'union des citoyens était sans solidité, ordonne
« qu'il soit enlevé. » On en plante un autre sur l'esplanade de la porte Soubeyran.

8. — Elections des fonctionnaires de l'ordre judiciaire. Pour les opérations de vote, les habitants sont partagés en deux sections : l'église paroissiale et la chapelle des Pénitents. On donne quatre assesseurs au juge de paix.

10. — Le Conseil délibère de créer des *billets* dits *de confiance*, sorte d'assignats (1), pour la somme de 20,000 livres.

---

(1) En France, les assignats avaient cours depuis le 2 février 1790, époque où l'Assemblée Nationale décréta la vente des biens ecclésiastiques.

De 2 sous 1/2 jusqu'à la concurrence de.......	3,000 livres	sur papier noir.
5 —	4,000 —	— —
10 —	4,000 —	— vert.
20 —	4,000 —	— rouge.
30 —	5,000 —	— jaune.

16. — Plusieurs familles quittent Malaucène.

On place les scellés aux maisons des émigrés « afin d'empê-
« cher toute spoliation au détriment de la Nation, à qui appar-
« tiennent ces maisons et tous les objets qu'elles renferment. »

23. — Le Conseil ordonne de promener le drapeau rouge dans la ville et de proclamer que « la patrie est en danger. »

25. — « Grand feu de joie avec les armoiries de la ville et « autres choses de l'ancien régime. » Les statues des saints et leurs reliques sont comprises parmi ces « choses de l'ancien ré-
« gime. » Sont épargnés les grands tableaux, qui étaient cachés derrière un tas de foin, au fond d'une chapelle latérale.

On parle d'enlever la cloche de l'église paroissiale. Une femme âgée de 43 ans, simple couturière, nommée Françoise Vigouroux, « vraie fanatique » ainsi que la désigne la liste des suspects, se met à la tête de la résistance et « bat la caisse par la ville pour « former un attroupement et tomber sur les patriotes. » La cloche est pourtant descendue du clocher et déposée dans l'intérieur de l'église. Les femmes ne l'y abandonnent point, même la nuit, et menacent de « couper la tête » à ceux qui oseraient la toucher.

Restait la croix du clocher. Un maçon, s'aidant d'une hâche pour briser la toiture en briques vernies et y pratiquer une sorte d'escalier, parvient à l'en arracher (1).

Trois ou quatre assassinats sont commis à peu de jours d'intervalle les uns des autres.

4 *Août*. — On exige des prêtres le serment à la constitution civile du clergé. A l'exception d'un seul qui le prête, ils prennent la fuite ou sont emprisonnés.

12. — Deux membres de la Municipalité sont chargés d'inventorier les biens nationaux.

AN II. — 18 *Vendémiaire*, (9 *octobre* 1793). — Un comité de surveillance établi dans la commune « reçoit les dénonciations

---

(1) Les habitants n'ont point encore oublié la façon déplorable dont ce malheureux mourut en tombant d'un échafaudage, dans la partie supérieure de la Grand'rue.

des patriotes contre les anti-révolutionnaires » (1). Ce comité fonctionne presque tous les jours jusqu'au 8 messidor de l'an II (26 juin 1794).

21 *Vendémiaire (12 octobre)*. — Le Conseil ordonne des mesures sévères contre l'observation du dimanche et prescrit des visites domiciliaires pour la déclaration des grains et leur taxe au *maximum*.

30 *frimaire* (30 *décembre*). — Etablissement d'une société « populaire, montagnarde, sans-culotte et républiquaine, » ayant pour devises :

« Vivre républiquain ou mourir. »

« Guerre ouverte aux tyrans et aux despotes. »

La société ne se composa guère que d'une centaine d'individus et cessa d'exister peu de temps après la chute de Robespierre.

Voici ce que nous trouvons de plus saillant dans le registre de ses délibérations. (2)

« L.... B.... fera le bonnet de la République et autre chose (?) « pour le prix de trente livres. — On achettera deux cannes de « ruban aux trois couleurs et un bonnet pour le président. — « Surveiller si les marchands ne vendent pas au-dessus du « maximum. — La fête de l'Être-Suprême devra être solennisée « avec boîtes et tambours. — Inviter les citoyens à *horner* leurs « filles et enfants de rubans tricolores et leurs maisons du drapeau « national. »

Le citoyen G..., boulanger de profession, demande à être reçu de la société. Les assistants, peu convaincus de son dévouement, exigent de lui une profession de foi politique. Il monte à la tribune et cherche à établir que tout ce qu'avait prédit Nostradamus est arrivé, point par point. Le président B......, lui répond que « c'est une absurdité de croire à Nostradamus ; et que si les frères « qui sont aux frontières avaient leurs poches pleines de Nostra-« damus et que les tyrans fussent armés de fusils et de canons, « Nostradamus n'empêcherait pas nos ennemis de venir souiller le « territoire de la République. »

En conséquence, on refuse d'admettre G...., dans la Société.

Le dernier fait dont il est parlé dans le registre est l'oraison funèbre de Marat, prononcée dans la salle des réunions, « au milieu des plus vifs applaudissements. »

---

(1) Le registre ou cahier, sur lequel sont écrites toutes ces dénonciations est conservé aux Archives du tribunal civil de Carpentras.

(2) Archives municipales.

AN II. — 24 *pluviôse* (13 *février* 1794). — Deux officiers municipaux sont désignés pour procéder à la vente du *mobilier national*. Ils sont assistés dans leurs fonctions par deux experts estimateurs.

Tableau indiquant les ventes des meubles nationaux faites à Malaucène du 24 pluviôse an II (13 février 1794) au 6 ventôse an II (24 février 1794)

Désignation des anciens propriétaires	Provenance des meubles	Prix de vente
Pénitents blancs..........	Mobilier de la Chapelle.	552 15
Religieuses Hospitalières....	Couvent et Chapelle......... ..	329 05
Pères Augustins..........	id.	570 15
Notre-Dame de Consolation.	Mobilier de la Chapelle.........	75 10
Notre-Dame du Groseau....	id.	409 07
Eglise paroissiale	Chapelle de la Congrégation des filles	994 14
	Eglise paroissiale et sacristie.....	1.549 10
	Chapelle et Confrérie de S‑Crépin	90 17
	id. de Sainte-Anne....	26 02
	id. de Sainte-Monique .	21 13
	Confrérie de l'Enfant-Jésus......	104 01
	Chapelle de Saint-Joseph	121 02
	Chapelle et Confrérie du S‑Esprit	20 »
	Chapelle de la Magdeleine.......	64 10
	TOTAL......	4.925 21

On préleva sur cette somme les honoraires des officiers municipaux et estimateurs à raison de 20 livres par jour, pour chacun d'entre eux.. Le crieur public reçut pour sa part la somme totale de 180 livres. Le restant du produit de la vente fut versé dans la caisse du Directoire, établi à Avignon.

29 *prairial* (17 *juin*.) — Le Comité de surveillance et la Municipalité dressent une première liste des suspects, sur laquelle figurent soixante-dix-sept noms. Une seconde liste de cinquante-cinq noms porte à cent trente-deux le nombre des suspects, parmi lesquels sont comprises quarante-deux femmes (16 messidor.)

« On reconnaît que dans la commune il n'existe point d'autres
« suspects et on ordonne que des mandats d'arrêt soient immé-
« diatement lancés contre ceux qui n'ont point encore quitté le
« pays. Quant à ceux qui ont pris la fuite, on s'entourera de tous
« les renseignements possibles, afin de decouvrir le lieu de leur
« retraite et on les dénoncera aussitôt aux autorités consti-
« tuées. (2)

(2) Voir Archives municipales: Registres des délibérations, — et Archives du tribunal civil de Carpentras: Etat des personnes qui ont été mises en arrestation dans l'étendue du district de Carpentras, etc.

Tableau des professions exercées par les suspects.

Aubergistes.	3
Apothicaire.	1
Avocat, huissier, greffier, secrétaire et économe.	5
Broquier.	1
Bourgeois.	2
Cordonniers.	6
Cuisinier.	1
Cultivateurs ou laboureurs.	15
Couturière, tailleuse et repasseuse.	3
Foulonnier.	1
Instituteur.	1
Maréchaux-ferrant.	5
Maçons.	4
Marchands ou négociants.	12
Médecins ou officiers de santé.	3
Nobles.	16
Notaires ou anciens notaires.	6
Orfèvre.	1
Officier.	1
Ouvriers (ou patrons) en laine, coton, soie et chanvre.	26
Perruquier.	1
Prêtres.	3
Rentiers.	4
Religieuses.	4
Serruriers.	2
Tanneurs.	4
Vitrier.	1
Total.	132

Cinquante et quelques de ces suspects parvinrent à se soustraire aux poursuites; les autres furent emprisonnés.

Ils étaient accusés d'un des « crimes » suivants: « Noble; — « agent de nobles; — fabricant de nobles; — persécuteur des « patriotes;—ayant signé le bannissement des patriotes;—ennemi « juré de la Révolution; — contre-révolutionnaire; — n'ayant « jamais manifesté son attachement à la Révolution; — égoïste; « — fanatique; — incivique; — n'ayant jamais donné des marques de civisme; — ayant refusé un certificat de civisme; — « père, mère, frère, sœur, femme d'un émigré ou d'un déporté;

« — mère ou frère d'un prêtre émigré ou déporté ; — ayant
« perdu la confiance publique ; — a témoigné désapprouver le
« système de Marat ; — a refusé des assignats en payement ; —
« aristocrate ; — coupe-jarret de l'aristocratie ; — propos tendant
« au fédéralisme ; — injures à la Municipalité ; — n'a permis
« qu'à regret, après un long débat, l'entrée de sa maison au
« commissaire chargé de la découverte des terres propres à
« l'extraction du salpêtre ; — a présidé une société fuyantine ; —
« a fait partie d'un attroupement ; — a pris les armes contre la
« patrie ; — a contribué aux insurrections faites par les aristo-
« crates ; — se plaçant à la tête des attroupements ». — Les plus
fortes accusations portaient sur ceux qui avaient pris part aux
attroupements dits de *Brantes* et à la dissolution de la *Société
antipolitique.* »

16 *messidor* (4 *juillet*). — Nominations suivantes : maire, quatre officiers municipaux, agent national provisoire, onze notables.

15 *thermidor* (3 *août*). — L'agent national dresse et le Conseil approuve le tableau régulateur, au prix maximum, des journées d'ouvriers, des denrées et autres marchandises, en conformité à l'arrêté du directoire d'Avignon et de la loi du 29 septembre 1793.

Tableau du Maximum.

	Livres	Sous	Deniers
Bois : Chêne vert (*le quintal*)		15	
— Chêne blanc (*le quintal*)		12	6
— Olivier, fayard, pin, sapin, noyer, meurier (*le quintal*)		10	
— Broussailles pour le four, pin et sapin (*le quintal*)		12	
— — — chêne vert, argelègre, etc. (*le quintal*)		15	
Miel (*la livre*)		9	
Plantage du bois des sabots, dits patins (*fourniture comprise*) pour hommes		10	
— pour femmes et enfants de dix à douze ans		7	6
— pour petits enfants		7	
Cuite du pain (*le quintal de farine*)		12	
Plâtre (*le quintal*)		12	
Chaux (*le quintal*)	1	5	
Journées des Maçons	2	5	
— Manœuvres	1	2	6
— Tailleurs (*travaillant chez les particuliers et nourris*)		18	

	Livres	Sous	Denier
Journées des Couturières (*travaillant chez les particuliers et nourries*)....		9	
— Cordonniers — —	1	2	6
— Ouvriers en laine (*travaillant chez les fabricants*) pour carder un poids pesant cinq livres et quart.......................		1	
— pour peigner l'étaine *(par livre)*.........		3	6
— les tisseurs, pour chaque pièce (*la façon*).	4	10	
Filature d'une livre de trame.......................		3	6
— — de l'étaine..................		7	
Foulage des cadis (*les pièces fabriquées à Malaucène étant composées de 24 cannes*................	1	2	6

Journées des ouvriers en toile.

	Livres	Sous	Denier
Façon de toile (pour chaque cent des fils... la chaîne.		1	6
— de la chaîne) — la canne.		18	
Chanvre (*la livre*) 1ʳᵉ qualité.....................		15	
— — 2ᵐᵉ qualité		13	
Filature (*la livre*) le chanvre.....................		12	
— — les estoupes...................		5	

Travaux d'agriculture.

	Livres	Sous
Journées d'homme pendant les mois de Vendémiaire et Brumaire.........................	1	10
— Frimaire, Nivôse et Pluviôse...............	1	5
— Ventose, Germinal et Floréal...............	1	10
— Prairial, Messidor, Thermidor et Fructidor..	1	16
Journées d'une couple de grosses bêtes (compris le conducteur), employées au labourage et autres travaux relatifs à l'agriculture, pendant les mois de Prairial, Messidor, Thermidor et Fructidor.............................		6
— Pendant le reste de l'année................		5

Journée d'une charrette à deux colliers (compris le conducteur), fixée au montant de quatre journées d'homme, relativement au mois où elle sera employée.

Journées de femmes, fixées à la moitié d'une journée d'homme.

	Livres	Sous	Deniers
Journée d'homme, pour faucher les blés ou les prés.	2	5	
— de louage de grosse bête, comme cheval ou mulet	1	10	
— — — — bourrique..		15	
Pommes de terre (*le quintal*)........................	3	10	
Sarmens (*le cent*)...................................	1	1	
Paille de froment (*le quintal*).....................	1	10	
— seigle —	1	5	
Foin (*la livre*)..................................		1	6
Avoine (*la livre*) chez les aubergistes.............		4	
Son (*la livre*)...................................		2	
Légumes : Pois pointus 1re qualité (*le quintal*).....	13		
— — 2me qualité —	12	10	
— — communs —	12		
— Fèves.............................	12		
— Haricots blancs....................	18		
— Haricots de l'œil..................	18		
— Haricots rouges....................	13		
— Lentilles..........................	18		
— Noix 1re qualité...................	12		
— Noix 2me qualité..................	10	10	

Tous les jours les deux membres de la Municipalité nommés dans la séance du 15 thermidor an II, se rendaient au marché et taxaient le prix des « salades, choux, céleris, oignons, ails, fruits et légumes frais ».

15 *Thermidor* (4 *août*). — Deux délégués de la Municipalité sont envoyés au District, porteurs d'une pétition tendant à obtenir l'autorisation de créer dans la ci-devant église paroissiale, un magasin à fourrage pour les armées de la République.

21 *Thermidor* (10 *août*). — On annonce pour le lendemain de grandes réjouissances, « afin d'éterniser le souvenir de la grande fête de la Fédération. »

17 *Fructidor* (5 *septembre*). — En conformité à la loi du 20 décembre 1790, et « afin de ne laisser aucun souvenir du régime passé, » le Conseil ordonne de diviser le territoire en quatorze sections et nomme des commissaires, les chargeant de dresser un état indicatif de toutes les propriétés comprises dans chacune de ces sections.

Tableau du sectionnement cadastral.

N° d'ordre	Section	Noms	Limites
1	A	Egalité.....	Commune de Beaumont, ville de Malaucène, rivière du Groseau et grand chemin de Beaumont.
2	B	Liberté.....	Ancien chemin de Bedoin, ville de Malaucène, grand chemin de Carpentras et chemin du Groseau.
3	C	Humanité...	Ville de Malaucène, commune du Barroux, chemin de la Boissière.
4	D	Vertu	Ville de Malaucène, la Chaîne, l'Humanité et draye allant à Vaison.
5	E	Probité.....	Ancien chemin de Vaison, Vallée du Sublon, Vertu et chemin de Séguret.
6	F	Mœurs......	Grand chemin de Vaison, ancien chemin de Vaison, Probité et Pont de la Planche.
7	G	Malheur....	Draye d'Entrevon, commune d'Entrechaux et grand chemin de Vaison.
8	H	Indigents...	Grand chemin de Mollans, Pont de l'Orme, Malheur et commune d'Entrechaux.
9	J	Vieillesse...	Grand chemin de Mollans, chemin de Florens, chemin allant à Vaison, et la ville de Malaucène.
10	L	Veuves.....	Chemin de Veaulx, chemin de Mollans et Rieufroid.
11	M	Orphelins...	Chemin de Veaulx, combe du Groseau, Toulourenc, chemin de Mollans et Rieufroid.
12	N	Bonheur....	Combe-Léger, Toulourenc, combe du Groseau et commune de Beaumont.
13	O	Piété filiale..	Combe du Groseau, chemin de Veaulx et valat du Gros-Noyer.
14	P	Sagesse.....	Commune de Beaumont, chemin des granges de Veaulx, chemin allant au Gros-Noyer et chemin de Brantes.

On se met aussitôt à l'œuvre, mais le Conseil n'est pas longtemps à reconnaître que cette division du territoire en quatorze sections présente beaucoup de difficultés. Elle entraîne des longueurs dans les opérations relatives à l'établissement de la contribution foncière. Il pense donc qu'il serait préférable de réduire les sections à un plus petit nombre, pour la facilité du travail, annule la délibération du 17 fructidor, et ordonne qu'on procédera à un nouveau partage. (19 frimaire an III — 9 décembre 1794).

Le nouveau sectionnement ne comprend plus que huit sections au lieu de quatorze.

1 A Clairier,
2 B Arfuyen,
3 C Plan des Amarens,

4 D Les Championes,
5 E Veaulx,
6 F La Baume,
7 G Puy-Haut,
8 H La Ville.

Ces indications ne sont point celles du livre cadastral actuel ; mais en les comparant avec ce que nous avons dit des grandes divisions du territoire (pages 5 et suivantes), on se convaincra facilement que la délibération du 19 frimaire de l'an III, a servi de point de départ à la confection du cadastre en 1835.

AN III. — 19 *Brumaire* (9 *novembre*) — 27 *brumaire* (17 *novembre* 1794). — Deux arrêtés du représentant du peuple Goupilleau cassent les fonctionnaires de l'ordre judiciaire et municipal et en nomment d'autres à leur place.

26 *Frimaire* (16 *décembre*). — Installation des nouveaux titulaires par Barjavel jeune, Athénosy aîné, Meissonnier et Vaton, membres de la Commission du District de Carpentras.

La cérémonie terminée, on se sépare au cri de : « Vive la République ! »

29 *Frimaire* (18 *décembre*). — Le Conseil, « pressé par les
« pauvres gens qui viennent chercher des bons pour acheter des
« grains au marché, décide de mettre à exécution l'article IX de
« l'arrêté de l'Administration des Districts, conçu en ces termes :
« Que, dans leurs visites, les Municipalités laisseront provisoire-
« ment à la disposition de chaque cultivateur-propriétaire 35
« livres de grains, par tête, pour chaque mois, jusqu'au 1ᵉʳ floréal
« prochain, c'est-à-dire 140 livres pour chaque individu, et
« qu'elles disposeront de tous les surplus, soit pour servir les
« réquisitions qui leur seront adressées pour l'approvisionnement
« du marché, soit pour servir à la subsistance des manœuvriers
« des communes respectives qui n'auront pu s'approvisionner.
« Le Conseil, considérant qu'il est urgent de faire dans le pays
« l'application de cet article IX, délibère que la Municipalité
« se transportera en écharpes dans toutes les maisons, escortée
« d'un détachement de la Garde nationale. »

AN III. — 26 *Nivôse* (15 *janvier* 1795). — La Municipalité charge deux de ses membres de se rendre à Avignon, auprès de Jean de Bry, représentant du peuple, « pour le féliciter d'avoir présidé à la
« réhabilitation de la commune de Bedoin, et, en même temps,
« pour lui faire connaître que le blé fait défaut à Malaucène. »

28 *Nivôse* (17 *janvier*). — On lit, au Conseil, l'arrêté de Jean de Bry ordonnant l'observation des décades.

Les séances qui, précédemment, étaient ouvertes par ces mots : « Vive la République ! — Vive la Montagne ! — Guerre aux tyrans ! « — Guerre aux despotes ! » le seront désormais par ceux-ci : « Vive la République ! — Vive la Convention ! »

17 *Pluviôse* (5 *février*). — Martin Athénosy de Carpentras, nommé par le District de cette ville agent en chef des fourrages pour l'armée d'Italie, arrive à Malaucène. Il y fait des réquisitions en grains, fourrages, chevaux, mulets et bœufs.

22 *Pluviôse* (11 *février*). — On annonce que la loi sur le maximum a été rapportée.

25 *Pluviôse* (13 *février*). — Les commissaires nommés par le représentant du peuple Jean de Bry pour la réorganisation des Gardes nationales, annoncent leur arrivée à Malaucène pour le 13 ventôse suivant.

13 *Ventôse* (3 *mars*). — Les commissaires réorganisent la Garde nationale pour le canton de Malaucène. Elle forme un bataillon composé de huit compagnies, savoir : « Quatre pour la commune « de Malaucène, deux pour les communes colligées de La Roque- « Alric et du Barroux, une pour Beaumont, et la huitième « pour Brantes, Saint-Léger et Savoillans. »

Voici quels en étaient l'état-major et les cadres :

Etat-Major : Commandant, Adjudant-major, Porte-drapeau, Quartier-maître, Adjudant sous-officier.

Cadres : 8 Capitaines, 8 Lieutenants, 8 Sous-lieutenants, 16 Sergents, 32 Caporaux.

1 *Floréal* (20 *avril*). — Publication de l'arrêté qui déclare suspects ceux qui ont « servi le système de terreur et de sang et dont « les preuves matérielles sont déposées au secrétariat de la justice « de paix. »

2 *Floréal* (21 *avril*). — Cartier et Cabanis, commissaires du représentant du peuple Jean de Bry, déclarent « indignes d'être armés « *huit* citoyens qui avaient servi la Terreur ». Ils font désarmer *quatorze* autres habitants qui avaient déjà reçu leurs fusils.

14 *Floréal* (3 *mai*). — Chapuis et Meissonnier, administrateurs du District de Carpentras, écrivent à la Municipalité et l'invitent à « envoyer demain, à 8 heures du matin, à Crillon, un membre « pour assister au rétablissement et à l'installation de la Munici- « palité de Bedoin. »

L'agent national de la commune de Malaucène est **désigné pour** cette mission.

7 *Fructidor* (24 août).— Par ordre supérieur, le bataillon de la Garde nationale de Malaucène doit être réuni à celui de Vaison. On désigne le chef de bataillon et l'adjudant-major.

Trois jours après, dans l'ancienne chapelle des Pénitents, on procède à la réorganisation de la Garde nationale qui ne comptera plus à Malaucène que trois compagnies au lieu de quatre. Chacune de ces trois compagnies ayant un capitaine, un lieutenant, un sous-lieutenant, un sergent-major, quatre sergents et huit caporaux.

AN III. — 17 *Brumaire* (9 *novembre* 1795).— Les élections générales ordonnées par le représentant du peuple Jean de Bry, pour l'administration municipale du canton, se font dans la « ci-« devant église paroissiale ». Les citoyens actifs du canton, ayant droit de vote, sont ainsi répartis en deux sections :

1" Section (Malaucène et le Barroux)......	Présents :	361
	Absents :	344
2" Section (Entrechaux, Beaumont, Saint-	Présents :	230
Léger, Brantes et Savoillans)..	Absents :	225

Les deux sections votent simultanément, mais non point dans la même urne ; la première section du côté droit et la seconde du côté gauche de l'église.

On nomme le président de l'Administration municipale du canton, l'agent municipal et son adjoint, et enfin le juge de paix. Ils prêtent serment au cri de : « Vive la République ! — Vive la Constitution ».

AN IV. — 30 *Nivôse* (4 *janvier* 1796). - Un détachement de troupes arrive sous les ordres du commandant Esprit Peyrard « à l'effet « de faire exécuter les lois sur les déserteurs et *les jeunes gens de* « *la première réquisition.* » Il est composé de vingt-cinq cavaliers et de cinquante fantassins.

13 *Pluviôse* (2 *février*). — Le citoyen Normand écrit qu'il va bientôt arriver avec un détachement de cavalerie et d'infanterie. Cette troupe arrive en effet. Elle forme un effectif semblable au premier (24 hommes de cavalerie et leur officier; 45 hommes d'infanterie et 5 officiers). Ils ont pour mission de faciliter le désarmement de la Garde nationale.

16 *Pluviôse* (5 *février*).— Le résultat des recherches faites chez les habitants sont de bien minime importance : on découvre

seulement quinze fusils (dont neuf sans platine), huit canons de fusil et trois pistolets (dont un est hors de service).

22 *Pluviôse* (11 *février*). — Une longue dénonciation signée « par plusieurs patriotes de 89 » et adressée à l'Administration départementale, affirme les points suivants : « La loi relative aux
« fonctionnaires émigrés, ou parents d'émigrés, n'est point ob-
« servée. — Les prêtres réfractaires remplissent publiquement,
« dans le pays, les fonctions du ministère du culte catholique.—
« Plusieurs individus sont obligés de prendre la fuite pour se dé-
« rober à la fureur des assassins. — La Municipalité se refuse à
« donner le logement et la subsistance aux soldats qui vont re-
« joindre leur corps. — En conséquence, les pétitionnaires de-
« mandent la destitution des membres de l'Administration. »

28 *Pluviôse* (17 *février*).— Un arrêté du District de Carpentras suspend l'Administration et, à sa place, en nomme une provisoire.

24 *Germinal* (13 *avril*) — L'Administration municipale du canton répondant aux questions de l'Administration départementale, donne des renseignements sur les divers prêtres du pays.

1. — « *Merle*, prêtre, a été reclus, en suite de l'article 2 de la
« loi des 21 et 23 avril 1793 (vieux style), puis, il est rentré.

2. — « *Guénard* aîné, prêtre de Malaucène, déporté, n'est pas
« rentré.

3. — « *Joannis*, prêtre de Malaucène, déporté, n'est pas
« rentré.

4. — « Arnoul *Berger*, prêtre de Malaucène, émigré, rentré.

5. - « Charles-Marie *Joannis*, ci-devant secondaire.

6. — « Félix *Isnard*, prêtre de Malaucène.

7. — « *Brémond*, prêtre de Malaucène, ci-devant grand-
« vicaire à Vaison.

8. — « Jean-François *Aubéry*, ci-devant prieur de Saint-
« Léger (1).

9. — « *Ripert*, ci-devant curé à Roaix.

10. — « François *Camaret*, ci-devant curé au Barroux.

11. — « Jean-Baptiste *Blanc*, prêtre de Beaumont, reclus,
« puis rentré.

(1) Le 2 pluviôse an V (21 janvier 1797), Jean-Fr. Aubéry, prêtre, écrit à l'administration municipale n'avoir donné à personne l'autorisation de se servir de son nom pour demander à jouir de ses droits de citoyen. L'original de cette pièce existe aux archives de la mairie, mais il a été falsifié avec autant d'impudence que de grossièreté. On lui fait dire le contraire de la vérité.

12. — « Benoît *Marcel* (1), ci-devant curé d'Entrechaux, natif
« de Malaucène.

13. — « Joseph-Marie *Merle*, faisant fonction de curé d'Entre-
« chaux.

14 — « Louis *Eyssartel*, ci-devant curé à Brantes, s'est dé-
« porté ; puis, il est rentré.

Le document officiel auquel nous empruntons ces détails, ajoute : « On ne connait la demeure d'aucun de ces prêtres. *Il n'existe ici aucun prêtre qui exerce ses fonctions.* »

Ce dernier renseignement n'était point l'expression de la vérité ; car des prêtres venaient parfois exercer secrètement leur ministère, aussi bien dans la commune que dans les paroisses voisines. Nous aurons notamment à parler d'Antoine Reboul et de Jean Bérard, morts l'un et l'autre curés à Malaucène.

27 *thermidor* (14 *août*). — Un arrêté ministériel du 19 messidor avait prescrit un emprunt forcé, pour lequel Malaucène devait fournir 65,000 livres. Le 5 brumaire an V (26 octobre 1796), il fut reconnu que cette commune avait subi une taxe beaucoup trop considérable. Le chiffre en fut réduit à 4,472 livres 19 sous 6 deniers.

AN V. — 5 *nivôse* (25 *décembre* 1796). — Nomination d'un nouveau commissaire du pouvoir exécutif, par arrêt du Directoire, en remplacement de l'ancien qui est révoqué de ses fonctions.

23 *ventôse* (13 *mars* 1797). — L'agent municipal et son adjoint sont remplacés par de nouveaux titulaires.

1er *germinal* (21 *mars*). — Il en est de même pour le juge de paix et le président de l'administration municipale du canton,

12 *germinal* (1er *avril*). — Les nouveaux fonctionnaires, en conformité à la loi du 19 ventôse, prêtent serment de « haine à la
« royauté. »

27 *prairial* (15 *juin*). — On clôture le registre des délibérations de l'administration municipale du canton, commencé le 16 messidor de l'an II (4 juillet 1794) et dont la dernière séance porte la date du 16 prairial an V (4 juin 1797).

20 *fructidor* (6 *septembre*). — « Defense de faire des farandoles, des courses et autres jeux publics auxquels on se livrait ordinairement les jours de la vote. »

---

(1) Marcel, âgé de quarante cinq ans, s'était réfugié à Courthézon. Il fut guillotiné à Orange (23 prairial an II, — 11 juin 1794).

25 *fructidor* (11 *septembre*). — Nouvelle organisation de la Garde nationale. Le canton fournira deux bataillons de quatre cents hommes chacun. Le premier pour Malaucène seul ; le second pour les autres localités. Chaque bataillon étant formé de huit compagnies. Le Barroux aura deux compagnies, Entrechaux deux également ; Beaumont, Saint-Léger, Brantes et Savoillans, une seulement. Dans le premier bataillon seront formées une compagnie de grenadiers et deux de chasseurs ; dans le second une compagnie de grenadiers et une de chasseurs.

AN VI. — 17 *vendémiaire* (8 *octobre* 1797). — La Commission du Directoire exécutif arrête que la fête de la Fédération sera célébrée avec pompe le 20 du présent mois.

19 *frimaire* (9 *décembre*). — « Distribution de fusils aux amis de l'ordre. »

25 *frimaire* (15 *décembre*). — Proclamation portant que « les
« troupes stationnées dans le département et auxquelles seront
« jointes des colonnes mobiles et des détachements de gardes
« nationaux, se mettront en marche le dix-huit du courant, à
« l'effet de rétablir la tranquillité et d'arrêter, conformément
« aux lois, les émigrés, les prêtres réfractaires, les déserteurs, les
« gens sans aveu, etc. »

AN VI. — 15 *nivôse* (14 *janvier* 1798). — « Désarmement des
« royalistes, etc. Considérant que, pour abattre la faction des roya-
« listes et des égorgeurs, il est instant d'enlever aux malveillants
« les moyens d'entretenir leurs criminelles espérances, et cela
« pour établir le triomphe de la République, etc. »

25 *nivôse* (1ᵉʳ *janvier*). — On lit à haute et intelligible voix sur les places et carrefours la lettre du ministre de la police générale de la République, en date du 25 frimaire dernier, par laquelle « il est défendu de faire aucune convocation publique,
« au son des cloches ou de toute autre manière, pour inviter les
« citoyens à l'exercice d'un culte quelconque. »

4 *pluviôse* (23 *janvier*). — Le citoyen Eymenier, chef de bataillon à la 37ᵉ brigade, agissant en vertu des ordres du général Pilles, déclare la ville en état de siége, et nomme, pour commander provisoirement la place, le lieutenant Grodrol, auquel succède bientôt le citoyen Caillet.

30 *pluviôse* (18 *février*). — On fixe la fête de la Reconnaissance au 10 floréal. Le programme porte qu' « il y aura des

« chants patriotiques, des discours sur la morale et des jeux
« publics. »

27 *ventôse* (17 *mars*). — On termine enfin, au District de Carpentras, la vente des biens nationaux situés sur le territoire de la commune de Malaucène et dont les opérations avaient commencé le 23 messidor an IV (11 juillet 1796).

Voici le relevé de ces ventes, dressé par nous sur les documents officiels (1).

Tableau de la vente des biens nationaux.

Noms des anciens propriétaires	Désignation des immeubles vendus	Prix de vente
Eglise paroissiale et Prieuré de Malaucène	Chapellenie de Saint-Georges	7.660
	Chapellenie de Saint-Michel et Sainte-Anne	10.355
	Chapellenie de M. Astoud	5.975
	Congrégation des Filles (terre et jardin)	1.500
	Chapelle de Notre-Dame de la Place	430
	Chapelle et terre de Saint-Raphael	655
	Chapelle de Saint-Roch	130
	Prieuré de Notre-Dame-la-Blanche	6.635
	Prieuré de la Magdeleine	6.820
	Cure de Malaucène	4.125
Chapitre métropolitain d'Avignon	Maison du Prieuré du Théron	900
	Chapelle de Notre-Dame du Groseau et dépendances (2)	956
Chapitre collégial de S' Agricol d'Avignon	Chapelle de Saint-Baudile	135
Domaine papal.	Ancien chemin de Malaucène à Vaison	530
Religieux Augustins.	Couvent et dépendances	14.300
Religieuses Hospitalières	Couvent et dépendances	4.005
Pénitents blancs	Chapelle des Pénitents et Chapelle de Saint-François	1.275
Commune de Malaucène	Deux moulins à farine	13.925
	Chemin de la Ribeyrade	99
	Deux maisons de Veaulx et autres immeubles	4.414
Commune de Barroux	Moulin dit le *Vaisseau* et dépendances, près du Groseau	3.600
Maclas de Valouze, émigré	Maisons et autres immeubles	58.040

(1) *Procès-verbaux des ventes faites par le District de Carpentras* (Aux Archives du département de Vaucluse).

(2) « Vente d'une chapelle et trois membres attenants, de six pans de
« long sur six de large. Ladite chapelle ayant quatre cannes et quatre pans
« de long sur deux cannes quatre pans de large. Plus les terrains dépendant
« de la chapelle de la contenance de deux éminées et une quarte, savoir :
« trois quarte prés, en médiocre état, et le reste en hermes et clapiers, situés
« au quartier du Grosel et entouré de murailles. »

Les bâtiments de l'église paroissiale échappèrent à la vente par suite de la sage destination à laquelle ils avaient été affectés dans un but de conservation. (Nous avons déjà dit qu'ils avaient été convertis, sur la demande des habitants, en magasins à fourrages pour la cavalerie de la République.)

Dans une séance tenue à la Maison commune, le 19 thermidor an IV (6 août 1796), les membres de l'administration municipale du canton délibérèrent de conserver certains immeubles à cause de leur utilité non contestée. Cette délibération ayant été approuvée par le District et le Département, on ne mit point aux enchères les propriétés communales suivantes :

« Les portes des remparts.

« La tour du château dite le *donjon* qui servait autrefois de
« prison aux grands criminels et l'esplanade y attenant.

« La promenade du Groseau communément appelée *le Pes-*
« *quier*.

« Le bâtiment du poids des grains attenant à la Maison com-
« mune.

« Et enfin, un bâtiment situé à la place Neuve et servant jadis
« de corps de garde, avec une « crote » (voûte) y attenant et
« servant aux marchands étrangers pour exposer leurs mar-
« chandises en vente.

AN VII (1799). — 11 *Floréal (30 avril)*. — Le contingent des jeunes soldats que doit fournir le canton de Malaucène est fixé à trente-huit hommes.

5 *Prairial (24 mai)*. — Le Conseil fixe au 10 du présent mois la fête de la Reconnaissance, la ville étant toujours en état de siège.

De 1799 à 1803, nous ne rencontrons dans les annales de notre pays aucun fait tant soit peu saillant et digne de mémoire.

AN XI (1803). — 24 *Prairial (13 juin)*. — « Le Conseil, ouï la
« proclamation du préfet de Vaucluse, portant proposition de faire
« hommage au gouvernement d'une somme égale au dixième de
« toutes les contributions directes, en l'an XII, pour servir à ven-
« ger l'honneur national des outrages du perfide cabinet Britan-
« nique, vote d'offrir un dixième de toutes les contributions, pour
« défendre les droits, l'honneur et la gloire de la nation et met-
« tre un frein à l'ambition des ennemis du monde. »

AN XII (1804). — L'abbé Reboul, prêtre qui administra longtemps en cachette les Sacrements aux fidèles de Malaucène, avait pris, sur l'ordre des supérieurs ecclésiastiques, la direction définitive de cette paroisse. Nous trouvons, en effet, sa signature dans les registres des mariages et baptêmes, dès l'an V (1797), avec la qualification de *curé catholique.*

Ce fut lui qui rouvrit au culte les portes de la « ci-devant église paroissiale ».

Il publia et mit à exécution le règlement sur les Fabriques donné au nouveau diocèse d'Avignon par l'évêque Jean-François Périer, sous la date du 11 nivôse de l'an XII (2 janvier 1804).

Les premiers marguilliers nommés furent : Jean-Louis Bonnet, Paul-Antoine Rolland, Joseph Siaud, François-Xavier Cottier, Joseph-Toussaint Anselme, et Jean-Baptiste Bonaventure Boyer.

Peu de jours après leur installation, ces fabriciens procédèrent à l'adjudication des bancs et des chaises de l'église (12 février) qui devaient constituer la principale source des revenus de la fabrique (1).

4 *Germinal (25 mars).* — L'indulgence, sous forme de jubilé, accordée en France, au nom du souverain-pontife Pie VII, par le cardinal Caprara, en mémoire du rétablissement du culte et de l'heureuse conclusion du Concordat, offrit au curé Reboul l'occasion de donner un nouvel élan à son zèle. Avec le concours de quelques prêtres du diocèse, il entreprit de prêcher une grande mission à ses paroissiens.

Deux grands obstacles s'opposaient au succès de l'entreprise : les haines et les restitutions. Dans l'impuissance de suffire à tout par lui-même, il imagina la création d'un *bureau de conciliation* qu'il composa des marguilliers auxquels furent adjoints quelques autres laïques connus par leur intégrité et leur dévouement à la religion.

Les membres du bureau de conciliation recevaient les demandes des personnes qui avaient à se réconcilier avec un ennemi, ou bien à opérer une restitution. Puis, ils faisaient les démarches nécessaires pour obtenir une entente et, la plupart du temps, ces obligeantes tentatives étaient couronnées de succès.

Nous avons sous les yeux le cahier dont les pages sont à deux colonnes et sur lequel les membres du bureau marquaient les propositions et les conclusions de ces divers accommode-

---

(1) Ces revenus qui dans le principe étaient assez peu considérables se sont accrus avec le temps. Aujourd'hui la paroisse fait, année moyenne, trois mille francs de recette.

ments. Nous allons en donner un aperçu, en substituant toutefois aux noms propres des lettres imaginaires.

« Deffendeurs. »	« Demandeurs. »
« Le bureau a proposé et les parties ont convenu que B. payera 100 francs, en quatre ans (quatre payements de vingt-cinq francs). »	« A. demande à B. une indemnité sur le payement de 300 francs, fait en assignats, d'une somme prêtée en numéraire, peu avant la Révolution. »
« D. consent à remettre la cave, et, attendu sa pauvreté, C. fera les frais d'ouverture et de clôture. »	« François C. demande à Joseph D. sa remise en possession d'une cave, au-dessous de sa maison, confrontant ledit C. »
	« Marie-Rose E. demande à se réconcilier avec Henri F., son mari. »
« Non conciliation. »	« Esprit G. demande à son frère Christol de remplir la condition, portée par son contrat de mariage de lui désamparer le tiers d'une terre sise au quartier de Champ-Signoret. »

On vit aussi s'opérer de nombreuses restitutions, et, chose touchante, la plupart de ceux à qui elles étaient offertes les refusaient pour eux et les abandonnaient à l'œuvre de l'église pour l'achat d'une cloche et de vases sacrés.

Les indigents eurent aussi leur part dans l'emploi de ces sommes. La liste, dressée par le curé, en désignait vingt-six à la charité chrétienne.

De toutes les corporations religieuses emportées par la Révolution, les premières rétablies, en cette même année 1804, furent les confréries du Rosaire et du Scapulaire et les Congrégations de Saint-Michel pour les jeunes gens, et de la Sainte-Vierge pour les jeunes filles.

Beaucoup d'enfants qui avaient été simplement ondoyés à domicile reçurent à l'église le baptême solennel, et beaucoup de jeunes gens firent leur première communion.

J.-F. Périer, évêque d'Avignon, avait organisé son vaste diocèse, qui comprenait les départements de Vaucluse et du Gard. Dans cette organisation, Malaucène ayant été classée parmi les cures de canton, l'abbé Reboul fut désigné pour recevoir le titre officiel des fonctions qu'il remplissait déjà depuis plusieurs années.

Voici le texte du procès-verbal de son installation : « Le dimanche, 12 messidor an XII (1ᵉʳ juillet 1804); vu l'acte d'institution
« canonique par lequel le Rᵐᵉ évêque d'Avignon Jean-François
« Perrier, donne et confère à M. Antoine Reboul la cure de
« l'église Saint-Michel de la ville de Malaucène, en date du 20
« vendémiaire présente année (13 octobre 1803), signé JEAN-
« FRANÇOIS, évêque d'Avignon, et, plus bas : *Tabariès*, chanoine-
« secrétaire, et muni du sceau de l'évêché ; vu aussi la commis-
« sion et le droit à nous donnés par le même acte de mettre ledit
« M. Reboul en possession corporelle, réelle et actuelle de ladite
« cure de Malaucène ; duquel acte d'institution avons fait faire
« publiquement lecture à la porte principale de l'église ; nous
« François-Etienne, évêque démissionnaire, et doyen de l'arron-
« dissement d'Orange, en exécution de ladite commission, et
« assisté de M. Claude Millet, prêtre, prenant par la main ledit
« M. Antoine Reboul, revêtu de son surplis, l'avons introduit
« dans ladite église paroissiale, dont il a reçu, à la porte, les clefs,
« des mains de M. François Joannis, maire de cette ville, *etc.* »(1)

1806. — 11 *nivose* an XIV (qui correspond au 1ᵉʳ janvier 1806).
— Reprise officielle du calendrier grégorien.

15 *août*. —.Grande fête nationale, en exécution du décret impérial du 19 février 1806. Tous les fonctionnaires se rendent le matin à l'Hôtel-de-Ville. Le maire Brémond leur adresse un discours, puis on se met en marche pour l'église paroissiale où va se célébrer un office solennel. La Garde nationale est en tête du cortège, puis viennent le maire, son adjoint et le secrétaire de la Commune, le juge de paix, le greffier et l'huissier, et enfin les autres fonctionnaires publics. La cérémonie religieuse terminée, le cortège revient dans le même ordre à la Mairie. On fait l'ouverture d'un grand bal populaire, pendant qu'une fontaine de vin coule sur le Cours et y attire une foule considérable.

1807. — 13 *septembre*. — Inauguration de la croix de la porte Duron (1).

(1) Archives paroissiales: Cahier petit in-4°, sans foliation, de 28 feuillets ; manuscrit autographe du curé Reboul.

(1) « L'an mil-huit cent sept, et le treize septembre, jour de dimanche, après
« les premières vêpres de la fête de l'exaltation de la Sainte-Croix, jour où la
« congrégation des filles fait sa fête solennelle, le dimanche le plus près du
« Saint-Nom de Marie ; D'après la permission de M. le Doyen d'Orange,
« vicaire général de Mgʳ l'Evêque, je soussigné Curé ai bénit la Croix qui est

1810. — 22 *avril.* — Mariage patriotique et officiel (1).

2 *décembre.* — Plantation de trois ormeaux destinés à perpétuer le souvenir du mariage de l'empereur Napoléon 1ᵉʳ. Deux sur le Cours, près du grand lavoir ; et le troisième sur l'esplanade du château (2).

1811. — 1ᵉʳ *octobre.* — Réduction des anciennes fondations établies en faveur de la paroisse, par J.-F. Périer, en conformité d'une décision ministérielle du 25 janvier 1810.

« près de la porte Duron (Cabanette) allant à Lauze (1). Tout le peuple a
« assisté à la procession, et les filles voilées, qui avaient fait leur communion
« ce jour-là, au nombre de deux cents, chantaient, de même que les garçons,
« les hommes et les femmes, le cantique suivant :

<blockquote>Aimons Jésus, pour nous en croix.</blockquote>

Ce procès verbal nous a conservé deux des strophes de ce cantique.

<blockquote>La voilà donc cette Croix adorable
Que tout l'enfer a voulu nous ravir !
Dieu nous la rend ; sa bonté secourable
Par nos malheurs s'est laissée attendrir.

Lève ton front, repens-toi, Malaucène ;
La Croix, l'espoir, t'arrivent à la fois.
Au vrai bonheur le Calvaire ramène.
Rien n'est perdu, s'il te reste la Croix.</blockquote>

Une note écrite de la main du curé Reboul et signée par lui porte cette indication : « C'est la première des Croix que nous avons relevées ; la révo-
« lution les ayant toutes renversées. Je n'avois rétabli que celle qui est à la
« porte du cimetière, l'an du Jubilé 1804. » (2)

(1) En 1861, cette croix fut transférée près de l'embranchement formé par les chemins vicinaux de Beaumont et d'Entrechaux ; et, à sa place on établit une bascule pour le poids public.

(2) La croix est en bois, le piédestal en pierre. Ce dernier supportait, avant la Révolution, la croix voisine de la porte Soubeyran.

(1) « Mariage de Jean-Joseph Artaud avec Marie-Anne-Victoire Brocard,
« en présence de M. le maire et de la municipalité assemblés ici, dans l'église,
« avec les anciens militaires ; pour remplir les intentions de Sa Majesté
« Impériale et Royale qui a voulu immortaliser par des bienfaits le mariage
« qu'il vient de faire avec une princesse d'Autriche, en ordonnant que, dans
« chaque canton, M. le Maire et M. le Curé, de concert avec M. le Juge, prési-
« dent, et d'un autre maire et d'un autre curé-desservant, choisissent un
« militaire et une fille de la commune du dit militaire, pour être mariés
« ensemble ; à laquelle fille Sa Majesté donne une dot de six cents francs.
« L'époux étoit canonnier dans le 2ᵉ Régiment des Canonniers de la Marine
« et a soutenu quinze mois le siège de Malthe contre les Anglois et étoit
« destiné à l'expédition d'Egypte. »

(2) Ce dernier a été enlevé, en 1828, lors de l'érection du Calvaire ; les deux autres existent encore.

Un état des rentes servies à la Fabrique et provenant pour la plupart de l'Agrégation, avait été fourni le 2 janvier 1809. Il résultait de cette pièce que trente-sept particuliers payaient annuellement la somme totale de 322 francs 75 centimes. Il fut arrêté que ce revenu serait affecté désormais à la célébration de cent soixante quatorze messes basses et de douze grand'messes, avec diacre et sous-diacre, la Fabrique étant déchargée de toutes les autres obligations.

1813 — *7 février*. — La Commune vote une somme de deux cent huit francs « pour l'équipement de deux cavaliers que le can-
« ton a offerts à Sa Majesté l'Empereur et Roi. »

9 mai. — Le Conseil municipal reconnaissant l'insuffisance d'un seul prêtre pour le service paroissial, vote la création de deux vicariats.

1815. — *22 août*. — Proclamation du maire Amondieu aux habitants, au sujet de la fête de saint Louis.

1816 — *20 mars*. — Protestation du Conseil « contre les atten-
« tats commis sur la personne du roi Louis XVI et de la reine
« Marie-Antoinette d'Autriche, son auguste épouse. »

1819. — *1" octobre*. — La chapelle rurale Saint-Roch, qui avait été vendue comme bien national, au prix de cent trente francs, est rachetée par le curé Reboul, pour la somme de cent douze francs. Les réparations les plus indispensables pour mettre ce pauvre édifice dans un état décent portent le total des déboursés à huit cent quatre francs.

1820 — *Fin mars*. — Par les soins du curé Reboul, une grande mission est donnée dans la paroisse sous la direction d'un prêtre, d'origine italienne, nommé Vico, par des curés du voisinage, au nombre desquels figuraient l'abbé Seyssaud, curé de Crillon, et l'abbé Durand, curé de Bedoin.

Le *1" avril*, « les marchands, fabriquants, artisants, et ou-
« vriers, voulant témoigner aux missionnaires le désir qu'ils ont
« de mettre en pratique les vérités évangéliques, promettent, dès
« ce jour et à perpétuité, de tenir fermées les portes et fenêtres de
« leur boutiques et ateliers, les saints jours de dimanche et fêtes
« d'obligation. »

Les exercices de la mission se terminent, le 9 avril, par la plantation d'une croix au point de jonction de la promenade de la porte Soubeyran et de la promenade de la porte de Roux. Le piédestal est en pierres de taille et la croix en bois.

A la suite d'une autre mission prêchée en 1847, par le P. Nivet, jésuite, cette croix en bois fut remplacée par une autre en fer qu'on avait achetée à Lyon.

8 mai. — Le Conseil demande que Malaucène et son canton soient distraits de l'arrondissement de Carpentras.

24 avril. — Grande fête et réjouissances publiques à l'occasion du baptême du duc de Bordeaux.

7 septembre. — La commune de Malaucène est comprise pour une somme de deux mille francs, dans la répartition faite par l'Etat d'une indemnité accordée aux localités dont les oliviers ont été tués par la rigueur de l'hiver.

25 novembre. — « Les contraventions multipliées à l'observation « des lois et règlemens de police donnent lieu de penser qu'ils « sont ignorés ou entièrement oubliés et qu'il convient de les « rappeler au public. » En conséquence, le maire Anselme donne un nouveau Règlement de Police *pour la Commune de Malaucène.* Nous y voyons figurer des mesures de prudence contre l'incendie. La surveillance des aires et des fruits de la campagne est confiée à la Garde nationale. Le commerce, la sûreté des habitants, la propreté des rues n'y sont point oubliés. « Défenses « sont faites de jeter par les fenêtres *quelque chose* pendant le « jour; après dix heures du soir, on sera tenu de crier: *gare* « *l'eau !* »

1822 — 10 *février.* — Installation de Charles Margaillan comme curé de la paroisse, présidée par Couturier, ancien prêtre de l'Agrégation de Malaucène, curé-desservant du Barroux.

14 *avril.* — Démolition des remparts. Ils sont vendus, par parcelles, aux propriétaires voisins.

1823 — 19 *janvier.* — Charles Margaillan ayant donné sa démission de curé de la paroisse, est remplacé par Jean Bérard, curé de Jonquières. Ce dernier est installé par l'abbé Queyras, curé de Camaret.

1825 — 12 *mai.* — Le Conseil municipal vote une somme de quatre cents francs, pour participer à l'érection, à Orange, d'un monument expiatoire à la mémoire des infortunées victimes du Tribunal révolutionnaire de cette ville.

1830 — 19 *septembre.* — Les membres du Conseil Municipal, présidés par le maire Barnoin, prêtent solennellement le serment prescrit par la loi du 31 août de la même année et conçu en ces termes: « Je jure fidélité au Roi des Français, obéissance à la « Charte constitutionnelle et aux lois du Royaume. »

1831 — 23 *avril.* — Le même serment est prêté entre les mains du Maire par les officiers des trois compagnies de la Garde nationale de la commune de Malaucène, grenadiers, chasseurs et voltigeurs. Ces officiers sont au nombre de onze, savoir: trois capitaines, trois lieutenants, trois sous-lieutenants et deux porte-drapeaux.

28 et 30 *avril*. — Prestation du serment par les officiers des compagnies des autres communes du canton.

1835 — 25 *septembre*. — On termine enfin sur le terrain les opérations de la levée du plan cadastral du territoire de la commune exécutées sous la direction de M. Fonzes, géomètre en chef, par MM. Cournaud, Barthélemy (Lucius) et Barthélemy (Ferdinand), géomètres de 1re classe, et Arnoux (Frédéric), géomètre de 2me classe.

1840. — Le propriétaire de la chapelle rurale Saint-Raphaël donne une autre destination aux ruines de ce vieil édifice. En souvenir de la chapelle qu'il fait disparaître, il élève un très modeste oratoire, lequel à moins qu'une main pieuse ne s'empresse de le réparer, ne sera bientôt plus lui-même qu'un souvenir.

1841 — 10 *juin*. — Installation de M. l'abbé Rigot (Donat-Bernard) de Caromb, en qualité de curé-doyen.

1842. — 11 *mai*. — Le Conseil rejette la demande formée par les membres du Consistoire sectionnaire du culte protestant à Malaucène, tendant à obtenir un local pour la célébration de leur culte, ou à défaut un secours en espèces.

1844. — 13 *mai*. — Le Conseil délibère de faire reconstruire l'oratoire Saint-Michel.

1852. — 29 *janvier*. — « Le Conseil pénétré de sentiments de
« reconnaissance pour le prince Louis-Napoléon, au sujet du
« coup d'état du 2 décembre 1852, lui vote une adresse de féli-
« citations. »

22 *septembre*. — Grande agitation dans le pays ! On voit sortir de leurs maisons tout ce que la commune possède de plus beaux hommes. Ils portent fièrement le costume militaire : leurs armes fraîchement fourbies brillent au soleil. Leur équipement et leur habillement sont flambant neufs. Ils se groupent et finissent par se ranger en bataille sur la place publique.

On les compte : quatre sapeurs revêtus de l'immense tablier en peau blanche et du grand bonnet à poil, ayant sur l'épaule la hâche en acier poli ; — quatre tambours, avec casque étincelant ; — quarante musiciens sous l'habile direction de A.-L. Souchon ;

— quatre officiers. On les reconnaît, on se les montre.

Le capitaine, dont le ceinturon brodé en or jette un si vif éclat, c'est l'industriel Jean-Bernard Blanc ; le lieutenant Frait ; le sous-lieutenant Chouvion aîné ; le porte-drapeau Léonord Arnaud. — Les hommes sont rangés par sections et demi-sections sous le commandement d'un sergent-major, d'un fourrier, de quatre sergents et de huit caporaux. — En tout, l'effectif est de cent dix hommes.

Telle était la compagnie des sapeurs-pompiers à la création de laquelle Joseph-André Guiméty s'était tant intéressé et à laquelle il avait donné la pompe à incendie.

Cette troupe avait choisi pour sa première prise d'armes le jour de l'installation du maire Léonard Anselme.

Le 28 du même mois, la compagnie, au grand complet, se rendit à Avignon, lors du passage du Prince-Président et s'y fit remarquer par sa bonne tenue. Elle fut présentée au chef de l'état par J.-A. Guimety, membre du conseil-général de Vaucluse et par le maire Anselme.

Sous l'administration de M. A. de Merles, la compagnie qui avait perdu plusieurs de ses hommes, fut réorganisée en 1861. Elle a fonctionné jusqu'en 1869.

1855. — 7 *mai*. — Par acte passé devant M° Souchon, notaire à Malaucène, la chapelle Saint-Alexis, une vaste salle et autres menues dépendances, le tout ayant jadis fait partie des bâtiments de la Charité, d'un revenu annuel de soixante-dix francs, est achetée par le curé Rigot, au moyen des dons des fidèles.

Le Conseil Municipal, dans sa délibération du 8 février 1856, accepte la donation de la chapelle faite par le curé Rigot en faveur de la Fabrique de l'église paroissiale.

Ce gracieux sanctuaire est réconcilié par les prières liturgiques et rendu au culte le 1ᵉʳ décembre 1858, pendant le jubilé, prêché par deux missionnaires Oblats de Notre-Dame des Lumières (les PP. Nicolas et Vivier).

Elle est placée sous le vocable de l'Immaculée-Conception afin de perpétuer dans le pays le souvenir de la proclamation de ce dogme.

1856. — 8 *juin*. — « S'associant à la joie de la France entière, causée par la naissance du Prince Impérial, » le Conseil vote des fonds dont une partie doit être distribuée aux nécessiteux et l'autre partie doit être consacrée à des réjouissances publiques le 15 du même mois.

1858. — 19 *décembre*. — Achat par la Fabrique d'une parcelle de terrain et plantation d'une croix à l'extrémité de l'Avenue des peupliers (route de Vaison), à la suite d'une mission prêchée par les missionnaires Oblats de N.-D. des Lumières, le P. Nicolas étant directeur de la mission.

Peu après, plantation d'une croix en fer au Pont-de-l'Orme, à l'embranchement du chemin vicinal de Suzette sur la route départementale.

16 *octobre*. — Les prêtres missionnaires de Notre-Dame de Sainte-Garde (1) fondent un établissement, place Picardie, dans la maison donnée au diocèse d'Avignon par M. l'abbé Guiméty, en faveur d'une institution religieuse utile à son pays natal (2).

A peine en possession de leur gracieuse résidence, les Gardistes, au nombre de trois ou quatre, tout en cherchant à se rendre utiles à la population qui les avait chaleureusement accueillis,

---

(1) Cette congrégation a sa maison-mère à Orange (Vaucluse). Elle fut fondée dans les premières années du XVIII· siècle, à Saint-Didier, petite paroisse de l'ancien diocèse de Carpentras.

(2) Voici en quels termes la *Revue des Bibliothèques paroissiales d'Avignon* annonçait à ses lecteurs cette bonne nouvelle.

« M. le supérieur des missionnaires de Sainte-Garde ira prendre, la semaine prochaine, possession à Malaucène de la vaste maison que M. l'abbé Guiméty vient de mettre à la disposition de Mgr l'archevêque pour fonder une œuvre utile à son pays. Il y prêchera lui-même les exercices de la retraite qui est une des conditions imposées par le donateur.

« M. l'abbé Guiméty, curé de Saint-Charles à Nimes, est originaire de Malaucène ; il est parmi tant d'autres prêtres que fournit ce religieux pays un des plus honorables à tous égards. En donnant pour les prêtres de N.-D. de Sainte-Garde cette magnifique maison, une des plus belles et nous pourrions dire des plus convenablement appropriées, par l'ameublement et la disposition, à une communauté religieuse, M. le curé de Saint-Charles a fait un acte de générosité dont Malaucène, tout le diocèse et particulièrement la congrégation de Sainte-Garde lui seront à jamais reconnaissants. Mais le digne pays qu'il fera jouir des précieux avantages nécessairement attachés à la présence des missionnaires dans son sein, voudra garder avec son souvenir celui d'un autre bienfaiteur, M. Guiméty, le très-honoré frère du vénérable curé de Saint-Charles, membre du conseil-général pour le canton de Malaucène, décédé à Nimes pendant le carême dernier, au moment où il s'occupait plus activement que jamais des bonnes œuvres auxquelles il avait voué son temps et sa fortune. Il avait doté avant sa mort sa chère ville natale d'une belle salle d'asile qui s'ouvrira prochainement et nous savons encore de source certaine que la paroisse, l'hôpital, toutes les chapelles du pays sont remplis des marques de sa pieuse générosité. Aussi a-t-il emporté dans la tombe les regrets de tous ceux qui ont eu le bonheur de le connaître et plus particulièrement les pauvres dont il était la Providence visible. C'est M. le curé de Saint-Charles qui est le digne héritier de ses biens et de sa charité. » (N° 18. — 30 septembre 1859).

rayonnent dans les paroisses du diocèse et s'occupent de l'œuvre des missions, but principal de leur institut.

Leur maison semblant prendre de la consistance, les pères songent à y construire une petite chapelle. La direction des travaux est confiée par eux à un habile architecte, M. l'abbé Pougnet d'Avignon, et en peu de temps un élégant édifice sort de la main des ouvriers.

Le donateur est délégué par l'autorité diocésaine pour procéder lui-même à la bénédiction de la chapelle et de la statue de Notre-Dame de Sainte-Garde ; la chapelle sous le vocable de l'Immaculée-Conception, patronne des prêtres missionnaires, et la statue, placée au-dessus de la porte d'entrée de la résidence avec cette inscription :

POSUERUNT ME CUSTODEM.

La cérémonie s'accomplit, le 3 juillet 1863. au milieu d'un concours extraordinaire de prêtres et de fidèles. Durant toute la journée, les exercices spirituels se succèdent, presque sans intervalle, dans le pieux sanctuaire ; la foule recueillie ne fait jamais défaut. Le soir, devant la façade, parée et illuminée pour la circonstance, même concours sympathique et religieux ; récitation du chapelet et chant de cantiques. « En un mot, » dit la *Revue des Bibliothèques* (1), à laquelle nous empruntons ces détails, « fête pieuse, chrétienne et expansive. »

Une clause de la donation portait que la maison était cédée au Diocèse « en faveur d'une institution religieuse utile au pays. » Les pères pensèrent entrer dans ces intentions en appelant chez eux les enfants du pays, pour leur donner une éducation chrétienne et les premiers éléments de l'instruction secondaire, afin de former comme une pépinière de jeunes séminaristes.

Quelques élèves suivaient déjà les classes et semblaient devoir correspondre au zèle dont ils étaient l'objet, lorsque, pour des motifs qui nous sont inconnus, les Gardistes furent rappelés par leurs supérieurs (3 mai 1866).

Après le départ des maîtres, les élèves passèrent sous la direction des vicaires de la paroisse.

En dernier lieu la maison a servi d'asile aux prêtres âgés et infirmes du diocèse.

En ce moment elle est occupée par les dames religieuses du Saint-Sacrement et leurs nombreuses élèves.

(1) 13ᵐᵉ année, N°. du 31 août 1863, page 330.

1861 — 14 *février*. — Le Conseil délibère d'établir un tablier-bascule et vote les fonds pour la construction d'un lavoir couvert et d'une fontaine au cours des Isnards.

1870 — 5 *septembre*. — Proclamation de la République, faite par le Maire. Le soir, promenade aux flambeaux sur le cours des Isnards et dans la ville.

ARMOIRIES DE MALAUCÈNE

CHAPITRE VINGT-DEUXIÈME

ARMOIRIES

Il ne nous est pas possible, malgré les recherches auxquelles nous nous sommes livrés, de déterminer l'époque précise à laquelle Malaucène commença à faire usage de ses armoiries.

A plusieurs reprises, les édiles ayant à s'occuper de l'origine et de la nature de ces armoiries, furent plus embarrassés que nous ne le sommes nous-mêmes pour fixer des dates ou fournir des explications sur la nature des couleurs, des emblèmes et des émaux. Nous devons donc nous borner à dire quelques mots de l'arrangement des pièces elles-mêmes qui constituent les armes de la Commune.

Les anciennes armoiries portaient : *De Gueules à deux veaux d'or affrontés*, avec la devise : *Ex pace ubertas*. Plus tard on ajouta : *deux clefs d'or affrontées et passées en sautoir (les anneaux soutenant les deux veaux d'or,)* l'écu ayant pour *supports* : *deux nymphes représentant la Paix et l'Abondance, debout et affrontées, ayant leurs attributs en main,* toujours avec la même devise.

« J'ai eu, dit Barjavel, (1) un cachet de laiton, elliptique, ayant
« un grand diamètre de 15 lignes, sur un de 13, offrant en creux
« deux clefs en sautoir, dans un écu surmonté d'une tête ailée, et
« autour on lisait : *Ex pace ubertas. Malaucena.* J'ai cessé d'en
« être propriétaire, l'ayant échangé, etc. »

Sous le premier Empire, un certain mouvement de restauration des armes municipales s'étant produit dans beaucoup de communes de France, le Conseil municipal, assemblé le 6 juin 1810, prit la délibération suivante :

« Le Conseil... considérant que le rétablissement des anciennes armoiries pourrait n'être pas conforme aux dispositions de la

---

(1) Bibliothèque d'Inguimbert, de Carpentras, mélanges n° 1 ; pièce 75.

délibération du conseil du sceau des titres, attendu qu'elles portaient *deux clefs d'or* en sautoir ; — propose pour les armes de Malaucène : *une source jaillissant d'un rocher s'épenchant dans un bassin entouré d'arbres ; au côté droit une figure représentant la* PAIX *et portant une branche d'olivier ; au côté gauche une autre figure représentant l'*ABONDANCE*; avec la devise* : EX PACE UBERTAS. »

L'Empire est renversé ; les Bourbons rentrent en France ; il est tout naturel que l'administration municipale revienne aux traditions anciennes.

« L'? 1825, et, le dimanche 11 décembre, à quatre heures après midi, le Conseil municipal de la ville de Malaucène, réuni dans le lieu ordinaire de ses séances, d'après autorisation spéciale, sous la présidence de M. Anselme, maire de cette ville ;

« Par M. le maire, a été exposé au Conseil, que Malaucène faisait jadis partie du Comtat Venaissin, dépendance du domaine du Saint-Siège et qui fut habitée pendant un certain laps de temps par le pape Clément V ;

« Que, depuis un temps immémorial, l'un des Saints Pères avait accordé à cette ville des armoiries dont elle a joui jusqu'à l'époque de la Révolution ; que, lors des guerres civiles des protestants contre les catholiques, le seigneur de Montbrun, chef des protestants, s'empara de Malaucène, brûla les archives, emporta des vases sacrés et commit beaucoup d'autres horreurs ; que le titre des armoiries de cette ville fut donc la proie des flammes ; qu'il est de fait positif que toutes les villes et communes du royaume doivent reprendre les armoiries qui leur avaient été attribuées par les anciens souverains et en appliquer le sceau sur les actes de leur administration, à la charge de se pourvoir par-devant la Commission du sceau, pour les faire vérifier et obtenir le titre à ce nécessaire ; qu'étant obligée, d'après la loi de 1814, de représenter le titre de concession, la ville de Malaucène, se trouvant dans l'impossibilité de remplir ce vœu, n'a pu y suppléer que par un acte de notoriété ; que cet acte a été dressé par M. le Juge de paix du canton de Malaucène, le 3 du courant, sur les dépositions des notables de cette ville qui, par leur âge, ont tous vu et connu les armoiries de cette ville, et après avoir fait donner lecture, par le secrétaire de la mairie, dudit acte de notoriété, il a prié le Conseil de vouloir bien délibérer sur le motif de l'exposé dudit maire ;

« Le Conseil municipal de Malaucène, ouï l'exposé de M. le Maire et la lecture du susdit acte de notoriété ;

« Considérant qu'il est de fait que depuis un temps immémorial l'ancien souverain de cette ville lui avait concédé des armoiries, par titre authentique, dont elle a joui jusqu'à l'époque de la Révolution ;

« Considérant qu'il est encore de fait certain que le comte de Montbrun, chef des protestants, s'empara de cette ville, la saccagea, brûla les archives et commit des atrocités ; que le titre de ces armoiries fut la proie des flammes avec les autres papiers des archives de Malaucène ;

« Considérant que l'empreinte de ces armoiries existe encore dans divers lieux publics, tels que les piliers de l'ancien Hôtel de Ville, porte du Ron, sur la balustrade de l'orgue et sur celle du chœur et sur les *boëtes* de la ville ;

« Considérant que plusieurs anciens consuls de cette ville ont encore des enseignes portant l'empreinte desdites armoiries qu'on mettait sur leur porte, à l'époque de leur consulat ;

Considérant que les armoiries étaient telles qu'elles ont été désignées dans le susdit acte de notoriété ;

« Considérant que la loi de 1814 autorise les communes qui avaient des anciennes armoiries à les reprendre en remplissant les formalités requises ;

« Considérant qu'il est de l'honneur des habitants de cette ville de demander la reprise de ses anciennes armoiries ;

« Considérant que la commune de Malaucène a les moyens de faire face aux dépenses que cette reprise pourra occasionner ;

« A délibéré, à l'unanimité :

« De faire la demande de la reprise des anciennes armoiries de Malaucène ; il a autorisé le maire dudit Malaucène :

« 1° De faire procéder par un artiste, à la copie desdites armoiries et d'en donner le dessin, pour être joint aux pièces à l'appui de ladite demande ;

« 2° De faire toutes les démarches nécessaires, et envoyer toutes les pièces, à l'appui de cette demande, à l'autorité supérieure, pour obtenir ladite reprise ;

« 3° De prendre sur les fonds communaux, après autorisation, les sommes nécessaires au paiement des droits auxquels cette demande donnera lieu ; et ont les membres présents signé. »

Nous avons recherché, avec tout le soin voulu, les pièces ou

— 450 —

documents propres à confirmer la délibération du Conseil municipal que nous venons de reproduire.

Nous ne pouvons donner comme preuves, que :

1° Deux *boites*, ou pièces destinées à produire des détonations sur lesquelles on voit l'image ci-dessous grossièrement exécutée en creux ;

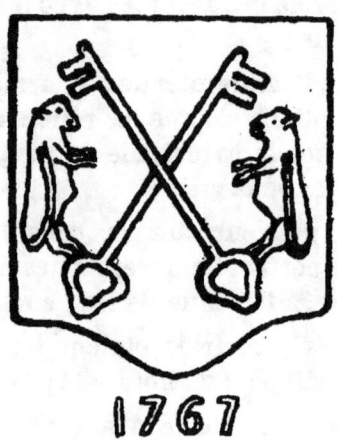

2° Le cachet ou timbre que voici, figurant sur les statuts de 1762-1763, imprimés en 1764.

3° La peinture exécutée sur le trumeau de la cheminée de la salle des Archives, due à un pinceau d'artiste assez médiocre, mais fidèle à la description donnée en tête de ce chapitre.

Le dessin que nous offrons nous-mêmes a été fait d'après la

peinture exécutée pour la bannière du corps de musique de Malaucène.

Nous pensons qu'on devra s'en tenir là, et la conserver désormais sans y rien changer.

Quelques personnes croient que les clefs furent ajoutées après la transaction du 31 mars 1413, passée entre le Saint-Siége et la veuve du dernier seigneur de Malaucène ; acte en vertu duquel la Ville devint dame foncière. Quant à nous, nous pensons que si ce n'est point à cette époque, c'est au moins en 1575, après la grande transaction en vertu de laquelle la Communauté fut mise en possession de tous les droits seigneuriaux possédés de temps immémorial par la Chambre apostolique. Dans l'un et l'autre cas, la Ville faisait entrer dans son écu les clefs des armoiries du Comtat, comme preuve de ses nouveaux privilèges et de son affranchissement foncier. Du reste, ce fait n'est pas isolé dans l'histoire du Venaissin et nous en trouvons plusieurs exemples dans des cas analogues.

Quant à la couronne de Marquis dont l'apposition sur un écusson de ville pourrait paraître un énormité, au point de vue héraldique, il est aisé de prouver que son existence est légitime.

On a eu l'occasion de voir qu'autrefois, les Malaucéniens donnaient le titre de marquis de Malaucène à leurs seigneurs, les comtes de Toulouse, qui étaient en même temps *marquis de Provence*.

La transaction passée entre le Saint-Siège et la Commune, en 1575, ayant rendu la Communauté *Dame Foncière*, titre dont elle se trouva très fière, elle en prit les insignes et se donna la *couronne* de *marquis* de ses anciens maîtres.

FIN DU TOME PREMIER.

ADDITIONS ET CORRECTIONS

Page	Ligne	AU LIEU DE :	LISEZ :
3	30	Combe d'Entérès	Combe d'Intérès
5	7	Senacos	Senacios
—	29	Rivuus	Rivus
88	38	ch.	livre
115	12	indiquées	désignées
118	29	Guillaume	Jean-Ferdinan
126	23	L'un	L'on
—	37	mandanit	mandauit
127	34	Dùum	Dñum
129	39	Siguando	Signando
—	—	dieis	dietis
133	21	ses	leurs
136	41	contimas	continuas
139	19	Baudouis	Baudonis
148	11	La note (3) doit être placée à la page précédente, ligne 37.	
195	40	expenuntur	exponuntur
197	10	se trouvait	se trouvant
231	30	carmelingue	camerlingue
208	39	à peint	à peine
223	36	Universita	Universitas
290	39	quoq	quod
311	17	chevaux légers	chevau-légers
314	34	ung uolle	ung rolle
317	27	bastion	(*bastion*)
319	30	basfions	bastions
373	39	Scanoir	Scanoir
409	36	ellam	illam

Ajoutez à la page 101, après le troisième alinéa :

Dans un poème-roman, relatif à la guerre des Albigeois, publié en 1875 par M. Paul Meyer, professeur au Collége de France et à l'Ecole des Chartes, on trouve l'énumération des communes provençales qui, en 1216, se prononcèrent les premières pour la cause de Raymond VII.

On lit à la page 169 du tome Ier :

« El Coms joves s'en intra en Veneisi cochos,
« Per recebre Paernas e metre establizos,
« *Malaucena* e Balmas e maintz castels dels sos.

Plus bas, le poète raconte la première attaque de Beaucaire par Guy de Montfort. Parmi les cris de guerre poussés par les défenseurs de Beaucaire :

« .... Tolosa! Belcaire! e Avinho!
« Valabrega! Eldessa! *Malausenna!* Caro!
« E an passada l'aiga aisels de Tarasco.

Les milices de Malaucène figuraient donc dans la garnison de Beaucaire. Elles y étaient d'ailleurs par l'ordre de Raymond VII; car le poète ajoute que le jeune comte avait mandé à Beaucaire tous les contingents qui lui devaient le service féodal.

« El Coms joves tramet cartes e mesatgiers
« Als baros de sa terra, *e als seus domengiers,*
« Per trastotas las terras lai on sab soldadiers :
« Qui vol aur ni argent ni bos cavals corsers,
« *Al seti de Belcaire es tost els loguiers.*

TABLE DES MATIÈRES

AVANT-PROPOS	V
LIVRE I. TOPOGRAPHIE	1
CHAP. I. SITUATION GÉOGRAPHIQUE. — LIMITES — DISTANCES — GRANDES DIVISIONS DU TERRITOIRE	1
CHAP. II. COUP D'ŒIL D'ENSEMBLE SUR LE TERRITOIRE DE MALAUCÈNE, LA VILLE ET SES FAUBOURGS	10
CHAP. III. OROGRAPHIE. — ALTITUDES DIVERSES. — GÉOLOGIE	16
§ 1er Orographie	16
§ 2. Altitudes diverses	17
§ 3. Géologie	18
CHAP. IV. HYDROGRAPHIE	23
§ 1er La source du Groseau	23
§ 2. Le Toulourenc, le Rieufroid, le Sublon et les sources de N.-D. des Anges, de Bredouïre, de la Madeleine, de Comparat, de Charombel, etc.	29
§ 3. Sources salées ou minérales	30
CHAP. V. BOTANIQUE	34
CHAP. VI. MÉTÉOROLOGIE ET CLIMATOLOGIE	41
§ 1. Vents	42
§ 2. Pluies	43
§ 3. Température	45
§ 4. Courants électriques et tremblements de terre	46
LIVRE II. HISTOIRE	49
CHAP. I. ÉPOQUE CELTIQUE	49
CHAP. II. ÉPOQUE ROMAINE	60
§ 1er L'occupation	60
§ 2. Monuments isolés	61
§ 3. L'aqueduc de Malaucène à Vaison	68
§ 4. La médaille *Aquis Vason*	72
§ 5. L'aqueduc conduisait-il les eaux jusqu'à Orange?	74
CHAP. III. ÉTYMOLOGIE	78
CHAP. IV. LES PREMIERS SEIGNEURS (de 580 à 1229)	81
§ 1er Arthémius et Pétronius, évêques de Vaison	82
§ 2. Acte de fondation du monastère du Grosel ou Groseau	84
3. Le monastère du Groseau	87

§ 4. Invasions des Barbares.................................... 89
§ 5. Donation de l'abbaye du Groseau à Saint-Victor de Marseille, par l'évêque Pierre de Mirabel............... 90
§ 6. Fondations diverses en faveur du monastère............ 92
§ 7. Les seigneurs de la famille de Baux..................... 96

CHAP. V. LES COMTES DE TOULOUSE ET LES PAPES (1229-1274)... 102
CHAP. VI. LES PAPES D'AVIGNON.. 107
 § 1er Clément V (1309-1314)................................. 107
 § 2. Jean XXII (1316-1334)................................... 114
 § 3. Urbain V (1362-1370).................................... 118
CHAP. VII. ADMINISTRATION SUPÉRIEURE.............................. 121
 § 1er La Légation d'Avignon................................. 121
 § 2. La Révérende-Chambre du Comtat et la Judicature de Carpentras.. 124
 § 3. La Cour de justice de Malaucène....................... 128
CHAP. VIII. ADMINISTRATION MUNICIPALE............................. 135
 § 1er Assemblées municipales............................... 135
  I. Le Parlement général................................... 135
  II. Le petit Conseil.. 139
  III. Le grand Conseil...................................... 142
 § 2. Fonctionnaires municipaux.............................. 143
  I. Les Syndics ou Consuls............................... 143
  II. Le Secrétaire du Conseil............................. 150
  III. Les Agents financiers................................. 152
  IV. Le Sergent-trompette.................................. 153
  V. Les Médecins, chirurgiens, barbiers et sages-femmes.. 153
  VI. Les Ouvriers de l'église............................... 154
  VII. Le Campanier.. 155
 § 3. Statuts et privilèges................................... 155
  I. Statuts municipaux.................................... 155
  II. Privilèges... 159
 § 4. Revenus publics... 161
  I. Blé, moulins, fours, pain............................. 161
  II. Souquet.. 164
 § 3. Rêve de la viande...................................... 168
 § 4. Poids et mesures.. 172
 § 5. Lods et ventes.. 173
 § 6. Tailles et corvées...................................... 173
 § 7. Tabelle.. 179
CHAP. IX. ADMINISTRATION RELIGIEUSE................................ 185
 § 1er L'Évêque diocésain.................................... 185
 § 2. Les Curés de Malaucène et les Prieurs du Groseau..... 189
CHAP. X. LES JUIFS... 193
CHAP. XI. TERRITOIRE DE MALAUCÈNE................................. 200
CHAP. XII. FORTIFICATIONS DE LA VILLE.............................. 217
 § 1er Les enceintes fortifiées.............................. 217
 § 2. Les portes de la ville.................................. 225
  I. La porte Supérieure ou Soubeyran..................... 225

  ii. La porte Inférieure ou Filiol.................... 226
  iii. La porte Chaberlin ou de Roux.................... 227
  iv. La porte Duron ou Cabanette..................... 228
  v. La porte Taborer ou Théron.................... 229
  vi. La porte Neuve ou de Béchon................... 230

CHAP. XIII. GRAND SCHISME D'OCCIDENT.................... 231

 § 1er Malaucène sous la protection d'Amédée VIII, comte de Savoie... 231
 § 2. Bernardon de Serres, seigneur de Malaucène........ 233
 § 3. Préparatifs de guerre............................. 236
 § 4. Schisme de Bâle.................................. 238
 § 5. Disette... 243
 § 6. Chapelle de Saint-Sébastien...................... 245
 § 7. Bruits d'inféodation............................. 245

CHAP. XIV. INFLUENCE DES TROUBLES DU SCHISME SUR LES INSTITUTIONS RELIGIEUSES DU PAYS.................... 248

 § 1er Départ des Bénédictins du Groseau............... 248
 § 2. Départ des Bénédictins de la Magdeleine......... 254
 § 3. Etablissement du Chapitre paroissial ou Agrégation.... 257
  i. Institution..................................... 257
  ii. Revenus...................................... 262

CHAP. XV. ÉVÈNEMENTS DIVERS (1427-1526).................... 266

 § 1er Les cloches de l'église paroissiale................ 266
 § 2. Taxe pour la croisade............................. 271
 § 3. Galéas de Saluces................................ 272
 § 4. Les faux croisés.................................. 274
 § 5. Le prieuré de Saint-Baudile...................... 276
 § 6. Le prieuré de Notre-Dame la Blanche.............. 278
 § 7. Charles-Quint et François 1er (1536)............. 279

CHAP. XVI. LA RÉFORME ET LA LIGUE (1560-1593)............. 281

 § 1er Montbrun s'empare de Malaucène par trahison...... 281
 § 2. Rendue à elle-même, Malaucène se prépare à de nouvelles luttes... 288
 § 3. Saint-Auban attaque la ville et la prend............ 295
 § 4. La garnison italienne............................. 297
 § 5. On ouvre les portes de la ville................... 302
 § 6. Préparatifs contre une nouvelle attaque........... 304
 § 7. Les Huguenots envahissent le Comtat et menacent Malaucène... 307
 § 8. Le comte Bruce de Brussett est nommé capitaine-gouverneur... 312
 § 9. Trève rompue par les Huguenots................. 316
 § 10. Paix suivie de manifestations religieuses........ 317
 § 11. Nouvelle entrée en campagne.................... 319
 § 12. Sorcière brûlée vive............................. 323
 § 13. Fin de la guerre civile.......................... 324

CHAP. XVII. RESTAURATION RELIGIEUSE.................... 326

 § 1er Eglises ou chapelles............................. 326
  1° Chapelles urbaines............................ 326

  i. Notre-Dame-la-Brune, de Consolation ou de la Place. 326
  ii. Annonciation de Notre-Dame...................... 329
 2° Chapelles rurales................................... 329
  i. Saint-Martin...................................... 329
  ii. Notre-Dame-du-Col.............................. 331
  iii. Saint-Raphael................................... 332
  iv. Saint-Roch..................................... 333
  v. Sainte-Foy...................................... 334
§ 2. Couvents.. 335
 1° Couvents d'hommes................................. 335
  i. Cordeliers...................................... 335
  ii. Augustins...................................... 336
 2° Couvents de femmes................................ 338
  i. Clarices.. 338
  ii. Ursulines...................................... 339
§ 3. Corporations religieuses............................... 340
 1° Corporations spéciales aux divers corps de métiers...... 340
  i. Bouviers et laboureurs............................ 340
  ii. Tisseurs de toiles............................... 342
  iii. Fustiers, menuisiers, sculpteurs, maçons, plâtriers. 343
  iv. Cordonniers................................... 344
  v. Tanneurs, curatiers, grouliers..................... 345
  vi. Vignerons et journaliers......................... 345
  vii. Jardiniers.................................... 346
  viii. Cardeurs et fabricants de laine................. 346
 2° Corporations communes aux divers corps de métier.... 347
  i. Congrégation de jeunes gens...................... 347
  ii. Congrégation des filles........................... 348
  iii. Congrégation des veuves......................... 349
  iv. Confrérie du Saint-Sacrement..................... 349
  v. Confrérie de Notre-Dame du Rosaire............... 350
  vi. Confrérie de Notre-Dame de Montaigu............ 350
  vii. Confrérie de Notre-Dame du Suffrage............. 352
  viii. Confrérie des agonisants....................... 354
§ 4. Union du Prieuré au Chapitre métrop. d'Avignon...... 354
§ 5. Agrandissement de l'église paroissiale................. 358

CHAP. XVIII. PRÉLUDES POLITIQUES............................ 366
 § 1ᵉʳ Visite du grand Condé à Malaucène.................. 366
 § 2. Occupation du Comté-Venaissin par les Français....... 369
 § 3. Mesures de police contre les malfaiteurs.............. 373
 § 4. Démolition du château-fort.......................... 374

CHAP. XIX. FIN DE LA DOMINATION PONTIFICALE................. 377

CHAP. XX. USAGES PARTICULIERS............................... 386
 § 1ᵉʳ Dévotions populaires............................... 386
  i. Notre-Dame du Groseau.......................... 386
  ii. Chapelle de la Sainte-Croix de Puy-Haut........... 392
  iii. Patrons invoqués contre les maladies contagieuses et les épizooties.. 393
  iv. Les Brandons de la chandeleur................... 394
 § 2. Fondations religieuses............................... 395

I.	Lampes	395
II.	Messe de l'Aurore	396
III.	Traitement de l'organiste	396
IV.	Litanies de la Sainte-Vierge	396
V.	Vêpres et complies	396
VI.	Prédications	397
VII.	Processions des Rogations	400
§ 3.	Réception des nouveaux habitants	401
§ 4.	Contrats et actes publics	404
§ 5.	Ouvriers	405
I.	Foulaison des grains	405
II.	Journées des ouvriers	406
III.	Apprentissage des ouvriers	407
§ 6.	Fêtes et réjouissances publiques	408
I.	Abbé de Mal Gouvert	408
II.	Fête du De Fructu	411
III.	Fête de l'offrande du cheval	412
§ 7.	Tians et fougasses	412
§ 8.	Légendes et contes de grand'mère	413
I.	La Porte Saint-Jean	413
II.	La Chèvre damnée	414
III.	La Fée de Gargamèou	414
IV.	Le Chien Cambaou	414
V.	Le Talisman	414

CHAP. XXI. MALAUCÈNE DEPUIS SA RÉUNION A LA FRANCE JUSQU'A NOS JOURS.. 416

CHAP. XXII. ARMOIRIES.. 447

Additions et corrections.. 453

PLANS ET GRAVURES

Plan du territoire de la commune de Malaucène	1
Chapelle de N.-D. du Groseau	87
Armoiries de Clément V	107
Armoiries d'Urbain V	119
Armoiries de la commune de Malaucène	447

www.ingramcontent.com/pod-product-compliance
Lightning Source LLC
Chambersburg PA
CBHW051620230426
43669CB00013B/2128